Comunidad, pertenencia, extranjería

El impacto de la migración laboral y mercantil
de la región del Mar del Norte en Nueva España,
1550-1640

AVISOS DE FLANDES 19

Series Editor: Werner Thomas

Comunidad, pertenencia, extranjería

El impacto de la migración laboral y mercantil de la región del Mar del Norte en Nueva España, 1550-1640

Eleonora Poggio

LEUVEN UNIVERSITY PRESS

Published with the support of the KU Leuven Fund for Fair Open Access.
This publication is part of the project *Reprisals and Retribution*, financed by the Swedish Research Council (Vetenskapsrådet, grant number 2017-02394).
Linnaeus University and the Centre for Concurrences in Colonial and Postcolonial Studies co-financed the open access publication of this book.

Published in 2022 by Leuven University Press / Presses Universitaires de Louvain / Universitaire Pers Leuven. Minderbroedersstraat 4, B-3000 Leuven (Belgium).

© Eleonora Poggio, 2022
This book is published under a Creative Commons Attribution Non-Commercial Non-Derivative 4.0 Licence.

Further details about Creative Commons licences are available at http://creativecommons.org/licenses/
Attribution should include the following information: E. Poggio, *Comunidad, pertenencia, extranjería: El impacto de la migración laboral y mercantil de la región del Mar del Norte en Nueva España, 1550-1640*. Leuven, Leuven University Press, 2022. (CC BY-NC-ND 4.0)

Unless otherwise indicated all images are reproduced with the permission of the rights holder acknowledged in captions and are expressly excluded from the CC BY-NC-ND 4.0 licence covering the rest of this publication. Permission for reuse should be sought from the rights holder.

ISBN 978 94 6270 323 0 (Paperback)
ISBN 978 94 6166 444 0 (ePDF)
ISBN 978 94 6166 445 7 (ePUB)
https://doi.org/10.11116/9789461664440
D/2022/1869/13
NUR: 685

Layout and cover design: Friedemann BV
Cover illustration: Puerto de la Vera-Cruz nueva con la fuerça de San Ju° de Ulua, en el reino de la nueva España en el mar del norte. (Bibliothèque nationale de France, http://catalogue.bnf.fr/ark:/12148/cb40560310q)

Para Mikael, Emilio y Angélica,
con cariño

Índice

Lista de cuadros, esquemas, gráficas y mapas	9
Agradecimientos	11
Siglas y abreviaturas	13
Monedas y conversiones	14
Introducción	15

Primera Parte
Comunidad, pertenencia y extranjería en Nueva España, 1560-1640 — 31

1. La categorización del extranjero en la comunidad política — 33
2. La fiscalidad como instrumento de categorización social: Las composiciones de extranjeros — 117
3. La categorización de extranjeros en la comunidad espiritual — 135

Segunda Parte
El impacto social y económico de la migración del Mar del Norte en Nueva España — 203

4. La migración laboral — 205
5. Migración cualificada y transmisión tecnológica: Los efectos de la gestión neerlandesa de la producción de salitre, los nitroderivados y el apartado de metales en México, 1590-1630 — 247
6. La migración mercantil — 299

Tercera parte
Una comunidad de comunidades — 355

7. La construcción de la pertenencia en el espacio novohispano — 357

Conclusiones	395
Bibliografía	407
Índice de nombres, lugares y temas	443

Lista de cuadros, esquemas, gráficas y mapas

Cuadro 1. Penas leves, regulares y severas de procesados por herejía protestante en 1601 — 181

Cuadro 2. Asientos de salitre en 1590 — 289

Cuadro 3. Repartimientos directos para la elaboración del salitre y la pólvora entre 1576 y 1620 — 293

Cuadro 4. Trabajadores asalariados en las compañías de nitroderivados y apartado de flamencos entre 1597 y 1599 — 297

Cuadro 5. Monto de las cargazones de mercaderes septentrionales en la flota de Nueva España entre 1592 — 314

Cuadro 6. Finiquito de la cuenta de los negocios en Indias de Pedro Sirman en 1620 — 337

Cuadro 7. Desglose de las consignaciones de la familia Neve en la flota de Nueva España de 1613 — 342

Esquema 1. Evolución de los consignatarios de cinco familias neerlandesas en Nueva España entre 1592 y 1607 — 315

Esquema 2. Conexiones transnacionales de Bartolomé Fermín en 1609 — 334

Esquema 3. Desglose de las instrucciones recibidas por Bartolomé Fermín de la compañía de Antonio López de Sevilla y Antolín Vázquez en 1613 — 335

Esquema 4. Red de consignadores y consignatarios de los mercaderes septentrionales en Sevilla y México en 1613 — 335

Esquema 5. Socios, encomenderos y proveedores en Nueva España de la familia Neve en 1613 — 343

Gráfica 1. Actividad procesal inquisitorial en el arzobispado de México, 1555-1570 — 144

Gráfica 2. Comparación de las manifestaciones de oro antes y después de realizarse el apartado en 1594 — 261

Gráfica 3. Estimación de los salarios de los apartadores en 1594 — 262

Gráfica 4. Derechos pagados por el oro apartado en 1594 — 264

Gráfica 5. Manifestaciones del oro apartado y de los derechos pagados en 1594 — 265

Gráfica 6. Manifestaciones de Gonzalo Gutiérrez Gil en 1597 — 274

Gráfica 7. Manifestaciones de Cristóbal Miguel en 1597 — 274

Gráfica 8. Manifestaciones de Guillermo Enríquez en 1597 — 274

Gráfica 9. Manifestaciones de Lucas Prestel en 1597 — 275

Gráfica 10. Manifestaciones de Cristóbal Miguel en 1598 — 275

Gráfica 11. Manifestaciones de Gonzalo Gutiérrez Gil en 1598 — 275

Gráfica 12. Manifestaciones de varios apartadores en 1598 — 276

Gráfica 13. Derechos del oro apartado a partir de sus quilates entre 1597 y 1598 — 276

Gráfica 14. Derechos del oro pagados entre 1590 y 1602 — 280

Gráfica 15. Derechos del oro pagados entre 1601 y 1610 — 281

Gráfica 16. Derechos del oro pagados entre 1609 y 1620 — 286

Gráfica 17. Monto de las consignaciones de flamencos y alemanes en la flota de Nueva España entre 1592 y 1613 — 320

Mapa 1. Jurisdicciones de las siete comisiones de extranjeros de 1625 — 122

Mapa 2. Poblaciones con vecinos neerlandeses y alemanes en el Camino Real del Norte y del Sur en 1590 — 236

Mapa 3. Los lagos del Valle de México en el siglo XVI — 268

Mapa 4. Ubicación de la salitrera de Culhuacán — 270

Mapa 5. Subsasentistas del asiento del salitre de Gregorio de Ortega en 1605 — 290

Agradecimientos

Para realizar la investigación, redacción y publicación de *Comunidad, pertenencia, extranjería. El impacto de la migración laboral y mercantil de la región del Mar del Norte en Nueva España, 1550-1640,* he contado con el generoso apoyo de distintas instituciones. El proyecto fue financiado por el Consejo Sueco de Investigaciones Científicas (Vetenskapsrådet, projektnummer 2017-02394). El formato de acceso abierto ha sido posible gracias a la apreciable ayuda de KU Leuven Fund for Fair Open Access, el fondo para publicaciones abiertas de Linnéuniversitetet (LNU medel för publicering med öppen tillgång) y el subsidio de LNU Centre for Concurrences in Colonial and Postcolonial Studies.

Este libro se ha nutrido directa o indirectamente de la colaboración de mucha gente. Quisiera expresar mi especial gratitud a Manuel Herrero Sánchez, Igor Pérez Tostado, Ana Crespo Solana y Werner Thomas, quienes leyeron y criticaron el manuscrito; a los evaluadores anónimos, por ayudarme con sus amables comentarios a mejorar sustancialmente el texto y a Eberhard Crailsheim y Birgit Tremml-Werner por sus certeras observaciones sobre la introducción. Gracias a los miembros del Centre for Concurrences in Colonial and Postcolonial Studies y en particular a mis colegas del grupo de Colonial Connections and Comparisons, Birgit Tremml-Werner, Eleonor Marcussen, Gunnel Cederlöf, Gunlög Fur, Hans Hägerdal, Kiel Ramos Suarez, Malin Gregersen, Marie Bennedahl, Preedee Hongsaton y Stefan Eklöf Amirell por hacer posible un espacio de trabajo solidario y enormemente estimulante para el intercambio de ideas.

Debo especial reconocimiento al personal de los archivos y bibliotecas que resguardan las fuentes que consulté para esta investigación y para Luis Toledo, que me ayudó a localizar y reproducir algunos legajos en México. Asimismo, merece mención el equipo editorial de Leuven University Press, bajo la dirección de Veerle de Laet, porque su profesionalidad ha hecho posible que el proceso de la publicación sea una grata y ligera experiencia.

Quedo en particular deuda con mi amigo y colega, Luis Salas Almela, compañero de interesantísimas discusiones y hombro de apoyo en momentos de dubitación; tuvo, además, la gran generosidad de leer y comentar este texto en varias ocasiones. Gracias a Huemac Escalona Lüttig e Irene Gómez Fernández, por su cercanía, a pesar de la distancia, y por las muchas veces que me ayudaron a sortear obstáculos y a conseguir documentación en los archivos de Sevilla y en México. Finalmente, quiero agradecer a mi familia, cómplices migrantes, sin quienes este proyecto no hubiera sido posible.

Siglas y abreviaturas

AGI	Archivo General de Indias
AGN	Archivo General de la Nación de México
AHN	Archivo Histórico Nacional de España
BNE	Biblioteca Nacional de España
CPAGNCM	Catálogo de Protocolos del Acervo Histórico de Notarías de la Ciudad de México
MIDB	Mexican Inquisition Documents, Biblioteca Bancroft, Universidad de California, Berkeley
WBS	W. B. Stephens Collection, Biblioteca Nattie Lee Benson, Universidad de Texas, Austin

Monedas y conversiones[1]

Monedas de plata

3 cornados	= 1 blanca
2 blancas	= 1 maravedí
34 maravedís	= 1 real (136 maravedís)
8 reales o tomines (272 maravedís)	= 1 peso de plata de tipuzque o 1 peso de a 8 (reales)
9 reales (306 maravedís)	= 1 peso de plata corriente
10 1/2 reales (350 maravedís)	= 1 ducado
11 1/3 reales (400 maravedís)	= 1 escudo

Equivalencias del oro

5 blancas y 1 cornado	= 2 maravedís de oro
5/6 de maravedí de oro	= 1 grano de oro (equivalente a 6 maravedís de plata)
4 granos	= 1 quilate (equivalente a 24 maravedís de plata)
12 granos de oro	= 1 real o tomín de oro (equivalente a 2 reales de plata)
8 tomines (16 de plata)	= 1 castellano o peso de oro de 22 quilates (equivalente a 544 maravedís de plata)
50 castellanos de 22 quilates	= 1 marco de 22 quilates (equivalente a 27.200 maravedís de plata)

[1] A partir de: Echagoyan Francisco, *Tablas de reducciones de monedas y valor de todo género de oro y plata…* México, Imprenta de Enrico Martínez, 1603. Cortesía de John Carter Brown Library.

Introducción

> Harrieros, oficiales, contratantes
> cachopines, soldados, mercaderes,
> galanes, caballeros, pleitantes.
>
> Clérigos, frailes, hombres y mujeres
> de diverso color, y profesiones
> de vario estado y varios pareceres.
>
> Diferentes en lenguas y naciones
> en propósitos, fines y deseos,
> y, aún a veces, en leyes y opiniones.
>
> Y todos, por atajos y rodeos
> en esta gran ciudad se desaparecen,
> de gigantes, volviéndose pigmeos.

De esta manera, Bernardo de Balbuena describía en 1604 a los pobladores de la Ciudad de México en el primer canto de su poema dedicado a ella[1]. Para el toledano, al igual que para su paisano Francisco Cervantes de Salazar 50 años antes, una de las grandezas de la reedificada urbe era la heterogeneidad cultural y el origen de sus habitantes. Esta característica, unida a su amplia traza, incomparable arquitectura y riqueza económica, mercantil y natural, dotaba a la ciudad, en ojos de los conquistadores, de su condición cosmopolita y la equiparaba o colocaba incluso más alto que sus pares más famosas en el resto del mundo[2]. La *Afortunada*, como era también conocida la capital entre sus panegiristas, se había levantado sobre el complejo cimiento pluriétnico y pluricultural indígena, formada a partir de las grandes migraciones ocurridas a lo largo de la época prehispánica

---

[1] BALBUENA, (1604) 1927, pp. 64-65.
[2] CERVANTES DE SALAZAR, 2000, pp. 21-130.

en el Valle de México, a las que se había añadido el ingrediente europeo, el africano y el asiático tras iniciarse la conquista del territorio[3]. En la capital, se forjó el modelo de ciudad novohispana, y desde ella irradió el proyecto de expansión y dominación política, económica y cultural española hacia el resto del hemisferio y las islas Filipinas[4].

Durante las primeras décadas, tras la caída de Tenochtitlán, los colonizadores erigieron una densa red de ciudades sobre las poblaciones indígenas que fueron anexando y reubicando para garantizar su abastecimiento y desarrollo. A partir de la década de 1570, las fundaciones de nuevas poblaciones disminuyeron, mientras que las principales metrópolis, que eran sede de las instituciones de gobierno, justicia, educación y comercio, experimentaron un rápido crecimiento de su población debido al aumento de la migración forzada de esclavos y al fuerte poder de atracción sobre migrantes libres de todo tipo y procedencia[5]. En el capítulo IV de la *Grandeza Mexicana* que describe la variedad de oficios y artes que se realizaban en la capital novohispana, Balbuena destacó a un grupo particular de migrantes que desempeñaba una gran variedad de trabajos especializados fundamentales para el sostenimiento y crecimiento de la capital:

> ¿Qué oficio tan sutil ha ejercido
> flamenco rubio, de primores lleno,
> en templadas estufas retirado,
> a quien los hielos del nevado Reno,
> en la imaginación dan con su frío
> un cierto modo a obrar dispuesto y bueno
> que aquí con más templanza, aliento y brío
> no tenga fragua, golpe, estampa, lima
> pincel, gurbia, buril, tienda o buhío?[6]

Investigaciones recientes han sugerido que el poeta habría escrito estas líneas para promover la inmigración de neerlandeses a México, en donde, gracias a su templado clima, se favorecería lo que el Balbuena calificaba como el natural ingenio y productividad de los septentrionales para realizar las actividades requeridas para su funcionamiento[7]. En realidad, como veremos, el poeta estaba retratando la absorción en curso de la

---

[3] LAGUNAS RODRÍGUEZ, 2018. SÁNCHEZ-ALBORNOZ, 1990.
[4] SOLANO, 1990, pp. 17-90.
[5] KICZA, 1990, 193-211. MORSE, 2003, pp. 15-43.
[6] Balbuena, (1604) 1927, p. 78v.-79.
[7] TERURINA. 2017, 224-228.

migración de trabajadores y comerciantes procedente de la costa atlántica septentrional europea y del Báltico en los mercados laborales de las urbes novohispanas.

Desde hace varias décadas venimos presenciando un notorio aumento en la historiografía sobre las comunidades de extranjeros en España y América durante la Edad Moderna y colonial que nos permiten apreciar, cada vez con mayor claridad, su importancia para la vinculación y expansión imperial de la monarquía hispánica[8]. En las provincias americanas, la migración lusa y, en menor medida, la italiana han recibido especial atención[9]. Este libro explora otra corriente, compuesta por trabajadores y mercaderes de la región del Mar del Norte, al virreinato de Nueva España. A pesar de ser notoriamente menos nutrido que el portugués o genovés, este colectivo presentaba rasgos particulares que eran considerados estratégicos para el desarrollo y sostenimiento de la monarquía católica –mano de obra especializada, conocimientos tecnológicos, redes financieras y mercantiles transnacionales– pero, al mismo tiempo, suponía un riesgo para la preservación de la estabilidad y seguridad política por su cuestionada fidelidad al rey y a la iglesia de Roma. Como veremos, el aumento de la presencia de neerlandeses y alemanes en el espacio novohispano dentro del contexto más amplio de expansión migratoria voluntaria y forzada internacional desencadenó cambios profundos de distinta índole, perceptibles desde mediados del siglo XVI.

La meta de este trabajo es dimensionar desde distintos ángulos las formas en que esta migración trascomunitaria de larga distancia generó transformaciones políticas, económicas y sociales en el virreinato mexicano en distintos niveles y formas de comunidad y cómo éstas, a su vez, funcionaron para articular la monarquía hispánica hasta el inicio de la crisis política de 1640[10]. Para ello indaga, por un lado, los cambios desencadenados en los regímenes de pertenencia de la comunidad política y religiosa novohispana como resultado del aumento de la llegada de europeos no españoles al territorio y su entrelazamiento con procesos similares paralelos en otros nodos de la monarquía católica. Por otro lado, explora el impacto de la migración laboral y mercantil de la región del Mar del Norte en la sociedad a partir de las actividades económicas

---

[8] Véase los estudios historiográficos de: RECIO, 2011 y 2015.
[9] Por citar algunos ejemplos: UCHMANY, 1992. MATEUS VENTURA, 2005. REITANO, 2006. GARCÍA DE LEÓN, 2007. STUDNICKI-GIZBERT, 2007. TRUJILLO, 2013. SULLÓN, 2016. BRILLI, 2016.
[10] Sobre el riesgo de romantizar al sujeto histórico véase: CONRAD, pp. 131-132. Sobre la migración transcomunitaria véase: MANNING, 2005, p. 6.

locales y transnacionales de los migrantes. Por último, examina los rasgos de diferenciación que resaltaron los septentrionales para aglutinarse como una comunidad y para marcar sus límites intra- e intergrupales, así como sus estrategias de resistencia, adaptación y resiliencia.

El marco espacial del libro se sitúa en la franja central del México contemporáneo, una región que históricamente ha funcionado como puente comunicante entre varios corredores migratorios transcontinentales y transoceánicos y que fue, durante el periodo colonial, uno de los ejes geohistóricos americanos[11]. Por ello, a pesar de esta circunscripción local aparente, las conexiones creadas por la circulación de las personas, ideas, productos y prácticas en este espacio tuvieron un alcance global e integrador que buscamos mostrar a través del cambio de escala espacial de análisis así como de algunos elementos conceptuales y metodológicos que se encuentran presentes a lo largo de la obra y que presentamos a continuación[12].

Migración mercantil y migración laboral

Contrario a lo que se ha creído anteriormente, los rastros que hemos obtenido a partir del entrecruce de documentación tan diversa como los protocolos notariales de la Ciudad de México o los registros de mercancía en las flotas de Indias, las licencias de pasajeros, los bienes de difuntos y las solicitudes para obtener cartas de naturaleza en la Casa de la Contratación de Sevilla desvelan cómo los mercaderes alemanes y neerlandeses –especialmente los flamencos– migraron, funcionaron como una comunidad que desarrolló dinámicas propias y operaron junto con un sector de la élite mercantil novohispana desde los últimos años del siglo XVI. Esta complementariedad, como veremos, causó reacomodos en las redes del comercio atlántico que nos permiten redimensionar varios temas, entre los que destacan el conflicto entre mercaderes naturales y extranjeros en torno al monopolio indiano entre 1590 y 1640, la interacción directa entre mercaderes indianos y extranjeros en el terreno americano durante una coyuntura de creciente "emancipación" económica de los reinos indianos[13], así como el importante papel que tuvo el comercio en América en el rápido afianzamiento de la nación flamenca y alemana en el *entrepôt* hispalense a partir de la puesta en marcha conjunta de distintas estrategias a escala atlántica.

---

[11] BONIALIAN, 2020.
[12] LEVI, 2018, pp. 21-35 y 2019, pp. 37-49.
[13] *Ibidem*.

La migración de trabajadores, por otro lado, estuvo íntimamente relacionada con la complementariedad que venía dándose desde el siglo XV de los mercados europeos y la expansión de las economías coloniales[14]. En contraste con las urbes de origen de los migrantes, que mostraban signos de sobrepoblación y un superávit de mano de obra que reducía los salarios, las urbes castellanas se encontraban en plena expansión, mostraban un fuerte déficit de trabajadores y ofrecían la oportunidad de encontrar plazas fijas y de recibir sueldos más altos[15]. Los puertos andaluces abrían, igualmente, la posibilidad de obtener una plaza en las flotas y armadas de Indias, de realizar la travesía atlántica y acceder a los mercados laborales en desarrollo en las provincias americanas, donde se requerían artesanos, sirvientes y soldados con distintos grados de especialización, como advirtieron varios historiadores desde princpios del siglo XX[16]. Además de rastrear quiénes eran estos migrantes y cuáles fueron sus motivaciones para viajar a las Indias, a lo largo de estas páginas nos interesa entender cuáles fueron los mecanismos de atracción y las condiciones sociales, políticas y económicas locales que facilitaron la creación de núcleos de población septentrional en puntos específicos de la geografía virreinal. Nos preguntamos hasta qué punto estas poblaciones estaban interconectadas, cómo funcionaron para generar estructuras de apoyo y de qué manera estas redes favorecieron la atracción de más paisanos. Al mismo tiempo, hemos tratado de retratar las formas de absorción de estos agentes dentro de las actividades económicas del espacio virreinal en que tuvieron mayor peso, ya fuera a partir de canales creados por las instituciones y las corporaciones locales o por los propios migrantes para satisfacer la demanda de los servicios que ofertaban.

Si bien hemos podido recopilar un buen número de ejemplos que constatan el importante papel para el sostenimiento del proyecto imperial español de esta fuerza de trabajo, la dispersión de las actividades que desarrollaban los migrantes dificulta apreciar su trascendencia. Por ello, para dimensionar la capacidad transformadora de esta *migración transcultural* y sus alcances, reducimos la escala de análisis para estudiar la introducción de la producción del salitre, la pólvora y el aguafuerte, así como de la técnica del apartado del oro y la plata en Nueva España a partir de la

---

[14] LÓPEZ MARTÍN, 2002, pp. 533-562. CRESPO SOLANA, 2009, pp. 3-14. BERNAL, 2002, p. 649. ISRAEL, 1989. O'FLANAGAN, 2008.
[15] THOMAS, 2001b, pp. 190-315.
[16] TORIBIO MEDINA, (1905) 1987. CUEVAS, 1946. HARING, 1947, p. 199. KONETZKE, (1965) 1971, pp. 59-63. LOCKHART, 1968. RODRIGUEZ VICENTE, 1968.

década de 1590. Como veremos, los conocimientos compartidos por migrantes germanos especializados en minería y metalurgia requirieron la apresurada adaptación legislativa, institucional, tecnológica y un rápido acceso a materias primas que, si bien fomentaron la articulación del reino y la monarquía, también supusieron el reforzamiento de las relaciones asimétricas inherentes al sistema colonial y de explotación de los recursos naturales. Nuestros resultados, creemos, aportan un importante eslabón entre los estudios que en años recientes han puesto atención en la producción y circulación del metal áureo en el virreinato como elemento de alteración económica desde el descubrimiento de las minas de San Luis Potosí en 1590[17].

En su conjunto, el estudio de las actividades de los mercaderes y trabajadores de la Región del Mar del Norte en Nueva España ofrece una visión más completa sobre el importante papel que tuvieron los migrantes de esta zona como intermediarios culturales entre territorios de o en intercción con la monarquía católica, y como agentes económicos fundamentales para la expansión y el mantenimiento del proyecto colonial español[18].

Migración y regímenes de pertenencia

Una de las características más evidentes de las migraciones es su capacidad para estimular transformaciones en los regímenes de pertenencia, es decir, el conjunto de las normas, regulaciones, costumbres y valores que involucran los tiempos de entrada y permanencia prolongada en una comunidad[19]. La llegada masiva de migrantes voluntarios y forzosos desde distintos puntos del globo, así como la enorme mortalidad y la relocalización de las poblaciones originarias desde mediados del siglo XVI y la necesidad de mantener a la población dentro del sistema jerárquico colonial se tradujo en una constante adaptación de las categorías sociales y jurídicas de pertenencia en el mundo hispánico para incluir o excluir a diferentes actores de los privilegios reservados a ciertos grupos. Es justo en este periodo en que surgieron las disputas entre la élite colonial de conquistadores y los españoles advenedizos que fueron determinantes en el surgimiento de la identidad criolla. También se definió la categoría

---

[17] MARTÍNEZ LÓPEZ-CANO, 2010. SERRANO HERNÁNDEZ, 2018.
[18] Sobre los conceptos *de intermediario, intermediario cultural* e *intersección* véase: BURBANK AND COOPER, 2010, pp. 11-15. ROTHMAN, 2011, pp. 3-7.
[19] BOSMA, KESSLER Y LUCASSEN, 2013, p. 19-20. WINTER Y DE MUNK, 2012, pp. 1-24.

jurídica de indígena (donde posteriormente se incluyó a los esclavos asiáticos) y se aceleró la creación de las categorías de mestizo, mulato y negro que terminaron por marginalizar institucionalmente a dichas poblaciones[20].

Durante la transición del siglo XVI al XVII, Tamar Herzog identificó que tanto la categoría de vecino como la de extranjero, que hasta entonces habían tenido formas y funciones similares en España y América, comenzaron a sufrir variaciones. En el primer caso, la categoría de vecino, que funcionaba como un régimen discriminatorio formal y explícito en ambas orillas del Atlántico, se transformó en una clasificación informal en las Indias. Si bien las causas de este importante canje continúan siendo una incógnita, la autora sugiere que podría deberse a las modificaciones locales de los sistemas jurídicos, o a que en América las nociones de domicilio, naturaleza y reputación se identificaron fuertemente con la "españolidad" de las personas, de la que quedaban excluidos indígenas, negros, mulatos, mestizos y, hasta cierto punto, los europeos no españoles. En el caso de los extranjeros, su exclusión habría estado íntimamente ligada a la prohibición a que viajaran y permanecieran en las Indias por su peligrosidad, así como para prevenir que obtuvieran naturaleza y, con ello, derechos para participar en el comercio. Una vez creada la asociación entre "españolidad" y vecindad, apunta Herzog, los procedimientos formales de discriminación habrían sido innecesarios[21]. La naturaleza, por su parte, continuó siendo en España un recurso relacionado a la *reserva de oficio*, a las discusiones concernientes a la soberanía regia y la estructura comunitaria, mientras que en América su definición habría estado íntimamente ligada a los intereses y las acciones tomadas por las élites mercantiles para limitar la participación de los extranjeros en el monopolio comercial atlántico[22].

La interrogante que se desprende del trabajo de Herzog es cuáles fueron las circunstancias y los mecanismos que contribuyeron a desasociar a los *Otros* europeos de los españoles en los regímenes de pertenencia de cada una de las provincias americanas precisamente en el tránsito entre 1550 y 1650. Este libro busca ofrecer algunas respuestas sobre este proceso en el caso concreto de la comunidad política y de la comunidad religiosa de Nueva España a partir de la realimentación que existía entre el *hecho*, la

---

[20] BRADING, 1991, pp. 323-344. PASTOR, 1999. TERURINA, 2017. SEIJAS, 2014. FISHER A. Y O'HARA M., 2009, pp. 1-38. SCHWALLER, 2016.
[21] HERZOG, 2003, pp. 17-63.
[22] *Ibídem*, pp. 94-118.

generación de legislación y el ejercicio del derecho desde la casuística[23]. En la práctica, lo anterior se traduce en la localización de los momentos en que el aumento de la migración y el acceso a los privilegios reservados a los vecinos y naturales de los europeos no españoles fueron cuestionados por iniciativa de las autoridades locales y metropolitanas (*desde arriba*) o de actores privados y corporaciones (*desde abajo*) en los canales de la justicia y de debate público[24]. Nos interesa rastrear cuáles de esas disputas descritas en, por ejemplo, la correspondencia oficial de las audiencias y virreyes, pleitos mercantiles y procesos judiciales, estimularon la creación de legislación y cómo estas tensiones, a su vez, se tradujeron en medidas específicas –comisiones, composiciones, represalias y expulsiones– dirigidas a excluir o diferenciar a los extranjeros de los españoles en las provincias americanas. Por último, buscamos indagar los alcances de esas medidas.

Para observar este fenómeno en la comunidad religiosa y en la justicia eclesiástica, nos concentramos en estudiar el desarrollo de la identificación de la herejía protestante con los inmigrantes septentrionales que se creó progresivamente durante el proceso de readoctrinamiento social contrarreformista instrumentado conjuntamente por la Iglesia y la Inquisición en los territorios de la monarquía. Esta transformación, estudiada en profundidad en la Península por Werner Thomas, tomó un cauce propio en el virreinato novohispano en gran parte definido por el aumento de la migración de la región del Mar del Norte en el espacio colonial y por las estrategias de resiliencia de los migrantes para hacer frente al sistema de control social de las sociedades indianas[25].

Tomando en cuenta los avances de la *nueva historia del derecho* sobre el peso que tenía la casuística en la jurisprudencia, así como la existencia de una idea generalizada sobre la necesidad de adaptar las leyes a la multiplicidad de contextos y realidades donde se impartía justicia[26], nuestro estudio abandona la idea de que exitía un legislación migratoria prohibitiva única, creada unilateralmente desde el centro hacia las periferias. Proponemos, por el contrario, situar las variaciones en los flujos migratorios y las necesidades de las corporaciones locales como los elementos fundamentales que determinaron la creación de la legislación, así como su eventual cumplimiento o sobreseimiento en cada

---

[23] Véase: AZOÁTEGUI, 1992, pp. 39-82.
[24] CASTILLO GÓMEZ, AMELANG, SERRANO SÁNCHEZ, 2010. POLLMANN y SPICER, 2007.
[25] THOMAS, 2001a y 2001b.
[26] ANZOÁTEGUI, 1992, 83-138; 2016, pp. 207-221.

localidad. En particular, nos preguntamos cuáles de estas disposiciones fueron acogidas en Nueva España, a cuáles se les dio seguimiento, de qué forma se adecuaron a las necesidades de cada provincia, a qué intereses respondieron, cuáles fueron sus alcances y consecuencias, así como las estrategias que siguen los extranjeros para contender, adaptarse o resistir todas estas circunstancias.

Para responder estas interrogantes y dimensionar su peso dentro del contexto más amplio de circulación de ideas del entramado policéntrico de la monarquía nos valemos del cambio en la escala de análisis (micro-macro) y del espacio (local, regional y global). De esta manera, tratamos de identificar algunos de los elementos que fueron, a través de la combinación de las prácticas sociales, del cambio en los estados de opinión y de la constante modificación de los sistemas normativos, influyendo en la creación progresiva y mutuamente constitutiva entre los territorios europeos y americanos de una categorización más precisa de extranjero como enemigo de la comunidad política y religiosa en el mundo hispánico hacia mediados del siglo XVII[27].

Los migrantes de la región del Mar del Norte

Una parte de este libro se basa en la reconstrucción de historias de vida de migrantes neerlandeses y alemanes en Nueva España a partir del método nominativo propuesto por Carlo Ginzburg y Carlo Poni, es decir, del seguimiento de los nombres y apellidos de individuos en el mayor número de fuentes disponibles para obtener información sobre una misma persona en diferentes contextos, temporalidades y espacios que, al ser sobrepuestos, permiten reconstruir tejidos sociales[28]. En nuestro caso, el rastreo de datos se ha realizado en archivos y bibliotecas de México, España y Estados Unidos, principalmente del Archivo General de la Nación de México y en el Archivo General de Indias en Sevilla.

Alrededor de una cuarta parte de los migrantes eran mercaderes de variado rango, por lo general originarios del condado de Flandes y del ducado de Brabante, y de sus hijos, esposas e hijas, generalmente nacidos en España y América, cuyo interés en participar en el monopolio comercial indiano sirvió como acicate para acelerar su proceso de integración en la sociedad andaluza y novohispana. El resto eran predominantemente

---

[27] La interacción del derecho Castellano en la formación del indiano y viceversa fue sugerida por: ANZOÁTEGUI, 1992. Dicha interacción en la formación de categorías de pertenencia se desarrolla en: HERZOG, 2003.

[28] GINZBURG Y PONI, (1979) 2003, pp. 77-91.

hombres, marineros, soldados, artesanos, aprendices, sirvientes, criados y labradores de procedencia diversa, que formaban parte del creciente sector de trabajadores europeos que se mantenían en constante movilidad entre distintos centros urbanos del globo para subsistir y mejorar sus condiciones de vida.

Nuestro análisis comprende a los llamados migrantes nómadas y a los sedentarios. El primer grupo incluye tanto a transeúntes como a "golondrinas", o personas que permanecían poco tiempo en un lugar. Las referencias de estos últimos en las fuentes son escuetas, en su mayor parte reducidas a un nombre, un oficio y un lugar de origen, pero nos sirven como indicios para percibir la vitalidad de los flujos y las trayectorias de movilidad de los septentrionales en los distintos espacios de la monarquía. Nuestro análisis, no obstante, se centra en los datos resultantes de la reconstrucción prosopográfica de la experiencia de alrededor de 200 migrantes sedentarios, es decir, aquellos que se establecieron o avecindaron en Nueva España, de quienes hemos podido obtener información más precisa a partir del entrecruzamiento de fuentes diversas. Este conjunto incluye a personas que se colocaban en distintas posiciones dentro del orden estamental y, por tanto, tuvieron posibilidades heterogéneas de acceso a los privilegios reservados a los castellanos y de asenso en las sociedades americanas. La mayor parte de esta migración estuvo integrada por trabajadores que por su *calidad* (clase y reputación) fueron posicionados generalmente dentro de la jerarquía más baja o media de la minoría colonizadora, a la que la aristocracia peninsular y criolla identificaba como "chusma"[29]. En otras palabras, los migrantes laborales europeos no españoles constituyeron, junto a los españoles pobres, el sector más privilegiado de los grupos subordinados o subalternos que integraban el complejo caleidoscopio social colonial[30].

En las fuentes, los protagonistas de este libro son identificados genéricamente como alemanes (30%) y flamencos (70%), septentrionales o los súbditos "rebeldes de las islas". Sabemos que la mayor parte de ellos provenía de la región del Mar del Norte y de su *hinterland*, especialmente de las ciudades de Amberes, Brujas, Gante, Groninga, Nimega y Midelburgo en los Países Bajos y Hamburgo y Lübeck en Alemania. Es decir, de la zona que corre de la llanura costera y central de los antiguos Países Bajos a las Tierras bajas del Norte de Alemania (*Norddeutsches Tiefland*) –o "Baja

---

[29] COPE, 1994, pp. 9-48.
[30] Subalternos entendidos como todos aquellos de rango inferior, pero no por ello necesariamente marginados de la sociedad. GANDHI, 2019, capítulo 1. GINZBURG, (1980) 2003, pp. 166.

Alemania", como es referida en la documentación– y la parte continental de Dinamarca, delimitada por las costas del Báltico y el Mar del Norte hacia el norte y las cadenas montañosas de las Tierras Altas de Alemania (*Mittelgebirge*) hacia el sur. En esta alargada franja existe hasta nuestros días una *comunidad lingüística* integrada principalmente por el neerlandés, el bajo alemán, el danés y sus respectivos dialectos, que, por su cercano parentesco como parte de la rama de las lenguas germánicas occidentales, posibilita la dilución de las diferencias de los idiomas a través del contacto de los hablantes, entre quienes se puede llegar a adquirir un alto grado de inteligibilidad mutua sin demasiado esfuerzo[31]. Dicha característica, posibilitadora de la *migración transcultural*[32], aunada al progresivo aumento de redes de comunicación marítimas y fluviales, facilitó el surgimiento de una cultura económica durante la Edad Moderna en la región que se distinguió por su rápido crecimiento económico, la expansión de redes sociales y comerciales, el intercambio de ideas y productos, así como por un alto grado de innovación tecnológica[33]. En este entorno, surgió una fuerza laboral que se mantenía en movimiento para abastecer las crecientes necesidades de mano de obra de las principales urbes y puertos de la región. Dentro de este entramado, las ciudades de los Países Bajos septentrionales se consolidaron como núcleos de atracción y expulsión hacia otros mercados laborales internacionales a partir de las últimas décadas del siglo XVI[34]. Aunado a ello, la existencia de rasgos culturales y de valores comunes propició la rápida difusión de distintas corrientes de la reforma protestante[35].

La migración de personas de esta región a Nueva España fue mayoritariamente indirecta e involucró una serie de escalas, entre las cuales los puertos andaluces, paso obligado del comercio entre el Mediterráneo y América hacia el Mar del Norte y el Báltico, funcionaron como los principales puntos de redistribución y empuje hacia los territorios indianos. Las causas detrás de estos flujos han sido relacionadas con la reactivación de los contactos comerciales de las ciudades hanseáticas con la península Ibérica y de la articulación de redes mercantiles de familias

---

[31] Las comunidades lingüísticas son discutidas por: MANNING, 2005, pp. 1-15. La inteligibilidad entre las lenguas de la región es conocida aún hoy en día a pesar del proceso de estandarización: GOOESKENS, et al., 2017.
[32] Véase: MANNING, 2005, pp. 4-10.
[33] BRAND y MÜLLER, 2007, p. 8. VAN BOCHOV, 2007, pp. 155-169. VAN LOTTUM, 2007.
[34] *Ídem.*
[35] PRICE, 1995, pp. 78-95.

castellanas en Flandes y Brabante durante el siglo XV[36]. Al iniciar el siglo XVI, la reunión dentro de la herencia territorial recibida por Carlos V de los territorios del Sacro Imperio, los borgoñones y los de la Corona de Castilla y Aragón allanó aún más los intercambios mercantiles, el apoyo militar en forma de soldados y la movilidad de miembros de las élites entre las cortes imperiales, gracias a la política de patronazgo del emperador[37]. Es precisamente durante las décadas de 1520 y 1530 que tanto nobles como miembros de las poderosas familias germanas que habían financiado la elección imperial e integraban las redes económicas y políticas internacionales que sostenían el imperio Habsburgo, como los Affaitati, los Fugger, los Welser o los Schetz, recibieron generosas concesiones del emperador a cambio de sus servicios y favores[38]. Las licencias y mercedes habilitaron a dichas familias para comerciar y explotar yacimientos minerales en los reinos castellanos, mientras que en Canarias y en América se les autorizó, además, para participar en la conquista, gobierno y colonización de ciertos territorios, para establecer factorías, beneficiar metales y sulfatos, comerciar con esclavos y efectuar navegaciones directas entre las Antillas y Flandes[39]. Una buena parte de estos proyectos no llegaron a materializarse, pero aquellos que sí lo hicieron, como la capitulación otorgada a los Welser en Venezuela y Santa Marta o la concesión de un asiento para introducir 4.000 esclavos en el Caribe, tuvieron un enorme impacto transformador en las sociedades del continente y en la "liberalización" de la política migratoria de extranjeros a las Indias hasta la década de 1530[40]. Este cambio jurídico agilizó el paso de un primer flujo de mercaderes y trabajadores germanos a las Indias que posteriormente fue difícil de controlar a pesar de la constante creación de legislación para regular la migración de extranjeros a las provincias americanas desde mediados del siglo XVI.

La llegada de neerlandeses a Andalucía, sobre todo de flamencos y brabanzones, de donde provenían los contingentes más numerosos, fue en buena parte consecuencia de la crisis política y el conflicto bélico que

---

[36] WEGENER, 2002, pp. 31-36. THOMAS Y STOLS, 2000. OTTE, 2008, p. 129 ss. CRESPO SOLANA, 2014. PIETSCHMAN, 2005, pp. 9-31.
[37] THOMAS Y STOLS, 2000. HERRERO SÁCHEZ, 2005, pp. 508-509. Ver también las contribuciones en: VERMEIR, EBBEN y FAGEL, 2011. GARCÍA HERNÁN, 2015, pp. 9-28. EDELMAYER, 2015, pp. 29-62.
[38] FAGEL, 2002, pp. 253-268.
[39] CESPEDES DEL CASTILLO, 2009, pp. 267-268.
[40] RAMOS PÉREZ, 1976, pp. 7-81 y 1977, 1-46. PANHORST, 1927. WALTER, 1985. SÁNCHEZ GÓMEZ, 1997, pp. 57-110. BELLO LEÓN, GLEZ MARRERO, 1997, pp. 11-72. 1-74. BERNAND y GRUZINSKI, 1996, pp. 165-215, tomo I.

enfrentó el gobierno Habsburgo y las provincias de los Países Bajos entre 1568 y 1648[41]. El exilio de población hacia distintos puntos de Europa había empezado décadas atrás durante la llamada *migración confesional* causada por la fuerte represión al protestantismo entre las clases populares por el gobierno de Bruselas entre 1520 y 1540[42]. Al iniciarse la Guerra de los Ochenta Años (1568-1648) la salida de personas se recrudeció en las provincias sureñas tras la rendición escalonada de ciudades claves de Flandes y Brabante a los ejércitos españoles en la década de 1580. Se calcula que únicamente en esos años alrededor de 60.000 personas abandonaron Brujas, Gante, Bruselas (1584) y Amberes (1585), teniendo esta última un monto aproximado de 38.000 personas[43] exiliadas. La mayoría se refugió en las provincias norteñas de los Países Bajos y en otras capitales de la región del Mar del Norte, donde dicho grupo tuvo un importante peso en el desarrollo industrial y mercantil locales[44].

Un menos nutrido, pero igualmente significativo, contingente de trabajadores en busca de empleo y de familias de mercaderes con anteriores lazos comerciales con España se vio atraído a las pujantes ciudades castellanas. Los mercaderes se acomodaron especialmente en Andalucía, donde lograron afianzarse como parte de las élites del puerto señorial de Sanlúcar de Barrameda y Cádiz, así como en Sevilla, donde acumularon privilegios gradualmente hasta que alcanzaron constituirse en corporación mercantil junto a los mercaderes alemanes en las primeras décadas del siglo XVII[45]. Estas familias se consolidaron en pocas décadas como los principales intermediarios entre los mercados de la región del Mar del Norte y Francia con los mercaderes castellanos. Al mismo tiempo, participaron en el monopolio indiano y mandaron, como reconocieron Israel y Stols, a miembros de sus linajes para representar sus negocios e intereses en las provincias americanas, donde, en opinión de ambos autores, tuvieron siempre una presencia dispersa y exigua[46]. Israel, por su parte, destacó la clara ventaja que tenían estas comunidades transnacionales con conexiones en las plazas más importantes de Europa

---

[41] STOLS, 1971. THOMAS Y STOLS, 2000. THOMAS, 2001b. LÓPEZ MARÍN, 2006. CRAILSHEIM, 2016.
[42] BERHSGMA, 1994, pp. 68. DUKE, 1990, pp. 29-59. HOUTTE, 1977, p. 129.
[43] ISRAEL, 1998, pp. 155-168 y 205-220. MOCH, 2003, pp. 53-54. PARKER, 1989, pp. 167-194.
[44] TRIM, 2001. ISRAEL, 1999, pp. 307-327. MOCH, 2003, pp. 22-31. GELDERBLOM, 2013.
[45] STOLS, 1971. THOMAS y STOLS, 2000. CRESPO SOLANA, 2002 y 2014. FAGEL, 2002, pp. 253-268. LÓPEZ MARÍN, 2006. CRAILSHEIM, 2016.
[46] STOLS, 1971. ISRAEL, 1980, pp. 126-127.

sobre los cargadores "naturales" y el envío de sus compatriotas para evadir las cargas fiscales del comercio[47].

La formación de una comunidad desde la heterogeneidad

Si bien la presencia de neerlandeses y alemanes fue una constante desde los inicios de la colonización del continente, este hecho no necesariamente se tradujo en la formación de comunidades en todos los territorios americanos. En Nueva España, la llegada y asentamiento de septentrionales fue un proceso que se remontó por lo menos a la década de 1560 y que comenzó a consolidarse con el arribo y estancia sostenida de personas atraídas por las oportunidades de empleo y comercio hacia finales de 1580. La reconstrucción de la malla social de los migrantes nos ha permitido comprobar la existencia de varios asentamientos localizados en puntos estratégicos del virreinato entre los cuales destaca el de la Ciudad de México por el número de sus integrantes.

En las páginas anteriores hacíamos referencia a los rasgos culturales que facilitaron la comunicación, cooperación y aglutinación entre los septentrionales. No obstante, la región del Mar del Norte era un espacio culturalmente heterogéneo, que presentaba un complejo y cambiante mapa religioso en el que concurrían el judaísmo, el catolicismo y diferentes denominaciones del protestantismo –luteranismo, calvinismo, anabaptismo y otras corrientes de la *Reforma radical*– que llegaron a tener una clara asociación con las revueltas políticas contra el régimen español. La coincidencia de formas de cristianismo en el escenario colonial creó dinámicas únicas entre los migrantes de las que surgieron nuevas maneras de identificación y redefiniciones necesarias para reconocerse como comunidad en un contexto en que, por un lado, carecían en gran medida de redes familiares y corporativas de apoyo y, por otro, su fidelidad a la Iglesia de Roma y al monarca católico era constantemente sometida a escrutinio a través de los múltiples canales del sistema de control social.

A partir del marco teórico propuesto por Fredrik Barth para el estudio de los grupos étnicos, de las formas de resistencia de los grupos subordinados desarrollada por James C. Scott y de la ideología multidisciplinar de Teun A. Van Dijk, este trabajo busca retratar la complejidad de esas dinámicas colectivas[48]. Identificamos qué elementos seleccionaron los migrantes del conjunto de los contenidos culturales que compartían y cuál fue el significado que les dotaron en el contexto novohispano para crear una

---

[47] ISRAEL, 1980, *Ídem*.
[48] BARTH, 1969, pp. 9-38.

identidad colectiva, así como para mantener sus diferencias intra- e intergrupales, especialmente con los españoles. Para ello procuramos recuperar las voces de los migrantes en las declaraciones que dieron ante las autoridades coloniales, especialmente las inquisitoriales. Tomando en cuenta los riesgos en la utilización de la información contenida en esta documentación por las evidentes circunstancias asimétricas en las que fue producida y que han sido ampliamente discutidas por Ginzburg, hemos puesto énfasis en realizar una lectura a contrapelo de las fuentes, es decir, de encontrar las coincidencias de opinión y los estados de "normalidad" a partir de los cuales se vuelven reconocibles las tensiones y anomalías[49]. A diferencia de otros estudios que ponen énfasis en describir los procesos de integración de los migrantes en las sociedades de acogida presuponiendo así la existencia de una homogeneidad aceptada, regulada y anhelada[50], nosotros nos hemos preguntado cuáles fueron sus estrategias de adaptación a entornos siempre cambiantes, de sus procesos de interrelación social y sus formas de resiliencia colectiva[51].

Disposición de la obra

El libro está dividido en tres secciones que corresponden a los tres objetivos de la obra, que consisten en analizar el impacto de la migración de la región del Mar del Norte en los regímenes de pertenencia en la comunidad política y religiosa novohispana (primera parte), en la sociedad, a partir de las actividades económicas de los migrantes (segunda parte) y en la formación de una comunidad de migrantes en el entorno colonial (tercera parte). Estos tres segmentos suman siete capítulos que, en su totalidad, buscan ofrecer una representación de las complejidades de los procesos migratorios y sus múltiples implicaciones desde distintos ángulos de análisis. El primer capítulo indaga la evolución de la categoría de extranjero en la comunidad política desde 1550, momento en que son perceptibles los primeros cambios en la clasificación legal en Nueva España y hasta la crisis política de la monarquía en 1640. El capítulo segundo discute el papel que tuvo la fiscalidad como herramienta para discernir a los españoles del resto de los europeos en las sociedades indianas dentro del proceso de transformación de la categoría de extranjero en la comunidad política. A continuación, el tercer capítulo examina la relación del aumento de la migración de extranjeros a las Indias en la formación de una categorización

---

[49] GRENDI, (1994) 1996, 131-140. LEVI, 2001, 97-119. REVEL, 1994, pp. 125-143.
[50] LINDO, 2005, pp. 7-20.
[51] Véase: FISHER A. Y O'HARA M., 2009, pp. 1-38.

negativa del europeo no peninsular como hereje protestante y enemigo de la comunidad religiosa. En el capítulo cuarto exploramos la migración laboral de la región del Mar del Norte en Nueva España como parte del proceso de complementariedad de las economías atlánticas y del reflejo de este fenómeno en la creciente demanda de trabajadores de este origen con distinto grado de especialización en las urbes americanas. Trazamos las motivaciones de los migrantes para desplazarse a las Indias, los corredores de información y movilidad que hacían posible sus traslados y las condiciones que favorecían su integración en el sistema económico colonial. Seguidamente, el capítulo quinto estudia el papel de estos migrantes como transmisores de tecnología a partir de la introducción de la producción de nitro, de sus derivados (pólvora y aguafuerte) y del apartado del oro y la plata, así como el impacto transversal de sus actividades en la economía y la sociedad. En el capítulo sexto, analizamos las redes y la penetración de mercaderes flamencos y alemanes en la plaza mexicana, sus estrategias grupales, la colaboración con los comerciantes locales y las implicaciones de sus actividades en las redes de comercio atlántico. Por último, el capítulo séptimo explica el proceso de creación de una identificación colectiva entre los migrantes de la región del Mar del Norte, los límites que había entre los subcomponentes endógenos y exógenos de la comunidad, así como sus estrategias de adaptación, resistencia y resiliencia.

En su conjunto, los estudios de la primera parte contribuyen a entender los cambios en los regímenes de pertenencia en el mundo hispánico y sirven, a la vez, como marco histórico en el que se identifican los momentos de actuación institucional y cambio jurídico hacia el conjunto de los extranjeros en Nueva España. Por otro lado, los capítulos de la segunda y la tercera parte retratan la movilidad, circulación y transferencias de la migración germánica en el espacio colonial a partir de las experiencias particulares y colectivas de sus protagonistas.

Primera Parte
*** Comunidad, pertenencia y extranjería en Nueva España, 1560-1640***

1.
La categorización del extranjero en la comunidad política

Porque respecto del [bien] temporal,
son en realidad tantas las repúblicas, cuantas las comunidades[1].

En el mundo hispánico la palabra *comunidad* se usaba para describir varios tipos y niveles de organización social. El misionero e historiador fray Juan de Torquemada (ca. 1557-1624), por ejemplo, apuntó en su *Monarquía Indiana* que en Nueva España existían tres modos de comunidad: la familia, los barrios y las ciudades o repúblicas. De entre ellas únicamente la última podía considerarse perfecta porque ahí se conglomeraban parcialidades a cuyos habitantes los unían las mismas necesidades y el deseo de alcanzar el bien común[2]. Estas corporaciones eran consideradas como entidades con gobiernos propios, ordenados por una ley que había sido forjada a través de la costumbre, la cual pertenecía a sus ciudadanos en tanto que ellos mismos la habían creado. La cabeza de la república era el rey quien, como juez supremo, tenía jurisdicción superior y aglutinaba bajo su ley un conjunto de repúblicas, territorios y reinos[3].

En este sistema, extranjero era todo aquél que no estuviera integrado en la comunidad local (vecino) o la comunidad de los reinos (natural), pero la integración, lejos de ser una categoría delimitada *desde arriba*, era un proceso que se llevaba a cabo *desde abajo*, a través de la convivencia

---

[1] BARBOSA HOMEM, 1629.
[2] TORQUEMADA, 2010, pp. 14-16, vol. IV, libro 11.
[3] CLAVERO, 1995.

cotidiana de la población y, en consecuencia, estaba sujeta a una constante renegociación social sobre la base de los intereses, las circunstancias, los pactos y los acuerdos entre individuos y corporaciones en determinado tiempo y lugar. Las personas mostraban sus deseos de arraigarse a través de *intenciones* que se concretizaban por medio de *acciones* sumamente diversas que podían incluir el contraer matrimonio, residir de forma permanente en la localidad, adquirir bienes raíces o ejercer los derechos y cumplir con las obligaciones reservadas a los vecinos. En este proceso, el silencio colectivo era entendido como una señal tácita de aceptación mientras que la desaprobación se manifestaba en problemas de distinta índole y gravedad. Si por alguna razón la integración de una persona era contendida, el afectado podía buscar el reconocimiento formal ante la justicia y obtener una *carta de vecindad* para ampararse de situaciones similares en el futuro[4].

La integración en la *comunidad de los reinos* se adquiría de forma natural, principalmente por nacimiento, pero también por vasallaje, matrimonio, herencia, por haber sido rescatado de la cautividad, por muerte o deshonor, por emancipación, conversión al catolicismo o por haber residido por al menos diez años en los territorios bajo jurisdicción regia. Al mismo tiempo, estas condiciones no dejaban de ser un constructo social en constante transformación de acuerdo con los intereses, las circunstancias, los pactos y negociaciones alcanzados entre las corporaciones y el rey en determinado tiempo y lugar. No obstante, la naturaleza también podía ser otorgada por voluntad del rey, a través de una declaración formal o *carta de naturaleza*.[5] Debido a la constitución compuesta de la monarquía hispánica, la necesidad de establecer qué personas podían gozar de las prerrogativas reservadas a los naturales (reserva de oficio, privilegios eclesiásticos, privilegios comerciales) dio origen a discusiones en cada reino para definir quiénes podían ser comprendidos como naturales y quiénes debían ser clasificados como extranjeros durante la Edad Media y prosiguieron con mayor auge tras establecerse la Corona el derecho exclusivo de los naturales de sus reinos a migrar y comerciar en los territorios indianos.

Al igual que en los contextos urbanos de Europa, la regulación de la migración en América en las repúblicas de españoles era un asunto que competía primordialmente a los gobiernos y corporaciones locales quienes, al estar a cargo de la distribución de los recursos y del control de los mercados bajo su jurisdicción, tenían a su disposición una serie

---

[4] HERZOG, 2003, pp. 2-118.
[5] *Ibídem*, pp. 66-67.

de mecanismos de inclusión o exclusión que facilitaban o limitaba la estancia de los recién llegados en las ciudades, de sus actividades económicas o de su acceso a los andamiajes de asistencia social (hospitales, cofradías, gremios) que funcionaban como los principales elementos de aglutinación e integración comunal[6]. El poder que tenían las poblaciones locales en esta materia era fundamental para atraer el poder económico mercantil y conservar los niveles adecuados de mano de obra especializada permanente y semi permanente de acuerdo con las necesidades que requería la infraestructura y el desarrollo de la urbe o población, a la vez que mantenía a los trabajadores no especializados en constante movilidad para abastecer las necesidades de la siempre cambiante oferta y demanda de la producción[7].

De forma simultánea, en estos espacios operaba la ley del rey, que se imponía por vía de su jurisdicción superior y a través de sus instituciones por las que penetraba transversalmente en todos los reinos bajo su Corona y por la que podía actuar contra los extranjeros cuando así lo creyera conveniente o cuando violaran sus disposiciones para, entre otras cosas, migrar y comerciar en las Indias. En este proceso, se generaba legislación constantemente que incluía o excluía a los extranjeros de privilegios en respuesta a las necesidades de la monarquía, de distintas corporaciones e individuos clave para los intereses del monarca[8]. Es decir que, a pesar de que el paso y la permanencia de extranjeros estaban prohibidos en las Indias desde épocas muy tempranas, como se ha repetido constantemente en la historiografía modernista en base a una copiosa legislación generada a lo largo de los siglos de trabazón imperial, las ciudades indianas gozaban de una semiautonomía para decidir la cantidad y la calidad de su población sin que por ello se cuestionara o contendiera la voluntad regia, puesto que mantenían con el monarca un diálogo constante en el que se negociaban las necesidades e intereses de ambos espacios.

En este sentido, los europeos no españoles no fueron excluidos *per se* de las sociedades indianas. Por el contrario, una copiosa documentación de archivo confirma que aquellos que habían logrado poner pie en América e integrarse eran considerados como parte del colectivo étnico "español"

---

[6] KEENE, 2009, pp. 1-15. DE MUCK Y WINTER, 2012, pp. 1-25.

[7] Juan de Palafox denunciaba la descompensación de población a lo largo del virreinato debido a las restricciones más o menos fuertes que ponían los corregidores, véase: ISRAEL, 1980, p. 209. Otro ejemplo de este tipo de regulación es la petición del Cabildo secular de Filipinas para que se envíen vecinos a la isla, véase: Respuesta al Cabildo secular de Manila sobre varios asuntos, Madrid, 1639. AGI, Filipinas, 330, L. 4., F. 129v-130r.

[8] *Ibídem*, p. 66.

tal cual lo notó el padre Gerónimo Pallas, quien al describir la "diversidad y mezcla de naciones" en los virreinatos hacia 1619, advirtió:

> …y por español se entiende *cualquier hombre blanco nacido en Europa* y otras provincias o islas de los que acá pasan y *viven* en estos reinos, porque *el nombre español fuera de significar la nación es título de honra*, y vale lo mismo que hombre no indio, ni mestizo, ni quarterón, ni mulato, ni negro, etc., sino como en Castilla se dice un hidalgo[9].

La observación de Pallas muestra que en la práctica dentro de la diversidad social que existía en los territorios americanos con una indiscutible mayoría de indígenas, negros, mestizos y otros grupos marginalizados, el término español aglutinaba a todos los europeos arraigados sin distinción de su procedencia. Lo anterior no quiere decir que los individuos de distintas procedencias no se diferenciaran entre sí –esta diferencia se hacía y cumplía una importantísima función aglutinadora y excluyente entre las distintas *naciones* dentro de las sociedades corporativas– sino, más bien, que las persona de origen europeo compartían rasgos culturales, religiosos y etnoraciales similares a los españoles que facilitaban su integración a la república de españoles y los equiparaba para poder disfrutar de los privilegios reservados a ellos según fuera su *calidad*. Estos privilegios eran, a la vez, el elemento que servía como parámetro para determinar el lugar que correspondía al resto de los grupos dentro de la escala social establecida en el orden colonial[10]. Es decir que los migrantes europeos no españoles se incorporaron como parte de la minoría colonizadora dominante y sumaron un elemento de tensión y conflicto en las sociedades americanas debido a que su procedencia y "calidad" heterogénea afectó los intereses de distintos actores y sectores en los virreinatos, la península y el conjunto de la monarquía.

El objetivo de este capítulo es localizar los momentos en que la presencia de extranjeros fue motivo de debate o conflicto en Nueva España en dos sentidos, por un lado *de abajo hacia arriba,* tomando como punto de arranque el ámbito corporativo y de justicia local, y eventualmente del rey, tanto para intervenir en las coyunturas de tensión como para ofrecer espacios de negociación y redefinición de los límites establecidos. Por otro lado, *de arriba hacia abajo,* en el que de manera inversa, la Corona –movida por intereses diversos– inició este proceso para injerir sobre

[9] PALLAS, 2006, pp-163-164.
[10] BARTH, 1969, pp. 9-38.

las poblaciones de europeos no españoles en los espacios locales a través de sus agentes de justicia y gobierno. De esta forma buscamos rastrear los efectos de la presión de los flujos de la inmigración de europeos no españoles que desde mediados del siglo XVI comienzan a intensificare en los cambios de los *regímenes de pertenencia* en la comunidad política novohispana. El análisis de estas dinámicas nos permitirá obtener una imagen más completa sobre los estímulos que desde distintos sectores de la sociedad y en ambos lados del Atlántico motivaron la creación progresiva del andamiaje normativo dirigido a excluir a los extranjeros de los privilegios de los naturales en el conjunto de la monarquía.

La transición entre los siglos XVI y hasta mediados del siglo XVII ha sido identificada como un momento de cambio en la definición de las categorías de vecino, extranjero y natural dentro de las comunidades políticas en los territorios americanos[11]. En este proceso la identificación de los extranjeros como competidores económicos de la élite mercantil, por un lado, y como una amenaza para la soberanía del monarca sobre sus territorios, por el otro, aparecen como un tópico recurrente utilizado por corporaciones y autoridades en ambos lados del Atlántico para justificar un buen número de acciones de distinta índole contra estas poblaciones. En las siguientes páginas veremos como todos estos elementos se fueron articulando progresivamente desde 1550 para dar cabida a una definición más precisa de la categoría de extranjero en los territorios indianos hacia mediados del siglo XVII y en concordancia con el inicio de la crisis general de la monarquía en 1640.

1.1. Élites mercantiles, legislación y prácticas locales, 1550-1590

Hasta mediados del siglo XVI la presencia de extranjeros en Nueva España no fue un tema central de discusión entre las autoridades. Las primeras normativas sobre esta materia no nacieron de la comunidad local, sino de la necesidad regia de obtener mayores beneficios fiscales a partir de la prevención de la saca de moneda, el ordenamiento del comercio, la navegación de la Carrera de Indias en 1552 y del cumplimiento de los compromisos que la Corona había adquirido con el Consulado de Sevilla[12]. Los mercaderes hispalenses habían tenido influencia en la política comercial y migratoria indiana desde los inicios de la colonización, pero su autoridad comenzó a adquirir un peso determinante tras la fundación del gremio en 1543 y de manera más concluyente tras la aprobación de

[11] HERZOG, 2003, pp. 44-45.
[12] SANZ, 1986a, p. 44. BERNAL, 2004, pp. 129-160. GARCÍA-BAQUERO, 2003.

sus ordenanzas en 1556. Es en este momento cuando se concretizó el llamado "flujo de doble beneficio", por el cual el Consulado obtendría paulatinamente mayores privilegios para garantizar el monopolio del comercio americano a sus agremiados a cambio del pago regular de tributos, el ofrecimiento de generosas donaciones y préstamos; y la facilitación de múltiples servicios administrativos, financieros y logísticos a la Corona[13]. Identificados como uno de los mayores oponentes comerciales de los mercaderes sevillanos, los extranjeros quedaron expresamente excluidos del privilegio para comerciar en América aunque continuaron haciéndolo a través de distintas estrategias. La Corona buscó parar esta participación a través de la creación una legislación más restrictiva especialmente concentrada en dificultar las formas de asociación comercial de extranjeros y los requisitos para obtener licencias especiales y cartas de naturaleza, con el fin de satisfacer las condiciones que el Consulado presentaba de forma recurrente sobre la materia en las negociaciones para convenir acuerdos entre ambas partes. Con su enorme poder, el Consulado fue acumulando mayores atribuciones en detrimento de las justicias locales y tuvo injerencia para limitar los privilegios comerciales de otros puertos peninsulares, en las Canarias y en las Indias y, por supuesto, de los extranjeros que realizaban sus negocios con América desde esos puertos[14].

Desde los primeros viajes de exploración en el Atlántico, las islas del archipiélago canario se convirtieron en escala obligada de la ruta de la navegación a Indias y por su fundamental importancia gozaron de licencias regias para comerciar con productos de la tierra que eran indispensables para el aprovisionamiento de los territorios caribeños y de las posesiones portuguesas en África y América de azúcar, vinos y frutos secos[15]. La función y ubicación estratégica de las islas atrajeron rápidamente a mercaderes portugueses, italianos, ingleses, franceses y neerlandeses a través de los cuales se estableció una red dinámica de intercambios directos con los mercados más importantes de Europa y de éstos con los puertos indianos a través de distintas modalidades[16]. En 1561, las quejas del Consulado de Sevilla sobre esta situación motivaron una cédula para prohibir que los extranjeros cargaran en las embarcaciones con destino a las Indias a menos que "hubieran vivido en estos reinos, o en las dichas islas diez años con casa y bienes de asiento y fueren casados

---

[13] HEREDIA HERRERA, 1992, 35-52. HEREDIA HERRERA, 2004, pp. 181-161. BERNAL, 2004, 129-160. OGILVIE, 2011, pp. 15-16.
[14] BERNAL, 1992, pp. 123-207. LOBO CABRERA, 2004, pp. 401-416.
[15] VIEIRA, 2004, PP. 41-84.
[16] BRITO GONZÁLEZ, 2000. LOBO CABRERA, 1988, pp. 11-23.

en ellos o en las dichas islas con mujeres naturales de ellas", es decir, que fueran vecinos y naturales. La peculiaridad de esta cédula se centra, por una parte, en que por primera vez una orden de este tipo se hacía extensiva a todas las posesiones americanas: "y lo mismo hacemos a los extranjeros que estuvieren en las nuestras Indias por tiempo de diez años, siendo casados y teniendo en ellas" y, por otra parte, en que plasmaba la conclusión de una discusión previamente sostenida en ambos lados del Atlántico en que se buscaba definir quiénes debían ser considerados naturales o extranjeros para efectos de tratar y contratar en América[17].

Al parecer la duda surgió en 1559, cuando Rafael de Figuerola, el recién nombrado gobernador de Tierra Firme, había tratado de poner en ejecución la provisión de 1552 que prohibía la contratación de extranjeros en Indias y ordenaba su expulsión contra un nutrido grupo de mercaderes portugueses que realizaba contrataciones por importantes sumas de dinero en asociación con sus contrapartes en los puertos castellanos y europeos. No obstante, Figuerola tuvo que frenar sus acciones porque los imputados se reconocían como vecinos con derechos a ejercer el comercio libremente y como víctimas de las autoridades que trataban de minar sus privilegios sin que existiera una orden regia previa que suplantara a la costumbre. Ante el dilema de cómo debía actuar con personas que eran consideradas como vecinos y naturales en Tierra Firme, pero extranjeros de la *comunidad de los reinos*, el gobernador requirió una clarificación del Consejo de Indias para proceder de la manera que más conviniera a los intereses del monarca. Lo anterior resultó en un capítulo de carta en el que el gobierno central buscaba armonizar los intereses económicos en juego con los usos y costumbres locales:

> …*Y los que hubiesen pasado sin licencia y fueren mercaderes y no casados*, puesto que [aunque] hayan estado diez años y más tiempo *no los tendréis por naturales*, antes los echaréis de esta tierra y haréis venir a estos reinos. Y *a los extranjeros que no fueren mercaderes* que hubieren estado diez años o más en estas partes, teniendo vecindad y hacienda, como tal *tenerles por naturales, aunque no sean casados*.[18]

---

[17] Archivo General de la Nación (en adelante AGN), Reales Cédulas Duplicadas, vol. 30, exp. 1249, fs. 339-342v.
[18] AGN, Reales Cédulas Duplicadas, vol. 30, exp. 1249, ff. 339-342v. Véase: MENA GARCÍA, p. 71.

Parte de este mismo texto (se omitió la orden de expulsión) fue insertado, como vimos, en la cédula enviada a Canarias en 1561 y posteriormente se remitió en su forma original también a la Audiencia de Santo Domingo para aclarar la forma de proceder con los mercaderes portugueses en las Antillas.

En Nueva España, no obstante, este debate y las acciones para limitar las actividades de los extranjeros y proceder a su explosión parecen haber pasado inadvertidas, según explicaba al Consejo de Indias el visitador de la Audiencia, Jerónimo de Valderrama, en una carta remitida en 1564, donde aseguraba que en México los extranjeros estaban "tan quietos como si no hubiese provisión que los mandase echar". A pesar de que él había aportado datos concretos a la Audiencia sobre el paradero de "muchos" que debían ser capturados y embarcados a España, los oidores se habían negado a nombrar un fiscal para llevar las causas porque, aducían, no tenían en su poder las cédulas que así lo ordenaban. Cuando Valderrama finalmente logró que se formara una comisión, escribió nuevamente al Consejo para expresar sus dudas sobre si alguna vez llegaría a entrar en funciones porque entendía que en Nueva España los extranjeros gozaban del favor de todas las autoridades y justicias. Él mismo había podido verificar que en raras ocasiones llegaban a ordenarse sentencias de expulsión y, cuando sí se mandaban, se realizaban de forma deficiente porque se echaba a las personas "de una provincia y no del reino", con lo cual después de un tiempo era fácil que regresaran sin haber cumplido sus condenas[19]. Las autoridades, por el contrario, tenían una actitud que promovía la llegada de extranjeros porque les ofrecían empleos a su servicio y mercedes "oficios, estancias y caballerías"[20], con lo cual terminaban integrándose, avecindándose y convirtiéndose en naturales por prescripción.

Bajo la presión del visitador, los oidores sí realizaron algunas expulsiones, principalmente de marineros que por distintas razones habían permanecido en el virreinato[21], pero una vez concluida la revista se volvió a actuar únicamente en los momentos que fueron absolutamente necesarios. Lo anterior puede apreciarse en el caso de Juan Jerónimo Spínola, una de las únicas personas que se *requirieron* desde España durante este periodo por comerciar en América sin ser natural. Desde mediados de 1560, Spínola, un mercader genovés soltero avecindado en la ciudad de Sevilla, buscó obtener una cédula de naturaleza que le permitiera realizar sus negocios

---

[19] AGI, México, 92, f. 32.
[20] *Ídem.*
[21] AGI, Justicia, 877, N. 7.

libremente en las Indias. Aunque la petición le fue denegada, se le concedió en cambio una licencia especial por dos años en 1567 para trasladarse a Nueva España y cobrar las deudas que le debían en esas tierras. Al mismo tiempo, el genovés aprovechó para llevar mercancías por más de 700.000 maravedíes, las cuales comenzó a vender tan pronto puso un pie en el virreinato[22]. En vista de sus notorias actividades económicas, el licenciado Alonso Muñoz, visitador extraordinario junto al doctor Carrillo para averiguar y juzgar los asuntos que se desprendieron de la llamada conjura de Martín Cortés, trató de aprehender a Spínola para proceder en su contra, sin éxito porque éste, dijeron: "se le fue y ausentó sin haberle podido más haber…"[23]. La Audiencia de México respondió de forma similar a una cédula que insistía sobre la aprehensión de Spínola enviada por el Consejo de Indias en 1569[24] y, después de otra reiteración un año más tarde por parte del Consejo, indicaron que habían decidido no ejecutarla porque había más personas con el mismo apellido en el reino. Finalmente, en 1572, tras enviarse un segundo *requerimiento* –ahora dirigido al virrey Martín Enríquez–, se informó que se había embarcado a un prisionero para ser entregado en Sevilla, aunque no se tenía la certeza de que fuera la persona correcta[25]. Y no lo era, porque dos años antes, en 1570, Spínola había retornado a España para solicitar nuevamente carta de naturaleza directamente en la Corte, con la diferencia de que entonces la posición de su familia extendida en la corte había cambiado sustancialmente y él contaba, además, con el apoyo de una amplia red social que había construido gracias a las conexiones de su parentela y a su intensa actividad comercial durante su estancia en México[26].

Efectivamente, Juan Jerónimo formaba parte de la poderosa familia aristocrática genovesa que junto a los Centurión eran unos de los principales acreedores de Felipe II y desde 1568 tenían a su cargo el cobro de los almojarifazgos de Sevilla, pero, a pesar de ello, habían fallado en sus intentos por abrir el comercio Atlántico a los extranjeros[27]. No obstante, Juan Jerónimo mantenía estrechos contactos con la rama de la familia que se había afincado en Gran Canaria donde su tío, Agustín, quien era regidor[28]. Sus primos Agustín (hijo), Bartolomé, Polo y Silvestre habían

---

[22] AGI, Indiferente, 2052, N. 72.
[23] AGI, México 1090, L. 6.
[24] AGN, Reales Cédulas Duplicadas, vol. 47, exp. 234. AGI, México 68, R. 25, N. 72.
[25] AGI, México, 19, N. 82.
[26] AGI, Indiferente, 2052, N. 72.
[27] LORENZO SANZ, 1986a, p. 52.
[28] AGI, Indiferente, 2052, N. 3. Sevilla, 1569.

emigrado por esa ruta a Nueva España y se habían acomodado como "gente principal" en la provincia, tal como correspondía a su afiliación a la nobleza ligur y grancanaria, y a la cantidad de su hacienda, amasada, en parte, gracias a sus inversiones en la contratación, a la rápida adquisición de haciendas de minas en Taxco y a otros negocios en Puebla[29]. Su posición dentro de las estructuras de las élites de la monarquía hispánica los volvían un referente de contacto para los viajeros de su condición y los comisionados peninsulares que por alguna razón eran enviados a México[30]. En casa de sus primos en México Juan Jerónimo entabló una relación estrecha con otros genoveses distinguidos, como Próspero Doria y Miguel de Canto, criado del rey, quienes fungieron como testigos de peso en Madrid para que su nueva solicitud de naturaleza fuera a la postre aprobada ese mismo año, quizá en relación con las 8 licencias especiales que Agustín Spínola y Gerónimo Centurión pedían por 5 años en razón de arrendamientos que tenían a su cargo que en un principio les fueron negadas[31]. Finalmente, Juan Jerónimo se trasladó nuevamente al virreinato donde siguió el mismo patrón de integración y ascenso social que sus primos consolidando los intereses de su familia en las Indias[32].

Tal como sugiere este ejemplo y otros que presentamos a lo largo de nuestro trabajo, dentro de la sociedad novohispana los europeos no peninsulares gozaban del mismo trato y de los mismos privilegios que los peninsulares, convivían y cooperaban con ellos como vasallos de un mismo monarca y ciudadanos de una misma república, aunque sus actividades y su condición los volvía siempre sujetos vulnerables de represalias. En el contexto de una sociedad de inmigrantes como era la que integraba la república de españoles, las relaciones entre la población minoritaria de europeos, sobre todo entre las élites, era tan estrecha e intrincada, que los intereses de sus protagonistas se entrelazaban rápidamente y creaban vínculos de dependencia en distintos aspectos de la vida social, económica y política que resultaban difíciles de deshacer sin que con ello se afectaran los intereses colectivos. Esta circunstancia volvía indispensable que las órdenes regias, dictadas del otro lado del océano para satisfacer pactos que muchas veces resultaban totalmente ajenos a las necesidades locales, se acataran haciendo lecturas "alternativas", fueran adaptadas

---

[29] AGI, México, 19, N. 82.
[30] Véase: HERRERO SÁNCHEZ, 2009, pp. 97-134.
[31] LORENZO SANZ, 1986a, p. 52. DRELICHMAN Y VOTH, 2014, p. 164.
[32] Hacia 1609, Juan de Spínola era dueño de minas en Taxco y alcalde mayor de las minas de Huautla en Guerrero. Véase: AGI, México 176, N. 55. AGN, Tierras, 252, vol. 2969, exp. 144.

o sobreseídas de acuerdo a lo que se consideraba más conveniente por las justicias en cada comunidad[33]. De hecho, este punto fue claramente expuesto por el visitador Valderrama al inicio de sus pesquisas, cuando subrayó lo "muy emparentados" que estaban las familias del virrey y de los oidores, de donde, aseguraba: "pocos negocios dejan de tocar a los unos y a los otros y todos tienen padrinos porque cada día son menester los unos a los otros"[34].

Sin duda, esta poderosa red social donde, como recientemente explicó Manuel Herrero, nacía y se sustentaba el modelo de soberanía compartida en la que reposaba el funcionamiento de una monarquía policéntrica como la hispánica[35], jugaba también en contra de los intereses particulares de la Corona que, en determinadas circunstancias, debía encontrar vías para volver más eficaces la persuasión, influencia y control que tenía sobre sus vasallos. Uno de esos medios era la impartición de justicia, ya que a través de ella la Corona podía ajustar, negociar, acomodar e imponerse ante el orden corporativo de las sociedades locales[36]. Lo anterior explica que Valderrama sugiriera la necesidad de crear una Sala del Crimen a cargo de alcaldes que no tuvieran ninguna relación previa con México para, por un lado, crear un contrapeso en las relaciones ya existentes –más acorde con una línea de actuación marcada desde Madrid–[37] y, por otro lado, como un recurso que serviría para poner fin a los retrasos en el deber regio de impartir justicia. Aunado a ello, se solucionarían los distintos problemas que, en su opinión, urgía remediar dentro de la población novohispana, entre los que se encontraba la proliferación de vagabundos, mestizos y, aunque no llegó a precisarlo, es muy probable que por su insistencia en el tema también pensara en controlar a los extranjeros que con cada vez más frecuencia comerciaban sin licencia en el virreinato[38].

La propuesta del visitador se materializó en septiembre de 1568, no sin quedar exenta de complicaciones. La llegada de los alcaldes, como era predecible, suscitó una serie de disputas con los oidores que se tradujeron en un largo periodo de definición de competencias, procedimientos y atribuciones de ambos juzgados, así como de estos dos con el Cabildo de la ciudad y los alcaldes de corte[39]. Una de las múltiples dudas que se

---

[33] Véase: TAU ANZOÁTEGUI, 2016 pp. 223-243.
[34] AGI, México, 68, R. 21, N. 51, f. 1r.
[35] HERRERO SÁNCHEZ, 2017, pp. 17-92.
[36] HESPANHA, 1993.
[37] AGI, México, 68, R. 21, N. 51, f. 1.
[38] GARCÍA ABASOLO, 1983, p. 48.
[39] *Ídem*, p. 50.

remitieron al Consejo de Indias a inicios de 1570 era qué fuero debía procesar a las personas que migraran sin licencia al virreinato puesto que, en principio, este tipo de delitos eran adjudicados a la sala del crimen en primera y segunda instancia, pero los oidores negaban a los alcaldes consultar el libro de cédulas porque éstas estaban dirigidas únicamente a ellos[40]. Un año más tarde, el 24 de mayo de 1571, Felipe II otorgó jurisdicción exclusiva a la Sala del Crimen para juzgar los casos de extranjeros relacionados con la migración sin licencias, aunque en la práctica los acusados podían suplicar su causa ante el virrey alegando ser naturales o ante la Audiencia, si eran vecinos. Esto último unido a que la Sala del Crimen se caracterizó desde el inicio de sus funciones por su morosidad, por la progresiva acumulación de pleitos causada por el aumento sustancial de la población europea en la Audiencia de México y la persistente falta de funcionarios, factores que explican que la posibilidad de que los extranjeros fueran expulsados a Sevilla fuera prácticamente nula a pesar de las múltiples denuncias existentes y de la insistencia del Consejo de Indias para que se cumplieran las cédulas. Por ejemplo, al regresar a España después de cumplir su tarea como factor y veedor de Nueva España en 1572, Martín de Aberruza describió que en Canarias había sido testigo del "gran trato que genoveses y otros extranjeros tenían en las Indias", una escena que se repitió a su llegada a Veracruz. En esa ocasión Aberruza hizo una denuncia inmediata a las justicias del puerto, pero su respuesta lenta a penas resultó en algunas incautaciones de poca monta porque los infractores fueron notificados y tuvieron tiempo suficiente para esconder sus mercancías[41]. El problema era, en resumidas cuentas, estructural y se prestaba a la total ineficacia de las justicias aún cuando se presentaban denuncias contra personas concretas.

La casi inexistente respuesta de las autoridades civiles durante la década de 1570 y 1580 en materia migratoria contrasta con la enérgica actividad represiva inquisitorial hacia la población extranjera predominantemente de las clases trabajadoras en el virreinato. Los cambios realizados dentro de las estructuras del *Estado espiritual* durante este periodo, entre las que

---

[40] AGN, Reales Cédulas Duplicadas, vol. 47, exp. 308. AGN, Reales Cédulas Duplicadas, vol. 6, exp. 625. Al AGN, Reales Cédulas Duplicadas, vol. 47, exp. 448. GARCÍA ABASOLO, 1983, pp. 40-65. Dentro de la ciudad de México y cinco leguas a su alrededor, la Sala del Crimen funcionaba como tribunal en primera y segunda instancia, mientras que el Consejo de Indias era la tercera instancia en condenas de muerte. Las sentencias dadas fuera de esas cinco leguas donde la justicia ordinaria era primera instancia podían ser suplicadas en la Sala del Crimen sin posibilidad de recurrir ante el Consejo de Indias. Véase: ARREGUI ZAMORANO, 1981, p. 33.

[41] AGI, México, 1090, L. 7, f. 145.

destaca la instauración del tribunal inquisitorial de México y la celebración de 6 autos de fe durante la primera década trajeron consigo un impacto evidente en el aumento de denuncias contra europeos no españoles en la segunda década que fueron fundamentales en la creación de la asociación entre extranjero, protestantismo y amenaza en el virreinato[42]. Fruto de esa actividad fueron los informes enviados por distintas personas al Consejo de Indias relativos a la creciente "peligrosidad" protestante y judeoconversa en el virreinato, como el de Francisco López de Tenorio, conquistador y regidor de la provincia de Zapotecas, que en 1568 subrayaba el apremio que había por expulsar a la gran cantidad de extranjeros y portugueses –nótese la diferencia hecha entre unos y otros por el autor– por el peligro que representaban en razón del contacto epistolar que tenían con personas de sus países y porque, decía, "muchos andan federados con luteranos y franceses y hay muchos en esta Nueva España que saben la lengua de los naturales y les hacen entender que si ellos permanecen les quitarán los tributos"[43]. La supuesta asociación entre indígenas y extranjeros, siempre temida por los españoles en las Indias y a todas luces exagerada, fue posteriormente desacreditada por los inquisidores[44].

Mientras tanto, el aumento en el flujo migratorio a partir de la unión de la Corona portuguesa a la monarquía y la consecuente acentuación del asentamiento de lusos, griegos y otras personas provenientes del espacio Mediterráneo aliados de los estados italianos fue un elemento que se sumó a la presión demográfica que en este sentido venían ejerciendo los españoles en los pueblos de indios a lo largo del Camino Real. Una queja del cacique de Tlaxcala al Consejo de Indias sobre "los muchos agravios de los que eran sujetos" sirve como botón de muestra de la integración de los extranjeros entre la población colonizadora, del uso de sus herramientas de control y la reproducción de sus estrategias para imponerse en la economía de las poblaciones originarias. El cacique apuntaba una gran preocupación sobre la venta irregular de vino que tres jóvenes solteros, Juan Niso, Juan Pica y Juan Antrea, hacían en las poblaciones de la zona con lo que se registraba un aumento en la violencia y en el desorden público en las comunidades. Como en su momento explicó Magnus Mörner, desde 1562 la Corona había buscado proteger a los naturales de este tipo de abusos prohibiendo el asentamiento de foráneos y vagabundos en los pueblos de indios[45], pero precisamente en

---

[42] Véase capítulo 3.
[43] AGI, México, 168, f. 285.
[44] Véase el capítulo 3.
[45] MÖRNER, 1970.

cuanto a la permanencia de los extranjeros en estos lugares el gobierno central decidió dejar la resolución del problema en manos del virrey Álvaro Manrique y Zúñiga, marqués de Villamanrique, a quien se instruyó proceder de la manera "que más conviniera al bien de la tierra" en 1585[46]. Al parecer, las tribulaciones de los pueblos tlaxcaltecas no se consideraron una prioridad porque la aprehensión de los tres jóvenes levantinos no llegó a concretarse sino hasta la llegada del virrey Luis de Velasco, marqués de Salinas, en 1591[47]. No obstante, y en conexión con unas advertencias hechas a la Inquisición para que tomara medidas cautelares y vigilara a los muchos portugueses mercaderes, presuntamente judeoconversos, que se habían embarcado a Nueva España durante 1586 y 1587, Manrique y Zúñiga sí buscó coordinar las acciones de todas las autoridades en Nueva España y Nueva Galicia para aprehender a los ingleses, flamencos, franceses y levantinos avecindados que causaban "inconvenientes al servicio de Su Majestad"[48]. Con una orden pionera en Nueva España, el marqués mandó a los alcaldes, corregidores y a sus tenientes a que, bajo pena de perder sus oficios, utilizaran a "todos los hombres que tuvieran en sus jurisdicciones" para capturar, secretar e inventariar los bienes de los extranjeros para remitirlos a la cárcel de corte donde serían juzgados. Desconocemos cuál fue la recepción de la orden entre las justicias locales o incluso si llegó a tener algún alcance inmediato, no obstante su contenido evidencia un aspecto señalado recientemente por Victor Tau Anzoátegui, a saber, el largo proceso en la búsqueda de la articulación de los distintos niveles de gobierno[49] que en el tema que nos ocupa se da entre 1560 y 1590 para obtener un control más firme a través de la introducción de la legislación *desde arriba* en el tratamiento de los extranjeros "no convenientes" a la voluntad regia en la comunidad política novohispana.

1.2. Hacia una categorización más precisa, 1590-1607

A partir de la década de 1590, las acciones tomadas por las autoridades seculares contra los extranjeros en América se intensificaron de forma notable por varias razones. Por un lado, la grave crisis fiscal causada por la política bélica contra las potencias antagonistas europeas iniciada en la

---

[46] AGN, Reales Cédulas Duplicadas, vol. 3. exp. 53, f. 25. CENTENERO DE ARCE, pp. 138-139.
[47] AGN, Indios, vol. 5, exp. 101, f. 96r. México, 12 de enero de 1591.
[48] AGN, Reales Cédulas Duplicadas, vol. 3. exp. 53, f. 25.
[49] ANZOÁTEGUI, 2015, p. 242.

década anterior generó una situación de extrema necesidad de fondos en la Real Hacienda que empujaron a la Corona a imponer recaudaciones fiscales extraordinarias y a negociar arreglos con distintas corporaciones para reducir sus gastos a cambio del otorgamiento de prerrogativas. Fue este el caso de las disposiciones para limitar la participación de extranjeros en el comercio Atlántico que se acordaron con el Consulado de Mercaderes de Sevilla en 1591 y la imposición de las llamadas *composiciones de extranjeros* en las Indias en 1592 que analizamos más adelante.

Por otro lado, la unión de Portugal a la monarquía hispánica y la tregua alcanzada con el imperio otomano en 1581 reorientaron las prioridades políticas de Felipe II hacia Europa y el Atlántico; un espacio en donde la presencia de embarcaciones inglesas se había intensificado desde 1570 desafiando así la soberanía territorial y el monopolio comercial español sobre sus provincias ultramarinas. Esta situación se vio severamente agravada tras el acercamiento diplomático entre Inglaterra y las Provincias Unidas que resultó en el protectorado inglés sobre las provincias rebeldes pactado en el tratado de Nonsuch en agosto de 1585. En respuesta a la nueva alianza, Felipe II impuso un embargo general a las embarcaciones mercantiles de ambas naciones, el cual tuvo dos grandes repercusiones para el tema que nos interesa. Por un lado, la medida fue usada por Isabel I como excusa para autorizar una serie de ataques contra embarcaciones y puertos de la monarquía en el espacio Atlántico que no disminuyeron sino hasta la firma de la paz de Londres entre ambas potencias en 1604. Asimismo, el primer embargo general contra embarcaciones septentrionales en distintos puertos peninsulares fue seguido por al menos tres periodos en que se repitió su implementación contra navíos holandeses y zelandeses (1585-90, 1595-96, 1598-1608) y por el llamado Decreto Gauna (1603) para reducir al mínimo el acceso de los súbditos rebeldes a materias primas como la sal y especias portuguesas, la lana castellana o los colorantes y metales preciosos americanos que eran indispensables para el funcionamiento de su protoindustria y comercio, con el objetivo de dañar su economía, aislar su participación mercantil y presionar así su capitulación[50].

El impacto de las incautaciones fue objeto de un amplio debate historiográfico durante las década de 1980 y 1990 entre dos posturas: aquellos historiadores que en base a las ideas de Fernand Braudel negaban que el Estado durante la Edad Moderna tuviera los medios para cortar

---

[50] ISRAEL, 1982; 1988. LÓPEZ MARTÍN, 2005. HERRERO SÁNCHEZ, 2009, pp. 193-229. ALLOZA APARICIO, 2012.

la circulación del comercio o de los mercados y, por otro lado, Jonathan Israel, quien argumentó que estas tácticas eran parte de una estrategia de guerra económica y que, a partir de datos empíricos, evidenció su incuestionable efectividad como detonante de "los cambios más dramáticos en el comercio internacional durante el siglo XVII"[51]. En efecto, porque todas estas barreras comerciales no sólo tuvieron consecuencias en la esfera de la persuasión diplomática, sino que estimularon la organización de compañías mercantiles y de exploración, como la Compañía de las Indias Occidentales (VOC), que se aventuraron a realizar intercambios directos en América y, posteriormente, en Asia[52]. En poco tiempo, los holandeses comenzaron a frecuentar las Islas de Sotavento para abastecerse de sal y perlas (Cubagua, Margarita, Punta Araya), penetraron en el mercado del comercio del cuero con la complicidad de las poblaciones locales en las Antillas Mayores y del azúcar en Brasil e intensificaron la actividad pirática en todo el Caribe en donde ya navegaban franceses e ingleses desde mediados del siglo XVI[53]. Ante este nuevo escenario la Corona trató de reforzar sus defensas en América ampliando la construcción en su sistema de fortificaciones y las milicias en los llamados *puertos llave*. Al mismo tiempo, se buscó cortar las vías ilícitas del comercio directo, de *rescate* de mercancías destituyendo a las autoridades y re-localizando poblaciones costeras que coadyuvaran en esas actividades, endureciendo la legislación para penalizar esos delitos y aún destruyendo los yacimientos de materias primas para que sus enemigos no pudieran suministrarse en ellos.

Hacia el interior, se buscó reforzar la vigilancia y el control de los extranjeros en respuesta a las múltiples advertencias que desde distintos sectores se remitían a España sobre el notable y descontrolado aumento de la migración extranjera a las provincias americanas del que empezaban a hacerse evidentes la carencia de medios para prevenir la internación y avecindamiento de trabajadores en las provincias indianas, tema al que volveremos en el capítulo 4, y, principalmente, la molestia de ciertos sectores de la élite mercantil. De esta preocupación se desprende la demanda hecha por el Consulado de Sevilla para restringir los requisitos al otorgar naturalezas con habilitación para tratar y contratar en las Indias

---

[51] ISRAEL, 1990, p. 197. El debate fue analizado por: LÓPEZ MARTÍN, 2005. ISRAEL, 1982; 1988. HERRERO SÁNCHEZ, 1999. SALAS ALMELA, 2008. ALLOZA APARICIO, 2006.
[52] BLUMENTRITT, 1977, pp. 22-26.
[53] SLUITER, 1948, pp. 184-196. ISRAEL, 1997, pp. 25-31. HERRERO SÁNCHEZ, 1993, pp. 179-200.

como punto fundamental en el acuerdo firmado sobre el cobro de la avería en 1591 y los llamamientos realizados por la Corona a sus justicias en ambos lados del Atlántico para reforzar los controles migratorios en el embarque y desembarque de pasajeros cada vez que se aproximaba la renovación de dicho acuerdo.

Durante las negociaciones iniciadas en 1596 y concluidas en 1598[54], por ejemplo, se mandó suspender las comisiones para componer extranjeros y se prohibió que se realizaran en lo sucesivo con personas que no cumplieran con la condición de vecindad que se exigían para evitar así el arraigo de advenedizos, principalmente de personas originarias de los Países Bajos, Francia e Inglaterra. En efecto, la introducción de las composiciones había creado una genuina confusión, ignorancia u omisión sobre las restricciones para comerciar que pesaban sobre los extranjeros que habían pasado sobre este procedimiento. Si bien las instrucciones que se mandaron a los virreyes advertían que los sometidos al arbitrio quedaban únicamente habilitados para realizar negocios en los territorios indianos y no así en el comercio Atlántico, para no caer en contradicciones con los acuerdos firmados con el Consulado de Sevilla, en la práctica lo que imperó fue un clima de tolerancia generalizada sobre las actividades comerciales que los extranjeros realizaban en América durante la década de 1590. Lo anterior quizá explica que instituciones como el Cabildo de la Ciudad de México o el Consulado de Mercaderes mexicano, no realizaran, hasta donde entendemos, ninguna queja sobre la apertura de tiendas pertenecientes a mercaderes extranjeros en las principales calles de la capital durante ese periodo[55].

A principios del siglo XVII, no obstante, el aumento considerable de la migración portuguesa a partir de la creación del sistema de asientos de 1595, así como de la italiana y la flamenca, y su irrupción en los nichos de mercado que hasta entonces habían estado dominados por los naturales, como el comercio de la grana cochinilla, fue el detonante que comenzó a sembrar el descontento entre un sector de almaceneros novohispanos[56]. De esa forma, a mediados de 1602 algunos mercaderes dirigieron una denuncia al virrey conde de Monterrey por los "inconvenientes y molestias" que les ocasionaban ciertos extranjeros que comerciaban en el reino a pesar de las prohibiciones existentes y advertían sobre las consecuencias nocivas

---

[54] AGI, México, 23, N. 79. AGI, Indiferente, 427, L. 30, f. 261r-261v. AGI, México, 24, N. 24.
[55] Véase capítulo 6.
[56] VALLADARES, 2016, p. 111. AGN, Reales Cédulas Duplicadas, vol. 4, exp. 30, f. 29. Véase capítulo 6.

que estas actividades podían tener sobre la contratación y la recaudación fiscal si no se les ponía fin. En respuesta a ello, el virrey instruyó a todas las justicias de la ciudad para que pudieran recibir denuncias sin que por ninguna razón iniciaran procesos antes de que él primero revisara las causas[57]. Uno de los mercaderes que quizá resultaba más molesto y fue denunciado ante varias instancias por haber viajado a las indias siendo extranjero (Audiencia) y por contratar sin licencia (Cabildo) era el florentino Santi de Federigui. Federigui había viajado con licencia especial para realizar cobros sin que pudiera completarlos en los años asignados[58]. Hacia 1602 pidió al virrey permiso para componerse y una carta orden para que no lo molestaran hasta la salida de la flota del año entrante que le fue concedida[59]. Como es bien sabido, el capitán Federigui se convirtió en uno de los mercaderes más importantes de Filipinas, Nueva España y Sevilla en las décadas siguientes y quizá la composición realizada en Nueva España por merced de Monterrey, tuvo un peso importante en la concesión de su naturaleza.

El incremento de extranjeros tuvo una incidencia directa en el aumento de la actividad inquisitorial contra judeoconversos, en su mayor parte portugueses, y protestantes, primordialmente de origen neerlandés, procesados y expuestos en autos de fe en las décadas de 1590 y 1600[60]. Los posibles riesgos de contagio de ideas heterodoxas entre los indígenas y la estrecha relación que algunos de los acusados portugueses tenían con el asentista de esclavos, Pedro Gómez Reynel (1593-1603) y el comercio de esclavos por el que se sabía que se introducían mercancías de contrabando y un importante número de marineros y pasajeros que se quedaban en la tierra, motivó al arzobispo de México, Francisco García de Zumárraga y Mendoza, a solicitar como medida preventiva la prohibición del avecindamiento de extranjeros, sobre todo de lusos, en los puertos del virreinato que dio origen a la cédula de 17 de octubre de 1602[61]. Si bien la orden sentó precedente jurídico y, efectivamente se buscó darle seguimiento pidiendo informes a las audiencias sobre la materia, en la práctica no llegó a tener efectos relevantes durante este periodo por la falta de vigilancia en los puertos, pero primordialmente por la dependencia que distintos sectores económicos y militares tenían

---

[57] AGN, General de Parte, vol. 6, exp. 237, f. 92v.
[58] AGN, General de Parte, vol. 6, exp. 237, f. 90 V.
[59] AGN, General de Parte, vol. 6, exp. 190, f. 75v.
[60] Vease capítulo 3.
[61] UCHMANY, 1992, p. 169.

en la mano de obra, servicios, conocimiento y recursos económicos de las comunidades extranjeras en los territorios de la monarquía[62].

La importancia que iba adquiriendo esta población en América se refleja en el creciente interés de la Corona por cuantificar su número, procedencia y actividades en los virreinatos. Hacia 1606 y tras recibirse en Madrid las noticias sobre la magnitud que había alcanzado el comercio de contrabando en Cuba, Santo Domingo, Puerto Rico, Venezuela y Margarita con las potencias enemigas[63], se ordenó a las autoridades indianas que elaboraran una relación de todos los extranjeros especificando su procedencia, calidad y tiempo de vecindad en los territorios de su jurisdicción "con todo secreto, sin que se entienda, ni causar ningún inconveniente"[64]. En octubre de ese mismo año, en un momento en que las negociaciones de paz con las provincias rebeldes de los Países Bajos habían dado pocos frutos, se mandó otra cédula por la que se ordenaba localizar y expulsar únicamente a los neerlandeses; una resolución que sin lugar a dudas estaba dirigida a cortar las redes de intercambio que esa comunidad venía tejiendo con gran éxito entre Sevilla y las plazas americanas desde finales de 1590[65] y evitar el flujo de productos y metales que por esa vía lograran alcanzar los puertos holandeses en coordinación con los esfuerzos que para este efecto se realizaban en los puertos peninsulares y en las plazas lusas[66]. Esta intención se expresa claramente en la cédula por ser la primera en que identificamos una incipiente pero clara intención de la Corona de unificar a todos los dominios de la monarquía bajo una misma estrategia de guerra económica ante la imparable penetración del comercio extranjero en las provincias americanas[67].

> He sido informado que en esas provincias residen muchas personas naturales de las islas de Holanda y Zelanda y otros flamencos que se corresponden con ellos y por cuyos medios tienen allá muchos tratos y entradas en los puertos y muchas noticias de todo y que es de gran inconveniente permitir su estancia y vivienda en esas partes, especialmente es tiempos en que está prohibido a los de

---

[62] AGN, Reales Cédulas Duplicadas, vol. 4, exp. 3. AGN, Reales Cédulas Duplicadas, vol. 4, exp. 38. AGI, México, 72, R. 7, N. 89. AGI, México, 72, R. 7, N. 93. Véase capítulo 4.
[63] SLUITER, 1948, pp. 184-196. AGI, Santo Domingo, 869, leg. 5, f. 74-74v.
[64] AGI, Indiferente, 428, leg. 32.
[65] Véase capítulo 7. ALLEN, 2001, pp. 219-237. ALLOZA APARICIO, 2006, pp. 32-34.
[66] VALLADARES, 2001, p. 20.
[67] AGI, Indiferente, 428, leg. 32. Véase capítulo 6.

las dichas islas en trato y contrato en estos reinos y tan abierta la guerra con ellos[68].

En las Antillas, la aplicación de ambas cédulas se realizó sin objeciones[69]. En Perú, no llegó a ponerse en práctica porque la Audiencia de Lima consideraba que de hacerlo se atentaba contra el *statu quo* porque los extranjeros tenían distintos grados de integración en la sociedad, eran gente trabajadora y eran considerados un recurso fundamental para el desarrollo económico porque se acomodaban "a los oficios mecánicos de la república y a la labranza y cultura del campo"[70]. En México, el virrey marqués de Montesclaros, si bien canalizó la orden a los alcaldes del crimen para que la ejecutaran, restó importancia al tema al argumentar que en el reino no eran muchos los extranjeros "*que hay que echar*", esto es, los que supusieran un peligro o no estuvieran de alguna manera arraigados. Según indicaba, él había logrado embarcar a algunas personas problemáticas –léase para algunos sectores de la oligarquía colonial–, aunque con dificultad porque contaban con el respaldo de "muchos valedores de fuerza", es decir, de otros grupos con poder que los protegía, tal como 40 años atrás había descrito el visitador Valderrama[71].

Al parecer, en la Metrópoli consideraba de vital importancia el cumplimiento de esta medida sobre todo durante los momentos más críticos de las negociaciones diplomáticas con las Provincias Unidas. Así, en un capítulo de carta dirigido a Luis de Velasco al comenzar su segundo periodo de gobierno en 1607, se volvió a insistir sobre la realización de la lista, y aunque éste también instruyó a los alcaldes del crimen para que hicieran las diligencias necesarias para localizar y expulsar a los neerlandeses, al poco tiempo mandó suspenderlas hasta recibir una aclaración del Consejo de Indias sobre si la orden debía aplicarse únicamente con los septentrionales o si era extensiva para

---

[68] AGI, Indiferente, 428, N. 32, f. 138v-139.
[69] Las listas de flamencos se hicieron en Santa Marta, Santo Domingo, y Venezuela donde 115 de los 125 reportados eran portugueses. SLUITER, 1948, p. 194. SAIGNES, 1959, pp. 47-55.
[70] AGI, Lima, 95. BRADLEY, 2001. Otro ejemplo lo encontramos en 1618 cuando la Audiencia de Lima suspendió una nueva orden de composición por entender que la mayoría de los marineros de la Armada Real eran de origen extranjero y la medida podía ahuyentarlos.
[71] La única expulsión de un extranjero durante el gobierno de Montesclaros (mayo de 1607) fue el florentino Joseph Bonacoste, presuntamente enviado por el gran duque de Toscana por sospecha de espionaje. Véase: AGI, México, 26, N. 92. AGI, México, 26, N. 100. HANKE Y RODRÍGUEZ, 1976, PP. 242-246.

todos los extranjeros[72]. Algunas personas sí fueron enviadas a Sevilla y en 1608 se mandó aprender por orden de Madrid a Rodrigo Álvarez e Victoria, Manuel Ferraz y Francisco Mendez, tres portugueses que residían en Veracruz acusados de mantener tratos ilícitos con holandeses[73]. No obstante, la aclaración que necesitaba Velasco no parecen haberse pedido y, en cambio, supuso una interrupción casi total de los procesos que se realizaban contra extranjeros en la Sala del Crimen hasta 1615, cuando la jurisdicción de los alcaldes sobre la materia se vio amenazada durante el gobierno del marqués de Guadalcázar, como veremos más adelante[74].

La indiferencia sobre la materia de Velasco, que era un hombre que gozaba de una gran experiencia en los gobiernos indianos, se debía en parte a la ya mencionada falta de claridad en las instrucciones de Madrid dentro de un contexto de la política internacional que exigía prudencia, pero también a que, en su opinión, lo que se pretendía no ofrecía en realidad ninguna solución a un fenómeno que era estructural porque la migración de extranjeros y su ligazón dentro del sistema atlántico español venía "de muy de atrás… y todavía corre porque nunca dejarán de traer las flotas de esta gente y mucha de la pérdida de los reinos con que está llena la tierra y que ya no caben de pies ni hay bastimentos que les basten"[75]. En ese sentido, localizar a los neerlandeses en la enorme extensión geográfica del virreinato era una tarea complicada y, sobre todo, costosa. Expulsarlos suponía no menos inversión de tiempo, esfuerzo y gastos a la Real Hacienda porque, las causas de los prisioneros tendrían por fuerza que ser juzgadas por los alcaldes del crimen y su traslado correría por cuenta del rey puesto que, como atinadamente escribía el virrey, era evidente que ningún extranjero se embarcaría por su propio pie[76]. En otras palabras, era mucho más conveniente dejar que los extranjeros permanecieran en las Indias que invertir en expulsarlos si se carecía de los medios y la infraestructura para parar los flujos migratorios.

Pocos meses más tarde, el salto diplomático favorable en las negociaciones sobre el cese a las hostilidades entre España y las Provincias Unidas propició un cambio de actitud radical hacia los neerlandeses al pactarse entre las partes un intercambio de prisiones que se hizo extensivo a las

---

[72] AGI, México, 73, R. 7, N. 53.
[73] AGI, 27, N. 52.
[74] AGI, México, 73, R. 7, N. 53.
[75] AGI, México, 27, N. 52.
[76] AGI, México, 27, N. 52. AGI, México, 73, R. 7, N. 53.

Indias por cédula de 12 de febrero de 1608[77]. En ella se estipulaba que todos los extranjeros capturados en combates contra los holandeses que se encontraran en territorios de la monarquía debían ser inmediatamente trasladados a Sevilla para ser liberados. Esta resolución, que en teoría únicamente beneficiaba a prisioneros de guerra y no a los que hubieran sido procesados por otras razones, añadió nuevos elementos de distensión en el trato que ya se daba los septentrionales gracias a las tres cláusulas anexas al Tratado de Londres de 1604 por las que se inhibía de forma considerable la jurisdicción de la Inquisición para juzgar por delitos contra la fe cometidos por protestantes fuera de los territorios de la monarquía[78]. En Nueva España el manejo de los prisioneros originarios de esos países se reservó casi totalmente a las justicias civiles para prevenir posibles malentendidos que pudieran dañar el delicado equilibrio político alcanzado con las potencias antagónicas que resultaba tan necesario mantener para dar un respiro a las arcas reales declaradas en quiebra desde 1607[79]. Las nuevas garantías ofrecidas a los extranjeros durante el periodo de paces tuvieron un impacto positivo en el comercio altántico, la movilidad laboral y, por consiguiente, en el aumento de la migración extranjera a los virreinatos. En especial, la llegada de un buen número de mercaderes de origen variopinto a las principales plazas indianas –espacialmente a México– aumentó el malestar en algunos sectores de la élite mercantil novohispana que veían sus negocios seriamente perjudicados e identificaban a los advenedizos, al igual que sus pares en Sevilla, como una amenaza para el mantenimiento del monopolio comercial indiano.

1.3. Penetración extranjera, monopolio atlántico y disyunción mercantil en Indias, 1605-1621

Hacia finales de ese 1607, los compromisos políticos de la monarquía, la financiación de las guerras en Europa y el Mediterráneo, y de la defensa del Caribe y las Islas Molucas, así como los gastos de la manutención de la corte habían consumido las finanzas regias y obligado a Felipe III a suspender los pagos a sus acreedores. El acuerdo de alto al fuego alcanzado en abril de ese año con las Provincias Unidas supuso una reducción significativa del gasto militar y un pequeño respiro en las finanzas del monarca, pero no ayudó a aliviar la creciente deuda acumulada de más

---

[77] AGI, México, 127, R1, L. 12.
[78] THOMAS, 2001a, pp. 321-375.
[79] Véase capítulo 3.

de 23 millones de ducados[80]. En 1608, mientras las conversaciones de paz con los holandeses se llevaban a cabo en los Países Bajos, Felipe III buscó alcanzar donativos y arreglos fiscales extraordinarios[81] entre los que se encontró la renegociación de la administración del cobro de la avería y de donativos con el Consulado de Sevilla[82]. Los cargadores, que habían perdido el asiento en 1603, ofrecieron dar pingües apoyos económicos a la Corona cuando ésta les propuso restituir el acuerdo en 1606. En las negociaciones, que se alargaron durante 1607 y 1608, el Consulado presentó un documento en que exponía como condición categórica para llegar a un acuerdo el endurecimiento de los requisitos para que los extranjeros pudieran obtener cartas de naturaleza, licencias especiales y cédulas para migrar a las Indias. Estos puntos, como vimos páginas atrás, se habían demandado anteriormente, pero su incumplimiento se vinculaba en este momento con el evidente aumento de su participación en la contratación que se calculaba había llegado a acaparar casi dos terceras partes de lo que se cargaba causando, según el Consulado, pérdidas cuantiosas a los naturales y a la Real Hacienda[83].

Dicha petición dio origen a la cédula de 2 de octubre de 1608 en que se restringían de forma considerable las dos vías legales que permitían el acceso de extranjeros en el comercio indiano. Por un lado, se revocaban las cédulas de 1561 y 1562, que a partir de los usos y costumbres acogía como naturales a los extranjeros que tuvieran bienes raíces, estuvieran casados con una mujer natural y hubieran vivido más de diez años en Castilla, Canarias o las Indias. Desde entonces, los interesados en adquirir una carta de naturaleza con licencia *para comerciar* tendrían que demostrar su vecindad en los reinos de España o América por veinte años continuos y tener un caudal mínimo de 4.000 ducados. Asimismo, ordenaba que el Consejo de Indias fuera el único tribunal con jurisdicción para tramitar y otorgar las cartas de naturaleza *con cláusulas de habilitación para tratar y contratar*, con lo cual se anulaban todos los permisos concedidos hasta entonces por autoridades locales para ese efecto y se reducía su papel a avalar la autenticidad de las informaciones y testimonios de los interesados en naturalizarse para *poder comerciar*. Tamar Herzog interpretó que la

---

[80] PULIDO BUENO, 1996, pp. 199-202.
[81] En la Península: las cortes del "ensanche" del servicio de los millones, la venta de juros y donativos extraordinarios a particulares. En las Indias: se solicitó un donativo extraordinario y se buscó vender juros sin éxito en 1609. AGI, México, 27, N. 32. AGI, México, 27, N. 66.
[82] CABALLERO JUÁREZ, 1997, pp. 300-315. GARCÍA BERNAL, 1992, pp. 209-228.
[83] BERNAL, 1992. CABALLERO JUÁREZ, 1997. DÍAZ BLANCO, 2012, pp. 71-74.

cédula de 1608 canceló la posibilidad de la naturalización por prescripción en las Indias, sin embargo, como se especifica en el texto, la prohibición afectaba únicamente a los mercaderes[84].

Por otro lado, se prohibía la formación de compañías con socios extranjeros que no tuvieran licencia o naturaleza y el cobro en Indias de las deudas por mercancías vendidas al fiado en Sevilla, que era la fórmula empleada por los peruleros para pagar los géneros que adquirían de los intermediarios extranjeros y por estos últimos para tratar en el comercio colonial. Este último punto, cobró una especial relevancia para el Consulado porque penalizaba la asociación de sus dos máximos competidores: los mercaderes extranjeros y los peruleros, de modo que, al dificultar esta interacción, los mercaderes "naturales" podían restaurar su dañada función como intermediarios entre el comercio europeo y el indiano. En teoría, esta reivindicación de los espacios de control comercial les aseguraba el acaparamiento en la adquisición de efectos extranjeros al fiado y, con ello, un reacomodo de poder sobre los tiempos y condiciones de pago de las deudas que, al tener que realizarse en Sevilla y no en América, les permitía abaratar costos y tener más ganancias al ahorrarse el *beneficio* que, por razón de la diferencia en el cambio del valor del dinero, se pagaba al retribuirse los créditos en Indias[85].

El renovado acercamiento entre la Corona y el Consulado consolidó, como en su momento apuntó Bernal, el control de los cargadores sobre la Carrera de Indias, o al menos así se pensaba en Sevilla[86]. Confiado en el blindaje que les proporcionaba el endurecimiento de la legislación, un sector de agremiados de la Universidad adquirió una gigantesca deuda por dos millones de ducados en mercancías con los intermediarios extranjeros durante los años de 1609 y 1610. Para su sorpresa, las ventas no les favorecieron en América, en parte porque para este momento los consumidores indianos mostraban una clara preferencia por los productos asiáticos que eran más económicos y de mejor calidad que los europeos y por las manufacturas que introducían los portugueses por vía de contrabando. En consecuencia, los cargadores hispalenses no pudieron pagar a los extranjeros la deuda en el plazo convenido al regreso de las flotas. En un intento por conseguir amparo, el Consulado solicitó al rey una *cédula de espera* para aplazar el pago por un año, pero los mercaderes afectados, aglutinaron bajo la figura del protector de los comerciantes

---

[84] Véase capítulo 2. Para una opinión contraria: HERZOG, 2003, pp. 94-118.
[85] AGN, Reales cédulas duplicadas, vol. 30, exp. 1249, fs. 339-342v. VILA VILAR, 1982, p. 24. Sobre la ganancia por el tipo de cambio véase: BERNAL, 1992.
[86] BERNAL, 1992.

naturales y extranjeros, Juan Gallardo Céspedes protestaron contra las intenciones de los morosos con el llamado *Requerimiento de los Flamencos*[87]. En el documento, los afectados, en su mayoría mercaderes de origen neerlandés, argumentaban que sus actividades se reducían a la venta de mercancías europeas a los cargadores de Indias sin que ellos, por explícita prohibición regia, decían, tomaran parte alguna en la contratación. De los pagos que recibían de las deudas –explicaban– compraban los productos coloniales que los naturales importaban a Sevilla para, posteriormente, reexportarlos a otros mercados europeos, todo lo cual los consolidaba como los comerciantes más importantes de Sevilla y los que mayores aportaciones hacían a la Real Hacienda en razón de los derechos que pagaban. La argumentación incluía además una advertencia sobre los riesgos que de no pagarse las deudas se corrían de causar un efecto dominó a escala internacional que terminaría por dañar la confianza de los comerciantes y el irremediable abandono de la plaza de las naciones extranjeras[88]. Las razones fiscales presentadas fueron sin lugar a dudas de gran peso ya que la Corona se prestó a actuar como intermediara entre las partes para alcanzar un acuerdo[89]. No obstante, el discurso de los flamencos no ofrecía una descripción completa de la extensión de sus negocios ni mucho menos del estado en que se encontraba el comercio atlántico, como pronto se hizo evidente en las provincias americanas.

La cédula de 1608 fue recibida por el virrey Luis de Velasco y publicada con toda ceremonia en México en enero de 1609 junto con otra en que reiteraba la localización y expulsión de todos los extranjeros del reino[90]. Como explicamos anteriormente, el virrey había mandado a los alcaldes del crimen suspender todas las investigaciones en materia de extranjeros desde hacia un año, un hecho que, a la luz de las nuevas cédulas enviadas en 1608, motivaron una fuerte crítica del fiscal del crimen, Francisco de Leoz. En una sucinta pero sustanciosa carta dirigida al monarca el fiscal dio a conocer detalles que nos permiten entrever los altos grados de penetración que el comercio extranjero había alcanzado entre los círculos de poder novohispano en tan solo una década. De Leoz expresaba su preocupación sobre la "falta de celo y cuidado" sistemático que los alcaldes del crimen mostraban para cumplir la legislación, una actitud que sabía prevendría que también dejaran de cumplirse las nuevas disposiciones y que había propiciado que el reino se llenara de "…genoveses, flamencos,

---

[87] A partir de aquí y hasta la siguiente nota seguimos a: DÍAZ BLANCO, 2012, pp. 71-74.
[88] ALLOZA APARICIO, 2006, pp. 40-51. DÍAZ BLANCO, 2012, pp. 84-86.
[89] *Ídem.*
[90] AGN, Reales Cédulas Duplicadas, vol. 6, exp. 243, f. 244v. AGI, México, 28, No. 19.

franceses, ingleses y otras naciones" que, a su entender, *chupaban* "la sustancia y riqueza del reino". De entre ellos, los mercaderes eran los más dañinos porque se habían aclimatado rápidamente de modo que se desenvolvían con total libertad en las Indias: "tratan y contratan, van y vienen, en las flotas con sus haciendas tan seguras y llanamente como si vuestra majestad no lo tuviese prohibido. Estos dan aviso a los enemigos de vuestra majestad de lo cual y de la poca prevención con que se vive". Finalmente, acusaba a sus colegas de haberse dejado corromper e incluso por haber tratado que él también lo hiciera "por muy pequeño interés" para simular delitos graves que menoscababan la Real Hacienda[91].

Al escribir esas palabras, De Leoz quizá tuviera en mente la resolución favorable dada a una apelación de una sentencia hecha por el alcalde mayor de Antequera de Oaxaca contra el escocés Juan de Estrada Rutherford por haber intentado sacar seis cajones de grana de la villa sin registro y que los oidores, graciosamente, habían aceptado revisar en 1608. Rutherford, que actuaba como agente de otros mercaderes en Génova, Amberes y otras partes de Europa, había sido anteriormente condenado por el alcalde mayor de Antequera a la total pérdida de su carga, según lo estipulado por las ordenanzas reales, pero en su suplicación argumentó que su intención no había sido evadir el pago, sino realizar una escala de tres días en Tehuacán antes de dirigirse a Puebla a cumplir su obligación y regresar a recoger su carga para embarcarla, finalmente, en Veracruz. El relato fue contendido por el fiscal por inverosímil, pero fue aceptado por sus colegas como razón suficiente para anular la sentencia por injusta y porque, se argumentó, no se había violado ninguna ordenanza. Ante esto, De Leoz recurrió la decisión alegando que el delito, en principio, no podía suplicarse, porque efectivamente violaba las ordenanzas reales, pero todo fue inútil porque los oidores, una vez más, confirmaron la inocencia de Rutherford y su derecho a recuperar la mercancía decomisada[92].

El ejemplo anterior ilustra la forma como se acomodaba la impartición de justicia a voluntad para favorecer los intereses de los individuos y no los regios, como correspondía a su cargo. Este comportamiento inspiró a De Leoz a pedir que se designara a un comisionado con poder de resolución para ejecutar la cédula de 1608, realizar el embargo de los bienes y expulsar a los extranjeros del reino sin opción de apelación más que en tercera instancia (el Consejo de Indias) o de lo contrario, decía, "no se hará nada", puesto que era precisamente este mecanismo el que permitía que justicias y virreyes inclinaran el fiel de la balanza de la

---

[91] AGI, México, 73, R. 1, N. 9.
[92] AGN, Tierras, vol. 2950, exp. 72, 4 f.

manera que mejor convenía a los particulares con los recursos económicos suficientes para pagar por sus favores, como era el caso de los mercaderes extranjeros[93].

Luis López de Azoca, alcalde del crimen, tenía una opinión similar y en una carta personal dirigida al Consejo de Indias en la que aseguraba que el virrey no había puesto en ejecución las cédulas –como efectivamente vimos que no lo había hecho– y pedía que se le nombrara comisionado para realizar las pesquisas que correspondían a las órdenes, pero suplicaba que se incluyera una cláusula en donde explícitamente se indicara que "la Audiencia no se pueda entrometer en lo que yo hiciere y proveyere por la vía de apelación, nulidad, ni agravio, ni simple querella, ni por vía de acceso a la dicha comisión". Todas las apelaciones tendrían que hacerse directamente ante el Consejo de Indias porque una buena parte de los extranjeros se encontraban en el reino "favorecidos y arraigados" y con "muchas tiendas públicas" que habían sido, indiscutiblemente, autorizadas o toleradas por las autoridades locales, aunque, a su entender, no generaban ningún beneficio fiscal para la Corona[94]. Finalmente, el Consejo de Indias designó al fiscal Francisco de Leoz, pero éste se excusó de la comisión para desarraigar al comercio extranjero, en parte por la imposibilidad de realizar una investigación en toda extensión geográfica del virreinato, pero principalmente porque la cantidad impresionante de migrantes que llegaba cada año con las flotas gracias a la colusión de los funcionarios regios en todos los puertos, rebasaba sus capacidades de fiscalización. Sancionar al comercio extranjero, decía de Leoz, se volvía "un caso imposible" desde México si no se coordinaban los esfuerzos con una comisión permanente en España, Veracruz y Acapulco que se encargara exclusivamente de realizar el control de pasajeros y de sus mercancías. Para el caso mexicano, sugería que se nombrara al alcalde mayor de San Juan de Ulúa –"y no a los oficiales reales, por la correspondencia que tienen con los maestres de la flota"– para que saliera al encuentro de las embarcaciones y efectuara los controles antes de que los navíos alcanzaran tierra y, de manera expedita, enviara a los infractores a la ciudad de México para ser procesados[95].

La respuesta del fiscal evidenciaba que el asunto era más complejo de lo que hasta entonces se había pensado puesto que no era exclusivo de un lugar en particular, sino que se revelaba como un fenómeno endémico del monopolio mercantil español y del endeble aparato regulador de

---

[93] AGI, México, 73, R. 1, N. 9, s/f.
[94] AGI, México, 73, R. 1, N. 9. AGI, México, 73, R. 1, N. 4.
[95] AGI, México, 73, R. 2, N. 21.

la migración a cuyas deficiencias de operación de origen se sumaba el boicot sistemático de un sector de la población y las autoridades locales, así como un contexto en que los acuerdos diplomáticos internacionales alcanzados durante el periodo de la Pax Hispánica propiciaban y promovían la circulación de personas y mercancías.

Este problema no era privativo, como ya hemos mencionado, de un sitio en particular puesto que el fiscal Bartolomé Morquecho, comisionado por la Audiencia de Panamá para averiguar las mercancías fuera de registro y de extranjeros que se sospechaba se habían embarcado en la flota a cargo del general Juan de Salas y especialmente de la nave San Francisco de Padua del capitán genovés Simón Pie de Monte que salió hacia Cartagena de Indias en 1608, llegó a las mismas conclusiones. Desde su llegada al puerto y durante tres meses en que se prolongaron sus averiguaciones, Morquecho pudo comprobar la preocupante penetración de mercaderes extranjeros en la contratación indiana que se realizaba en total connivencia con la población y las autoridades locales que alegaban no saber que se cometía fraude por no haber recibido ninguna cédula que regulara el comercio Atlántico o Pacífico en más de sesenta años. Para realizar su encomienda el fiscal tuvo que enfrentarse a un buen número de obstáculos que le pusieron otros funcionarios, entre ellos, el Cabildo –que se negaba a auxiliarlo en las pesquisas para proteger a los miembros extranjeros de la corporación– la poca asistencia del gobernador y el teniente en sus tareas y la negativa de los oficiales reales a entregar los libros de registros de las flotas pasadas arguyendo que los habían remitido a los contadores del Nuevo Reino de Granada[96]. Con todo, y a veces valiéndose de medios extraordinarios para contrarrestar el aislamiento en que realizaba sus funciones, como el espionaje o la retención de personas en su vivienda para llevar a cabo los interrogatorios, Morquecho pudo imputar a una treintena de personas y expulsar a otras cuantas, entre quienes destacaban los representantes de familias con grandes intereses y redes de socios dentro del comercio de la monarquía como el flamenco Luis Clut (El joven), el genovés dueño del navío sospechoso, Simón Pie de Monte y el portugués, Luis Álvarez Caldeira, factor de esclavos durante el arrendamiento del que había gozado su hermano, Antonio Núñez Caldeira, entre 1596 y 1600, y posteriormente corresponsal de numerosos mercaderes en Sevilla, Cádiz, Portugal y Amberes[97]. A decir del fiscal, las condenaciones que

---

[96] AGI, Panamá, 16, R. 1., N. 14.
[97] Sobre Juan Pérez Enríquez véase el capítulo 6. Calderira estaba casado con Clara Linda. Véase capítulo 6. AGI, Panamá, 16, R. 1., N. 14. Los Caldeira estaban involucrados en el comercio de esclavos y como banqueros de Carlos V y João III. Véase: VIDAL

había llegado a cobrar sobrepasaban los 11.000 pesos, pero los montos habrían podido ser mucho mayores si no fuera porque el gobernador expedía permisos por escrito a los extranjeros que los facultaban para comerciar en el puerto. A partir de la información recabada como parte de su comisión y de su experiencia como fiscal, concluía sin reservas que todas las autoridades locales daban licencias "por escrito" y era común que los extranjeros tuvieran pulperías y otros oficios que servían como escudos para poder realizar sus negocios e impedir que se les pudieran averiguar[98]. No obstante, el funcionamiento y la normalización de la corrupción y el fraude en Panamá subsistía y se prolongaba, como ha apuntado Vila Vilar, porque actuaba con la anuencia de los más altos representantes de la justicia regia[99].

Morquecho pudo probar sus hipótesis a su vuelta a Panamá, después de instruir al oidor Alonso Pérez de Salazar que investigara la venta de mercancías y los rescates de perlas que el portugués Jorge Fernández Gramajo realizaba a la sombra del comercio de esclavos como factor de la compañía de Simón Ruiz de Lisboa[100]. La aprehensión de Gramajo y su inmediata liberación puso al descubierto la estrecha conexión que él y otros extranjeros tenían con el presidente de la Audiencia y gobernador, capitán general de Panamá, Francisco Valverde, y su íntimo amigo el oidor Alonso Corona. Ambos habían repartido entre sus familiares los cargos de alcalde mayor público, alcalde ordinario de la ciudad, receptor de las alcabalas y oficial real, de modo que tenían bajo su control prácticamente todos los puntos de fiscalización del comercio y los habían puesto a disposición de sus socios naturales y extranjeros para garantizarles total inmunidad para realizar sus negocios:

> No sólo lo tengo a ganar por enemigo al dicho presidente y al licenciado Alonso Coronado oidor de esta audiencia –denunciaba Morquecho– a quien por el general sentimiento que hay de sus acciones y no querer cumplir *como suenan* las cédulas de su majestad contra extranjeros de quienes es muy amigo y aficionado y otras causas gravísimas, pretendí recusar y teniendo hecha petición para ello el dicho presidente me lo estorbó…[101].

ORTEGA, 2002. MATEUS VENTURA, 2005. FERNÁNDEZ CHAVES-RAFAEL Y PÉREZ GARCÍA, 2012.
[98] AGI, Panamá, 16, R. 2, N. 18.
[99] Véase: VILA VILAR, 1982, pp. 275-340.
[100] VIDAL ORTEGA, 2002, pp. 135-149.
[101] AGI, Panamá, 16, R. 2, N. 32. AGI, Panamá, 16, R. 2, N. 30.

Efectivamente, una vez descubierta la trama de corrupción de la Audiencia panameña, su plantilla quedó enfrentada en dos bandos con Valverde y Coronado, por un lado y Morquecho, Pérez de Salazar y el obispo Agustín de Carvajal, por el otro. Para quitarse de en medio al fiscal, Valverde lo nombró visitador de Veragua, a pesar de que esa función era incompatible con su cargo y, en realidad, debía realizarla el oidor más antiguo[102]. Mientras tanto, Valverde se auto propuso ante *el acuerdo* para ir a hacer la inspección de la flota de Tierra Firme desde donde reportó un hecho que por extraordinario resulta inverosímil: "y fue su ida [la comisión de Morquecho en Cartagena] de importancia porque en esta flota *no vino persona de aquel género* [extranjero]"[103]. Era cierto que el fiscal había tomado algunas medidas para dificultar la colusión de las autoridades de Cartagena con los extranjeros, como la entrega de traslados de las cédulas vigentes en materia de migración y comercio al gobernador con orden de inmediata publicación para que no se pudiera alegar ignorancia en lo sucesivo, pero ¿podían sus acciones haber tenido un efecto tan rápido y notorio en la migración y el comercio de extranjeros cuando éste se encontraba en plena expansión en los virreinatos americanos? Podría pensarse que la combinación de medidas legislativas recientes ganadas por el Consulado y las comisiones en los puertos habían obtenido resultados satisfactorios, pero nos parece improbable a la luz del desarrollo del comercio flamenco en Nueva España que analizamos en la segunda parte de este trabajo. Nuestra hipótesis es que la intención de la carta era aparentar un entorno de serenidad y control sobre la percepción de derechos en el puerto para crear una cortina de humo y dirigir la atención del Consejo hacia el oponente ya que, durante las pesquisas conducidas por el oidor los oficiales reales del puerto –que como se recordará eran parte de la clientela de Valverde– escribieron una denuncia contra el obispo Carvajal por haber presuntamente recibido una carga sin registro por la exorbitante cantidad de 100.000 pesos[104].

Si dejamos a un lado la corrupción y la cooperación local, otras dos conclusiones importantes que involucraban a autoridades y mercaderes peninsulares se desprendían de las comisiones en México y Panamá. Por un lado, las investigaciones de Morquecho delataban que los negocios de los extranjeros en Cartagena hacían eco en la Casa de la Contratación porque una parte de las cargazones venían registradas a pesar de que sus dueños no estaban habilitados para tratar en Indias. Este punto, que daba

---

[102] AGI, Panamá, 16, R. 2, N. 18.
[103] AGI, Panamá, 16, R. 2., N. 22.
[104] VILA VILAR, 1982, pp. 32-33.

completamente al traste con el filtro que se pretendía instalar al hacer más difícil la obtención de naturalezas y licencias, ponía al descubierto un fenómeno que se sumaba a la complicada cadena de mecanismos que hacían posible la desenfrenada penetración de extranjeros en el comercio y que, al mismo tiempo, dificultaba la aplicación de sanciones en su contra en las Indias:

> Vienen muchos –escribía el comisionado– y se quedan en estos puertos y *se les da licencia por los gobernadores* para ir a la tierra adentro… y parece cosa dura que *trayendo registro de Sevilla de la Casa de la Contratación y pagando los derechos se proceda contra ellos*. Y aunque por haber encubierto sus naturalezas les he condenado no ha sido tan largamente como pudiera si no vinieran despachados por la dicha Casa[105].

La cuestión no era baladí, porque el pago de derechos reales colocaba a los extranjeros en una posición ventajosa –o al menos al mismo nivel que los naturales– para suplicar al monarca la reconsideración de la apertura del comercio colonial, puesto que si bien una parte de los intercambios se realizaba por vía de contrabando a través de distintos canales entre los que destacaba en este momento las mercancías que se embarcaban en los navíos vinculados al comercio portugués de esclavos, otro tanto, el de los extranjeros afincados en Sevilla, se despachaba por vías institucionales, y aunque estos tratos eran considerados fraudulentos porque se realizaban sin contar con las licencias necesarias[106], no por ello dejaban de aportar un tanto importante a los almojarifazgos de Indias y mayor si iban registradas.

Por otro lado, y pesar de la enorme atención que se daba al trato de los extranjeros como principal camino de las defraudaciones, los fiscales de las audiencias americanas, Valverde en Portobelo y Francisco de Leoz en el puerto de Veracruz, estimaban que los fraudes que realizaban los naturales afectaban la mitad de todo lo que se embarcaba en las flotas. En Nueva España, la comisión de Leoz, para investigar las cargazones fuera de registro que se le había asignado en 1609, fue suspendida por orden expresa del virrey en atención de las quejas de los mercaderes naturales hicieron llegar a través de los oficiales reales del puerto. En su turno, los oficiales reales fueron comisionados para continuar con las pesquisas, a pesar de que las indagaciones del fiscal estaban dando muy buenos

---

[105] AGI, Panamá, 16, R. 1., N. 14.
[106] OLIVA MELGAR, 2005, p. 84 ss.

resultados y de que era *vox populi* que los funcionarios del puerto, los mercaderes y sus encomenderos guardaban una estrecha relación "siendo aquel lugar tan corto y compadres todos". Todo esto, entendía De Leoz, era la causa principal de que ninguna denuncia se hubiera remitido en la Audiencia a pesar del notorio porcentaje de mercancía sin registrar que traía la flota porque "allá abajo –decía– se compone todo"[107]. En Panamá la necesidad de llegar a acuerdos de este tipo se había vuelto ya un procedimiento recurrente[108]. Para sacar algún provecho de los fraudes, Valverde impuso en 1610 un prorrateo del 25 por ciento de los derechos a las mercancías que venían fuera de registro después de consultar el asunto con el obispo de Cuzco, Fernando de Mendoza, el oidor de Quito, Luis Zorrilla y el recién nombrado oidor de Lima, Juan de Solórzano Pereira[109].

En 1612 esta relevante información, que en principio fue remitida al Consejo de Indias, fue utilizada por los mercaderes extranjeros para defender sus intereses en el acalorado debate en torno a la *participación extranjera en la Carrera de Indias* que se realizó en la corte entre el ya citado Juan Gallardo Céspedes, protector de los comerciantes naturales y extranjeros en Sevilla y costas de Andalucía, por un lado, y Domingo de Zabala, consejero de hacienda, Pedro Avendaño, prior del consulado de Sevilla y el duque de Medina Sidonia, por el otro[110]. En ese momento los puntos presentados por Gallardo para favorecer el comercio extranjero en razón del enorme peso que sus negocios tenían sobre las recaudaciones de alcabalas y almojarifazgos (el 80 %, según sus cálculos) en contraste con las defraudaciones que cometían los comerciantes naturales al no registrar sus mercancías y las múltiples trabas que les imponían para realizar sus negocios, fue desestimado por el resto de los polemistas, pero el trato de favor si se impuso posteriormente como un hecho, ya que en la práctica, la Corona se vio orillada a mantener una política indulgente con los mercaderes extranjeros afincados en sus reinos y en las Indias para no afectar el creciente flujo de recaudaciones fiscales que ingresaban en sus arcas por esa vía, como veremos en el apartado siguiente[111]. En este sentido, la Corona no tomó partido por algún bando en particular *per se*, sino que respondió, en su doble papel como actor privado, a los desafíos que de forma progresiva se iban suscitando dentro del monopolio con la

---

[107] AGI, México, 73, R. 2, N. 21.
[108] VILA VILAR, 1982.
[109] AGI, Panamá, 16, R. 2., N. 22.
[110] ALLOZA APARICIO, 2006, pp. 40-51. DÍAZ BLANCO, 2012, pp. 84-86.
[111] ALLOZA APARICIO, 2006, pp. 40-51. VALLADARES, 2016, p. 111.

puesta en marcha de un buen número de medidas dirigidas a combatir las fisuras que diezmaban fuertemente las recaudaciones fiscales sobre *su* patrimonio. Por otro lado, en su papel como juez supremo, actuó a través de sus justicias dentro de los marcos de la normativa existente para dar razón a la parte agraviada, fueran estos los extranjeros –como sucedió en el fallo favorable en el caso del *Requerimiento de los flamencos* en 1610– o para hacer valer los acuerdos alcanzados con el Consulado de Sevilla cuando éstos así lo solicitaron, puesto que en el comercio indiano lo que imperaba era la búsqueda por obtener mayores beneficios, principalmente los de la Corona.

En América, por otro lado, el llamado conjunto que se lanzaba desde las audiencias para poder alcanzar un control efectivo y permanente sobre el pago de derechos regios del comercio natural y extranjero era la necesidad de colocar aduanas en todos los puntos por los que pasaba la flota, porque la carencia de ellas era un elemento que favorecía la defraudación generalizada. Las comisiones eran insuficientes e ineficaces y sus resultados dependían en gran medida del grado de compromiso de los funcionarios coloniales con su cargo, de los límites puestos a su jurisdicción y, sobre todo, el apoyo que encontraran dentro de las comunidades locales para realizar sus encomiendas. La suma constante de obstáculos fue el escenario más común al que se enfrentaban los agentes regios y esto propició que aún los más versados y fieles representantes de la justicia y de los intereses de la Corona, a saber, la recaudación fiscal efectiva, se declararan sobrepasados, sin capacidad para cumplir cabalmente con las instrucciones que se les encomendaban. Ante esta realidad, los funcionarios leales no encontraron más remedio que concentrar sus fuerzas en los casos de los que se podían obtener mayores beneficios para la Real Hacienda y para sus bolsillos, pues no hay que olvidar que los salarios de los comisionados se pagaban de las condenas.

En España, los resultados de las comisiones indianas sí tenían incidencia en las medidas que el fiscal de la Casa de la Contratación por denuncia de las audiencias (directamente o por vía del Consejo) realizaba en Sevilla para dar seguimiento a los problemas que se identificaban en América. A la vez, los resultados de esas pesquisas y juicios influían en la repetición o creación de legislación nueva en España y América. Así, vemos que fueron las denuncias de Morquecho enviadas desde Cartagena sobre el contrabando de esclavos, el fraude de extranjeros que se realizaba en connivencia con funcionarios de la Casa de la Contratación en Cartagena de Indias y Panamá, y los escandalosos porcentajes de mercancías que cargaban los naturales fuera de registro revelados a la postre por Valverde y De Leoz en Panamá y Veracruz, respectivamente, lo que motivó a el fiscal de la Casa de la Contratación, Cristóbal Vera de Carvajal, a iniciar indagaciones en Sevilla sobre todos estos temas y no así las necesidades de algún miembro del Consulado de Sevilla, como estimó Díaz Blanco[112]. Es probable, asimismo, que esta información haya sido el detonante de las acusaciones hechas por la Casa de la Contratación contra los lusos de estar al frente del contrabando y fomentar la migración ilegal a las Indias y de la lucha emprendida por el Consulado para cancelar el sistema de asientos de esclavos que inició en 1611 y que ganó finalmente en 1614[113].

A todo esto, se unía, además, una observación que Valverde remitió poco tiempo después dando cuenta de una situación que él identificaba como nueva pero que llevaba casi una década desarrollándose que era la formación y consolidación de un ramal de la comunidad mercantil flamenca en las plazas indianas:

> En estas últimas flotas han pasado algunas personas al Perú –decía– en nombre de mercaderes con licencia de la Casa de Contratación que dice para pasar al Perú y entre ellos últimamente unos *hijos de flamencos nacidos en Sevilla*, para que esta novedad y contra lo mandado por vuestra majestad que tiene ordenado que no pasen al Perú quien no tuviere licencia de Vuestra Majestad. Y que la Contratación la de para venir a Tierra Fime con mercancías y no quedarse en las Indias parece razonable y lo demás tiene por inconveniente. Vuestra Majestad mande lo que fuere servido *y ordene al presidente y los jueces lo que deben hacer* y a mi lo propio[114].

En razón de estas denuncias, Vera de Carvajal inició averiguaciones y decomisos contra varios flamencos y sus hijos con notorios negocios en las Indias, entre quienes se encontraban Miguel Corbet, Nicolás Antonio, Lamberto Beruben y Rodrigo Van Harpe, por contratar en las Indias sin estar habilitados para ello[115]. Durante el descargo de pruebas, los hijos de flamencos se declararon inocentes de todo cargo porque eran naturales, nacidos, bautizados y avecindados en Sevilla y, como tales, con derecho de contratar en Indias. En los largos procesos que se prolongaron por un año en que los extranjeros tuvieron que presentar una serie de recaudos para probar sus afirmaciones (cédulas de bautismo,

---

[112] AGI, Escribanía, 963. Véase capítulo 6. Para una opinión distinta véase: DÍAZ BLANCO, 2012, pp. 82-86.
[113] VALLADARES, 2016, pp. 110-111.
[114] AGI, Panamá, 16, R. 3. N. 36.
[115] AGI, Contratación, 5734. DÍAZ BLANCO, pp. 83-84.

testigos para demostrar su vecindad, cédulas de matrimonio con mujeres naturales, licencias para viajar a las Indias, etc.), se les dio finalmente la razón sobre su naturaleza. Desde el punto de vista jurídico, no existía duda que los hijos de extranjeros nacidos en territorios de la monarquía eran naturales de sus reinos, no obstante, las acciones tomadas en Sevilla contra ellos abrieron la posibilidad de cuestionar sus privilegios dentro de la comunidad política de la monarquía en los años posteriores a la luz del protagonismo económico que la comunidad mercantil extranjera, en gran parte a través de ellos, estaba alcanzando en la contratación.

1.3.1. *La junta de extranjeros en México, 1614-1616*

La Cédula de 1608 no volvió a discutirse en México sino hasta febrero de 1614, cuando el Consulado de Mercaderes de la ciudad acordó en una sesión plenaria mandar una petición al virrey marqués de Guadalcázar, para que hiciera valer su contenido que hasta entonces no se había ejecutado "en general ni en particular". En concreto, pedían que se encontraran los mecanismos para poner freno a la penetración de extranjeros en la plaza mexicana, un fenómeno que se había hecho más notorio "en la presente flota [1613] y en otras antecedentes… en tanto grado que comúnmente se dice que ellos son los que [las] cargan y son muy raros los naturales que las cargan y granjean sus haciendas"[116]. Ciertamente, en pocos años una extensa y poderosa red mercantil de familias de origen extranjero se había puesto a la cabeza de la contratación atlántica y gracias a sus socios naturales había logrado introducirse en el comercio de la provincia valiéndose de una tupida red de corresponsales que se encontraban "en las mismas partes donde se recoge la grana" y otros productos de mayor demanda en Europa[117]. En vista de la renegociación sobre el asiento de la avería que se llevaba a cabo con el Consulado de Sevilla ese mismo año y la consecuente ratificación de los acuerdos previos, se le pedía al virrey atajar la grave competencia que estaba poniendo en riesgo de quiebra a una parte de la élite almacenera, a través de pesquisas para cotejar si los advenedizos estaban habilitados para comerciar a partir de las condiciones descritas en la cédula de 1608 o, de no ser así, se procediera a su expulsión[118].

No cabe duda que Guadalcázar dio prioridad a la demanda porque enseguida la presentó ante *el acuerdo* y en pocos días se formó una *junta de extranjeros* integrada por el fiscal de corte, los oidores de la Audiencia

---

[116] AGI, México, 28, N. 19.
[117] *Ídem.*
[118] *Ídem.*

y los fiscales del crimen (suplantados posteriormente por los de corte) para actuar dos veces por semana por tiempo indefinido como tribunal extraordinario en primera y segunda instancia, con la finalidad de erradicar el comercio extranjero irregular en coordinación con las justicias de Puebla, Tlaxcala, Michoacán, Oaxaca y San Luis Potosí. Gracias a un informe enviado al Consejo sabemos que la junta tuvo una actividad impresionante durante sus primeros 5 meses de funcionamientos con 205 diligencias abiertas contra personas de distintos orígenes que no incluían a los portugueses porque eran demasiados y porque se consideró que al ser vasallos del rey convenía someterlos a un método más suave. No obstante, el Consejo consideró que debían componerse, aunque únicamente años más tarde, tras discutirse una duda de la Audiencia de La Plata (1618) sobre el proceso contra Manuel Machado, se concluyó de forma clara que los lusos debían someterse al arbitrio "porque no se puede dudar de que lo son [extranjeros]"[119]. Durante únicamente los dos últimos meses, los comisionados habían aprehendido con decomiso de bienes a 67 personas y habían alcanzado a emitir 55 sentencias, de entre las cuales 16 eran condenas a volver a Castilla con medios propios so pena de ser enviados a remar en galeras en Filipinas, todo esto en un ritmo récord para los estándares procesales de la justicia penal novohispana[120].

Uno de los hombres que según el virrey habían dado ocasión para que los miembros del Consulado hubieran reaccionado contra los extranjeros y que sirve como botón de muestra de lo favorable que resultaron los tiempos de paces en la expansión de las redes extranjeras en el comercio colonial, era el ya mencionado escocés Juan de Estrada Rutherford quien, con tan sólo once años viviendo en el virreinato, se había hecho de "las más gruesas correspondencias de España y Filipinas"[121]. Recién desembarcado en la Nueva España en 1604, Rutherford había comenzado a negociar con mercaderías propias y de "ciertos genoveses" que había traído consigo de España[122]. Una vez afincado en la ciudad de México frecuentó la tienda del mercader hijo del flamenco Roberto de Malcot y conoció a algunos cargadores importantes de origen extranjero en Sevilla que se encontraban de paso en la ciudad como los neerlandeses Juan de Neve y Juan de Torres,

---

[119] MENDOÇA, 1628, pp. 42-42v.
[120] AGI, México, 28, N. 54.
[121] AGI, México, 28, N. 23. Estos datos fueron publicados por: HERRERO Y POGGIO, 2012.
[122] AGN, Inquisición, vol. 305, exp. 5.

y al capitán de Juan Lorenzo Grimaldo[123]. Un poco más tarde, en 1606, se trasladó al vecino pueblo de Jumiltepec en donde estuvo rescatando grana por dos años hasta que, teniendo una cantidad suficiente, regresó a España para venderla en 1609[124]. Aprovechando la estancia en Sevilla y la coyuntura positiva del comercio de productos coloniales tras la firma escalonada de las paces, Estrada se relacionó con el cargador de Tierra Firme y Nueva España de origen flamenco Luis Clut[125].

A su regreso a la Nueva España en 1613, trajo consigo a dos de sus tres hermanos y los instaló estratégicamente en Oaxaca, que para entonces se consolidaba como el mayor centro de producción de la grana, y en las minas de San Luis Potosí para comprar plata de rescate sin necesidad de intermediarios[126]. Tras pregonarse el auto para que los foráneos se apersonaran ante la comisión formada por el virrey, y quizá entendiendo lo delicado de su situación, Rutherford solicitó el nombramiento de traductor de las lenguas escocesa, inglesa, francesa e italiana en el Santo Oficio que recibió el 15 de enero de 1615. A pesar del título, las autoridades de la *junta* le embargaran sus bienes y lo tuvieran encarcelado un año entero hasta que, gracias a la fianza e intercesión de sus acreedores, se le concedió un lapso de dos años para viajar a España y obtener los recaudos necesarios para permanecer en el virreinato y recuperar su hacienda[127].

Durante su tiempo como prisionero en la ciudad de México, Rutherford comisionó a su tercer hermano afincado en Sevilla, Francisco de Estrada, que iniciara los trámites para obtener carta de naturaleza en la corte de Madrid. Los testimonios presentados en la solicitud del escocés al Consejo de Indias dan cuenta del entramado detrás de sus contrataciones "ilícitas". La familia Rutherford había migrado a Madrid formando parte del séquito de Ana de Austria a quien su padre, Francisco de Estrada, había servido como guardadamas. Juan, con tan solo diez años y recién llegado a la corte, fue colocado al servicio de los poderosos banqueros genoveses Jácome Mortedo y Marco Antonio Judici a quienes sirvió por ocho años[128] antes de trasladarse a Sevilla para trabajar como cajero de

---

[123] AGI, Indiferente, 2075, N. 200. García Fuentes. Roberto Malcot era originario de Madrid, hijo del mercader flamenco Enrique de Malcot y de Giralda Flores. Pasó a la Nueva España en 1602. AGI, Contratación, 5270, N. 1, R. 18. AGN, Inquisición, vol. 305, exp. 5. Véase capítulo 6.

[124] AGN, Inquisición, vol. 305, exp. 5.

[125] *Ídem.*

[126] AGI, México, 28, N. 23.

[127] AGN, Inquisición, vol. 305, exp. 5. AGI, Indiferente, 450, L. A5, f. 215-216.

[128] AGI, Indiferente, 450, L. A5, f. 215-216.

Alejandro de Escobar y del cargador Cesar Ansaldo[129]. La historia de vida de Juan de Estrada explica que la comisión formada por el marqués de Guadalcázar encontrara entre los papeles y libros de cuentas que se le decomisaron "muchas contrataciones en Amberes, Génova y otras partes"[130] y que sus conocidos, desde el prior del convento agustino de Tecontepec, pasando por los mercaderes en México y Sevilla hasta llegar al yerno del secretario de Felipe III, el coronel Juan de Ledesma, citaran junto a su piedad, los muchos derechos y aprovechamientos que el escocés había dado a la Caja y Hacienda Real[131]. A pesar de las repetidas recomendaciones hechas por Guadalcázar sobre lo "muy odioso" que Rutherford resultaba a los mercaderes de Nueva España, el Consejo de Indias le concedió carta de naturaleza en 1616 con licencia para participar en el comercio inter-colonial únicamente, una limitación que, debido a su perfil internacional, resultó puramente nominal, y posteriormente también ordenó que se le devolvieran todos sus bienes incautados[132].

Del puñado de condenados a expulsión, únicamente 5 fueron trasladados como prisioneros a Veracruz para ser embarcados y entregados en la cárcel de la contratación de Sevilla y, aunque en un primer momento no fueron entregados en su destino sin que nadie pudiera explicarse cómo se había logrado la "desaparición" de los acusados, a la postre fueron localizados y encausados[133]. La mayoría de los condenados (34) fueron puestos en libertad bajo distintas modalidades que podían incluir una pena pecuniaria que mediaba entre los 200 y 500 pesos (14) o el quedar absuelto sin cargos tras acreditar por medio de distintos tipos de recaudos (cédulas de bautizo, para tratar y contratar, de naturaleza y de oficio), que contaban con fuero para realizar sus actividades (19), como lo hicieron los mercaderes de origen flamenco, Antonio de Burgos, Diego Fernández Escot, Francisco Bambel, Lamberto Beruben y Miguel Corbet. En teoría también debían incluirse dentro de este grupo a los compuestos (13), pero al entenderse que algunos de ellos tenían negocios en la contratación atlántica se les impusieron penas pecuniarias ejemplares que se elevaron hasta los 8.000 pesos en el caso de Luis Castell, o la condena a remar como galeote en Filipinas de Juan Ramos, lo cual refleja lo costoso que

---

[129] AGN, Inquisición, vol. 305, exp. 5.
[130] AGI, México, 28, N. 36.
[131] AGI, Indiferente, 450, L. A5, f. 215-216.
[132] AGN, Inquisición, vol. 305, exp. 5. AGI, México, 28, N. 23. AGI, México, 28, N. 36. AGI, Contratación, 165.
[133] AGI, México, 28, No. 40. Los cinco prisioneros: Juan Baustista Ruiz, inglés, Diego Marcial, escocés, Pedro Martín, francés, Pedro de Palma, alemán, Pedro Vicencio, siciliano y Juan Bautista Litero, natural de Nápoles. AGI, Contratación, 165.

podía resultar para los extranjeros transgredir las órdenes regias y lo fácil que era volver a gozar de los privilegios vedados si se contaba con el caudal suficiente[134]. Aún así, merece la pena mencionar que la poca claridad en la condición jurídica de los compuestos y la importancia de alguno de ellos dentro de la sociedad virreinal motivó a las autoridades a actuar con cierta mesura que se expresa en, por ejemplo, la devolución de los bienes incautados y en la consulta enviada por el virrey al Consejo para que se aclarara si podían participar en el comercio atlántico o si "sólo se les había de permitir la vivienda y asistencia en este reino"[135].

El reducido pero importante grupo de mercaderes sometido a proceso pasó sin lugar a dudas unos meses complicados mientras se resolvían sus causas y se les devolvían sus bienes, pero casi todos tuvieron la posibilidad de quedar libres bajo fianza una vez acabada la fase de pruebas y sólo unos cuantos, como hemos visto, recibieron condenas que no pudieran zanjar. Es decir que, a pesar del indudable esfuerzo que realizó la *junta* sus resultados tuvieron una repercusión limitada debido a las barreras de actuación jurídica creadas por la existencia de una enorme diversidad de categorías y garantías implícitas y explícitas que los extranjeros podían acumular para ampararse ante las justicias en el mundo hispánico y, en consecuencia, mitigaban la efectividad de cualquier iniciativa encaminada a sancionar sus actividades. Esta realidad explica, en parte, que no obstante el empeño y tiempo dedicados por la *junta* a rastrear y encausar el comercio ilícito en Nueva España y que algunos de los querellados también sufrieran represalias de este tipo en Sevilla, como fue el caso de Lamberto Beruben y Miguel Corbet, los extranjeros no sufrieran notables pérdidas ni vieran obstaculizados sus negocios, a juzgar por las cuantiosas cargazones y ganancias que durante esos años obtuvieron como resultado de sus contrataciones en América; un hecho que consta la consolidación de sus redes mercantiles en el Atlántico a pesar de los empeños puestos por los consulados y de la Corona para obtener un efecto contrario[136].

Cabe destacar que, si bien las pesquisas estaban dirigidas contra los mercaderes, la verdadera cara de la migración europea a las Indias terminó por visibilizarse una vez más puesto que la mayor parte de los procesados eran hombres "pobres y miserables" que habían llegado al reino como marineros y soldados de las flotas, pero que se habían arraigado en el reino y se sustentaban de su trabajo sin molestar a

---

[134] AGI, México, 28, No. 40. AGN, Inquisición, vol. 486, exp. 50, fs. 249-252. HERRERO SÁNCHEZ Y POGGIO, 2012, pp. 249-273.
[135] AGI, México, 28, No. 40.
[136] Véase capítulo 6. GARCÍA FUENTES, 1997. CRAILSHEIM, 2016.

nadie[137]. A estas personas la *junta* les impuso fianzas de entre 100 y 500 pesos con el fin de recaudar las cantidades necesarias para pagar el avío de los expulsos, una carga que era excesiva para la mayor parte de la población y cuyas consecuencias analizaremos más adelante en el capítulo que dedicamos a las composiciones. Basta decir por ahora que es probable que, debido a la enorme imposición que se cobró en esta ocasión, el Consejo mandara que se realizaran composiciones con todos los procesados avecindados con excepción de los septentrionales, a quienes se había privado de ese privilegio desde finales del siglo XVI[138].

A pesar de los buenos resultados, las actividades de la *junta* no eran apreciadas en todos los sectores de la burocracia virreinal. A la par de que sus integrantes iniciaban sus tareas en los primeros meses de 1615, los alcaldes del crimen enviaron una carta a Madrid para expresar su descontento por haber sido excluidos de las comisiones y suplantados por los alcaldes de corte, a pesar de que esa orden no se había convenido en el Real Acuerdo y de que ellos gozaban de jurisdicción exclusiva para juzgar en materia de extranjeros que no estuvieran habilitados para migrar y comerciar a las Indias desde 1570. A decir de los alcaldes, esta violación anulaba todos los procesos realizados hasta entonces por la *junta* porque, técnicamente, el virrey había nombrado jueces cuando esa era una prerrogativa exclusiva del rey y aducían que, aunque él podía en todo caso actuar en primera instancia en su papel como gobernador, de ninguna manera podía proceder en las apelaciones porque eso les correspondía únicamente a ellos. La llamada de atención de los jueces apuntaba a un asunto grave y de fondo, ya que la libertad que se había tomado Guadalcázar abría la puerta para que los virreyes establecieran tribunales paralelos en América en los que se podía proceder sin apego a la justicia regia en un territorio que se encontraba lejos del control del rey:

> Resulta de aquí otro mucho mayor perjuicio –escribían– que teniendo VM con tan santa deliberación y acuerdo descuidadas las jurisdicciones y dado al virrey lo que le toca y con las salas lo que les pertenece y estando como está tan lejos el remedio de VM a casos forzosos podrán dicho virrey y oidores hacer *otro género de Audiencia*, como ésta, que sean de mucho inconveniente y aún de notables daños con este ejemplar. Además que toca en la soberanía de VM que solo puede retener así las apelaciones de jueces y tribunales inferiores.

[137] 92 personas, poco menos de la mitad italianos. AGI, México, 28, N. 36.
[138] AGI, México, 28, N. 23.

Todo lo anterior, advertían categóricamente, "destruye su autoridad, el fin con que vuestra majestad fundó las dos salas, las leyes del reino y las ordenanzas a que VM se ha servir no dar lugar se abra puerta"[139]. La carta era una llamada de atención sobre los riesgos que se corrían de derribar el andamiaje jurídico en el que reposaba la justicia en Indias si se permitía que se formaran comisiones con facultades extraordinarias para suplir las competencias de las justicias y que, como hemos visto en el apartado anterior, se sugerían con cada vez más fuerza desde los virreinatos como una vía rápida para atender los problemas más urgentes y franquear el estancamiento procesal en que se hallaban los juzgados americanos desde prácticamente su formación. El asunto era delicado y ciertamente exigía actuar con la acostumbrada prudencia que caracterizaba a los ministros del Consejo quienes, al hacer un balance de los riesgos que se señalaban, optaron por ordenar la anulación de la *junta* y ordenar al virrey que en su lugar formara una comisión integrada por un oidor y alcalde con facultades para realizar las pesquisas. Posteriormente, las causas se remitirían a la Audiencia para que ahí se juzgaran conforme a las leyes y cédulas vigentes, y los oficiales reales estudiarían la manera de sacar el mayor beneficio posible para la Real Hacienda de las transgresiones[140]. La orden de disolución vino, además, acompañada de un llamado de atención dirigido a Guadalcázar para recordarle los límites de su cargo: "y dígale al virrey –escribía el Consejo al margen de su respuesta– que esta *junta* se pudo tratar de todo lo que mira a gobierno, más que la causa de justicia y pleitos tocan a la Sala del Crimen y que conforme a esto se las remita procurando hallarse presente en los días que se hubieren de tratar"[141]. En realidad, la *junta* había dejado de funcionar desde enero de 1616, meses antes de recibirse la carta del Consejo, debido a la enfermedad de varios oidores y porque se juzgo que el éxito de las pesquisas estaba relacionado con la invernada de la flota[142].

1.3.2. La comisión de Francisco de Tejada en Sevilla, 1615

Las noticias enviadas por Guadalcázar en mayo de 1615 sobre el estado de la penetración del comercio extranjero en México fueron tomadas con absoluta seriedad por el Consejo de Indias en un momento en que en la corte se debatían dos posturas: la conveniencia de establecer una política más liberal en el comercio o de endurecer las vías de participación

---

[139] AGI, México, 73, R. 7, N. 53.
[140] AGI, México, 73, R. 8, N. 63.
[141] AGI, México, 73, R. 7, N. 57.
[142] AGI, México, 28, N. 32.

de los extranjeros[143]. Las anotaciones al margen en la correspondencia virreinal indican que las causas abiertas por la *junta* hasta ese mes fueron estudiadas, y que se realizaron reuniones y consultas para dar seguimiento a un fenómeno que parecía nuevo y que se ofrecía inconveniente desde varios ángulos, a saber, la presencia cada vez más acusada de mercaderes extranjeros y de sus hijos en los virreinatos. Durante el verano, el Consejo pidió al presidente de la Casa de la Contratación, Francisco de Tejada, y al arzobispo de Sevilla, Fernando Niño, que realizaran de manera independiente una averiguación e informe sobre el estado de la contratación extranjera en el comercio atlántico y mandaran sugerencias sobre la mejor forma de atajar los "excesos, desórdenes y quebrantamientos" que se cometían contra lo dispuesto en la cédula de 1608[144]. De forma paralela, y probablemente como parte de las indagaciones, los jueces de la Casa de la Contratación mandaron desembarcar la mercancía de los mercaderes extranjeros que por entonces se cargaban en la flota de Nueva España y les ordenaron apersonarse con las cartas ejecutorías expedidas por el rey que los habilitaba para comerciar en las Indias a través de factores y agentes naturales, como sucedió con jenízaro Juan Bautista Sirman, a quien se le amenazó con desembarcar y dejar en tierra su mercancía valorada en nada menos que 600.000 maravedís si no cumplía con la disposición[145]. Una vez recibidos los informes de Sevilla y a la luz de las averiguaciones enviadas desde América, el fiscal del Consejo de Indias, García Pérez de Araciel, confirmó que el significativo crecimiento del comercio extranjero que se realizaba por vías legales y fraudulentas representaba una incalculable pérdida de recaudaciones fiscales y de capitales para los vasallos naturales. En vista de ello, el 17 de octubre, durante el periodo de arribada de las flotas de Nueva España, Felipe III encomendó a Francisco de Tejada la formación de una comisión para averiguar de fondo las actividades y las asociaciones de los extranjeros en el comercio indiano y procesar a los inculpados en procedimientos sumarios apelables únicamente en el Consejo de Indias.

La pesquisa secreta abrió una treintena de causas[146] en que se incluían los nombres de algunos de los cargadores más notables del comercio andaluz y americano como Hernando de la Palma, Esteban Chilton, Enríquez Centurión, Gaspar Gramallo, Nicolás Antonio, Francisco Conique, Horacio Levanto, Jaques Brausen, Diego Enríquez Centurión

---

[143] ALLOZA APARICIO, 2006, pp. 40-51.
[144] AGI, Diversos, 46, R. 2, D. 1.
[145] AGI, Contratación, 5346, N. 30.
[146] Contamos 35 descartando los nombres repetidos en la fase de prueba y acusación.

y Juan Méndez de Castro –agente de los Fúcares– quien no dudó en amenazar con no embarcar los cargamentos de azogue necesarios para la explotación minera en México si no se le devolvían los libros que le habían requisado[147]. Pero, a pesar de los esfuerzos, y al igual que había sucedido en Nueva España, al menos una tercera parte de los indiciados pudieron presentar pruebas de su naturaleza que los libraron del proceso sin sufrir mayores pérdidas que las de su tiempo y los costos de su letrado. Aunado a ello, la integración que muchos de los extranjeros tenían en la sociedad y la importancia de sus actividades para la economía de la ciudad hispalense se dejó sentir a través de cartas enviadas por el Cabildo y del protector de los mercaderes naturales y extranjeros al rey en que suplicaban se suspendiera la comisión[148]. El propio Tejada, excedido en sus capacidades para realizar con éxito su encomienda ante una multitud de extranjeros amparados con diferentes recaudos y limitado por el hecho de que los que para entonces contrataban en las indias tenían ya naturaleza nominal o adquirida por nacimiento, recomendaba al monarca suspender la comisión, imponer a los infractores un castigo monetario y poner una solución de fondo a través del endurecimiento de la legislación para prevenir que los habilitados siguieran fungiendo como puente para el comercio ilegal en América[149]. En vista de todos los inconvenientes y del "estado en que se hallaban las cosas del comercio", el consejo ordenó el 21 de octubre de 1616 poner fin a las pesquisas y continuar únicamente los procesos de las personas que hubieran falsificado licencias para tratar en las Indias "pero sin tomarles sus libros", para no inquietarlos. A la postre, se ordenaba a Tejada, se intentaría cumplir lo estipulado en la cédula de 1608 y se buscaría poner cierto orden en la contratación por medio de un registro de los nombres de los extranjeros que cumplían con los requisitos para cargar en las flotas en un libro que llevarían los oficiales de la Casa de la Contratación, tal como lo sugería el licenciado Morquecho desde México en 1609[150]. La nueva medida oficializada por real provisión de 25 de diciembre de 1616, no tuvo mucha resonancia entre los cargadores extranjeros, en parte porque algunos carecían de ellas, pero también porque a los ojos de algunos miembros de la plantilla de la Casa de la Contratación los jenízaros eran considerados extranjeros para efectos de tratar y contratar en las Indias mientras que estos se reconocían

---

[147] AGI, Escribanía, 1078 C, N. 6.
[148] Véase, DÍAZ BLANCO, 2012, pp. 86-96.
[149] *Ídem.*
[150] AGI, Escribanía, 1078 C, N. 6. BERNAL, 1992, p. 227.

como naturales y sin obligación de demostrarlo para poder gozar de sus privilegios comerciales.

1.3.3. La ofensiva transatlántica para "desnaturalizar" a los hijos de extranjeros, 1617-1621

Antes de recibir el parecer de Madrid que indicaban poner término a las actividades de la *junta,* Guadalcázar convocó a los jueces de la Audiencia para hacer un balance de las pesquisas realizadas durante los meses anteriores sobre la actividad extranjera en el Nueva España y las conclusiones se enviaron posteriormente en cartas separadas a título personal al Consejo. En su turno, el virrey destacaba que tanto los miembros de la *junta* como los mercaderes del reino señalaban a los hijos de extranjeros como una "de las causas principales que ha habido para que el comercio de los mercaderes de España y de este reino haya ido en tanta quiebra y disminución…" porque –abundaban los oidores en su misiva– ellos controlaban la mayor parte de las contrataciones, las cuales se sospechaba que se realizaban en cabeza de otros extranjeros y sin registrarlas[151]. Siguiendo las "Memorias históricas sobre la legislación" de Antúnez y Acevedo, un libro cuyo objetivo era servir de guía jurídica para los miembros del Consulado de Cádiz a finales del siglo XVIII, varios especialistas han sostenido que el debate sobre el derecho de comerciar en Indias de los jenízaros inició por una duda remitida desde Perú en 1619 y que, finalmente, la Corona reconoció sus derechos como naturales por cédula de 14 de agosto de 1620, en contra de lo acostumbrado[152]. Creemos que, en realidad, la naturaleza y los privilegios de los hijos de extranjeros nunca fue puesta en duda en el siglo XVII, sino que en vista de los retos que constituía su cada vez más notoria presencia en las plazas americanas, entre otras cosas por su tendencia a realizar prácticas de acaparamiento de productos estratégicos para el comercio colonial y de la apropiación cada vez más acusada de los nichos de intermediación comercial en Sevilla, un sector de los mercaderes naturales en América y España trataron de derogar sus privilegios argumentando dos razones. Por un lado utilizaron el argumento comodín de que una buena parte de sus cargazones se enviaban fuera de registro –actividad que ellos mismos reconocían en los debates de la corte "todos lo hacían"[153]–. Por otro lado, se quejaban de que contrataban por cabeza de extranjeros inhabilitados (refiriéndose a sus lazos familiares), lo cual era consecuencia

---

[151] AGI, México, 28, N. 36. AGI, México, 73, R. 8, N. 63.
[152] GARCÍA-MAURIÑO MUNDI, 1999. GARCÍA-BAQUERO, 2003, pp. 84-85.
[153] ALLOZA APARICIO, 2006, pp. 40-51.

colateral e irremediable de su propia existencia. Las quejas y acciones contra las actividades de los llamados *jenízaros* venían incrementándose desde inicios del siglo XVII, como vimos en los apartados pasados, pero a partir de las acciones tomadas por Vera de Carvajal en Sevilla y de la advertencia mandada desde Nueva España, sus privilegios para tratar y contratar en la Carrera de Indias fueron cuestionados con más fuerza, por varias voces y en distintas geografías de la monarquía de una forma que invitan a conjeturar alguna forma de coordinación de un núcleo de las élites mercantiles agrupados en los consulados de Sevilla, México y Lima, con la ayuda de algunas justicias (audiencias y virreyes, en el caso americano y Casa de la Contratación, en Sevilla). La importancia de la petición de Guadalcázar y los oidores de México reside en que partía de ser un señalamiento preciso sobre la inmunidad que gozaban los hijos de extranjeros para realizar sus negocios, no porque fueran extranjeros, sino justamente porque *"se les ha tenido y tiene por naturales de España y se les permite y da licencia para pasar a las Indias, tratar y contratar en ellas"* y en vista de que la cédula de 1608 no los contemplaba como infractores, las justicias novohispanas hacían una sugerencia discreta para que se incluyeran como tales dando cuenta de los inconvenientes que se seguían de su omisión para los intereses del rey y de los mercaderes naturales[154].

Revocar las prerrogativas de los jenízaros, como se insinuaba, se encontraba fuera de toda discusión puesto que un cambio tan fundamental de la legislación hubiera significado un desbarajuste social con ramificaciones incalculables y contrarias al sentido primario de la justicia que era mantener la paz social y, no menos importante, evitar la posible recarga de las audiencias por los procesos de apelación que se presentarían para recurrir el mandato. No por ello las transgresiones que presuntamente realizaban los hijos de extranjeros carecían de importancia para la Corona en un momento en que desde tan distintos frentes se buscaba zanjar las enormes defraudaciones que se hacían a la Real Hacienda. Lo anterior se evidencia tanto en la rapidez con que fue atendido el asunto remitido desde México por el Consejo –la carta fue despachada en mayo de 1616 y la respuesta se firmó en septiembre del mismo año–, como por la forma en que se realizó la réplica en forma de cédula.

En ella se ordenaba que se comisionara al oidor más experto en la materia para que investigara los libros de los sospechosos con "secreto y brevedad" para entender quiénes eran los hijos de extranjeros y cuáles

---

[154] AGI, México, 73, R. 8, N. 63.

eran sus correspondencias. Las averiguaciones se mandarían, por un lado, a la Real Audiencia para que se estudiaran y se entendiera si realmente se estaba cometiendo algún delito y, por otro lado, se remitiría una relación al Consejo de Indias especificando sus nombres y los de sus socios, así como su lugar de residencia, todo lo anterior con cuidado de no dañar ni entorpecer el curso de sus contrataciones. Por último, se pondría al tanto a los oficiales reales de las pesquisas para que encontraran la forma de sacar el mayor beneficio posible de los infractores[155]. Hasta donde entendemos, una vez que Guadalcázar recibió la orden de dar por terminada la *junta* en octubre de 1616, se limitó a remitir las causas "en el estado en que estaban" a los alcaldes del crimen y a asegurar que estaría presente en los procesos cuando se tratare del tema y sus ocupaciones se lo permitieran. La búsqueda y expulsión de algunos extranjeros se llevó a cabo, pero parece que el seguimiento de las causas se detuvo, probablemente porque la relación entre los jueces de la Audiencia y el virrey comenzaron a deteriorarse poco después por pleitos de jurisdicciones que culminaron con el traslado del marqués a Perú en 1620[156].

Mientras tanto, en Sevilla, Tejada recibió la correspondencia de Madrid en que se le comunicaba la suspensión de su comisión y las nuevas instrucciones relacionadas con crear un registro con los nombres de los extranjeros naturalizados y de perseguir cualquier tipo de fraude cometido por naturales y extranjeros[157]. Como mencionamos líneas arriba, los intentos por realizar la nómina no parecieron tener buena respuesta por parte de los mercaderes extranjeros y este hecho posteriormente llevó a Tejada a pedir que se le restituyese la comisión, como efectivamente sucedió a mediados de 1618[158]. En el ínterin, y a lo largo de todo 1617, el presidente de la Contratación no quitó el dedo del renglón en su intento por imputar a los extranjeros no habilitados para el comercio y a sus hijos a través de toda una gama de argumentos presentados por los fiscales para tratar de invalidar los privilegios de los jenízaros[159]. A Juan y Pedro

---

[155] AGI, México, 28, N. 40.
[156] La Casa de la Contratación abrió proceso contra algunos extranjeros expulsados de México por tratar y contratar sin estar habilitados y a marineros por haber permanecido en las Indias sin tener licencia. Véase: AGI, Contratación, 165. El descontento de los alcaldes, como hemos explicado, inicia en 1615 con su exclusión de la *junta*. Más quejas sobre la injerencia del virrey y los conflictos que causaba entre las justicias véase: AGI, México, 73, R. 11, N. 120. BALLONE, 2017, pp. 58-79.
[157] AGI, Escribanía, 1078C, N. 6, f. 81 (recibida el 11 de febrero de 1617). DÍAZ BLANCO, 2012, p. 97.
[158] Véase: DÍAZ BLANCO, 2012, pp. 86-96.
[159] Para una opinión contraria véase: DÍAZ BLANCO, 2012, pp. 86-96.

Sirman, por ejemplo, les embargaron las mercancías que traían registradas en la flota por decir que eran extranjeros y que actuaban como testaferros de otros extranjeros en enero de 1617[160]. No era la primera vez que se les acusaba, en 1615 habían pasado por lo mismo y tanto sus pruebas (cédulas de bautismo) como los testimonios presentados habían sido descartadas por los jueces de la Casa de la Contratación obligándolos a apelar ante el Consejo de Indias. En esta ocasión, al encontrarse nuevamente ante la negativa del fiscal, los Sirman presentaban además la cédula de naturaleza de su padre, Elias Sirman (1603), para argumentar que efectivamente eran naturales "como es notorio y a vuestra señoría le consta" y que, si su padre era considerado natural y había podido contratar en Indias, con más razón podían hacerlo ellos que habían nacido en Sevilla. Algo similar sucedió a Enrique Juan, nacido en Sanlúcar de padre flamenco, a quien el fiscal declaraba extranjero por serlo su padre, lo cual fue disputado por la defensa por ser falso y porque: "aunque no lo fuera, que niego, habría adquirido naturaleza por muchos años de vecindad en estos reinos"[161]. Los intentos de la Contratación para penalizar a los hijos de extranjeros llegaron a traspasar todos los límites de lo aceptable cuando el fiscal quiso criminalizar a Jerónimo Suárez, hijo de Antonio de Madeira y nacido en Nueva España, por el delito de haber pasado a las Indias sin licencia que presuntamente había cometido su padre y, por el cual, pretendía anular su naturaleza. El principio de transmisión de las penas ciertamente existía en el derecho castellano, pero se reservaba a los delitos más graves de traición al rey o la Iglesia (herejía) y por tanto la defensa de Suárez no dudó en asegurar que la acusación y pena no eran válidos porque "en semejante caso no puede perjudicar al hijo" del supuesto delito cometido por el padre[162]. Cabe destacar que todos los cargos contra los hijos de extranjeros fueron finalmente levantados y sus bienes fueron restituidos.

A la par de las imputaciones realizadas por la Contratación, el Consulado de Sevilla envió una carta al rey para solicitarle que prohibiera el comercio a los hijos de extranjeros porque era "cosa llana y asentada que han de procurar el beneficio de sus provincias, parientes y amigos, cuyas encomiendas tienen y han quitado a los naturales"[163]. De nueva

---

[160] AGI, Contratación, 165.
[161] AGI, Contratación, 165.
[162] AGI, Contratación, 165. Sobre el principio de transmisión de penas véase: RAMOS VÁZQUEZ, 2004, pp. 255-299.
[163] AGI, Indiferente General, 2304. Citado en: GARCÍA-MAURIÑO MUNDI, 1999, p. 49.

cuenta, la cuestión que exponían los mercaderes no era una duda sobre la legitimidad de la naturaleza de los jenízaros, como se ha venido sosteniendo hasta ahora, sino los inconvenientes que les causaba el hecho de que justamente porque al considerárseles naturales tenían el camino libre para desplazarlos como intermediarios del comercio colonial y europeo. En este punto, los cargadores naturales carecían de recursos para defender sus pretensiones de mantener el monopolio de la contratación para los castellanos "originarios" puesto que sus intentos por limitar la participación extranjera a través de una legislación más restrictiva que venía dándose desde la creación del Consulado se veían ahora sobrepasados por un marco jurídico más amplio que acogía con plenos derechos a las primeras generaciones de extranjeros nacidos en España y que no podía ser modificado fácilmente y a voluntad para favorecer a unos cuantos en perjuicio de muchos otros.

Poco meses más tarde, en el contexto de la búsqueda por realizar un cobro efectivo de los derechos regios que se siguió entre 1617 y 1618, Tejada inició las pesquisas que sacaron a la luz las notables defraudaciones realizadas por manos de los naturales en la flota de Nueva España por alrededor de 400.000 ducados y prosiguió contra los extranjeros a quienes ahora se les acusaba de haber violado la real disposición de 25 de diciembre de 1616 al no presentar los recaudos que les permitían contratar en Indias[164]. De nueva cuenta, el fiscal de la Audiencia de la Contratación, Vera de Carvajal, incluyó dentro de sus acusaciones a un buen número de jenízaros que negaban toda culpabilidad, como Acosta Brandón, Esteban Sotorripa, Mateo Antonio Rubio y Pedro Menéndez. Resulta interesante que el fiscal pidiera que el rey diera penas severas de confiscación de bienes y hacienda a los inculpados y que, además, los declarase "extranjeros de los prohibidos para contratar en las Indias", una aserción que salía sobrando si los susodichos no hubieran sido considerados naturales con plenos derechos y si el objetivo del conjunto de estas acciones no hubiera sido justamente clasificarlos como extranjeros[165].

Para reforzar el trabajo que se venía realizando en Sevilla y dar seguimiento a los descubrimientos de fraudes, contrabando y arribadas que se habían reportado años antes desde Panamá, el Consejo dio comisión al oidor Alonso Espino para que continuara con las averiguaciones contra Fernández Gramajo, por un lado, y las arribadas a Cartagena y, finalmente los tratos y contratos que ahí tenían los extranjeros. Las

---

[164] AGI, Contratación, 167. Sobre los fraudes de los naturales véase: DÍAZ BLANCO, 2012, pp. 96-118.
[165] AGI, Contratación, 167.

averiguaciones sobre el primer asunto resultaron en el desmantelamiento de la estancia que el portugués tenía en la costa donde presuntamente realizaba junto a otros estancieros sus arribadas en conexión con la llegada de los barcos de esclavos[166]. De la segunda encomienda se despacharon 26 causas y de la tercera se remitieron 38 al Consejo de Indias junto con una recomendación del oidor a favor de permitir el comercio en el puerto de todos los vasallos sujetos al monarca que no cometieran actos ilícitos porque estos, antes de ser un peligro, dañinos o perjudiciales, eran "importantes a el servicio de VM en la dicha ciudad y provincia"[167]. La importancia, cabe especular, se relacionaba con la introducción de esclavos para el trabajo de las estancias.

En Nueva España, por otro lado, en 1619 se pidió al virrey que explicara con mayor profundidad los negocios que tenían los extranjeros con licencia que se encontraban en la provincia y la forma en como ellos desfalcaban al fisco. Guadalcázar no pudo aportar datos nuevos en relación al comercio en México, sino que se limitó a describir la forma en como se embarcaban mercaderías fuera de registro en Cádiz, exhortaba al Consejo a preguntar a los oficiales de Sevilla para obtener más información y remataba con una opinión que sugería un mayor control de las actividades comerciales de la comunidad neerlandesa en particular: "y para la conservación del trato de las Indias siempre he tenido por de grande importancia que estas licencias no se diesen, particularmente a los septentrionales". La réplica que en su turno envió el Consejo de Indias nos permite entender cuál era la política que en ese momento tenía la Corona sobre este tema que generaba tanta controversia, pero al cual no se podía dar vuelta atrás. En principio se reconocía la parte de razón que tenía el virrey sobre la inconveniencia de otorgar las licencias a los extranjeros, pero enseguida se le recordaba que éstas no se otorgaban indiscriminadamente y que con respecto a las que ya se habían dado "no hay remedio", ni tampoco lo había en cuanto a quienes se naturalizaban por prescripción debido a que en razón de "las leyes reales y cédulas acordadas en este Consejo los extranjeros casados y avecindados por cierto tiempo y en quien concurren otras calidades se hacen naturales y como tales contratan". Ciertamente, reconocían los consejeros, había quienes realizaban sus negocios en cabeza de los naturalizados sin tener licencias, lo cual era un problema agregado que se había tratado de solucionar "con toda la consideración posible", por varios medios que, en el caso específico de Nueva España se había traducido en comisionar a oidores visitadores y a los oficiales reales para

---

[166] AGI, Panamá, 17, R. 4. N. 63. AGI, Panamá, 17, R. 3. N. 46.
[167] AGI, Panamá, 17, R. 4. N. 68.

recibir e inspeccionar los registros de cada flota que llegara a San Juan de Ulúa y aplicaran la legislación, con lo cual, se creía, cesarían los fraudes y tratos de extranjeros inhabilitados[168].

En el papel estas ideas parecían pertinentes y suficientes, pero en la práctica eran imposibles de cumplir, como pudo constatarse en los meses siguientes. En México las arribadas no se habían investigado cuando se dieron las primeras alarmas en 1614 porque los alcaldes del crimen negaron que actividades de ese tipo se perpetraran en los puertos del reino[169]. Años más tarde, en 1619, el oidor Pedro Vergara Gaviria daba cuenta al Consejo de los enormes desfalcos que se hacían a la Real Hacienda a través de la mercancía que venía fuera de registro y del contrabando por medio de los navíos de esclavos. De manera detallada, el oidor describía la complicidad de todas las autoridades del puerto (oficiales reales, castellano y alcalde mayor), de los generales de las flotas, los mercaderes, pasajeros y encomenderos en el pago de una cuota que a las autoridades se les efectuaba para que pasaran por alto cualquier delito. El cohecho estaba tan normalizado en Veracruz que los encomenderos solían anotarlo en las cuentas de sus libros como una tasa más de las que regularmente se tributaban bajo el nombre de "buen pasaje, buen despacho o buena negociación" misma que se repartía a manos de las autoridades. En razón de este sofisticado y establecido mecanismo de cobro paralelo de derechos en el que todos participaban para no pagar tributos, Vergara calculaba que lo que ingresaba en la caja del puerto alcanzaba únicamente un 10 por ciento del total de los derechos regios que deberían cobrarse[170].

A petición de Vergara, el Consejo le designó comisión para visitar a los oficiales reales del puerto y en los años siguientes realizó algunas averiguaciones que destaparon el involucramiento de prácticamente todas las personas relacionadas en el comercio en estas prácticas y ante ello, advertía el reto logístico y la contradicción legislativa que encaraba para poder actuar porque, decía: "si todos hubieren de ser reputados por cómplices, sería un laberinto muy grande el haber de proceder contra ellos y más estando la mayor parte en esos reinos…[y] si comenzase a proceder contra alguno no habría quien depusiese verdad acerca de los fraudes y mala administración de la hacienda de vuestra majestad viendo que de testigos los hacia luego reos"[171]. La única alternativa viable era actuar contra los casos que *salieran de lo normal*, aquellos que fueran

---

[168] AGI, México, 29, N. 13.
[169] AGN, Reales Cédulas Duplicadas, vol. 4, exp. 119, f. 130. AGI, México, 73, R. 7, N. 57.
[170] AGI, México, 73, R. 11, N. 120.
[171] AGI, México, 74, R. 1, N. 19.

realmente visibles por su gravedad, como venía haciéndose hasta entonces. Si bien el Consejo aclaró que en realidad todos los testigos que deponían voluntariamente en semejantes materias y ayudaban en las investigaciones para descubrir los delitos no se comprendían en las penas y que éstas únicamente se reservaban contra los principalmente culpados para facilitar las investigaciones y los procesos, la cuestión planteada por Vergara seguía siendo cómo lograr que los particulares realizaran esas denuncias cuando la transgresión resultaba tan lucrativa para la mayor parte de los implicados en el sistema mercantil[172]. El barco de la fiscalidad regia hacía agua en tantas partes que los funcionarios de gobierno trataban de tapar los agujeros más grandes en la esperanza de mantener a flote la mayor parte posible de la recaudación en un momento en que las hostilidades en el Sacro Imperio volvían inminentes los apoyos económicos de España a la causa de los Habsburgo.

Es probable que en esta misma tesitura, y si bien no nos consta, una comisión similar a las de Cartagena y México fuera ordenada también a la Audiencia de Lima y que, como consecuencia de ello, el fiscal Cristóbal de Santillana diera cuenta al Consejo sobre los múltiples problemas que se seguían a la Real Hacienda y el comercio debido a los negocios de los hijos de extranjeros en el reino y sugiriera la conveniencia de anular sus privilegios para tratar en las Indias. En este caso, y quizá en razón de la insistencia que se hacía sobre el mismo punto, el monarca desechó esa posibilidad y zanjó definitivamente cualquier duda que pudieran surgir sobre los privilegios de los jenízaros en todos los territorios de la monarquía con la ya citada cédula firmada en abril de 1620 en que señalaba que "cualquier extranjero nacido en España es verdaderamente originario y natural de ella y mandamos que en cuanto a esto se guarden en las Indias las leyes, sin hacer novedad"[173]. De esta forma, se eliminó la esperanza que guardaba un sector de los mercaderes naturales para bloquear el camino de la participación de extranjeros en la contratación americana por vía de la legislación, un concurso que se había incrementado notoriamente por medio de la inclusión de sus hijos y que, en cierto modo, había sido una de las principales causas tras el aumento del fraude que se trataba de combatir con nulo éxito en los principales puertos de la monarquía. Ciertamente, porque para ahorrar costos y poder competir con los concurrentes extranjeros que desde inicios del siglo XVII podían desarrollar estrategias de precios competitivos por el control que tenían de prácticamente todos los eslabones de la cadena de

---

[172] *Ídem*. Sobre este dilema véase: MONCADA, 1619, cap. XIX.
[173] GARCÍA-MAURIÑO MUNDI, 1999, p. 44.

productivad de los géneros que más se cargaban desde Sevilla a América y a Europa, los naturales recurrieron a la evasión de los valores agregados que eran prescindibles sin mucha dificultad gracias a la colaboración de una parte de las justicias, esto es, los derechos regios. A todo esto, habría que sumarle un rango mayor de acción, influencia y poder que fueron adquiriendo de las élites mercantiles extranjeras gracias a la creación de consulados, la acumulación de privilegios dentro del patriciado urbano y la nobleza en Andalucía desde finales del siglo XVI, así como por su inserción dentro de los sistemas de asientos y otras instituciones claves para el funcionamiento de la monarquía gracias, justamente, a sus importantísimas aportaciones fiscales[174].

Díaz Blanco ha argumentado que, tras descubrirse los fraudes de los naturales en Sevilla, la Corona habría concentrado sus fuerzas en realizar las pesquisas y condenas en relación a ese colectivo relegando el problema de los extranjeros a un segundo plano[175]. Esto, como hemos podido ver a través de un análisis comparado de las medidas que se tomaron en distintos puntos de la monarquía durante este periodo contra ambos grupos, resulta evidentemente impreciso. Asimismo, se ha sostenido que en razón de este nuevo escenario desfavorable para los mercaderes naturales y para poder alcanzar una negociación más propicia con el monarca el Consulado aceptó la ratificación del asiento de la avería y que en esta ocasión habría incluido en sus filas a mercaderes naturalizados que habrían aportado las cantidades de dinero necesarias para completar el pago anual que se comprometían a abonar entre quienes se destaca a Tomás Mañara y Horacio Levanto, como miembros nuevos de la Universidad y, por tanto, prueba indudable del inicio de una nueva era de cooperación entre los hasta entonces enfrentados grupos de mercaderes extranjeros y naturales. Lo anterior, creemos, tampoco puede sostenerse en tanto que los extranjeros integrados, con naturaleza y licencia para tratar en las Indias, podían y ciertamente se afiliaban al Consulado sevillano siendo esto una clara prueba de su integración en las sociedades locales del mundo hispánico y no a la inversa, como puede apreciarse precisamente en las trayectorias de Mañara y Levanto[176]. El aparente desistimiento del

---

[174] CONCHA, DE LA, 1948-1949. GIRARD, 2006, 112-118. Véase capítulo 7.

[175] DÍAZ BLANCO, 2012, Capítulo 2.

[176] Sobre la integración de los Mañara en Sevilla véase: VILA VILAR, 1991 y 2002. Vilar localizó el regreso de Tomás de Mañara a Sevilla desde Lima en Lima en 1610 y su incorporación a las juntas del Consulado con cargos clave para la institución desde 1611. Lo mismo se puede decirse de Levanto véase: DÍAZ BLANCO, 2014. BONIALIAN, 2017.

Consulado contra el comercio extranjero que se aprecia desde 1618 se debe, en nuestra opinión, al agotamiento de recursos jurídicos –y quizá económicos también– de los que antes habían podido echar mano para buscar limitar la participación de estos en el comercio indiano. Al dar la Corona por hecho que las naturalezas que se otorgaban eran contadas y se justificaban en el cumplimiento de requisitos especificados en las leyes regias y cédulas acordadas en el Consejo –como se señaló a Guadalcázar–, que, asimismo, los hijos de extranjeros gozaban indudablemente de los privilegios de los naturales y que se tenía dispuesto un verdadero dispositivo de comisiones para atajar el comercio ilícito en las principales plazas comerciales del sistema atlántico, prácticamente quedaban eliminados los huecos jurídicos que el Consulado podría haber dispuesto para exigir más medidas disuasivas de la participación extranjera que las ya esbozadas en la cédula de 1608 y 1616.

En este sentido se explica que el Consulado concentrara sus fuerzas en restringir a sus *otros* competidores, los comerciantes americanos que, por un lado, desde finales de siglo XVI habían comenzado a trasladarse a Sevilla para realizar sus negocios directamente en España desplazando a los hispalenses como intermediarios en el comercio peruano (peruleros), y por otro lado, a aquellos que se habían volcado hacia en el lucrativo comercio triangular en el Pacífico (almaceneros novohispanos) introduciendo mercancías asiáticas que por su calidad y precio eran preferidas sobre las europeas en los virreinatos[177]. Las quejas del Consulado de Sevilla contra los peruleros y los mercaderes novohispanos no eran nuevas, pero en este momento llegaban a un punto límite debido a la protección y autonomía jurisdiccional que habían adquirido los mercaderes indianos al crearse sus respectivos consulados y las repetidas pérdidas que durante toda la segunda década del siglo XVII venían experimentando los sevillanos al no poder colocar su mercancía en los mercados virreinales "saturados" por las cargazones asiáticas que por alrededor de 5 millones se recibían anualmente en Acapulco desde 1611[178]. Paradójicamente, los mercaderes extranjeros que también realizaban sus negocios en los virreinatos obtenían enormes ganancias gracias a que también habían eliminado la intermediación de los naturales andaluces en asociación con sus colegas indianos[179].

Desde esta perspectiva, parece comprensible que el Consulado remitiera una buena cantidad de quejas al Consejo para exponer las inconveniencias de los negocios de los peruleros en Sevilla y que solicitara como parte de

---

[177] GARCÍA FUENTES, 1997.
[178] VALLE PAVÓN DEL, 2006.
[179] Véase capítulo 7.

las cláusulas de la renegociación del asiento del cobro de la avería la total prohibición del comercio entre los virreinatos o de las contrataciones en metálico[180]. Esta búsqueda por recuperar sus privilegios perdidos en el terreno del comercio colonial de ninguna forma relegó su interés por restringir las actividades de sus competidores extranjeros y de sus hijos en aquellas áreas en que la legislación les permitía tener algún tipo de influencia, como fueron las ordenanzas de la Universidad. De esa forma, en los primeros años del reinado de Felipe IV el Consulado logró que el monarca prohibiera por cédulas de 26 de diciembre de 1623 que los extranjeros o sus hijos ocuparan los cargos de prior o cónsul y que pudieran participar en las elecciones para elegirlos, pero aún así sus agremiados siguieron permitiendo ambos recursos en la práctica a juzgar por las veces que los Neve, Bartolomé Vivaldo y Tomás de Mañara ocuparon esos puestos, como bien señalaba Domínguez Ortiz[181].

Si bien a partir de la evidencia que hemos presentado a lo largo de este apartado podría concluirse que los alcances directos de las comisiones realizadas en España y América fueron limitados en cuanto a su propósito de restringir los negocios de los extranjeros en el comercio, una mirada a los efectos indirectos muestran sus firmes y duraderas repercusiones de largo alcance. En efecto, dos consecuencias más evidentes pueden observarse desde el punto de vista de la creación de un mayor control social hacia estos grupos (reforzado por las intensas actividades inquisitoriales contra mercaderes en los virreinatos a partir de mediados de 1620[182]) y de la creación de una definición más precisa de extranjería en el conjunto de los territorios de la monarquía forjada paulatinamente a través de la continua señalización pública, la denuncia y la penalización en la esfera secular y espiritual desde donde se resaltaron elementos que identificaban a los migrantes como potenciales transgresores de la ley y el orden. Asimismo, estos mecanismos de *etiquetamiento* allanaron el camino para crear escenarios de conflicto y de debate en espacios públicos y de gobierno para definir quiénes debían ser clasificados como extranjeros útiles e inútiles para la república. La presión y diferenciación social que con cada vez más frecuencia se realizaba contra estos grupos no pasó desapercibida para ninguno de los actores involucrados, como puede observarse en un testimonio enviado por Guadalcázar sobre el desarrollo de las composiciones de portugueses que se venía realizando desde 1618

---

[180] GARCÍA FUENTES, 1997. VALLE PAVÓN DEL, 2006. DÍAZ BLANCO, 2012, pp. 86-96.
[181] DOMÍNGUEZ ORTIZ, 1998, p. 122. VILA VILAR, 2002, p. 169.
[182] Véase capítulo 3.

mismas que se ejecutaban sin mayores contratiempos porque los lusos se acercaban por su propia voluntad "por *temor* de no ser denunciados como extranjeros", y sufrir las posibles represalias que venían realizándose contra quienes así eran identificados, a saber, los septentrionales a quienes en principio se debía negar el privilegio de la composición por orden explícita del Consejo de Indias[183]. Esta diferenciación, que a nuestros ojos podría parecer sutil, era en realidad una abierta declaración de intenciones del monarca sobre las distinciones existentes en los lazos de vasallaje y los privilegios implícitos a ella, sujetos a continua transformación, que existían entre él y cada una de las naciones de la monarquía, como veremos se evidenció en la siguiente década en el caso de los portugueses en vista de su inclusión dentro de las naciones que debían someterse a composición en las Indias.

Es evidente que hacia el final del reinado de Felipe III se había radicalizado la opinión de un sector de la élite mercantil, de los cabildos seculares americanos (por añadidura), de la cúpula eclesiástica y de los gobiernos peninsulares e indianos la presencia de extranjeros. En el contexto de la convocatoria de las Cortes para aprobar el nuevo servicio de millones y los debates reformadores que surgieron en y en torno a las negociaciones sobre las reformas sobre la política financiera de Felipe III que los procuradores exigían para aprobar la ayuda en 1618, el teólogo Sancho de Moncada, escribió sus diálogos en que señalaba a los extranjeros como la causa primaria de la perdición de España (la segunda eran la incorporación de las Indias a la monarquía), porque se habían introducido en prácticamente todas las esferas económicas del reino desplazando a los naturales, extraido los recursos naturales, substraído la mayor parte de los metales preciosos y sometiendo prácticamente la soberanía de España a sus manos, tanto por el papel primordial que ocupaban para mantener el sistema financiero, como por la carencia de una fidelidad plena hacia el rey en razón de su origen que, presuntamente, los llevaba de forma natural a optar por los intereses de los países de sus padres y, por añadidura, un peligro para la seguridad interior. Moncada, se posicionaba directamente en contra el otro sector de la población, es decir de aquellos que "dicen que es de importancia que acudan extranjeros a España porque a la primera o segunda generación se hacen españoles o se españolizan y traen ejemplos de personas de España, que son españoles e

---

[183] AGI, México, 28, N. 23. AGI, México, 28, N. 32. AGI, México, 28, N. 36. AGI, México, 73, R. 8, N. 63. AGI, México, 29, N. 26. Sobre la prohibición de componer neerlandeses véase el capítulo 2. Durante estos años se sometieron al arbitrio 166 portugueses.

hijos de extranjeros"[184]. Para el autor, en cambio, la solución categórica de todos los problemas existentes era la expulsión de los extranjeros del reino o la aplicación de una legislación e imposición de impuestos sobre la introducción de mercancias y sobre su presencia en España que estuviera encaminada a persuadir las importaciones y la inmigración a la península. La consecuencia de la desaparición de la mano de obra extranjera, de la importación de manufacturas y la saca de recursos, dentro de la lógica causal de Moncada, estimularía el comercio interno, la inversión en la industria para producir lo que antes se importaba, la regeneración del sector artesanal y campesino, todo lo cual mantendría la circulación interna de los metales y generaría riqueza suficiente para incrementar las recaudaciones para auxiliar al rey en sus necesidades crediticias. De esta forma, se *restauraría* y *conservaría* una monarquía que, por su extensión geográfica y su naturaleza compuesta había alcanzado un límite de expansión del que únicamente podía esperarse su perdición si no se actuaba urgentemente para generar un cambio[185].

En las Indias, como vimos, opiniones similares se venían manifestando, pero se visibilizaron con gran fuerza desde mediados de 1619, una vez que la difícil situación en que se encontraba la Real Hacienda por causa de los gastos militares en los Países Bajos, en Milán y Alemania obligaron al Consejo a buscar arbitrios y otros medios que ayudaran a sobrellevar los déficits contraídos de la Corona. El 19 de noviembre de ese mismo año se mandó una cédula a Guadalcázar para que se investigara a través de distintos medios el número de portugueses que había en reino, sus actividades económicas y estado civil para entender "el beneficio o daño de su residencia" con la mira a una posible expulsión de la nación de las Indias. La comisión, encargada al oidor Pedro Suárez de Longoria, escribió una lista con los nombres de los 166 portugueses que se habían compuesto en los últimos años a partir de la cual el virrey argumentó que, justamente porque Madrid había ordenado desde 1615 que se aplicara el arbitrio con todo aquél que cumpliera los requisitos, muchos portugueses habían obtenido constancia de vecindad, con lo cual se había admitido a tantos que ahora gozaban de los privilegios prometidos. Unos meses más tarde, el Consejo respondió a Guadalcázar que en vista de las muchas quejas que llegaban sobre las correspondencias que tenían los portugueses con los extranjeros y de la pérdida de plata que por esa vía se reportaba, se pedía una investigación más a fondo sobre sus negocios en el reino y sus corresponsales extranjeros para poder "rastrear

---

[184] MONCADA, 1746 (1618), discurso segundo.
[185] MONCADA, *Ídem*. DUBET, 2016. FERNÁNDEZ DELGADO, 2003.

su procedencia", lo cual nos habla de una intención del Madrid de atajar el problema de las sacas de plata, fraudes y contrabando a partir de una estrategia central. Al mismo tiempo, la necesidad de recursos motivó que en este contexto se ordenara a las autoridades indianas que admitieran a composición a todos los extranjeros, incluidos a los septentrionales que habían sido excluídos de este privilegio desde la última década del siglo XVI, ofreciendo además la oportunidad de obtener licencia para tratar y contratar en el comercio Atlántico que hasta entonces les había estado reservada a quienes tuvieran naturaleza con habilitación.

Los alcances de la nueva órden de composición dependió de las necesidades e intereses locales. El oidor de Santa Fe, Alonso Espino de Cáceres, por ejemplo, en su reporte para dar cuenta sobre los avances de la comisión para indagar los tratos de extranjeros en su jurisdicción, expresó que, a pesar de no haber dado el seguimiento a las averiguaciones iniciadas por su colega, Antonio de Ovando, creía que todos los extranjeros debían ser expulsados por el peligro que suponían para la seguridad interna en razón de las posible transmisión de información hecha por un hombre que servía de trompeta y que se había fugado con la tripulación enemiga. En Lima, por el contrario el virrey Príncipe de Esquilache pidió que no se ejecutaran composiciones a los marineros que servían en la Armada del Mar del Sur por lo desastroso que podría ser para el funcionamiento de la escuadra, mientras que una súplica similar fue enviada por el procurador de Filipinas, Fernando de los Ríos, para que los marineros y soldados que se encontraran en Nueva España en tránsito a las islas no fueran molestados por las autoridades ni sometidos al arbitrio. Estas dos últimas peticiones fueron aceptadas por el Consejo, en el primer caso, por la escacés de castellanos que quisieran cumplir con las labores en las embarcaciones de las naos de China y, en el segundo "por la falta que hay de este género de gentes y porque sería de mayor daño su ausencia que el que se puede temer de su presencia"[186].

En México, tanto los oidores como el marqués de Guadalcázar consideraron la ejecución de la orden inconveniente porque los beneficios que se otorgaban eran demasiado amplios y dotaban a todos los extranjeros de privilegio para participar en la contratación atlántica, lo cual, decían, podían resultar en "algunos inconvenientes", o lo que era lo mismo, disparar el tiro de gracia al comercio de los naturales[187]. Para no acatar lo dispuesto, los oidores se declararon en desacuerdo sobre

---

[186] BRADLEY, 2001, p. 223. RODRÍGUEZ VICENTE, 1968, pp. 616-619. MENA GARCÍA, 1984, p. 70. AGI, Filipinas, 340, L. 3, f. 237v-238r.
[187] AGI, México, 29, N. 26.

la interpretación que debían darle a la cédula y la dejaron pendiente por tiempo indefinido[188]. Por el contrario, en Panamá, el oidor Juan de Santa Cruz puso manos a la obra y durante ese año llegó a componer a 35 personas por un total de 8 mil pesos. En 1620, el Cabildo secular de la ciudad mostró su inconformidad sobre las diligencias al Consejo por el poco provecho económico este tipo de arbitrios realmente llegaban a tener para la Real Hacienda y los muchos inconvenientes que se creaban como consecuencia de ellos. Como podría esperarse, en el trasfondo de la oposición a las composiciones se encontraba un sector de las élites mercantiles agotadas, por un lado, por la creciente y exitosa competencia extranjera integrada en los distintos ámbitos de la sociedad y, por otro lado, carentes de recursos reales para hacer frente a la competencia y recobrar su posición de exclusividad mercantil. Por todo ello, el último elemento disponible para buscar cambiar el rumbo era elevar una suplica al monarca entrante:

> En este puerto de Cartagena y Panamá residen muchos [extranjeros] que solo tratan de hacerse ricos y poderosos como lo están con notable perjuicio de la Real Hacienda y daño de los vasallos naturales y como tienen tan granjeadas las voluntades de los superiores los anteponen *así en cargos honrosos como en todo lo que ofrece a los naturales* y que han servido ellos y sus padres a Vuestra Majestad y la gran desorden que en esto hay nos obliga a dar cuenta a Su Majestad a quien humildemente suplicamos se sirva mandar se ponga en todo ello el remedio que convenga[189]

En el contexto de cambio en la política exterior de España y de la creciente necesidad de las remesas de plata que menguaban cada año, la presencia de extranjeros en las Indias apremiaron una mayor vigilancia de las rutas de circulación de los metales en ambos lados del Atlántico, así como la puesta en marcha de estrategias más agresivas para prevenir los extravíos a través de las múltiples grietas abiertas de la red de comercio y contrabando internacional, especialmente la que pasaba a través de los portugueses, los franceses y los septentrionales que residían en el mundo hispánico por donde se aseguraba fluían grandes cantidades de plata hacia el norte de Europa. De este modo, se mandó que los lusos no residieran en los puertos y se apartaran de las líneas costeras tantas leguas

---

[188] AGN, Reales Cédulas duplicadas, vol. 4, exp. 147, f. 170. AGI, México, 29, N. 95. Esta práctica comenzó a reprimirse hacia 1631, véase: AMADORI, 2013, P. 93.
[189] AGI, Panamá, 30, N. 78.

La categorización del extranjero en la comunidad política

como el virrey considerara necesario para evitar los rescates, arribadas y contrabando[190]. Esta disposición, según una advertencia al margen de los consejeros, sería también enviada a Cartagena de Indias y La Plata para que "fuese común" a todos los puertos. Fue justamente en La Plata donde esta orden y la de realizar composiciones se puso en marcha con mayor fuerza desde los útimos meses de 1620[191].

En Nueva España, los aires de cambio que se respiraban en la monarquía bajo la batuta del duque de Uceda fueron el marco de una denuncia hecha por los oficiales de la Casa de la Moneda de México en la que se señalaba a los pequeños comerciantes que llegaban y se iban en la misma flota como los principales perceptores de grandes cantidades de plata sin quintar. A decir de los trabajadores de la ceca de México, una vez que los "gachupines y extranjeros" desembarcaban sus productos, se concertaban con los arrieros del puerto para visitar los reales de minas para intercambiarlos con los mineros a menor precio por plata de rescate que embarcaban en el tornaviaje sin pagar los derechos reales. Las acusaciones también incluían a los capitanes de las flotas como los principales culpables de los descaminos de metales; una sospecha que inauguró un periodo de residencias en distintas cajas provinciales y comisiones para vigilar las visitas de las flotas en Veracruz[192]. Estas últimas, especialmente instruidas por el nuevo monarca y conducidas por el oidor Pedro de Vergara Gaviria en 1620, sacaron a la luz varias arribadas sin registro de la Casa de la Contratación autorizadas por los agentes del asentista de esclavos portugués Antonio Fernández de Val para desembarcar personas y productos en Veracruz a cambio de importantes cantidades de plata[193]. Todas estas revelaciones motivaron que el marqués de Guadalcázar emitiera una ordenanza válida por dos años para que ningún comerciante sin reconocido caudal y reputación estableciera tiendas de mercancías en los reales de minas por más de 24 horas y para que ningún arriero de Veracruz pudiera fletar carga a destinos que no se encontraran dentro del Camino Real que comunicaba el puerto con las ciudades de Puebla y México[194].

---

[190] AGN, México, 29, N. 21.
[191] AGI, Charcas, 19, R. 11, N. 207. MENDOÇA, 1630, p. 6.
[192] AGI, México, 29, N. 34, punto número 3.
[193] AGI, México, 74, R. 1, N. 19. El hermano de Pedro de Vergara Gaviria, Diego, era oidor y receptor del Consejo de Indias, véase: AMADORI, 2013, p. 144.
[194] AGN, Ordenanzas, vol. 4, exp. 12, f. 12. Sobre la "obediencia activa" en Indias: AMADORI, 2013, p. 90 ss.

Al igual que sucedía en España, el clima de tensión que se venía gestando en las provincias indianas tuvo serias repercusiones en la población de extranjeros como puede apreciarse en el importante número de provisiones reales por las que el Consejo de Indias aprobó solicitudes de composición y otorgó cartas de naturaleza durante esos años por intermediación de los alcaldes del crimen indianos pero siempre por petición de los extranjeros que buscaban ampararse definitivamente para poder tratar y contratar, ejercer oficios, gozar de preeminencias o para poder residir en lugares que les eran prohibidos (puertos y reales de minas) sin ser molestados por las autoridades locales o sus vecinos[195]. Estas solicitudes eran aprobadas por vía de derecho en razón de la vecindad de los solicitantes que se comprobaba por medio de sus composiciones y no necesariamente por la cantidad de dinero que hubieran pagado para cumplir con este requisito y aunque sin duda para algunos el capital disponible fue una ventaja, las licencias se otorgaran a personas compuestas en un rango que fluctúa entre los 40 y los 700 pesos. En este sentido, podemos concluir que durante el reinado de Felipe III la legislación en materia de extranjeros tuvo un acelerado desarrollo, tanto para excluirlos del goce de derechos reservados a los naturales como para proteger sus privilegios como vecinos integrados en las comunidades locales. Este importante avance, como veremos a continuación, fijó un límite en los procedimientos que se pensaron poner en marcha contra estas minorías cuando la crisis económica, la escalada bélica en Europa y la anteposición de los intereses regios sobre los de la república sirvieron como marco para generar una retórica y medidas políticas radicales contra los europeos no españoles.

1.4. Los extranjeros y la política de reformación y restauración del gobierno, 1620-1622

En septiembre de 1621, tomó posesión del cargo el primer virrey de Nueva España nombrado bajo el reinado de Felipe IV, Diego Carrillo de Mendoza y Pimentel, conde de Priego y marqués de Gelves. Acorde con la estrategia política, financiera y administrativa diseñadas por Baltazar de Zúñiga y Velasco para todos los territorios de la monarquía, Gelves tenía instrucciones precisas para poner en marcha la "reformación y restauración" y la fiscalización de la provincia de acuerdo con el ideal de la *limpieza de manos* y de la *obediencia activa*[196]. Dentro de los documentos sobre asuntos

---

[195] AHN, Códices, L. 742.
[196] ISRAEL, 1980, pp. 136. ELLIOT, 2004, p. 136. BÜSCHGES, 2010, pp. 31-41. AMADORI, 2013, pp. 87, 282-283.

de hacienda que el Consejo le entregó al nuevo mandatario, había una copia de la cédula para realizar composiciones que se había enviado en mayo de 1619 junto con una nota en que se le encargaba realizar un censo de los extranjeros que vivían en el reino y poner en marcha el arbitrio procurando cobrar lo que fuera justo poniendo énfasis en que no era un donativo voluntario, sino un arbitrio del que se debía sacar el mayor beneficio porque, se subrayaba, en ocasiones pasadas, tanto en México como en otras audiencias, se había compuesto a personas por cantidades mínimas que delataban ya el poco cuidado que tenían los comisionados en su trabajo o los cohechos que habían aceptado para no imponer tasas más altas[197]. En vista del peso persuasivo que tenía la acotación anterior y después de una exhaustiva revisión de las cédulas existentes, de las ordenes emitidas por sus predecesores, y del examen realizado junto con la Junta de Hacienda convocada poco después de su llegada a México, el marqués avisó al Consejo que uno de los problemas más preocupantes que había localizado era la numerosa cantidad de extranjeros de todas las procedencias, de naciones leales y enemigas, que tenían "infeccionado y apestado" el virreinato[198]. Desde entonces y a lo largo de su gobierno esta materia tomó una importancia relevante en términos muy apegados a la retórica de Sancho de Moncada en su *Restauración política de España* y, por tanto, en línea con los planteamientos de la *Razón de Estado*[199].

En su misiva, el marqués presentaba un análisis del problema a partir de los *beneficios* que estos grupos aportaban al servicio de la Corona y concluía que todos los extranjeros eran inútiles e inconvenientes porque, por un lado, no contribuían a la Real Hacienda y, por el otro, eran un peligro para la seguridad interior y exterior del reino. En el primer caso, se sabía, que en sus manos se concentraba la mayor parte de los intercambios mercantiles del comercio atlántico en el reino y esto se debía a que sus redes transnacionales estaban compuestas por un buen número de corresponsales con quienes compartían los riesgos, reducían los costos de operación, intercambiaban información de distintos mercados, todo lo cual les permitía realizar sus negocios de forma estratégica conforme a un plan y, en general, sacar mayores ganancias que los naturales. Esta misma estructura les permitía realizar una parte de sus negocios con géneros prohibidos por vías de contrabando y sacar plata de rescate por medio de *descaminos* tan cuantiosos que se especulaba eran la razón subyacente de que en los últimos años no se encontrara prácticamente un tejo sin

---

[197] AGI, México, 150, f. 27a-27b.
[198] AGI, México, 29, N. 94.
[199] MONCADA, 1746 (1618).

quintar en la plaza mexicana. Ninguna de estas actividades aportaba derechos a la Real Hacienda y, debido a su compleja organización y la disgregación geográfica de los componentes involucrados, resultaba difícil para las autoridades investigar, verificar y detener sus actos. La única alternativa de acción viable para prevenir los *descaminos* era utilizar las mismas medidas puestas en práctica por Guadalcázar, a saber, limitar la estancia de foráneos en los reales de minas, aunque el marqués entendía que en el pasado no se habían alcanzado cambios de consideración a partir de este tipo de acciones[200].

Otro asunto relacionado con la fiscalidad y los extranjeros era la laxitud de privilegios que se podían obtener a partir de los lineamientos de la cédula de 1619 para realizar nuevas composiciones y que, como se recordará, Guadalcázar y la Audiencia habían preferido sobreseer. De nueva cuenta, Gelves realizó un examen sobre la conveniencia de poner en marcha el arbitrio a la luz de su eficacia recaudatoria, pero sin tomar en cuenta otros aspectos sociales y jurídicos que se reconocían durante este procedimiento y que adquirían un carácter vinculante entre los extranjeros y el monarca[201]. Por ello, tras verificar que lo obtenido por este concepto desde su primera puesta en marcha en 1595 y hasta el primer semestre de 1619 no superaba los 114.474 pesos –una cantidad que consideró insignificante– concluyó que el arbitrio era inútil y contraproductivo y que, en consecuencia, lo más conveniente era localizar a las personas que hasta entonces se habían compuesto para regresarles el dinero que habían pagado y tomar medidas más drásticas contra ellos. Un último asunto que preocupaba al virrey en vista del nuevo escenario bélico europeo era la evidente precariedad defensiva de la provincia que carecía de guarniciones de infantería, aún en las fortificaciones de Veracruz y Acapulco, y como esta información, evidente para todos los habitantes del reino, podía ser fácilmente transmitida por los extranjeros a las potencias enemigas. A esto se unían la posibilidad de contagio de ideas protestantes entre el pueblo llano y sus potenciales secuelas en forma de rebeliones y disidencias que pudieran conducir a la fractura social y política en el interior del reino[202].

Es importante notar que todos los inconvenientes descritos por el marqués se exponían, como era habitual, en los funcionarios que mantenían una posición política pragmática, como conjeturas porque no se tenían pruebas que corroboraran las actividades de los extranjeros y el grado de su peligrosidad. Pero incluso, si las hubiera tenido, no era

---

[200] AGI, México, 29, N. 94.
[201] Sobre los aspectos vinculantes de las composiciones véase el capítulo 2.
[202] AGI, México, 29, N. 83.

necesario exponerlas porque lo que en este caso tenía más peso era que la valoración hecha por el virrey –justificada o no– tenía la intención de prevenir daños futuros y alcanzar el fin primordial de la conservación de la monarquía[203]. Siendo así que Gelves encontraba a todos los extranjeros *inútiles* –porque no aportaba *beneficios* visibles a la Real Hacienda– e *inconvenientes* –por la suma de los peligros y dificultades que suponía su presencia en las indias–[204], sugería al monarca expulsarlos a todos sumariamente, sin distinción de su condición o calidad, tal cual proponía Moncada.

El problema era que este tipo de procesos debían pasar obligatoriamente por la Audiencia, como vimos anteriormente, porque era la única instancia con jurisdicción en la materia en primera y segunda instancia, y porque en los oidores recaían este tipo de comisiones. Si bien la sugerencia de Gelves podía tener una motivación estratégica para evitar procesos largos que dieran al traste con su objetivo, en el fondo también reflejaba el enfrentamiento que él tenía desde su llegada con los oidores de la Audiencia, porque, al igual que habían hecho con su antecesor, le reprochaban que actuaba unilateralmente para hacer nombramientos a sus acreedores, intervenir en la impartición de justicia, y dictar órdenes sin tomar en cuenta las competencias de los magistrados civiles y criminales[205]. El virrey, por su lado, acusaba a los oidores más antiguos de corrupción y tráfico de influencias. Debido a que la Audiencia negaba al marqués acceso a las cédulas que habían recibido durante su ínterin al frente del gobierno, éste último tuvo que apoyarse en los detalles que le aportó el marqués de Guadalcázar en una carta que le envió desde Perú sobre la deficiente actuación de los oidores durante su gobierno a quienes, hay que recordar, se debía su anticipado traslado a Lima[206]. En base a esa información Gelves redactó una misiva al Consejo en que expresaba sus dudas sobre la capacidad y la conveniencia de que los magistrados estuvieran a cargo de las comisiones argumentando que la experiencia había mostrado que raramente llegaban a ponerse de acuerdo sobre quién, cómo y de qué forma debían realizarlas y –siguiendo muy de cerca un discurso en base a los ideales de gobernabilidad de Olivares–, porque la encomienda de

---

[203] Véase: FERNÁNDEZ-SANTAMARÍA, 1986, pp. 163-203.
[204] AGI, México, 29, N. 83.
[205] AGI, México, 74, R. 2. N. 44. AGI, 74, R. 2. N. 47. Las quejas recuerdan a las que se hacían sobre los Consejos en la corte por la creación excesiva de juntas. Véase: GONZÁLEZ ALONSO, 1989, pp. 32-37.
[206] La Audiencia de México estuvo a cargo del gobierno entre marzo y septiembre de 1621, tras adelantarse la salida de Guadalcázar al Perú. BÜSCHGES, pp. 31-41.

tareas extraordinarias los distraía de su deber primario –y por lo general rezagado– de impartir justicia, como era bien sabido por el Consejo de Indias[207]. Por todo ello y para evitar cualquier circunstancia que pudiera "frustrar el fin que se pretende con limpiar esta república de gente tan perniciosa" el virrey proponía que se le diera a él la atribución de nombrar las comisiones y a los delegados de su conveniencia para disminuir su costo y lograr a través de "sola una resolución, tan provechosos efectos para este reino y el de Filipinas"[208].

Mientras esperaba la respuesta de Madrid, Gelves volvió a emitir el bando para limitar la permanencia de extranjeros en los reales de minas bajo pena de aprehensión y expulsión inmediata del reino para prevenir el descamino de la plata sin quintar[209] y lo hizo extensivo a los alcaldes de minas en noviembre de 1621. Una acción consecutiva que muestra la prioridad que había adquirido la presencia de europeos no españoles para el gobierno virreinal fue la repetida publicación de un nuevo bando durante la primera mitad de 1622 en el que se ordenaba aprehender a "todo género de extranjeros", decomisarles los bienes y enviarlos a México sin considerar las licencias u otros permisos regios en su poder[210]. No obstante, para algunas autoridades locales el cumplimiento de esta orden ponía en riesgo los intereses de la comunidad ya que los obligaba a actuar contra vecinos que en su mayor parte eran artesanos especializados en oficios indispensables para el buen funcionamiento de las minas o que formaban parte de la élite extractiva o ganadera. Fue ese el caso del alcalde mayor de San Luis Potosí quien comunicó al virrey una petición hecha por los alcaldes mayores de Topiamazapil, Cuencamé y Sombrerete para sobreseer la aprehensión de dos portugueses especialistas en hacer fuelles de quienes dependía el funcionamiento de todas las haciendas de minas de la región y, en consecuencia, eran indispensables para la economía del reino y la recaudación de derechos regios. A pesar de la advertencia, el virrey no hizo excepción alguna[211]. Al contrario, tras recibir noticias desde Guadalajara sobre los muchos extranjeros –sobre todo portugueses– que seguían cambiando grandes cantidades de mercancía por plata sin quintar, puso en ejecución otro bando en que emplazaba a todos los extranjeros en la ciudad de México a personarse ante él con inventario de bienes jurado y manifestación de las licencias regias en su poder bajo pena de

---

[207] ELLIOT, 2004, pp. 223-225. AMADORI, 2013, p. 80.
[208] AGI, México, 29, N. 95.
[209] AGN, Ordenanzas, vol. 4, exp. 30, f. 34v.
[210] AGN, Ordenanzas, vol. 4, exp. 37. AGN, Ordenanzas, vol. 4, exp. 33, 42, 43 y 46.
[211] AGN, Ordenanzas, vol. 4, exp. 37. AGN, Ordenanzas, vol. 4, ex. 52.

embargo y de remar en las galeras del Pacífico[212]. Al mismo tiempo, envió instrucciones a los corregidores para que realizaran pesquisas secretas sobre los vecinos extranjeros que residían dentro en sus jurisdicciones, el monto de sus haciendas y el alcance de sus contrataciones, todo lo cual resultó en un importante número de aprehensiones, confiscaciones y sentencias de expulsión[213].

No obstante, las intenciones del virrey se truncaron porque los detenidos suplicaron en la Audiencia de México alegando que habían sido agraviados en sus prerrogativas ya como vecinos, como extranjeros compuestos[214] e incluso como naturales de los reinos de España en razón del tiempo que habían residido en ellos. Los oidores acogieron los pleitos y ordenaron la libertad de los presos mientras se estudiaban sus causas y se dictaminaba sentencia, lo cual bien pudo responder a la legitima competencia que tenían para despejar controversias referentes a la justicia de los actos de gobierno ejercidos contra la población, o la voluntar de desafiar al virrey con quien tenían una confrontación abierta en alianza con la jerarquía de la Iglesia para poner fin a su gobierno desde mediados de 1622[215]. La lectura hecha por los oidores fue secundada por el monarca poco tiempo después, ya que, si bien aprobó la propuesta de Gelves para expulsar a los extranjeros, también advirtió que la medida podía ser únicamente aplicada a quienes no estuvieran integrados, porque los compuestos o naturalizados por prescripción o por vía formal gozaban de la promesa regia a *fe real* que por ningún motivo podía ser quebrantada y que les garantizaba no ser molestados por las autoridades[216].

Pocos meses más tarde, el deterioro de las relaciones de los miembros de la cúpula política y religiosa del virreinato derivó en el encarcelamiento de cinco de los seis oidores, en la destitución del arzobispo Juan Pérez de la Serna y la insurrección popular de enero de 1624 donde se calcula participaron más de 20.000 personas entre las que fueron reconocidos algunos portugueses de "capa negra", es decir, de vecinos[217] "que se habían mandado echar de las minas porque robaban los reales quintos y derrotaban toda la plata"[218]. Si bien esta afirmación podría bien ser verosímil en vista

---

[212] AGN, Ordenanzas, vol. 4, exp. 37.
[213] AGN, Indiferente Virreinal, caja 5365, exp. 21.
[214] FELICIANO VELÁZQUEZ, 1947, pp. 11-124.
[215] FELICIANO VELÁZQUEZ, 1947, pp. 11-124. ISRAEL, 1974, p. 147. Sobre el papel de la Audiencia como instancia de apelación sobre actos de gobierno véase: AREGUI ZAMORANO, 1981, pp. 36-37.
[216] AGI, México, 29, N. 83.
[217] La gente de capa negra eran "ciudadanos". Véase COVARRUBIAS, 1611, p. 192v.
[218] BNE, Mss. 18196, f. 233v.

de las medidas adoptadas por Gelves contra los extranjeros, también es pertinente tomar en cuenta que aún los contemporáneos llamaron la atención sobre la dificultad de discernir sobre lo que verdaderamente había ocurrido durante el levantamiento en razón de la cuantiosa cantidad de relaciones contradictorias entre sí que se habían remitido a España[219]. A pesar de la confusión, Israel señaló un importante detalle que distingue a unos testimonios de otros, a saber, los que eran favorables al virrey que señalaban que sus detractores eran parte del patriciado de la ciudad –como era el caso de los portugueses mencionados– mientras que los que acusaban a la plebe eran afines al arzobispo. Al final, como se sabe el conflicto entre las partes concluyó con la destitución del marqués de Gelves como virrey y su incorporación al Consejo de Estado[220].

Durante los meses que la Audiencia asumió el gobierno interino de la república, entre enero y octubre de 1624, se recibió otra misiva del rey que en esta ocasión autorizaba a Gelves despachar las causas contra extranjeros de forma sumaria en base a la cédula existente y continuamente reiterada que prohibía el paso y avecindamiento de extranjeros en las Indias. De nueva cuenta, los oidores no cumplieron el mandamiento porque aseguraban que el documento "no aparece por acá aunque se ha buscado"[221], un argumento que bien podía responder a la pérdida de documentos oficiales durante el motín o, como hemos visto, como excusa para aplazar las órdenes consideradas inconvenientes. No obstante, las iniciativas de Gelves para frenar el descamino de la plata tuvieron resultados importantes para la Real Hacienda a juzgar por el balance que él mismo hacía sobre su gobierno en 1628. En el documento estimaba que al iniciar su gobierno los extranjeros llevaban ganancias por alrededor de 200.000 pesos por los fraudes que cometían, lo cual correspondía a 14 reales por marco de plata que se dejaban de quintar. Una vez pronunciado el bando los ingresos en los 44 reales de minas habían presuntamente aumentado sus ingresos de forma sustancial y para demostrarlo Gelves ponía como ejemplo los 170.000 pesos recaudados en Zacatecas por concepto de diezmos entre 1622 y 1623[222]. Independientemente de si estos datos son fidedignos, las medidas que incluían arrestos y confiscaciones de bienes de extranjeros que violaran el bando tuvieron repercusiones de larga duración al instituirse un nuevo canal, a través del cual las autoridades locales podían actuar a voluntad

---

[219] Un ejemplo: BNE, Mss. 18170, f. 87.
[220] ISRAEL, 1974, pp. 129, 147-163. ELLIOT, 2004, p. 166.
[221] AGI, México, 74, r. 5, N. 73, L. 1.
[222] HANKE Y RODRÍGUEZ, 1977, p. 119.

y conveniencia contra estos grupos. Botón de muestras es lo ocurrido al ya mencionado escocés Juan de Estrada Rutherford quien, a pesar de tener carta de naturalización y haber vivido en el reino por más de 20 años, perdió 30 tejos de plata y tuvo que pagar una pena de 500 pesos para no ser condenado a remar en las galeras de Castilla por 5 años por haber comerciado en Zacatecas en 1630[223].

1.5. Los extranjeros en el contexto de la guerra total, 1625-1640

En noviembre de 1624 asumió el cargo como virrey Rodrigo Pacheco y Orosorio, marqués de Cerralbo, quien durante los primeros meses de 1625 recibió las instrucciones procedentes de Madrid para recaudar 600.000 ducados a través de un empréstito o donativo que se habían despachado a todas las autoridades en América con la finalidad de ayudar a asumir los gastos contraídos para aumentar el poderío de la Armada del Mar del Sur y, asimismo, buscar los medios ordinarios y extraordinarios en la recaudación de 300.000 ducados anuales para su mantenimiento. La defensa del Pacífico, como ha apuntado Amadori, no había sido una prioridad dentro de la estrategia defensiva de la monarquía porque la presencia regular de enemigos en el Caribe y Brasil habían requerido una mayor concentración de fuerzas en el Atlántico. Esta circunstancia cambió radicalmente después de que el holandés Jacques L'Hermite situara el puerto de Callao por más de 3 meses y que saqueara las ciudades de Guayaquil y Pisco en 1623. Al quedar abierta la entrada al Pacífico por el estrecho de Magallanes, se pidió a Madrid reforzar la seguridad, lo cual se tradujo en una propuesta para construir una flota de 16 galeones para patrullar la costa oriental americana desde su parte austral y hasta Acapulco[224].

En este contexto, el Consejo de Indias mandó que se realizara una nueva tanda de composiciones a partir de la cédula de 1619, que en el caso mexicano había quedado pendiente de instrumentarse y que resultaban un medio potencialmente efectivo para obtener alguna cantidad extra de recursos sin tener que negociarlos con las élites locales en un momento en que todavía se respiraba un ambiente tenso después de los sucesos que habían forzado la salida de Gelves. Con la intención de recaudar la mayor cantidad de dinero posible del arbitrio, Cerralbo estructuró unas instrucciones en abril de 1625 que en principio mantenían la idea de

---

[223] AGN, Inquisición, vol., 498, exp. 12. Sobre Juan de Estrada: HERRERO Y POGGIO, 2012.
[224] AMADORI, 2013, capítulo V.

Gelves de expulsar en lo posible a los extranjeros, pero reincorporaba la revisión individualizada de cada caso para no poner en riesgo el *statu quo*. Asimismo, rediseñó y amplió la escala geográfica de las composiciones con la formación de 7 comisiones a cargo de *jueces de extranjeros* para localizar el mayor número de personas en una extensión territorial que cubría las audiencias de México y Guadalajara con el objetivo amplio de averiguar sus "tratos, correspondencias, haciendas y ejercicios"[225].

A partir de esta información y, como hemos dicho, de la cantidad que cada individuo pudiera aportar a la Real Hacienda, los *jueces* decidirían quienes podían permanecer o ser expulsados del virreinato, relocalizar las poblaciones o apartarlas de los lugares estratégicos como los reales de minas o puertos. Al mismo tiempo, las pesquisas servirían para examinar si los extranjeros ejercían algún cargo prohibido reservado a los naturales pero en la práctica les eran accesibles a través de dispensas si cumplían con ciertos requisitos y si se tenía el suficiente dinero para comprarlos[226]. Este último punto sobresale por la importancia que adquirió la venalidad en todos los territorios de la monarquía durante el periodo de Olivares, especialmente durante la última década de su mandato en que posibilitó una mayor participación de extranjeros en puestos militares y de gobierno y que no en pocas ocasiones fueron origen de conflicto entre naturales y extranjeros en el virreinato Nueva España, como sucedió con Juan Fiallo y los hermanos Báez de Acevedo durante la década de 1640[227].

De los datos que se desprenden de las comisiones se pueden sacar conclusiones parciales porque la documentación existente corresponde a la generada en la última fase de las composiciones, es decir, cuando los acusados se apersonaron por sí mismos o por sus fiadores ante las autoridades capitalinas[228]. De las 107 pesonas registradas resalta la sobre representación de portugueses que Israel señaló en su momento y que pensaba respondía a la necesidad de los lusos de cooperar con el arbitrio para simular su pasado judeoconverso o porque su nivel socioeconómico habría servido como factor compulsivo. En realidad, la indiscutible superioridad numérica de la migración portuguesa frente a los otros grupos de europeos explica la disparidad entre los distintos colectivos

---

[225] AGN, Indiferente Virreinal, caja 5195, exp. 25.
[226] AGN, Indiferente Virreinal, caja 5195, exp. 25. Sobre la "reserva de oficio" Véase: HERZOG, 2003, pp. 68-76.
[227] AGI, México, leg. 35, N. 3. AGI, Filipinas, 347, L. 3, f. 22, r. 23. GIL MARTÍNEZ, 2017. Un caso temprano fue la disputa entre ingenieros locales y extranjeros en relación a la construcción del desagüe de la ciudad. Véase: SCHELL HOBERMAN, 1980, pp. 405-406.
[228] AGN, Indiferente Virreinal, caja 5195, exp. 25.

en cualquier iniciativa que se realizara contra los extranjeros. A ello habría que sumar que los lusos no habían sido sujetos a composiciones obligatorias desde 1619 y que en esta ocasión la orden los incluía de manera explícita, aunque no se les incluía dentro del genérico "extranjero" que se utilizaba para referirse al resto de los europeos[229]. Otra causa que explica el elevado número de compuestos es la nueva organización territorial y en comisiones diseñadas por Cerralbo que efectivamente cubrió una extensión considerable del territorio de la Audiencia de México y, en menor medida, de la Audiencia de Nueva Galicia (mapa 1). La incorporación de los reales de minas donde la presencia de extranjeros estaba prohibida, como vimos, pudo muy bien motivar que los portugueses se animaran a componerse para poder permanecer en ellas sin temor a ser expulsados. Lo mismo puede inferirse de las peticiones presentadas por letrados y militares ante las autoridades para obtener dispensas que les permitieran seguir desempeñando sus funciones sin ser molestados a cambio de una paga extra[230]. Tomando en cuenta estas novedades, parece más bien sorprendente que el número de compuestos en 1625 no fuera superior, aunque también es cierto que muchos extranjeros se habían compuesto anteriormente, que otros cumplían con las condiciones de vecindad, o no querían someterse al proceso porque tenían planeado migrar o simplemente no tenían suficiente dinero.

Lo cierto es que la llegada de extranjeros durante esta etapa siguió tan activa como en las décadas pasadas, un fenómeno que puede constatarse por el llamativo aumento de lusos procedentes en su mayoría de la región del Algarve (una quinta parte del total) en la pujante región agrícola de Puebla y Tlaxcala que en su momento señalaron Szewczyk e Israel y que, a pesar de que muchos de ellos refirieron haber arrivado al virreinato como parte de la marinería de los barcos de esclavos durante las décadas anteriores, su permanencia en la zona y el crecimiento constante de esta comunidad lo largo de los años, sugiere la existencia de una cadena migratoria similar a la analizada por Ida Altman entre Puebla y Brihuega que valdría la pena explorar[231]. La villa de Salamanca en la fértil zona del Bajío, es otro punto de atención porque se registró a cinco vecinos saboyanos

---

[229] La cabeza del edicto se presentaba de la siguiente manera: "Para que los extranjeros y naturales de la Corona de Portugal". Véase, AGN, Indiferente Virreinal, caja 5195, exp. 25. Las cédulas usadas desde 1591 y hasta 1621 hicieron llamamiento genérico a los "extranjeros" sin mencionar a los portugueses, un detalle que en la práctica otorgaba un amplio margen a las autoridades locales para actuar contra este grupo.

[230] AGN, Reales Cédulas Duplicadas, vol. 50, exp. 251.

[231] SZEWCZYK, 1976. ISRAEL, 1974. ALTMAN, 2000.

quizá favorecidos por el ambiente propicio creado tras el matrimonio de Catalina Micaela con el duque Carlos Manuel[232] y por la entrega de mercedes de tierras labrantías que se repartieron para garantizar el abasto de alimentos y otros productos en los centros mineros y en los presidios fronterizos[233]. La información en la documentación sobre individuos de otras naciones –italianos, sicilianos, genoveses, franceses, ingleses– son irregulares e insuficientes y no permite más que concluir que su presencia era "extendida, compleja y considerable"[234]. En la segunda parte de este trabajo nos ocuparemos de la comunidad de neerlandeses y alemanes, pero cabe adelantar que, a diferencia de la lusa formada principalmente por labradores, los septentrionales eran mayoritariamente artesanos, marineros, soldados y criados.

A pesar de la disposición que mantuvo el marqués de Cerralbo para negociar con los extranjeros durante su mandato con el fin de obtener recaudaciones fiscales, queda claro que su opinión sobre ellos coincidía con la de Gelves. En su *Relación* (parcial) *sobre el estado en que dejaba el virreinato* a su sucesor, Cerralbo escribió sus valoraciones sobre la materia como parte de los asuntos de guerra y no en los de gobierno, como era costumbre[235]. En su opinión, a pesar de la tranquilidad que se vivía en el reino, la asistencia cada vez más acusada de enemigos en el Caribe volvía indispensable mantener una estrategia defensiva en los puertos y resguardarlos por medio de batallones y compañías regulares. En estas circunstancias, la presencia de extranjeros era un problema que ponía en riesgo la seguridad y que debía remediarse de tres formas: prohibiendo el paso a las provincias americanas de cualquier persona que no hubiera nacido en España de *padres españoles,* instruyendo a los virreyes para que embarcara de vuelta a quien lograra realizar el viaje sin licencia y endureciendo la legislación para infundir miedo y persuadir a la población de realizar la travesía Atlántica[236]. Todo esto, como hemos visto, eran propuestas harto conocidas en Madrid que se sabían imposibles de realizar en la práctica. No obstante, existía en la formulación de Cerralbo, un elemento nuevo que refleja el grado de absorción que había alcanzado la retórica de Moncada entre una parte de la nobleza en cuanto, por un

---

[232] GARCÍA GARCÍA, 1996, pp. 74-103.
[233] MIÑO GRIJALVA, 2001, pp. 199-225.
[234] ISRAEL, 1974, p. 30.
[235] Cerralbo no entregó a su sucesor la reglamentaria relación sobre el estado del reino, como lo explicó Cadereyta. Su escrito fue escrito y mandado a Madrid posteriormente. AGI, México, 31, N. 43. AGI, México, 31, N. 49.
[236] AGI, México, 31, N. 49.

lado, marcaba una diferencia entre los *"españoles de sangre"*, los auténticos y fiables, y los *otros* españoles (los naturalizados y sus hijos), que vendrían a ser falsos porque su lealtad al rey y a la Iglesia era impredecible y potencialmente mudable. Por otro lado, el virrey apelaba a tomar una posición pragmática y a imponer una política de mano dura para acabar con un problema que se describía como una de las mayores amenazas para la conservación de la monarquía en el contexto de agudización del clima político internacional.

El escrito que expone de manera más clara el clima represivo y de desconfianza que se venía gestando con más claridad contra los extranjeros en los territorios americanos al finalizar la década de 1620 es sin lugar a dudas la *Suplicación en defensa de los portugueses* del visitador de las Provincias del Sur y comisario del Santo Oficio de Lima de origen portugués, Lorenço de Mendoça (Sesimbra, 1585). Tras décadas de viajar y vivir en distintas localidades de las Indias Orientales y Occidentales, Mendoça publicó su escrito para denunciar la discriminación y la humillación que sufrían los lusos en las Indias castellanas como resultado de la acumulación de medidas dirigidas contra ellos a lo largo de las últimas décadas y que, en su conjunto, habían terminado por estigmatizar a los naturales de esa nación[237].

Efectivamente, tras una década de haberse instaurado los tribunales inquisitoriales americanos, los portugueses eran los principales denunciados y penitenciados como conversos judaizantes ya en la década de 1580. La escalada represiva llegó a su punto crítico en los últimos años del siglo XVI, momento en que se puede identificar la existencia de una indiscutible asociación popular entre el origen de los penitenciados (Portugal) y el delito (herejía), la cual se sitúa como trasfondo de una serie de peticiones del gobierno espiritual y secular en diversos puntos de Indias a través de los cuales se pedía a la Corona que se tomaran acciones contundentes para restringir la migración de extranjeros en general y de portugueses en particular que venía incrementándose de forma sostenida desde la década anterior. De esta época son, como se recordará, la carta del arzobispo de México, Francisco García de Zumárraga de 1601, y la respuesta en forma de cédula firmada en Ventosilla en octubre de 1602 por la que se ordenaba

---

[237] La *Suplicación* ha sido analizada anteriormente para entender la identidad lusa en la monarquía hispánica: CARDIM, 2008 y por VALLADARES, 2016, pp. 110-117. Otros textos en defensa de los cristianos nuevos y los judíos portugueses desde el punto de vista económico contemporáneos al trabajo de Mendoça son el *Discurso sobre el comercio de las dos Indias* (1622) y la *Alegación a favor de la Compañía de la India Oriental (1628)* de Duarte Gómez de Solis. Véase: WACHTEL, 2011.

la retirada de portugueses de las costas creada para reducir el supuesto riesgo de contagio heterodoxo de los indígenas y la posible cooperación de los extranjeros con los enemigos de la Corona. Esta demanda se hizo eco de otras del mismo tenor enviadas posteriormente desde otros puntos de las Indias y de España, como la del obispo del Río de la Plata, Ignacio de Loyola, en 1603[238]. Esta primera iniciativa no tuvo consecuencias de peso en su momento, pero fue el precedente de la cédula de 1619 enviada por el Consejo a Guadalcázar para expeler a los extranjeros de los reales de minas y puertos que se hizo extensiva al resto de las provincias indianas en 1620 y a ejecutarse con distintos grados de severidad en 1621. En la Audiencia de Panamá, por ejemplo, se realizaron composiciones, aunque no hemos encontrado testimonios sobre la retirada de extranjeros del puerto[239]. Una situación diametralmente distinta se vivía en la provincia de Charcas, principalmente en el triángulo formado entre Paraguay, Tucumán y Buenos Aires. En este territorio, donde las élites locales que incluían una marcada representación portuguesa se encontraban en un proceso de reacomodo en la lucha por el poder y el control del comercio de contrabando de esclavos y productos procedentes de las colonias lusas que se realizaba a cambio de la plata peruana, se instrumentaron formas de cobro de composiciones al contado y al momento para obtener la mayor cantidad de recaudaciones posibles y se ordenó a los extranjeros avecindarse fuera de los puertos[240]. Aunado a ello, durante esos primeros años del reinado de Felipe IV en que se buscaba por todos los medios conseguir más recursos para la Real Hacienda, cortar la fuga de capitales y reavivar el comercio atlántico, un buen número de reportes se enviaron a Madrid en que se describía de manera particularizada la intensificación de las *bandeiras* en las reducciones de Paraguay para esclavizar indígenas, y las vías y medios por los que se realizaban los fraudes y el contrabando en el Cono Sur, actividades en las que se señalaba a los portugueses como los principales cabecillas y beneficiarios[241].

Asimismo, la inclusión explícita de los portugueses junto a los extranjeros en los pregones para la realización de composiciones funcionó como un elemento de asociación de ambas categorías en una sola, artificial y carente de privilegios corporativos, en que se buscaba aglomeraba desde tiempo atrás al resto de los europeos no españoles. La eliminación del blindaje *de facto* que hasta entonces habían gozado los lusos abrió la puerta para

---

[238] MORA MÉRIDA, 1973, pp. 111-112.
[239] AGI, Santa Fe, 56B, N. 73.
[240] AGI, Charcas, 19, R. 11, N. 207. MENDOÇA, 1630, p. 6.
[241] MORA MÉRIDA, 1973, pp. 194-195.

que la mayor parte de la población de este origen que no tenía licencia para encontrarse en las Indias en situación de potencial riesgo de sufrir represalias de distinta índole cuando se considerara conveniente. A esto se sumaba que el sometimiento a composición, si bien en teoría no era calificado como un tributo, popularmente se asociaba con *pechar*, una imposición que en América estaba reservada a la población indígena y que colocaba a los extranjeros en una categoría inferior a los españoles[242]. De esta forma, a la calificación negativa de *herejes judaizantes* que venía asociándose particularmente a los lusos[243] en América de forma activa desde las últimas décadas del siglo XVI, se sumó la etiqueta de *extranjeros* y el agravante de *peligrosos* que, al aglutinarse durante la década de 1620, contribuyeron a formar una alarmante estigmatización que colocaba a los miembros de esta nación en una posición de vulnerabilidad social extrema, sobre todo tras el impulso que tomaron sus negocios en las Indias durante esta década[244].

En este sentido, se explican las propuestas remitidas desde las Indias como la del procurador general de Río de la Plata, Manuel de Frías, que celebraba en 1619 las persecuciones inquisitoriales de judaizantes en Portugal y Brasil, y sugería la instauración del Santo Oficio en Buenos Aires para que, en coordinación con los demás tribunales de la monarquía, pudieran rastrear y extirpar las redes mercantiles de esa nación[245]. En México, como veremos más adelante, los inquisidores proponían la coordinación para expulsar a todos los extranjeros reconciliados entre el tribunal y el fiscal de corte en 1620[246]. Al factor y veedor de Tierra Firme, Cristóbal de Balbás, tampoco le temblaba la mano para señalar cómo los principales culpables de los ataques holandeses en el Pacífico en 1623 a la numerosa presencia de extranjeros y clamaba por desterrarlos y confiscarles los bienes aunque estuvieran naturalizados y compuestos porque, decía en clara referencia a los portugueses: "si bien lo están por extranjeros, no lo están por descendientes de infieles y judíos, que casi todos los son y tienen la misma prohibición con que se asegura la conciencia de lo que les hubiera costado [componerse]"[247].

---

[242] POGGIO, 2011.
[243] Los extranjeros protestantes penitenciados por el Santo Oficio también eran llamados popularmente judíos. Véase capítulo 3.
[244] VALLADARES, 2001y 2016. STUDNICKI-GIZBERT, 2007. GARCÍA DE LEÓN, 2007.
[245] STUDNICKI-GIZBERT, 2007, pp. 159-160.
[246] Véase el capítulo 3.
[247] AGI, Panamá, 34 A, N. 59.

Comunidad, pertenencia, extranjería

Tomando todos estos elementos en consideración a lo largo de su obra, Mendoça realizaba una denuncia ante el rey, el Consejo de Indias y el de Portugal sobre cómo distintas medidas que se tomaban contra sus connacionales en todas las provincias americanas no se hacían a partir de las acciones individuales "…por lo que es *cada uno en particular*, Pedro o Juan, *sino por ser portugueses*, luego a lo común del reino portugués toca"[248]. En su opinión, los lusos estaban siendo injustamente diferenciados y excluidos de la comunidad de españoles en las Indias porque Portugal, junto a Castilla, Aragón y Navarra, conformaban la Provincia de España, un hecho que explicaba que siempre se hiciera referencia a su conjunto en plural, es decir como los reinos de España. El autor hacía uso de distintos elementos históricos, culturales (semejanza lingüística, costumbres), geográficos (de vecindad), religiosos (fidelidad, defensa y divulgación del catolicismo), así como de intereses políticos y económicos que él consideraba afines entre Portugal y Castilla con el propósito de equiparar la importancia de ambos reinos dentro de la monarquía y, por ende, demostrar la necesidad y justicia de ofrecer un trato igualitario a los naturales de ambos reinos en sus respectivas posesiones ultramarinas. Mendoça no ponía en duda la soberanía y derecho de Castilla sobre sus territorios indianos, tampoco pedía mercedes ni concesiones especiales u objetaba que se sometiera a los extranjeros a composición o incluso se les expulsara por el "daño y sospecha que consigo traen", lo que él reprobaba era que se tratara a los portugueses como tales y cayera sobre ellos "…una mácula tan fea como es sospecha que es propia de extranjero de fuera de España en gente leal y natural española, nacida y criada dentro de España que no solamente es contra caridad, sino también contra justicia"[249]. Sostenía que, si bien la cédula de composición estaba dirigida contra todos los extranjeros de los reinos de Castilla, ésta se había aplicado exclusivamente contra los lusos y no así a las personas provenientes de los otros reinos peninsulares como navarros, catalanes o vascos. Más humillante aún le parecía que de todas las naciones sometidas a composición, fueran ellos los únicos sobre quienes recaía la prohibición explícita de avecindarse en los puertos. Si bien dichas aseveraciones eran imprecisas porque sí se llegó a incluir en ambas medidas a personas de otros reinos peninsulares e incluso castellanos, como llegó a ser el caso de los gallegos o de marineros vasallos del duque de Medina Sidonia, lo cierto es que el menoscabo que estaban experimentando los lusos en sus prerrogativas y su indiscutible sobre representación numérica en las

---

[248] MENDOÇA, 1630, p. 57.
[249] *Ídem*, p. 39.

sociedades indianas –especialmente en el virreinato peruano– explica hasta cierto punto que las demás naciones afectadas pasaran desapercibidas para el testigo portugués o que las experiencias positivas de algunos de ellos fueran utilizadas en su discurso para subrayar el trato desfavorable hacia los lusos. En ese sentido Mendoça declaraba, por ejemplo, no entender qué motivo existía para dar un trato preferente a mallorquines e incluso a sardos, para quienes –aseveraba inexactamente– se habían ampliado "las gracias y favores y se restringieron las penas interpelando a su favor la dicha real cédula y solo para los portugueses mitigando las mismas razones y […] se restringieron las gracias y favores y se ampliaron las penas"[250].

Una de las originalidades de la *Suplicación* es el análisis que el autor hace sobre los efectos de la que la discriminación, impulsada en gran medida *desde arriba,* estaba causando en los vínculos sociales en las Indias y aún potencialmente entre los vasallos de la monarquía. Advertía que la discriminación a que se sometía a los portugueses era peligrosa porque creaba recelo, desunión y desamor entre los vasallos, de forma que los hacía "adversos unos a otros y todo el reino dividido".[251] Más aún, la desunión propiciaba la dilución de la figura regia en pos de la autoridad y gobierno de los consejos en un sistema que se parecía más a una poliarquía "y división de reinos contrapuestos y túnica dilacerada", cuando hasta entonces había sido la alianza más perfecta[252]. En efecto, porque siguiendo la tradición de pensamiento que sugería un principio de reciprocidad entre los reinos que se remontaba al cardenal Granvela, Mendoça defendía que la fortaleza de la monarquía hispánica recaía en la concurrencia de todas sus partes para conservarla y acrecentarla, ya fuera en la lucha contra sus antagonistas como en el goce de los beneficios que se adquirían colectivamente al pertenecer a la asociación[253]:

> […] de modo que no hace Dios y la necesidad andar uniéndonos y hermanándonos a los vasallos de Vuestra Majestad, portugueses y castellanos y, por lo contrario, los hombres inventando esto y estas trazas y arbitrios de distinciones de naturales y extranjeros, desuniéndonos y adversándonos, que no sé con qué lengua se atreven a ponerlo en plática, ni con qué manos osan escribirlo[254].

---

[250] *Ídem*, p. 11.
[251] *Ídem*, p. 38.
[252] *Ibídem*.
[253] Sobre el principio de reciprocidad entre los reinos véase: ELLIOT, 2004, pp. 225-237.
[254] MENDOÇA, 1630, p. 45.

Es precisamente en este punto en que se pone al descubierto el verdadero motivo de la obra. El tratamiento que se le daba a los portugueses y las consecuencias sociales y políticas que se derivaban de las acciones en Indias contra ellos eran tan incomprensibles e injustas que Mendoça concedía el beneficio de la duda al rey y al Consejo de Indias de haberlas producido y ordenado:

> "todo por debajo de su real nombre y sello de Su Majestad se dijo en las dichas provisiones y sentencias que se dieron, siendo así que bien se ve que por aquí no consta que Su Majestad, ni su Consejo mandase por lo dicho que los portugueses fueran compuestos por extranjeros pues era echarles justamente encima y a cuestas la infamia de la sospecha tan falta como de retiramiento no merecido…"[255].

Tampoco podía creer que el Consejo de Portugal o la población del reino supiera lo que sucedía porque, de lo contrario, no encontraba explicación para justificar su pasividad ante un asunto tan delicado que exigía su intervención para proteger a sus connacionales y el honor del país:

> […] y así, lo que todos en las dichas Indias, unos y otros se persuaden, es que no sabe con entereza de esto el dicho reino y Consejo de Portugal, que [h]a saberlo enteramente no serían tan crueles para con sus naturales y aún enemigos de su propia honra y común estimación que por ser esto una mancha tan fea, como ser tratados y compuestos *como los enemigos sospechosos*, no acudiese luego el dicho Consejo y aún todo el reino como partes tan legítimas y que en las cosas de los suyos deben ser oídos[256].

La única opción restante era que la iniciativa provenía enteramente las justicias locales quienes, de forma alevosa y malintencionada, habían incluido a los portugueses en las cédulas contra extranjeros haciéndose eco de las opiniones de algunos sectores de la sociedad que abogaban por su exclusión, que eran "las que se platican ordinariamente en las Indias" y que él clasifica en tres grupos[257]. Las primeras eran las llamaba "de extrañeza con Castilla" y comprendían aquellos argumentos que, si bien reconocían a los portugueses como naturales españoles y vasallos del monarca, también señalaban que eran extranjeros de Castilla y, por tanto,

---

[255] *Ídem*, p. 6.
[256] *Ídem*, p. 47.
[257] *Ídem*, p. 43 y ss.

también de las Indias, lugar del que debían permanecer alejados para no comprometer su seguridad. Un segundo grupo conglomeraba juicios que apoyados en documentos de distinto tipo defendían la prohibición de que los portugueses emigraran a los territorios americanos de Castilla. Por ejemplo, algunos retomaban una presunta petición del Consejo de Portugal al monarca para estimular la migración a sus despobladas posesiones (de europeos), para justificar que no se les dieran licencias y se les canalizara en cambio hacia sus colonias. Otros echaban mano de los fueros de Portugal y Castilla, así como de las aclaraciones hechas por el Consejo de Indias sobre procesos puntuales contra algunos portugueses, como había sido el caso de Manuel Machado en La Plata, para generalizar y señalar a toda la nación como extranjeros. Una motivación similar ofrecían los que citaban la primera *Bula Intercaetera* (1493) en la que el papa Alejandro VI prohibía el paso de cualquier persona a los territorios otorgados a Castilla sin contar con una licencia explícita de la Corona so pena de excomunión. Por último, un tercer tipo de discurso se valía de la cédula de Ventosilla de 7 de octubre de 1602 y de la generalización de toda la población de portugueses como contrabandistas, *bandeiras* o conversos judaizantes para declararlos *persona non grata* en los territorios indianos.

Mendoça considera todos estos argumentos como subterfugios usados para enmascarar el verdadero propósito que los inspiraba y que era acreditar el trato desigual que recibían los portugueses en el convenio implícito que existía entre los reinos de la Provincia de España y cuya violación iba en contra de la "ley divina y natural de no hacer a otros lo que no queremos que nos hagan"[258]. El cambio era evidente porque desde antes de la incorporación de Portugal a la monarquía existía entre los reinos peninsulares un trato privilegiado hacia los respectivos vasallos, un hecho que había favorecido la buena vecindad. Una vez concretada la unión en 1580, los privilegios gozados hasta entonces entre las partes habían empezado a desvanecerse del lado castellano y no así, en opinión siempre del autor, de parte de Portugal. Por todo ello, lo que Mendoça pedía era simple: que el monarca ofreciera el mismo tratamiento a los lusos que los castellanos recibían en las posiciones portuguesas, no a partir de la lectura y aplicación de los fueros de cada reino, donde se les declaraba como extranjeros carentes de beneficios y privilegios, sino apelando al sentido común y de unión que les confería ser vasallos de un mismo rey y devotos de una misma iglesia, "pues la igualdad de la

---

[258] Mateo, 7:12.

justicia y razón así lo pide y es justo pagar con la misma moneda"[259]. Del buen funcionamiento de la economía (comercio, explotación agraria y minera), la reciprocidad y la unión –sostenía– dependía la conservación de la monarquía en una época en que el clima diplomático y bélico internacional ponía en riesgo las posesiones de ultramar, tal como se había constatado en la jornada de Brasil durante el *annus mirabilis* de 1625 y en muchas otras campañas en que el conjunto de las Coronas peninsulares habían combatido codo a codo para defender sus intereses. Para ejemplificar los efectos catastróficos que podía traer la rivalidad entre los reinos, el obispo recordaba el conflicto entre la pudiente minoría vascongada, en claro ascenso económico y político en la Villa de Potosí, y la mayoría castellana que se había prolongado desde 1618 hasta 1625 dejando profundas huellas de rencor en la comunidad. La elección de la referencia no era casual porque la disputa que había iniciado por el control del cabildo y los recursos, es decir, del azogue necesario para el beneficio de las minas del que dependía la riqueza de todos los peninsulares, había escalado sin control hasta convertirse en sedición contra la autoridad regia[260].

Otro aspecto interesante de la *Suplicación* es la critica que hace a la retórica del *valor extrínseco* de los extranjeros que venía tomando espacio entre las élites atlánticas castellanas, mientras que, en cambio, Mendoça abogaba por reconocer el *valor intrínseco* de la migración. En efecto, como se recordará, las quejas y reportes enviados a Madrid evaluaban negativamente la presencia de la inmigración de no españoles a partir de una correlación que existía entre la escasa recaudación de numerario que se había obtenido de las composiciones y los presuntos efectos adversos de su presencia en las colonias para la seguridad económica, política y territorial de los virreinatos. Mendoça desestimaba este posicionamiento, en principio porque el arbitrio se imponía a personas que en su mayor parte eran pobres y eso explicaba, en parte, las pocas percepciones obtenidas y su insignificancia para la hacienda regia. Este tipo de recaudaciones eran desventajosas porque propiciaban desigualdad, discriminación y desconfianza entre los vasallos de un mismo rey, todos ellos aspectos que no habían sido tomados en cuenta por los arbitristas, consejeros, ni juristas que asesoraban al monarca causando con ello más mal que bien: "… los que incluyeron a los portugueses en las composiciones –escribía– no vieron por el bien de la monarquía, que es el *amor* y la *reputación* con que todas las del mundo se conservan, sino a poquedades

---

[259] MENDOÇA, 1630, p. 44.
[260] KINTANA, 2002. MENDOÇA, 1630, pp. 32v.-33.

y raterías, que además de serlo en sí y de ninguna substancia, antes dañan y desacreditan.²⁶¹" Establecer el valor de la migración en proporción únicamente a las recaudaciones en plata que se obtenían de arbitrio era desatinado porque en ellas no se contemplaba que los portugueses daban "…solamente en las Indias a Vuestra Majestad y a las mismas Indias gran provecho y mucho más que 50, 000 ducados, cuanto más que 4.000 o 5.000, así en sus ocupaciones y tratos que tienen, como en los negros esclavos que llevan"²⁶². En ese sentido, Mendoça apelaba a tomar en cuenta el *valor capitalizado* del trabajo de la mayor parte de la población portuguesa en las Indias, es decir de aquellos que como pilotos, marineros, soldados, labradores u artesanos contribuían al desarrollo económico mercantilista de las provincias indianas y que, como vecinos de ellas, contribuían con el pago de derechos a la Real Hacienda para usufructo único y exclusivo del monarca. En ese tenor espetaba: "¿La plata que sacan es por ventura para el Turco? ¿Los quintos de plata que dan son para el inglés? ¿Las alcabalas que pagan son para Mauricio? ¿Los más tributos con que como los más vasallos acuden son para un rey extraño?"²⁶³.

No obstante, Mendoça no abogaba por la desaparición de las restricciones existentes para migrar a las Indias a las que todos, incluso los castellanos, debían someterse, pero sí se oponía a aquellos que desde una perspectiva pragmática o moral demandaban una política de "mano dura" frente a la inmigración a través de una legislación penal más restrictiva y severa de la que se esperaba tuviera un efecto disuasorio, ya que no era "… buena *razón* ni *de estado* ni de *consciencia* decir alguno con más pasión que experiencia, sea español o castellano, que conviene que así los traten, apuren y compongan y aflojan allá a los portugueses, que quizá temiendo esto no querrán pasar por aquellos puertos de Tucumán y Perú"²⁶⁴. En efecto, porque la experiencia acumulada había enseñado que ese tipo de estrategias no surtían efecto y tampoco solucionaban el problema de los portugueses (y demás migrantes) que ya estaban en los virreinatos, que era el que a él le interesaba y trataba de solucionar. Por otro lado, Mendoça defendía la libertad natural de todo ser humano para moverse por el mundo y el deber de todo pueblo de acoger a los extranjeros y a los peregrinos, no sólo por ser derecho divino y de gentes –como también lo señalaba Vitoria– sino también porque era imposible levantar fronteras

---

²⁶¹ *Ídem*, p. 15.
²⁶² *Ídem*, p. 15.
²⁶³ *Ídem*, p. 35.
²⁶⁴ *Ídem*, p. 7.

físicas que lograran detener los flujos de personas puesto que "si al campo ni se puede poner puertas mucho menos a la mar"[265].

Para disminuir la migración portuguesa en el futuro el autor ofrecía cuatro remedios. El primero consistía en suprimir el comercio de esclavos, aunque preveía que a esto le seguirían otros inconvenientes que incluían la disminución de la mano de obra y una consecuente crisis económica generalizada. Asimismo debía prohibirse que navíos portugueses atracaran en Canarias y eliminar el *coyotaje* de los maestres de los barcos que permitían el paso de personas sin licencia o "llovidos" en sus tripulaciones a cambio de dinero. Por último, sugería que los bandos en que se daban a conocer las penas rigurosas a quienes violaran todas esas prohibiciones se publicaran constantemente en los puertos de Portugal, por ser esos los puntos de salida y no en las Indias donde era prácticamente imposible actuar contra quienes ya se encontraban ahí[266].

No obstante, cualquier medida que se pusiera en efecto no podía cambiar la discriminación y las vejaciones que los lusos sufrían diariamente en las Indias en donde se les veía como apestados "enfermos de algún mal contagioso" del que no podían curarse porque el trastorno residía en *su naturaleza* y de ella pendían un doble estigma de ser herejes y extranjeros, infieles a su dios y a su rey, es decir, enemigos. Lo peor de todo, reclamaba Mendoça, era que el Consejo de Portugal no parecía hacer nada para solucionar las desgracias de sus connaturales y los desamparaba justificando la mala situación en que se encontraban a la decisión individual de cada persona a migrar a donde no se les estaba permitido: "Y mala razón será decir, no vayan a las Indias, ni al Perú, pues con esa razón solamente no se quita ni haber pasado los que allá hay, ni la mala y falsa opinión en que están aún los que quedan acá"[267]. El verdadero remedio tenía que venir *de arriba*, del propio Consejo de Portugal puesto que era el único organismo que podía y tenía la responsabilidad moral de interceder por ellos con firmeza ante el rey en la Corte haciendo una exposición de su vulnerabilidad y requerir un trato igualitario, ya fuera este preferencial o discriminatorio, a todos los vasallos peninsulares del rey en los territorios indianos[268]. A Felipe IV, como lo sugiere el título del libro, le suplicaba que escuchara al Consejo para reparar una de las muchas grietas que comenzaban a revelar los daños en la estructura de lealtades y privilegios sobre la que se erigía la unión de las Coronas y que se manifestarían de

---

[265] *Ídem*, p. 55.
[266] *Ídem*, p. 53 y ss.
[267] *Ídem*, p. 57.
[268] Sobre las competencias del Consejo de Portugal véase: SCHAUB, 1996.

forma cada vez más clara a partir del llamado *giro de 1628*[269]. Mendoça pronosticaba que de no ofrecer Madrid muestras rápidas y concretas de tener una voluntad de negociación y condescendencia con las necesidades de sus súbditos, se ponía en juego "…la veneración del nombre real, y a la paz y amor de los vasallos y a la unión de los reinos y la monarquía de Su Majestad que depende de estas tres Coronas de Castilla, Portugal y Aragón unidas y hermanadas…"[270].

Aunque es probable que la *Súplica* alcanzara los oídos de los consejeros e incluso los del monarca[271], también es presumible que cayera en saco roto, pues si bien en lo general coincidía con el proyecto político de Olivares, en lo particular tocaba la inapelable posición de Castilla a no ceder en lo más mínimo sobre sus derechos de exclusividad sobre sus territorios americanos. Aunado a ello, tanto el protagonismo que venían adquiriendo los portugueses en el comercio Atlántico, el claro vínculo que existía entre los asientos de esclavos y el comercio de contrabando, la introducción de los banqueros judeoconversos y la notoriedad e impopularidad que para ese entonces había cobrado la comunidad portuguesa de Madrid, no hubieran permitido otorgar más concesiones de las que ya existían y que habían beneficiado a tantos militares y mercaderes en las Indias durante los años de gobierno del valido[272]. Ante todo, resulta evidente que el programa de Unión de Armas del duque de Olivares se dirigía hacia la nobleza, las élites mercantiles y financieras, pero no contemplaban al pueblo llano. En ese sentido y aunque no tenemos la respuesta, cabe preguntarse hasta qué punto el trato discriminatorio que se estaba dando a los portugueses en Indias contribuyó a separar los proyectos coloniales de Portugal y Castilla.

Si bien los portugueses se llevaban la peor parte en el proceso de radicalización de la opinión contra los extranjeros, como se ha podido constatar a partir de diversas investigaciones, la discriminación era para este momento generalizada y extendida[273]. Un año más tarde de haberse publicado la *Suplicación* y en el contexto de crisis que se vivía en la ciudad de México a dos años de la gran inundación de 1629, los oidores de la Audiencia de México denunciaban el fallido proyecto de desagüe de la

---

[269] MENDOÇA, 1630, p. 56.

[270] *Ídem*, p. 6.

[271] En una consulta del Consejo de Indias sobre la conveniencia de nombrar a Mendoça como obispo de Yucatán, Felipe IV declaraba que "lo tengo en muy buena opinión del obispo de Río de Janeiro". AHN, Códices, L. 752, número 1368.

[272] ELLIOT, 2004, pp. 334-348. STUDNICKI-GIZBERT, 2007, pp. 154-170.

[273] Algunos ejemplos de la discriminación de los portugueses en la América española: MARCHENA, 2012; STUDNICKI-GIZBERT, 2007, pp. 154-170.

laguna de Zumpango a cargo del ingeniero alemán Enrico Martínez por los enormes (e indudables) costos humanos y económicos de las obras que consideraban producto de "sus quimeras y astucias *hijas del desamor de extranjeros de la Corona de nuestro rey*"[274]. Este tipo de juicios, no obstante, tomaban nuevos bríos a la luz del escenario de guerra total en el que se encontraba la monarquía a partir del rompimiento oficial de las hostilidades con Francia el 6 de junio de 1635. Tan sólo unos días más tarde, la expedición de la Compañía de las islas de América, auspiciada por el cardenal Richelieu, desplegaba un contingente militar con ayuda del gobernador de San Cristóbal apoderándose sin resistencia alguna de Guadalupe (25 de mayo) y de Martinica (septiembre)[275]. Las incursiones se sumaban al número de frentes abiertos en el Atlántico con el posicionamiento de los holandeses en Pernambuco (1630) y Curacao (1634) que en su conjunto obligaron a España a incluir a los territorios americanos en la lista de sus prioridades dentro de su política defensiva y ofensiva global[276]. Parte de este nuevo enfoque explica la implicación de Nueva España en la represalias que se realizaban en contra de los bienes de los franceses en respuesta al decomiso que Luis XIII había llevado a cabo contra los españoles residentes en sus reinos unos meses antes de iniciarse las hostilidades. Las consecuencias de esta medida para las comunidades mercantiles de naturales y extranjeros es un tema que vamos a analizar en otra parte, por ahora basta decir que en México la represalia se realizó en dos etapas, la primera iniciada durante el mes de noviembre y hasta antes del tornaviaje de la flota a España, se localizaron los efectos pertenecientes a mercaderes avecindados en Sevilla y Cádiz que habían cargado mercancías ese año o que permanecían en el reino a cargo de sus agentes. En total se registraron una docena de nombres entre los que se encontraban los 5 comerciantes franceses más acaudalados en Andalucía y que también sufrieron decomisos en España: Lan Fran David, Pedro la Farja, Pedro Alogue, Alberto Juan y Jaques Bulles[277]. Sus negocios eran manejados en México por 11 mercaderes de gran reputación local como el capitán florentino Santi Federigui y los jenízaros de origen flamenco, Lamberto Beruben y Antonio de Burgos[278]. Durante la segunda etapa, las autoridades se concentraron en decomisar los bienes de los franceses

---

[274] AGI, México, 75, R. 1., N. 1.
[275] ROULET, 2017.
[276] ELLIOT, 2004, pp. 507-547. AMADORI, 2013, pp. 377-393.
[277] ALLOZA, 2006, pp. 77-108.
[278] AGN, Reales Cédulas Duplicadas, vol. 18, exp. 429. AGN, Reales Cédulas Duplicadas, vol. 13, exp. 263. AGN, Real Fisco de la Inquisición, vol. 20, exp. 24.

La categorización del extranjero en la comunidad política

avecindados en el reino, cuyas causas, como habitualmente sucedía en este tipo de pesquisas, se extendieron por años y terminaron resolviéndose en composiciones e indultos[279]. La cantidad ingresada en la Real Caja por razón de esta acción indica una presencia importante de capital francés en el virreinato, así como una significativa y floreciente actividad de la colonia que sufrió un fuerte revés durante las décadas de la guerra franco-española (1635-1659)[280].

Al igual que había sucedido con otras comisiones, las acciones se solaparon con la realización de una nueva tanda de composiciones dentro del paquete de arbitrios de que se habilitaron para recaudar fondos para financiar la fabricación y mantenimiento de la Armada de Barlovento que le fue heredada al duque de Escalona[281]. En este escenario de guerra total, crisis económica y radicalización política se cimentaron los prejuicios y la discriminación hacia las comunidades de extranjeros de un sector importante de la sociedad en el mundo hispánico. La claridad con que Mendoça describía este ambiente para el caso de los portugueses a finales de la década de 1620, era una realidad interiorizada entre aquellos extranjeros que transitaban por los puertos de la monarquía y estaban acostumbrados a escuchar esta clase de opiniones en los territorios españoles. Muy acertadamente escribía el mercader flamenco Francisco Bloys en su confesión dirigida a los inquisidores de México en 1637, año en que todavía se estaban realizando las represalias contra franceses: "Concluyo con decir que soy flamenco con eso tenemos andado lo más para la opinión de los ignorantes que dicen que (todos los extranjeros) flamencos y franceses son herejes y digo que mienten y no es verdad porque hay muchísimos cristianos católicos"[282].

---

[279] POGGIO, 2011, pp. 177-193.
[280] AGI, México, 75, R. 8, N. 40.
[281] Véase por ejémplo: AGN, Indiferente Virreinal, caja 4802, exp. 35. AGN, Indiferente Virreinal, caja 4371, exp. 12. AGN, Indiferente Virreinal, caja 3263, exp. 27. AGN, Indiferente Virreinal, caja 600, exp. 003. Indiferente Virreinal, caja 2949, exp. 28.
[282] AGN, Inquisición, vol. 376, exp. 26, f. 313. Tachado en el original.

2.
La fiscalidad como instrumento de categorización social: Las composiciones de extranjeros

2.1. Génesis y justificación del arbitrio

En la década de 1590, los extranjeros avecindados en las Indias adquirieron un interés fiscal para la Corona española. Como explicamos en el capítulo anterior, una de las sugerencias de la Junta Grande de Hacienda convocada en 1591, que valoraba las medidas necesarias en la obtención de ingresos que ayudaran a sobrellevar la crisis económica, fue la creación de una serie de arbitrios extraordinarios para aplicarse en las Indias, entre los cuales se hallaban las composiciones de extranjeros[1]. El paquete de imposiciones se despachó a los virreinatos en noviembre de 1591 en forma de *Instrucciones* que contenían una serie de cédulas de entre las cuales dos se dedicaban a legitimar el cobro de composiciones y a especificar la forma como debían realizarse. La primera reiteraba la orden de expulsión de extranjeros sin licencia que venía remitiéndose a las Indias a lo largo del siglo XVI, misma que debía cumplirse dentro de un término de cuatro meses de todas las personas que se encontraran en las Indias y que no fueran naturales de los reinos de Castilla, Aragón, Valencia y Cataluña. Decidir quiénes entraban dentro de esta categoría y de la severidad de los castigos que se les debían imponer para alcanzar el cometido se dejaba a consideración de las justicias locales, quienes

---

[1] AGI, Indiferente, 433, leg. 2, ff. 50-50v. CARLOS MORALES, 2008, p. 259. Sobre el origen del arbitrio véase: POGGIO, 2011.

contaban con total libertad (*por fuero y por derecho*) para proveer justicia y persuadir a otros de no violarla[2].

Esta primera disposición, en que se criminalizaba a la gran mayoría de la población europea no española en las provincias americanas, era acompañada de una segunda cédula en la que el rey, a través de una fórmula compuesta por varios elementos, abría y cerraba un círculo de la dádiva, a través del cual administraba su gracia y concedía su perdón a cambio de una retribución monetaria[3]. Este gesto quedaba reservado a aquellos extranjeros que convenían *a su servicio,* es decir, a aquellos que tenían el caudal suficiente para merecerlo, los que por sus vínculos, grados de integración o provecho para la república convenían no expulsar para no romper el *statu quo*. Una vez delimitados los requisitos de las personas que podían ser incluidas, la complicada serie de pasos del círculo se iniciaba con un *beneficio*, es decir, con el otorgamiento de un perdón que el monarca concedía a los extranjeros de Castilla que se hubieran trasladado a las Indias sin contar con su licencia. Lo anterior, no obstante, no eximía al extranjero de ser penalizado por otra transgresión. En efecto, los territorios americanos eran tierras realengas y acumular caudal, enajenar tierras o monopolizar el uso del agua sin consentimiento del monarca era lo mismo que haber hurtado de su patrimonio y, en consecuencia, una transgresión sancionada con la confiscación de bienes. No obstante, por tratarse de personas integradas a las comunidades locales, en donde habían obtenido privilegios y obligaciones, el rey recurriría nuevamente a su clemencia y aceptaba que el daño fuera reparado a partir de una *composición*, un recurso del derecho común europeo utilizado generalmente en pleitos mercantiles, por el cual la parte afectada aceptaba una retribución económica para resarcir un daño causado a su propiedad.

En este sentido, se entiende que, al ser consideradas las Indias patrimonio regio, se señalara en las cédulas enviadas a los virreyes que la pena impuesta recayera sobre la hacienda que los extranjeros "hubieran adquirido *en las Indias*" y no antes de desplazarse a ellas[4]. El *beneficio* concedido por el rey, se esperaba que sirviera para compeler a los transgresores a cooperar con el arbitrio y a devolver el gesto "libremente" a través de un *servicio,* es decir, que los pagos se hicieran en forma de dádiva voluntaria. Por último, para cerrar el círculo –y no quedar debiendo nada–, el monarca premiaba ese regalo con una *merced*, por la cual concedía una licencia que suplía la que los acusados habían obviado pedir en Sevilla y que le

---

[2] AGI, Indiferente, 433, leg. 2, fs. 49v., y 64-65.
[3] CLAVERO, 1991.
[4] AGI, Indiferente, 433, leg. 2, f. 49v.

permitía "estar, vivir y residir en esas provincias y en las demás partes de las Indias a las que fueran" sin ser molestados por las justicias regias en el futuro. La única limitante que se imponía a los compuestos como secuela de los acuerdos alcanzados entre la Corona con los cargadores de Sevilla en 1591 era no participar en el comercio atlántico, aunque en este punto se realizaron varias excepciones, con dinero de por medio[5]. El juramento o *fe real* que se expresaba en el documento era únicamente revocable por el monarca, como se recordó en varias ocasiones a virreyes y oidores cuando sugirieron invalidar las licencias y devolver el dinero de los compuestos para poderlos expulsar y evitar todos los males económicos y políticos que atribuían a la presencia de los extranjeros en las Indias[6]. Esa misma garantía y trato tuvieron los extranjeros que, por sus años de residencia en las provincias americanas, fueron reconocidos como naturales por los virreyes, tal como lo estipulaban las cédulas de 1561 y 1562, pues si bien en ellas quedaba invalidada la naturalización por prescripción en el caso de los mercaderes atlánticos, siguieron siendo efectivas para el resto de la población[7].

Es innegable que la composición fue el procedimiento por el cual más europeos no españoles llegaron a tener contacto con las autoridades en las Indias. No obstante, las listas de compuestos carecen de valor para tratar de establecer porcentajes demográficos concluyentes sobre el número de extranjeros que había en Indias por ser un procedimiento con demasiadas variables. Un ejemplo de lo anterior es el hecho de que únicamente una minoría, arraigada e integrada, pudo someterse a ellas mientras que el resto de la población, en su mayoría migrantes considerados transeúntes por no tener un domicilio fijo, no podía –en teoría– acogerse al procedimiento. En Nueva España las composiciones se realizaron por órdenes de la Corona en ocho ocasiones entre 1595 y 1689, pero sabemos que las autoridades locales utilizaron este recurso en casos aislados o como complemento de otro tipo de acciones dirigidas a grupos específicos de extranjeros, especialmente los relacionados con las estrategias de guerra económica, tales como la localización de neerlandeses en la primera década del siglo XVII, o la represalia de franceses ordenada

---

[5] AGI, Indiferente, 433, leg. 2, f. 50v., y 64 v. AGN, Reales Cédulas Duplicadas, vol. 30, exp. 1249, ff. 339-342v. Las repercusiones de estas negociaciones para los mercaderes extranjeros en España: BERNAL,1992, pp. 219-227.

[6] Sobre la fe real véase: CARRASCO MACHADO, 2007, pp. 401-417. Para una opinión distinta véase: HERZOG, 2013.

[7] AGI, México, 24, N. 24. AGI, México, 24, N. 26, punto 9. AGI, México, 29, no. R. 2. AGI, México, 29, N. 83. AGI, México, 29, N. 94. TORRE VILLAR, 1991, p. 383.

en 1636, o los donativos recibidos en varias ocasiones de manos de portugueses para sustituir sus condenas de expulsión[8].

2.2. Evolución de las comisiones de extranjeros

Las cédulas mandadas por Felipe II en 1591 sirvieron como modelo al que se le fueron añadiendo nuevos elementos aprendidos a través de la prueba y el error a lo largo del siglo XVII con el fin de abarcar un mayor número de población esparcida en el territorio virreinal y optimizar las recaudaciones[9]. La tarea se ponía a cargo de una comisión formada específicamente para la ocasión con límites temporales de actuación fijados, generalmente, en un par de meses, pero que podía prorrogarse dependiendo de la afluencia de los extranjeros y de la extensión geográfica que se pretendía abarcar. Así, por ejemplo, la primera comisión a cargo del doctor Maldonado se prolongó en tres ocasiones entre 1596 y 1598 por el número de personas que se presentó de forma voluntaria, mientras que en 1628 los enormes límites jurisdiccionales designados a los jueces provinciales justificaron una extensión de sus funciones por cincuenta días[10]. Como solía suceder en estos casos, el salario de los comisionados no era fijo, sino que se establecía en proporción a los caudales recaudados de cada persona compuesta[11].

Las comisiones tomaron distintas formas a lo largo del siglo XVII y hasta su eliminación en la década de 1670. A diferencia del Perú, en donde se nombraron a varios oidores para realizar las primeras composiciones, en Nueva España fue común hasta 1620 comisionar al oidor más antiguo, a un alguacil y a un escribano para realizarlas en el perímetro de la Audiencia de México, si bien por lo general, únicamente abarcaron las poblaciones del Valle de México. Durante su gobierno, el marqués de Gelves decidió realizarlas en cabeza de su secretario, alcalde y fiscal de corte para evitar la intromisión de los oidores con quienes estaba en disputa, sin embargo su jurisdicción en ese caso, como se recordará, quedaba limitada a la primera instancia mientras que las apelaciones debían realizarse en la

---

[8] Véase: TABLA DUCASSE, 1983. VILA VILAR, 2001, pp. 1-38.
[9] El marqués de Guadalcázar se valió de las instrucciones utilizadas en 1595 para realizar las de 1616 y las de 1619. A partir de entonces se registran pocas modificaciones en las cédulas. AGI, México, 28, N. 40. AGN, Reales Cédulas Duplicadas, vol. 4, exp. 147, f. 170. Lima, 1596. AGI, Lima, 33.
[10] AGI, México, 71, R. 10, N. 133. AGN, Archivo Histórico de Hacienda, vol. 425, exp. 2 y AGN, Indiferente Virreinal, caja 6083, exp. 32.
[11] AGN, Archivo Histórico de Hacienda, vol. 425, exp. 2. AGN, Indiferente Virreinal, caja 5195, exp. 25.

Sala del Crimen por disposición regia[12]. Posteriormente, tras realizarse la reorganización del arbitrio por el marqués de Cerralbo en 1625, se nombraron *jueces de extranjeros* con sus respectivos fiscales y escribanos que tenían atribuciones sobre un territorio designado al interior de la Audiencia de México (mapa 1), dentro de los cuales podían recibir el auxilio de las autoridades locales para desempeñar sus funciones[13]. Por otro lado, en Nueva Galicia las composiciones no comenzaron a realizarse sino hasta 1607 y siempre de manera inconstante, mientras que la Real Caja de la Capitanía de Yucatán no parece haber recibido entradas por este efecto hasta 1632[14].

El proceso iniciaba con la publicación de un bando en que se ordenaba a todos los extranjeros que se presentaran ante la comisión en un lapso de entre una y dos semanas bajo pena de ser encarcelados y procesados por "desobediencia y rebeldía" en la sala del crimen[15]. El mandato también compelía a todos los vecinos a que denunciaran a los extranjeros que conocieran bajo amenaza de recibir penas de hasta 500 pesos en caso de encubrimiento, un recurso que se prestaba a abusos de todo tipo[16]. En su primera comparecencia, los extranjeros debían presentar una memoria en que se declaraban su nombre, nación, vínculos familiares y lugar de residencia, así como un inventario de bienes jurado ante notario acompañado de las licencias, cédulas o habilitaciones que tuvieran en su poder. A partir de esta información, el juez de comisión hacía una evaluación e imponía la cantidad a abonarse de inmediato o, de no contar con el capital suficiente, determinaba los plazos en que debía finiquitarse la deuda. De llegar a ese punto, el aspirante debía conseguir uno o dos fiadores para garantizar que el pago sería cubierto posteriormente o que en caso contrario, pagaría el salario diario del comisionado asignado para realizar los cobros, como era costumbre[17]. Todas las sumas recaudadas se ingresaban en la Real Caja junto con una

---

[12] Véase el capítulo 1. AGI, 73, R. 7, N. 53.

[13] «Sentencia de juicio de residencia contra el conde de Monterrey» en HANKE Y RODRÍGUEZ, 1976, pp. 242-246.

[14] AGI, México, 71, R. 9, N. 116. AGI, *México,* 71, R. 10, N. 133. Maldonado confirmó la exclusión de Nueva Galicia. El primer ingreso en la caja de Guadalajara por este concepto se registra en 1607. TEPASKE, 1976. Sobre Perú véase: RODRÍGUEZ VICENTE, 1967, p. 534.

[15] AGN, Reales Cédulas Originales, vol. 233, exp. 4, f. 61-68 v.

[16] AGI, México, 71, R. 9, N. 116. AGN, Indiferente Virreinal, caja 6705, exp. 70. AGN, Indiferente Virreinal, Caja 5897, exp. 30.

[17] AGI, México, 71, R. 10, N. 133. AGI, *Lima,* 570, ff. 244-244v. AGN, Reales Cédulas Duplicadas, vol. 50, exps. 209-255. RODRÍGUEZ VICENTE, 1967, p. 534.

lista de los compuestos, documento que servía a los oficiales reales para elaborar recibos de pago individuales que eran posteriormente entregados al alcalde de corte quien, a su vez, los transfería al secretario de corte para somenterlos al visto bueno del virrey y, finalmente, entregar a cada extranjero la licencia que los autorizaba a residir en las Indias en que se ordenaba a las autoridades que no se les molestara en lo sucesivo[18]. Es importante señalar que, a pesar de esta aparente protección, el extranjero no quedaba exento de comparecer ante futuras comisiones ante las que debía manifestarse con una *solicitación*, es decir, un documento donde incluía su nombre, naturaleza, vecindad y una declaración de haberse compuesto previamente junto con la licencia que así lo acreditaba y que en esa nueva presentación era apostillada por el jefe de comisión para dar fe que el portador había respondido a los bandos en toda ocasión[19]. Los totales introducidos en las cajas provinciales eran enviados a la de México y desde ahí se remitían por orden regia por cuenta aparte a la Casa de la Contratación en Sevilla junto con una copia de los llamados "libros de extranjeros" que contenían los datos de los compuestos y las cantidades que habían abonado[20].

Mapa 1. Jurisdicciones de las siete comisiones de extranjeros de 1625

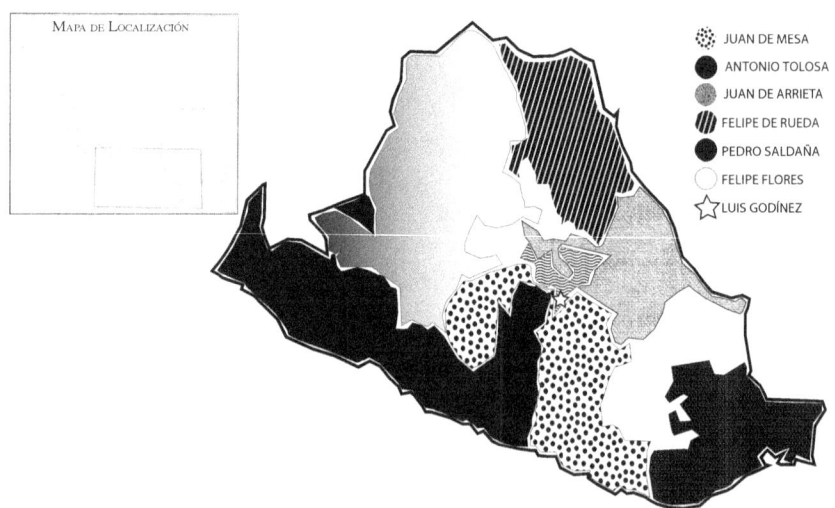

[18] *Ídem.* AGI, Contaduría, 695 A.
[19] AGN, Indiferente Virreinal, caja 4802, exp. 35. Un ejemplo de solicitación: AGN, Indiferente Virreinal, caja 3066, exp. 10.
[20] AGI, México, 23, N. 33. AGI, Contaduría, 728, f. 164.

2.3. La creación de una categoría fiscal de extranjero

Las *instrucciones* enviadas por Felipe II llegaron a los virreinatos del Perú y de la Nueva España en 1591. Su aplicación, sin embargo, se realizó de forma dispar en los primeros años según fueran las condiciones particulares en cada jurisdicción hasta alcanzar un mayor grado de coordinación hacia finales del reinado de Felipe III. En México, las primeras composiciones se aplazaron hasta 1595 porque el virrey Luis de Velasco y los oidores de la Audiencia necesitaron aclaraciones del Consejo de Indias para entender cómo someter a una población tan amplia y variada a una iniciativa que parecía no contemplar diferencias en las relaciones que las distintas naciones mantenían con el monarca[21]. Ciertamente, la aglutinación que se pretendía hacer era artificial y ajena al sistema de categorización que existía hasta entonces en las Indias donde, al igual que en las urbes castellanas, un extranjero no se definía por su origen, sino por el grado de su integración en la sociedad local[22]. En ese sentido, desde la Edad Media todo aquel que no fuera morador o vecino era considerado extranjero de la comunidad política local[23] y lo que ahora se pedía desde Madrid era someter al arbitrio a todos los no castellanos de nacimiento que se hubieran desplazado a las Indias sin licencia sin hacer ningún tipo de distinción en los vínculos que cada nación tenía con el monarca. El virrey de Nueva España, Luis de Velasco, por ejemplo, pidió en 1592 una aclaración sobre las instrucciones dadas en la cédula porque tanto él como los oidores juzgaban que por los derechos de señoreaje adquiridos por la reciente anexión de Portugal a la monarquía en 1580, los lusitanos se habían convertido en naturales mientras que otros vasallos del rey, como los flamencos y los italianos, podían gozar de ese mismo privilegio en caso de solicitarlo. El Consejo de Indias, no obstante, señaló de manera escueta que la sanción estaba dirigida contra todos los extranjeros que hubiesen realizado el trayecto atlántico sin licencia, quizá tratando de enfatizar que el arbitrio penalizaba la violación de las ordenanzas regias en materia de migración y no así el origen de las personas, aunque en realidad el origen de las personas era lo que posibilitaba su fácil identificación como extranjeros y, por lo tanto, la realización del arbitrio, como veremos más adelante.

---

[21] Las primeras recaudaciones se registraron el 18 de marzo de 1595. AGI, Contaduría, 695A.
[22] HERZOG, 2003.
[23] GUERRERO NAVARRETE, 2012, pp. 43-66.

A inicios de su periodo como virrey de Perú, Luis de Velasco envió una nueva misiva al Consejo de Indias en la que incluía una descripción más clara sobre los problemas a los que se enfrentaban los jueces de comisión al tener que discernir entre las diferentes categorías que existían en la población no castellana y que les impedía realizar el arbitrio sin excepciones, sin que con ello se violaran privilegios personales, grupales o "nacionales". En esta ocasión, el Consejo remitió una respuesta minuciosa en la que se aprobaba no incluir a los mallorquines y menorquines en el arbitrio, porque formaban parte de la Corona de Aragón, no comprender a los hijos de extranjeros que habían alcanzado naturaleza por prescripción en las Indias después de diez años de vecindad, a quienes hubieran servido en las guerras de conquista y tuvieran familia o encomiendas de indios, es decir, que formaran parte de la élite colonizadora. Por otro lado, se autorizaba hacer "más comodidad" a los vasallos del rey, a quienes tuvieran cédulas de naturaleza de Castilla, a quienes tuvieran licencias para tratar y contratar en las Indias que hubieran sido litigadas por el fiscal de corte y, aunque el portador no tuviera naturaleza, mientras que se anulaban las licencias en las que no se expresara explícitamente el origen del portador. Otro punto importante que se desprende de estos capítulos de carta es el beneplácito del monarca para que las dudas que surgieran en lo sucesivo fueran resueltas por la Audiencia, lo cual reforzaba el peso de los oidores como justicias conocedoras de los fueros y las circunstancias locales para entender y analizar cada caso desde su casuística[24]. Lo anterior explica las enormes variaciones que existieron en el trato y concesiones que se hicieron a ciertas naciones e individuos, no solamente en razón de sus vínculos con el monarca, pero también por los que habían obtenido en las comunidades locales y en perspectiva de la situación política, económica y social de cada territorio. En México, por ejemplo, los portugueses gozaron de un trato preferente que el resto de extranjeros, por lo menos hasta la firma del tratado de Lisboa en 1668, que se manifestó de distintas maneras en, por ejemplo, la insistencia del virrey Velasco sobre sus derechos de naturaleza (1593) y no ser incluidos en las pesquisas de la Junta de Extranjeros realizadas por el marqués de Guadalcázar en 1615 para evitar que fueran identificados como extranjeros[25]. Más ilustrativa resulta la "comodidad" que les hizo el marqués de Cerralbo al emitir el bando para llamar a composiciones distinguiendo entre "extranjeros y *naturales* de la Corona de Portugal" en 1625, o la diferencia nominal usada durante la Guerra de Restauración portuguesa cuando se optó por

---

[24] Lima, 570, f. 244-244v.
[25] Véase capítulo 1.

componer extranjeros y pedir *donativo gracioso* a los lusitanos, aunque en realidad todos se sometían al mismo procedimiento[26]. Algunos miembros de otras naciones como los genoveses, irlandeses, sicilianos y griegos también recibieron tratos preferenciales[27], mientras que se instruyó que los naturales de los Países Bajos y otros septentrionales (alemanes, escoceses, ingleses y escandinavos) no fueran admitidos a composición bajo ninguna circunstancia desde 1615, aunque siguieron abundando las excepciones a lo largo del siglo XVII[28].

Otro asunto que requirió consultar al Consejo de Indias fue el trato que debía darse a los procesados por el Santo Oficio. Los oidores expresaron muy pronto la desconfianza y mala opinión que tenían sobre los extranjeros reconciliados, mayoritariamente ingleses, flamencos, alemanes y portugueses, por los "muchos inconvenientes y poca satisfacción" que tenían de ellos en materia de religión. No obstante, se entendía que quienes habían pasado por este proceso renunciaban a sus creencias pasadas que eran, en la mayoría de los casos, las de su lugar de origen y señor natural. Por esta razón, y al incorporarse a la comunidad espiritual, se les reconocía también como pertenecientes a la república como vasallos del rey católico y, si bien esa condición no los eximía de componerse, sí podía llegar a ser una razón de peso para dispensar el pago del arbitrio[29].

2.4. De categoría fiscal a categoría social

En su *Suplicación*, Lorenzo de Mendoça relataba que en las Indias se rumoraba que las composiciones se habían pensado aplicar con toda la población que se hubiera trasladado a las Indias sin licencia y que, finalmente, se habían reservado tan sólo para los extranjeros "mirándose, y con razón, algún desabrimiento o inquietud" pudiera nacer entre la población castellana[30]. Como mencionamos párrafos atrás, la justificación

---

[26] AGI, México, 22, n. 112. AGI, México, 28, n. 23. AGI, México, 29, n. 26. AGN, General de Parte, vol. 9, exp. 120, f. 80. Un ejemplo son los portugueses Juan Bello y Manuel de Acosta, quienes dijeron haberse compuesto en 1654 "atento de que los 30 pesos que había dado por vía de *donativo*" y el fiscal los aceptó como válidos. AGN, Reales Cédulas Duplicadas, vol. 48, exp. 399. En los registros de las cuentas de los oficiales reales se diferencia entre ingresos por *composiciones* de extranjeros e ingresos por *donativos* de portugueses. Véase: TEPASKE Y KLEIN, 1988.

[27] POGGIO, 2011, pp. 177-193.

[28] AGI, México, 28, N. 23. AGN, Indiferente Virreinal, caja 5195, exp. 25. AGI, México, 48, R. 1, N. 10. Sobre Perú véase: BRADLEY, 2001. THOMAS, 2001.

[29] AGI, México, 71, R. 9, N. 116. AGI, México, 23, N. 12. AGI, México, 71, R. 10, N. 133. AGN, Reales Cédulas Originales, vol. 14, exp. 9 y 10, f. 33-42v.

[30] MENDOÇA, 1628, p. 49.

primaria del arbitrio era la transgresión a las ordenanzas reales en materia de migración que prohibían a cualquier persona, incluidos los castellanos, de realizar el viaje atlántico sin contar con una licencia de la Casa de la Contratación. No obstante, como apuntaba Mendoça, y como se desmuestra por la inclusión de los castellanos en el arbitrio a partir de 1668, la Corona decidió penalizar únicamente a los extranjeros de Castilla, es decir, a una categoría deliberadamente imprecisa que atravesaba transversalmente cualquier particularidad de procedencia, estamento y condición social, y por esa misma razón no afectaba a una corporación en particular. Al carecer de cohesión, representación y derecho a estar en las Indias, este conglomerado de gente inconexa representaba lo que podría denominarse como un "grupo meta" ideal para ser sujeto a un pago extraordinario sin que la Corona tuviera que negociar absolutamente nada a cambio con ellos para recibir los recursos extras que precisaba. Por el contrario, el *beneficio* que otorgaba el monarca a saber, la permanencia y futura tranquilidad de los compuestos en las Indias funcionaba, junto a la condición de vecindad y arraigo en las comunidades locales, como mecanismo de coacción para que los comprendidos colaboraran con la medida.

Lejos de ser un arreglo ventajoso o un mecanismo de regularización de la migración ilegal que permitía la integración de los extranjeros, como se ha afirmado anteriormente[31], la composición era interpretada por los afectados como una ofensa al honor personal y al de la nación a la que pertenecían. Los testimonios de primera mano durante los primeros años que se realizaron los cobros reflejan un sentimiento de indignación generalizada causada por lo que parecía un desdén del rey a los lazos de amor de sus vasallos no españoles –como ellos mismos se denominaban, a pesar de carecer de reconocimientos fomales– y a su excesiva avidez de recursos. En 1598, por ejemplo, el tonelero flamenco Alberto de Meyo expresó su alegría con sus connacionales al saber las victorias que Mauricio de Nassau había alcanzado en los Países Bajos y cuando los inquisidores le preguntaron la razón de su felicidad respondió: "por los daños que han recibido [los flamencos] de los españoles y que no los dejan vivir en paz *y por haberle hecho pagar el rey cien pesos por ser extranjero*". Enojado por la imposición, Meyo había confiado a su paisano Jorge de Brujas unos meses antes los deseos que tenía de irse a vivir a Zelanda, una de las provincias norteñas más beligerantes durante la Guerra de los Ochenta

---

[31] RODRÍGUEZ VICENTE, 1967. MÖRNER, 1992, p. 18. LARA ZERÓN, 1994, pp. 10-15. VILA VILAR, 2011. TABLA Y DUCASSE, 1996, pp. 93-113. HERZOG, 2003.

Años, y Brujas, quien a su vez había tenido que pagar trescientos pesos para componerse, apremió a su amigo a realizar el viaje y a avecindarse en una ciudad como Midelburgo: "…en donde si tuviera cuatro reales no se los quitarían como en ésta"[32]. De forma similar, el alemán Juan Pérez testificaba contra sus dos compañeros de prisión portugueses ante los inquisidores de México por describir a Felipe II como un monarca de:

> […] mala conciencia *y quita las haciendas a sus vasallos* y que ganó con traición el reino de Portugal… y que el secretario Antonio Pérez vino con treinta galeones de Dinamarca contra el rey y le hizo muy bien porque el rey *quita las haciendas a los pobres portugueses y que los que vienen a las Indias a ganar un tomín les pide el rey cien pesos porque no pueden estar en ellas los extranjeros* y que pueden quitar los leones de sus armas porque son gallinas…[33].

Posteriormente, y quizá entendiendo las graves implicaciones de su dicho, aclaraba que no hablaban del monarca, sino del virrey don Luis de Velasco "porque quitaba las haciendas a los pobres portugueses y las daba a Su Majestad el rey don Felipe… tomándoles cien pesos a cada uno de ellos y a los extranjeros diciendo que no pueden estar en su tierra…"[34].

Los testimonios de las justicias novohispanas confirman el mal recibimiento de las disposiciones que se acataban "con mucha pesadumbre" ya que, dada la pobreza de la gente, únicamente "con buenos medios y darles más espera" para realizar los pagos accedían a componerse[35]. En Nueva España, al igual que en otros territorios indianos, las penalizaciones impuestas a los extranjeros se encontraron entre los 20 y los 500 pesos, aunque la suma que con mayor frecuencia se introdujo en las cajas reales por este concepto se situó en los 100 pesos, lo cual equivalía a un salario anual respetable[36]. Los montos han sido descritos como "ridículos"[37] puesto que desde el punto de vista fiscal las composiciones no representaron en su conjunto un ingreso significativo para la Real Hacienda, a no ser de la primera vez que se realizaron entre 1595 y 1599 cuando las

---

[32] AGN, Inquisición, vol. 165, exp. 7, ff. 31v., 32v.
[33] AGN, Inquisición, vol. 161, exp. 6.
[34] *Ídem*. Nótese la diferencia que los portugueses hacen entre *ellos* y los *extranjeros*.
[35] AGI, México, 71, R. 9, N. 116. AGI, México, 71, R. 9, N. 129. AGI, México, 23, N. 12.
[36] AGI, Contaduría, 695 A, 705, 709, 712, 719, 722, 728, 735, 737. Sobre Perú: RODRÍGUEZ VICENTE, 1967. VILA VILAR, 2011. TABLA Y DUCASSE, 1996, pp. 93-113.
[37] VILA VILAR, 2011.

recaudaciones superaron los 86.000 pesos tan sólo en Nueva España. Entre 1600 y hasta 1615 se ingresaron pagos aislados, en su mayoría eran adeudos de personas que habían dividido sus aportaciones en cuotas. A partir de 1616 y hasta 1622, se alcanza un monto de 26.235 pesos como resultado del pago de las condenaciones de la Junta de extranjeros realizadas por el virrey marqués de Guadalcázar en la que se penaron mayormente a mercaderes sin licencia y, posteriormente, se compuso únicamente a los portugueses. Las recaudaciones obtenidas durante el gobierno del marqués de Cerralbo, cobradas entre 1628 y hasta 1635 fueron de 16.401 pesos y durante las décadas posteriores, los registros por este concepto no superaron los 4.000 pesos, quizá porque los esfuerzos se concentraron en realizar otras medidas contra extranjeros como la represalia contra franceses en 1635 y el donativo gracioso de portugueses en 1643. En resumidas cuentas, desde la puesta en marcha del arbitrio y hasta mediados del siglo XVII, se obtuvieron alrededor de 132.000 pesos, una suma que podría equipararse a lo ingresado en un año por concepto de Bulas de la Santa Cruzada.

Sin embargo, desde un enfoque social las exacciones desvelan su verdadero impacto únicamente cuando se miran en relación con la pérdida que significó para la economía de los afectados[38]. Por ejemplo, en 1641, Basilio Ruiz, un portugués casado y con un hijo, declaró que sus únicos bienes eran un esclavo negro de Angola, seis cuadros de distintas hechuras, un caballo ensillado y un colchón, por lo cual tuvo que pagar 40 pesos de su composición. Por otro lado, a Antonio Acosta, labrador del Algarve, se le pedía también depositar 40 pesos, aunque su patrimonio se reducía a una casa de paja vieja, un poco de ropa, una mula vieja ensillada y 30 pesos de oro común, todo valuado en 150 pesos. Inocencio Semino, genovés, casado y con 4 hijos declaró tener un caudal que alcanzaba los 300 pesos, de donde se determinó que tenía que pagar 100. El portugués Juan Bello tenía un patrimonio de 200 pesos que perdió casi en su totalidad para pagarle a su letrado y los gastos de su carcelería en 1654 y aún así fue condenado a pagar 100 pesos. En general, podemos decir que los comisionados optaron por cobrar alrededor de una tercera parte del total de los bienes de los extranjeros de donde se entiende el indudable impacto que la medida tenía sobre el patrimonio de las personas, especialmente con las que menos tenían, que eran la gran mayoría.

[38] VILA VILAR, 2011.

Sabemos que quienes no tenían recursos para pagar la penalización eran obligados a "firmar escrituras", es decir, a contraer deudas a plazos, por lo general con mercaderes y quienes no podían ampararse con este recurso eran de ordinariamente reservados para la siguiente ocasión[39]. Mendoça, no obstante, aseguraba que en algunas audiencias del virreinato peruano se habrían organizado alquileres públicos de los deudores "a voz de pregonero, para que se pagase con su jornal de su servicio la dicha composición" mientras que en Potosí el corregidor Pedro Sores "mandó vendiesen armas, caballos conque servían a Su Majestad", o lo que era lo mismo, se les había privado de los medios para poder ejercer el privilegio, como parte de la población española del que quedaban excluidos el resto de los grupos sociales, a portar armas para su defensa personal y para cumplir su obligación como vecinos de proteger la ciudad[40]. Este último punto resulta de enorme importancia en el contexto indiano puesto que los inmigrantes europeos habían gozado, hasta la puesta en marcha del arbitrio en la década de 1590, prácticamente de los mismos privilegios que los españoles al ser asimilados como parte de su república y, como tales, habían quedado exentos también de pechar. En efecto, Aaron Pollack ha advertido recientemente que en las comunidades americanas de españoles, la diferencia entre pecheros e hidalgos habría desaparecido en una etapa muy temprana de la colonización, por un lado, como parte de los incentivos que la Corona hizo a la población plebeya para que participaran en las empresas de conquista y en la colonización de los territorios americanos y, por otro lado, por la necesidad de excluir de dichos proyectos a la nobleza peninsular potencialmente antagónica a sus intereses de acaparamiento patrimonial. En ese sentido, los estamentos castellanos medievales se habrían transformado rápidamente en las Indias ante el desarrollo de una nueva clasificación en base a adscripciones socio-étnicas de clase y grupo basadas en la oposición exclusiva entre españoles e indios, cada uno con sus subdivisiones entre nobles y plebeyos. Posteriormente, este ordenamiento se habría complejizado con la incorporación de nuevas categorías de negros, mestizos, mulatos, zambos y otros grupos sin por ello abandonar "el uso de las divisiones estamentales, cada una con sus particularidades jurídicas y diferentes obligaciones fiscales". Al truncarse la negociación entre el ayuntamiento de la Ciudad de México y el marqués de Falces para establecer el pago de pechos a los peninsulares advenedizos a cambio de mantener las encomiendas a perpetuidad en

---

[39] MENDOÇA, 1628, p. 5.
[40] MENDOÇA, 1628, pp. 4-4v. Sobre la prohibición a portar armas a otros grupos en Indias: SCHWALLER, 2012.

1567, se inició un proceso de homogeneización de la categorización de españoles (y de sus descendientes mestizos) "forteleciéndose así las distinciones estamentales sobre la calificación socio-étnica del individuo" y de una clara diferenciación con indios, negros y mulatos libres tributarios o "pecheros" que quedaban colocados por debajo en la escala social. No obstante, el pago de tributo, como bien señala, también se vinculaba "al estatus de indio y, más adelante al de negro o casta. Por lo menos en algunos lugares y en algunos momentos, el tributo provocó un rechazo que no se basaba sólo en lo económico, sino que también nacía de un menosprecio hacia el estatus social vinculado con la condición de tributario"[41].

Si bien las composiciones no eran *stricto sensu* un tributo, sino una penalización, su repetición continuada con carácter público y prolongado con resultados claros en el detrimento patrimonial de los comprendidos, fue rápidamente asociada al pecho y, paulatinamente, funcionó como un elemento de rebajamiento de los extranjeros en la escala jerárquica social colocándolos por debajo de los españoles. En este sentido, Mendoça advertía en 1628:

> Viendo los dichos naturales, particularmente los Indios así tratados con tanta diferencia de los más españoles, en que con dineros componemos nuestra estada en la tierra y la sospecha que no tenemos y falsamente nos imputa, les da ocasión, y *aun a otros no tan bárbaros*, para pensar *que nos falta algo para ser totalmente vasallos* de Vuestra Majestad, pues con dineros de composición lo suplimos, o que si somos, como es verdad, cabalmente vasallos, *que a lo mismo falta de parte de los ministros igualdad en el buen tratamiento de los súbditos* y que si esta se alcanza con dineros. *Y los mismos indios piensan y juzgan ser esta la tasa, tributo y pecho que ellos como mitayos y bajos pagan, y así lo dicen*. Y con esto, cuando ellos quieren significar y llorar el estar oprimidos, maltratados y vejados lo significan diciendo en su lengua: *portugués bina canchie*, que es lo mismo que ser tratados como portugueses y con este modo se deshonran unos a otros.[42]

La equiparación de Mendoça de la experiencia entre extranjeros e indígenas era, sin lugar a dudas, un recurso retórico desmedido para ilustrar al rey y las más altas esferas políticas de la monarquía el punto de degradación que padecían los europeos no españoles –principalmente

---

[41] POLLACK, 2016, pp. 89-96.
[42] MENDOZA, 1628, pp. 24v.-25.

los portugueses– al ser despojados de la posición social análoga a los castellanos que habían gozado hasta las últimas décadas del siglo XVI en sociedades reciamente estratificadas como las indianas. En este sentido, como señalábamos en el capítulo anterior, el arbitrio funcionó como un elemento fundamental en la formación de una categorización más precisa de la extranjería en el mundo hispánico durante la primera mitad del siglo XVII.

Más que buscar conseguir la licencia para regularizarse o integrarse en las Indias, como se esperaría si ese hubiera sido el objetivo de las composiciones, los extranjeros se valían de distintas estrategias para evitar ser molestados, despojados de su patrimonio y sometidos a señalamiento público por las autoridades. Algunos, daban testimonios falsos sobre su verdadera naturaleza, incluso con ayuda de españoles. Por ejemplo, Juan Benítez fue testigo de Francisco de Arizmendi para probar que era navarro aunque en realidad era francés[43]. Sin embargo, en el plano personal, esta negación del origen era también una forma de humillación. Como apuntaba Mendoça: "no se puede decir más, ni mayor desventura de nuestra nación que hasta serlo decir ser de ella [de Portugal] lo articulen por derecho criminal, y lo que siempre y en todo el mundo ha sido siempre honra y delito y como tal sea deshonra y afrenta"[44]. Otro recurso era emigrar temporalmente a otro territorio donde no se estuvieran realizando el arbitrio, como la Audiencia de Guadalajara, donde se observó cómo muchos extranjeros se habían instalado en ciudades como Zacatecas porque sabían que ahí las comisiones carecían de jurisdicción. De esa forma, el flamenco Simón Luis reclamó al juez de extranjeros que no tenía autoridad para aprehenderlo en Nueva Galicia en 1622[45]. En Perú, por otro lado, reportaron que algunas personas se mudaban temporalmente a otras provincias como Panamá o Cartagena para presentarse ante jueces que no conocían el verdadero monto de sus bienes y de esa manera poder componerse por sumas mucho más modestas[46]. No obstante, para aquellos que no tenían posibilidad de mudarse, la renuncia a una buena parte de su hacienda era prácticamente inevitable.

La pérdida de caudal no era el único inconveniente, otras incomodidades comenzaron a sumarse con el paso de los años cuando las composiciones se hicieron más rutinarias. Por ejemplo, cada vez que se realizaban, los extranjeros debían personarse con las autoridades y para presentar cualquier

---

[43] AGN, Indiferente virreinal, caja 2300, exp. 7.
[44] MENDOZA, 1628, p. 4.
[45] AGI, México, 71, R. 10, N. 133. AGN, Inquisición, vol. 335, exp. 46, f. 209.
[46] AGI, Lima, 570, fs. 244-244v. MENDOÇA, 1628, pp. 4-5.

cédula o licencia que respaldara su condición en las Indias, incluyendo las que se habían obtenido en jornadas anteriores con sus respectivas apostillas. Sin embargo, entre una y otra composición podían pasar años o en el caso de algunos territorios incluso décadas, lo cual significaba que los extranjeros debían procurar resguardar sus documentos en lugares seguros, una tarea que no resultaba del todo fácil tomando en cuenta que la movilidad, el descuido, los accidentes o los desastres naturales podían acabar con las únicas pruebas que los amparaban. Llegó también a suceder que los jueces de comisión retuvieron los originales de las licencias por diferentes razones que obligaban a los propietarios a exigir su devolución o pedir traslados en las sedes de las audiencias[47]. Tener a mano estos papeles era indispensable para que el extranjero pudiera ampararse en caso de que las justicias quisieran actuar en su contra o extorsionarlos, sobre todo en las provincias donde actuaba la Santa Hermandad, aunque en ocasiones ni siquiera la licencia del rey resultaba suficiente a este respecto a juzgar por el crecido número de solicitaciones de amparos hechos a los virreyes para poner fin a las vejaciones a las que eran expuestos los extranjeros en los territorios indianos[48].

Los llamados a composiciones era la ocasión que algunos aprovechaban para solicitar del virrey mercedes, cédulas, habilitación para ejercer oficios militares, licencias para vivir en reales de minas, en los puertos o para obtener cartas de naturaleza de los reinos de Indias en razón de los años que habían vivido en América. Este tipo de naturalezas que otorgaban únicamente los virreyes no necesitaban ser refrendadas en Castilla a menos que el portador tuviera interés en participar en la Carrera de Indias, puesto que el comercio intercontinental estaba permitido aún para los extranjeros compuestos. Sirva como botón de muestra la solicitud del portugués Alonso López, presentada ante el juez de extranjeros después de haber residido más de 15 años en las minas de Pachuca para solicitar un reconocimiento formal de su naturaleza argumentando que "cualquier extranjero con 10 años de residencia adquiere naturaleza", motivo por el cual el virrey conde de Alba y de Aliste no dudó declararlo "natural de estos reinos en virtud de la dicha composición y de las reales cédulas que de

---

[47] AGN, Indiferente Virreinal, caja 5195, exp. 25. AGN, Indiferente Virreinal, caja 3066, exp. 9.
[48] AGN, Tierras, vol, 2961, exp. 122. AGN, Indiferente Virreinal, caja 3066, exp. 9. AGN, Indiferente Virreinal, caja 5598, exp. 114. AGN, Reales Cédulas Originales, vol. 233, exp. 4, ff. 61-68v. AGN, Reales Cédulas Duplicadas, vol. 48, exp. 399, 400 y 401.

esto tratan"⁴⁹. En ese sentido, las composiciones eran sin duda momentos en que se renegociaban los límites de pertenencia en la comunidad política y en los que se podían asegurar, por medio de la obtención de reconocimientos formales, los privilegios ya alcanzados a través de la integración. Al mismo tiempo, las composiciones fueron un mecanismo que contenía un elemento fiscal y punitivo realizado regularmente a lo largo de un siglo con la ayuda obligatoria de las comunidades locales, lo cual funcionó, como hemos visto, como un instrumento de discriminación que influenció de manera decisiva en la transformación de los sistemas de pertenencia comunitaria y en la refinación negativa de los categorización social de la extranjería.

---

[49] AGN, Reales Cédulas Duplicadas, vol. 14, exp. 284, ff. 201-202. Otro ejemplo es Juan del Monte, denunciado por el fiscal a la junta de extranjeros de 1615 tras finalizar un juicio por no tener licencia para pasar a las Indias. Finalmente se le otorgó naturaleza de Indias en razón de sus 18 años de vecindad en el reino. AGI, Contratación, 517, N. 2, R. 1, f. 394. Ver también: AGN, Reales Cédulas Duplicadas, vol. 14, exp. 284, ff. 202-203. AGN, Reales Cédulas Duplicadas, vol. 18, exp. 100, f. 82. AGN, Reales Cédulas Duplicadas, vol. 14, exp. 273, ff. 195-195v.

3.
La categorización de extranjeros en la comunidad espiritual

*Verdad irrefragable, es decir
que hay en el mundo un Estado espiritual no ya vario,
por ser dependiente de alguna variedad de comunidades como es el temporal
no ya derramado por diversas cabezas...
más puramente monárquico, sobre una sola piedra fundado.*[1]

3.1. La comunidad de los fieles en el mundo hispánico

La integración social en el mundo hispánico durante la Edad Moderna estaba limitada a personas que cumplieran la condición fundamental de ser católicas. El culto era entendido como el mayor vínculo de unión entre las personas y como el elemento que mantenía de forma natural el *statu quo*, mientras que la diversidad religiosa, al disolver el consenso, conducía de forma inevitable a la decadencia y a la ingobernabilidad social[2]. Dentro de esta lógica, la defensa de la unidad de la fe se concebía como un deber del rey para mantener la paz y prevenir el ejercicio tiránico del poder que, al menos en teoría, podía justificar su derrocamiento popular[3]. Si bien los límites entre los poderes espirituales y temporales eran difusos, la organización de la sociedad mantenía divisiones claras entre la comunidad de los creyentes y la política. La primera gozaba de una naturaleza

---

[1] BARBOSA HOMEM, 1629.
[2] HERZOG, 2003, pp. 119-140.
[3] Véase: CASEY, 2001, pp. 333-372. FERNÁNDEZ-SANTAMARÍA, 1986, pp. 41-77.

eclesiástica, civil y religiosa y todos los individuos debían pertenecer a ella y participar de los sacramentos como símbolos de conformidad y como marcadores de la transición de los ciclos biológicos y civiles de las personas. La segunda tenía una membresía reservada a una minoría de hombres mayores de edad y libres, diferenciados básicamente según su calidad, estamento y patrimonio, elementos que les daban acceso a distintas corporaciones en las que cumplían obligaciones y disfrutaban de privilegios civiles, políticos y económicos[4]. Como vimos en los capítulos pasados, el incremento de la migración extranjera en los territorios indianos desde mediados del siglo XVI y durante la primera mitad del XVII fue determinante en la redefinición de las categorías jurídicas y sociales dentro de la comunidad política local y, en su conjunto, de los reinos de la monarquía. Un proceso paralelo tuvo lugar en la comunidad religiosa donde se creó una asociación entre herejía y extranjero como elemento discriminatorio y de exclusión social.

Dentro de este sistema, la Inquisición se instituyó como la instancia encargada de socializar los valores de los cristianos viejos para reforzar *desde arriba* sus normas de convivencia y su conciencia de grupo. Estaba habilitada para recoger las denuncias, encausar y dictar sentencia a cualquier persona que resultase sospechosa en materia de fe (herejía y apostasía), lo cual le confería jurisdicción en un terreno de acción prácticamente ilimitado. Gozaba, asimismo, de facultades para apartar a la gente parcialmente del resto de la sociedad para corregir sus desviaciones y dirimir si podía reintegrarse, las condiciones de esa reincorporación o si era necesario su confinamiento o su exterminio. Los protocolos de actuación de la institución, basados en el secreto del proceso, el señalamiento público masivo (castigos corporales, autos de fe, abjuración), los signos externos de exclusión (inhabilidad, sambenito, confiscación de bienes, etc.) y la identificación clara y concisa de las ideas contrarias al catolicismo (edictos de fe, lectura de resúmenes de procesos en autos de fe), estaban encaminados a facilitar la localización, denuncia, aislamiento y estigmatización de los réprobos que atentaban contra la unidad espiritual y política de los buenos cristianos y, por tanto, de la salvación eterna del alma, que era el fin máximo al que una inmensa mayoría de las personas aspiraba, tanto individual como colectivamente en la Edad Moderna.

En este sentido, la Inquisición fue uno de los principales instrumentos institucionales para regular la exclusión o inclusión de las personas en la comunidad temporal y espiritual, ya fuera por métodos coercitivos y

---

[4] BRAMBILLA, 2007, pp. 111-129.

violentos como la *abjuración* de las creencias y la *reconciliación,* o de los que podían nacer de la coacción o del interés voluntario del individuo como la *conversión* (reducción) al catolicismo. En este capítulo veremos como se fue fraguando la asociación entre herejía, protestantismo y la figura del extranjero proveniente del centro y norte de Europa a partir de la actividad inquisitorial, así como los efectos concretos que las acciones ejercidas en este contexto tuvieron sobre los migrantes de la Región del Mar del Norte en el espacio colonial.

3.2. La asociación entre extranjero, herejía y protestantismo en España

Durante sus primeros 45 años, la Inquisición concentró su actuación en la persecución de los conversos del judaísmo y el mahometismo y no fue sino hasta 1525 que incluyó dentro de su catálogo de herejías al luteranismo y el alumbradismo[5]. El movimiento de protesta por la reforma de la Iglesia había iniciado cuando Martín Lutero clavó sus 95 tesis en la puerta de la iglesia de Wittenberg en 1517 en las que se exponía que la salvación se alcanzaba únicamente con la fe y no a través de las obras, una propuesta que tiraba por tierra la validez del sistema sacramental de la Iglesia de Roma y de sus clérigos. Gracias al apoyo del elector Juan Federico I de Sajonia (1463-1525), las ideas de Lutero comenzaron a irradiarse temprana y rápidamente entre la población del electorado y entre otras élites imperiales. En los primeros años de la década de 1520, y a pesar de haber sido excomulgado y declarado hereje por Roma, las propuestas del reformador se esparcieron rápidamente en distintos territorios alemanes, en los Países Bajos, Escandinavia y los países Bálticos[6]. En los Países Bajos los escritos del reformador se tradujeron e imprimieron con gran éxito en la ciudad de Amberes y Leiden atrayendo así a un gran número de seguidores entre el artesanado a la vez que sirvieron como fuente de inspiración para que otros actores formularan sus propias reflexiones religiosas[7]. El gobierno de Bruselas buscó frenar el avance de las ideas de Lutero condenando la lectura de sus libros en la facultad teológica de Lovaina (1519), ordenando su quema (1520) y la creación de la Inquisición episcopal (1545), con lo cual se inauguró un periodo de persecución y castigo ejemplar de todo tipo de disidencia

---

[5] AVILÉS FERNÁNDEZ, 1993b, p. 21. CASSEY, 2001, 337-340. KAHN, 2018, pp. 39-51.
[6] BRECHT, 1995, p. 137.
[7] Un ejemplo es Cornelis Hoen: WOLTEJER Y MOUT, 1994, p. 388.

religiosa sin que por ello se lograra eliminarlas. Por el contrario, desde entonces el movimiento se unificó acogiendo a múltiples corrientes confesionales[8]. De forma paralela, las discusiones de los reformadores en torno a la Confesión de Augsburgo dieron origen al "ala izquierda" o "radical" de la reforma, un movimiento que derivó en las iglesias espiritualistas y baptistas en el sur de Alemania y el norte de los Países Bajos[9] que fueron rechazadas por católicos y luteranos así como por los seguidores de Ulrico Zwinglio en Suiza[10].

La peligrosidad del avance de la Reforma en Europa no se ceñía únicamente a la afrenta abierta hacia la Iglesia católica y al potencial cisma del cristianismo, sino que incluía la inminente trasformación del orden social vigente debido a que afectaba las relaciones de poder en la sociedad, especialmente las existentes entre las casas reinantes y la nobleza[11]. Para evitar la propagación de estas ideas en España, el papa formalizó la persecución del luteranismo en 1530 y se inició la impresión regular de *edictos de fe* que enumeraban de forma sintética y simple las propuestas del reformador que debían ser aborrecidas y denunciadas junto a las del judaísmo y el mahometismo por la sociedad[12]. Las medidas tomadas durante esta etapa por la Inquisición fueron puramente preventivas y se centraron en atajar las principales vías de difusión de las ideas reformadas que eran la importación de libros y la vigilancia de órdenes religiosas donde habían surgido las ideas heterodoxas en otros puntos de Europa[13].

Hacia 1535, la actuación inquisitorial se centró principalmente en la vigilancia de los extranjeros y en la definición de lineamientos de actuación hacia estos grupos contra quienes se realizaban cada vez más denuncias, especialmente contra mercaderes y marineros ingleses que defendían la "ley de Inglaterra" tras la declaración del Acta de Supremacía en 1534. A pesar de que se temía que las acciones que se tomaran contra los foráneos pudieran tener repercusiones negativas en la política internacional o que las comunidades mercantiles castellanas en Inglaterra pudieran sufrir represalias, el tribunal optó por castigar a cualquier extranjero que tuviera en su poder libros prohibidos, que causara escándalo público por asuntos relacionados con la fe o expresaran su apoyo a los príncipes reformados. Finalmente, se añadió en los *edictos de fe* los "errores de Inglaterra" junto a

---

[8] *Ibídem*, p. 389. BERGSMA, 1994, p. 70.
[9] WOLTEJER Y MOUT, 1994, p. 267.
[10] STAYER, 1994, pp. 249-284.
[11] SKINNER, 1978, pp. 197-206.
[12] GONZÁLEZ NOVALÍN, 2000, p. 644. THOMAS, 2001a, pp. 103-110.
[13] THOMAS, 2001a, pp. 157-172. CONTRERAS, 2000e, pp. 614-620.

los de Lutero[14]. El aumento de la migración y los intercambios mercantiles en los puertos peninsulares desbordó al aparato inquisitorial durante las décadas posteriores en las que se vivía de rápido avance del protestantismo en Europa[15]. Esta situación generó un renovado nerviosismo que se reflejó en una mayor severidad de las penas impuestas, en un giro hacia la ortodoxia y el conservadurismo religioso sobre todo tras alcanzarse los acuerdos del segundo periodo del Concilio de Trento (1546) que marcaron la ruptura institucional definitiva del cristianismo europeo al definir las diferencias claves entre el protestantismo y el catolicismo[16].

No obstante, el hecho que finalmente repercutió de manera decisiva en la política de la Corona española hacia las comunidades de extranjeros en sus territorios fue el descubrimiento de dos nutridos cenáculos de heterodoxos en Valladolid y Sevilla (1550-1559). Lo paradigmático de estos casos era que sus miembros no eran foráneos, sino que formaban parte de la alta jerarquía eclesiástica; tenían gran influencia y cercanía con el poder y habían gozado de una relativa libertad para difundir sus opiniones públicamente por algún tiempo antes de que la Inquisición reaccionara ante las denuncias interpuestas en su contra. En los ojos de las autoridades, España parecía haber sido contagiada del mismo mal que había traído el caos a los reinos vecinos y que debía ser eliminado rápida y certeramente para prevenir padecer su misma suerte[17]. Este giro facilitó que en el contexto de reestructuración general de la monarquía puesta en marcha por Felipe II en 1556, el Inquisidor general Fernando de Valdés contara con todo el apoyo necesario para dotar a la institución de las herramientas necesarias para mejorar su funcionamiento para defender la unidad religiosa de la monarquía y, particularmente, para detectar cualquier brote de heterodoxia en el interior peninsular e interceptar la entrada de las que llegaban desde el exterior[18]. Valdés, quien ya trabajaba en la elaboración de *índices de libros* para facilitar su expoliación o completa censura antes de que pudieran circular en los reinos de la monarquía, actualizó los lineamientos o *Instrucciones* procesales de la Inquisición, unificó la plantilla de funcionarios, amplió su número; y los dotó con una red de comisarios y familiares para representarlos; y asistir en sus tareas de vigilancia, recepción de denuncias y aprehensión de imputados.

---

[14] THOMAS, 2001a, pp. 189-197.
[15] CONTRERAS, 2000e, p. 615. BRECHT, 2000, pp. 149-153. VILLACAÑAS, 2018, pp. 17-37.
[16] *Ibídem*, pp. 197-209.
[17] KAMEN, 1997, p. 85-103.
[18] GONZÁLEZ NOVALÍN, 2000, pp. 613-648.

Asimismo, Valdés organizó el sistema de *visitas a los navíos* en los puertos para indagar sobre el comportamiento religioso de las marinerías y dificultar la entrada de impresos prohibidos[19].

3.3. Inquisición episcopal y protestantismo en Nueva España, 1519-1570

Al igual que en la Península, durante las primeras décadas del siglo XVI, la penetración del protestantismo en América no fue una verdadera preocupación para la Corona. En Indias, la jurisdicción inquisitorial fue otorgada por los reyes católicos a los obispos en 1493, pero no fue sino hasta 1517 cuando el cardenal Cisneros echó a andar la maquinaria para perseguir a los conversos y vigilar la conducta religiosa y moral de la población cristiano vieja en los territorios americanos[20]. Estas facultades habían sido otorgadas en principio a los prelados de Santo Domingo y Panamá, así como a sus respectivos vicarios, pero sus competencias quedaban constantemente inhabilitadas ante los progresivos cambios de los límites geográficos causados por el rápido avance de la conquista de territorios continentales. Por esta razón, en 1522 el papa Adriano VI otorgó facultades a los provinciales y priores monásticos[21] para que ejercieran funciones inquisitoriales en las provincias que se fueran anexando y en donde no existiera autoridad episcopal, como sucedió en México tras la caída de Tenochtitlán en 1521. Los frailes gozaron de este privilegio aún después de la jura pública de la *Pragmática de los herejes*, hecha por el virrey Mendoza en 1530, por la cual se reafirmaba la pertenencia de todos los habitantes de Nueva España a la Iglesia católica y su deber de coadyuvar en la denuncia y persecución de los herejes junto al primer obispo e inquisidor de México, fray Juan de Zumárraga[22].

En términos estrictos, la labor inquisitorial episcopal no se inició de lleno sino hasta mediados de 1536, una vez que Zumárraga regresó de su

---

[19] PINTO CRESPO, 2000, pp. 648-661. THOMAS, 2001a, p. 234.
[20] HUERGA, 1993a, pp. 662-703. ESCANDELL BONET, 2000, pp. 81-102.
[21] TORIBIO MEDINA, 1998, pp. 9-14.
[22] AGI, México, 1530. Richard Greenleaf sostiene que la *Pragmática contra los herejes* y las instrucciones fueron hechas por el virrey Antonio de Mendoza como representante del Real Patronato Indiano a Zumárraga a su llegada a Nueva España, aunque todo indica que es una jura pública: AGN, Inquisición, vol. 30, exp. 1, ff. 4-4v. Por otro lado, las instrucciones que prosiguen a este juramento fueron escritas en respuesta a una petición del notario del secreto y en ellas no aparece el nombre del virrey. La forma de conducir estos procesos era bien conocida por el obispo que había trabajado en el País Vasco durante el periodo del inquisidor general Alonso de Manrique. Véase: GREENLEAF, 1961, p. 21 y nota 94.

viaje a España para ser consagrado y que pudo establecer una sede para el tribunal y la cárcel perpetua en el palacio episcopal[23]. Con toda seguridad, el prelado inauguró su oficio siguiendo los pasos del protocolo ordenado para estos casos, con la lectura del *edicto de fe* en todas las parroquias de la diócesis según el publicado en España a partir de 1535 –con la cláusula ya incluida sobre la condena al luteranismo–, la apertura del *tiempo de gracia* y la lectura de la carta de anatema que repetía el contenido del *edicto de fe* y, por el cual se ordenaba a la población la denuncia dentro de los 3 días siguientes de todos los delitos personales o ajenos de que se tuviera noticia so pena de excomunión[24]. De este hecho se explica que ese mismo año se presentara la denuncia contra Juan Alemán, la única persona juzgada por luteranismo durante todo el periodo de Zumárraga[25].

En los años siguientes, se abrieron al menos 4 causas contra 3 extranjeros y un español nacido en la frontera con Portugal por expresar opiniones anticlericales, como el rechazo a las indulgencias o la crítica del celibato sacerdotal[26]. Los veredictos y castigos de todos esos procesos fueron mesurados, una tendencia que también ha sido identificada en el periodo del inquisidor general Alonso de Manrique y que respondía a la inclinación erasmista y cisneriana que compartía una buena parte de la plantilla inquisitorial y de los frailes misioneros que se establecieron en México, como Zumárraga[27]. A ello, también podría añadirse el hecho de que en la época se carecía de una definición precisa de lo que era tipificado como herejía[28]. En ese sentido, González Novalín ha destacado que hasta la aparición de las instrucciones valdesianas de 1561, los inquisidores pocas veces juzgaban los delitos como herejía debido a la relación que hasta entonces se seguía haciendo del término con las prácticas del judaísmo y el mahometismo del que quedaban excluidos el resto de los "sospechosos en asuntos de fe" que, en consecuencia, solían recibir sentencias más discretas. Efectivamente, a pesar de que en la portada de los procesos se escribió "luteranismo" en las sentencias, que era finalmente la parte que se hacía pública del proceso, 3 de los 4 casos que conocemos se

---

[23] *Ibídem*, p. 13.
[24] La "solemne procesión" que se celebró el 6 de junio de 1536 podría haber formado parte de este protocolo. Ídem.
[25] AGN, Inquisición, vol. 2, exp. 1, México, 1536. GREENLEAF, *Ibídem*, 71-82. BAEZ CAMARGO, 1961, pp. 46-48.
[26] AGN, Inquisición, vol. 30, exp. 1. AGN, Inquisición, vol. 30, exp. 3, ff. 26-49. AGN, Inquisición, vol. 125, exp. 6. AGN, Inquisición, vol. 14, exp. 29. AGN, Inquisición, vol. 2, exp. 11. AGN, Inquisición, vol. 2, exp. 1.
[27] GREENLEAF, 1961, pp. 33-40. AVILÉS FERNÁNDEZ, 1993a, pp. 448-474.
[28] Ídem. BATAILLON, 1995, p. 816.

calificaron como proposiciones heréticas leves. Si bien durante el proceso se llegó a inquirir sobre los conocimientos de los acusados con las ideas protestantes resulta difícil concluir a partir de estos documentos que existiera una "diseminación de las ideas luteranas" en el virreinato, como apuntó Greenleaf[29].

Una situación similar se presentó durante el periodo de Francisco Tello de Sandoval, sustituto de Zumárraga desde 1544. Designado en un momento de crisis política, consecuencia de la reciente imposición de las *Leyes Nuevas* (1542), el nuevo visitador e inquisidor del recién delimitado distrito de México mantenía el cargo únicamente de forma honoraria y sus poderes se limitaban a recibir denuncias o realizar aprehensiones en casos de extrema gravedad. Los procesos, no obstante, debían ser enviados a la Inquisición de Sevilla para ser estudiados y dictar sentencia[30]. Greenleaf identificó 2 casos durante el periodo de Tello que "lindaban en la herejía" protestante, conexión que no se expresa de forma explícita en las informaciones recopiladas por Sandoval, las cuales, en cambio, contienen elementos que apuntar a ser producto de denuncias por ajustes de cuentas, especialmente las realizadas contra los franciscanos del pueblo de Zapotlán por negarse a predicar para que los indios compraran la bula de la Santa Cruzada ya que, se afirmaba, las consideraban "una burla"[31]. Al parecer, estas expresiones, más que estar motivadas por las ideas reformistas sobre las indulgencias, reflejaban más bien las inclinaciones erasmistas que los mendicantes tenían como ideal de catequesis en base a los elementos más básicos del dogma y la moral cristianas[32].

En 1555, se celebró el primer Concilio Mexicano, reunión en la que se aprobó un cuerpo de normas legales a modo de las que ya eran vigentes en España para dotar al virreinato de uniformidad en la administración de los sacramentos y ganar un mayor control sobre feligreses y ministros en concordancia con los acuerdos alcanzados en la segunda sesión del Concilio de Trento (1552) y con las reformas valdesianas puestas ya en marcha en la Península. Una parte importante del Concilio se dedicó al problema que más preocupaba a la jerarquía eclesiástica en México, a

---

[29] A partir de las penas impuestas suponemos que las proposiciones heréticas y las blasfemias hereticales fueron leves. Véase: AGUILERA BARCHET, 1993, pp. 485-546. Para una opinión distinta sobre la penetración del protestantismo en Nueva España véase: GREENLEAF, 1961, p. 82-86.

[30] HUERGA, 1993a, pp. 688-690. ESCANDELL BONET, 2000, p. 93. GREENLEAF, 1995, pp. 85-92.

[31] *Ibídem,* pp. 94-96. AGN, Inquisición, vol. 14, exp. 37bis.

[32] MAYER, 2008, p. 49.

saber, la lucha por la extirpación de la idolatría y a determinar medidas cautelares para controlar todo tipo de expresión artística o literaria que pudiera conducir a pensamientos heréticos o poner en riesgo los avances logrados hasta entonces en la evangelización de los indígenas[33]. En este contexto, la labor inquisitorial en todos los obispados de la arquidiócesis se incrementó notoriamente para castigar, evidenciar y erradicar cualquier signo de herejía o apostasía y sobre todo en casos de blasfemia, proposiciones heréticas, temerarias, malsonantes, de hechicería, solicitación y simple fornicación, dentro de las cuales las causas de protestantismo fueron 20 de un conjunto de poco más de 300. De ellas, cabe destacar, 15 fueron resultado de la aprehensión de la tripulación de las flotas del capitán francés Martín Cote en Honduras y Yucatán, mientras que los 5 restantes se repartieron 3 en México, 1 en Guatemala y 1 en Guadalajara. Estamos pues, ante el uso del Santo Oficio como herramienta para coadyuvar en el proyecto coordinado para disciplinar y re-adoctrinar al pueblo y el clero según las pautas indicadas por el primer Concilio en toda la provincia eclesiástica, y especialmente en aquellas jurisdicciones donde la llegada de nuevos obispos permitía la puesta en marcha de las reformas acordadas (gráfica 1). Este fue el caso del aumento en la actividad procesal en Oaxaca a partir del nombramiento de Bernardo de Albuquerque (1555), Francisco de Toral en Yucatán (1561) o Pedro de Ayala en Guadalajara (1561) o incluso en Michoacán, donde se asignaron dos provisores, Gerónimo Rodríguez y el licenciado Juan Márquez, para realizar la labor inquisitorial[34].

En México, Montúfar no atendió personalmente como inquisidor durante su periodo, sino que delegó esta función, al igual que todos los demás asuntos que tuvieran que ver con aspectos judiciales en la Audiencia eclesiástica, a los llamados provisores de españoles[35]. Desde su llegada a Nueva España y hasta su muerte, 6 personas ocuparon esta dignidad: Mateo Arévalo Sedeño (1554), el doctor Alonso Bravo Lagunas (1555-1556), el doctor Juan de Rivas (1556-1558), el doctor Luis de Anguís (1558-1562), el doctor Ruy de Barbosa (1562-1568) y el doctor Esteban Portillo (1568-1572). Fue, sin embargo, a partir de la finalización del Primer Concilio (1555), y especialmente tras el nombramiento del doctor Anguís, que la actividad procesal se intensificó y posteriormente

---

[33] LUNDBERG, 2002, pp. 81-93.
[34] Para el caso de Michoacán: NASVIG, 2004, pp. 9-38. Un repunte se aprecia al nombrarse al licenciado Mendiola en Guadalajara en 1570.
[35] Montúfar nombró paralelamente a provisores de naturales. Véase: LUNDBERG, 2002, pp. 101-102.

se mantuvo con cierta continuidad con una clara tendencia a la baja en la arquidiócesis de México. Una parte fundamental de ese aumento se debió a la realización de procesiones y sermones dedicados a pedir por el regreso a la cristiandad de los infieles en Europa[36]. A ella se unieron las visitas de distrito periódicas que realizó Anguís en las que probablemente se llevó a cabo la lectura de los edictos generales de fe que servían como recordatorio de los comportamientos e ideas condenados por la Iglesia y vigorizaba las denuncias en razón de la obligatoriedad que pendía sobre todo individuo para limpiar su conciencia[37]. Por último, la pericia del doctor Anguís como canonista debió haber jugado un papel importante al momento de las imputaciones y del seguimiento de las causas que puede apreciarse en, por ejemplo, la práctica cuidadosa que hace del procedimiento inquisitorial a partir de las instrucciones de Valdés, publicadas unos años más tarde en 1561.

Gráfica 1. Actividad Procesal Inquisitorial en el Arzobispado de México, 1555-1570

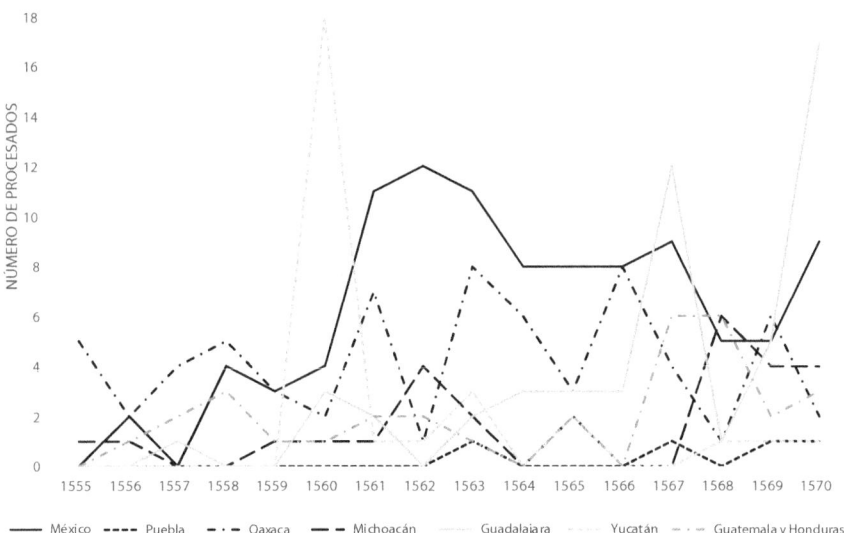

Fuente: AGN, Inquisición, vols: 1-11, 15-29, 31-36, 18-49, 68, 71-73, 91, 109-111, 114, 115, 117, 118, 143, 175, 187, 216, 251 A, 277, 391, 601 y 1547.

[36] CONWAY, 1927, p. xxxvii.
[37] Anguís figura como "juez visitador" en un proceso de Taxco junto a su antecesor Alonso Bravo Lagunas en 1561. Un año más tarde, se le encomiendan a Garci Sánchez quien recoge denuncias en las minas de Real del Monte. AGN, Inquisición, vol., 29, exp. 13. AGN, Inquisición, vol. 3, exp., 7. Sobre las visitas de distrito véase: LEA, 1906, vol. 2, p. 256.

La fiscalidad como instrumento de categorización social

Es justamente en este momento de reestructuración de la Iglesia novohispana que la crisis de los cenáculos protestantes de Valladolid y Sevilla alcanzan su punto más alto y, que debido al clima de crisis, la Corona realizó un llamado a las autoridades indianas en 1559 para que multiplicaran los esfuerzos de vigilancia en las fronteras y se mantuvieran en alerta para localizar posibles casos de difusión de ideas heterodoxas como la que se había introducido en la Península y de la que todavía se desconocía cuál era su real magnitud y alcance:

> ... *en estos reinos* ha habido algunos que han tenido opinión y herejía de Lutero... y como podría ser que la maldad es tan grande, y el demonio tan sutil para sembrar en la cristiandad herejías, *hayan pasado o pasen a esas partes algunos luteranos y otros de castas de moros y judíos, que quieran vivir en su ley y en sus ceremonias.* Y conviene que en donde se planta ahora nuestra santa fe católica, haya gran vigilancia para que ninguna herejía se siembre y que, si alguna *se hallare, se extirpe y deshaga y se castigue con rigor*...[38]

Un año antes, en 1558, se habían iniciado las averiguaciones contra el genovés Agustín Boacio en las minas de Zacatecas y casi paralelamente a la fecha de redacción de la cédula citada dio inició el conocido proceso contra el inglés Robert Thomson en México[39]. Paralelamente, parte de las tripulaciones de 2 de los 5 barcos de la flota del capitán francés Martín Cote fueron hechos prisioneros en Trujillo (4) y en Mérida (12). 15 de ellos fueron, al parecer, reconciliados en autillos, mientras que uno, el capitán Jacques de Brière, fue exhibido en un auto singular en Honduras y ejecutado en 1561. Aparentemente, a los corsarios franceses se les permitió permanecer en Centroamérica, mientras que a los prisioneros juzgados en México se les envió a la Inquisición de Sevilla después de ser reconciliados en 1560 en el primer *auto singular* celebrado desde la llegada de Montúfar a México[40]. En esas fechas, Felipe II envió una carta a Anguís para solicitar su opinión sobre los espinosos conflictos entre clero secular y regular y, debido al papel que desempeñaba como inquisidor en representación de Montúfar,

---

[38] ENCINAS, 1945, p. 445.
[39] Las denuncias contra Boacio se hacen en 1558: AGN, Inquisición, vol. 31, exp. 3. Las denuncias contra Thomson se hacen el 9 de septiembre de 1559: AGN, Inquisición, vol. 32, exp. 8. CONWAY, 1927, p. 25. GREENLEAF, 1995, pp. 96-103.
[40] RUIZ MARTÍNEZ, 2014, pp. 163-177.

le encomendaba que tuviera "muy en cuenta en castigar las herejías que en esta tierra hubiere"[41].

En base a esta serie de hechos, Mariano Cuevas argumentó que Anguís, por órdenes expresas del Consejo de Indias, habría orquestado una *campaña anti-luterana* y que ésta habría sido secundada en todo el virreinato[42]. Sin embargo, esta hipótesis no se sostiene por varias razones. La primera es que los procesos de luteranos seguidos por Anguís se iniciaron antes de recibir las "ordenes expresas" del Consejo de Indias. Si la empresa realmente hubiera existido, sus resultados –como ha expresado Alicia Mayer–, habrían sido pobres a juzgar por las pocas denuncias y procesos que se realizaron[43]. Por el contrario, todo indica que en México la cuestión protestante no parecía preocupar mucho a la jerarquía eclesiástica según confirmaba Montúfar en una carta dirigida al monarca en 1561: "en lo que toca a la pestilencia luterana esta tierra está buena, hasta ahora muy poco se ha sentido de ella, y eso poco que ha habido, con el favor de Nuestro Señor, luego se ha puesto remedio en atajarlo"[44].

Asimismo, la respuesta del propio Anguís a Felipe II descarta la posibilidad de que una *campaña* pudiera realizarse en la provincia debido a los graves problemas de coordinación entre los distintos obispados y aún dentro de los límites de cada una de estas demarcaciones en donde convivía la autoridad inquisitorial de los prelados con la de los mendicantes gracias a las competencias que les confería la bula *Exponi Nobis* (1522)[45]. En opinión de Anguís, los regulares desconocían los derechos de los acusados y el orden que debía seguir el proceso inquisitorial, de manera que había confusión sobre la validez que tenían las imputaciones y sobre el resultado final de las causas, a menos que éstas derivaran en apelación o en escándalo público, como había sucedido en esas fechas con los famosos casos de idolatría en Teiticpac en Oaxaca. Uno de los aspectos más graves era que los delitos que cometían los frailes quedaban casi siempre impunes porque todos los miembros de las comunidades se solapaban y defendían argumentando que ellos mismos podían juzgar las faltas por los poderes que les otorgaba la bula. Por ello y por los constantes conflictos entre regulares y seculares, se explica que tanto Anguís como sus sucesores

---

[41] «Carta del doctor Luis de Anguis a Felipe II. México, 20 de febrero de 1561» en: CUEVAS, 1975, p. 250.
[42] CUEVAS, 1946, p. 278.
[43] MAYER, 2008, p. 50.
[44] BAEZ CAMARGO, 1961, p. 161.
[45] «Carta del doctor Luis de Anguis a Felipe II. México, 20 de febrero de 1561» en: CUEVAS, 1975, pp. 250-267.

buscaran imponer la autoridad jurisdiccional del Santo Oficio para juzgar los delitos de fe cometidos por mendicantes, sobre todo aquellos que involucraban la difusión de ideas presuntamente escandalosas o sospechosas en sermones y doctrinas usadas en la evangelización de los indios.

En este sentido, más que orquestar una campaña *anti-luterana*, Montúfar usó los elementos a su disposición para buscar prevenir la entrada, germinación y desarrollo de cualquier heterodoxia en el virreinato, especialmente entre la población de españoles que era la más propensa a tener contacto con ideas y escritos contrarios a la fe y "contaminarse", como había ocurrido en España. El arzobispo, que cumplió sus funciones en un momento de transición de la monarquía hacia la radicalización confesional, puso especial énfasis en la purga y censura de libros, prohibió la publicación de textos que no contaran con su licencia e inició la visita de navíos y de las parroquias de su jurisdicción[46]. Los *autos* y *autillos* realizados en varios puntos de la geografía virreinal a partir de 1560, fueron usados como herramientas fundamentales para transmitir a la población cristiano vieja el mensaje de estigmatización de los nuevos herejes y réprobos de la Iglesia. Algunas denuncias dan cuenta de los efectos tempranos de este trabajo, como la presentada ante fray Andrés de Olmos por Cristóbal de Frías, vecino de la villa de San Luis de Tampico contra su cuñado Diego Ramírez en 1566, porque le parecía sospechoso que leyera un libro "para sí, entre dientes, esto en su casa como en la cama y fuera de ella, de lo que murmuraban los criados de su casa". En una declaración posterior, Frías dio a conocer que el nombre del libro en cuestión era la *Summa Navarra* y que él únicamente se había presentado ante la autoridad "queriéndose satisfacer si había alguna enfermedad en el negocio", con lo cual se cerró la indagación[47]. Si bien este tipo de ejemplos muestran el comienzo de una sensibilización sobre el tema protestante aún en regiones alejadas de la capital, la labor iniciada por Montúfar tardó todavía algunas décadas en dar sus frutos entre el grueso de la sociedad.

En su conocido libro sobre *La Inquisición en Nueva España*, Greenleaf sugirió que durante este periodo la palabra extranjero se habría convertido en sinónimo de protestante y que aún los que eran católicos "generalmente resultaban sospechosos"[48]. Si bien Lutero no era un personaje desconocido entre los españoles en ninguno de los territorios de la monarquía, la asimilación entre sus propuestas y la población extranjera, así, en plural, se encontraba lejos de "haberse convertido en sinónimo" para estas fechas.

---

[46] GONZÁLEZ OBREGÓN, 1914, pp. 1-80. LUNDBERG, 2002, pp. 96-109.
[47] BAUDOT, 1992, pp. 223-232.
[48] GREENLEAF, 1995, p. 93.

Ciertamente un mayor número de europeos no españoles fueron denunciados por múltiples delitos durante el periodo de Montúfar que en el de su predecesor, pero estas delaciones corresponden a un incremento general de la actividad inquisitorial. Asimismo, en las denuncias por blasfemia, palabras malsonantes o heréticas –a las cuales eran muy propensos los extranjeros de ser acusados por el manejo limitado del castellano como segunda lengua y del desconocimiento de las costumbres locales– no se mencionó al reformador, ni tampoco en las imputaciones, o de lo contrario la cantidad de procesos por este delito sería mucho más elevada de lo que hasta hoy se tiene documentado.

Un aspecto importante que sí se desprende del aumento de procesos inquisitoriales contra extranjeros en el contexto de una mayor actividad procesal que ya hemos mencionado y visto a la luz de los datos obtenidos en otras fuentes documentales, es el incremento en la migración de europeos no españoles al virreinato. Lo anterior es evidente particularmente en el caso de los portugueses, de un grupo creciente de ingleses y escoceses que encontraron los medios óptimos para trasladarse a las Indias en el entorno del acercamiento entre ambas naciones que surgió durante el matrimonio de Felipe II con María Tudor (1554-1558) y de alemanes, flamencos, genoveses, saboyanos, venecianos y griegos, flujo éste último que se desprende de las relaciones que la república *Serenísima* tenía con Chipre. Este marcado incremento se corresponde con el fluido intercambio político y mercantil de estas naciones en los reinos españoles y con su lógica proyección a los territorios americanos.

Asimismo, una buena parte de los procesos se abrieron contra piratas y corsarios franceses e ingleses, cuya presencia en el Atlántico y el Caribe era cada vez más frecuente desde mediados del s. XVI. A pesar de los ataques cometidos por estas tripulaciones y de su clara posición en contra de la monarquía española y su política comercial monopólica, la reacción de la sociedad hacia ellos no fue uniforme en este periodo. La tripulación de los llamados "desembarcados" de Hawkins en las costas de Pánuco tras la batalla de San Juan de Ulúa en 1568, fue tratada vilmente por las autoridades y llamada "perros luteranos, enemigos de Dios", pero la población tanto de la pequeña villa de Meztitlán, como de la ciudad de México la atendieron bien y dieron regalos, ropa y comida, según se desprende de sus propios testimonios[49]. Estas muestras de misericordia, que en teoría debían ser practicada por todo buen cristiano, comenzaron a ser rechazadas a partir de esta época si se mostraba con los prisioneros

---

[49] ITA RUBIO DE, 2001, pp. 164-165.

extranjeros. Sebastián de Peña Redondo, por ejemplo, fue denunciado y procesado por los frailes franciscanos de la provincia de Yucatán en 1560 por haberse compadecido de la suerte que iban a correr los prisioneros del barco del capitán francés Pierre Bruxel que habían sido capturados en Sisal[50].

Es innegable que en el mundo hispánico de mediados del siglo XVI los franceses, escandinavos, neerlandeses, ingleses, y particularmente los alemanes corrieron el riesgo de ser asociados con el luteranismo por ser originarios de los países donde surgieron distintas corrientes de la reforma protestante. Alicia Mayer recopiló múltiples ejemplos sobre la imagen y conciencia que se creó sobre Lutero en el discurso novohispano y que quedaron plasmados en escritos producidos en ambos lados del Atlántico con distintos fines. Uno de ellos es el de Francisco López de Gómara, que hacia 1540 opinaba que Alemania era la antítesis de España, "pues era la nación que antes había florecido en letras y en cristiandad, más lo había perdido todo con las herejías de Lutero". Diez años más tarde, Gonzalo Fernández de Oviedo constataba que "para todo mundo es público su error [el de Alemania] y falta de cristiandad, e que la devoción sea ya perdida entre ellos". Esta generalización fue posteriormente secundada durante las discusiones del Concilio de Trento por el jesuita Alfonso Salmerón para quien Lutero era ya retratado como la "calamidad del norte"[51].

En Indias, la conexión entre protestantismo y el norte de Europa se utilizó desde muy temprano para desacreditar a los vasallos imperiales de Carlos V que recibieron generosas mercedes y cargos políticos en los territorios anexados hasta mediados de 1530. La gran mayoría de estas prerrogativas nunca llegaron a materializarse, pero la competencia y disputa por el poder y las oportunidades de obtener derechos de explotación sobre las personas y los recursos del continente era tan estrecha durante los primeros años de la conquista, que cualquier elemento nuevo favorecía la generación de conflictos de interés entre las partes involucradas. El mejor ejemplo de ello es el uso que se dio a la primera acusación de luteranismo que se conoce en América, hecha contra Maese Juan, un flamenco que formaba parte de la expedición del gobernador Ambrosio Alfinger y de Enrique Eynguer, representantes de los Welser en Venezuela para cumplir la capitulación que les concedió Carlos V en 1528[52]. Desde su llegada a las colonias en 1529, los alemanes

---

[50] AGN, Inquisición, vol. 32, exp. 6.
[51] MAYER, 2008, pp. 34, 38 y112.
[52] HUERGA, 1993a, pp. 679-680. ESCANDELL BONET, 2000, pp. 85-88.

se encontraron con la resistencia de los españoles asentados previamente en Santa Marta e iniciaron con ellos una carrera por ganar los territorios que colindaban entre ambas jurisdicciones[53]. Dentro de este contexto y debido a la aparición del caso de Maese Juan comenzaron a expresarse dudas sobre las verdaderas inclinaciones religiosas de todos los soldados de origen alemán en Venezuela. El gobernador de Santa Marta, Rodrigo de Bastidas, no tardó en dar cuenta de todo lo ocurrido al emperador y sugirió que no permitiera en el futuro el paso de alemanes a las Indias porque se sabía que los hombres de Alfinger tenían "opiniones del hereje Martín Eleuterio". Una carta enviada por Bartolomé de las Casas a un miembro de la corte en 1535 en la que aseguraba que "aún también *se dice* por acá que los alemanes… son *todos herejes* y partidarios por aquella fiera de Lutero"[54] abre la posibilidad a pensar que la asociación entre protestantismo y los alemanes era una opinión extendida en las Indias o, a que el fraile utilizó este recurso estratégicamente para mostrar la necesidad de prestar más atención en la política migratoria de la Corona. Sea lo que fuere, lo cierto es que ese mismo año, en el contexto de un interés cada vez más centrado en la prevención de la entrada de cualquier heterodoxia en los territorios de la monarquía y del reforzamiento del poder regio en la llamada "españolización" del rey, se ordenó prohibir el paso de extranjeros a las Indias que se despacharon ese mismo año[55].

En su *Brevísima relación sobre la destrucción de las Indias*, Las Casas utilizó nuevamente estos rumores para enfatizar las crueldades cometidas por los alemanes en el capítulo que dedicó a la conquista de Venezuela. Entre todos los tiranos que hasta entonces habían pisado los territorios americanos –escribía– los teutones eran los que más daño habían hecho "e más irracional e furiosamente que cruelísimos tigres y que rabiosos lobos y leones". Alfinger no era únicamente el peor de todos los asesinos y ladrones de los bienes temporales del rey, sino "también, *a lo que creemos*, hereje, porque ni oía misa ni la dejaba de oír a muchos con otros *indicios* de luterano que se le conocieron"[56]. No es nuestra intención juzgar aquí las crueldades e injusticias que sin duda fueron cometidas contra los pueblos indígenas por todos los conquistadores europeos. Lo que nos interesa es resaltar cómo los actos de estos soldados crearon una imagen negativa que pudo ser fácilmente relacionada con su etnicidad y con el protestantismo. Esta asociación utilizada por Las Casas fue fundamental,

---

[53] THOMAS, 2011.
[54] Citado por: MAYER, 2008, p. 159.
[55] ESCANDELL BONET, 2000, pp. 85-88.
[56] CASAS DE LAS, 2006, pp. 63-67.

junto a los trabajos de López de Gómara y Bernardino de Sahagún para forjar los antecedentes conceptuales de la retórica creada con la finalidad de presentar a Lutero "como sinónimo de caracteres negativos" para impactar "a los receptores del mensaje con el fin de persuadirlos para rechazar vicios y defectos que encarnaban la figura arquetípica del fraile alemán"[57]. De hecho, al igual que varios de sus contemporáneos, Montúfar echó mano de este tipo de asociaciones para retratar en sus misivas dirigidas al rey la personalidad maliciosa de uno de sus principales enemigos del Capítulo Catedralicio, el deán Chico de Molina[58].

A pesar de la existencia de esta retórica en textos de la élite eclesiástica y política, no creemos que estas opiniones puedan generalizarse al resto de la población. Los testimonios existentes de la convivencia diaria entre extranjeros y españoles en América no dan cuenta de una reacción de sospecha unísona, sino de expresiones diversas que confirman, precisamente, que nos encontramos en un periodo de transición. Robert Thomson, reconciliado junto a Agustín Boacio en el auto de fe de 1560, da cuenta de ello en el relato que escribió años después del suceso en la tranquilidad de su natal Inglaterra. El joven mercader llegó a Veracruz tras sobrevivir a un naufragio que se llevó consigo todo su capital y mercancías. Tanto él como sus compañeros de viaje fueron recibidos en el puerto con gran calidez e incluso se les dotó de ropa y dinero para continuar su trayecto a la capital. Fue ahí donde Tomson encontró acomodo al servicio de Gonzalo de Cerezo, uno de los hombres de mayor caudal e influencia del reino. No fue sino seis meses más tarde que el inglés cometió el error de cuestionar frente a toda la casa de su patrón la validez de la intercesión de los santos y mantuvo su opinión a pesar de que varias veces se le corrigió fraternalmente y se le explicó que sus ideas eran "luteranas"[59]. La discusión se dio tan sólo unos meses después de la aprobación del *Acta de Uniformidad* (1558) y del de *Supremacía* (1559) destinadas a lograr la uniformidad religiosa de la Iglesia anglicana en Inglaterra, y es probable que el nuevo clima político en la isla fuera el verdadero trasfondo que provocara a las partes involucradas. Más significativo aún sobre la carencia de una asociación directa entre protestantismo y extranjería es que los testigos españoles en el proceso de Thomson declararon que fue otro extranjero, un hombre llamado Jorge Veneciano conocido del inglés desde hacía varios años, quien se encargó de difundir el rumor de que "all the countrymen of the said Tomson were Lutherans". Igualmente,

---

[57] MAYER, 2008, pp. 111-121.
[58] LUNDBERG, 2002, p. 186.
[59] CONWAY, 1926, p. xxxvi.

Robert Thomson describió en su recuento del *auto de fe* de 1560 que la población ahí congregada en realidad no tenía mucha idea de lo que era el luteranismo "for they never heard of any such thing before", sino que fue en el transcurso del acto, al leerse el sermón inaugural y sus condenas, cuando realmente se les transmitió el mensaje estigmatizador contra los penitenciados: "The common people before they sawe the penitents come into the Church, were given to understand that wee were *heretiques, infidels*, and people that *did despise God*, and *his workes*, and that wee had bene *more like devils then men*, and thought *wee had had the favour of some monsters, or heathen people…*"[60].

No fue sino hasta después de jurarse los decretos tridentinos en el *Segundo Concilio Mexicano* (1565) que la Iglesia novohispana tomó una estrategia beligerante contra el protestantismo, como se desprende del lenguaje combativo empleado en el prólogo de sus actas analizadas por Magnus Lundberg. En ellas se habla de los creyentes católicos como guerreros sumidos en una constante lucha para vencer al demonio y sus "capitanes deshonestos", los herejes, siempre en búsqueda de atraerlos hacia sus errores. En esta guerra, el clero asumía el papel de generales y capitanes mientras que los sacramentos eran la clave para vacunar y curar a los soldados heridos del pueblo. En ese reanimado escenario de cruzada contra la herejía, los obispos de la provincia mexicana juraron castigar de manera oportuna "a todos aquellos que en palabras o actos fueran infieles a cualquier cosa establecida en Trento" y reafirmaron el compromiso de reforma de la Iglesia que ya se había establecido en el Primer Concilio mexicano[61]. Tan sólo un año más tarde, el entonces candidato a doctor en teología y asistente de Montúfar, Bartolomé de Ledesma, escribió la primera *Suma de Sacramentos* en Nueva España donde se refutaban los postulados de Lutero, un libro que tenía como destino ser usado en su cátedra en la Universidad de México para preparar a las futuras generaciones de teólogos del reino[62]. No obstante, cabe repetir, los resultados de este discurso contrarreformista tardó todavía décadas en permear en el grueso de la población novohispana como veremos en los siguientes apartados.

---

[60] *Ibídem*, p. 28.
[61] LUNDBERG, 2002, pp. 94-96.
[62] MAYER, 2008, pp. 53-68.

3.4. Una asociación azuzada desde arriba: la actividad antiprotestante del tribunal inquisitorial de México, 1571-1579

Una de las decisiones más importantes que se desprendieron de las reformas generales de la monarquía realizadas por Felipe II al inicio de su reinado fue la ampliación americana del tribunal del Santo Oficio en los virreinatos de Perú y México en 1569. La instauración de estas sedes se desprendió de un proceso más amplio de revisión total de la política colonial encomendada a una junta de especialistas para alcanzar una mayor centralización política y administrativa en las Indias, solucionar el largo problema de los encomenderos y de las consecuentes disputas entre el clero secular y regular[63]. Como parte de las reformas del *gobierno espiritual*, la llamada Junta General o Magna acordó la instauración de tribunales inquisitoriales para alcanzar el doble fin de defender la ortodoxia religiosa y coadyuvar en la articulación de la política confesional que derivaba de la suscripción de los acuerdos tridentinos por el monarca católico[64]. Como mencionamos párrafos arriba, las reformas de la Inquisición habían iniciado una década atrás durante el periodo del inquisidor general Fernando de Valdés, pero fue su sucesor, el cardenal Diego de Espinosa, quien puso en pleno funcionamiento las innovaciones valdesianas y coordinó otras encaminadas a robustecer el ejercicio de la Iglesia en todos sus niveles. Espinosa tenía una gran influencia dentro de la Corte y un conocimiento extenso sobre el funcionamiento del aparato de gobierno de la monarquía gracias a los múltiples cargos que acumulaba como auditor de Sevilla, regente y presidente del Consejo de Castilla y del de Italia, consejero de Estado y de Indias. Esta posición privilegiada permitió al cardenal obtener información de primera mano sobre los abusos que las cúpulas de poder cometían contra los pueblos indígenas con el solapamiento del Consejo de Indias. En este contexto, la implantación de la Inquisición en las provincias americanas tenía un propósito multifuncional[65].

Por un lado, servía para reforzar la seguridad interna y externa de los territorios indianos en un momento en que la creciente hostilidad entre España, Francia e Inglaterra estimularon el aumento de la piratería, del rescate en el Caribe, de las incursiones terrestres, del acoso constante a las poblaciones costeras y del establecimiento de asentamientos de franceses

---

[63] MERLUZZI, 2007, pp.
[64] THOMAS, 2001a, pp. 211-253.
[65] ESCUDERO, 2005, pp. 233-242.

hugonotes en Florida (1562-1565)[66]. Lo que puso toda la atención de las autoridades peninsulares en la debilidad de la defensa militar de los territorios indianos fueron las incursiones realizadas por John Hawkins para comerciar con esclavos africanos en las Antillas Mayores y Centroamérica entre 1562 y 1568, y particularmente, la batalla entre la flota inglesa y la de Indias que transportaba al recién nombrado virrey Martín Enríquez al puerto de Veracruz. La pérdida de 3 de sus 5 barcos obligó a los ingleses a desembarcar a 114 tripulantes en Pánuco, lugar en que fueron posteriormente capturados y remitidos a la Ciudad de México. A escala internacional, el acontecimiento terminó por quebrar las ya fracturadas relaciones entre España e Inglaterra y volvió imperante la reconfiguración de un plan de defensa, aplazado desde la década de 1550, en los llamados "puertos llave" del continente.

Paralelamente, se había trazado hacia el interior de los territorios de la monarquía una estrategia para homogeneizar y fortalecer el conocimiento doctrinal del pueblo a través de una campaña de reevangelización encaminada a cumplir el doble fin de transmitir la información necesaria para cumplir con la labor espiritual y corporativa de la iglesia de "conseguir la salvación eterna" y de alertar y hacer reconocibles las desviaciones doctrinales anunciando "con brevedad y claridad los vicios de los que deben huir para evitar las penas del infierno"[67]. Ambos objetivos marcados por el Concilio de Trento y utilizados por la Corona con fines políticos volvían imperante el reforzamiento de la red de tribunales inquisitoriales que garantizaban la pronta recepción de delaciones y la actuación contra posibles focos de heterodoxia en tanto que, como apuntó Werner Thomas, era el pueblo quien finalmente identificaba el comportamiento desviado y realizaba las denuncias[68]. Es decir que en el contexto de hostilidad que se vivía en el Atlántico, la Inquisición se volvía necesaria para socializar, en mancuerna con la Iglesia y, especialmente, con el apoyo de la recién instaurada Compañía de Jesús en las provincias americanas, los errores doctrinales del antagonista político por medio de formas de divulgación precisas y conceptos que, a decir de Contreras, "consiguieran despertar sentimientos de agresividad y recelo por lo extranjero"[69].

---

[66] CÉSPEDES DEL CASTILLO, 2003, pp. 381-412. GÓMEZ-TABANERA, 1990, pp. 15-20.
[67] LÓPEZ AYALA, 1857, p. 48.
[68] THOMAS, 2001a, pp. 65-119. MARTÍNEZ MILLÁN, 1994, p. 197.
[69] CONTRERAS, 2000c, p. 879.

Durante décadas, diversas autoridades civiles y eclesiásticas indianas habían hecho sendos llamados para sustituir al Santo Oficio diocesano, desarticulado, ineficiente y abusivo en sus atribuciones, por unos tribunales centralizados que trabajaran del mismo modo como se hacía en Castilla[70]. La constante anexión territorial, la carencia de recursos y el tacto prudente del monarca para no introducir un elemento que pudiera sumar más tensión a la crisis política y social que siguió a la creación de las *Leyes Nuevas* (1542), parecen haber sido las razones que se alegaban para mantener una Inquisición "no formada" y deliberadamente intermedia[71]. En el escenario de finales de 1560, por el contrario, la implantación de tribunales inquisitoriales se volvió un pilar fundamental del nuevo plan estratégico de fortalecimiento del poder regio en los reinos americanos bajo los criterios de "dominar y gobernar con facilidad y eficacia" a través de una red clientelar de letrados "comprometidos con las ideas de su patrón"[72].

Ciertamente, los reinos indianos habían pasado desde el periodo de Carlos V por una serie de turbulencias sociopolíticas que reflejaban la decadencia del *modelo de sociedad de los conquistadores* que hasta entonces se había sustentado y desarrollado en base a la anexión territorial, el sometimiento de pueblos indios, el sistema de encomienda y el acaparamiento de las élites de los espacios de decisión política e impartición de justicia locales. Al estancarse el avance militar territorial, alcanzarse los límites de la reducción de poblaciones autóctonas y comenzar éstas a decaer por causa de la severa mortandad fruto del avance colonial, se produjo descontrol del orden económico, político y social que fue aprovechado por la Corona para iniciar la recuperación progresiva de la "institución virreinal" de manos de los encomenderos[73]. El primer paso en la limitación de dichas prerrogativas fue la aplicación de las *Leyes Nuevas* para controlar el sistema de encomienda y poner fin nominal a la esclavitud y el abuso de los pueblos indígenas. Este objetivo no llegó a concretarse y originó las violentas reacciones de las élites coloniales a las nuevas órdenes en Perú bajo el liderazgo de Gonzalo de Pizarro (1544-1548) y en México, con la presunta conspiración de Martín Cortés (1566)[74]. En este sentido, la fundación de la Inquisición en los territorios americanos se proyectaba como un brazo más de acción, injerencia y autoridad regia en las Indias.

---

[70] GREENLEAF, 1961, pp. 17-21.
[71] ESCANDELL BONET, 2000, pp. 81-102.
[72] MARTÍNEZ MILLÁN, 1994, p. 197.
[73] GARCÍA ABASOLO, 1983, pp. 12-25.
[74] CONTRERAS, 2000c, p. 879.

Comunidad, pertenencia, extranjería

Para ello se dotó a los tribunales de competencias en materia eclesiástica que era delegada por los pontífices, y temporal, facultada por el monarca católico en las pragmáticas de la Concordia (1553). Estas atribuciones conferían a los inquisidores poderes jurisdiccionales que se sobreponían a los tribunales civiles sobre toda la población, excepto la indígena, y le otorgaba exclusividad para juzgar en materia de herejía, apostasía y pecados menores que hasta entonces había estado a cargo de los obispos y, en su ausencia, de las órdenes mendicantes[75]. El libre movimiento para entender en asuntos de ambos fueros, rompía la delgada línea divisoria que había diferenciado el campo de actuación de las autoridades civiles y de las eclesiásticas que conformaban la maquinaria del gobierno indiano. Este cambio, a decir de Maquea Abreu, supuso transformaciones en las estructuras de poder en el virreinato por los interminables conflictos de actuación y roces con otras autoridades para defender sus preeminencias[76].

Al igual que en España, los lineamientos emanados de Trento requerían la "transformación de la Iglesia indiana, eminentemente misionera y dominada por el clero regular, en una Iglesia moderna, centralizada en los obispos y en la Corona en virtud del patronato, en la que predominase el clero secular"[77]. Una reforma que, como hemos visto, había ya sentado sus bases durante el periodo de Montúfar, no sin despertar avivadas disputas entre los obispos y las órdenes mendicantes. En el nuevo escenario que se presentaba a finales de la década de 1560, se requería vigorizar y aumentar la calidad de la práctica pastoral para sofocar las dudas papales sobre la conveniencia de mantener los derechos del patronato indiano[78]. Esta llamada a rendir cuentas a la Corona tenía como trasfondo un largo periodo de forcejeos con el papado "por salvaguardar sus esferas de influencia y poder" y que, en el caso concreto de los intereses indianos, se veían justificados, por un lado, a partir de las quejas de los frailes misioneros continuamente hostigados por las élites coloniales, y por otro, por el presunto interés de la Santa Sede de tener una participación directa de los beneficios económicos extraídos de los territorios conquistados[79]. Dentro de esta coyuntura, optimizar la tarea evangelizadora y eliminar cualquier duda sobre la pureza espiritual y el comportamiento moral del clero se tornó en una materia fundamental dentro de la labor de reordenamiento

---

[75] GARCÍA ABASOLO, 1983, pp. 316-317.
[76] MAQUEDA ABREU, 2000, p. 79.
[77] GARCÍA ABASOLO, 1983, p. 269.
[78] ESCANDELL BONET, 1993b, pp. 713-714.
[79] PIZARRO LLORENTE, 2000, p. 165. RAMOS PÉREZ, 1986, pp. 1-62. MERLUZZI, 2007, pp. 183-202.

y vigilancia del comportamiento moral del clero que ahora se delegaba a la Inquisición como uno de sus cometidos más importantes[80].

Un año después de aprobarse la implantación de los tribunales indianos en 1569 Felipe II comunicó la decisión, a las autoridades indianas que justificaba a partir de la necesidad de vigilar, cuidar y conservar la devoción entre los indígenas recién convertidos y en evitar la "nota e infamia" de la población, de tener algún contacto con aquellos que "obstinados en gran pertinacia de sus errores y herejías…" procuraban, con toda su "malicia y pasión" pervertir a los fieles comunicando sus opiniones a través de cualquier medio a disposición. La implantación de tribunales inquisitoriales, como se había podido constatar en la Península, se presentaba como "el verdadero remedio de todos estos males, daños e inconvenientes…" y se exhortaba a todos los habitantes del reino a cooperar con la institución y a las autoridades civiles a prestar la infraestructura y todos los medios para que pudiera realizar su trabajo en total libertad[81].

Para el caso de Nueva España, se nombraron como inquisidores al licenciado Juan Cervantes y a Pedro Moya de Contreras. El primero murió al llegar a Cuba mientras que el segundo ocupó su cargo hasta que fue consagrado como arzobispo de México el 8 de septiembre de 1574. Moya de Contreras había estudiado leyes en la Universidad de Salamanca y había sido, gracias al apadrinamiento de Juan de Ovando, el juez más novel de la plantilla del tribunal de la Inquisición de Murcia, visitador y presidente del Consejo de Indias y parte de la red clientelar de Espinosa. A decir de Stafford Poole, el origen, los estudios y las relaciones de Moya lo prepararon para formar parte de la elite de letrados fieles al monarca y a sus proyectos de gobierno[82]. Moya de Contreras pertenecía, además, a la generación de ministros inquisitoriales que gozaban de la experiencia acumulada después de la crisis de Valladolid y Sevilla para atajar las posibles vías de penetración protestante a través de la vigilancia de los extranjeros a quienes se consideraba como potenciales transmisores de ideas heterodoxas, ya fuera por iniciativa individual o como parte de planes colectivos para enviar predicadores y cargamentos de libros impresos a los puertos de España y las Indias[83]. La generación de Moya consideraba indispensable exponer al hereje protestante públicamente como elemento *reforzador negativo* necesario para ejemplificar, aleccionar

---

[80] GARCÍA ABASOLO, 1983, pp. 314-322.
[81] MEDINA, 1998, pp. 16-20.
[82] POOLE, 1987, p. 10.
[83] Véase: THOMAS, 2001a, p. 113. AGN, Inquisición, vol. 89, exp. 2, ff. 3-3v. AGN, Inquisición, vol. 79, exp. 34, f. 377. AGN, Inquisición, vol. 223, exp. 6.

y sembrar la duda permanente en la sociedad sobre la ortodoxia de los migrantes.

En efecto, los cambios realizados en el funcionamiento y estructuras de aparato inquisitorial durante el llamado "viraje confesional" de la monarquía no fueron, como ha señalado Thomas, "una mera noción abstracta que indicaba un proceso poco concreto con cesuras difíciles de detectar", sino que formaban parte de un plan objetivo dirigido principalmente contra las comunidades extranjeras asentadas en los reinos de la monarquía cuya implementación tuvo resultados precisos que pueden apreciarse en la evolución de la actividad procesal anti-protestante en la Península durante esta época[84]. Thomas identificó que en el despunte represivo entre 1559 y 1575 se condenó por luteranismo a un promedio de 93 personas al año y que, a partir de 1563, una vez superada la crisis de los cenáculos de Valladolid y Sevilla, el origen de los acusados dejó de ser peninsular y pasó a ser casi exclusivamente de migrantes laborales franceses, neerlandeses, alemanes e ingleses a quienes se exhibía como los únicos seguidores, portadores y transmisores del protestantismo en los *autos generales de fe*[85]. Esta nueva *asociación*, que venía a reforzar la imagen entre el luteranismo y el origen extranjero de los condenados fue el elemento que con mayor fuerza se utilizó para sembrar la desconfianza de la población hacia el extranjero como potencial peligro para el bien común[86].

La sincronía de Moya de Contreras con esta estrategia es clara si se toma en cuenta que inmediatamente después de instaurarse el Tribunal de México e inaugurarse su actividad tras únicamente 6 días de *periodo de gracia*, priorizó dar inicio a los procesos de los piratas hugonotes (juzgados previamente en Honduras y Yucatán) y la de los ingleses, irlandeses y flamencos de la tripulación de John Hawkins que habían sido desembarcados en Pánuco[87]. Si bien es probable que la elección se hiciera para agradar a la sociedad novohispana y como táctica política para dejar "por el momento en paz a los españoles", como argumentó Huerga, queda claro por las cartas posteriormente enviadas por Moya a la Suprema que la creciente presencia de extranjeros originarios de países protestantes en toda la amplia geografía virreinal era un asunto que él consideraba un peligro para la seguridad interna del reino porque podían "contagiar" sus ideas a la población, principalemente a los indígenas,

---

[84] THOMAS, 2001a, p. 256.
[85] Ídem.
[86] *Ibídem*, pp. 30-38 y 79-103.
[87] MEDINA, 1998, p. 30-31.

a quienes se consideraba gente ingenua, miserable y maleable[88]. Moya subrayaba que los extranjeros eran "muy más peligrosos que los españoles cuando no fuesen católicos"[89], sobre todo los flamencos, franceses e ingleses, a quienes él encontraba especialmente aficionados "a vivir y tratar con los indios"[90]. Esta supuesta preferencia, reflejaba en realidad el nicho en el mercado laboral que ocupaban esos inmigrantes como capataces de minas, haciendas y obrajes en donde la mano de obra era mayoritariamente indígena y esclava.

Además de ser un asunto de máxima prioridad doctrinal, juzgar a los extranjeros potencialmente protestantes en el reino, impartir justicia y redimirlos a la obediencia de la Iglesia ante los ojos del pueblo era una parte fundamental del programa socializador de la Inquisición. En principio porque para mantener bajo control una geografía tan amplia era necesario que la sociedad, que eran los verdaderos ojos y oídos, los "censores y denunciadores" –en palabras de Moya–[91] en que se basaba la efectividad del sistema de control social, se sensibilizara sobre los peligros de los que cada extranjero podía ser potencial portador. El pueblo tenía que vigilar el comportamiento de estas personas cuidadosamente para lo cual el llamado a la denuncia a través de la lectura anual de los *edictos generales de fe* era una herramienta fundamental[92]. En efecto, durante los primeros meses de funcionamiento de la Inquisición, varias delaciones se presentaron contra extranjeros y españoles por sospechas de luteranismo sin que en la mayoría de los casos se encontraran suficientes indicios para iniciar los procesos[93]. Moya de Contreras, sin embargo, encontró una oportunidad única para reforzar el "etiquetamiento" entre extranjería y protestantismo que venía realizándose activamente desde la década de 1560 en la Península, a través de los casos de los piratas heterodoxos y otros extranjeros que habían sido juzgados anteriormente por la Inquisición episcopal. Para aprehenderlos y llevarlos a la capital, el inquisidor movilizó a autoridades civiles y eclesiásticas desde Zacatecas hasta Yucatán y Centroamérica, donde estos hombres permanecían libres

---

[88] HUERGA, 1993a, p. 941.
[89] Archivo Histórico Nacional, Madrid (en adelante AHN), Inquisición, leg. 2269.
[90] AHN, Inquisición, leg. 2269.
[91] «Carta de Moya de Contreras a la Suprema. México 24 de mayo de 1572» en: MEDINA, 1998, p. 30.
[92] THOMAS, 2001a, p. 76.
[93] Véase: AGN, Inquisición, vol. 74, exp. 40, f. 173, 178 y 225-226. La denuncia contra el flamenco Juan Martín era por haber dicho "que cuanta cosa le habían dicho se lo habían de probar y habían de sacar en limpio o que Dios no sería Dios". La blasfemia no se consideró heretical.

o como sirvientes cautivos al servicio de españoles. Esta captura y traslado de personas, sobre todo en el caso de los llamados "desembarcados de Hawkins" motivó uno de los primeros conflictos de jurisdicción entre el inquisidor y el virrey Martín Enríquez, quien, al lado de otras autoridades civiles, buscaba que los presos, —algunos de ellos bien integrados a las sociedades locales—, fueran entregados al poder temporal después de ser juzgados[94].

En términos generales, la Inquisición usaba dos recursos para alcanzar el objetivo estigmatizador: los autos de fe y la marginalización de los penitenciados a través de la imposición de sambenitos y la inhabilidad. Durante la década de 1570, la Inquisición de México llevó a cabo 6 autos de fe en donde piratas y otros extranjeros fueron presentados de forma repetitiva asociados al luteranismo y otras desviaciones. "Los más, —decía el inquisidor— son extranjeros de tierras sospechosas, de cuyo castigo, cuando se averigüen sus culpas, quedará el pueblo muy edificado"[95]. La mayor parte de los acusados fueron penitenciados en el primer auto general de fe o "Auto Grande", realizado el 28 de febrero de 1573. En este acto 36 de 70 personas fueron exhibidas como protestantes (10 realizaron abjuraciones, 24 fueron reconciliados y 2 fueron relajados en persona), mientras que en los años siguientes se presentó al resto de los desembarcados, a otros septentrionales y un importante número de portugueses como material pedagógico contrarreformista, para ilustrar al "mal cristiano"; una imagen que al contraponerse a los valores constitutivos de los cristiano viejos, exaltaban y reforzaban la conciencia de grupo a la vez que incubaban la desconfianza y el recelo permanente del extranjero[96]. La efectividad de los autos para este propósito la expresó Moya de Contreras en una carta enviada a la Suprema días después de celebrado el Auto Grande:

> [...] las [relaciones de las causas] que eran de calidad todas se leyeron con mucha atención y aplausos del pueblo y admiración de que en la tierra hubiese semejantes delitos, donde pensaban no haber sombra de herejía, y así todos quedan estimando más este Santo Oficio y encareciendo la necesidad que de él había, y de cuanto efecto era para la limpieza de la tierra y *ahora traen a*

---

[94] Ejemplos en: AGN, Inquisición, vol. 75, exp. 50. AGN, Inquisición, vol. 77, exp. 5. AGN, Inquisición, vol. 77, exp. 9. AGN, Inquisición, vol. 76, exp. 6, f. 46. AGN, *Inquisición,* vol. 75, exp. 49. AGN, Inquisición, vol. 76, exp. 35, f. 120.
[95] MEDINA, 1998, p. 32.
[96] 6 de marzo de 1575, el 16 de febrero de 1576, el 17 de diciembre de 1577, 19 de febrero de 1578 y el 11 de octubre de 1579. Sobre los penitenciados véase: MEDINA, *ídem*, pp. 30-60.

> *la memoria la mucha gente extranjera que a estas tierras pasa y los muchos puertos que en ellas hay por donde pueden entrar sin pena alguna*[97].

Estos actos, aunque majestuosos eran efímeros y estaban condenados a borrarse en la memoria colectiva si no se contaba con un recordatorio permanente de ellos. Ese vestigio se conseguía con la creación de una clase dentro de la sociedad compuesta por todos los otrora herejes que al haber sido reconciliados con la Iglesia quedaban condenados de por vida a la inhabilitación y a portar el sambenito o la exhibición de los sayos, con sus nombres y delitos en la Iglesia Mayor para fomentar el proceso de exclusión de los réprobos y conseguir así su marginalización como parte del proceso que conducía a la estigmatización de la herejía[98]. En México, no obstante, los condenados por este tipo de delitos durante la etapa en que funcionó la Inquisición episcopal se remitían, en teoría, a Sevilla para que ahí cumplieran sus penas y evitar así el riesgo de contagio entre la población. Hubo otros, como Andrés Morales, el primer alemán procesado por luteranismo en Nueva España en 1536, que fueron rehabilitados por la Suprema por la labor que habían tenido en las guerras de conquista y su sambenito fue removido de la Iglesia Mayor para prevenir su escarnio si decidía volver a México[99].

Moya de Contreras, por el contrario, tenía claro que la permanencia de los reconciliados en México era necesaria para lograr el ejemplo y la edificación pública, y por ello decidió que los condenados a reclusión pasaran su encarcelamiento en los conventos de la ciudad donde "los prelados de ellas se sirviesen de ellos en sus oficios", al mismo tiempo que los reos podían ser adoctrinados y vigilados para cumplir sus penas espirituales. La idea no fue bien recibida por ninguna de las órdenes mendicantes establecidas en México y su descontento fue expresado en una carta colectiva enviada a la Suprema para revocar la orden, principalmente porque los monasterios tenían servidumbre indígena "muy flacos y frágiles de persuadir", que necesariamente convivirían con los extranjeros y podrían contagiarse de "alguna lepra"[100].

En un principio la Suprema ordenó que los reconciliados se enviaran a galeras o a Sevilla como se acostumbraba. Los inquisidores de México

---

[97] *Ibídem*, p. 45.
[98] THOMAS, 2001a, pp. 91-103.
[99] AGN, Inquisición, vol. 2, exp. 1. GREENLEAF, 1961, pp. 71-82. BAÉZ CAMARGO, 1961, pp. 46-48.
[100] AGN, Inquisición, vol. 223, exp. 28-39.

prometieron acatar lo dispuesto en los casos futuros, pero no con los ingleses, de quienes decían eran presentados por los mendicantes como peligrosos aunque durante años habían vivido entre los indígenas que ahora se preocupaban en proteger sin que nadie se hubiera preocupado por ello[101]. Poco tiempo después, sin embargo, los regulares aceptaron "bajo título de obediencia" acoger a los penitenciados y si bien para entonces Moya y su colega, el licenciado Bonilla, reiteraban que no dejarían a ningún reconciliado en el virreinato, finalmente, y a pesar de que la Suprema volvió a insistir sobre el tema en 1576, la remisión a Sevilla de penitenciados fue excepcional durante el resto del siglo XVI[102]. De esa forma, un buen número de reconciliados terminaron cumpliendo sus penitencias en México y conformaron el grupo de católicos réprobos, quienes, junto a los indígenas y negros a quienes se consideraba poco instruidos o afianzados en la fe, servían como reafirmadores permanentes de los valores cristiano viejos y del contrarreformismo que unían al grupo español, criollo y mestizo.

El trabajo de censura de libros e impresos que comenzó a realizar la Inquisición desde el momento mismo de la apertura del tribunal mexicano fue otro de los recursos que terminaron asociándose con el protestantismo y con el extranjero, sobre todo por la indudable importancia que impresos de todo tipo tuvieron en la difusión de las ideas reformadas desde fechas tan tempranas como 1519. Si bien en España no se conoce la existencia de producción tipográfica protestante, los esfuerzos por censurar y detener la entrada de publicaciones desde el extranjero fue una constante desde 1521, como mencionamos párrafos arriba[103]. Medina identificó que una de las más importantes de Moya había sido la "averiguación de los libros que hubiese en la tierra y de los que de nuevo entrasen" a partir de la exigencia a que particulares realizaran catálogos jurados de impresos o imágenes importados en su posesión, de la realización de visitas a librerías y la publicación constante de edictos[104].

En especial, la lectura de edictos era lo que más impacto causaba entre la población que era mayoritariamente analfabeta. Párrafos arriba mencionamos la denuncia que Cristóbal de Frías presentó ante fray Andrés de Olmos contra su cuñado Diego Ramírez por sospechas de luteranismo por la lectura que hacía de un libro "a solas" en la villa de

---

[101] AGN, Inquisición, vol. 223, exp. 28 y 29.
[102] AHN, Inquisición, leg. 2269.
[103] THOMAS, 2001a, pp. 43-54.
[104] MEDINA, 1998, p. 30.

Tampico en 1566[105]. Cinco años más tarde, en septiembre de 1571, un arriero de nombre Domingo de Correa se presentó en la Inquisición para declarar que años atrás había escuchado decir a fray Andrés de Olmos que Diego Ramírez "tenía libros luteranos y que decían los había traído de Flandes…" y que amenazaba con no absolver a su esposa, Inés de Saldaña, si no le entregaba los libros. Estas nuevas declaraciones reabrieron las investigaciones en Tampico aunque en su momento habían sido estudiadas y cerradas por Montúfar. Al realizarse las nuevas las declaraciones de Frías, el comisario le preguntó cuál era el origen de las sospechas contra su cuñado a lo cual respondió "que el hombre venía de España y como allá había entrado esta desventura de luteranos, dijo que le había oído decir que leía un libro a solas y podía ser un libro sospechoso". Este ejemplo revela tanto el impacto Atlántico de las persecuciones realizadas en Valladolid y Sevilla, como las asociaciones que el pueblo llano podía hacer a partir de la información reducida que se ofrecía sobre la espiritualidad protestante y la interpretación del sacerdocio universal de todos los creyentes en los edictos. Otro ejemplo de la rápida asimilación del discurso inquisitorial fue la denuncia realizada por Leonardo Fragoso 20 días más tarde de la lectura de un auto de fe contra el impresor Pedro Ocharte y sus oficiales Antonio Salas y Juan Ortiz por haber presuntamente aprobado la impresión de un libro que exhortaba rezar a Dios y no a los santos[106].

3.5. ¿Cambio de prioridades? Los elementos detrás del aparente desinterés de la Inquisición por el protestantismo entre 1580 y 1595

La asociación que buscaba solidificar la Inquisición entre luteranismo y europeos de países allende los Pirineos no era más que uno de los tantos recursos de la política confesional para reforzar la unidad social y religiosa de la sociedad hispánica en consonancia con lo establecido por el Concilio de Trento. Alicia Mayer ha estudiado a profundidad el camino que siguió la creación de una imagen de Lutero prototípica que respondía a las necesidades políticas e ideológicas postridentinas encaminadas a lograr la uniformidad de la fe, el culto y la moral de la monarquía[107]. La reforma de la Iglesia novohispana que despegó con gran vitalidad en la década de 1570 alentó una amplia producción de obras teológicas, históricas, de oratoria, pedagógicas, musicales e iconográficas en las cuales el reformador era presentado como la encarnación de los

---

[105] Seguimos a BAUDOT, 1992, pp. 223-232 hasta nuevo llamado.
[106] Procesos impresos en: GONZÁLEZ OBREGÓN, 1914, pp. 85-245.
[107] MAYER, 2008.

atributos negativos que debían ser presentados a la sociedad como forma de persuasión y rechazo de todo lo que representaba[108]. Principalmente en el catecismo de Ripalda y en los sermones, esta figura se usó para forjar una opinión que durante el siglo XVII mostraría a Lutero como "un personaje central en el medio de comunicación más poderoso del momento como archienemigo de la fe. Así llegó a la mayor parte de los feligreses novohispanos y se logró que formara parte del inconsciente colectivo"[109]. A la par que la Inquisición novohispana realizaba en promedio un auto de fe por año entre 1573 y 1580 en los que mostraba sistemáticamente a los herejes luteranos de carne y hueso, la Compañía de Jesús transmitía, como parte de su programa educativo dirigido a la élite española y criolla, mensajes pedagógicos cuidadosamente elegidos para reforzar la imagen réproba de Lutero y de sus ideas acompañados de material iconográfico en el que se exponían personas con rasgos físicos esterotipizados de los alemanes en contraposición con imágenes de indígenas como receptores de la verdadera fe[110].

La asociación entre herejía, protestantismo y el europeo extranjero fue en gran medida avivada en la sociedad por la agudización del escenario bélico en Europa en el que España jugó un papel protagónico como protectora del catolicismo en los varios frentes que mantuvo abiertos. Las disputas políticas internacionales crearon un campo fértil para realizar las diferencias doctrinales y crear desconfianza hacia el otro "no español" y, en consecuencia, estimular las denuncias contra personas vinculadas de alguna manera (familia, negocios, correspondencia) con países considerados enemigos o contaminados, entre los que destacaban los Países Bajos, Inglaterra y Francia. La denuncia de Leonardo Fragoso contra el impresor Pedro Ocharte de origen francés muestra la fusión que se hacía de estos dos elementos y cómo fueron haciéndose más comunes en el virreinato. Además de acusar al impresor de tratar de imprimir un libro herético, Fragoso contó a los inquisidores sobre la prisión y tortura que había sufrido durante la visita de Alonso Muñoz (1568) por escribirse con "los franceses luteranos"[111]. Para Ocharte, no obstante, ambos hechos eran difamatorios según escribía a su mujer, Maria de Sanzoric: "…yo no me temo, sino que me hayan levantado otro tanto como me han levantado cuando lo del licenciado Muñoz…" y aclaró durante su proceso que si bien mantenía contacto con gente en otros países desconocía "que fuesen

---

[108] *Ibídem*, p. 101.
[109] *Ibídem*, p. 265.
[110] *Ibídem*, pp. 92-93.
[111] GONZÁLEZ OBREGÓN, 1914, p. 88.

luteranos". De igual manera que había ocurrido durante su proceso civil, Ocharte fue absuelto también por la eclesiástica tras dos años de proceso que dejaban otra marca definitiva en su honor[112].

Aunado a ello, la intensa actividad inquisitorial contra el extranjero en España desde mediados del siglo XVI y en las provincias indianas desde 1570 había funcionado para crear la asociación de los migrantes con la herejía y el protestantismo que de forma deliberada se había buscado comunicar a la sociedad. Esta estigmatización, identificable a escala atlántica a partir de repetidas muestras de xenofobia en un clima de creciente tensión política en Europa desde finales de la década de 1580. Como ha descrito Thomas, este clima de intolerancia se prestó para que los españoles utilizaran el origen de los migrantes como elemento primario al que se le podía añadir otro tipo de acusaciones percibidas como heréticas, anticlericales o peligrosas únicamente si provenían de un extranjero, para presentar sus denuncias[113].

Lo anterior puede apreciarse en la delación de Sebastián Cortés, un gallego avecindado en Puebla contra el vizcaíno o francés Pedro de Roçabal con quien tenía problemas porque creía que era extranjero y sabía "que todos los franceses que habitan la raya de Vizcaya hablaban vizcaíno" y que en esa tierra "se había mandado quitar que no rezasen el Páter Noster y el Ave María". Para Santos de Holanda, su procedencia y el comer carne los días de ayuno por recomendación del doctor, fueron dos elementos que bastaron para que el familiar de las minas de Pachuca amenazara con denunciarlo[114]. En el caso de Juan Pablo, sus conversaciones sobre la actualidad bélica europea dando "grandes suspiros" fue lo que llevó al fraile Pedro de la Parada a concluir que no era católico y que debía estar contaminado mientras que los inquisidores vieron en esas expresiones una estrategia supuestamente común entre los protestantes de "referir errores de su tierra sin afirmarlos para ver como se toman y reciben"[115]. Esta estigmatización, que no distinguía si el extranjero era católico o protestante, llegó a ser tan común que los migrantes no pocas veces expresaron la conexión entre su procedencia y las sospechas en su contra[116], como se desprende del proceso de Juan Pablo, exiliado de Purmerend porque esa provincia "estaba perdida de hugonotes", a quien no le cabía duda que lo habían denunciado por ser extranjero. Los grados de tolerancia entre la

---

[112] *Ibídem,* p. 99, 120.
[113] THOMAS, 2001b, p. 109-122.
[114] AGN, Inquisición, vol. 223.
[115] AGN, Inquisición, vol. 151, exp. 4, f. 286v.
[116] *Ídem.*

población no eran uniformes y dependían en muchas ocasiones del nivel de cercanía que se tuviera con el acusado. A Juan Pablo, por ejemplo, lo dejaron en libertad gracias a que sus vecinos sirvieron como testigos de su ignorancia, buena fe, costumbres y religiosidad[117].

La necesidad de algunos individuos por identificar y controlar al protestante se tradujo en una búsqueda de signos exteriores de su religión en su apariencia, como se hacía con judeoconversos o los moriscos. Durante este periodo las alusiones a algunas piezas o adornos en la vestimenta de los extranjeros comenzaron a ser frecuentes, aunque estas asociaciones poco tenían que ver con la religión de las personas, sino más bien, con las tendencias de la moda en ciertos países. Sebastián Herrera declaró que el pirata Juan Alés, capturado en Yucatán en 1590, traía "arillos en las orejas y así tiene las orejas horadadas y que esto es señal de luteranos" de la misma forma que él lo había visto se usaba en Inglaterra. Para el clérigo de Cozumel, Leonardo Salinas, los franceses de la tripulación eran indudablemente luteranos porque "traían algunos de ellos anillos en las orejas" como había visto que llevaban otros piratas aprehendidos en Puerto Rico[118]. Alés, por su parte, dijo que en ello "no había señal ni cosa de religión" porque el arillo era usado indistintamente por católicos y por protestantes en Francia[119]. En las costas del Pacífico, en la villa de Trinidad de Guatemala, el fraile Francisco Zapata denunció que en un viaje que había hecho 15 años atrás a Flandes había visto que las distintas ramas del cristianismo reformado "tomaron por seña cortar las alas de los sombreros y las puntas prenderlas con hebillas y botones…", una moda que se había vuelto común en la Capitanía y que a él le parecía podía ser signo de la presencia de luteranos[120].

Efectivamente, en el proceso de identificación del *otro* europeo, los ataques de piratas en el mar y sus incursiones cada vez más frecuentes en las poblaciones costeras en los territorios americanos fueron de fundamental importancia. El corsario personificó en América al enemigo espiritual y temporal por antonomasia, por ser el adversario declarado en ambas esferas y porque sus asaltos, dirigidos a causar los mayores estragos posibles en los bienes materiales de la población, tiraban por tierra la inversión de capital y trabajo de esas comunidades. Asimismo, estas incursiones representaban desde la Edad Media un golpe psicológico que ponía en evidencia la incapacidad de los gobernantes para defender a sus

---

[117] *Ídem.*
[118] AGN, *Inquisición,* vol. 1529, exp. 2, fs. 8-11.
[119] AGN, *Inquisición,* vol. 150, exp. 3, fs. 91 y 223.
[120] AGN, Inquisición, vol. 368, exp. 65, f. 251.

súbditos[121]. Hacia 1580, la Inquisición tenía claro que el *modus operandi* de los piratas se centraba en el robo, saqueo y destrucción de las iglesias, "injuriando las imágenes y profanando las cosas santas y sagradas como estos luteranos lo suelen hacer", para desacreditar su carácter divino y el poder de la Iglesia en su conjunto frente a los creyentes[122].

Por el peso simbólico que guardaban estos ataques contra la autoridad regia y eclesiástica, la Inquisición entró en franca competencia con las justicias civiles para atraer los procesos de piratas y restituir el *statu quo* en la sociedad transgredida y, de paso, hacerse de los bienes confiscados que podían llegar a ser verdaderamente cuantiosos. Las querellas entre la Inquisición y las autoridades civiles por atraer los procesos de los piratas que, como vimos, habían comenzado desde el reclamo de la tripulación abandonada por John Hawkins en 1572, ameritaron una reunión entre el Consejo de la Suprema y el Consejo de Indias en 1575 en la que se acordó que los inquisidores podrían reclamar a las personas contra quienes pesara algún testimonio sin que para ello tuviera que mostrarse "requisitoria, ni petición, ni hacer otra diligencia", pero que, una vez terminado el proceso, los reos debían ser entregados de nueva cuenta al brazo seglar para ejecutar las penas que ameritaran castigos corporales o penas capitales[123].

A pesar de ello, los conflictos entre autoridades siguieron siendo una constante y, por ello, los comisarios de los puertos se volvieron piezas fundamentales para buscar activamente testigos que pudieran aportar cualquier tipo de prueba incriminatoria contra los reos que ayudaran a sustentar la apertura del proceso y justificar su envío a México. La importancia en la precisión de esta recopilación de indicios se refleja en las instrucciones que se enviaban a los comisarios en las que se especificaba: "…y lo que de más importancia es preguntar y repreguntar a todos de manera *que vengan a concluir culpa* particularmente contra algunos de ellos nombrándolos por su nombre o de los oficios que traen o señal de sus personas"[124]. Si el comisario no podía completar la información a tiempo, se corría el riesgo de que el fiscal no tuvieran los elementos

---

[121] STRICKAND, 1996, 86-91.
[122] Un ejemplo lo encontramos en la toma de Campeche realizada por William Parker el 24 de mayo de 1597. La tripulación se concentró en en atacar 5 casas para tomar como rehenes al cura, el regidor y el alcalde de la villa. Posteriormente saquearon ornamentos, joyas y atavíos de imágenes y objetos litúrgicos de la iglesia mientras se burlaban del culto y ritos católicos. AGN, Inquisición, vol. 167, exp. 1, ff. 12-23v.
[123] AGN, Inquisición, vol. 223, exp. 3, f. 3.
[124] AGN, Inquisición, vol. 142, exp. 15, f. 47. AGN, Inquisición, vol. 223, f. 654.

necesarios para realizar la imputación y que los acusados terminaran siendo ejecutados o puestos al servicio de las justicias civiles[125].

La condena y exhibición en autos de fe de estas tripulaciones era, además, un recurso sin parangón para hacer gala pública del triunfo de la Corona y la Iglesia sobre la herejía, máxime si los reos eran finalmente reconciliados porque de esa forma se mandaba un mensaje de reafirmación colectiva de que catolicismo era la única y verdadera fe a través de la cual se podía alcanzar la salvación. Al mismo tiempo, este tipo de actos enviaba una advertencia a los otros, los réprobos y posibles transgresores, especialmente a la población de origen extranjero en el virreinato, sobre el destino que podían correr si atentaban contra la república temporal o espiritual. Las querellas entre la Inquisición y las autoridades civiles por atraer los procesos de los piratas, que como vimos habían comenzado desde el reclamo de la tripulación abandonada por John Hawkins en 1572, ameritó una reunión entre el Consejo de la Suprema y el Consejo de Indias en 1575 en la que se acordó que los inquisidores podrían reclamar a las personas contra quienes pesara algún testimonio sin que para ello tuviera que mostrarse "requisitoria, ni petición, ni hacer otra diligencia" pero que, una vez terminado el proceso los reos debían ser entregados de nueva cuenta al brazo seglar para ejecutar las penas que ameritaran castigos corporales o penas capitales[126].

A partir de 1576, se reconocen algunos signos de cambio en la política inquisitorial peninsular contra los súbditos ingleses como resultado de las negociaciones que el embajador isabelino sostuvo a favor de los comerciantes de esa nación con la corte en Madrid para modificar el trato que recibían de las autoridades del tribunal en los puertos peninsulares desde 1572. El acuerdo Alva-Cobbham alcanzado en 1575 para favorecer los intercambios comerciales entre ambas potencias establecía que la actuación de los tribunales inquisitoriales de distritos se limitaría a perseguir los delitos de herejía o apostasía que los ingleses hubieran cometido en los territorios de la monarquía y no en el exterior[127]. En cierta forma, apunta Thomas, se logró el objetivo ya que en la práctica disminuyeron los procesados por luteranismo y se suavizaron las penas que se impusieron a los culpables. Es probable que los acuerdos diplomáticos se hicieran extensivos a los tribunales indianos puesto que en Nueva España prácticamente desaparecieron los procesos contra extranjeros por protestantismo hasta la década de 1590.

---

[125] Un ejemplo en: AGN, Inquisición, vol. 223, ff. 447v.-448.
[126] AGN, Inquisición, vol. 223, exp. 3, f. 3.
[127] KAMEN, 1997, p. 267. CONTRERAS, 2000a, p. 707.

Efectivamente, del conteo de las denuncias presentadas contra extranjeros desde el establecimiento de la Inquisición ordinaria se desprende que los neerlandeses y alemanes se situaron tras los lusos como grupo que mayor número de delaciones acumuló por todo tipo de faltas a la moral y ortodoxia religiosa. A partir 1570, las denuncias eran explícitamente realizadas por sospechas de luteranismo y generalmente siguieron la lectura de un edicto general de fe. Durante la década de 1580, la tendencia en Nueva España es a la baja mientras que en España hubo un despunte de procesos y de agravamiento de penas contra protestantes tras declararse la guerra con Inglaterra (1585) e intervenir en la de Francia (1590)[128]. No obstante, las pocas delaciones que se presentaron en México no procedieron, ya porque el fiscal no encontró sustento incriminatorio en ellas o porque la constante movilidad de los sospechosos dificultaba su localización y el seguimiento de las indagaciones sugiere una combinación de razones.

El cambio en la actividad puede desprenderse de las transformaciones que sufrió el tribunal mexicano durante las dos últimas décadas del siglo XVI. Por un lado, el Consejo de la Suprema amplió considerablemente la cobertura territorial del tribunal al permitir que se pudiera designar comisarios en cualquier población donde hubiera clero regular o secular[129]. Aunado a ello, el incremento poblacional en las principales ciudades y la fundación de nuevos centros mineros requirió el nombramiento de más familiaturas[130]. Estos dos hechos, junto al enorme apoyo brindado por la Iglesia y su infraestructura –a pesar de los roces que inevitablemente surgieron entre ambas instituciones[131]–, tuvieron repercusiones concretas en cuanto a la agilización en la transmisión de información en toda la jurisdicción, el tribunal de Lima y los peninsulares, en la pronta localización y captura de personas sospechosas, en la implementación de visitas en todos los puertos, en la lectura regular de edictos de fe[132] y en el aumento de denuncias resultantes de esas lecturas. El coste de esta expansión, sin embargo, fue el tiempo que los inquisidores tuvieron que dedicar a la selección de candidatos para formar parte de su clientela y al envío de las solicitudes a la Suprema (en el caso de los familiares) para recibir su aprobación. En su conjunto, creemos que estos elementos pudieron haber repercutido de manera negativa en los ritmos de la actividad

---

[128] Por ejemplo: CONTRERAS, 2000b, pp. 711-712.
[129] AGN, Inquisición, vol. 223, f. 70.
[130] AHN, Inquisición, vol. 2269. El incremento se aprecia en la plantilla de familiares: ALBERRO, 1998, pp. 97-107.
[131] ESCANDELL BONET, 1993c, pp. 874-878.
[132] Véase apéndice número 1 en: Poggio, 2016.

procesal. Por otro lado, debe resaltarse que las causas y problemas que más trabajo y preocupación dieron a los inquisidores en esta década fueron de tipo moral y, lo que se infiere de la correspondencia con la Suprema, las solicitaciones, la recolección, calificación y censura de libros, y los procesos contra cristianos nuevos portugueses que inauguraron la primera etapa represiva contra este grupo que corrió desde 1580 y hasta la promulgación del perdón general de 1607[133].

Un hecho que sin duda explica el repunte de 1590 es el incremento del flujo de migrantes laborales y mercantiles durante las últimas décadas del siglo XVI y la consecuente formación de cadenas migratorias transnacionales a lo largo de los principales puertos, urbes y reales de minas del virreinato. La mayor presencia de extranjeros en estos años encuentra una correlación en la duplicación del número de denuncias contra presuntos protestantes que, como mencionamos, no pasaron la fase de las averiguaciones. En este sentido, la lectura de esta documentación junto con la correspondencia de los inquisidores con los comisarios muestra que más que un "cambio de prioridad" de protestantes a judeoconversos, como sugirió Greenleaf, el tribunal mexicano sí dio seguimiento a las denuncias, principalmente a las interpuestas contra los septentrionales que se asentaban en los pueblos aledaños al Camino Real que comunicaba el puerto de Veracruz con la ciudad de México, pero no fue capaz de encontrar los indicios necesarios para iniciar los procesos.

No obstante, un elemento novedoso que se desprende de estas pesquisas es la asistencia progresiva durante estos años de los propios extranjeros como delatores de sus connacionales. La perspectiva aportada por estos actores desde el interior del grupo supuso un cambio radical en la calidad de la información a la que tuvieron acceso los inquisidores que incluía detalles los patrones de movilidad, las estrategias de simulación religiosa y de la ubicación geográfica de una red de migrantes heterodoxos en el reino que no era perceptible para ellos a partir de las denuncias de los españoles. Particularmente importante fue la declaración hecha en 1594 por Guillermo Juan, un joven danés que había desertado de su puesto en la flota de Indias y que había iniciado el noviciado en el colegio de la Compañía de Jesús en Puebla[134]. Guillermo había convivido durante meses con neerlandeses y alemanes en su camino a América y posteriormente con otros septentrionales asentados desde San Juan de Ulúa y hasta Tecamachalco que incluían tanto católicos como protestantes. De estas

---

[133] En México la segunda etapa inicia en 1640. UCHMANY, 1992. STUDNUCKI-GIZBERT, 2007.

[134] AGN, Inquisición, vol. 151, exp. 2, ff. 36-61. Véase el capítulo 7.

pesquisas se siguió únicamente un proceso, el de Daniel Benítez, pero se condujeron múltiples interrogatorios que movilizaron la red clientelar del tribunal para realizar averiguaciones en Veracruz, Acutzingo, Tecamachalco y Puebla.

A partir de la denuncia del novicio Guillermo, se introdujo una innovación en los procesos que consistía en una pregunta realizada particularmente durante los cuestionamientos de acusados y de los testigos dirigida a inquirir sobre todas las personas de origen extranjero de las que el deponente tenía conocimiento. Los inquisidores estaban interesados en establecer su procedencia, el lugar donde estos individuos se habían conocido, el actual vínculo que los unía, su ubicación y la opinión que el declarante tenía sobre las creencias y comportamiento religioso de sus compatriotas[135]. Quizá esta información condujo a Greenleaf a pensar que los inquisidores formaban "archivos de seguridad con datos de estos extranjeros, y los familiares los vigilaban" [136]; no obstante, una supervisión constante de tantas personas hubiera rebasado las capacidades logísticas del tribunal. Por el contrario, creemos que la información compilada por los inquisidores era más bien usada únicamente durante el periodo en el que se mantenían abiertas las líneas de investigación. Sabemos, por ejemplo, que las indagaciones recabadas contra Juan Govart en 1596 por sospechas de herejía luterana, que no procedieron entonces por no poderse comprobar que su identidad coincidiera con la persona denunciada, no fueron usadas por el fiscal para corroborar las denuncias presentadas en su contra por el mismo delito 5 años más tarde.

Es decir que, aunque el historiador tenga acceso a la información recabada sobre una persona en la documentación generada por la Inquisición y archivada en forma dispersa, no se puede afirmar que el tribunal recopilara esa información de forma ordenada de manera que facilitara el seguimiento sistemático de un individuo a través de los años. Esto era solamente posible cuando el acusado pasaba por todas las fases del procedimiento inquisitorial, porque únicamente tras concluirse el proceso estos se integraban en los catálogos y relaciones de causa. La existencia de estos registros no es tampoco concluyente para afirmar que un individuo se mantuviera bajo la estricta vigilancia del tribunal tras cumplirse su condena porque para eso se valían de las estructuras del sistema de control social. Por ello, al contrario de lo que suponía

---

[135] AGN, Inquisición, vol. 151, exp. 2, fs. 36-61. AGN, Inquisición, vol. 151, exp. 4, ff. 223-299. AGN, Inquisición, vol. 161, exp. 9, 61 ff. AGN, Inquisición, vol. 161, exp. 8, ff. 208-240.
[136] GREENLEAF, 1998, p. 203.

Greenleaf, los inquisidores no se valieron de su clientela para investigar a los extranjeros, sino para rastrear y perseguir a individuos denunciados de los que se tenían indicios fuertes de herejía. En otras palabras, las denuncias realizadas por los extranjeros fueron decisivas para que la Inquisición pudiera recopilar los indicios necesarios para iniciar las averiguaciones que llevaron a confirmar las sospechas y abrir los procesos contra sus paisanos en Nueva España a partir de la segunda mitad de 1590. La importancia de esta información se aprecia en la asimilación que tratan de hacer los inquisidores de los denunciantes como vigilantes de otros extranjeros cuando, por ejemplo, encomendaron a Juan de la Rosa en 1596 que "con mucha disimulación y cautela se informe de la religión y cristiandad de las personas extranjeras que dice conocer y estar en esta tierra y de ello de noticia a este Santo Oficio"[137].

La "ineficacia" de la Inquisición para iniciar esos procesos se debe en gran medida a la enorme capacidad de los extranjeros para desarrollar estrategias de simulación de sus creencias frente a los católicos (ya fueran extranjeros o peninsulares) y para adaptarse al formalismo que exigían las sociedades ibéricas como muestra de la sinceridad religiosa de sus miembros[138]. El también llamado *nicodemismo* de los septentrionales permitió la convivencia de protestantes entre católicos por años y que lograran insertarse exitosamente en las ciudades del virreinato sin que sus verdaderas inclinaciones religiosas levantaran sospechas o pudieran ser efectivamente probadas. El límite de esta estrategia grupal fue el rápido incremento de inmigrantes en el virreinato que, junto al clima de sospecha y xenofobia, aumentó la probabilidad de que sus miembros fueran descubiertos, no ya por los españoles, sino por las acciones de los propios inmigrantes.

3.6. La consolidación de la asociación: la represión de la comunidad neerlandesa y alemana, 1598-1603

Entre 1598 y 1603, un importante número de neerlandeses y alemanes en la ciudad de México y Veracruz fueron aprehendidos, juzgados y exhibidos en los autos generales de fe de 1601 y 1603. Lo interesante de estos casos es que una buena parte de los migrantes enjuiciados eran vecinos desde hacía muchos años en el virreinato y que habían formado una comunidad de trabajadores, principalmente de artesanos, con conexiones en distintos puntos del territorio. El análisis a profundidad

---

[137] AGN, Inquisición, vol. 161, exp. 8, ff. 208-240.
[138] AGN, Inquisición, vol. 223, vol. 2, f. 409.

de la documentación inquisitorial nos permite mostrar, precisamente, la forma en que los distintos factores que nombramos en el apartado anterior (expansión de la red clientelar del tribunal, incremento de la migración de la región del Mar del Norte y la cooperación de extranjeros en los mecanismos de control social de la Inquisición), se conjugaron y facilitaron la represión de personas que hasta entonces no habían sido denunciadas por los demás componentes de la sociedad novohispana. El origen de las pesquisas se localiza en la captura realizada a parte de la tripulación de Christopher Newport y de William Parker que se encontraban en aguas del Canal de Yucatán en 1597 como parte de las expediciones de saqueo y rescate organizadas por los ingleses para debilitar al enemigo español en uno de los momentos más tensos de la guerra anglo-española (1584-1604)[139]. De la primera captura de un filibote que tenía instrucciones de atacar a un barco mercante cerca de la Habana, se aprehendieron 4 hombres de los cuales 2, Tomás Day y Juan Escot, fueron trasladados a Nueva España. Ambos pasaron 4 meses en la Cárcel de Abajo y 7 meses en el convento de San Agustín antes de ser trasladados a la Cárcel de la Perpetua a finales de enero de 1598[140].

La segunda captura de 11 hombres de la tripulación de William Parker fue realizada por los vecinos furiosos de Campeche algunos días después de que hubieran saqueado su villa. Los piratas que entonces estaban cargando agua cerca de Champotón fueron al encuentro de los españoles creyendo que eran comerciantes. En la batalla que se libró entonces, 6 ingleses fueron asesinados y otros 5 fueron hechos prisioneros. De estos últimos, 2 fueron ahorcados en Campeche, Juan Maren y Juan Gregorio, y los 3 restantes, Pascual Sandre, Juan Babel y Juan Catón o Catren, fueron conducidos a México por orden del Santo Oficio[141]. El viaje de estos hombres a la capital fue largo y lleno de contratiempos debido a que las enfermedades que contrajeron en el camino obligaron a la comisión a realizar múltiples paradas antes de llegar a la capital e internarlos en el Hospital de Nuestra Señora de los Naturales. Una vez recuperados, los ingleses fueron trasladados a la Cárcel de la Perpetua donde se iniciaron sus respectivos procesos a finales de enero de 1598.

Como era costumbre, el traslado de los cinco ingleses a la Inquisición fue un acontecimiento muy comentado entre la población de la ciudad y se volvió un momento sumamente propicio para discusiones entre extranjeros y sus vecinos españoles sobre religión y política, dos temas

---

[139] Véase: LÓPEZ ZEA, 2003, pp. 220-234.
[140] AGN, Inquisición, vol. 164, exp. 2. AGN, Inquisición, vol. 164, exp. 1.
[141] AGN, Inquisición, vol. 167, exp. 1.

que los europeos no españoles debían abordar con sumo cuidado para no causar malentendidos que pudieran motivar denuncias en su contra[142]. En casa del entallador amberino Adrián Suster[143], una discusión iniciada por la reprimenda de su yerno, el barbero flamenco Diego Henríquez, al amigo de su aprendiz, el escribano Diego de Rueda, derivó en una verdadera controversia entre ambos sobre la salvación de las almas. Henríquez sostenía que todas las almas se salvaban, independientemente de la religión de las personas, mientras que Rueda afirmaba que ese era un privilegio reservado a quienes hubieran recibido el sacramento del bautismo[144]. La acalorada discusión "a grandes voces" fue la causa alegada por Rueda y el aprendiz de Henríquez, Diego de Bonilla, para denunciar después de 3 años de estrecha convivencia al barbero, a su suegro y 7 flamencos y alemanes más en la Inquisición por "sospechosos de su cristiandad". En su testimonio, los españoles aseguraron haber visto a los flamencos romper el ayuno durante la navidad y *"hacer sus cosas a escondidas de los españoles y estar mal con ellos y abominar de todas sus cosas en cuanto dicen que son parleros y hombres de poca confianza"*[145]. La denuncia se registró en los libros del Tribunal, pero no fue un indicio concluyente para movilizar el aparato inquisitorial.

Días más tarde, tras iniciarse los procesos de los prisioneros ingleses, el fiscal tuvo oportunidad de recabar más información sobre los 9 flamencos arriba mencionados y a una treintena más de artesanos, soldados y criados que residían en la ciudad de México, así como un puñado de marineros de la flota que estaba presta a iniciar su viaje a Sevilla. El principal informante era Juan Babel, el soldado de Newport que había convivido con un marinero holandés de 18 años que se hacía llamar Pedro Pedro durante 12 días mientras ambos se curaban de sus enfermedades en el hospital de Nuestra Señora de los Naturales"[146]. Durante ese tiempo los dos jóvenes compartieron información sobre sus familias, su fe protestante, su pasado, planes para el futuro y las personas que habían conocido en el virreinato. Todos estos detalles incriminadores fueron relatados por

---

[142] Al denunciar a Andrés Ruiz Esparza, Diego Carillo declaró no haber interrumpido el discurso del acusado "por ser negocio delicado y que podía errar, no quise preguntarle más ni meterme donde concebí en gran sospecha ser el susodicho luterano…", pero continuó con él "a la risa para ver y "entender del susodicho y otra cosa alguna para dar aviso y noticia del cual entendí y entiendo ser mal cristiano". AGN, Inquisición, vol. 126, exp. 1, ff. 1-2v.

[143] Suster trabajaba en el convento de San Agustín donde conoció a los ingleses Day y Escot.

[144] AGN, Inquisición, vol. 164-2, exp. 6.

[145] *Ibídem*, ff. 302v-306.

[146] AGN, Inquisición, vol. 165, exp. 2, ff. 6-8v.

Babel a los inquisidores en su primera Audiencia. Unos días más tarde, el fiscal mandó buscar, capturar y enviar a la ciudad de México al marinero Pedro que, para entonces, se había reincorporado a su puesto en la flota de Indias en Veracruz.

Una vez en la capital y durante su segunda Audiencia, Pedro Pedro afirmó que tanto él como tres de sus compañeros marineros de la flota estante en Veracruz, Giles de Murbec, Juan Pedro y Adrián Cornelio, eran calvinistas y que, junto a Murbec, había participado en la toma del puerto de Cádiz organizada conjuntamente por Inglaterra y las provincias rebeldes de los Países Bajos en 1596[147]. Con una rapidez que nos da una idea del funcionamiento de la tupida red clientelar tejida por los inquisidores desde 1580, el comisario de Veracruz localizó a los tres marineros y preparó su traslado a la capital[148]. Mientras tanto, Pedro Pedro fue colocado en una celda junto a Pascual Sandre, uno de los ingleses de la tripulación de William Parker que se había mostrado cooperativo y que era utilizado estratégicamente por los inquisidores para extraer más detalles del holandés. Unos días más tarde, Sandre pidió Audiencia para informar lo que Pedro le había dicho en los pocos días que habían estado juntos, a saber, que durante su estancia en el Hospital de los Naturales había conocido "a personas que sabía él que en su tierra y naturalezas eran herejes" y que eran Cornelio Adriano Cesar, impresor de libros, su criado Hans, Diego del Valle, sastre y los apartadores del oro de la plata Guillermo Henríquez y Cristóbal Miguel, que en ese momento desempeñaban un papel de suma importancia para la economía y la defensa del virreinato[149]. Poco después, al ser confrontado por los inquisidores, Pedro corroboró la información y sumó los nombres del previamente delatado Diego Enríquez, de otro joven marinero de nombre Juan Guillermo y de Jorge de Brujas, Huberto de Meyo y Martín Díaz, todos ellos toneleros con varios años de residencia en la calle de Tacuba de la Ciudad de México.

Estas delaciones múltiples abrieron las tres líneas de investigación que siguió el Santo Oficio hasta 1603 contra los protestantes. La primera, contra el entallador Suster y su yerno Henríquez, delatados previamente por los españoles Rueda y Bonilla. La segunda, en Veracruz, la Habana y Florida, donde se buscaron marineros y soldados de la Flota y otras embarcaciones. Finalmente, la tercera, que inició las pesquisas contra

---

[147] *Ibídem*, ff. 33-37.
[148] 60 familiares nombrados hacia 1601, 11 en México. AGN, Lote Riva Palacio, vol. 1510, exp. 5, ff. 28-38.
[149] Véase capítulo 5.

un buen número de flamencos y alemanes que habitaban en la Ciudad de México y que, lejos de ser "parte de una cultura nebulosa"[150] como afirmó Greenleaf, tenían distintos grados de integración en el tejido social colonial. Una vez iniciados los procesos, más testigos españoles y extranjeros se sumaron a las averiguaciones por todo tipo de situaciones, en parte porque eso era lo que se esperaba de todo buen católico, pero también porque era importante mostrarse cooperativo para librarse de ser también acusado, al menos en el caso de los extranjeros. Esta estrategia funcionó para algunos de ellos, como los carpinteros Andrés Pablos y Juan Rolón, el relojero Matías del Monte y el salitrero Lucas Prestel, a pesar de que existía suficientes indicios también en su contra[151].

Los inquisidores de México encaraban a un grupo religiosamente heterogéneo en el que había católicos y protestantes, en su mayor parte luteranos y calvinistas de primera, segunda y tercera generación, bien catequizados en las escuelas del entorno urbano del que provenían y con una gran claridad sobre las diferencias entre las distintas denominaciones protestantes, el catolicismo e incluso otras religiones. En términos generales, aquellos que confesaron ser protestantes negaron la autoridad del papa como "cabeza de la Iglesia" porque defendían que ese puesto podía ser ocupado únicamente por Dios: *solo Cristo*. Rechazaron las obras y las fiestas, con excepción de las cuaresmas y negaron la validez de la confesión oral total o parcialmente, aceptando únicamente la mención de los sacramentos violados sin entrar en detalle en los pecados cometidos: *sola gracia*. Confirmaron que creían que se iban a salvar en su religión: *sola fide*, que esta salvación se realizaba a través de la confianza o "el corazón" y rechazaron el culto a las imágenes: *soli deo gloria*. Criticaron que no se predicara o se tuviera libre acceso a la Biblia en los países católicos: *sola scriptura*. Además, muchos de ellos hicieron una descripción detallada de la forma como se administraban los dos sacramentos reconocidos por la mayor parte de las corrientes protestantes: el bautismo y la eucaristía o *santa cena*. Esta última se realizaba con la presencia de las dos substancias, la hostia o pan y el vino, en forma simbólica (*consubstanciación*), que

---

[150] GREENLEAF, 1998, pp. 12-13. La interpretación de Greenleaf es seguida por: y seguida por KLOOSTER, 2016, pp. 11-17.

[151] Dos ejemplos: Los vecinos de Jorge de Brujas se presentaron sin ser llamados para declarar contra él por no guardar el ayuno 5 meses después de iniciarse el proceso AGN, Inquisición, vol. 165, exp. 6, ff. 17-24v. El traductor de la lengua inglesa del Santo Oficio, Juan Hernández Gorotillo, se presentó sin ser llamado a declarar contra su amigo Enrique de Montalvo porque lo consideraba "hombre de muy larga conciencia y desbaratado que se ha quedado con muchas haciendas ajenas". AGN, Inquisición, vol. 164-2, exp. 9, f. 469.

eran administrados por ministros casados, nombrados por "las justicias" o los miembros más viejos de la comunidad y que habían recibido una preparación sacerdotal como "letrados" en donde aprendían latín, hebreo y griego (sacerdocio de todos lo creyentes). Todos conocían el Credo, el Padre Nuestro y los Mandamientos a partir del catecismo de su denominación.

Al contrario de la afirmación que sostiene que en Nueva España no hubo heterodoxos "lucidos y consientes" que merecieran el "temible homenaje intelectual de la disputa teológica por parte de los jueces que solo se acaloraron en la averiguación que les descubrió prácticas adulteradas y certidumbres borrosas"[152], el conocimiento doctrinal de algunos de estos hombres llegó a sorprender a los inquisidores en varias audiencias. En una ocasión, por ejemplo, el carpintero Enrique Alemán les recitó de memoria parte de los Evangelios de Marcos, Mateo y Juan, y en otra, el marinero Adrián Cornelio utilizo como referencia el Libro de Daniel para comparar a los sacerdotes católicos con Nabucodonosor y a los calvinistas con el profeta "que descubrió sus falsedades"[153]. El alemán Simón de Santiago –condenado a muerte después de haberse fingido loco, cambiar sus declaraciones y mantenerse negativo– respondía a los cuestionamientos que se le hacían en los interrogatorios con comentarios que denotaban un avanzado conocimiento de la Biblia. Muestra de ello es la réplica que dio Simón a los inquisidores con el Deuteronomio 5:6 en latín: "yo soy el señor tu Dios que te saqué de la tierra de Egipto, de la casa de la servidumbre" y les advirtió tras la insistencia de los jueces para que declarara: "y quien va contra esto su ánima es maldita y esa es mi confesión"[154].

La forma en que los inquisidores reaccionaron ante este tipo de declaraciones nos permite aportar algunas reflexiones en torno a su presunta incapacidad para distinguir entre las diferentes denominaciones protestantes que se ha manifestado tanto en la historiografía ibérica, como en la americanista. Thomas puso en duda que el uso del término "luterano" como *pars pro toto* y que el enlistamiento en las condenas de varias corrientes del protestantismo fueran prueba de la ignorancia de los inquisidores sobre las corrientes del protestantismo. Por el contrario, el cuidado en determinar la gravedad de los delitos doctrinales, el tiempo que los acusados habían permanecido en sus "errores" y los comentarios hechos durante las calificaciones por un equipo de doctores en teología

---

[152] ALBERRO, 1998, p. 170-171.
[153] AGN, Inquisición, vol. 167, exp. 2, f. 28. AGN, Inquisición, vol. 166, exp. 2, f. 49.
[154] Una opinión distinta en: GREENLEAF, 1998, pp. 203-224.

con acceso a toda clase de escritos, eran indicativos del conocimiento que se tenía sobre las diferentes ramas del protestantismo.[155]

Thomas sugirió que la generalización de presunta "confusión" de los inquisidores para clasificar a los acusados dentro de una de las denominaciones se debía, por un lado a la forma en como se estructuraba la acusación final a partir de la enumeración de delitos extraídos de diferentes partes del proceso y, por otro, que respondía al mecanismo estigmatizador de los acusados por el que se buscaba transmitir al pueblo los delitos de forma sencilla para que identificaran a todos los no católicos como herejes, independientemente de las particularidades de su religión.

A lo anterior podríamos añadir que la confusión procede de la lectura que los historiadores realizan sobre el proceso. En base a las preguntas realizadas por los inquisidores en las audiencias se ha concluido que "no poseían un concepto coherente de qué era el protestantismo y tenían muchas dificultades para distinguir entre anglicanos, los luteranos y los calvinistas" y por ello congregaba a todos dentro del grupo "protestante"[156]. No obstante, se olvida que la realización de preguntas difusas sobre las distintas denominaciones, y siempre en base a la información que el preso o sus delatores habían aportado anteriormente, era una estrategia usada por los inquisidores para obtener más información, según explicaba Nicolau Eimeric en su Manual: "tendrá mucha cuenta el inquisidor con no darle [al acusado] materia a subterfugios, para precaver este inconveniente serán las cuestiones vagas y en términos generales"[157]. Es decir que si el historiador busca rastrear la calidad o el tipo de conocimiento que tenían los jueces sobre cualquier tema en los procesos, obtendrá resultados pobres o, en su defecto, preguntas aparentemente ignorantes y deliberadamente vagas hechas con la intención de que el acusado profundice en sus declaraciones. Una mirada más detallada sobre los procesos revela momentos irregulares en los que los inquisidores ofrecen explicaciones doctrinales o teológicas a los reos, *desde su óptica católica,* sobre algunos puntos que no terminan de quedar claros a los acusados y que, por descuido del escribano o de los mismos jueces, quedaron apuntadas en las actas de los procesos. Cuando el marinero Pedro Pedro declaró que en el primer mandamiento (calvinista) se prohibía adorar a las imágenes y que por ello sus parientes y él mismo habían sacado las estatuas de los santos de las iglesias en Holanda y los habían paseado por todo su pueblo, los inquisidores le explicaron las tres maneras de adoración (latría, dulía e hiperdulía). No conformes,

---

[155] Hasta nuevo llamado las citas provienen de: THOMAS, 2001a, pp. 91-103.
[156] GREENLEAF, 1998, p. 203.
[157] EYMERICO, 1821, p. 17.

los jueces quisieron mostrarle algunas de las contradicciones existente en los argumentos de Calvino:

> Dice Calvino, en su mala secta, que no hay infierno ni limbo y por tanto dice que los no predestinados se han de condenar, luego hay infierno para condenados. Dice que los niños hijos de cristianos sin bautismo y con él se salvan. Y en otra parte dice que los niños no predestinados, aunque tengan bautismo, se condenan, luego, aunque sean cristianos se condenan si no son predestinados. Dice [ade]más que los pecados se han de confesar sólo a Dios como al sacerdote, y en otra parte dice que es pecado mortal querer confesar todos los pecados a Dios y que basta confesar algunos. Y otras cosas tan ridículas semejantes a estas que no se les declaran por no gastar tan mal el tiempo y por decir éste [Pedro Pedro] que está muy desengañado de ellas[158].

Joseph de la Haya, que había confesado ser calvinista, aseguró en una Audiencia que había creído que en la hostia consagrada de los católicos estaba el verdadero cuerpo de Cristo, lo cual ameritó que los inquisidores le preguntaran cómo era posible "que creyera que estaba el cuerpo de Cristo presente en la hostia siendo calvinista"[159]. Un ejemplo más lo encontramos cuando los inquisidores preguntaron al alemán Juan Thame si en su tierra le habían enseñado "que solo la fe sin obras justificaba"[160].

A pesar de que los inquisidores reconocían las diferencias entre, al menos, las ideas de los reformadores más importantes, pensaban que el padre de todas las herejías modernas del cristianismo era Lutero y todos los demás eran sus "secuaces", es decir, personas que lo habían seguido y que, por lo tanto, habían aprendido y derivado de él. Por ello, se entiende que todos los protestantes pudieran ser catalogados como "luteranos" y que a esta generalización se pudieran anexar otras muchas, como la de "luterano y calvinista, manista". Esta forma de gradación, que era una manera muy básica de clasificar las diferentes ramas del protestantismo, encontraba su representación física en la forma en que los reos eran acomodados "por su orden y pandillaje" en la procesión que se realizaba desde la cede del Tribunal hasta el tablado en los autos de fe. En esta marcha se colocaba a los acusados en una disposición de menor a mayor gravedad de los delitos y por ello los calvinistas precedían a los

---

[158] AGN, Inquisición, vol. 165, exp. 2. Sobre la el descenso a los infiernos de Cristo de Calvino y la polémica que surgió en torno a ello: PARTEE, 2008, pp. 179-188.
[159] AGN, Inquisición, vol. 168, exp. 5, f. 22.
[160] AGN, Inquisición, vol. 165, exp. 1, f. 30v.

luteranos; posteriormente salían otros condenados por herejía (judíos y mahometanos) y, por último, los condenados a muerte[161]. Por otro lado, las pocas calificaciones que hemos podido estudiar no nos permiten llegar a conclusiones representativas en el caso de los teólogos que auxiliaban a los inquisidores a revisar los procesos y dictaminar sentencias. En 1590, los jesuitas Pedro de Hortigosa y Pedro Sánchez identificaron el bautismo adulto con los anabaptistas, pero años más tarde los franciscanos Juan de la Flor Méndez y los dominicos Alonso de Salazar y Bartolomé Espinosa contestaron de forma vaga, censurando los pecados en que incurrían los acusados según su delito y con referencias a obras clásicas, como la *Clementina ad nostum de Hereticis* o el *Concilio de Trento*, sin llegar a identificarlas de manera singular[162]. Lo anterior no quiere decir que los calificadores no supieran esas especificidades[163], sino que las censuras podían ser más o menos detalladas dependiendo del teólogo porque, al fin y al cabo, lo que se buscaba era confirmar o desechar las imputaciones generales para poder continuar con el juicio lo más rápido posible.

La mayor parte de los europeos septentrionales que fueron procesados en este periodo fueron reconciliados en el auto de fe realizado el 25 de marzo de 1601, uno de los más grandes en la historia de la Inquisición de México con una asistencia que se estimó llegó a ser de 50.000 personas ante quienes se exhibieron 124 "penitentes" condenados principalmente por herejía. Los grupos más numerosos lo conformaban extranjeros; septentrionales protestantes, portugueses judeoconversos y un puñado de esclavos africanos *renegados*[164]. A partir de la elaboración del *cuadro de penas severas, regulares y leves* propuesto por Thomas (cuadro 1), podemos establecer que 25 de los 37 procesados por protestantismo recibieron penas regulares, 3 obtuvieron penas leves y 9 penas consideradas severas, entre los cuales 1 de ellos, Simón de Santiago, fue ejecutado. De los 8 condenados a galeras y azotes, tan sólo 2 marineros de la tripulación de Newport (Juan Babel y Juan Catón) y el marinero alemán Giles de Murbec –quien confesó su participación en la toma de Cádiz de 1596– recibieron originalmente esa condena. Los 5 restantes, Miguel Faques, Juan del Campo, Juan Thame, Cornelio Adrián y Pascual Sandre, habían en principio recibido penas regulares que fueron posteriormente modificadas por penas para remar en las galeras de Filipinas por haber intentado fugarse de los conventos en donde estaban

---

[161] AGN, Lote Riva Palacio, vol. 1510, exp. 6, f. 44.
[162] AGN, Inquisición, vol. 306, exp. 9, f. 32.
[163] Véase: MAYER, 2008.
[164] AGN, Lote Riva Palacio, vol. 1510, exp. 5, f. 35.

recluidos[165]. Hacia 1611, el comisario de Filipinas informaba que de esos cinco prisioneros únicamente Miguel Faques seguía con vida[166].

Cuadro 1. Penas leves, regulares y severas de procesados por herejía protestante en 1601

NACIONALIDAD: Alemanes y neerlandeses		Sin castigo	En Efigie	Convento[1]						Hábito o cárcel[2]						Destierro[3]						Galeras[4]						Relajado	#
				-1	1-3	4-6	6+	pp		-1	1-3	4-6	6+	pp		-1	1-3	4-6	6+	pp		-1	1-3	4-6	6+	pp	En personal	
AÑOS DE CONDENA SIN ABJURACIÓN	Suspenso	2																										2
	Advertido/ reprendido Absuelto de la instancia Absuelto *ad cautelam*	1																										1
SENTENCIA EN SALA	Abjuración de levi Abjuración vehementi Reconciliado																											
SENTENCIA EN AUTO	Abjuración de levi Abjuración vehementi Reconciliado	7																										7
	Reconciliado		3							1	3	9	2													8		26
	Pertinaz/ relapso																										1	1
TOTAL		10	3							1	3	9	2													8	1	37
SIN SENTENCIA	Pendiente																											
	Desconocida Manicomio	2																										2

Leves
Regulares
Severas

[1] Reclusión en convento con adoctrinamiento.
[2] Reclusión en la cárcel del tribunal y pena de hábito
[3] Expulsión por un tiempo determinado o permanente de la ciudad o el reino
[4] Condena a remar en las galeras del rey en el Atlántico o el Pacífico, con o sin salario
* PP (Perpetua)

[165] No existe una lista completa de penitenciados en el auto general de fe de 1601. La lista de personas que hemos recopilado proviene de: AGN, Lote Riva Palacio, vol. 1510, exp. 5. AGN, Lote Riva Palacio, vol. 1510, exp. 6. ARCHIVO GENERAL DE LA NACIÓN, 1940, pp. 312. AHN, Inquisición, leg. 1050, fs. 248-303. «Relación de penitenciados en el auto de fe de 1601» en BAEZ CAMARGO, 1960, pp. 141.
Sobre el cuadro de penas véase: THOMAS, 2000a, pp. 130-155. En este caso añadimos una columna con la letra "E" para indicar a las efigies que no se encuentra en la propuesta original de Thomas.
[166] AGN, Inquisición, vol. 293, exp. 26.

El trato "benévolo" de la Inquisición con los protestantes es únicamente explicable a través de la casuística de cada proceso, sin embargo, existen algunos elementos que se repiten y que invitan a establecer generalizaciones. Por un lado, muchos de los acusados se mostraron cooperativos con los inquisidores durante las audiencias dando señales de contrición y arrepentimiento entre las que se encontraban la confesión de sus "errores" y los de terceras personas. Si bien es cierto que, por lo general, la tendencia de estos hombres fue ocultar sus verdaderas creencias y declarar que sus padres y ellos habían sido católicos al inicio de sus procesos como parte de una estrategia de defensa, más tárde o más temprano la gran mayoría comprendió que mantenerse negativo únicamente alargaba su proceso y servía al fiscal para sumar cargos en su contra que, finalmente, terminarían por agravar su sentencia. El camino hasta este punto fue, por lo general, más tardado y doloroso para aquellos que estaban más arraigados e integrados en la sociedad porque su prisión echaba en saco roto todo el esfuerzo que el inmigrante había puesto en construir su vida en un país extraño y ser reconocido como parte de la comunidad, un privilegio que difícilmente podría volver a gozar plenamente en el futuro después de un proceso inquisitorial. Para ellos, aceptar su simulación conllevaba la pérdida total de su reputación y la certeza de que el prestigio, el honor y la confianza ganados a través de los años se vería dañado permanentemente con el consecuente riesgo de ser marginalizados y vigilados con aún mayor cuidado por sus vecinos, como era práctica común en las sociedades de antiguo régimen. La humanidad detrás de este drama quedó plasmado en la declaración hecha entre lágrimas por el apartador de metales Cristóbal Miguel sobre la razón por la que no había confesado sus creencias:

> […] y si hasta ahora no lo ha hecho con todas las amonestaciones que se le tienen hechas ha sido por la honra del mundo, por estar en esta tierra en reputación de hombre honrado y buen cristiano, y [por]que no le fuesen impedimento para ir a su tierra a ver a su madre a quien deseaba favorecer y ayudar por estar vieja y pobre, de que pide se use con él de misericordia y le pesa en el alma de haber acudido tan tarde al remedio de su salvación lo cual solamente pretende…[167].

---

[167] AGN, Inquisición, vol. 168, exp. 4, f. 95v. Otro ejemplo es el tonelero Jorge de Brujas: "Y dijo *con muchas lágrimas* que se le hiciere justicia del falso testimonio que se le levantaba pues corría riesgo la honra de sus hijos y la de este y que estaba inocente". AGN, Inquisición, vol. 165, exp. 6, f. 36v.

En ocasiones esta desesperación se expresaba de otras formas. Algunos acusados buscaron convencer a los inquisidores de su arrepentimiento y regeneración haciendo uso de un discurso complaciente en base a los códigos religiosos y culturales que ellos identificaban como propios del catolicismo. El alemán Juan Pérez de Hayester, por ejemplo, pidió Audiencia para declarar que la noche anterior, después de haberse encomendado a Dios para que "le abriera el entendimiento", había visto que entraba un gran resplandor por la puerta de su celda "que dio tanta luz como si hubiera como hachas [velas] encendidas y al principio le dio un frío muy grande y después con miedo sudó y recibió gran calor y.... duró la luz tres [horas] con lo cual echó de ver que la ley de la Iglesia católica era la buena y en la que éste se había de salvar"[168]. De forma muy similar Pascual Sandre aseguraba estar realmente convertido porque después de haber rezado en su rosario para que lo iluminara, había escuchado una voz en sus sueños que le decía "no temáis, no temáis" que lo llevó a inferir que Dios le hablaba "y así creyó que la ley católica era la buena y que andaba errado en guardar la de Martín Lutero[169]. Juan Pérez de Emden, por su parte, se declaró convencido de su conversión al catolicismo porque sus antepasados también lo habían sido, porque la existencia de reliquias en España e Italia demostraban su veracidad y, finalmente, porque la secta de Lutero debía ser mala "como la que levantó Mahoma en Berbería"[170]. El rechazo de los inquisidores a este tipo de argumentos, seguidos de la exhortación a realizar una confesión sincera por medio de un discurso persuasivo en tono amistoso, terminaba con el paso del tiempo acorralando al acusado y, finalmente, quebrándolo. Era en estos momentos cuando las confesiones solían ser más específicas y abundantes con implicaciones que podían ser determinantes para el futuro de sus connacionales y para ellos mismos[171]. Esto último se ejemplifica en la rectificación de la condena de Pascual Sandre. En un principio los inquisidores le habían castigado

---

[168] AGN, Inquisición, vol. 161, exp. 6, ff. 21v-22.
[169] AGN, Inquisición, vol. 167, exp. 1, ff. 65-70.
[170] AGN, Inquisición, vol. 166, exp. 7, ff. 19v-23.
[171] Un ejemplo de discurso disuasorio: "…que aquí en este Tribunal no se pretende sino la salvación de su alma, pues para que no se condene le sustenta el Santo Oficio siendo éste pobre que aunque para cubrir sus carnes no tiene por lo cual verá que no se mira a otro fin sino a que no se condene y que no le parezca que por haber negado hasta aquí le esta bien perseverar en su negativa pues es obra propia del demonio y que el errar es muy ordinario en los hombres y así no tenga vergüenza de confesar todo lo que ha hecho contra nuestra santa fe católica, pues este Santo Oficio se usa siempre de misericordia con los que se arrepintieren de verdadero corazón y confiesan todas las culpas." AGN, Inquisición, vol. 164-2, exp. 5, ff. 259-259v.

con 3 años de cárcel y hábito penitencial, pero una confesión posterior sobre su participación en la toma del puerto de Cádiz en 1596 y en las guerras de Francia contra los católicos ameritó una nueva deliberación y sentencia por 5 años como galeote sin derecho a sueldo, una pena que se imponía por orden del rey a todos los piratas y corsarios desde 1590. No obstante, el factor que sirvió como mitigante para no castigar a Sandre con los azotes que se acostumbraban en estos casos era haber declarado que sus paisanos se "mantenían negativos", es decir, se negaban a confesar[172].

Los inquisidores notaron relativamente pronto que estos hombres no eran católicos tanto por la falta total o parcial de adoctrinamiento de elementos básicos, como las oraciones católicas (Ave María, Salve Regina), signarse, santiguarse y persignarse, por los cambios introducidos en los Diez Mandamientos o en el Credo como por las contradicciones en los que incurrían los acusados[173]. Asimismo, los protestantes insistían en describir su espiritualidad como un asunto "del corazón", una fe interiorizada que caracterizaba a las tradiciones reformadas y que se contraponía con la visión corporativista, jerárquica y formalista del catolicismo[174]. El haber nacido en el seno de una familia protestante, como varios de estos hombres finalmente confesaron, sirvió probablemente de mitigante al momento de discutir sus penas, entre otras cosas porque el Consejo de la Suprema ya había advertido a los inquisidores de México que los delitos cometidos por niños menores de 7 años no debían ser tomados en cuenta y porque una buena parte de los acusados eran todavía adolescentes que requirieron curador durante sus examinaciones[175]. Por otro lado, vemos que las pocas personas que decidieron utilizar la estrategia de "mantenerse negativos" y vencer el tormento, recibieron las sentencias más leves; por el contrario, aquél que optó por hacerse el loco y confesar en un estadio avanzado del proceso para luego persistir en la defensa de sus creencias, fue quemado en la hoguera.

---

[172] AHN, Inquisición, leg. 1050, ff. 248-303. AGN, Inquisición, vol. 150, exp. 3.

[173] Por ejemplo: los inquisidores pidieron al holandés Duarte Rodrigo Jacobo que aclarara cómo "siendo éste de tierra de luteranos y guardando la ley de los católicos los puede tener por luteranos, mayormente viéndolos vivir como católicos, pues había de juzgar de ellos lo que de sí y así se infiere que éste es como los de su tierra y que guarda lo que ellos". AGN, Inquisición, vol. 166, exp. 6, ff. 31-34.

[174] Adriano Cornelius declaró que se había comportado como los herejes de su tierra "fingidamente, por poder vivir entre ellos porque en lo interior de su corazón siempre ha sido católico" y Giles de Murbec aseguró que "no creía que era pecado mortal apartarse de la ley de dios si no era de corazón". AGN, Inquisición, vol. 166, exp. 2, ff. 25v. AGN, Inquisición, vol. 264-2, exp. 5, f. 257v.

[175] AGN, Inquisición, vol. 223, f. 127.

La fiscalidad como instrumento de categorización social

Asimismo, es evidente que la utilidad social de algunos de los inmigrantes, la importancia de sus actividades, las relaciones clientelares que habían establecido y sus años de avecindamiento en el reino son también elementos de peso al momento de establecer las condenas. Este aspecto fue incluso disuasorio durante las votaciones para realizar o no la aprehensión de determinados individuos que gozaban de enorme reconocimiento en las cúpulas del gobierno y el patriciado local. Fue este el caso del apartador del oro de la plata Cristóbal Miguel cuya detención presentada en junio de 1598 se suspendió por más de un año hasta que las delaciones en su contra fueron terminantes[176]. Una vez cumplida su condena, Cristóbal señaló como factores de peso para pedir su habilitación en la Suprema los aportes tecnológicos que había hecho para el desarrollo del reino y los beneficios que estos habían dado a la Real Hacienda y particulares[177]. En el caso del entallador Adrián Suster, la consideración de su trabajo "ocupado en obras de iglesia" sus más de 20 años de vecindad en la ciudad de México y su gran pobreza se mencionaron explícitamente como elementos mitigantes para no darle una pena más severa[178].

Las condenas regulares dadas a la mayor parte de los acusados los obligaron a permanecer en Nueva España *a perpetuidad*, según hemos podido confirmar a partir de varias fuentes, debido a que la Suprema no exigió que fueran remitidos a Sevilla una vez cumplidas sus penas, como sí se insistió que se hiciera en el caso de algunos judeoconversos. Creemos que este hecho fue de enorme importancia para afianzar la asociación entre la herejía protestante y los europeos de origen septentrional entre una gran parte de la población novohispana que hasta entonces había convivido y reputado a sus vecinos como buenos cristianos y fieles vasallos del rey. La estigmatización grupal, la vigilancia, el escarnio público y la segregación afectaron a todos los miembros de la comunidad de septentrionales desde que los primeros reos fueron conducidos a la Cárcel de la Perpetua según se desprende de testimonios que describen cómo "la gente y hasta los muchachos les corrían y afrentaban por la calle, señalándoles con el dedo y diciendo '¿veis allí a los flamencos que [ahí] están? También [a ellos] los han de prender en el Santo Oficio, porque todos son luteranos y herejes'…", mientras que otros les gritaban judíos o "robador de iglesias de Santo Domingo en la Isla Española"[179]. El sentimiento de

---

[176] AGN, Inquisición, vol. 168, exp. 4.
[177] Véase el capítulo 5.
[178] México, 1604-1608, AHN, Inquisición, leg. 1050, ff. 248-303.
[179] AGN, Inquisición, vol. 167, exp. 6, f. 57v. AGN, Inquisición, vol. 167, exp. 4, 15 de octubre de 1601.

Comunidad, pertenencia, extranjería

evidente rechazo y amenaza, generaba temor y desesperación entre los septentrionales, una emoción que se volvía más fuerte y evidente a medida que más compatriotas eran detenidos y que la probabilidad de poder llegar a correr con la misma suerte se volvía más probable[180].

El trato denigratorio de la sociedad se agravó después del auto público y no comenzó a distenderse sino hasta que se les removió el sambenito a los penitenciados, es decir, en un periodo de entre 6 meses y 2 años, pero que llegó a extenderse entre 4 y 6 años para aquellos que recibieron penas a perpetuidad. La remoción del sambenito en estos casos se logró gracias a la intercesión de los inquisidores de México con la Suprema para que conmutara las sentencias y de esa forma pudieran salir a pedir "limosnas" para completar los salarios que se le debían al alguacil, alcalde y portero del tribunal[181]. No obstante, la remoción del símbolo visible de la penitencia no borraba el estigma del pasado hereje de la persona. Éste lo acompañaba por el resto de su vida y lo colocaba en un estado de constante vigilancia social sobre su comportamiento y su discurso. Asimismo, abría la posibilidad de que el señalamiento público y la humillación se evocaran en cualquier momento de tensión o conflicto. En una carta enviada por la Audiencia para responder a algunas dudas del Consejo de Indias sobre la conveniencia de que los penitenciados permanecieran en las provincias americanas, los oidores se mostraban totalmente convencidos de que debían quedarse por el importante papel pedagógico que cumplían ante la sociedad y las instituciones. Su permanencia en México, decían:

> […] les sirve de gran freno para la enmienda de delante de quien sea visto muchos buenos efectos y los contrarios de haberse ido o huido algunos de estos a España y pasado a las juderías de Salonique [sic], Ferrara u a otras partes a vivir con libertad en su ley. Y aquí todavía *el cuidado* que se tiene con ellos y *el temor* que ellos tienen por esto l*es obliga a hacer buenos o al menos a parecerlo y al fin se ven cada día con señal* [el sambenito] *o sin ella son muy conocidos y se habla de ellos* y de cómo fueron castigados *y lo mismo será en sus hijos y nietos en cuanto al ser conocidos por hijos y descendientes de tales.* En lo que toca a los indios, no hay que tener temor de que esta gente los pervierta porque, aunque ellos son dóciles de su naturaleza no lo son en esto porque *aborrecen con grande extremo a los que han sido presos por la Inquisición y penitenciados por ella*

---

[180] Véase el capítulo 7.
[181] AHN, Inquisición, leg. 1050, f. 198.

de que se podrían referir algunos notables ejemplos que dejamos por no cansar[182].

La sociedad colonizadora entendía como una obligación cristiana la denuncia de cualquier comportamiento o comentario sospechoso de los reconciliados, un deber que era además recordado por lo menos una vez al año cuando se hacía la lectura del *edicto general de fe*. A través de delaciones y de otras quejas realizadas en una fase posterior a la sentencia podemos darnos una idea del acoso cotidiano al que se veían sometidos los septentrionales durante y después de cumplir sus penitencias. Una motivación común de las delaciones era el incumplimiento de la inhabilitación que prohibía al reconciliado vestir con seda o camelote, usar perlas, oro ni corales, portar armas o montar a caballo, por ser éste un signo externo de honor y dignidad que les había sido privado. Por ejemplo, en 1604 se vio al apartador del oro de la plata Cristóbal Miguel paseando en varias ocasiones por las plazas de la ciudad vestido con seda, lanilla fina, armado con una espada, montado a caballo y con un esclavo detrás, todo lo cual ameritó al menos 5 denuncias que no procedieron en penalización porque el flamenco había sido recientemente habilitado por el Consejo de la Suprema, una condición que, al contrario de la sanción, no se hacía pública[183]. Con mucha menor suerte corrió el sastre borgoñón Daniel Benítez después de ser reconocido por el alcalde mayor del pueblo de Tlalmanalco mientras iba montado en un caballo ensillado, portando espada y sin permiso escrito del Santo Oficio para abandonar los límites de la capital que se le había asignado como cárcel perpetua. A pesar de que Benítez suplicó misericordia hincado de rodillas y refirió que había realizado el viaje obligado para vender unas mercancías que le permitieran ganar su sustento, los inquisidores le confiscaron todos sus bienes (mercancías fiadas y un caballo) y lo condenaron a recibir 100 azotes[184].

Las trabas puestas a los reconciliados para trabajar y recomponer su situación económica después de la confiscación de bienes y el pago de las "limosnas", penas pecuniarias, gastos extraordinarios, fianzas o el saneamiento de otros adeudos, fue uno de los problemas más graves a los que se enfrentaron los septentrionales. Al serles exigido el finiquito de sus deudas, una de sus alegaciones más comunes fue no tener recursos o "ser pobre", una forma usada comúnmente por la gente para no realizar

---

[182] AGI, México, 72, R. 8, N. 98.
[183] AGN, Inquisición, vol. 274, exp. 8.
[184] AGN, Inquisición, vol. 151, exp. 2, f. 344.

sus pagos pero que en estas declaraciones se acompañan del agravante que especificaba el *no tener con qué sustentarse*. Esta carencia se entiende mejor si se toma en cuenta que los embargos de bienes que realizaba la Inquisición incluían las herramientas de trabajo de las que dependían los artesanos para alcanzar y mantener su independencia laboral. Adrián Suster, por ejemplo, argumentaba que sin sus herramientas estaba "impedido para poder trabajar para sustentarme y a mi mujer y familia y pagar lo que debo y no tengo ropa de vestir ni con qué comprarla"[185]. A esto se sumaban los obstáculos que ponían las autoridades civiles para otorgar a los reconciliados licencias para comerciar o realizar la venta al menudeo en las calles o a domicilio sin las cuales corrían el riesgo a que les confiscaran las pocas mercancías que habían comprado al fiado[186]. En otras ocasiones la falta de liquidez podía deberse a que su posición vulnerable se prestaba a abusos cometidos prácticamente por cualquier persona, inclusive sus paisanos, por cualquier motivo o circunstancia. Una clara muestra de ello es la "aceptación" de salarios bastante reducidos que tuvieron que recibir en relación con su grado de especialización antes y después de sus procesos. Después de ser condenado en 1601, el impresor Cornelio Adriano Cesar percibía únicamente 100 pesos por un año de trabajo en la imprenta de los franciscanos en el Colegio Real de Indios en vez de los 480 que normalmente se pagaba en los talleres tipográficos de la ciudad. Asimismo, los apartadores del oro de la plata Cristóbal y Gregorio Miguel tuvieron que conformarse con el salario minúsculo de 3 reales por cada marco de oro quintado que les ofreció su amigo y ex socio Guillermo Enríquez, en vez de los 15 o 16 que percibían antes de su proceso y endeudamiento[187].

Como vimos, vestir un hábito penitencial era también símbolo de que el reo tenía que mantenerse dentro de un perímetro específico, por lo común dentro de las demarcaciones de la ciudad de México, a menos que tuviera un permiso otorgado por los inquisidores. Este hecho disminuía enormemente las oportunidades de empleo o de comercio y cancelaba la posibilidad de desplazarse hacia las zonas con mayor movilidad laboral, como las minas o los puertos de mar. En los casos donde la condena era perpetua, la remoción del sambenito no modificaba las limitaciones de movimiento porque, al ser penitencias del tracto sucesivo, como señalaba un grupo de judeoconversos en 1606, las penas no podían

---

[185] AGN, Indiferente Virreinal, Caja 6609, exp. 56, f. 1. AGN, Real Fisco de la Inquisición, vol. 8, exp. 7, f. 138.
[186] AGN, Inquisición, vol. 368, exp. 52, fs. 196-196v.
[187] AGN, Inquisición, vol. 165, exp. 5., ff. 80-80v.

La fiscalidad como instrumento de categorización social

"acabar de cumplirse si no es con la muerte" o con una habilitación del Consejo de la Suprema o del sumo pontífice[188]. La alusión y conexión al pasado heterodoxo podía, asimismo, utilizarse como justificación para tratar de someter u obligar al reconciliado a aceptar situaciones injustas e inconvenientes aún después de décadas de haber cumplido sus condenas. En 1621, cuando el mercader de libros Diego Garrido murió y la imprenta de Diego López Dávalos quedó sin dueño, Juan Blanco alegó ser el nuevo dueño legítimo y despidió de su puesto de impresor a Cornelio Adriano Cesar para quedar él como único impresor sin saber, según declaraciones del neerlandés, "lo que dice ni habla". Cornelio, que entonces tenía 46 años y era padre de 5 criaturas, puso una querella en su contra que Blanco contestó con "palabras feas y deshonestas" en dos ocasiones y que hacían referencia al pasado herético del flamenco para desacreditarlo. En la segunda de ellas la querella era porque Cornelio no había querido trabajar a su servicio[189].

Si bien el proceso inquisitorial y la penitencia conducían inevitablemente a la estigmatización, los procesados quedaban bajo la potestad (derecho y deber) del tribunal y por ello, además de permanecer a su servicio mientras cumplían sus castigos para ser empleados o alquilados a terceras personas, también podían recurrir al tribunal para pedir su intercesión o protección en cualquier tipo de problemas que tuvieran que afrontar por causa de su condición. De esa forma, tras comunicar Cornelio Adriano Cesar a los inquisidores que el padre guardián del Colegio Real de Tlatelolco lo amenazaba, no le pagaba un salario justo y pretendía que enseñara su oficio a los indios que ahí estudiaban, estos le autorizaron trasladarse a la Cárcel de la Perpetua para terminar de cumplir su condena restante 6 meses antes de lo previsto[190]. Asimismo, cuando Cornelio denunció los insultos de Juan Blanco, los inquisidores mandaron llamar a este último para ordenarle que quitara las partes en que hablaba de la penitencia de Cornelio en las peticiones o memoriales que había utilizado en la querella y para que "por esto no lo inquiete ni diga palabras en deshonor suyo"[191]. Los jueces también usaron su benevolencia para favorecer económicamente al impresor encargándole copias de edictos de fe, una gracia que también fue concedida al apartador de metales Cristóbal Miguel –quizá por mediación del Consejo de la Suprema– con la condición de

---

[188] «Petición de reconciliados, junio de 1606» en: UCHMANY, 1992, p. 430. Véase capítulo 4 y 5.
[189] AGN, Inquisición, vol. 335, exp. 11, f. 26.
[190] AGN, Inquisición, vol. 165, exp. 5., ff. 80-80v.
[191] AGN, Inquisición, vol. 335, exp. 11, f. 26.

que devolvería una parte a través de una obra pía cuando los frutos de su trabajo así se lo permitieran[192]. Aún los condenados a remar a galeras podían llegar a conseguir alguna benignidad tras cumplirse sus sentencias, ya fuera porque se recomendaba su traslado a México o se les concedía comenzar a percibir salario: "de manera que gane sueldo y se le haga buen tratamiento"[193].

A pesar de los procesos, del castigo y la estigmatización, la documentación que hemos podido recopilar sobre la vida de estos hombres después del auto de fe de 1601 nos muestran signos de resiliencia a partir de estrategias y formas sumamente distintas de readaptación y aceptación social. Es innegable que algunos de ellos cayeron en desgracia mientras que otros, principalmente aquellos que sufrieron penas leves, que pudieron obtener habilitaciones o cuyos oficios eran estimados dentro del pujante desarrollo del sector de servicios de la red urbana novohispana, lograron mantenerse dentro de los sectores sociales medios e incluso del patriciado[194]. Por otro lado, a pesar de las delaciones que los penitenciados eran conscientes de las incriminaciones y confesiones que se hacían unos a otros en las audiencias de sus procesos, los neerlandeses y alemanes en el virreinato siguieron funcionando como una comunidad solidaria que continuó incorporando a otros paisanos recién llegados durante la segunda mitad del siglo XVII.

Los autos de fe de 1601 y 1603 consolidaron de manera definitiva en la población novohispana la asociación entre la herejía protestante y los europeos provenientes del norte de Europa. Esta estigmatización, contemporánea a la que fusionaba a portugueses con conversos judaizantes, colocó a todos los extranjeros en una posición de vulnerabilidad sin precedentes, volviéndolos susceptibles al señalamiento, la difamación y las acusaciones en materia de religión, independientemente de cuales fueran sus verdaderas creencias. En el caso particular de los septentrionales, la represión que sufrieron como grupo tuvo un efecto intimidatorio tanto en aquellos que vivieron en carne propia los castigos, como en aquellos que nunca llegaron a ser procesados. Fueron estos últimos, movidos por el miedo de ver a "algunos extranjeros con sambenitos y que los había castigado el Santo Oficio", quienes de forma voluntaria se acercaron al tribunal, recomendados por sus confesores o sus paisanos, para

---

[192] AGN, Indiferente Virreinal, caja 4883, exp. 42. AGN, Inquisición, vol. 168, exp. 4, ff. 118-120.
[193] W. B. Stephans en la Universidad de Texas en Austin (en adelante WBS), 917, 1600, f. 199.
[194] Véase capítulo 5.

reconciliarse de forma voluntaria a la iglesia católica[195]. Al mismo tiempo, los penitenciados se convirtieron en una pieza fundamental en la cadena de delación para detectar a otros heterodoxos. Estos elementos, sumados a la coordinación local e internacional del aparato inquisitorial, explica en gran medida el incremento de procesos durante la última década del siglo XVI y los primeros del siglo XVII. Un ejemplo paradigmático de la efectividad que podía llegar a alcanzar la unión de estos ingredientes lo encontramos en el Proceso de Pedro Pedro, quien pudo librarse de su condena al fugarse del convento en que cumplía su condena en la Ciudad de México. Su escape motivó una amplia búsqueda que implicó la participación de la Inquisición de México, la de Lima y de la red de comisarios en ambos lados del Pacífico; no obstante, la captura del marinero se concretó dos años más tarde y únicamente gracias a que Juan del Campo, una de las personas que habían sido aprehendidas en México por las confesiones hechas por Pedro, lo reconociera en Manila mientras cumplía su sentencia por 4 años como galeote en el Pacífico[196].

3.7. Inquisición, migración y protestantismo en tiempo de paces, 1604-1620

El auto de fe de 1601 fue el último acto público en que un grupo numeroso de septentrionales fue penitenciado por el delito de herejía en Nueva España. La nueva estrategia política de Felipe III para mantener la hegemonía política de la monarquía católica por medio de la firma de la paz con las potencias antagonistas trajo grandes cambios en los procedimientos de la Inquisición hacia los extranjeros originarios de los países protestantes. De especial importancia en este proceso fue la firma del Tratado de Londres (1604) que sirvió como modelo para la elaboración de la Tregua de Amberes firmada con las Provincias Unidas en 1609. Entre los compromisos pactados, Inglaterra logró que se incluyeran las 3 cláusulas secretas del acuerdo Alva-Cobham de 1575[197]. Estos acuerdos que subordinaron la actuación inquisitorial a las exigencias de la política internacional y a las necesidades económicas del momento disminuyeron notablemente las causas abiertas contra ingleses y neerlandeses naturales de las provincias norteñas durante los años que tuvieron validez y aún después de reanudarse los conflictos bélicos con las Provincias Unidas en 1621 e Inglaterra en 1628. Los franceses, que

---

[195] Por ejemplo: AGN, Indiferente General, caja 5172, exp. 33.
[196] AGN, Inquisición, vol. 165, exp. 2, s/f (testimonios al final del proceso).
[197] CONTRERAS, 1993d, pp. 892-900.

habían alcanzado un tratado de paz con España en 1597, no eran, en teoría, beneficiarios de estos acuerdos aunque en la práctica se les hicieron extensivos, como puede verse en la disminución progresiva del número de procesados galos a partir de 1598[198]. Las transformaciones realizadas a las competencias del Consejo de la Suprema en esta materia durante la *Pax* fueron proyectadas a los tribunales indianos causando, al menos en la Inquisición de México, modificaciones que restaron capacidades a los inquisidores y que, en cambio, se transfirieron a las justicias civiles. En su conjunto, estos cambios tuvieron efectos importantes en el aumento de la libertad de movimiento de europeos no españoles en los territorios de la monarquía durante la primera mitad del siglo XVII.

Las primeras medidas se tomaron al inicio del reinado de Felipe III, mientras todavía se realizaban las conferencias de Boulogne entre España, Flandes, Inglaterra y las Provincias Unidas para encontrar una salida a los conflictos bélicos en 1600. Un año antes, en febrero de 1599, los inquisidores de México habían enviado una carta al Consejo de la Suprema informando de la aprehensión de un barco inglés con una tripulación de 46 hombres en las costas de Santo Domingo que habían quedado en resguardo de las autoridades civiles hasta que ellos pudieran desembarazarse de los juicios que, por el momento, sobrepasaban su infraestructura carcelaria y su capacidad de administrar justicia[199]. En un principio el virrey se comprometió a mantener a los acusados en la Cárcel de Corte, hasta que los inquisidores lo indicaran, pero luego y quizá en vista del estado de los avances diplomáticos hacia un acuerdo de paz, se mandaron órdenes al comisario del Santo Oficio y al gobernador de Yucatán de no proporcionar información a los prisioneros, evitar cualquier tipo de contacto entre ellos y la población, y remitirlos lo más rápidamente posible al tribunal de Sevilla[200]. El desconcierto de los inquisidores de México debió ser mayúsculo porque en la carta que enviaron a sus colegas hispalenses para dar cuenta de lo sucedido incluyeron una consulta para el Consejo de la Suprema para saber de qué forma debían actuar en situaciones similares en el futuro. La respuesta llegó unos meses más tarde en forma de instrucción y con una copia del tratado Alba-Cobham de 1575 que había servido como modelo en el acuerdo pactado con la Hansa (1597) y que sería utilizado posteriormente para redactar los artículos secretos del Tratado de Londres (1604). El documento, que era idéntico al que se había remitido a los tribunales peninsulares el 21 de mayo de

---

[198] THOMAS, 2001a, pp. 321-375.
[199] AGN, Inquisición, vol. 223, exp. 23, ff. 269-269v.
[200] WBS, 917, f. 24.

1598, adaptaba su redacción a la realidad indiana disponiendo que en los casos en que barcos "ingleses o de otras naciones" que arribaran o fueran capturadas dentro de la jurisdicción del tribunal mexicano no se examinarían ni se haría prisionero a ninguno de sus tripulantes a menos de que se tuviera información suficiente de que habían delinquido en materia de fe "en estos reinos de España o islas adyacentes *o en la Indias o en sus puertos, playas o valles, estando surtos en ellas*", en cuyo caso debían proceder como de costumbre[201]. La carta arribó a Nueva España el 21 de mayo de 1601, unos meses antes de que las conferencias de paz fracasaran, entre otras cosas porque Inglaterra exigía la libertad de conciencia de sus súbditos en los territorios de la monarquía y la garantía de que en los Países Bajos meridionales nunca se establecería Inquisición[202]. A pesar de ello y en ausencia de nuevas disposiciones, el contenido de la carta siguió teniendo efecto en el distrito mexicano lo cual estableció una amnistía hasta que se reanudaron las hostilidades, probablemente como un gesto de buena voluntad hacia los ingleses tanto en España como en América[203]. Lo cierto es que todavía a inicios de 1603 los inquisidores de México seguían remitiendo instrucciones al comisario de Manila para que en caso de capturar piratas "*ingleses o de otras naciones* tenidas por sospechosas en materia de religión" se actuara según las disposiciones de la Suprema. No obstante, añadían que las relaciones de las causas se les remitirían a ellos y que procurarían "reducir a la fe católica a los ingleses capturados"[204].

Una vez firmado el Tratado de Londres en agosto de 1604, el trato preferencial que se daba *de facto* a los ingleses se hizo explícito en las tres cláusulas secretas anexas al documento. Los alcances del nuevo acuerdo en las competencias de la Inquisición fueron enormes porque limitaba su actuación contra los protestantes a los delitos que cometieran únicamente dentro de las fronteras de la monarquía, con lo cual se invalidaban una buena parte de los argumentos que justificaban inculpar a los extranjeros[205]. Asimismo, se dispensaba a los ingleses de la obligación de participar en celebraciones y de cumplir con los sacramentos de la iglesia católica, aunque sí quedaban obligados a comportarse en el exterior como el resto de la población, respetando y mostrando reverencia durante la liturgia

---

[201] AGN, Inquisición, vol. 223, f. 174.
[202] CONTREARAS, 2000d, p. 893. THOMAS, 2001a, pp. 301-302.
[203] Entre 1600 y 1604 se detuvieron a 5 ingleses y 2 fueron procesados. THOMAS, 2001a, p. 304.
[204] WBS, 917, f. 392. WBS, 917, f. 421.
[205] THOMAS, 2001a, pp. 305-321.

y las prácticas de piedad popular. Además, el tratado estipulaba que las confiscaciones recaerían únicamente sobre los bienes de los acusados y no contra la propiedad de terceros o colectiva de, por ejemplo, una tripulación, de forma que el procesamiento de piratas y prisioneros perdieron mucho de su atractivo para los tribunales americanos desde el punto de vista económico. No obstante, como señala Thomas, las cláusulas del tratado no establecieron la libertad de culto ni la tolerancia religiosa, porque no se permitía la expresión abierta de otras creencias religiosas y, por ende, se obligaba a los protestantes a simular sus creencias, aunque para esas alturas esa práctica estaba aceptada e interiorizada por la mayor parte de los extranjeros que visitaban los territorios españoles. Si bien todo lo anterior era válido únicamente para las personas que permanecieran en los territorios de la monarquía hasta un máximo de un año, las limitaciones a la jurisdicción inquisitorial, sumadas a la falta de controles migratorios reales y al impulso que cobró el comercio entre los distintos puertos europeos durante la coyuntura de paces, sentaron las condiciones óptimas para facilitar la movilidad de personas en el mundo hispánico, lo cual explica, en parte, que se registre en la documentación de archivo una mayor presencia de migrantes en los territorios indianos durante las primeras décadas del siglo XVII[206].

Las *Cartas Acordadas* en que se daban a conocer estas disposiciones fueron enviadas al tribunal novohispano en 1605 y un año más tarde los inquisidores de México confirmaban quedar "muy advertidos" de lo que mandaban en lo "tocante a los ingleses y escoceses". Igualmente, confirmaban que ya habían mandado instrucciones a los comisarios de los puertos de su distrito para que la orden se cumpliera puntualmente[207]. En principio, los acuerdos diplomáticos no incluían a los territorios indianos, no obstante creemos que la disminución de competencias de los tribunales americanos era un gesto de reciprocidad al compromiso asumido por Jacobo I de retirar su apoyo a las compañías inglesas dedicadas al contrabando y la piratería que habían proliferado en América durante el reinado de Isabel I, así como a su aprobación a que los vasallos de su Corona que fueran capturados cometiendo actos violentos en aguas españolas pudieran ser juzgados y castigados ejemplarmente por las justicias locales. La retirada del patrocinio británico a las actividades piráticas y el nuevo contexto favorable para el comercio internacional dio un vuelco a los intereses de las compañías inglesas hacia el contrabando y la puesta en marcha de proyectos de colonización en el Caribe y Norteamérica lo

---

[206] Véase capítulo 6.
[207] AHN, Inquisición, leg. 1050, f. 185.

La fiscalidad como instrumento de categorización social

suficientemente duraderos como para poder reclamar soberanía sobre ellos como se convenía en el Tratado de Londres[208].

Para no crear situaciones o caer en malentendidos que pudieran ser posteriormente utilizados por Inglaterra para alegar la violación de las clausulas secretas del acuerdo, la Corona dispuso que la persecución, captura y condena de los vasallos ingleses fuera competencia de las justicias seculares y colocó al margen de estas acciones a la Inquisición y a su clientela. La subordinación de los intereses espirituales a la *razón de Estado* y al comercio afectaron profundamente la posición de la Inquisición en el conjunto de instituciones regias e intensificaron los conflictos de competencias y preeminencias locales entre los inquisidores novohispanos y el resto de los organismos de gobierno que venían gestándose desde finales del siglo XVI[209]. Esta situación se agravó aún más al extenderse en los hechos los privilegios que gozaban los ingleses a los neerlandeses durante el acercamiento diplomático para alcanzar un cese a las hostilidades en 1606[210]. Así, al mismo tiempo que, como vimos en el primer capítulo, la Corona ordenaba a las autoridades seculares localizaran y expulsaran a los neerlandeses de los territorios indianos, mandaba restringir al mínimo la intervención de la Inquisición en las detenciones que se realizaran contra personas de ese origen. Efectivamente, en una cédula enviada por Felipe III en enero de 1607 al marqués de Montesclaros sobre las negociaciones que desde el año anterior se realizaban entre el archiduque Alberto y las provincias rebeldes de los Países Bajos, le informaba que se había llegado a un acuerdo para realizar un primer intercambio de prisioneros que era válido hasta julio, pero finalmente se extendió hasta la firma del Tratado de Amberes de 1609[211]. En razón de este convenio, se ordenaba a las justicias indianas que las personas capturadas *por razón de la guerra* se enviaran de inmediato a la Casa de la Contratación de Sevilla en donde se negociaría su libertad. El apoderado del gobierno de Mauricio de Nassau en Andalucía, Carlos de Cracou, llevó a cabo una incesante labor ante los jueces de la Casa de la Contratación y con el gobierno de Madrid, para obtener información de los neerlandeses que se encontraban en las Indias y en las cárceles andaluzas para que sin dilación se pusieran en libertad y bajo custodia del maestro Enrique Conde, administrador de la capilla y casa pía de la nación flamenca y alemana en Sevilla[212].

---

[208] BRADLEY, 1999, pp. 135-144.
[209] MARTÍNEZ MILLÁN, 2000, pp. 887-891.
[210] Véase capítulo 1.
[211] AGI, Indiferente, leg. 32, ff. 175v-176. AGI, México, 127, R. 1, L. 12.
[212] *Ídem*.

Si la Inquisición pretendió en algún momento actuar contra holandeses y zelandeses en este periodo, los intereses internacionales de la Corona y la presión ejercida por Cracou y Conde lo obstaculizaron. En 1607, por ejemplo, el comisario de Veracruz reportó a los inquisidores de México que las autoridades del puerto habían capturado un barco frisón con 5 tripulantes en las costas de Tabasco, en el cual se transportaba una jugosa carga que se calculaba tenía un valor mayor de 1.000 pesos. Siguiendo la costumbre, el comisario del puerto trató de obtener información sobre la religiosidad de los prisioneros para ver si alguno "pertenecía" al fuero, pero se abstuvo de reclamar a los prisioneros o de estorbar a las justicias seculares tal como se le había ordenado. Bajo esas limitadas condiciones y sin poder realizar interrogatorios, lo único que el comisario pudo obtener fue un libro de *Salmos* que los inquisidores trataron de usar como prueba para demandar su competencia sobre los reos. Este esfuerzo también resultó inútil porque el marqués de Montesclaros puso a la tripulación a disposición del general de la flota que partía a España para que fueran entregados en la cárcel de la Contratación de Sevilla y se diera parte a la Inquisición de ese puerto[213]. Años más tarde, tras el ataque de Joris Spielbergen en el puerto de Acapulco (1615), 9 tripulantes desertaron de sus embarcaciones mientras el convoy de 5 barcos se proveía de agua en el Puerto de Navidad. Desde ahí caminaron hasta Guadalajara para entregarse a las autoridades y, algunos de ellos, los que aseguraban ser católicos, para que los llevaran al Santo Oficio para pedir misericordia por haber navegado con protestantes. Al llegar a la capital, los inquisidores iniciaron dos procesos, uno contra Pedro Lert y otro contra Joseph de la Aye, pero poco tiempo después fueron interrumpidos por el virrey quien ordenó el traslado de los dos hombres a Sevilla argumentando que "así conviene al servicio de Su Majestad"[214].

Como se recordará, este trato privilegiado estaba reservado para las personas capturadas en la mar mientras que los septentrionales avecindados en las Indias o en la Península no obtuvieron ningún trato preferencial. A diferencia de España, en México los ingleses, escoceses e irlandeses que habían sido reconciliados y penitenciados en los años cercanos a las paces no fueron puestos en libertad, ni vieron sus condenas reducidas, como lo muestra el único proceso contra un irlandés en esas fechas, el de Turbal de Nanche, condenado en marzo de 1605, a quien se le otorgó clemencia para cumplir su condena en Sevilla cerca de su mujer cuando mostró

---

[213] AGN, Inquisición, vol. 467, exp. 37, ff. 162-163.
[214] AGN, Inquisición, vol., 223, exp. 35. AGN, Inquisición, vol. 491, exp. 15, ff. 244-254.

síntomas severos de depresión en 1615[215]. Tampoco los neerlandeses o alemanes arraigados recibieron un tratamiento especial, aunque el número de denuncias en su contra disminuyó considerablemente y, de éstas, tan sólo un puñado fueron encausadas. El común denominador de dichos procesos es que sus protagonistas eran comerciantes, un sector que, como vimos anteriormente, aumentó su número exponencialmente desde finales del siglo XVI y se consolidó como uno de los principales competidores de un sector de las élites mercantiles peninsulares. En este contexto y a la par que los Consulados de Sevilla y México ejercían presión con el monarca para contener la participación extranjera en el comercio atlántico durante las primeras décadas del siglo XVII, los miembros de este gremio no dudaron en echar mano de los estereotipos y clichés transmitidos por la pedagogía inquisitorial para fabricar acusaciones en su contra para poner punto final a pleitos de dinero que se trataban en otras instancias[216].

3.7.1. La opción de la reconciliación y sus efectos en movilidad de septentrionales en el espacio colonial

La disminución de los canales de actuación de la Inquisición contra los europeos septentrionales durante el periodo de paces destacó el procedimiento de la *denuncia espontánea* como una opción para que los extranjeros protestantes pudieran convertirse al catolicismo a través de un proceso simple y rápido, tras el cual podían circular libremente por los territorios de la monarquía. Las razones que movían a una persona a *reducirse* a la Iglesia católica, que era el nombre que se daba a este procedimiento, eran personales y podían ser motivadas por pragmatismo (miedo, conveniencia, necesidad) o por una convicción auténtica de que el catolicismo era la verdadera religión. Las *reducciones* que hemos encontrado para el caso mexicano hasta 1650 son únicamente un puñado, lo cual puede explicarse por los vacíos en la documentación, porque pocas personas se vieron obligadas a realizarlas, o porque el procedimiento era poco atractivo para los migrantes, en su mayoría trabajadores temporales en constante movimiento para encontrar empleo, como veremos en el capítulo siguiente. En este sentido, también se entiende que quienes sí optaron por *reducirse* fueran generalmente marineros desertores de la flota de Indias descubiertos o personas que pensaban permanecer en el virreinato por algún tiempo.

---

[215] AGN, Inquisición, vol. 302, exp. 10, f. 150. AGN, Inquisición, vol. 223, f. 149.
[216] Véase capítulo 6.

Como dijimos, es imposible saber cuáles eran los motivos que empujaban a una persona a realizar su conversión, sin embargo, en las declaraciones de los solicitantes se expresan con frecuencia dos razones de forma sospechosamente similares, a saber, el deseo de salvar su alma y la admiración que les despertaba la piedad católica como elemento que les podía ayudar a alcanzar ese propósito. Por otro lado, los aspirantes no parecían vacilar en querer abandonar sus religiones y es solamente tras la insistencia de los inquisidores que se vuelven perceptibles algunas dudas sobre los fundamentos de lo que ellos llaman "la adoración de las imágenes" y en algunos aspectos de la eucaristía católica[217]. Se localizan pues varios elementos que, como acertadamente se ha notado para el caso de Canarias, nos hacen pensar que, más que un deseo genuino de conversión, existieran "presiones y condicionamientos" que inclinaban a estos hombres a realizarlas[218]. Un motivo de peso para optar por la *denuncia espontánea* entre aquellos que llegaban a la ciudad de México durante la primera década del siglo XVII, bien pudo ser el tratar de protegerse contra las posibles represalias que pudieran tomarse contra ellos por su origen durante los años cercanos a los autos de fe de 1601 y 1603, cuando aún se podía ver a sus paisanos sambenitados en las calles de la capital. De hecho, sabemos que dos personas se inclinaron por esta opción después de que Cristóbal Miguel, el apartador de metales neerlandés reconciliado en el Auto de Fe de 1601, al advertir su origen e inconfundible filiación religiosa les aconsejara "que el mejor remedio era venir a denunciarse al Santo Oficio" porque nadie más los podría absolver de su condición de herejes[219]. La red de control social de la Iglesia y de la Inquisición jugaron también un papel importante para identificar y coaccionar las voluntades de personas que por distintas razones habían desertado de sus tripulaciones y se encontraban varados en los puertos en condición de vulnerabilidad social. Juan de Fos, por ejemplo, relató que tras haber tenido diferencias con el guardián de la embarcación para la que trabajaba en la Habana se había ido a Veracruz en donde pasaba los días pescando para subsistir. Solo y sin trabajo, el comisario del puerto lo identificó como extranjero y "lo mandó a que

---

[217] La diferencia entre latría, dulía, hiperdulía y protodulía fueron explicados frecuentemente a los protestantes por los inquisidores.
[218] FAJARDO ESPÍNOLA, 1996, pp. 43-44.
[219] AGN, Inquisición, vol. 271, exp. 15, 17 ff. AGN, Inquisición, vol. 916, exp. 8, ff. 236-246. Nótese que los reconciliados estaban obligados a denunciar a otros herejes so pena de relapsía.

se presentara a la Inquisición de México"[220].

Ante todo, realizar la conversión podía volverse un salvoconducto para poder transitar y desenvolverse libremente por los territorios de la monarquía sin ser molestados por ser extranjeros[221]. Esta actitud pragmática hacia la religión era común entre personas que se desplazaban entre territorios confesionalmente distintos, en donde la adecuación religiosa era un elemento necesario para la convivencia y la estabilidad. Simón Canoblochs, un apartador del oro de la plata, alquimista y marinero natural de Griessenberg, estudió y trabajó en Breslau, Cracovia, Viena, Olomouc y Neiz, que eran lugares donde coexistían luteranos, calvinistas y católicos, e incluso pasó 4 meses en el pequeño pueblo de Brno, "donde se guardaban más de 20 o más sectas diferentes". Esta experiencia ganada a partir de la migración y la convivencia, sensibilizaron a Simón sobre la imperiosa necesidad de seguir, decía, "sin más consideración lo que veía hacer a las personas que comunicaba y trataba" y de esa misma forma se comportó en México. La naturalidad de esta declaración es sin duda constancia de que la simulación era una práctica común y aceptada en algunos países de Europa y por los extranjeros en América[222].

El pragmatismo para aceptar la conversión religiosa "por conveniencia" es todavía más evidente en espacios como las islas Filipinas donde la presencia de distintas naciones europeas y el conflicto constante por el dominio territorial generaban una gran movilidad poblacional, sobre todo de prisioneros capturados y posteriormente liberados que se quedaban "allí avecindados y aún casados" y de quienes los inquisidores presumían se convertían para "curarse de prevención" por el miedo a ser descubiertos[223]. La posibilidad de que vasallos extranjeros incursionaran, comerciaran o migraran en las Indias orientales u occidentales no había sido incluido en ninguno de los tratados de paz firmados por España; no obstante, el comisario inquisitorial de Filipinas había recibido instrucciones en 1602 para reconciliar a cualquier preso que así lo solicitara con excepción de los neerlandeses, cuyas peticiones debían ser estudiadas y aprobadas por los inquisidores de México antes de pasar adelante. En 1610, se relajaron estas limitaciones al mandar que las reducciones se hicieran "con todos los extranjeros que vinieran denunciarse y pedir misericordia"[224], una

---

[220] AGN, Inquisición, vol. 274, exp. 5, s/f.
[221] Los motivos de Juan de Fos y de Pedro Maybon son prácticamente iguales. AGN, Inquisición, vol. 274, exp. 5, s/f. AGN, Inquisición, vol. 273, exp. 5, s/f.
[222] AGN, Inquisición, vol. 271, exp. 15, 17 f.
[223] MEDINA, 1949, pp. 49.
[224] WBS, 917, f. 242.

orden que disparó las solicitudes de reconciliación de holandeses en Filipinas tras los asedios a la ciudad de Manila de 1614 y 1616. Este despunte fue causa de alarma entre los inquisidores de México quienes, tras una revisión de las reconciliaciones, acusaron al comisario de las islas de actuar con demasiada laxitud porque no discernía entre los casos que debían ser llevados a proceso "por notoria apostasía" y aquellos que podían ser aceptados para ser reducidos al gremio de la Iglesia. De hecho, las indagaciones contra los soldados apresados en las batallas eran inexistentes a pesar de que su captura infraganti en actos contra católicos o la religión era causa suficiente para proceder en su contra. Las reconciliaciones como espontáneas a destajo "de unos y otros" le valieron una severa represión al comisario de Manila y ello quizá explique que las reconciliaciones disminuyeran considerablemente en la isla hasta finales de la década de 1620, cuando volvieron a repuntar. Lo interesante de este despunte es que también se presentaron españoles ante el comisario de Filipinas para reconciliarse después de haber repudiado del catolicismo para incorporarse como soldados en los ejércitos holandeses en el sureste asiático[225]. Como se observa, la defensa de la ortodoxia en Filipinas era una tarea sumamente difícil por no llamarla imposible.

Si bien en Nueva España la situación no alcanzaba esos grados de descontrol, los inquisidores mexicanos resaltaban la existencia de tres problemas graves derivados del aumento de la migración y de las reconciliaciones en las Indias en consonancia con los argumentos invocados por las autoridades civiles, a saber, la posibilidad de que los reconciliados pudieran volverse relapsos, la alta probabilidad de que transmitieran sus "errores" a la población indígena y la "gente vulgar", y el peligro de que la plata que obtenían en esos territorios sirvieran para financiar las guerras de sus naciones contra la monarquía, particularmente los holandeses porque a la sazón se encontraban "tan pujantes en el Mar del Sur"[226]. Las similitudes retóricas en los discursos entre las autoridades civiles que analizamos en los capítulos anteriores y eclesiásticas que venimos exponiendo confirman una conceptualización generalizada del extranjero como enemigo y hereje que sirvió como fundamento para que las oligarquías en ambos lados del Atlántico solicitaran a la Corona la puesta en marcha de medidas más radicales para contener la llegada y permanencia de extranjeros en las Indias. En el caso de los inquisidores de México, lo anterior se expresa en su convencimiento de que todos los extranjeros eran infieles y traidores, aunque podían ser divididos en dos grupos. Los primeros,

---

[225] MEDINA, 1949, pp. 49-52.
[226] *Ídem.*

una minoría, eran "públicos y descubiertos", tolerados y merecedores de un trato especial por las autoridades por su utilidad a la república, como se ejemplifica con lo sucedido al ingeniero Adrián Boot[227]. El resto, la inmensa mayoría, permanecían "encubiertos y disimulados", integrados "con el traje y la lengua de los españoles", gozando de una enorme libertad de movimiento para vender sus mercancías y enriquecerse en todos los rincones del territorio con la anuencia o indiferencia de la mayor parte de la población a la que parecía más importante sacar provecho económico que cumplir con su deber cristiano de denunciarlos ante las autoridades. En estas circunstancias y en vista de las restricciones a sus competencias, la Inquisición únicamente actuaba "cuando se debe y se puede", es decir, en situaciones limitadas que resultaban en castigos de destierro a España y de pena de galeras a las pocas personas que llegaron a procesar o de *reconciliación* a aquellos que se acercaban a pedirla, aunque, en el fondo, los jueces dudaban de su sinceridad. Por esta razón, y al unísono del resto de las oligarquías que se posicionaban por una fuerte limitación de los canales de acceso de los extranjeros a los privilegios de los españoles esgrimiendo argumentos en pro de la conservación de la monarquía, los inquisidores escribieron al Consejo de la Suprema para que les permitiera coordinarse con el fiscal de corte, proporcionándole información sobre las personas que reconciliaban para que éste pudiera apresarlas y expulsarlas a España de inmediato. En concordancia con los principios de la *razón de estado* los inquisidores argumentaban a favor de esta idea de la forma siguiente: "…como quiera que también se opone este medio a la seguridad con que ellos se presentan [en la Inquisición] y se les debe guardar contrapesan más otros inconvenientes y la pobre firmeza de su fe"[228]. La propuesta no tuvo resonancia en el Consejo de la Suprema y se ordenó a los inquisidores de México que continuaran procediendo según las últimas instrucciones que se les habían enviado.

Al igual que en España, la reanudación de las hostilidades con las Provincias Unidas en 1621, con Inglaterra en 1625 y Francia en 1635, no tuvieron un impacto importante en la actividad inquisitorial novohispana contra extranjeros del norte de Europa, quizá porque la política de guerra económica de la Corona también disminuyó el flujo de extranjeros en los territorios de la monarquía. Durante este periodo se iniciaron a penas un puñado de procesos, en su mayor parte contra comerciantes flamencos acusados de traición al monarca y herejía, aunque los verdaderos móviles, como veremos en el capítulo 6, eran económicos. La excepción es el

[227] *Ídem.*
[228] *Ídem.*

conocido proceso de Guillen de Lampart que se desarrolla como coletilla del conflicto entre Palafox y Escalona y dentro del resurgimiento de la actividad inquisitorial en Nueva España a finales de la década de 1640, en un periodo en que la atención de la Inquisición se centró en los portugueses señalados como judeocristianos en el contexto de la caída del conde duque de Olivares y de la crisis política de la monarquía.

Segunda Parte
*El impacto social y económico
de la migración del Mar del Norte
en Nueva España*

4.
La migración laboral

En su clásico trabajo sobre la historia social del Perú, James Lockhart dedicó un significativo capítulo a los marineros y extranjeros. La unión entre estos dos grupos en el título no era casual, ya que el historiador había identificado los elementos que distinguieron a los extranjeros no españoles en América: la mayor parte eran trabajadores de temporada y se habían trasladado realizando alguna faena como marineros o soldados en las flotas y armadas de Indias y de éstos, tan sólo unos cuantos solían quedarse en tierra. En las pocas pero precisas páginas dedicadas al tema, Lockhart describía a estos hombres predominantemente como plebeyos que tendían a agruparse por nacionalidad y que desempeñaban, por lo general, los oficios y trabajos de poco prestigio que los españoles no querían o no tenían la competencia para ejecutar, especialmente aquellos relacionados con la metalurgia y la artillería. En realidad, lo que Lockhart observaba era la incipiente formación de un mercado laboral que se volvería sumamente atractivo para los migrantes laborales europeos y que sería de enorme importancia para el sostenimiento del proyecto imperial español a partir de 1560, fecha en que el autor daba por terminada su investigación.

En efecto, a finales del siglo XVI, el virreinato de Nueva España se había convertido en el principal destino de miles de europeos que habían decidido migrar a las Indias. La principal causa de esta atracción se encontraba en la aceleración económica por la que estaba pasando el reino desde 1570 y que no mostraría indicios de decrecimiento sino hasta la década de 1630. El inicio de este crecimiento se ha identificado a partir de la década de 1540, una vez que la rápida y precipitada mortandad indígena, causada por las epidemias y la explotación social, apresuró el proceso de relocalización de las comunidades autóctonas en congregaciones rurales supeditadas a las necesidades de abasto alimenticio y fuerza de trabajo de las ciudades que quedaron en control de los conquistadores. Las epidemias y las concentraciones resultaron en el abandono o en el despojo de tierras comunitarias que fueron apropiadas y redistribuidas a través de mercedes reales o simplemente ocupadas sin previa autorización, principalmente por los colonizadores europeos[1]. Una segunda gran oleada de epidemias en la década de 1570 acentuó el proceso de despojamiento y reparto de tierras para el cultivo comunitario y la producción ganadera que derivaron en la rápida formación de haciendas y estancias para suministrar alimentos y algunas manufacturas a las ciudades y centros mineros. Un segundo elemento, que además sirvió para estimular el sistema de hacienda y la urbanización[2], fue el descubrimiento de ricos yacimientos de metales preciosos, sobre todo los que acompañaron al avance paulatino de la conquista de los territorios norteños entre los que destacan Zacatecas (1546), Guanajuato (1550), Pachuca (1552), Sombrerete (1558), Santa Bárbara (1567) y San Luis Potosí (1592), que mantuvieron una producción conjunta y un crecimiento sostenido durante este mismo periodo a no ser por ligeras disminuciones entre 1610 y 1614[3].

Como consecuencia de lo anterior, el comercio y el consumo se intensificaron y se consolidó una élite mercantil lo suficientemente fuerte como para solicitar la creación de un consulado propio para dar cabida a sus necesidades de organización y justicia ya en 1560[4]. Si bien no fue aprobado sino hasta 1594, sus miembros, poseedores de grandes fortunas, sirvieron como elementos centrales en la concentración y redistribución del comercio interno de metales, la exportación de materias primas y la importación de manufacturas entre México y España, así como hacia otras plazas continentales y hacia Asia, a partir de la apertura de la ruta de navegación directa entre Acapulco y Manila en 1565 que colocó al virreinato en el centro de un extenso corredor de circulación humana y comercial. Fueron, al igual que en las capitales de Europa, banqueros de los gobernantes de turno a la vez que formaban parte de los núcleos de poder representados en el Cabildo capitalino. Fungieron como inversionistas en el sector agropecuario, de la minería y de la

---

[1] CHEVALIER, 1999, pp. 133-204. FLORESCANO, 2003, pp. 92-121.
[2] BAIROCH, 1988, pp. 382-390.
[3] POWELL, 1996, pp. 19-46. BEKEWELL, 2003, pp. 50-54. DELACUEVA MUÑOZ, 2013, pp. 336-348.
[4] VALLE PAVÓN DEL, 2002, pp. 517-557. MARTÍNEZ LÓPEZ-CANO, 2006, vol. 32, pp. 103-126.

protoindustria textil que floreció en la parte central del reino desde donde se comercializaban telas tanto en el mercado interno como en el peruano hasta su prohibición en 1634[5]. A la par de los grandes mercaderes, se multiplicaron los comerciantes al menudeo, los viandantes y toda una suerte de transportistas terrestres y marítimos que vivían también de los intercambios, recorrían los caminos y favorecían la circulación de productos y capital entre las distintas regiones.

Todos estos factores dieron impulso a los mercados internos, propiciaron el nacimiento de localidades, aceleraron el mejoramiento de las vías de tránsito y el crecimiento de los centros políticos-administrativos con sus redes de pueblos y rancherías ligados a la producción agrícola, ganadera, minera y mercantil[6]. Hacia 1580, la primera etapa de fundación de nuevas ciudades disminuyó notoriamente a no ser por la creación de núcleos mineros de mayor o menor vida productiva. Este relativo estancamiento dio pie a un impresionante crecimiento en el índice de urbanización causado por la llegada de más inmigrantes europeos, el aumento de la población criolla y mestiza, la introducción de un número cada vez mayor de esclavos africanos y asiáticos, así como la afluencia a las ciudades de población indígena desde las zonas rurales a las ciudades ya existentes[7]. De esta forma, varias investigaciones apuntan a que, desde las últimas dos décadas del siglo XVI y hasta 1630, el número de vecinos españoles en la Audiencia de México pasó de 6.229 en 34 ciudades a 25.000 en 24, mientras que en la de Guadalajara se elevaron de 1.099 en 14 urbes a 2.700 en 9. La tendencia fue aún más marcada en las capitales de ambas audiencias donde se concentraban varias funciones políticas, administrativas, religiosas y mercantiles: en la ciudad de México se cree que el crecimiento demográfico pasó de 3.000 a 15.000 cabezas de familias mientras que en Guadalajara se duplicaron de 300 a 600 en la república de españoles y alcanzaron las 3.000 en la de indios[8]. Otras ciudades importantes, como Tlaxcala y Cholula, se calculaba que ya habían rebasado los 500 vecinos para principios del siglo XVII[9].

---

[5] *Ibídem*, pp. 103-126. SCHELL HOBERMAN, 1991, pp. 71-146. MIÑO GRIJALVA, 1993, pp. 49-62. LYNCH, 2007, pp. 702-706. VALLE PAVÓN DEL, 2001, pp. 273-286 y 2002, pp. 513-557.
[6] MIÑO GRIJALVA, 2001, pp. 31-37.
[7] *Ibídem*, pp. 37-38.
[8] *Ibídem*, 85-87. MORSE, 2003, pp. 25-26.
[9] AGN, Inquisición, vol. 467, f. 18.

El peso que la migración europea tuvo en este crecimiento urbano de distintas regiones ha sido propuesto por varios autores. Magnus Mörner, por ejemplo, estimó que alrededor de 160.000 personas se desplazaron a las Indias entre 1560 y 1600, y que poco más de 240.000 lo hicieron en los siguientes 25 años de los cuales, según los cálculos de Peter Boyd-Bowman, el 50% había escogido México como su último destino[10]. El desarrollo político, cultural, mercantil y económico por el que pasaba la Nueva España había convertido al reino en un destino atractivo para personas que buscaban conexiones comerciales, rencuentros familiares y satisfacciones personales, pero, sobre todo, mejores oportunidades de vida a las que ofrecía la coyuntura negativa por la que pasaban varias regiones de Castilla y Europa desde finales del siglo XVI[11].

Las dimensiones que alcanzó el movimiento de personas entre ambas orillas del Atlántico dejó testimonios en los intercambios epistolares de los migrantes, como las publicadas por Enrique Otte, pero también en las enviadas por las autoridades seculares y eclesiásticas a la Corona para expresar sus quejas por lo que parecía una evidente falta de control sobre la llegada de pasajeros que salían de los puertos y la dificultad que encontraban para vigilar los barcos e impedir que los viajeros se internaran tierra adentro según ordenaban las cédulas existentes. En 1574, los recién instalados inquisidores de México resaltaban "la mucha gente extranjera que a estas tierras pasa y los muchos puertos que en ella hay por donde pueden entrar *sin pena alguna*"[12]. Hacia 1593, el obispo de Guadalajara, Francisco Santos García de Ontiveros, advirtió al Consejo de la Suprema la necesidad de aumentar el número de familiares de la Inquisición de 12 a 24 en todo el reino donde era perceptible un acrecentamiento de "vecindad, gente, contratación y comercio", una petición que secundaron los inquisidores de México en 1595[13]. Una década más tarde, el comisario de Puebla volvía a insistir en el asunto por encontrar muy poblado de vecinos españoles las ciudades de Tlaxcala, Huejotzingo, Tepeaca, Cholula y los pueblos de Tecamachalco. En 1618, los inquisidores de México retomaban el tema porque los 12 familiares nombrados eran insuficientes debido al aumento de la población de la ciudad que, para entonces, se calculaban había sobrepasado los 11.000

---

[10] MÖRNER, 2001, 415-428. BOYD-BOWMAN, 1976, pp. 580-604.
[11] Véase los trabajos en: CLARK, 1985. YUN CASALILLA, 2004, 480-487. ROMANO, 1993.
[12] MEDINA, 1998, p. 45.
[13] AHN, Inquisición, vol. 2269.

La migración laboral

vecinos españoles[14]. Distintos virreyes llamaron también la atención sobre lo que parecía una "masiva" llegada de pasajeros que daba la impresión de saturar la tierra, o como expresaba el virrey Luis de Velasco, "*ya no caben de pies* ni hay bastimentos que les basten"[15]. En términos prácticos la llegada constante de inmigrantes originaba carestía precipitada de bienes, servicios, infraestructura y vivienda en las ciudades, un hecho que se reflejaba en el aumento de precios. No obstante, estas circunstancias creaban también un medio ideal para el desarrollo del artesanado y la servidumbre, sectores que, al igual que sucedía en las urbes europeas, no podía ser abastecida únicamente con población castellana.

Si bien, como analizamos en el capítulo primero, a partir de la década de 1590, el gobierno central puso especial énfasis en la creación de órdenes y de una legislación orientada en que las autoridades peninsulares e indianas controlaran la migración, en los hechos la llegada de personas siguió siendo una constante. En 1602, por ejemplo, la visita a las naves capitana y almiranta sacó a la luz 170 pasajeros sin licencias y se calculó que en el resto de los navíos habría un número similar a los que no se había podido identificar por la falta de tiempo y recursos. Es decir que un considerable y creciente número de migrantes –castellanos y extranjeros– se desplazaban sin prácticamente restricciones al margen de los sistemas de control por todos los territorios de la monarquía[16].

Es precisamente en este contexto en el que hemos podido identificar en las fuentes un flujo ininterrumpido y creciente de inmigrantes laborales provenientes de las zonas más urbanizadas e industrializadas de la región del Mar del Norte. A partir del seguimiento de la experiencia de más de un centenar de personas, este capítulo busca aportar algunos rasgos generales sobre los elementos de empuje y atracción de esta migración en el territorio novohispano, los patrones que siguieron y las cadenas migratorias que formaron. Junto al próximo capítulo, las siguientes páginas buscan mostrar el papel que esta fuerza de trabajo tuvo en el

---

[14] AGN, Inquisición, vol. 467, f. 18.
[15] AGI, México, 23, N. 13. Véase capítulo 1.
[16] TORRE VILLAR DE LA, 1991, p. 191, vol. 1. HANKE Y RODRÍGUEZ, 1976, pp. 40-42, 127-144. AGI, México, 121, R. 5. En 1584 los franciscanos en Costa Rica decían que en el puerto concurrirían "personas de todas partes y de diferentes naciones" y se declaraban insuficientes para realizar las visitas inquisitoriales. AGN, Inquisición, vol. 141, exp. 22, 2 f. Costa Rica, 1584. En 1595 los jesuitas de la misión de Acapulco mencionaban los muchos extranjeros que llegaban en la nao de China. Félix de Zubillaga "Monumenta Mexicana" citado por: ZAVALA, 1987, p. 598, vol. 3. AGN, Reales Cédulas Duplicadas, vol. 4, exp. 30, f. 29. Véase el capítulo 1.

4.1. Perfil y motivaciones de los migrantes laborales

El grupo más numeroso de migrantes septentrionales en América fueron trabajadores asalariados, predominantemente hombres jóvenes y solteros de los Países Bajos[17]. Eran artesanos, marineros, soldados, criados y jornaleros con múltiples grados de especialización que se vieron condicionados a migrar desde edades muy tempranas por causa de las variaciones de la oferta y la demanda de trabajo, los vaivenes económicos y políticos a escala local, regional y global a lo largo de la Edad Moderna. Provenientes de las zonas más urbanizadas e industrializadas de Europa, la vida de estos hombres siguió los patrones de desarrollo y movilidad de las clases trabajadoras de la época, aunque con el agravante de la miseria y la incertidumbre causada por los conflictos armados y religiosos que afectaron a diversas zonas del centro y norte de Europa durante largos periodos[18].

De sus relatos de vida se desprende que, en términos generales, permanecieron en sus hogares un promedio de entre cinco y quince años, tiempo que pasaron ayudando a sus padres en sus oficios, realizando labores domésticas y de labranza. En algunos casos, tuvieron la oportunidad de asistir a la escuela, un recurso que era cada vez más disponible en algunas ciudades mercantiles y manufactureras de los Países Bajos y Alemania, aún para los sectores de la población menos favorecidos[19]. Una vez pasados esos primeros años, los niños fueron comúnmente puestos bajo la tutela de algún familiar, amigo, artesano o empleador como sirvientes, aprendices o como pajes de escoba, nombre que recibían los menores que trabajaban en los barcos y que no tenían la edad o la experiencia para ocupar las plazas de grumetes[20]. Estos arreglos, hechos de manera informal y con diferenciaciones en su extensión y forma, eran una manera común de aligerar la carga económica en caso de familias numerosas, pero también servían para garantizar a los niños y adolescentes algún tipo de preparación para introducirlos en el mercado laboral. Algunos otros, los menos afortunados, los que habían quedado huérfanos de uno

---

[17] Esta conclusión coincide con: LUCASSEN Y LUCASSEN, 2009, pp. 363-369.
[18] MOCH, 2003, pp. 31-59. ALTMAN, 2005, p. 258. TILLY, 1976, p. 28.
[19] SPUFFORD, 1995, pp. 229-283.
[20] BRUIJN, 1997, pp. 27-28. Esta información es confirmada por: BARCLAY, 2019. POGGIO, 2016, apéndice 2.

o ambos padres, fueron puestos bajo el cuidado de familias adoptivas, fueron acogidos por vecinos o se vieron en la necesidad de mendigar en las calles por años hasta que pudieron incorporarse a algún trabajo[21].

La inserción laboral significó para algunos el comienzo de la movilidad de corta y mediana distancia, sobre todo porque la permanencia o especialización en una única actividad económica y bajo un solo patrón era un fenómeno que todavía se encontraba en pleno desarrollo en la Edad Moderna. Se ha calculado que una proporción importante de la población adolescente pasaba esta fase de transición a la adultez trabajando como sirvientes productivos (como parte del servicio doméstico o de la actividad económica del patrón) o improductivos (como acompañantes) en regímenes de contratación anual renovable, condición que los volvía una fuerza de trabajo sumamente móvil[22]. Por otro lado, sirvientes, aprendices y oficiales sufrían de la poca estabilidad del sistema de empleo característico de una economía basada en los rendimientos constantes de escala. Como ha explicado Farr, desde finales de la Edad Media y hasta entrado el siglo XVIII, los maestros artesanos retenían de forma permanente a un número reducido de trabajadores altamente calificados mientras que los menos preparados, por lo general oficiales y aprendices itinerantes, eran contratados en puestos temporales cuando se requería incrementar la producción. Una vez que ésta decrecía, los trabajadores con menos especialización eran despedidos y, con ello, se volvía a los caminos en la búsqueda de un nuevo empleo[23].

Esta situación, unida a los rápidos avances tecnológicos de la época que volvían obsoletas algunas actividades manuales en ciertas regiones propiciaba, por un lado, el aprendizaje de por lo menos dos oficios con distintos grados de especialización que permitían salir del paso en situaciones de contingencia. Asimismo, contribuía a la movilidad de una gran cantidad de personas en la búsqueda por alcanzar una mejor preparación o las mejores ofertas de trabajo. El recorrido de los circuitos de empleo proseguía hasta que encontraban un contrato más largo o, en un escenario ideal, consiguieran el dinero necesario para poder abrir un taller propio que brindara cierto grado de estabilidad. De esta forma,

---

[21] Por ejemplo: Juan Pérez comenzó a pedir limosna tras quedar huérfano a los 10. Al cumplir 20 fue aceptado como grumete en un barco. AGN, Inquisición, vol. 161, exp. 6, ff. 15-17. Tras quedar huérfano Cornelio Adriano Cesar vivió con su familia materna hasta ser colocado como aprendiz de impresor a los 8 años. AGN, Inquisición, vol. 165, exp. 5., ff. 27-29. Véase: HARRINGTON, 2008, pp. 103-120.

[22] KUSSMAUL, 1981, pp. 3-27. FAUVRE-CHAMOUX Y WALL, 2005, pp. 345-354.

[23] FARR, 2000, p. 142.

sirvientes, aprendices y oficiales recorrían las ciudades del continente en búsqueda de alguna plaza libre en las llamadas rutas de aprendizaje, empleo y especialización, como las que se han estudiado en Francia e Italia[24]. En ocasiones, estas personas aprovechaban su movilidad para incursionar en el comercio itinerante minorista, actividad que, como ha demostrado Fontaine, fue fundamental para la distribución de mercancía de primera necesidad, el consumo y el préstamo en algunas regiones de Europa[25].

Los marineros eran sin duda un sector especial porque comenzaban a trabajar desde muy pequeños formando parte de las tripulaciones que recorrían los trayectos comerciales del Mar del Norte y el Báltico, una franja donde existía un desarrollado mercado de trabajo transnacional que se prolongaba a lo largo del Rin, el Elba y el Ems desde mediados del siglo XVI[26]. Primero, durante su etapa de entrenamientos como criados y grumetes, realizaban viajes cortos que les permitían regresar a sus casas de forma periódica. Una vez alcanzada la edad y experiencia necesaria, eran reclutados para realizar trayectos largos entre el sur y norte continental, o en expediciones en el Atlántico que venían aparejados de mejores salarios y mayores riesgos[27]. Los tiempos de espera en los puertos o durante los meses de baja actividad náutica obligaban a este sector a desempeñarse en faenas alternativas o inclusive, llegaban a mendigar en las calles o a trabajar como criados y peones para sobrellevar los periodos de mala racha.

Todos estos grupos de trabajadores llegaron a enrolarse en las levas en momentos de desesperación económica por ser ésta una opción que se encontraba siempre a la mano en distintos puntos de la geografía europea, americana y asiática[28]. En efecto, la violencia, la tecnología y la organización asociadas a ellas fueron, como apuntó Jan Glete, el principal producto de exportación europeo durante la Edad Moderna, lo cual se evidencia en que una buena parte de los jóvenes que migraron a Nueva España declararan haber tenido algún tipo de participación en conflictos bélicos de mar o tierra en cierto momento de su vida[29]. Algunos lo hicieron voluntariamente y por convicción, como el alemán Simón de Santiago que se armó con su dinero en Gdansk para ir a servir junto

---

[24] *Ibídem*, p. 206-215.
[25] FONTAINE, 1996, pp. 8-34.
[26] LOTTUM, 2007.
[27] DAVIDS, 1997, pp. 41-71.
[28] TALLET, 1992, p. 88.
[29] GLETE, 2002, p. 40.

a los ejércitos hugonotes en las guerras de religión de Francia, mientras que otros se vieron presas de las circunstancias, como Cristóbal Miguel, quien describió haber sido forzado a trabajar como criado de un soldado por varios meses después de encontrarse con las tropas de las provincias norteñas mientras cruzaba el Escalda cuando tenía 13 años[30].

A juzgar por los testimonios de los migrantes, la búsqueda de mejores condiciones de vida, de ahorrar algún capital a través del trabajo o mandar remesas a sus familias fueron la principal motivación para desplazarse a Castilla y posteriormente a Nueva España y Filipinas. Según relató el impresor Cornelio Adriano César a sus paisanos él, "…en ganando de comer se había de volver a su tierra". Juan Govart también aseguró que "…viéndose con dineros se había [de] ir a vivir con ellos [sus padres]"[31], mientras que a Diego del Valle le parecía que era "…común en lenguaje de los extranjeros decir que teniendo dineros se han de volver a su tierra"[32]. En ocasiones, la búsqueda de oportunidades en el extranjero se basaba en la experiencia de migraciones realizadas por sus padres y en la fuerza de empuje ejercida por la inestabilidad política, económica y social que imperaba en las regiones de origen y que, quizá, creaba entre los adultos un sentimiento de desesperanza sobre el futuro de sus hijos. En este sentido, puede entenderse que el padre de Diego del Valle lo exhortara a "que se fuera a España donde él había estado, que era buena tierra y que se apartara de los de su nación [Midelburgo] y que los de Flandes estaban perdidos por las muchas guerras"[33].

Otras veces, el estímulo provenía de estrategias más amplias en donde familias enteras se veían implicadas en complejas cadenas migratorias de escala internacional para llevar un proyecto común adelante en donde todos los miembros cumplían los distintos papeles de reclutadores, facilitadores del viaje o "aclimatadores" dependiendo de las circunstancias en las que se encontraran dentro del engranaje familiar. Estas redes, que aseguraron la migración de miles de personas entre el norte y el sur de Europa, se caracterizaron por gozar de una gran vitalidad desde principios del siglo

---

[30] AGN, Inquisición, vol. 168, exp. 4, ff. 95-98.
[31] AGN, Inquisición, vol. 165, exp. 5, f. 46v. AGN, Inquisición, vol. 167, exp. 6, f. 97v.
[32] AGN, Inquisición, vol. 168, exp. 2, f. 30. Otros ejemplos: Guillermo Juan confesó a los inquisidores que Hans (Diego) había salido de Middelburgo a los 7 años y "que en ganando alguna cosa se iba a volver a la dicha ciudad". AGN, Inquisición, vol. 166, exp. 1, f. 28. Simón de Santiago estaba "determinado a volverse a su tierra". AGN, Inquisición, vol. 168, exp. 3, f. 101. Martín tonelero explicó a otro extranjero que si no había vuelto a Ámsterdam era por "no tener dineros" y que si "tuviera dineros se fuera a vivir a la dicha ciudad". AGN, Inquisición, vol. 166, exp. 4, ff. 40-40v.
[33] AGN, Inquisición, vol. 168, exp. 2, f. 16.

XVI, como lo demuestran los casos estudiados por Fagel, Thomas y Stols, y cumplieron un papel fundamental como proveedores e intermediarios en la integración de los recién llegados en el mercado laboral local. Algunos de ellos, como el entallador amberino Adrián Suster, quien fue recibido y entrenado por su hermano en Cádiz, son ejemplo del funcionamiento de tejidos a escala familiar mientras que otros, como Enrique de Montalvo, a quien su hermano logró colocarlo como paje en la casa del marqués de Villareal gracias a los contactos entrelazados entre varios paisanos alemanes arraigados en Portugal, son constancia de mallas más complejas y extendidas que trascendían los lazos de parentela[34]. La movilidad era, asimismo, resultado de la curiosidad individual por conocer otras culturas y formas de vida. Si bien este motivo es prácticamente inexistente en los testimonios que hemos recopilado, las experiencias de Willem Wydts, Jehan Lhermite y Jeronimo Scholliers estudiadas por Stols, constatan que sin duda este fue un elemento de empuje[35]. En nuestro caso hemos encontrado un único ejemplo, el del apartador Cristóbal Miguel, que declaró haberse ido a Lisboa "porque había oído loar mucho aquella ciudad y deseaba mucho ir a ella"[36].

4.2. Rutas, formas de desplazamiento y patrones de movilidad hacia el sur europeo

Un componente común de los migrantes laborales fue su forma de desplazamiento hacia sur continental como pasajeros o marineros de los pequeños barcos que transportaban bastimentos, paños, madera y cereales en las rutas que conectaban distintos puertos de importancia mayor como Amberes, Ámsterdam, Dunquerque, Hamburgo, Lübeck, y otros localizados a lo largo de las costas del Mar del Norte y el Báltico, que integraban la intrincada red comercial de la región con las plazas comerciales de la Península Ibérica[37]. Si bien los itinerarios generalmente involucraron varias escalas y hasta cambios de embarcaciones en diversos puntos de Europa y el archipiélago canario, la tendencia era abandonar las embarcaciones en los puertos españoles de Sevilla, Cádiz y Sanlúcar de Barrameda, que cumplían el papel protagónico en el sistema de flotas del

---

[34] AGN, Inquisición, vol. 164-2, exp. 6, ff. 310-311v. AGN, Inquisición, vol. 168, exp. 2, ff. 14v-15. AGN, Inquisición, vol. 164-2, exp. 9, f. 497v. AGN, Inquisición, vol. 166, exp. 1, ff. 8-11.

[35] STOLS, 1998, pp. 147-169.

[36] AGN, Inquisición, vol. 168, exp. 4, f. 98.

[37] Por ejemplo, Midelburgo, Róterdam, Medemblik, Visslingen, Emden, Arnemuiden, Bretaña y Burdeos.

monopolio mercantil castellano y en los circuitos comerciales regionales e internacionales de Europa y América[38]. Otra opción era la entrada por los puertos de Setúbal y Lisboa, donde tanto flamencos como alemanes tenían privilegios reales para ejercer sus contrataciones y desde donde sus embarcaciones eran recontratadas para fletar productos a los puertos de la Baja Andalucía, el Levante y África.

Una vez en España, las oportunidades de trabajo y movilidad se volvían sumamente variables para cada individuo, sobre todo para aquellos que viajaban por primera vez o que no contaban con el respaldo familiar o de otros paisanos. Thomas, sin embargo, puso de relieve a través de los relatos de vida contenidos en cientos de procesos inquisitoriales que los marineros solían permanecer por lo general en las zonas costeras (Sevilla, Cádiz, Sanlúcar, Bilbao, San Sebastián, Ribadeo, El Ferrol y Málaga) mientras que los artesanos tendían a moverse en el interior del territorio peninsular (Zaragoza, Toledo, Valladolid, Cuenca, Ciudad Real, Almagro, Ocaña, Escalona y Granada) en búsqueda de empleo. Nuestra muestra comprueba este patrón con ciertos matices, puesto que la incertidumbre laboral entre los hombres de mar, al igual que entre el artesanado, obligaba a este sector a mantenerse en constante movimiento. De esa forma, encontramos que los artesanos se enrolaban principalmente como grumetes, marineros, carpinteros o cualquier oficio suplementario en las embarcaciones, no sólo como medio para desplazarse, sino en ocasiones también como modo de subsistencia por periodos largos. Por otro lado, los marineros que por diversas razones tenían que permanecer en tierra, ejercieron labores como criados o probaron suerte como aprendices de diversos oficios, aunque frecuentemente buscaron reintegrarse en sus puestos de mar. Ambas estrategias, incidieron en la formación de cadenas migratorias a lo largo de los territorios peninsulares aunque de forma diferenciada: mientras los marineros tendían a permanecer dentro de patrones circulares que los obligaban a mantenerse dentro de los perímetros de las zonas costeras, como explica Thomas, los artesanos se desplazaban y asentaban tierra adentro por periodos de tiempo más o menos largos que favorecían, si encontraban las condiciones favorables, asentamientos semipermanentes y la posible migración a las Indias. Los criados, por otro lado, podían permanecer en la misma urbe por años, rotando entre distintos patrones que comúnmente pertenecían al mismo

---

[38] Sobre Sevilla véase: STOLS, 1971, pp. 49-95, vol. 1. Para Sanlúcar de Barrameda: OLLERO, 1983, pp. 127-136. SALAS ALMELA, 2008a, pp. 200-225. GIRARD, 2006, p. 66-70.

círculo social y con quienes podían llegar a realizar el viaje transatlántico como acompañantes[39].

Sirva como ejemplo de movilidad y flexibilidad entre los migrantes laborales el relato del tonelero lubequés Enrique Alemán. Cuando tenía tan solo 12 años, Enrique viajó a Lisboa con su tío, donde permaneció dos meses antes de trasladarse a Dinamarca. En el puerto escandinavo, se alistó como paje de un maestre de la flota real danesa durante medio año antes de volver a Sanlúcar de Barrameda "en un navío de flamencos *por grumete*" que finalmente no llegó a su destino porque fue asaltado por piratas ingleses y conducido a Inglaterra. Cuando por fin consiguió su libertad, Enrique se desplazó a Cádiz, en donde se embarcó en un navío de Venecia *por grumete*, y llegado ahí "… se asentó con un tonelero de Grecia llamado Thomas, con el cual estuvo *un año aprendiendo el oficio* hasta que murió y luego asentó con Cidral carpintero donde estuvo *dos años aprendiendo el oficio*". El periplo de Enrique continuó en Grecia, región que:

> …anduvo toda y estuvo en ella en diferentes tiempos como dos años hasta que decidió volver a Cádiz vía Venecia para incorporarse en los galeones del rey "que fueron a Ferrol, donde anduvo más de año y medio y cuando la armada del general del duque de Medina [Sidonia], fue a Inglaterra *por artillero* de un navío llamado San Francisco en el cual volvió a Sanlúcar donde estuvo doce días y en Cádiz un mes *trabajando en su oficio*.

Desde ahí, volvió a viajar *por artillero* en un barco a Venecia y posteriormente a la isla Cefalonia donde fue capturado por los turcos y, posteriormente, fue conducido a Constantinopla. En la capital otomana lo obligaron a *remar en las galeras* del Gran Turco por seis meses. Gracias a un duque alemán recuperó su libertad y pudo irse a Inglaterra donde volvió a enlistarse "en un filibote a Sanlúcar yendo *de cocinero en él porque no había otra plaza vaca [vacía]*". Ya de vuelta en la península partió a la ciudad de Sevilla en cuya iglesia catedral se empleó *seis meses como carpintero* antes de enlistarse *como artillero* en uno de los galeones enviados a servir en las Azores[40].

---

[39] Ejemplos: Gregorio Miguel y Diego del Valle trabajaron más de 4 años como sirvientes en Sevilla. AGN, Inquisición, Vol. 167, exp. 6, f. 41. AGN, Inquisición, vol. 168, exp. 2, f. 14v.

[40] AGN, Inquisición, vol. 167, exp. 2, ff. 18-21.

4.3. El acoplamiento del mercado laboral de la región del Mar del Norte con el Atlántico ibérico

La flexibilidad que caracterizó a los migrantes laborales explica que en su mayor parte se desplazaran a las Indias realizando alguna faena en los barcos de los convoyes de las flotas y armadas de Indias que zarpaban desde los puertos andaluces y, en menor medida, en las embarcaciones que realizaban el viaje desde las islas Canarias a las Antillas o Brasil[41]. Como mencionábamos líneas atrás, los principales puertos donde se efectuaron los enrolamientos de flamencos y alemanes que viajaron a Nueva España fueron, naturalmente, los que servían en la navegación entre España y las Indias, es decir Sevilla, Cádiz y, especialmente, Sanlúcar de Barrameda.

Debido a su localización geográfica y a los privilegios fiscales concedidos a la casa de los Guzmán, el puerto señorial era un destino preferente de los mercaderes extranjeros para realizar compras de productos regionales y de mercancías prohibidas como la plata[42]. Por esta razón y por ser junto a Cádiz la última escala peninsular en donde las flotas, los barcos de aviso y de las armadas de Indias completaban las tripulaciones de los barcos, Sanlúcar era un punto importante de reunión de marineros, soldados y artesanos que navegaban entre los puertos de la fachada Atlántica europea en busca de nuevas oportunidades de empleo[43]. En este punto, además, las contrataciones de extranjeros debieron haber sido mucho más permisivas, ya que la premura por agilizar la salida de los convoyes apuraba los alistamientos y obligaba a realizar visitas más

---

[41] SALAS ALMELA, 2008a, pp. 200-225 y 2012. WELLER, 2012, pp. 181-183.

[42] Véase el caso de Robert Tomson: CONWAY, 1927. EBERT, 2003, PP. 49-75. KLOOSTER, 2003, 367-376 y 1995

[43] Por ejemplo, Cristóbal Miguel, Guillermo Enríquez y Juan Ruiz pasaron en un barco de conserva de los hermanos holandeses Horn, cuyo nombre españolizado era "Anez Ome". AGN, Inquisición, vol. 168, exp. 4, f. 58v. AGI, *Contratación*, 1091, N. 12. El conocido impresor Cornelio Adriano Cesar esperó junto con sus compañeros de viaje Maguel, Juan Pérez, Rodrigo Jorge y Enrique Jorge en el puerto sanluqueño por meses la llegada de la flota que los traslado al virreinato mexicano. AGN, Inquisición, vol. 166, exp. 7, f. 23. AGN, *Inquisición*, vol. 165, exp. 5, fs. 53-54v. Lucas Federico "se quedó en Sanlúcar y se ocupó en servir a su Majestad en navíos de la armada que salían a recibir las flotas de las Indias"; Juan de Fos "Llegó a Sanlúcar y se quedó ahí un mes antes de embarcarse"; Juan Giraldo "salió de su tierra que es puerto de mar en un navío de trato que fue a la ciudad de Sanlúcar donde asistió de un año y después pasó a este reino": AGN, Inquisición, vol. 306, exp. 5. AGN, Inquisición, vol. 1, exp. 8, ff. 208-240. AGN, Inquisición, vol. 274, exp. 5.

laxas a los barcos en comparación con las que se realizaban en Sevilla. En efecto, la investigación de Pérez-Mallaína indica que, tanto en Sanlúcar como en Cádiz, los criterios seguidos por los visitadores fue no efectuar la inspección ocular sino únicamente fiarse de las declaraciones hechas por los maestres sobre la condición de vecinos y buenos cristianos de sus marineros[44].

A la parte que se desarrollaba una legislación migratoria restrictiva a Indias, la Corona trató de limitar la contratación de marineros extranjeros desde mediados del siglo XVI a aquellos que fueron originarios de países católicos y aliados políticos (italianos y portugueses) y en ningún caso su número total debía superar un máximo de seis navegantes en cada embarcación para prevenir posibles amotinamientos en alta mar. El déficit de mano de obra "nacional" se trató de solucionar a través del entrenamiento y contratación de castellanos, aunque estos esfuerzos nunca fueron suficientes para proveer la cantidad necesaria de marinería que se requería para cubrir las necesidades de los puertos del Mediterráneo, el Atlántico y el Pacífico[45]. Todo indica que el alistamiento de extranjeros de todas las procedencias se agudizó después del hundimiento de la Gran Armada (1589) y de la muerte en ella de alrededor de 10.000 personas que servían en las flotas y armadas de Indias[46]. Como consecuencia de esta pérdida y del aumento considerable de la cantidad de embarcaciones y pasajeros de las flotas, requirió una relajación aún mayor de los controles oficiales y en la realización de enganches de marinería apresurados en todos los puertos de la escala Atlántica[47]. Desconocemos los detalles sobre la forma en cómo se realizaba el reclutamiento de la mano de obra extranjera en los puertos peninsulares, pero el tono escueto y directo de los migrantes en Nueva España para describir sus formas de desplazamiento a los inquisidores apuntan a que se realizaban con naturalidad, sin intermediarios y sin que su calidad de extranjero fuera un obstáculo. Así, por ejemplo, a Juan Pérez de Hayester "lo recibieron en un navío español por grumete", Luis Federico se "embarcó en la flota… en el navío que servía como marinero", Juan del Campo se "embarcó en la flota siendo grumete", Duarte Holandés "vino a la Nueva España por marinero", Juan Pérez realizó la travesía "en el barco de Gaspar de Madeira

---

[44] PÉREZ-MALLAÍNA, 1992, pp. 57-73.
[45] *Ídem*. SALES COLÍN, 2009, pp. 169-176.
[46] ALCALÁ-ZAMORA, 2004, pp. 60-66. POGGIO, 2016, véase apéndice 3.
[47] ENCINAS, 1945, p. 339 y 461. AGN, Inquisición, vol. 173, exp. 2 B, 2 D, ff. 100-148 y 172-177, Noviembre 1595.

por artillero", mientras que Joseph de la Haya "llegó en la almiranta por soldado"[48].

Los efectos de la guerra económica fueron, asimismo, causa de que marineros provenientes de los puertos del Mar del Norte y el Báltico se vieran obligados a permanecer en la Península Ibérica. Los embargos comerciales impuestos por Felipe II y Felipe III las embarcaciones de las provincias norteñas de los Países Bajos e Inglaterra durante el último tercio del siglo XVI y la primera década del XVII, dejaron a tripulaciones enteras varadas, sin sustento ni medios para volver a sus lugares de origen[49]. Esta realidad fue aprovechada por los maestres y capitanes de los barcos de la Carrera de Indias para incorporar a estos marineros a sus tripulaciones de forma voluntaria o coaccionada. Rodrigo Harbert, originario de la ciudad de Ruhr en el ducado de Cléveris, fue uno entre muchos tripulantes que al llegar a España "…les tomaron el navío por el rey por venir de Inglaterra y por haber probado que fueron allá con temporal salieron libres, y habiendo estado mes y medio en Sanlúcar se embarcó para la Nueva España… en la flota que vino por general Pedro Meléndez Márquez"[50].

A todo esto, se sumó el crecimiento en la demanda de artilleros por el aumento en el tamaño de las armadas y escoltas, así como de las plazas militares que formaban parte del sistema defensivo y ofensivo en los territorios de la monarquía. La carestía de especialistas abrió el mercado de trabajo a flamencos y alemanes, quienes gozaban de reconocimiento internacional como bombarderos desde la Edad Media[51]. Para disminuir la dependencia de la mano de obra extranjera, el Consejo de Indias y la Casa de la Contratación crearon una escuela de artillería en Sevilla en 1575, aunque el número de graduados nunca fue suficiente para proveer las necesidades militares durante el periodo de los Austrias[52]. Como

---

[48] AGN, Inquisición, vol. 161, exp. 6, f. 15. AGN, Inquisición, vol. 161, exp. 8, s/n, discurso de vida del acusado de 21 de agosto de 1597. AGN, Inquisición, vol. 167, exp. 4, ff. 17v-19. AGN, Inquisición, vol. 166, exp. 6, ff. 28v-29.

[49] LÓPEZ MARTÍN, 2005, pp. 442-447. SALAS ALMELA, 2008b. LÓPEZ MARÍN, 2006, pp. 425-481.

[50] AGN, Inquisición, vol. 167, exp. 7, f. 11. Otros ejemplos: AGN, Inquisición, vol. 151, exp. 4, f. 286v. AGN, Inquisición, vol. 161, exp. 8, 10 de octubre de 1596 (declaración de Juan de la Rosa). AGN, Inquisición, vol. 167, exp. 4, f. 18. AGN, Inquisición, vol. 168, exp. 4, f. 139, 1599. AGN, Inquisición, vol. 167, exp. 4, f. 18. Sobre los barcos apresados en la Península Ibérica véase: LÓPEZ MARÍN, 2006, pp. 440-447.

[51] PARTINGTON, 1990, p. 115. Los bombarderos flamencos y alemanes tenían su propia hermandad en la ciudad de Lisboa: LÓPEZ MARÍN, 2006, p. 436.

[52] FRONTELA CARRERAS, 1997, pp. 277-290.

consecuencia, los septentrionales se volvieron elementos indispensables en el sistema defensivo de mar y tierra de la monarquía aún en lugares estratégicos de cuya protección, se creía, dependía la conservación de territorios enteros, tales como los llamados "puertos llave" de San Juan de Ulúa, El Callao, Acapulco o Manila.

El aumento de participación extranjera en la navegación dentro del sistema español se ha podido constatar en la acentuación de embarcaciones, pilotos, maestres y capitanes no españoles en las armadas que "operaban al margen de los circuitos mercantiles, seguros y servicios establecidos en Sevilla"[53]. La integración de maestres, al mismo tiempo, influenciaba en la contratación de gente de mar de su mismo origen porque este factor facilitaba la comunicación, la cohesión y el control de la marinería[54]. De la contabilización de varios registros de tripulaciones del siglo XVI y principios del XVII, se ha calculado que el contingente internacional de marineros en las flotas y armadas de Indias oscilaba entre un 18 y un 23%. La proporción que los alemanes y flamencos tienen dentro de estos cálculos varía entre un 1% propuesto por Jacobs y un 5% sugerido por Pérez-Mallaína, quien advierte que el número real de extranjeros debió haber sido mucho mayor si se considera a las personas que por diversas razones dejaron de ser anotadas en las visitas, que algunos barcos ni siquiera se sometieron a la inspección, y que un número indeterminado de migrantes se embarcaron desde las islas del archipiélago canario[55].

A esto habría que sumar que los marineros no españoles casados y con más de diez años de residencia en Andalucía eran considerados vecinos, conocidos y confiables, como en el caso de los hermanos Juan y Domingo Anés (Horn), de origen holandés que navegaban continuamente entre España y América. En 1590, los hermanos Horn llevaron en su barco por lo menos a cuatro compatriotas que sabemos no cumplían los requisitos de las ordenanzas. Por todo ello, los porcentajes anteriormente presentados son únicamente indicadores de los enrolamientos oficiales, mientras que en la realidad las proporciones de marinería extranjera no debieron ser fijas, sino variables dependiendo de la correlación entre la disponibilidad de trabajo en los mercados laborales en los distintos puntos del sistema español, la carestía de mano de obra nacional y la disponibilidad o afluencia de mano de obra extranjera en los puertos

---

[53] BERNAL, 1992, p. 152. También: LYNCH, 2007, p. 623.
[54] PÉREZ-MALLAÍNA BUENO, 1992, pp. 61-68.
[55] JACOBS, 1992, pp. 87-98. JACOBS, 1991, pp. 523-543. MORENO FLORIDO, 2003, pp. 65-87.

peninsulares mayormente aprovisionada por los intercambios comerciales con el resto de los puertos europeos.

Por otro lado, no toda la marinería registrada era gente de mar. Un nutrido número de personas se enlistó como parte de la tripulación de los barcos con el objetivo de migrar a las Indias, aunque sin recibir sueldo para no tener que pagar pasaje ni tramitar una *licencia de pasajero* en la Casa de la Contratación. De esta forma, además, no se contravenía ninguna prohibición regia dado que las limitaciones de contratación de marineros extranjeros recaían sobre los contratistas –los señores de las naos– y no así sobre sus empleados[56]. Esta estrategia fue común entre criados y artesanos que no tenían experiencia en trabajos marítimos pero que podían realizar otro tipo de funciones. Diego del Valle, por ejemplo, estuvo al servicio de Esteban Roma en Sevilla por "más de dos años de paje entendiendo que había de pasar a esta Nueva España" pero al fallecer, logró enlistarse en la capitana "con nombre de intérprete, aunque sin salario". Otros, como el tonelero Jorge de Brujas, aprendieron una actividad útil como la de trompetero, "por su gusto y por parecerle que era buen oficio para las guerras en los navíos de armada". Esta habilidad, además, le permitió cruzar el océano en repetidas ocasiones para volver a su patria e incluso llegó a percibir salario al ganar más experiencia[57].

Trabajar no era la única opción para pasar a las Indias. Algunas personas llegaron también a pagar a los maestres o capitanes de los barcos para ser registrados como parte de la tripulación, aunque en realidad realizaban el viaje como pasajeros. Los precios por este servicio solían fluctuar entre los 30 y los 40 ducados, una suma elevada que equivalía al ahorro íntegro del salario anual para algunos trabajadores de la época[58]. Por ello, y a pesar de que la opción existía, debió haber sido más común entre personas de clases medias y altas de la sociedad, como era recurrente entre los mercaderes. En 1612, por ejemplo, el oidor de la Audiencia de Guadalajara, Gaspar de la Fuente, reportó que en el barco en su trayecto a la Nueva España había visto a muchas personas con títulos de marineros, pero que en realidad eran comerciantes que "…traen sus haciendas empleadas y si no las venden tan presto se quedan en este reino, de lo cual resulta a los vasallos el daño que es notorio"[59]. Éste fue el caso de un extranjero de

---

[56] Véase: ENCINAS, 1945, p. 443, 451 y 459.
[57] AGN, Inquisición, vol. 165, exp. 6, f. 36 v.
[58] PÉREZ-MALLAÍNA BUENO, 1992, pp. 112-114.
[59] AGI, México, 121, R. 5. Las cantidades son similares en ambas fuentes. El caso citado por Pérez-Mallaína equivalían a 11.000 y 15.000 maravedís, mientras que el oidor calculaba se pagaba un poco más de 10.000 maravedís.

nombre Horacio, que logró embarcarse como mendicante sobornando al capitán "con mucho dinero"[60].

Otra forma menos afortunada en que los germanos llegaron a los territorios indianos fue al haber sido capturados en el mar por formar parte de tripulaciones holandesas, inglesas o francesas. No fueron pocos los tripulantes de barcos de corsarios, piratas o contrabandistas que después de ser hechos prisioneros lograron salvar la vida y ser colocados al servicio de algún español por algún tiempo. Sabemos que varios agentes de la Corona pidieron a los inquisidores poder mantener a estos hombres a su servicio, posiblemente por el prestigio que representaba tener a un criado europeo y sin salario en una sociedad en que esos servicios eran prestados mayoritariamente por esclavos africanos e indígenas[61].

4.4 El atractivo mercado laboral del *hinterland* novohispano

Llegar a la Nueva España en los convoyes de la Carrera de Indias significaba, forzosamente, recalar en la isla de San Juan de Ulúa que estaba situada a escasas cinco leguas de la Antigua Veracruz y a sólo media de las Ventas de Buitrón (actual Veracruz) y cuyo espacio de seis kilómetros perimetrales servía como principal puerto del virreinato. El arribo a las costas americanas abría un abanico de posibilidades nuevas para quienes habían cruzado el Atlántico y que, movidos por la voluntad o la contingencia, eran empujados a abandonar sus puestos en las flotas. Si bien la mayoría de la marinería regresaba a España en los mismos barcos en los que había llegado siguiendo un patrón de migración circular, las deserciones fueron una constante que propició la estancia temporal o permanente y, en consecuencia, la formación de cadenas migratorias que se extendían tierra adentro en las provincias americanas.

Para la Corona, el abandono de los puestos de mar y guerra fue siempre un problema que trató de atenuar a partir de una legislación más restrictiva que incluía castigos físicos, la pena capital, la retención del salario o con regulaciones que comprendían la prohibición de dejar el reducido espacio de las embarcaciones y de San Juan de Ulúa durante los cuatro o cinco meses que los buques permanecían en el Golfo de México. Lo anterior perseguía prevenir que marineros y soldados que no contaba con las licencias para establecerse en las Indias pudieran quedarse en ellas[62] y mantener las tripulaciones íntegras, puesto que, si

---

[60] AGN, Inquisición, vol. 239, f. 72.
[61] AGN, Inquisición, vol. 166, exp. 7, ff. 17-19.
[62] Recopilación de leyes de los reynos de las Indias, 1943, p. 257 y 259. Leyes: xxxxvi y lij

en la Península resultaba difícil completar la marinería para hacerse a la vela, en América su escasez podía poner en riesgo el regreso a tiempo a las costas andaluzas con todas las implicaciones económicas desfavorables que ello acarreaba para la real hacienda y la economía peninsular[63]. Para reforzar estas medidas, evitar el contrabando de mercancías y personas, así como la llegada de enemigos, disidentes religiosos y libros clasificados como heréticos, la Corona dispuso también las visitas de navíos que debían ser realizadas por los oficiales reales y el comisario del tribunal inquisitorial tan pronto como se amarraran las embarcaciones en la cortina de argollas de la isleta.

La realidad, no obstante, era mucho más compleja e incluía un gran número de variables que la legislación no contemplaba, sobre todo a finales del siglo XVI cuando las deserciones alcanzaron niveles importantes por la combinación de varios factores. Primeramente, el aumento en el tamaño de los convoyes y su tonelaje que llegaron en algunos momentos a agrupar entre 100 y 200 embarcaciones podía requerir alrededor de entre 5.000 y 9.000 marineros y soldados de los cuales se estima que entre 1.100 y 1.900 personas abandonaban sus puestos cada año[64]. A estos números habría que sumar los inmigrantes que se habían desplazado realizando servicios personales u otros trabajos que hacíamos referencia párrafos atrás (criados, intérpretes, etc.,) y los pasajeros sin licencia. En su conjunto, este contingente de personas fue uno de los aportes más heterogéneos de migración europea a América al que nunca se pudo contener con los escasos medios de control de pasajeros disponibles, en buena parte porque eran mayoritariamente trabajadores migrantes que llenaban vacíos del mercado de trabajo local y porque, al encontrarse en constante movilidad, volvía aún más difícil su limitación y expulsión de las Indias. En este sentido, parece revelador el testimonio que el gobernador de la Audiencia de Panamá, Alonso de Sotomayor, escribía 1597 en el que relataba la llegada de un gran número de marineros en las flotas que no había forma de embarcarlos a España "porque no hay caudal para hacerlo y los que más llegan allí en camisa por haber dado a los que los traían y gastado en el camino lo que tienen"[65].

Aunado a ello, el aumento en la demanda de trabajadores en diversos ámbitos productivos de los virreinatos requería la incorporación de grandes contingentes de personas sobre todo en oficios relacionados

---

del libro VIIII. t. XXI.
[63] PÉREZ-MALLAÍNA, 1992, p. 21.
[64] *Ibídem*, pp. 57-61.
[65] AGI, Panamá, 14, R. 13, N. 90, f. 3v.

con la navegación y la milicia durante las dos últimas décadas del siglo XVI[66]. El crecimiento del contrabando, la piratería y la incursión de potencias enemigas en el Atlántico exigieron el reforzamiento de las plazas antillanas y de La Florida, así como la formación de tropas que auxiliaran en las expediciones y guerras de conquista en la expansión hacia el norte, en California y Nuevo México. La necesidad se agudizó aún más con el cambio de siglo, cuando la presencia de holandeses en el Pacífico y la lucha por el control de las plazas en el sudeste asiático requirieron proteger los puertos y las rutas que enlazaban al reino con las islas Filipinas y un envío constante de soldados que en momentos de crisis podía alcanzar los 1500 elementos[67]. Esta circunstancia ejercía un gran poder de atracción en los marineros para integrarse en la navegación transpacífica, no obstante, estos movimientos apenas dejaron rastro en las fuentes. Los trabajadores de la región del Mar del Norte involucrados en este mercado laboral se visualizan a través de testimonios generalmente indirectos, de compañeros de viaje que los vieron adentrarse en tierra tras manifestarles su intención de unirse a la "armada de China", de viudas que reclamaban los bienes de sus maridos muertos en tierras lejanas o en las fianzas que pagaban para comprometerse a prestar sus servicios como marineros en las naves del Pacífico[68].

Un testimonio en primera persona de una de las rutas que seguían estos migrantes en su camino hacia Filipinas y la facilidad que encontraban en adquirir empleos en su marcha, muchas veces de mano de las autoridades coloniales, lo encontramos en el segundo proceso contra Pedro Pedro, el joven marinero flamenco que logró escapar de la Inquisición antes de realizarse el auto de fe de 1601[69]. Al huir de su prisión en la ciudad de México, Pedro tomó el camino a Cuernavaca y siguió hacia Taxco acompañado por dos españoles. Al llegar al real de minas halló trabajo como criado de otro español enfermo. Con él prosiguió su camino hacia Acapulco donde se encontró con el alguacil mayor del puerto quien pagó su viaje "y le llevó consigo unas veces a pie y cuando se cansaba subía en el caballo que llevaba la cama." Al llegar a su destino, se hospedo con un flamenco de nombre Juan Bernal: "…y allí se estuvo trabajando en la

---

[66] RODRÍGUEZ VICENTE, 1968, pp. 619-629.
[67] AGI, México, 121, R. 5.
[68] AGN, Inquisición, vol. 249, exp. 10, ff. 97-99. AGN, Inquisición, vol. 151, exp. 2, f. 76v. AGN, Inquisición, 161, exp. 6, f. 31. AGN, Marina, vol. 2, exp. 16. AGI, Contratación, 335, AGI, Contratación, 234, N. 1, R. 2. AGN, Indiferente Virreinal, caja 600, exp. 3. SALES COLÍN, 2009, pp. 169-176.
[69] Véase capítulo 3.

armada del Perú y en las naos de la China y los oficiales reales le hicieron arraes del pataje [capitán del patache] que fue con Antonio Maldonado, oidor de la China"[70].

La creciente importancia que este colectivo fue adquiriendo gradualmente desde mediados del siglo XVI para mantener el comercio triangular en el Pacífico y la defensa de Filipinas se refleja, asimismo, en la documentación oficial producida en 1619. A pesar de la inminente implicación activa de España en el conflicto armado internacional, el Consejo de Indias ordenó a Guadalcázar que, por petición del procurador de Filipinas, Fernando de los Ríos, no se molestara ni se obligara a los marineros y soldados extranjeros a componerse porque prácticamente no había castellanos que quisieran realizar esos trabajos en las embarcaciones de la carrera del Pacífico[71]. Paralelamente, el Príncipe de Esquilache remitió una petición para que las composiciones que se habían ordenado ese año no se ejecutara con los marineros en Perú que servían en la Armada del Mar del Sur porque en su mayoría eran extranjeros y se corría el riesgo de poner en riesgo el buen funcionamiento de la escuadra si se les ahuyentaba. Un año más tarde, la Corona ordenó que se hiciera la excepción precisamente "…por la falta que hay de este género de gentes y porque sería de mayor daño su ausencia que el que se puede temer de su presencia"[72].

Una situación similar la encontramos en las rutas de navegación en el Golfo de México y el Caribe. El itinerario que se realizaba desde Veracruz para transportar el situado de la Florida cada año se convirtió en una fuente de trabajo para la marinería que tenía que permanecer largos meses en San Juan de Ulúa sin recibir salario. El impresor Cornelio Adriano César, por ejemplo, después de permanecer tres o cuatro meses en Veracruz "…fue a la Florida con el tesorero que entiende se llama Hernando de las Alas que llevó bastimentos y dinero para los soldados de aquel presidio. Y descargando el navío volvió por la Habana y tornó éste a San Juan de Ulúa tardando en la navegación en ida, estada y vuelta nueve meses". Junto a él se enlistó el frisio Miguel o Magel Faques, quien se mantuvo en su puesto desde 1595 y hasta 1602 cuando fue aprehendido por la Inquisición[73]. La incorporación de la mano de obra

---

[70] AGN, Inquisición, vol. 165, exp. 2.
[71] Real Cédula al marqués de Guadalcázar, Madrid, 13 de octubre de 1619. AGI, Filipinas, 340, L. 3, f. 237v-238r.
[72] Véase: BRADLEY, 2001, p. 223. RODRÍGUEZ VICENTE, 1968, pp. 616-619. MENA GARCÍA, 1984, p. 70.
[73] AGN, Inquisición, vol. 165, exp. 5, f. 28, 53v. AGN, Inquisición, vol. 254 A, exp. 4, ff. 122-135v. AGN, Inquisición, vol. 51, exp. 3. AGN, Marina, vol. 2, exp. 16.

extranjera en esta ruta era una de las principales causas de deserciones de la marinería de las flotas y armadas de Indias a juzgar por una carta enviada a la Casa de la Contratación por el general Meléndez Márquez en 1596 en la que explicaba que no podía realizar el tornaviaje porque muchos marineros de la flota se habían empleado en las empresas de Nuevo México, California y Filipinas. Además de evidenciar la competencia que había entre los agentes de la Corona para hacerse de mano de obra para cumplir sus instrucciones, el general aportó asimismo algunos indicios sobre las fluctuaciones en la proporción de trabajadores del mar y de guerra que había disponibles en los puertos americanos, pues si bien dudaba que pudiera llegar a completar la marinería, se mostraba optimista con respecto a encontrar suficientes soldados "atrasados de otras flotas"[74].

Como vimos que sucedía en Europa, los migrantes laborales en América solían cambiar de empleo dependiendo de las circunstancias y posibilidades que ofrecía cada lugar. Aquí también los soldados y marineros solían mantenerse en las costas, como Simón Hernández de Gante que huyó de su puesto de artillero en la armada para unirse como soldado en la jornada de California a cargo de Juan Vizcaíno en 1596, pero al ver que "llevaban tan mala orden" decidió abandonarla en Culiacán, donde encontró empleo en el importante comercio de sal que realizaba por mar en la costa del Pacífico, entre Sinaloa y Compostela (Nayarit) para abastecer las minas de Nueva Galicia[75]. Del otro lado, en el Atlántico, el rentable negocio del transporte de mercancías entre los puertos del Caribe que venía expandiéndose durante esos mismos años animó al flamenco Juan Antonio a dejar su oficio de sastre en Veracruz para comprar una barquilla con la que navegaba regularmente a Campeche, mientras que el alemán Miguel Redelic se dedicó a fletar mercancía entre Tierra Firme y Campeche por varios años hasta que un ataque de piratas lo obligó a abandonar el negocio[76].

No todos los migrantes se quedaban en el virreinato por su voluntad, sino que las contingencias se imponían a sus planes. Padecer alguna enfermedad o sufrir lesiones eran riesgos comunes para cualquier mareante o pasajero, sobre todo al tocar tierra en los puertos indianos donde el clima y la presencia de enfermedades de distinto origen atacaban comúnmente a

---

[74] AGI, México, N. 115.
[75] AGN, Indiferente Virreinal, caja 5172, exp. 33.
[76] AGN, Inquisición, vol. 161, exp. 9, (declaración de Juan de la Rosa). Bancroft Library, Mexican Inquisition Documents 1593-1817 (en adelante MIDB). Banc. MSS 96/95 m.

La migración laboral

los recién llegados. San Juan de Ulúa y la región de Sotavento presentaban además condiciones climáticas y geográficas especialmente agresivas para muchos europeos entre quienes la zona ganó fama de malsana y poco recomendable para estancias prolongadas[77]. Las tripulaciones de los barcos de la Carrera de Indias resultaban particularmente vulnerables a estos padecimientos porque, aunado a la natural desventaja inmunológica en la que se encontraban y a la peligrosidad de contagio que significaba el hacinamiento en el reducido espacio de la isleta y de los propios barcos, sus cuerpos podían estar debilitados tras la dieta deficiente que habían ingerido durante los dos o tres meses que solía durar la travesía atlántica. Cualquier afección prolongada resultaba un gran contratiempo para un marinero o un soldado, no solo porque ponía en riesgo su vida, sino también porque la ausencia prolongada en sus puestos de trabajo conllevaba el riesgo de perder el empleo, el salario acumulado, de realizar el tornaviaje a Europa. Esta situación, asimismo, los ponía en una posición de dependencia de la caridad ajena durante la enfermedad y la convalecencia, así como en la imperiosa necesidad de encontrar un nuevo empleo en un país extraño para garantizar el sustento[78]. A diferencia de España donde existían los hospitales y albergues dedicados al cuidado y resguardo de los flamencos y alemanes en ciudades como Madrid, Cádiz o Sanlúcar de Barrameda, en América la carencia de estas corporaciones fueron remplazadas por otras formas de ayuda y mutualidad formadas en el ámbito local. En Nueva España, dos elementos jugaron un papel fundamental en el auxilio de los septentrionales que caían en este tipo de desgracia. Por un lado, los paisanos que residían en el puerto abrían sus hogares como refugios de recuperación por periodos que en ocasiones podían alargarse por varios meses[79]. Por otro lado, varios testimonios dan cuenta de la labor asistencial que prestaban las órdenes mendicantes como los franciscanos y las hospitalarias, especialmente la de los Hipólitos, abiertas a todas las personas católicas que necesitaban sus servicios.

En San Juan de Ulúa, los Hermanos de la Caridad fundaron el hospital de San Martín durante el gobierno de Martín Enríquez, donde cuidaban a "los enfermos que llegaban en la flota, los esclavos del rey, soldados

---

[77] Una descripción de Veracruz en: GAGE, 2001 (1648), pp. 88-89.
[78] A Martín Díaz lo dejó la flota porque estaba enfermo. AGN, *Inquisición*, vol. 166, exp. 4, f. 22. Otros ejemplos: AGN, Inquisición, vol. 165, exp. 2. 10. AGN, Inquisición, vol. 249, exp.
[79] AGN, Inquisición, vol. 164-2, exp. 9, f. 497v. AGN, Inquisición, vol. 284, exp. 88, ff. 755-755v. AHN, Inquisición, libro 1065.

y forzados que residían en el puerto, marineros y advenedizos de todas partes"[80]. Su reducido tamaño, siempre insuficiente para atender a todos los pacientes, requirió el traslado constante de personas al hospital de Pobres de la Caridad en La Antigua o al de los Convalecientes de México[81]. En la capital, los Hipólitos daban cobijo y curaban a los afectados y, una vez recuperados, los enlazaban con posibles empleadores de acuerdo a sus oficios para que pudieran ganarse la vida, como sucedió al impresor Cornelio Adriano Cesar, a quien se le "encaminó a la casa de la viuda de[l impresor] Pedro Ocharte" después de interrogarle sobre su nombre y ocupación[82].

A las enfermedades se le unía la posibilidad de que la embarcación en la que se trabajara se hundiera o se declarara inservible después de la larga travesía atlántica y que no se encontraran plazas vacantes en otros barcos para poder regresar. Tripulaciones enteras quedaban varadas, eso sí, con alguna paga, pero sin más remedio que esperar o internarse tierra adentro para encontrar alguna forma alternativa hasta la llegada de la siguiente flota[83].

Una estadía involuntaria podía ser consecuencia de juicios ante la justicia civil o eclesiástica[84]. En estos casos y aún para aquellos que se habían caído prisioneros formando parte de tripulaciones enemigas, las posibilidades de incorporación al mercado laboral eran muchas una vez que eran liberados. Juan Pérez, por ejemplo, después de pasar 11 meses prisionero en la Habana, fue contratado como marinero en los barcos de la Armada de Indias y realizó la travesía atlántica varios años antes de desertar de su puesto en Veracruz para emplearse como aserrador de maderas y marinero en los barcos de cabotaje entre San Juan de Ulúa y Campeche[85]. Por el contrario, el cirujano flamenco Nicolás Alés, con más de 15 años de experiencia, que fue capturado en Cozumel junto a otros piratas franceses, no pudo salvarse de la condena a remar en las galeras del rey, a pesar de los intentos del gobernador de Yucatán por salvarlo y mantenerlo a su servicio[86].

---

[80] MURIEL, 1990, p. 201 ss.
[81] AGN, Inquisición, vol. 168, exp. 3, f. 73v. AGN, Inquisición, vol. 168, exp. 2, f. 42v.
[82] AGN, Inquisición, vol. 165, exp. 5, f. 28. Sobre los hermanos de la Caridad véase: MURIEL, 1990. Sobre su labor de enlace con empleadores: AGI, México, 114, ramo 5, f. 70.
[83] Juan Thame recibió 15 pesos por su soldada al averiarse el barco en que trabajaba. AGN, Inquisición, vol. 165, exp. 1.
[84] Véase capítulo 3.
[85] AGN, Inquisición, vol. 166, exp. 7, fs. 17-27v.
[86] AGN, Inquisición, vol. 150, exp. 3, ff. 80-252v.

En buena parte, las deserciones de las flotas y armadas eran propiciadas por la escasa vigilancia de las autoridades, tanto en la llegada como en la salida de las flotas. Un análisis de las dos principales formas de control en el puerto de Veracruz, las visitas inquisitoriales y de los oficiales reales, muestra como las regulaciones regias para evitar las deserciones, controlar los movimientos migratorios y proteger las costas americanas de la penetración de ideas heterodoxas, fueran obviadas sistemáticamente. Las primeras, cuyo objetivo era decomisar libros prohibidos y recabar información o posibles denuncias sobre el comportamiento religioso de la marinería durante el trayecto en altamar, especialmente la de origen extranjero, presentaron muchos problemas logísticos y prácticos para llevarse a cabo[87]. Desde 1580, el comisario de Veracruz reportaba "en las visitas de las naos, ha habido este año mucho descuido" y se disculpó nuevamente meses más tarde: "con las muchas cosas que se habrán ofrecido a la venida del nuevo virrey, no es de maravillarse no haber podido asistir tan puntualmente a la visita". En otros puertos en Guatemala, Honduras, Yucatán, Oaxaca y Acapulco, la calidad de las visitas dejaba mucho que desear y requerían que los inquisidores recordaran constantemente los pasos que los comisarios debían seguir[88]. Casi tres décadas más tarde, en 1609, los inquisidores escribían al Tribunal de la Suprema sobre el "notabilísimo trabajo" que era realizarlas en Veracruz, "porque ni se halla notario que sin interés quiera hacer[las], por ser cosa larga y penosa, ni barca en que ir, ni aún papel para escribirla si el comisario no lo da, que es un fraile que lo saca de la limosna"[89].

Los años en que las visitas se realizaron presentan inconsistencias notables en la información que aportaron los capitanes, maestres y escribanos de una misma nave al cuestionario de la visita y particularmente a la pregunta número tres[90], cuyo objetivo era inquirir cuántos marineros o

---

[87] A decir de los inquisidores el objetivo de las visitas era: "saber y entender muy de raíz la gente que en cada uno de ellos viene cómo han procedido en la navegación en lo tocante a las cosas de nuestra santa fe católica y religión cristiana y si han traído o traen libros prohibidos". WBS, 917, p. 362.
[88] Por ejemplo: AGN, Inquisición, vol. 223, f. 647.
[89] AHN, Inquisición, leg. 2270.
[90] La pregunta número 3 era la siguiente: "Ítem si en el dicho navío vienen personas oficiales de él, marineros, grumetes o pasajeros que sean extranjeros y fuera de los reinos de España, en especial de Inglaterra, Flandes, Alemania o Francia u otras partes sospechosas en los que toca a la ley, si los tales extranjeros salieron de los reinos de España metidos en el registro del navío o fuera de él, o después los cogieron viniendo navegando por la mar en los puertos y lugares por donde pasaron". Ver: «Instrucciones para la visita de los navíos en los puertos de Nueva España y distrito de la Inquisición de México» en: GONZÁLEZ OBREGÓN, 2002, pp. 351-359.

pasajeros extranjeros formaban parte de la tripulación, cuál era su origen y si éstos figuraban en el registro del barco, es decir, si habían pasado la visita en los puertos peninsulares. Por ejemplo, en la visita realizada en 1599 al barco el León Rojo, el maestre, Miguel de Pereda, declaró que en su tripulación había cuatro flamencos con licencia, mientras que el capitán dijo que había "de ocho a diez flamencos y franceses", faltas que siempre podían ser justificadas con la falta de tiempo y las premuras inherentes al despacho de las flotas en España. De esa forma, el maestre del navío San Francisco de Padua, Miguel de Pareda, declaró en 1595 que los cinco flamencos de su barco estaban "asentados en los registros de la nao salvo tres…, por causa de la prisa con que salieron de la Bahía de Sanlúcar, por no haber tenido lugar para ir a asentar[los]"[91]. Un aspecto notable que se desprende de estas visitas es que, al igual que sucedía en la Península, y a pesar de las múltiples prohibiciones que ponían énfasis en no contratar a tripulación extranjera de países no católicos o enemigos, la procedencia o los reconocimientos formales de naturaleza o vecindad de las personas no parece haber sido determinante para clasificarlos como extranjeros. Lo que tenía mayor peso era la opinión de los maestres de los barcos sobre la integración de su empleado en la comunidad local, su comportamiento y religiosidad, es decir, si era una persona de confianza, contratada con anterioridad, con vecindad en España y si se comportaba como buen cristiano.

Las visitas para efectuar el cobro del almojarifazgo y localizar mercancía o navíos fuera de registro, por otro lado, seguían también un proceso complicado debido a los conflictos de jurisdicción que surgían al concentrarse al menos tres autoridades en el puerto: los oficiales reales, las autoridades civiles y los generales de las armadas. Hacia 1580, estos últimos comenzaron a auto adjudicarse el título de visitadores para poder embargar la tercera parte de los descaminos (que correspondían al rey), para vender los bienes y quedarse con las ganancias argumentando que su jurisdicción en la mar se dilataba a los puertos. Posteriormente, cuando los oficiales reales pretendían realizar su visita, era común que se enfrentaran a la negativa de los maestres a ser fiscalizados por segunda ocasión[92]. Hacia principios del siglo XVII, comenzaron a tener una importancia especial en la Nueva España el uso de *requerimientos reales* ordenando a las autoridades de la Audiencia y el puerto que no se entrometieran en ningún asunto relativo a la flota durante el tiempo

---

[91] AGN, Inquisición, vol. 173, exp. 1, ff. 3-95, exp. 2 B, ff. 100-1602, exp. B-2, ff. 172-178, exp. 2 D, f. 186, exps. 3, 4, 5.
[92] AGI, México, 20, leg. 119, ff. 13v-14v.

que ésta permaneciera en el Golfo de México para que los capitanes y los generales pudieran cumplir a tiempo con las instrucciones que llevaban[93]. Dichos documentos daban margen a los generales para negar el acceso a otras justicias a abordar sus naves para efectuar cualquier revista, con lo cual las visitas dejaron de realizarse algunos años, tuvieron alcances realmente limitados y fueron fuente constante de conflicto entre las autoridades del puerto[94]. Aunado a ello, estos procedimientos se volvieron una fuente continua de conflicto de competencias en las que no se escatimó el uso las amenazas[95].

Los requerimientos también habilitaban a los generales de las flotas a impartir justicia en tierra por delitos criminales y civiles cometidos por marineros y soldados entre los que se encontraba la deserción de sus puestos. Este poder extraordinario, que complementaba la autoridad total que tenían los altos mandos durante la navegación, se prestaba a un sinnúmero de situaciones que sometían a los hombres de mar y guerra a condiciones de trabajo desventajosas, como la obligatoriedad a comprar a precios excesivos en las panaderías, tiendas o tabernas que operaban bajo su control a modo de estancos en San Juan de Ulúa. Esos gastos extras, que se sumaban a los descuentos al salario que comenzaban a acumularse desde el momento mismo de la contratación de cada marinero y hasta su liquidación al regresar a España, podían significar mermas importantes que, al final, terminaran relativizando la importancia de la finalización del trabajo y motivaban, en cambio, la búsqueda de alternativas más redituables para ganarse la vida en otra faena. Por ejemplo, el flamenco Pedro Pedro había acumulado cerca de 12.920 maravedís de la soldada durante el viaje de ida de la flota y los meses en San Juan de Ulúa, pero los gastos que había realizado, entre los que se encontraba la compra de ropa, calzado y una visita al cirujano, disminuyeron la cantidad a la mitad colocándolo muy por debajo de la media reunida por otros de sus compañeros[96]. Sin tener casi nada material que perder, Pedro Pedro exploró alternativas durante su estancia en la ciudad de México hasta que decidió regresar al puerto porque lo suyo era ser hombre de mar[97].

---

[93] México, 1600. AGI, México, N. 119.
[94] AGN, Inquisición, vol. 89, N. 23 y N. 30 A. GONZÁLEZ OBREGÓN, 2002, pp. 382-284. AGI, México, 92. f. 9.
[95] Por ejemplo: AGN, Inquisición, exp. 368, ff. 160-160v.
[96] AGN, Inquisición, vol. 165, exp. 2, ff. 17-20. Por ejemplo, Giles de Murbec tenía acumulada una soldada de 22.372 maravedís. AGN, Inquisición, vol. 164-2, exp. 5.
[97] AGN, Inquisición, exp. 165, exp. 2, ff. 7, 47v. y 52v.

En ocasiones, los generales de las armadas se quedaban con el dinero destinado a las raciones de los soldados durante los meses de invernada a quienes, en cambio, les daban licencia para ejercer "la aguja, tranchete y azuela" para ganarse la vida con la condición de que se presentaran a la revista de los sábados e hicieran escolta de cumplimiento[98]. No obstante, no todos podían ejercer un oficio o, por el contrario, estaban sobre calificados. La acumulación de condiciones desventajosas, así como la curiosidad que nacía en algunos por conocer nuevos territorios, propiciaba las ausencias o deserciones. Los maestres y generales no ponían gran esfuerzo en contener a su marinería, en principio, porque no perdían dinero, ya que retenían el salario de los fugados y ganaban un extra con la venta de sus bienes que eran considerados mostrencos.[99] La vigilancia directa de las tripulaciones era delegada por los capitanes generales a las autoridades de cada buque, pero la laxitud que se vivía en San Juan de Ulúa alcanzaba tales proporciones que las disposiciones reales encaminadas a retener las tripulaciones se diluían ante la dificultad o la desidia de los patrones para controlar el paso a tierra firme de una cantidad de navegantes que podía superar los dos millares[100]. Así, cruzar al "otro lado" para buscar empleo, mendigar, recrearse, pasar unos días con los paisanos avecindados en el puerto o internarse tierra adentro, eran actividades que se realizaban cotidianamente porque no existían limitaciones reales para impedir la movilidad de los extranjeros[101].

El verdadero problema para los migrantes trabajadores, como hemos dicho anteriormente, podía ser perder el puesto y el salario, pero para aquellos migrantes que conocían un oficio, para quienes eran maestros artesanos o habían hecho el viaje con el objetivo de quedarse en las Indias, el riesgo valía la pena, sobre todo si la oferta de un nuevo empleo venía sola. Efectivamente, hay testimonios sobre la presencia en el puerto de empleadores que se habían desplazado desde distintos puntos del virreinato para enganchar especialistas en áreas particularmente desarrolladas en el norte de Europa como la metalurgia (mineros, apartadores, plateros), la ingeniería, la construcción u oficios decorativos (toneleros, carpinteros, talladores, ensambladores). La llegada de migrantes era

---

[98] AGI, México, 74, R. 6, N. 92.
[99] A Pedro Pedro se le descontaron 39 pesos de su salario para pagar a su suplente durante los 3 meses que se fue a curar a la ciudad de México. AGN, Inquisición, vol. 165, exp. 2, ff. 18-18v. AGI, México, 74, r. 6, n. 92, leg. 2.
[100] La flota de Nueva España de 1590 llevaba 3.319 marineros y la de 1593 empleó 2.310. PÉREZ-MALLAÍNA BUENO, 1992, p. 58.
[101] POGGIO, 2004, pp. 54-56.

visto por contratantes y autoridades como una oportunidad única para obtener nuevos conocimientos para realizar innovaciones tecnológicas y culturales indispensables para el desarrollo y reputación de las urbes, pues se sabía que ellos eran el mejor vehículo de información entre distintas culturas[102]. Las ciudades novohispanas, en pleno proceso de expansión, requerían de un constante suministro de mano de obra en el sector secundario para dar abasto a las necesidades primarias en torno a productos tan básicos como el vestido y el calzado (sastres, zapateros, calceteros, botoneros) o de la salud (barberos, cirujanos), pero incluso de artesanos dedicados a la elaboración y mantenimiento de artículos de lujo que eran consumidos por las crecientes oligarquías urbanas en las provincias españolas. Esta importante función de los trabajadores migrantes explica que fueran generalmente bien acogidos y que incluso gozaran de la protección de las autoridades locales ante la insistencia de Madrid de limitar su presencia o expulsarlos, por lo menos hasta la década de 1620[103].

4.5 La formación de cadenas migratorias en el territorio virreinal

Como vimos, la contratación de mano de obra procedente de la región del Mar del Norte propició su llegada al virreinato y su eventual incorporación al mercado de trabajo local desde las últimas décadas del siglo XVI. Una diferencia importante de estos migrantes en comparación con los originarios de la península Ibérica, o incluso italianos o griegos, es que solían trasladarse solos y que, en consecuencia, solían carecer de parentela (lazos formales) que facilitaban los desplazamientos y la integración en las sociedades de acogida[104]. Los datos recopilados en distintas fuentes confirman que, al carecer de estas redes de apoyo, los septentrionales se internaban en tierra firme gracias al apoyo de paisanos que se habían establecido durante la segunda mitad del siglo XVI en el virreinato y que funcionaban como eslabones en una cadena que facilitaba los traslados, la transferencia de información y la incorporación de los recién llegados en el mercado laboral.

---

[102] CIPOLLA, 1992, pp. 212-219. Más adelante profundizamos sobre este aspecto con los ejemplos de Adrián Suster y Cristóbal Miguel.
[103] Véase capítulo 1 y 2.
[104] BERTRAND, 1998, pp. 103-133. LEMUS Y MÁRQUEZ, 1992, pp. 50-53. OTTE, 1996, pp. 25-28. Dos casos de encuentros familiares entre artesanos fueron el de los hermanos Cristóbal y Gregorio Miguel y el de los primos Adrián Suster y Juan de Cuebar. Véase: AGN, Inquisición, vol. 167, exp. 6. AGN, Inquisición, vol. 168, exp. 4. AGN, Inquisición, vol. 164-2, exp. 6, f. 309.

A principios de la década de 1590, el impulso del comercio atlántico y pacífico dinamizó la actividad económica a lo largo del Camino Real a partir de la producción de cereales, azúcar, manufacturas, la cría de ganado y animales de tiro, la multiplicación de servicios (ventas, transporte) y el intercambio de productos tanto locales como de las zonas vecinas del sur como la seda y la grana[105]. En este entorno, los migrantes septentrionales encontraron un terreno fértil para incorporarse a la vida productiva local y regional, así como para formar pequeñas comunidades en puntos clave del camino que unía a Veracruz con la capital. La red comenzaba en San Juan de Ulúa, donde residían varios soldados y artilleros que conocían a los paisanos que vivían en las Antillas, los que estaban en el Veracruz y los que, con las llegadas de las flotas, volvían al puerto para trabajar o comerciar. Una persona clave en este momento era el alemán Guillermo de Colonia, quien tenía relación con prácticamente todos los flamencos y alemanes que pasaban por la isla porque tenía una taberna y servía como intérprete de marineros en las confesiones en la iglesia que reglamentariamente tenían que realizar antes de hacerse a la mar[106]. En tierra, en los poblados de La Antigua y en la Banda de Buitrón (Nueva Veracruz), vivían varios sastres, artesanos y pequeños comerciantes que combinaban sus faenas con el transporte de mercancías a Campeche y la Habana, como Juan Antonio "quien acostumbraba a recibir en su casa a extranjeros, así flamencos como ingleses y de otras naciones"[107].

Posteriormente, los trapiches e ingenios de azúcar localizados en la llanura costera norte y en el eje neo volcánico veracruzano eran otros puntos importantes de encuentro porque ahí se solían emplear como criados, mayordomos y cocheros a un número importante de neerlandeses y alemanes que desertaban de las flotas[108]. Especialmente importantes fueron las haciendas de Alonso de Villanueva y Francisco Martínez en Xalapa y la de Francisco de Vivero en Orizaba donde hemos llegado a contabilizar hasta tres septentrionales trabajando juntos en un mismo

---

[105] VALLE PAVÓN DEL, 2007, pp. 7-49. LOCKHARD, 1976b, pp. 99-124. LEWIS, 125-136. 1976, SZEWECZYK, 1976, 137-153.

[106] AGN, Inquisición, vol. 151, exp. 3, f. 39v. 1594.

[107] AGN, Inquisición, vol. 161, exp. 9. AGN, Inquisición, vol. 151, exp. 2. AGN, Inquisición, vol., 161, exp. 9. 1597. AGN, Inquisición, vol. 166, exp. 2. AGN, Inquisición, vol. 167, exp. 6, f. 101. AGN, Inquisición, vol. 167, exp. 4, f. 30v. AGN, Inquisición, vol. 249, exp. 10.

[108] En Orizaba existían 5 haciendas: 1 en Huehuetlán, 8 ingenios y trapiches en Jalapa. Véase: SANDOVAL, 1951, p. 49 y 156. Rodrigo de Vivero adquirió la hacienda azucarera de Mendoza en 1580. Véase: GERHARD, 1986, p. 213.

periodo[109]. Uno de ellos, el cochero Juan Marcelo, solía hospedar en su casa de Acultzingo a varios paisanos que seguían el camino sur hacia la ciudad de México y llegó también a emplear a algunos jóvenes cuando abrió un mesón en el pueblo de San Agustín, en las inmediaciones de Tecamachalco en donde Vivero, su patrón, era encomendero[110].

En el pueblo de Tecamachalco residía entonces Domingo Hernández, Juan Enríquez, un pastor de ovejas bruselense cuya hija se había casado con el sastre borgoñón Martín Panatúa, y un número variable de jóvenes marineros y soldados que este último recibía como aprendices o que, como intermediario, colocaba al servicio de sus vecinos españoles[111]. Las relaciones de Panatúa se extendían desde el puerto hasta la ciudad de México donde explicaba "había otros flamencos que apartaban el oro de la plata"[112]. La ciudad de Puebla era una parada casi obligada para muchos migrantes por las oportunidades que su pujanza mercantil e industrial ofrecía buenas oportunidades para colocarse por periodos largos sin alejarse tanto del puerto[113]. Muy cerca, en el vecino pueblo de Cholula, el estanciero y carpintero neerlandés Juan Pablo veía continuamente a

---

[109] En el ingenio de Rodrigo de Vivero trabajaron Juan Marcelo, Juan Pérez de Hayester y Guillermo. AGN, *Inquisición*, vol. 151, exp. 2. AGN, Inquisición, vol. 151, exp. 3. En Xalapa, Rodrigo Harbert sirvió en el ingenio de Alonso de Villanueva un año y medio. AGN, Inquisición, vol. 167, exp. 7, f. 11. El flamenco Juan Pablo trabajó en el ingenio de azúcar de Francisco Martínez en Huehuetlán, Jalapa. AGN, Indiferente Virreinal, caja 6552, exp. 121. Igualmente se hacen referencias al obraje de Jorge Pérez Lozano y otro de un tal "Bermeo" cerca del ingenio de Orizaba de Rodrigo de Vivero. AGN, Inquisición, vol. 151, exp. 2, ff. 53-54v.

[110] CHEVALIER, 1999, pp. 422-423. Por ejemplo, Guillermo de Bremen, Daniel Benítez y Castro Juan se alojaron en casa de Juan cuando iban de camino a Tecamachalco. AGN, Inquisición, vol. 151, exp. 2, f. 39. Igualmente Juan Pérez de Hayester, Henrico de Groningen, David, Simón, artillero de Gante y el alemán Simón de Santiago. AGN, Inquisición, vol., 161, exp. 6. AGN, Inquisición, vol. 161, exp. 9. AGN, Inquisición, vol. 151, exp. 2. AGN, Inquisición, vol. 249, exp. 10, ff. 97-99. AGN, Inquisición, vol. 168, exp. 4, f. 73v.

[111] AGN, Inquisición, vol. 151, exp. 3, ff. 53-76v.

[112] *Ibídem*, ff. 53-60. AGN, Inquisición, vol. 249, exp. 10.

[113] Existen numerosos testimonios de flamencos que paran en Puebla por algún tiempo. Simón de Santiago estuvo 4 o 5 meses en "casa de un flamenco cochero llamado Juanes Flamenco" AGN, Inquisición, vol. 168, exp. 3, f. 73v. Juan Guillermo "estuvo en Puebla 3 semanas en casa de un catalán especiero que hacia salchichas y longanizas". AGN, Inquisición, vol. 166, exp. 1, ff. 8-11. Rodrigo Harbert asentó con Adrián Carpintero en Puebla. AGN, Inquisición, vol. 167, exp. 4, ff. 11-11v. Juan de Groninga, artillero y condestable, tenía una taberna en las afueras de la ciudad. AGN, Inquisición, vol. 218, exp. 5B, ff. 165-167. Simón Hernández viajó directamente de San Juan de Ulúa a Puebla donde "estuvo 6 meses en la tienda de Guillermo Vaton, veneciano". AGN, Indiferente Virreinal, caja 5172, exp. 33.

"flamencos y otros extranjeros de las flotas" que pasaban "a buscar la vida"[114]. A algunos de ellos logró acomodarlos como aprendices entre sus conocidos del pueblo y de las comarcas cercanas, como refería Alonso Serrano, vecino de Puebla a quien "…le llevó a su casa para enseñarle el oficio de cerrajero a un Giraldo flamenco"[115].

Mapa 2. Poblaciones con vecinos neerlandeses y alemanes en el Camino Real del Norte y del Sur en 1590[116]

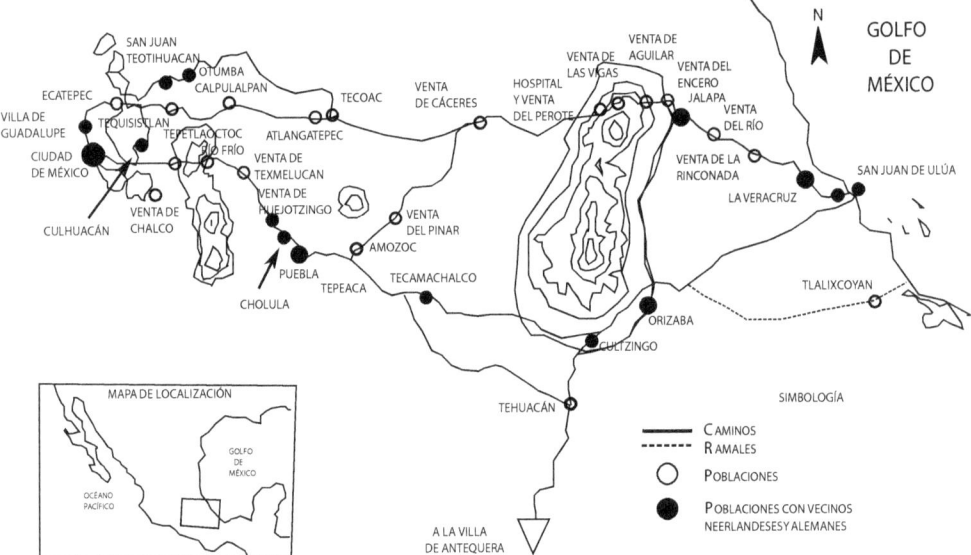

La comunidad más grande y la que mejor muestra el funcionamiento de los vínculos de paisanaje se localizó en la ciudad de México y sus pueblos aledaños. Estaba integrada principalmente por artesanos, mercaderes y criados provenientes de las zonas más urbanizadas del norte de Europa, de los cuales una pequeña minoría eran reconocidos como vecinos. Éstos se encontraban distribuidos por toda la ciudad, incluidas las calles más famosas y transitadas, como la de Tacuba, San Francisco, Donceles, la del templo de Santa Inés, Santa Catalina, San Agustín o Jesús María[117].

---

[114] AGN, Inquisición, vol. 151, exp. 4, f. 274.
[115] *Ibídem*, f. 253.
[116] Mapa elaborado en base a VALLE PAVÓN DEL, 2007, pp. 16-17.
[117] Por citar unos ejemplos: En la calle de Donceles vivían Joseph de la Haya y el mercader Cornelis Deque. En la de Tacuba los toneleros Jorge de Brujas, Juan Enríquez, Huberto de Meyo y Martín, además del entallador Adrián Suster quien brindó hospedaje a Cornelio A. Cesar y su criado Hans durante 1598-1599. En la de San Francisco residía el barbero

La migración laboral

Asimismo, desde principios de la década de 1590, un grupo de flamencos dedicados a la fabricación del salitre y la separación del oro y la plata establecieron obradores en distintos puntos de los alrededores de la capital, tanto en la entrada por el norte (Otumba, Teotihuacán, Cuautitlán) como en la del sur (Culhuacán, Tláhuac) del Camino Real[118]. El resto lo conformaba un amplio grupo de "estantes", o personas que residían en la ciudad pero que no tenían una vivienda propia, y de migrantes de paso.

El pilar que sostenía la red entre todos ellos eran los flamencos y alemanes avecindados cuyas casas servían como hospederías, puntos de reunión y de conexión para conseguir empleo entre los paisanos o sus conocidos. Por ejemplo, en su camino a la ciudad de México, Juan de la Rosa "vino a posar en donde hacen el salitre y agua fuerte unos flamencos…" en Culhuacán; Enrique de Montalvo llegó a casa del relojero Matías del Monte que residía en Tlatelolco; y un monedero portugués, amigo suyo, le llevó a un danés que se decía alemán para que lo auxiliara[119]. Las casas-obradores de los toneleros Jorge de Brujas, Juan Enríquez, Huberto de Meyo y Martín en la calle de Tacuba eran frecuentadas por un buen número de "flamencos que viven alrededor de la ciudad de México… a almorzar y merendar"[120]. En ellas se juntaban "casi todas las tardes después de alzada la obra" y las puertas se mantenían abiertas a todos los recién llegados[121] por ser un centro de referencia, descrito por Brujas como un hecho cotidiano y natural: "luego que vino Lucas a esta ciudad entró en casa de éste, *como éste es extranjero…*"[122]. Los toneleros eran quizá el punto de enlace más importante para encontrar refugio a los jóvenes en las casas de otros paisanos, entre quienes destaca la del barbero Diego Henríquez. El joven Juan Guillermo relató cómo después de haber dormido dos noches en un mesón de la Plaza del Volador, "se fue a [la calle de] Tacuba y llegó a casa de un tonelero que entiende se llama Huberto el cual llevó a éste a la calle de San Francisco a casa de Diego Henríquez, barbero, y estuvo con él un mes"[123]. Otro ejemplo

---

Diego Enríquez y llegaron a vivir con él Enrique de Montalvo y Juan del Monte. Los hermanos Miguel tenían su casa al lado del convento de Jesús María, Bartolomé Fermín junto al templo de Santa Inés, los mercaderes Roberto Malcot y Juan Escot frente al convento de San Agustín, Juan Govart rentaba en San Ildefonso y el relojero Matías del Monte en casa del tío de su mujer en Tlatelolco.

[118] Véase capítulo 5.
[119] AGN, Inquisición, vol. 161, exp. 9. AGN, Inquisición, vol. 164-2. exp. 9, f. 497v. 1598.
[120] AGN, Inquisición, vol. 165, exp. 5, f. 49.
[121] AGN, Inquisición, vol. 165, exp. 2, f. 51.
[122] AGN, Inquisición, vol. 161, exp. 8, f. 208 ss.
[123] AGN, Inquisición, vol. 166, exp. 1, ff. 8-11.

similar que refleja además la importancia de los hospitales como lugares de encuentro entre los septentrionales, es el de Pedro Pedro, quien conoció en el de los Convalecientes al sastre Diego del Valle y éste le presentó a Cornerlio Adriano Cesar, quien, a su vez, lo llevó con los toneleros quienes, por último, lo acomodaron con Diego Henríquez[124].

Existen varios indicios sobre la existencia de un flujo constante de inmigrantes a la ciudad de México, tanto por el rápido y sostenido crecimiento de la comunidad desde la última década del siglo XVI, como por el hecho de que no todos los septentrionales se conocían o tenían relaciones estrechas, sino que se integraban en distintas capas o grupos que tenían varios grado de conexión entre ellas[125]. Estos contactos se dilataban hacia los centros de explotación minera del norte (Pachuca, Querétaro, Guanajuato, San Luis Potosí hasta Guanajuato), hacia la fértil zona agrícola de Michoacán, continuaban hacia Guadalajara, la capital de la Audiencia de la Nueva Galicia y aún seguía por la costa hasta Colima. Hacia el sur tenían contactos en las minas de Taxco, el puerto de Acapulco y en la ciudad de Antequera.

4.6. El trabajo, condición necesaria para arraigarse en la sociedad virreinal

Como hemos explicado anteriormente, la gran mayoría de los flamencos y alemanes que migraron a la Nueva España no lo hicieron con intenciones claras de quedarse a residir definitivamente en el reino, sino de permanecer el tiempo necesario para juntar un capital considerable para regresar a sus países. Era, en principio, una migración temporal, pero durante su estancia el migrante podía acumular experiencias de vida favorables (matrimonios, negocios prósperos, gusto por la tierra y su gente) o desafortunados (procesos civiles, inquisitoriales, enfermedades) que propiciaban una modificación constante de los planes, el aplazamiento del regreso o el arraigo permanente. El complicado y no siempre recto proceso de definición individual entre el avecindamiento o la continuación del periplo comenzaba, sin embargo, por una primera intención del inmigrante de integrarse al mercado laboral local. Si no se contaba con ese deseo, como frecuentemente ocurría a soldados y marineros,

---

[124] AGN, Inquisición, vol. 166, exp. 1, ff. 45-46.
[125] Un ejemplo es el de Diego del Valle y Simón de Santiago. Se conocieron en la cárcel hasta 1600 aunque ambos tenían varios años viviendo en la ciudad y tenían amigos comunes como Joseph de la Haya y los hermanos Miguel. AGN, Inquisición, vol. 165, exp. 2. AGN, Inquisición, vol. 168, exp. 3.

los paisanos recomendaban a los recién llegados que volvieran a sus puestos en los barcos o que continuaran su camino. Incluso, llegaban a organizar colectas de dinero para aligerar su periplo y así ayudarlos. Diego Enríquez, por ejemplo, ofreció al marinero Pedro Pedro que fuera su aprendiz, pero éste "no se inclinó a ser barbero y así no admitió lo que le ofreció". Por ello "todos los dichos [flamencos y alemanes] aconsejaron a éste se volviese a su tierra y que le ayudarían para el camino diciéndole a éste que no podía estar en esta tierra *porque no sabía oficio*". Lo que él deseaba, decía, era "…volver a España pues *no sabía ningún oficio* y así no quería quedarse en esta tierra sino volver por marinero como vino porque toda su vida se había criado en la mar"[126]. Quizá, al igual que otros jóvenes de su tiempo, Pedro diera más importancia a la libertad laboral y de movimiento que a la seguridad económica, las obligaciones y limitaciones que, por supuesto, también traía consigo la concertación con un patrón[127].

Para aquellos que sí deseaban quedarse en la tierra por periodos más largos, lo más común fue que los paisanos los emplearan durante su primer tiempo en la ciudad y que, una vez terminado su convenio, se acomodaran con otros miembros de la comunidad en otros puntos del virreinato, creándose así una especie de rotación de trabajadores menos especializados que indican la movilidad circular de un buen número de criados, aprendices, oficiales y tratantes que, al igual que en Europa, recorrían distintas localidades dentro de una ruta en búsqueda de faenas temporales[128]. Al parecer, la mayor parte de los jóvenes preferían desplazarse hacia el norte, a los centros mineros y a sus zonas de influencia económica, como San Luis Potosí y Zacatecas, en donde se había extendido un sistema de trabajo asalariado que era generalmente libre y poco reglamentado[129]. Los septentrionales enriquecieron el complejo conglomerado étnico que integraba a la muchedumbre de viandantes, sin domicilio ni empleo permanente, que se movía en oleadas entre los reales de minas siguiendo sus ritmos de expansión y contracción en búsqueda de las mejores

---

[126] AGN, Inquisición, exp. 165, exp. 2, ff. 7, 47v. y 52v.
[127] FARR, 2000, p. 203.
[128] Juan Govart trabajó durante su primer año en México como oficial de los sastres flamencon Famal y Perea. Luego lo empleó Cristóbal Miguel en labores del apartado y finalmente laboró en la salitrera de Guillermo Enríquez y Guillermo de Arauz. Por el contrario, Rodrigo Harbert inició como criado de Guillermo Enríquez pero después de que éste le propinara "un bofetón" se acomodó al servicio de Cristóbal Miguel. AGN, Inquisición, vol. 261, exp. 1, f. 14. 1600. AGN, Inquisición, vol. 167, exp. 7, f. 11.
[129] SWANN, 1990, pp. 143-181.

oportunidades para ganar dinero rápido[130]. En estas rutas, que implicaban desplazamientos largos en zonas geográficamente inhóspitas, la presencia de paisanos arraigados fue también una pieza fundamental para atraer a los jóvenes itinerantes que se movían en grupos de dos o tres, como puede apreciarse en las múltiples referencias que se encuentran sobre ellos en haciendas, minas y trapiches aislados[131]. Al cabo de un tiempo, estos migrantes volvían a la ciudad de México para colocarse nuevamente con algún paisano.

La endogamia laboral de los septentrionales era producto de la solidaridad, pero también de la comodidad que ofrecía manejarse en un mismo idioma y otras razones que trataremos en el capítulo 7, pero también a los límites que muchos de ellos tenían para comunicarse con los españoles porque no hablaban bien el castellano. Esta situación no era necesariamente adversa pero se prestaba a crear relaciones de dependencia entre los paisanos y a acentuar la asimetría entre empleado y patrón[132]. Si bien las redes de trabajo muchas veces rebasaban los límites étnicos del grupo e integraban a contactos dentro de la sociedad, cuanto más dominara un migrante la lengua y cultura castellana, más fácil podía ser su permeabilidad en la sociedad, su libertad de movimiento y sus oportunidades de encontrar empleo fuera del núcleo de connacionales. El oficial de sastre, Diego del Valle, quien había ido a la escuela y servido varios años a partones en Sevilla antes de ralizar la travesía atlántica, llegó a las minas de San Luis como criado de un español y ahí se concertó con Rutiaga por unos meses antes de volver a México con un mercader catalán. Una vez en la capital, se empleó en el obraje de la viuda de Florián

---

[130] *Ídem.*
[131] Rutiaga se inició como comerciante con una mesilla en la Ciudad de México en 1591. AGN, General de Parte, vol. 4, exp. 593, f. 165v. Entre estos jóvenes encontramos a Lucas Federico, empleado por Rutiaga en San Luis 2 veces en 3 años. Juan del Campo fue criado del relojero alemán Matías del Monte en México antes de desplazarse a San Luis para trabajar con Rutiaga año y medio y, posteriormente regresar a México para trabajar con los apartadores de metales. AGN, Inquisición, vol. 167, exp. 4, ff. 17-19, AGN, Inquisición, vol. 161, exp. 8, ff. 208-240. Un ejemplo del trabajo en las minas es la de Diego Suárez en Tetelcingo donde laboraban al alemán Diego Jacobo y los flamencos Juan Simón y Juan Pérez. AGN, Inquisición, vol. 292, exp. 19, ff. 64-68.
[132] Simón de Santiago, por ejemplo, trabajaba como salitrero para Cristóbal Miguel, sabía poco español, apenas conocía gente en el virreinato y no tenía dinero para volver a embarcarse en la flota. Miguel lo mantenía con esperanzas, decía, "sin quererle señalar salario ni hacer concierto [de] qué le había de dar [durante] el tiempo que estuviese en su compañía". Para conseguir dinero Simón vendía salitre en el mercado clandestino. AGN, Inquisición, vol. 168, exp. 4, ff. 103v-104. Sobre la relación de empleador y empleado como medio de control social véase: COPE, 1994.

de Castellanos hasta que inició nuevamente su periplo por Querétaro, Michoacán y Guadalajara, en donde el sastre flamenco, Lorenzo de Estrada, lo contrató como su oficial. Finalmente volvió a la capital para trabajar otra vez con la viuda de Castellanos[133].

Una razón que contribuyó a que los migrantes se arraigaran en el virreinato fue la acumulación progresiva de capital y su colocación en inversiones productivas (compra de mercancía, adquisición o renta de tierras labrantías y ganado, medios de transporte como mulas, carretas, barcos) que los invitaba a asentarse por periodos más prolongados y abría la posibilidad de casarse. Para los artesanos, esta última opción era la vía que les permitía ser examinados de inmediato por el Cabildo de la Ciudad de México y obtener así el permiso necesario para abrir su obrador sin tener que trabajar dos meses bajo supervisión de un maestro local que exigían las ordenanzas de algunos gremios[134]. Al parecer estas corporaciones no limitaron la incorporación de los maestros, oficiales o aprendices en la vida productiva de las urbes, quizá porque en la práctica eran considerados "españoles" y porque cubrían nichos en áreas donde pocas veces competían con los peninsulares y los indígenas[135].

Aunque resulta difícil establecer generalizaciones, tres tipos de artesanos tuvieron más oportunidad de alcanzar cierta estabilidad económica y avecindarse. Por un lado, aquellos que al ser portadores de conocimientos especializados fueron reclutados rápidamente y contaron con la ayuda o el mecenazgo privado o institucional. Entre éstos, encontramos a los expertos en minería y metalurgia, a los ingenieros, los impresores o a los relojeros, como Matías del Monte, que encontró trabajo permanente en su oficio como constructor de una máquina para la Sala del Real Acuerdo y como empleado con salario anual para el "cuidado y aderezo" de los relojes mayor y menor de las Casas Reales[136]. Por otro lado, encontramos a un variado grupo de artífices asociados a la rama de la construcción, la decoración, la pintura y los bienes suntuarios que gozaron de gran demanda por el impresionante auge de la construcción en diversos puntos de la geografía virreinal durante este periodo. Los historiadores del arte han resaltado el papel del pintor Simón Pereyns y de Adrián Suster en las tallas de madera de la antigua catedral, la sillería de la iglesia de Santo Domingo de México y otras obras pero, en realidad, el incremento de

---

[133] AGN, Inquisición, vol. 168, exp. 2, ff. 14-15v.
[134] CARRERA ESTAMPA, 1954, p. 45.
[135] Véase capítulo 1.
[136] AGN, Indiferente Virreinal, caja, 6486, exp. 92, ff. 1-2v. AGN, General de parte, vol. 6, exp. 66. AGN, Reales Cédulas Duplicadas, v. 46, exp. 244, f. 385. Véase capítulo 5.

la construcción religiosa era tal en el virreinato que varios maestros carpinteros y ensambladores de origen alemán, como Andrés Pablos (yerno de Suster), Tomás de Durá, Enrique Alemán y Juan Rolón llegaron a trabajar juntos en varias ocasiones o individualmente para las órdenes mendicantes o bajo la supervisión de artistas, como Juan de Arrué, en conventos de la ciudad de México y Puebla[137]. Sabemos, por ejemplo, que Enrique Alemán, Tomás Durá y Juan Rolón, vivieron en casa del pintor novohispano en Puebla entre 1597 y 1598 y que, un año más tarde, los dos primeros concluyeron algunas obras para la iglesia de la Compañía de Jesús de Puebla que fue consagrada en 1600[138]. Asimismo, Adrián Suster, Andrés Pablos, Juan Rolón y Enrique Alemán trabajaron para Arrué "haciendo un retablo para el convento de San Francisco" en 1597, probablemente el que estaba destinado para la iglesia de Tehuacán, pero que terminó colocándose en la iglesia de Cuauhtinchán y que, de ser así, sería el único vestigio conocido de la talla en madera realizada por artistas flamencos y alemanes durante la época colonial en México[139]. Es probable que junto a ellos también laborara el entallador flamenco Juan Bautista del Bosque, del que únicamente tenemos noticia que vivió en la calle de Tacuba junto con su mujer mulata y sus seis hijos durante las primeras décadas del siglo XVII[140]. La demanda de estos empleos no siempre eran sinónimo de acumulación de riqueza, ni de prestigio social. El entallador Adrián Suster, por ejemplo, tenía pocos bienes y vivía, según la descripción de un testigo, en una casa obrador "pequeña que se oye aún lo que se habla quedo"[141], mientras que el impresor Cornelio Adriano

---

[137] Suster realizó la sillería del coro de la iglesia de Santo Domingo de México y el de la catedral vieja de la capital en colaboración con el escultor Juan Montaño, y otras obras en Michoacán y Tulancingo. En 1599, cuando fue aprehendido por la Inquisición, estaba trabajando junto con su yerno, Andrés Pablos, en el convento de San Agustín de México. AGN, Inquisición, vol. 164-2, exp. 6, ff. 311. AGN, Inquisición, vol. 165, exp. 5, ff. 8-11. TUSSAINT,1983, p. 69. AGN, Inquisición, vol. 223, ff. 491-491v. AGN, Inquisición, vol. 167, exp. 2, ff. 3-5, 20v.

[138] El comisario de Tlaxcala escribió a los inquisidores: "En esa ciudad reside (a lo que se entiende) un Juan Rolón alemán ensamblador en casa de Juan de la Ruá pintor vecino de ella". AGN, Inquisición, vol. 223, ff. 491-491v. AGN, Inquisición, vol. 167, exp. 2, ff. 3-5, 20.

[139] Andrés Pablos declaró en 1598: "habrá de un año [1597] que estando este en la ciudad de la Puebla de los Ángeles con su suegro Adrián Suster haciendo un retablo para el convento de San Francisco, dijo a este Juan Rolón, alemán, ensamblador en la dicha ciudad en casa de Juan de Ruá pintor". AGN, Inquisición, vol. 165, exp. 5, ff. 8-11.

[140] AGN, Inquisición, vol. 408, exp. 2.

[141] AGN, Inquisición, vol. 164-2, exp. 6, f. 301v. AGN, Real Fisco de la Inquisición, vol. 8, exp. 7, ff. 129-140.

Cesar nunca superó sus dificultades económicas y pasó sus últimos años viviendo bajo el amparo de su amigo Guillermo Enríquez en su hacienda de San Ignacio Nopala alejado del mundo de la impresión[142].

Un tercer tipo de artesanos fueron los que producían objetos de uso común. Estos oficios no representaban una verdadera competencia para los españoles porque eran considerados viles y, a la vez, eran demasiado especializados y para ser realizados por la población indígena sin un entrenamiento adecuado, que los maestros europeos se negaban a transmitir[143]. Entre ellos encontramos a los migrantes que lograron acumular más capital y diversificarlo en varias inversiones para incrementar su fortuna, tal cual lo hacían sus colegas en Europa[144]. Los toneleros proporcionan un buen ejemplo de ello porque elaboraban productos de consumo general que podían llegar a escasear cuando el servicio de estos artesanos se concentraba en satisfacer las necesidades de las flotas en los puertos virreinales. El secuestro de bienes hecho por la Inquisición al tonelero Jorge de Brujas en 1598 muestra una típica evolución económica ascendente de un artesano de este ramo y permite darnos una idea sobre las áreas en que localizó sus inversiones a lo largo de más de tres décadas. Después de pasar un par de años en el camino entre México, Michoacán y las minas de Zacatecas, Brujas realizó su primer desembolso fuerte al dotar a su mujer con 6.000 pesos y abrir su tienda-obrador en la calle de Tacuba en la ciudad de México en 1569. En ese lugar, llegó a hacerse de una extensa clientela a juzgar por los 1.090 barriles, cubos y toneles de todo tipo que tenía amontonados al momento de su aprehensión. Alrededor de una década más tarde, el tonelero comenzó a prestar dinero e iniciarse tímidamente en el comercio local e internacional[145], con lo cual pudo adquirir propiedades de forma escalonada durante la década de 1580 por un valor total de 5.700 pesos: dos de ellas, una heredad en Culhuacán de nombre "La Estrella" y unas casas en el barrio de Santa Catalina, las rentaba a terceros y una hacienda en Ixtlahuaca con ganado mayor, menor y varias cementeras con maíz y cebada la tenía a cargo de su hijo, Agustín Ramírez[146]. Según declaró en algún momento a un amigo, Brujas llegó a acumular la espectacular cantidad de 20.000 ducados, y si bien hacia finales de 1590 sus bienes no parecen haber sobrepasado los 15.000 pesos, la cantidad seguía siendo bastante respetable. Ciertamente,

---

[142] AGN, Indios, 3517, exp. 1, fs. 1-30.
[143] PANIAGUA PÉREZ, 2010, pp. 67-141.
[144] FARR, 2000, pp. 56-60.
[145] Véase capítulo 6.
[146] AGN, Real Fisco de la Inquisición, vol. 8, exp. 6, ff. 96-127v.

la acumulación de capital no conllevaba necesariamente el avance ascendente en la escala social, pero sí lo facilitaba si la "calidad" del oficio así lo permitía. El apartador del oro y la plata, Cristóbal Miguel[147], llegó al virreinato sin dinero pero tan sólo en una década logró adquirir 20.000 pesos, una cantidad similar a la de Brujas pero que a él le ganó "fama de hombre rico", lo cual reflejaba en su atavío con telas de seda, metales y piedras preciosas, en su actitud de "mucha presunción" y en el cuidado que ponía en mantener en alto el honor y la reputación ganadas entre mercaderes, cortesanos y primeros pobladores con quienes se codeaba y realizaba negocios[148].

Como mencionamos, la carencia de una red familiar en la Nueva España favoreció que los lazos de solidaridad que caracterizaban comúnmente las relaciones entre los artesanos cobraran una particular fuerza entre los inmigrantes de origen alemán y neerlandés. Los connacionales suplían el papel de apoyo que en condiciones normales prestaba la parentela durante las faenas y llegaban a formar compañías entre ellos en los momentos que las concertaciones sobrepasaban sus capacidades productivas o se subcontrataban entre sí para realizar pequeñas labores, por lo general, bastante especializadas y ajenas a sus oficios cotidianos. Así, encontramos que el barbero, Diego Henríquez, labraba las imágenes y los números en metal para los relojes que fabricaba su amigo, Matías del Monte, mientras que el cosmógrafo e ingeniero real, Enrico Martínez, fue contratado por Cornelio Adriano Cesar y Guillermo Enríquez para frabricar las letras de la imprenta que estaban construyendo hacia finales del siglo XVI[149] Los artesanos recibieron igualmente un fuerte apoyo de sus paisanos que habían alcanzado cierto nivel económico o que se dedicaban al comercio para iniciarse en los negocios o para echar a andar algún proyecto productivo[150]. Todas estas formas de interacción constatan la existencia de fuertes lazos de solidaridad grupal que, de ninguna manera, rivalizaran con la permeabilidad que sus miembros tenían en otros sectores de la sociedad novohispana, a la cual pertenecían en mayor o menor medida dependiendo de los grados de su integración individual.

El avecindamiento permanente de migrantes laborales en el virreinato no significó su completa sedentarización. Por el contrario, las fuentes muestran como la gran mayoría de ellos, a pesar de tener una residencia

---

[147] Véase capítulo 5.
[148] AGN, Inquisición, vol. 167, exp. 4, f. 48v. AGN, Inquisición, vol. 168, exp. 4, f. 139. AGN, Inquisición, vol. 252 A, exp. 17, f. 28v.
[149] Véase capítulo 5.
[150] Véase capítulo 6.

fija, continuaron desplazándose en cortas, medianas y largas distancias para encontrar o completar oportunidades buenas de trabajo. Aunado a ello, aquellos que tuvieron las posibilidades económicas volvieron una o varias veces a España y a sus lugares de origen para visitar a sus familias o realizar negocios, con lo cual mantenían activos los lazos entre sus comunidades y las sociedades de acogida, a pesar de haberse ausentado por largos periodos de tiempo. El tonelero Jorge de Brujas, por ejemplo, regresó a Sevilla en tres ocasiones y en una de ellas (1583) fue también a su ciudad natal después de 23 años de su llegada a México. El holandés Juan Pablo, por su parte, volvió a su pueblo Purmerend después de haber vivido un tiempo en La Habana sólo para constatar que "la tierra estaba perdida de hugonotes" y decidir que prefería retornar a las Indias[151].

En resumen, los migrantes laborales de la región del Mar del Norte tendieron a mantenerse dentro de patrones circulares en las costas de los territorios de la monarquía hispánica y únicamente una pequeña minoría, generalmente artesanos y criados, se introdujo tierra adentro atraída por la oferta de empleo en los centros urbanos americanos y los puertos del Pacífico, así como por haber una política migratoria *de facto* abierta a su presencia e integración local a pesar de las restricciones migratorias ordenadas por la Corona. El elemento central que hizo posible este fenómeno fue la progresiva formación de una extensa red de cadenas migratorias que proporcionaban la infraestructura e información que facilitaban el tránsito y posible aclimatación de los paisanos en todos los puntos de su itinerario desde la región del Mar del Norte y a lo largo de los territorios de la monarquía. Un elemento medular que se desprende de nuestro análisis es la existencia de una malla en el territorio virreinal que se sostenía primordialmente por la solidaridad y apoyo entre "paisanos" que compartían una misma lengua y rasgos culturales para alcanzar objetivos comunes, temas sobre los que volveremos más adelante[152]. Esta reciprocidad explica en buena medida la formación de un incipiente mercado laboral intragrupal que era ofertado por migrantes *pioneros* aclimatados y avecindados a los recién llegados y que, a su vez, creaba las condiciones de seguridad para estimular la movilidad regional de trabajadores y la subsiguiente atracción de más connacionales. Todos estos elementos indican que la migración de la región del Mar del Norte a

---

[151] AGN, Inquisición, vol. 165, exp. 6, ff. 36-37v. AGN, Inquisición, vol. 151, exp. 4, ff. 266-267v. Algunos ejemplos de licencias en España: AGI, Indiferente, 2063, N. 116. En México: AGN, Inquisición, vol. 168, exp. 4, f. 3v. AGI, Indiferente, 450, leg. A5, ff. 223-224.

[152] Véase capítulo 7.

Comunidad, pertenencia, extranjería

Nueva España, lejos de ser esporádica o circunstancial, era un fenómeno consolidado desde finales del siglo XVI que aportaba un flujo sostenido de trabajadores especializados que cubrían nichos en el mercado laboral necesarios para el desarrollo y mantenimiento del sistema colonial hispánico.

5.
Migración cualificada y transmisión tecnológica: Los efectos de la gestión neerlandesa de la producción de salitre, los nitroderivados y el apartado de metales en México, 1590-1630

> *Alquimistas, sutiles lapidarios*
> *y los que el oro hurtan a la plata*
> *con invenciones y artificios varios*[1].

Como hemos visto hasta ahora, a pesar de que la migración de trabajadores neerlandeses y alemanes a las provincias americanas fue cuantitativamente menor que la de otros colectivos como el portugués o el italiano. Su especialización dentro de un variado número de actividades artesanales, marítimas y militares fue un elemento fundamental que coadyuvó en la anexión y defensa de los territorios incorporados a la monarquía, así como el crecimiento y consolidación de la malla urbana en que se sustentaba el modelo de expansión colonial castellana en América. La migración de artesanos del centro y norte de Europa sirvió asimismo de conducto de transmisión tecnológica cuya puesta en marcha tuvo un gran impacto en las sociedades, la economía y el medio ambiente americanos. Un caso ampliamente conocido, gracias a los estudios de Gibson y Hoberman, fue el de la construcción del desagüe de Huehuetoca bajo la dirección del

---
[1] BALBUENA, 1604, p. 79 v.

hamburgués Enrico Martínez y el holandés Adrian Boot, para blindar a la ciudad de México de las recurrentes inundaciones. Los trabajos de esta monumental obra hidráulica mantuvieron a las poblaciones indígenas del Valle de México bajo un régimen de reclutamiento forzoso que se cobró la vida de miles de personas desde principios del siglo XVII y hasta finales del XVIII. Estas obras de ingeniería resultaron en lo que sin lugar a dudas puede calificarse como uno de los primeros ecocidios infringidos por acción directa de los europeos en América puesto que trastocaron de forma permanente e irreversible el sistema de lagos de la cuenca de México con consecuencias catastróficas para la sustentabilidad de la región.

Otro ejemplo de transmisión tecnológica que suscitó grandes transformaciones fue la introducción de la fábrica del agua fuerte y del apartado del oro y la plata, así como la optimización de la producción del salitre y la pólvora a partir de 1590. Los alcances de estas innovaciones en la sociedad, la economía, la política y el entorno ecológico son, como veremos a continuación, botones de muestra del impacto transversal de la migración proveniente de la región del Mar del Norte tuvo en las provincias americanas, así como su función articuladora como parte del proyecto de expansión colonial de la monarquía española.

5.1. El salitre y la pólvora en México antes de 1590

Desde los inicios de la conquista[2] y hasta bien entrado el siglo XVIII, la fabricación de la pólvora en la Nueva España fue una tarea difícil por la escasez más o menos acusada en el tiempo de uno o más de los ingredientes necesarios para su elaboración, o por la falta de expertos que tuvieran los conocimientos adecuados para localizar esos elementos en su estado natural. La provisión de cantidades suficientes de salitre, azufre y, posteriormente de carbón, de que se componía la pólvora, no fue un problema restringido al contexto colonial americano, sino una dificultad generalizada en prácticamente todos los territorios occidentales desde principios del siglo XVI, cuando el uso de las armas de fuego se volvió un componente decisivo en los procesos de centralización, expansión y defensa de las monarquías europeas[3]. En España, la búsqueda en el territorio peninsular del azufre y la reestructuración del beneficio del salitre y la elaboración de la pólvora no se realizó sino hasta 1570, cuando la crisis económica y la apertura de varios frentes bélicos en el

---

[2] ORTÉS, 1993 (1524), p. 507.
[3] BUCHANAN, 2006. GLETE, 2002.

Mediterráneo, Flandes y el Atlántico exigieron mayores cantidades, una producción más rápida y una distribución más expedita del explosivo[4].

Tanto Nueva España, las islas del Caribe, la Florida, como posteriormente Manila dependieron casi por completo para su defensa de las provisiones de material militar enviado por la Casa de la Contratación de Sevilla en cada flota. En las décadas de 1560 y 1570, distintos factores evidenciaron la urgencia de promover en los reinos indianos el autoabastecimiento parcial o total de equipo de guerra, no sólo para aliviar a la Real Hacienda de los costos de fabricación y flete desde la Península y garantizar el abasto de los ejércitos españoles en territorio europeo, sino además, para cubrir eficazmente las necesidades de los virreinatos, repeler los ataques exteriores, encarar los conflictos interiores y continuar los procesos de colonización que se encontraban en marcha. Sucesos clave como el incremento del rescate y la piratería en la zona del Caribe, el asentamiento de dos colonias de hugonotes franceses en la Florida en 1562 y 1564 y el enfrentamiento con las tripulaciones de John Hawkins y Francis Drake en San Juan de Ulúa en 1568 despertaron la preocupación de las autoridades virreinales y peninsulares y dieron origen a los conocidos proyectos para mejorar la defensa de los puertos atlánticos emanados de la Junta Magna de 1568[5]. Asimismo, las necesidades de pertrechos para afrontar la guerra de anexión hacia el norte contra los pueblos chichimecas –sobre todo a partir de 1570– y la de Filipinas iniciada en 1565, requirieron un incremento en los envíos de pólvora y artillería desde la Península, exigencia que se volvió cada vez más difícil de satisfacer por la carestía existente de esos productos en España, como mencionamos párrafos arriba[6]. Todo ello, aunado a la "crisis política" derivada de la llamada *Conjura* en la capital novohispana en 1565 dio inicio a una etapa de reestructuración del gobierno virreinal encaminada a alcanzar un mayor control de los elementos centrales en los que recaía la autoridad regia dentro de los que se encontraba la vigilancia más directa de la fabricación, distribución y uso de las armas de fuego y del material explosivo, es decir, del monopolio de la violencia.

Una de las decisiones que se tomaron para lograr este objetivo fue el asiento por seis años concertado con Cristóbal Gudiel, armero y polvorista mayor de Su Majestad, durante los escasos días que en que Alonso

---

[4] SÁNCHEZ GÓMEZ, 1989, pp. 623-624 y 700.
[5] GARCÍA ABASOLO, 1983, pp. 223-333.
[6] *Ídem*. POWELL, 1996. ÁLVAREZ, 2009, pp. 261-302.

Muñoz fue gobernador de la Nueva España en 1568[7]. Sin embargo, el acuerdo no llegó a tener efecto sino hasta la llegada del virrey Martín Enríquez de Almansa en 1569, quien consideró imprescindible eliminar la producción libre de pólvora y su venta indiscriminada a "indios, mulatos, mestizos y extranjeros de los reinos de Castilla"[8], quienes temía podían unirse e insurreccionarse contra la población minoritaria de españoles[9]. Las condiciones acordadas entre las partes otorgaban al armero mayor el monopolio absoluto sobre la elaboración y la comercialización del detonante a todo aquél que lo requiriera menos a los grupos arriba mencionados "por ningún precio… por sí ni por interpósita persona", pero ponía en sus manos la difícil tarea de buscar y refinar el salitre, por un lado, y elaborar los tres tipos de pólvora (fina, para munición y baja), por otro. El armero no cobraría nada por la fabricación de ninguno de estos productos pues las ganancias las obtendría en la venta a particulares, entre los que se incluían los numerosos soldados al servicio del rey. La Corona, por su lado, se comprometía a facilitar todos los materiales (una cueva en San Juan Teotihuacán donde se había encontrado salitre y leña), infraestructura, mano de obra (servicio de indios), además de pagar por los quintales de salitre beneficiados[10].

El cumplimiento de las cláusulas acordadas en el asiento fue problemático desde prácticamente su puesta en marcha por causa de la falta de los componentes necesarios, particularmente del nitrato de potasio, que encarecían los costes. En 1572, Gudiel "se agravió" con el virrey y consiguió un aumento en el precio del explosivo[11]. Dos años más tarde, en 1574 se otorgó un nuevo aumento por causa de la "esterilidad" de las tierras salitrales y por la dificultad para proveerse de combustible (leña), situación que se repetirá en 1578 y 1581[12]. La ineficacia del asiento con el armero volvió a hacerse patente en 1586 cuando no fue posible mandar los refuerzos que solicitaba La Habana para encarar los ataques realizados por Francis Drake a La Española en el contexto de la guerra Anglo-española (1585-1604)[13]. En este contexto, el marqués de Villamanrique tuvo que pedir a España que le suministraran todo tipo de pertrechos militares

---

[7] AGI, México, 27, N. 18. Cristóbal Gudiel pasó a la Nueva España como criado del marqués de Falces en 1566: AGI, Pasajeros, leg. 4, E. 4998.
[8] AGI, México, 27, N. 18, 10 ff.
[9] GARCÍA ABASOLO, 1983, p. 255.
[10] AGI, México, 27, N. 18, 10 ff. VILLAR ORTIZ, 1988, pp. 30-34.
[11] AGI, México, 27, N. 18, 10 ff.
[12] AGI, México, 20, N. 122.
[13] *Ídem.*

porque en México no contaban más que con "mecha y plomo" ya que la pólvora se había consumido por completo en la defensa del virreinato y no se podía fabricar más por la falta de salitre y alumbre[14].

Al mismo tiempo, la carestía de nitro ocasionado por la inaccesibilidad a las partes más profundas de las cuevas de donde la extraían indígenas en condiciones cada vez más brutales había ocasionado un alza exorbitante en el precio del quintal refinado pasando de los 8 a los 30 pesos entre 1569 y 1586. El encarecimiento de este producto había justificado que el armero mayor exigiera una "ayuda" extra a la Real Hacienda por cada libra de pólvora que fabricaba. Así, de no cobrar nada por la elaboración de la pólvora de munición al concertarse el asiento, llegó a percibir 3 reales y 9 granos por quintal en 1578[15]. Cansado de la inoperancia y de los costes ofrecidos por Cristóbal Gudiel pero sin opciones para sustituirlo, Villamanrique trató de atajar el problema desde la raíz, que era la escasez de salitre. Para ello designó a "un hombre" para que recorriera el virreinato con esperanza "de que descubra algunas cuevas del, y si las descubriese hacer otro asiento mucho más barato"[16], porque de lo contrario, preveía, sería más económico mandar la pólvora desde la Península que seguirlo elaborando en Nueva España.

La "comisión", de la que desconocemos por quién estuvo integrada, tuvo algunos resultados positivos al encontrar tierras salitrosas en Iztapalapa, localizado al Oriente de la ciudad de México, de donde los pueblos indígenas se obtenían tradicionalmente sal común, y en otros lugares cuyos nombres no revelan las fuentes. De esas partes se comenzaron a hacer extracciones por algunas personas que tampoco fueron capaces de entregar las cantidades requeridas para cubrir las necesidades de pólvora. Sin embargo, los hallazgos permitieron a Villamanrique hacer algunos cambios importantes que sentarían las bases de la reestructuración en el beneficio del salitre y de la pólvora. Por un lado, ordenó a Gudiel, como "persona de confianza", encontrara a gente competente y les designara zonas de donde podrían extraer y beneficiar el nitro. También se le autorizó expropiar casas de indios, ya fueran de particulares o comunitarias, "pagando el alquiler que fuera justo" para equipar obradores con calderas y todo lo demás que fuera necesario. Asimismo, y para prevenir la carestía, se prohibió por primera vez la fabricación y venta de nitro a todo aquel que no tuviera licencia del virrey o permiso del asentista para

---

[14] AGI, México, 20, N. 139.
[15] *Ídem.*
[16] *Ídem.*

fabricarlo[17]. Los cambios, sin embargo, no surtieron el efecto esperado y Villamanrique pidió que se le mandaran de la Península provisiones del explosivo para encarar la amenaza de Cavendish en el Pacífico en 1587 "por irse acabando los pozos de salitre de donde hasta aquí se hacía" y no tener la posibilidad de proveer a la Habana, la Florida, San Juan de Ulúa ni las Filipinas[18].

El penoso estado en que se encontraba la defensa de los territorios septentrionales y de las Islas del Poniente, así como una nueva subida en el precio de la pólvora aplicado por el armero mayor, ahora a 5 reales por libra, obligó al recién llegado marqués de Salinas a poner el asiento a remate a finales de 1590[19]. Uno nuevo se firmó con tres empresarios que tenían una fuerte relación con las comunidades indígenas en la ciudad que eran Juan Grande[20], traductor de la lengua náhuatl de la Audiencia de México, Alonso Arias, obrero mayor de las Casas Reales[21] y Antonio Gómez, contador del tomín de las obras públicas desde 1588[22]. El nuevo acuerdo, concertado por 3 años, ofrecía bajar el precio del quintal de salitre a 25 pesos de oro común y la libra de pólvora a 3 reales y 9 granos, y como garantía de lo ofrecido pagaron una cuantiosa fianza de 3.000 pesos y la entrega de 240 quintales de pólvora de munición por año[23]. Es probable que la estimación de la producción, a todas luces optimista, fuera motivada por la disposición que los empresarios tenían de mano de obra indígena. No obstante, el beneficioso arreglo, una apelación interpuesta por Cristóbal Gudiel modificó los términos del asiento y lo limitó a la elaboración de la pólvora de munición mientras que él recuperó la producción y venta a particulares de la fina y la baja que era, por sus precios excesivos, donde se encontraba el verdadero negocio[24].

---

[17] AGN, General de Parte, vol. 3, exp. 10.
[18] AGI, México, 21, N. 22, 4 ff.
[19] AGI, México, 22, N. 23.
[20] Juan Grande era intérprete de la Audiencia (1564) y solicitador de indios (1605), estaba casado con Francisco Verdugo, cacica de San Juan Teotihuacán y abuela de Fernando de Alva Ixtlixóchitl. AGN, Reales Cédulas Originales, vol. 1, exp. 243. ZAVALA, 1999, pp. 1204-1216. AGI, Indiferente virreinal, caja 4259, exp. 8.
[21] Alonso Arias fue obrero mayor de las Casas Reales y artillero mayor al miror Gudiel. SCHELL HOBERMAN, 1980, pp. 386-407. ZAVALA, 1985, vol. II, t. 5.
[22] ZAVALA, 1987, p. 742.
[23] AGI, México, 27, N. 18.
[24] *Ídem.*

La desvinculación de Gudiel en el manejo exclusivo del salitre abrió la posibilidad a los asentistas de buscar depósitos de nitro fuera de las ya conocidas cuevas de San Juan Teotihuacán y de los lugares previamente identificados. Tanto Alonso Arias como Juan Grande obtuvieron licencias para explotar tierras salitrales en Mixquic y Tlatelolco, Tacubaya y Tlalnepantla, que presumiblemente localizaron con la ayuda de informantes indígenas[25]. Este pequeño cambio en la producción de nitro tuvo repercusiones positivas inmediatas en el abastecimiento de la pólvora para la Florida y de otras necesidades[26], pero quedó lejos de ser suficiente en 1590, cuando se requirió más nitro para fabricar agua fuerte, un ácido indispensable para determinar el quilataje del oro y separar los metales preciosos.

5.2. La llegada de Cristóbal Miguel y el vuelco en la producción de nitroderivados en la década de 1590

A mediados del siglo XV, Europa comenzó a experimentar una reactivación económica después de un largo periodo de estancamiento causado, en gran medida, por la despoblación que la peste negra y las guerras dejaron tras de sí. El constante crecimiento demográfico registrado desde 1460 y prolongado durante todo el siglo XVI, el incremento de la producción agrícola y el crecimiento polinuclear de las ciudades estimuló una renovación tecnológica generalizada en todo el continente en áreas ligadas a las necesidades y a los retos productivos locales, pero también a las crecientes exigencias de materias primas y manufacturas de los mercados regionales e internacionales. Tanto la vigorización del intercambio mercantil que multiplicó la demanda de pagos en metálico, como la transformación en mano de obra asalariada de sectores más amplios de la población y la intensificación de las exacciones fiscales en moneda, exigieron un aumento constante en las actividades extractivas de oro, plata y cobre[27]. Esto último, unido a los procesos de expansión imperial y de centralización del poder regio que incrementaron enormemente la actividad bélica y, como consecuencia, la producción de armas de fuego,

---

[25] AGN, Indios, vol. 5, exp. 404.
[26] En el mes de mayo se proveyeron al menos cuatro órdenes para que Arias y Grande mandaran 30 quintales de pólvora a Florida y 30 quintales para la munición real. México, 2 de mayo de 1591. AGN, General de Parte, vol. 4, exps. 444. AGN, General de Parte, vol. 4, exp. 496. AGN, General de Parte, vol. 4, exp. 523. AGN, General de Parte, vol. 4, exp. 548.
[27] MISKIMIN, 1981, pp. 35-61. VRIES DE, 1976, pp. 1-29. YUN CASALILLA, 2004, pp. 7-112.

hicieron de la industria minera y de la metalúrgica, una de las ramas más rentables para la inversión y, en consecuencia, donde se lograron constantes adelantos técnicos a lo largo de la Edad Moderna en ambas orillas del Atlántico.

La primera fase en esta transformación se inició en el centro de Europa cuando se encontraron ricos yacimientos de plata en Sajonia, Garz, Schwaz, Mansfeld y el Tirol, y de oro y cobre en Hungría a mediados del siglo XV. En estos territorios del Sacro Imperio, miles de hombres se empleaban en las minas en faenas relacionadas con la extracción y refinación de los metales preciosos[28]. Fue en esa zona donde se formaron muchos especialistas que hicieron posible el florecimiento de importantes invenciones y reajustes en las técnicas químicas y mecánicas medievales –plasmadas en los libros de Vanoccio Biringuccio, Lazarus Ercker y Georgius Agricola–, que intensificaban y abarataban considerablemente la explotación de minerales y agilizaban su puesta en circulación en los mercados[29]. Los conocimientos de estos técnicos eran muy apreciados en Europa en una etapa en donde la transmisión científica y tecnológica corría a cuentagotas pues dependía, como ha subrayado Cipolla, de la migración de estos individuos y de su voluntad para transferir sus saberes[30].

Cristóbal Miguel (Cristopher Harper) provenía de una familia ligada a los metales[31]. Su abuelo y tío maternos, originarios de la provincia de Güeldres, habían sido monederos en la ceca de la ciudad de Deventer. Su padre, natural de la ciudad de Eisleben, cuna de Martín Lutero, en el condado minero de Mansfeld, era ensayador de metales especializado en el apartado del oro de la plata. Su oficio, o quizá su confesión luterana, había hecho que la familia migrara varias veces de ciudad llevándolos a Nimega, Colonia y Altona en Hamburgo. Desde niño, Cristóbal combinó el aprendizaje del oficio del ensaye con el servicio a mercaderes y especialistas en metalurgia conocidos de sus padres en Amberes y La Haya. De ambas faenas llegó a ahorrar 250 florines que empleó en "lienzos y telillas y en otras cosas" para ir a vender a Lisboa porque, decía, "había oído loar mucho de ella"[32]. Fue ese el primero de varios viajes comerciales que haría entre los puertos septentrionales de Europa y los de la costa

---

[28] NEF, 1987, pp. 693-762.
[29] MUNRO, 1998, pp. 35-50. LONG, 1991, pp. 318-355. SMITH Y FORBES, 1957, pp. 28-71.
[30] CIPOLLA, 1992, pp. 212-219.
[31] El verdadero nombre de Miguel se encuentra en la confesión de Cornelio A. Cesar: AGN, Inquisición, vol. 166, exp. 2, ff. 50-51.
[32] AGN, Inquisición, vol. 168, exp. 2, ff. 98-192.

atlántica ibérica. En el último de ellos, realizado a finales del invierno de 1589, Cristóbal llevó a su hermano pequeño Gregorio en su compañía hasta Sevilla para acomodarlo como criado en casa de un racionero donde debía esperar a recibir noticias suyas. De ahí, marchó a Sanlúcar de Barrameda en donde pudo acomodarse junto a otros neerlandeses como parte de la tripulación en el barco de los hermanos neerlandeses Juan y Domingo Anes Ome (Horn) que se encontraban a punto de zarpar a Nueva España como parte de la Flota del general Antonio Navarro Prado[33]. Durante el trayecto, Cristóbal conoció a Juan Ruiz de Grave y a Guillermo Enríquez, un joven originario de Zwolle, en Overijssel, con quien mantendría una estrecha relación amistosa y laboral, en ocasiones conflictiva, que se prolongaría el resto de su vida. Llegados a Veracruz, Cristóbal dejó a sus dos compañeros enfermos y siguió su camino hacia la ciudad de México con esperanza de llegar a Manila. Sus planes, sin embargo, se tornaron distintos cuando el marqués de Salinas "habiendo tenido noticia que éste sabía hacer agua fuerte le mandó quedarse"[34].

5.2.1. *El oro de Filipinas y la necesidad de aguafuerte*

El interés del marqués de Salinas en producir el agua fuerte (ácido nítrico) respondía a la necesidad de ensayar el oro y cobrar los derechos regios del metal de Filipinas. El ensaye de metales con el ácido era la forma más fácil y fiable de saber, no sólo la pureza del oro, sino también si éste se encontraba presente, aunque fuera en pocas cantidades, en aleaciones con otros metales[35]. Desde 1572, la Corona expidió órdenes dirigidas al virrey de la Nueva España y al adelantado de Filipinas, Miguel López de Legazpi para que se aseguraran de quintar todo el oro, las joyas y las perlas a su salida de las Indias Orientales[36] y a su llegada a las Occidentales[37]. Para poder determinar con certeza la calidad y la cantidad de metal que correspondía al monarca, Manila pidió en varias ocasiones se le proveyera de agua fuerte que debía ser importado desde Sevilla porque en México no lo había[38]. Las recaudaciones realizadas por Miguel López de Legazpi a las poblaciones declaradas como tributarias en Manila y Cavite desde

---

[33] Los hermanos Horn tenían dos naves: Nuestra Señora del Rosario y Nuestra Señora de la Victoria. Y llevaban algunos en conserva. El viaje de Cristóbal Miguel en uno de estos barcos lo menciona su hermano Gregorio: AGN, Inquisición, vol. 167, exp. 6, f. 99.
[34] AGN, Inquisición, vol. 168, exp. 2, f. 102.
[35] BARBA, 1995, p. 184.
[36] AGI, Filipinas, 339, leg. 1, f. 41v.
[37] AGI, Filipinas, 339, leg. 1, F. 42v.
[38] AGI, México, 19, N. 125.

1571, las cantidades saqueadas por su sobrino, Juan de Salcedo, en su recorrido por la costa de Luzón hasta 1572 y por las exacciones hechas en las fundaciones en Ilocos y Pangasinan hasta 1574, pero, sobre todo, los constantes rumores sobre la existencia de minas de metal áureo en esas provincias motivaron un primer envío transoceánico de 10.000 toneladas del ácido desde España[39].

La búsqueda de oro no cesó en las décadas siguientes: en los años ochenta, dos expediciones recorrieron Pampanga y fueron seguidas por tres más organizadas por el gobernador Gómez Pérez Dasmariñas en 1591[40]. Los afanes cumplieron las expectativas pues ese mismo año llegaron grandes cantidades de oro al puerto de Acapulco en el galeón de Manila, aunque sin quintar, y el cobro de los derechos tampoco pudo efectuarse en la Nueva España porque no había ácido con qué realizar los ensayes, según se informaba desde México en diciembre de ese mismo año. El panorama pintado por las autoridades novohispanas fue decepcionante para los intereses del monarca porque no había, en ninguna de las dos orillas del Pacífico, quién supiera hacer agua fuerte o tuviera los conocimientos para localizar los materiales necesarios[41]. En este contexto el virrey Luis de Velasco se enteró de la presencia de Cristóbal Miguel en el virreinato y vio en sus conocimientos como experto en metalurgia una oportunidad única para elaborar el ácido en la provincia, ahorrar una suma importante de dinero a la Real Hacienda y agilizar el cobro de los derechos del oro.

5.2.2. *La compañía de Prestel y Miguel para elaborar agua fuerte en 1590*

Desde su llegada a la ciudad de México, el 2 de febrero de 1590, Cristóbal Miguel comenzó a frecuentar a otros neerlandeses y alemanes afincados en la capital virreinal, como Lucas Prestel quien, siendo natural de Brujas, se había insertado en la oligarquía criolla al casarse con la hija del capitán Francisco de Terrazas, criado de Hernán Cortés en su mocedad y encomendero de Tulancingo[42]. Entre ambos, y una vez que el virrey

---

[39] EWSON, 2009, pp. 121-122. Envío de 10.000 libras de agua fuerte desde Sevilla para las Filipinas a través de Alonso Pérez de Guadalupe: AGI, Indiferente, 1968, leg. 21, f. 68.

[40] NEWSON, 2009, pp. 188-189.

[41] AGI, Indiferente, 1957, leg. 4, ff. 297-297v.

[42] Francisco de Terrazas llegó a México en 1529, fue criado de Hernán Cortés y ca. 1580 recibió la mitad de Tulancingo como encomienda. Su hija junto a María de Molina se casó con Lucas Prestel. Jesús RUVALCABA MERCADO Y BARONI BOISSINAS, 1994, p. 59. AGN, Inquisición, vol. 168, exp. 4.

Velasco dio su visto bueno al proyecto, formaron una compañía para "hacer agua fuerte y todo lo necesario para apartar el oro de la plata"[43]. Aunque no conocemos los detalles del contrato, es probable que Miguel participara con su conocimiento mientras Prestel lo hacía con un capital inicial y su red de contactos. A ellos pronto se unieron como criados, Guillermo Enríquez y Juan Ruiz, los dos neerlandeses que habían sido compañeros de travesía atlántica de Cristóbal.

Para elaborar el ácido[44] no sólo se requería buena voluntad, conocimiento y dinero, sino también, como bien señalaban los oficiales reales, contar con los ingredientes necesarios que nadie había identificado hasta entonces en el territorio. Una amplia gama de recetas circulaba entre los expertos, a base de caparrosa, alumbre, salitre y agua, cuya mezcla en distintas proporciones resultaba en una mayor o menor acidez del producto y en una consecuente mejor o peor corrosividad. El componente irremplazable en todas ellas era el salitre que, como ya hemos apuntado páginas arriba, se extraía y refinaba en el Valle de México por los asentistas Alonso Arias, Juan Grande y Antonio Gómez para proveerlo en cantidades suficientes para la fabricación de la pólvora. Quizá en un principio el virrey Velasco ordenara también que de ahí se surtiera nitro para la elaboración del agua fuerte. La obtención de los llamados "jugos solidificados"[45] requería más pericia. Decía Gregorio Agrícola que la diferencia entre un minero aficionado y uno experimentado estaba en la capacidad que estos últimos desarrollaban en el uso de sus sentidos como herramientas para encontrar las venas de metales y minerales en la naturaleza: observar la tierra y sus colores, escuchar los rompimientos de los hielos en primavera, probar los sabores de las aguas y las superficies y sentir sus texturas eran las artes de que todo especialista en minería y metalurgia se debía valer para reconocer los signos en el entorno[46]. Cristóbal, acompañado del platero Juan de Salamanca, se dio a la tarea de recorrer las sierras aledañas a la ciudad de México para poner sus sentidos a prueba para hallar aluminio y caparrosa[47], minerales que encontró en una cueva en "términos de un

---

[43] *Ídem*.

[44] El ácido clorhídrico y los ácidos sulfúricos eran producidos durante esta época bajo el nombre de agua fuerte o agua regia. Al parecer, Agricola tuvo contacto únicamente con ácido nítrico que se creaba a partir de salitre, alumbre o caparrosa y agua. Estos eran los materiales que los neerlandeses encontraron en México y por ello suponemos que producían ácido nítrico. AGRICOLA, 1950, p. 441, (nota 3).

[45] Se solía llamar jugos solidificados a los minerales que se diluyen en líquidos como la caparrosa, alumbre y azufre. AGRÍCOLA, Ibídem, p. 43, (nota 2).

[46] *Ibídem*, pp. 25-76.

[47] AGN, Inquisición, exp. 254, exp. 12A, f. 550.

pueblo sujeto al de Tepotzotlán que se llama Santiago" en donde además había oro, plata y plomo[48].

Pero existía un problema que prevenía el uso de estos componentes ya que el goce a perpetuidad de la explotación, búsqueda, enajenación y beneficios de las tinturas minerales (como el sulfato ferroso) en Nueva España, Guatemala, Cabo de Vela y Venezuela había sido otorgado por Carlos V como merced a Garci Fernández Manrique, conde de Osorno, y a sus sucesores. Para gozar del privilegio, Garci Fernández dio poder al virrey Antonio de Mendoza (1530-1550) para que administrara en su nombre las minas de caparrosa y otras tinturas minerales[49], misma que, a su vez, se cedió al encomendero de Tepexpan y Temazcalapa, Joan de Baeza Herrera y a sus herederos[50]. Todo indica que Miguel y Prestel llegaron a un acuerdo con el heredero de los derechos, Guillermo de Baeza Herrera, para compartir la mitad de la mina[51].

Como establecían las ordenanzas en materia de minería, los descubridores de nuevos yacimientos disponían de un periodo de excepción de algunos meses para poner en funcionamiento la explotación de los minerales antes de registrarlos ante las autoridades y empezar a pagar los derechos regios[52]. Es probable que los neerlandeses comenzaran a extraer caparrosa y aluminio desde inicios de 1591, a juzgar por un envío de agua fuerte que se transportó desde la ciudad de México a Acapulco el mes de marzo[53] y porque en octubre, cuando se realizó el registro de propiedad de la mina, habían ya invertido en herramientas y en los utensilios necesarios para el beneficio. Para entonces ya tenían bajo su servicio "mucha gente" entre españoles, flamencos, negros e indios de Cuautitlán y de la encomienda de Baeza Herrera en Tepexpan[54]. En un principio el obrador de agua fuerte se ubicó en la ciudad de México, pero muy pronto cambiaron las instalaciones a Cuautitlán, seguramente por la proximidad de ese poblado con la mina de sulfatos[55].

---

[48] "…por el camino de una estancia del poblado del colegio de niños, una quebrada junto al camino que va al pueblo de Tepeji por la mano derecha en unos peñascos en frente el uno del otro y en el cual a la mano derecha y más alto". AGN, Civil, vol. 112, exp. 1, ff. 18-19.
[49] RODICIO GARCÍA, 1991, p. 425-427. LACUEVA MUÑOZ Y CUNILL, pp. 19-50.
[50] AGN, Civil, vol. 112, exp. 1.
[51] Ídem.
[52] CALDERÓN, 1988, pp. 338-352.
[53] AGN, General de Parte, vol. 4, exp. 289.
[54] Ídem.
[55] AGN, Inquisición, vol. 168, exp. 4, f. 102.

5.3. La plata de San Luis Potosí y los inicios de la gestión flamenca del apartado de metales en México

El descubrimiento de una veta de metal de oro y plata en las minas de San Luis Potosí a finales de 1592 dio un giro inesperado al negocio del agua fuerte. Desde los primeros días de enero de 1593, el virrey Velasco escribió a Madrid dando cuenta de la riqueza revelada por los ensayes que mostraban un contenido de 16 quilates de oro por cada marco de plata[56]. La precisión de los datos ofrecidos por Velasco no podía haberse obtenido a través de un simple ensaye, sino que fueron resultado de un proceso mucho más especializado de la metalurgia conocido como apartado o separación de metales[57]. A decir de Cristóbal Miguel, fue él quien introdujo el beneficio de la división en Nueva España y todos los indicios parecen darle la razón[58]. En principio porque él y Lucas Prestel eran los únicos que, por entonces, producían el agua fuerte, líquido vital para lograr el proceso químico para desligar los metales. En segundo lugar, el apartado no se realizaba en el virreinato en la fecha en que se hicieron los descubrimientos en San Luis. Es cierto que en 1576 el platero Juan Bautista Montemayor había pedido se le diera merced para separar los metales que se extraían de las minas de la Nueva Galicia y de la Nueva España y que el Consejo de Indias se la concedió dándole exclusividad para realizarlo por 6 años bajo condición de que corriera con todos los gastos, comprara la plata a los mineros sin presionarlos y pagara los reales quintos de ambos metales. El Consejo había considerado rentable el negocio tras estudiar los informes remitidos por los ensayadores de Sevilla quienes aseguraban que el metal enviado desde Veracruz no se apartaba ni por ellos ni por los mercaderes ya que su contenido de oro variaba en un rango amplio que iba de los 30 a los 100 granos de oro por cada marco de plata (entre 2 tomines y 1 castellano de oro). Ese trabajo, por el contrario, sí se hacía en el norte de Europa, con la misma plata que se llevaba desde América porque se sabía, como posteriormente escribiría

---

[56] Velasco hace referencia aquí a quilates de peso y no de ley. Un quilate de peso equivalía a 1/140 de una onza. Un marco pesaba 8 onzas. El virrey está hablando de 16 quilates [16/140 oz.] lo que resulta en 0.11 onzas de oro por cada marco de plata. Esto da una proporción de 1.4 gramos de oro por cada 100 gramos de plata de la aleación extraída.

[57] Barba reconocía que con el toque de puntas se podía ver si había mezcla en la aleación, no obstante recalcaba la importancia del ensaye con agua fuerte para distinguir la cantidad puntual de oro y plata en la mezcla. BARBA, 1995, p. 188.

[58] "…por haber yo sido en este reino el primer inventor de apartar el oro de la plata principiándolo con muy notable trabajo de mi persona…". AGN, Inquisición, vol. 168, exp. 4, f. 118.

Barba que, aunque la cantidad de metal áureo fuera poco, su elevado precio justificaba apartarlo de la plata[59]. Por esa razón, apuntaban, si se otorgaba la merced, la Corona podía ganar por partida doble: al cobrar los derechos del oro que estaba mezclado en la plata y por el que hasta entonces no se cobraba ningunos derechos, y al obtener sin ningún costo metales refinados que de lo contrario se perderían y seguirían siendo aprovechados por otras naciones[60]. Desconocemos si Montemayor hizo o no uso de su privilegio; lo cierto es que cuando Cristóbal Miguel llegó al virreinato el apartado no se realizaba y por ello se le otorgó licencia para poder usar su oficio en 1593[61].

El permiso conllevaba ciertas condiciones que coincidían prácticamente en todo con las impuestas a Montemayor años atrás, aunque no se concedía la exclusividad y, en este caso, se especificaban aún más las obligaciones en cuanto al pago de los derechos reales. Primeramente, el apartador debía manifestar ante los oficiales reales la cantidad de plata que pensaba dividir para que se asentara en los libros de cuentas. Una vez realizado el proceso, el apartador debía volver con la cantidad resultante de ambas especies para pagar los diezmos y quintos de los metales bajo juramento de que no había obtenido más del que presentaba y que generalmente era menor a la inicial (gráfica 2). Este relativo voto de confianza por parte de la Corona hacia los apartadores se basaba en el conocimiento generalizado de que algunas partes de plata se perdían cuando ésta se disolvía durante el proceso de separación, pero las mermas no podían ser tantas que levantaran sospecha de fraude. Asimismo, los intereses del monarca quedaban resguardados por la legislación que consideraba

---

[59] AGI, Indiferente general, 1227. BARBA, 1995, p. 184. Cristóbal Miguel fue testigo del apartado que se hacía de la plata en el norte de Europa: "Y aunque es verdad que alguna de ella en Castilla se apartaba y aparta por personas particulares no se paga allá derecho ni quinto alguno a Su Majestad y la demás de labraba en las casas de la moneda de esta ciudad y se envía con el dicho oro y llega a parar a manos de las naciones extrañas a donde aprovechan del interés del oro, de lo cual yo soy testigo de vista por haberla visto apartar en Alemania y Flandes." AGN, Inquisición, vol. 168, exp. 4, f. 118.

[60] AGI, Indiferente general, 1227. BARBA, 1995, p. 184. Cristóbal Miguel fue testigo del apartado que se hacía de la plata en el norte de Europa: "Y aunque es verdad que alguna de ella en Castilla se apartaba y aparta por personas particulares no se paga allá derecho ni quinto alguno a Su Majestad y la demás de labraba en las casas de la moneda de esta ciudad y se envía con el dicho oro y llega a parar a manos de las naciones extrañas a donde aprovechan del interés del oro, de lo cual yo soy testigo de vista por haberla visto apartar en Alemania y Flandes." AGN, Inquisición, vol. 168, exp. 4, f. 118.

[61] AGI, Contaduría, 694. El 17 de diciembre de 1593 Cristóbal Miguel manifestó 55 marcos "para dividir el oro de la plata". No existe registro anterior a este. AGI, Escribanía, 272 B, pieza 15.

la evasión del pago de los derechos reales como un delito grave que se penaba con la confiscación de bienes y la muerte[62].

Gráfica 2. Comparación de las manifestaciones de oro antes y después de realizarse el apartado en 1594

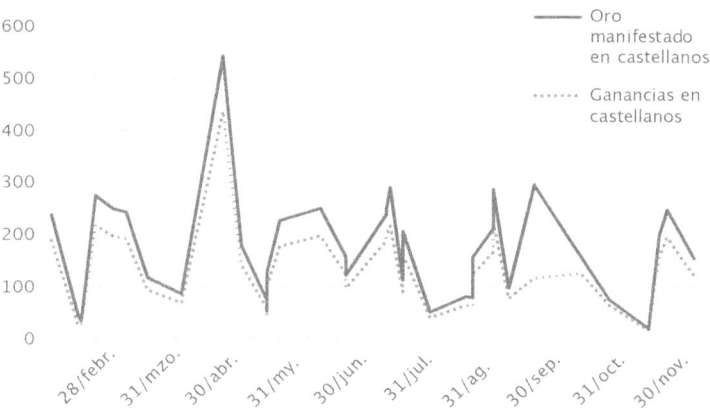

Al igual que la fabricación del agua fuerte, el apartado requería hornos y utensilios hechos especialmente para ese efecto que Miguel y Prestel consiguieron rápidamente a juzgar por la fecha de su primer ensaye que se realizó en diciembre de 1593[63]. La falta de capital para financiar la compra de la plata de las minas de San Luis fue otro problema que los flamencos solventaron recurriendo a "préstamos" con el mercader Gregorio de Ortega por varios años[64]. Al igual que otros almaceneros, Ortega rescataba plata de los mineros, es decir, les adelantaba dinero, mercancías o artículos necesarios para la extracción y refinación del metal que posteriormente debían ser pagados con plata cuyo precio era fijado al valor que tenía en el mercado independientemente de si la ley del metal era superior[65]. Algunas veces, si la plata era rica en oro, Ortega entregaba

---

[62] "Y que en esto no hiciese fraude contra la Real Hacienda de su Majestad so pena de muerte y de perdimiento de todos sus bienes." AGI, Escribanía, 273 A, f. 2, pieza 50.

[63] AGI, Contaduría, 694. El procedimiento seguido por los apartadores coincide con: AGRICOLA, 1950.

[64] Al menos 3 años, mientras duró la compañía y 7 más con Cristóbal Miguel. AGI, Escribanía 272B, f. 20, pieza 15. AGN, Inquisición, vol. 254A, exp. 17.

[65] El marco de plata de 11 dineros y 4 granos se cotizaba en 67 reales de los cuales, al amonedarse, se descontaban 2 reales por concepto de braceaje. Los mercaderes solían fiar el marco a un valor de 65 reales y lo compraban entre 2 y 4 reales por debajo de su precio. De esta manera, el acreedor sacaba un beneficio de entre 3.08 y 6.15% sobre el dinero que prestaba a plazos que comúnmente se fijaban entre uno y tres meses. MARTÍNEZ

el metal a los flamencos para que la refinaran y dividieran a cambio de un salario que ellos cotizaban en 16 reales por cada marco quintado pero que Ortega solía pagar únicamente en 15 o 15 ½ reales[66], cantidad que no resultaba en mucha ganancia para los septentrionales (gráfica 3). Por el contrario, si la plata no era refinada, era de baja ley y contenía poco oro, el mercader se las "prestaba", es decir, les vendía el metal al fiado[67], a precio de plata quintada de ley que se reconocía en 65 reales, aunque su valor se cotizaba en 58 reales, un interés que Ortega justificaba en razón de los fletes del metal. Una vez realizado el apartado, los flamencos pagaban su deuda con la plata ensayada y quintada cuyo valor después de la afinación había subido a los 70 reales, pero por la cual Ortega no pagaba más de 63 o 64 reales, es decir que obtenía un 11.1 % de interés[68]. Igualmente, el oro resultante del apartado tenía un valor de 16 reales el castellano, pero Ortega los compraba a 15 o 15 ½ reales[69].

Este tipo de reducciones, comúnmente aplicados por los mercaderes a los mineros, era el precio que también tenían que pagar los apartadores porque no tenían las garantías necesarias para obtener "préstamos" de particulares para adquirir las grandes cantidades de plata en una época en que no existía una banca pública. En la Edad Moderna los acreedores ponían su caudal en riesgo y las operaciones crediticias se basaban en la confianza entre los concertantes o en las garantías que estos últimos pudieran ofrecer para asegurar el pago de la deuda contraída o la finalización del trabajo[70]. En el caso del apartado, la garantía ofrecida por los flamencos para asegurar que la plata no se perdería recaía en el interés obtenido por Ortega, ya fuera por los salarios reducidos en la mano de obra o por las disminuciones que se le hacían cuando al pagarse los préstamos de plata y negociarse el precio en que se le vendería el oro. Con el tiempo los neerlandeses empezaron a recibir plata de otros clientes y a juntar dinero

---

LÓPEZ-CANO, 2008, pp. 21-72. En este mismo artículo Martínez López-Cano menciona dos documentos en que Ortega aviaba mercaderes de San Luis Potosí.

[66] AGI, Escribanía 272B, f. 20, pieza 15.
[67] Véase: MARTÍNEZ LÓPEZ-CANO, 2001, capítulo II.
[68] La plata resultante del apartado alcanzaba niveles máximos de pureza. Los oficiales reales cobraban los derechos a razón de 79 reales el marco. A partir de 1609, el valor del marco se tomará a 70 reales. AGI, Escribanía, 273A, pieza 42. La cantidad de reales de un marco común era de 67 y se le descontaban 2 por concepto de amonedación quedando 65 monedas para su dueño. Ese era también el precio oficial de circulación, aunque su cotización dependía de las fluctuaciones del mercado y de las tasas de interés fijadas por los prestamistas. MARTÍNEZ LÓPEZ-CANO, 2001, pp. 53-63.
[69] AGI, Escribanía, 272B, f. 20, pieza 15.
[70] MARTÍNEZ LÓPEZ-CANO, 2001, pp. 53-63.

o bienes de varios inversores en régimen de mutuo y comodato para organizar viajes por su cuenta a minas cercanas como las de Tlaucingo o San Luis para comprar metales[71]. Por ejemplo, en el último viaje que Cristóbal hizo a San Luis en 1598, el mercader flamenco Bartolomé Fermín le prestó 300 pesos y su compadre, Juan López de Porras, 1.300 pesos y un caballo para que su hermano Gregorio Miguel pudiera acompañarlo, todo a cambio de que les regresaría íntegro su dinero y le daría parte de las ganancias que obtuviera por el oro[72].

Gráfica 3. Estimación de los salarios de los apartadores en 1594

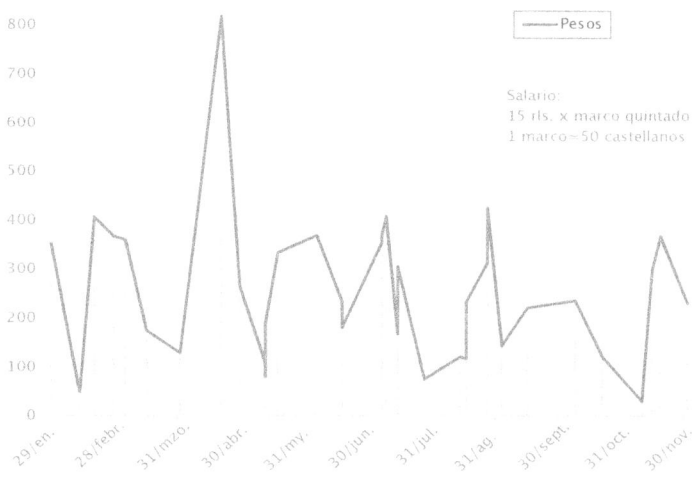

Fuente: AGI, Contaduría, 694 y AGI, Escribanía, 272B

Para sacar mayor provecho, los apartadores llevaban agua fuerte consigo que les permitía realizar los ensayos *in situ* con muestras de plata del diezmo que solicitaban a varios mineros. A través de ese proceso podían discernir cuál era el metal más rico o con mayor contenido de oro sin decirle al minero a quien, en cambio, se le ofrecían precios que correspondían a la plata común o sin mezcla. Al cabo de los años, los mineros entendieron el negocio de los apartadores y comenzaron a exigirles precios más justos que en ocasiones sobrepasaban los costos que podían pagar. Ante ese nuevo escenario, los apartadores tuvieron que conformarse con adquirir plata de rescate que contenía una menor cantidad de oro. En otras ocasiones llegaron a comprar oro del llamado "bruto" que se obtenía por separación por mercurio en San Luis y que alcanzaba niveles

---

[71] AGN, Inquisición, vol. 167, exp. 6, f. 21, 128. Sobre el mutuo y el comodato véase: MARTÍNEZ LÓPEZ-CANO, 2001, pp. 46-49.
[72] AGN, Inquisición, vol., 254 A, Exp. 2 y 3.

de pureza entre los 15 y los 18 quilates mientras que por medio de la división con el agua fuerte se podían lograr finezas de entre 19 y 23.2 quilates, como muestran los registros de la Caja de México[73] (gráfica 4).

Gráfica 4. Derechos pagados por el oro apartado en 1594

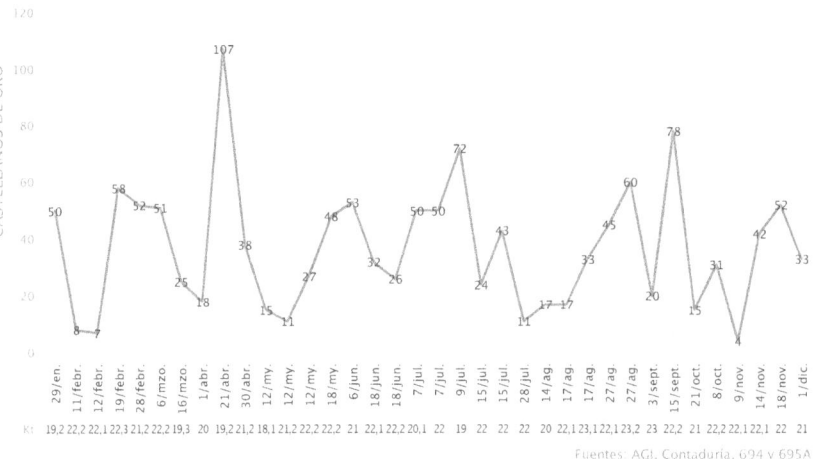

Fuentes: AGI, Contaduría, 694 y 695A

Debido a que el sistema de manifestación de metales corría a cargo de los apartadores con licencia y no de sus verdaderos dueños, es imposible saber a quién pertenecía la plata y el oro quintado en la Caja de México. En consecuencia, los datos que presentamos en las gráficas siguientes representan las declaraciones realizadas por Cristóbal Miguel antes y después de realizarse el apartado desde el año de 1594. Posteriormente, a la par que se fueron dando licencias para realizar el desligue a otras personas, sus nombres comenzarán también a aparecer en la contabilidad de los oficiales reales. Si bien es imposible saber quiénes eran los verdaderos dueños de los metales, el análisis de los datos no deja lugar a dudas sobre lo redituable que resultó el negocio del apartado para todas las partes involucradas desde que el obrador de los neerlandeses comenzó sus actividades en 1593. Únicamente durante el primer año de operación, se manifestaron 6.237 castellanos de oro, de los cuales 1.323 se pagaron por concepto de derechos a la Real Hacienda (gráfica 5). Aún descontando la inversión en material, mano de obra y salarios, los rendimientos obtenidos fueron extremadamente altos y llegaron a cuadriplicarse durante los tres años siguientes gracias, como veremos, a la optimización de la producción del salitre.

[73] AGN, Inquisición, vol. 254 A, exp. 17.

Gráfica 5. Manifestaciones del oro apartado y de los derechos pagados en 1594

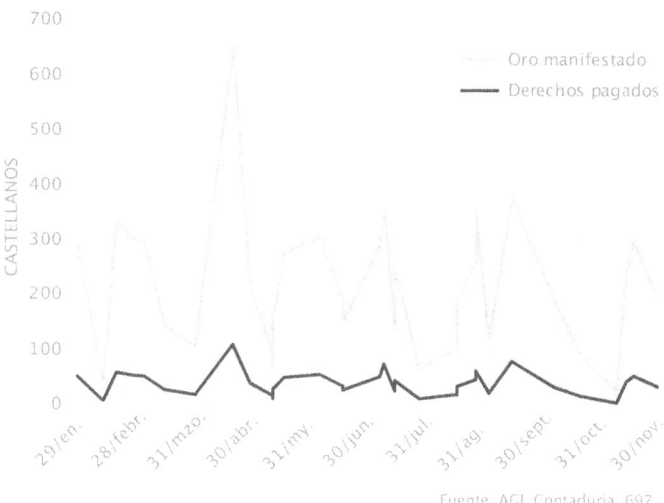

5.4. El asiento del salitre bajo gestión flamenca desde 1593

> *El negro azufre que en salitre bebe*
> *furor de infierno con que vuela el mundo*
> *si a su violencia resistir se atreve.*
> *Aunque invención salida del profundo*
> *aquí también se labra y se refina*
> *en fortaleza y temple sin segundo*[74].

Como cualquier otro recurso natural, los nitratos en las Indias eran propiedades realengas cuyo permiso de explotación guardó coincidencias cercanas al de las minas y tuvo otras peculiaridades que se fueron modificando a través de la prueba y el error en los distintos ensayos de explotación que se produjeron durante la última década del siglo XVI y hasta la primera década del XVII. Durante este periodo, todo aquel que descubría un depósito de nitro debía registrarlo ante el escribano mayor de minas y luego dirigirse al virrey para obtener una licencia para beneficiar el producto en una zona

---

[74] BALBUENA, 1604, p. 80.

geográficamente delimitada[75]. Por ser un recurso escaso y, como hemos visto, de uso restringido para la elaboración de la pólvora, el virrey asignaba un número determinado de indígenas bajo régimen de repartimiento directo[76]. De esta forma se garantizaba el abasto de mano de obra en los puestos de extracción y refinación, así como el suministro del combustible necesario (leña) para llevar a cabo este último proceso.

El ritmo acelerado que tomó el negocio completo de la división y las grandes cantidades de metal que se separaba ya en 1593 significaron un incremento importante en el consumo de salitre que se refinaba en la Nueva España para la fabricación de la pólvora y que los flamencos habían comenzado a usar también para producir el agua fuerte. El nitro constituía en ambos géneros poco menos de la mitad del total de sus ingredientes, situación que requirió aumentar la producción y tratar de disminuir los tiempos de la producción para optimizar su distribución y garantizar su existencia. Es probable que, ante las nuevas pautas de consumo, los asentistas del salitre –Arias, Gómez y Grande– se negaran a facilitarlo a los apartadores, en parte porque esa condición no se había pactado en su asiento y también porque los pocos yacimientos de tierras salitrales eran apenas suficientes para satisfacer las cantidades requeridas en la producción de la pólvora y cumplir con sus obligaciones.

Ante la nueva carestía del producto comenzaron a surgir otras propuestas para realizar el apartado sin necesidad de agua fuerte. Es cierto que los expertos en metalurgia conocían distintos métodos para dividir los metales preciosos usando mercurio, antimonita, azufre (que también requería nitro) o por cementación, pero para todos ellos se necesitaba encontrar los materiales necesarios en la naturaleza y tener los conocimientos específicos para terminar el proceso de forma exitosa[77]. Por ello, cuando el virrey, Luis de Velasco, mandó hacer "experiencia" de los solicitantes, poner a prueba sus métodos para otorgar más licencias, ninguno fue capaz de superar las pruebas prácticas que dieran fe de sus conocimientos[78]. El creciente negocio del apartado y el vencimiento del asiento del salitre abrió la posibilidad a Luis de Velasco para autorizar a los flamencos para que buscaran yacimientos de salitre, se encargaran de obtenerlo y procesarlo para las necesidades del rey y las suyas. Esta circunstancia significó la expansión de la empresa que Prestel y Miguel habían formado y la incorporación de más personal, por lo general de

---

[75] AGN, Inquisición, vol. 254, 12A, f. 385v.
[76] ZAVALA, 1985, pp. 480-481, vol. V-II.
[77] Los métodos son explicados por: AGRÍCOLA, 1950, ff. 439-490.
[78] AGN, Indiferente Virreinal, caja 4016, exp. 14.

otros flamencos, que ayudaran en la localización, raspado y refinación de las tierras salitrales en la ciudad de México y sus contornos[79].

Como es bien sabido, la cuenca de México estaba formada por cinco subcuencas lacustres emplazadas a distintas alturas que servían como vasos comunicantes naturales. El sistema se componía al sur por dos lagunas de agua dulce divididas de forma artificial por la calzada-dique de Cuitláhuac: Xochimilco, al occidente y Chalco, al oriente. Tres metros más abajo, en la parte meridional, se localizaba el lago de Texcoco de aguas salobres, cualidad que también compartían las septentrionales lagunas de Xaltocan y Zumpango. Durante el gobierno de Nezahualcóyotl (1402-1472) se construyó el famoso albarradón que dividió al lago de Texcoco en dos; al oriente permaneció salobre mientras que al poniente se formó el lago de México, que disminuyó su salinidad al mezclarse con las aguas dulces de los lagos australes[80]. Los niveles de los lagos variaban dependiendo de la temporada del año y de los caudales de las fuentes naturales que los abastecían. La disminución de las aguas exponía los fondos lacustres a los efectos del sol iniciando procesos químicos que derivaban en distintos compuestos dependiendo del tipo y la cantidad de sales que se encontraban en cada zona, la composición de los sedimentos y la mayor o menor presencia de materia orgánica. Por ejemplo, en lugares como Iztapalapa o en algunas playas del lago de México o del de Texcoco se obtenía sal común (cloruro de sodio) o tequesquite (carbonato de sodio) que desde la época prehispánica se utilizaban principalmente como condimentos. En otros puntos específicos de los lagos se formaban nitrificaciones más o menos abundantes de salitre (nitrato de potasio), del cual no se conocen testimonios de su uso en México previo a la llegada de los europeos[81].

Para encontrar estos yacimientos se requerían conocimientos específicos para reconocer la presencia de nitratos en la tierra que se hacía a través de su olor y sabor que debía ser "fresco y picante, mezclado a veces de amargo y salado"[82]. Cristóbal Miguel y Lucas Prestel localizaron zonas donde se formaban nitrificaciones en Cuautitlán y algunos pueblos aledaños como

---

[79] AGN, Indiferente Virreinal, caja 1097, exp. 1.
[80] La imagen que presentamos es de dominio público y se encuentra en: NIEDERBERGER, 1987.
[81] EWARD, 1997, pp. 32-54.
[82] El reconocimiento de las tierras a través del gusto y olfato se consideraba indispensable en todos los manuales de minería y de fabricación de pólvora. Su sabor característico es mencionado por Agrícola, Barba así como por autores más recientes como: MARTÍNEZ RUEDA, 1833.

Tultitlán y Otumba mientras que los también flamencos Pedro Arauz y Guillermo Enríquez recorrieron las costas sureñas del lago de Texcoco, donde ubicaron yacimientos en Iztapalapa, Coyoacán, San Agustín de las Cuevas (Tlalpan), Chimalhuacán y Culhuacán[83]. La cooperación entre los neerlandeses trajo resultados sumamente provechosos, no sólo porque pudieron proveerse del material para cumplir con la elaboración del agua fuerte para su uso privado y del rey, sino también porque les permitió llegar a un acuerdo con los asentistas del salitre para optimizar su manufactura. De esa forma, cuando el asiento de Arias, Gómez y Grande caducó en 1593, uno nuevo fue rematado a nombre de Antonio Gómez, Cristóbal Miguel y sus "fiadores" quienes suponemos eran Prestel y Ortega[84]. La nueva colaboración que reunía la extracción de tierra salitral de todos los puntos conocidos donde se formaba, permitió subir la entrega de 180 a 400 quintales por año (122%) y bajar el precio de 25 a 15 reales por libra.

La significativa disminución de un 40% en el precio del nitro tuvo también repercusiones importantes en los costos de elaboración de la pólvora y en su abastecimiento. Según las condiciones pactadas en este rubro, el armero mayor del rey, Cristóbal Gudiel, continuaría produciendo el explosivo y seguiría gozando del monopolio de la venta a particulares, con lo cual el precio de la pólvora fina, que era la que se vendía al por menor, seguiría en ascenso a su voluntad. Sin embargo, el surtido permanente de salitre para uso de la Corona en las bodegas de las Casas Reales hizo posible una renegociación de los costos de la pólvora de munición que pasó de 3 reales y 9 granos la libra a 1 real y 11 granos la libra. Este abaratamiento de 49% no fue el único logro, a la par, se pronosticaba que con el nuevo arreglo las reservas del monarca se encontrarían permanentemente provistas de 200 quintales del explosivo, lo que suponía alcanzar el autoabastecimiento del producto en Nueva España para las necesidades del reino y de los territorios vecinos, a la vez que permitía a la Real Hacienda ahorrar enormes cantidades de dinero[85].

---

[83] AGN, Indiferente Virreinal, caja 1097, exp. 1. AGN, Inquisición, vol. 168, exp. 4, f. 58 v.

[84] Cristóbal Miguel aparece como asentista junto con Antonio Gómez y no Cristóbal Gudiel como pensó VILLAR ORTIZ, 1988, p. 35. AGI, México, 22, N. 116, f. 2v-3. AGI, México, 27, N. 18.

[85] AGI, México, 22, N. 116, ff. 2v-3.

Migración cualificada y transmisión tecnológica

Por razón del nuevo compromiso adquirido por Cristóbal Miguel con la Corona y para facilitar el desarrollo de la nueva empresa, Luis de Velasco le otorgó una merced de un sitio y un solar "por términos del pueblo de Cuautitlán una cieneguilla junto al Camino Real de las carretas que va de esta ciudad al dicho pueblo entre dos acequias" para que construyera todo lo necesario para realizar el beneficio del nitro[86]. Arauz, por su lado, también montó una salitrera en Culhuacán, que muy pronto también acondicionaron para el apartado de metales[87].

Mapa 3. Los lagos del Valle de México en el siglo XVI

[86] AGN, Mercedes, vol. 21, ff. 42-42v.
[87] AGN, Indiferente Virreinal, caja 1097, exp. 1. La salitrera de Culhuacán siguió funcionando hasta el siglo XVIII.

Comunidad, pertenencia, extranjería

Mapa 4. Ubicación de la salitrera de Culhuacán[88]

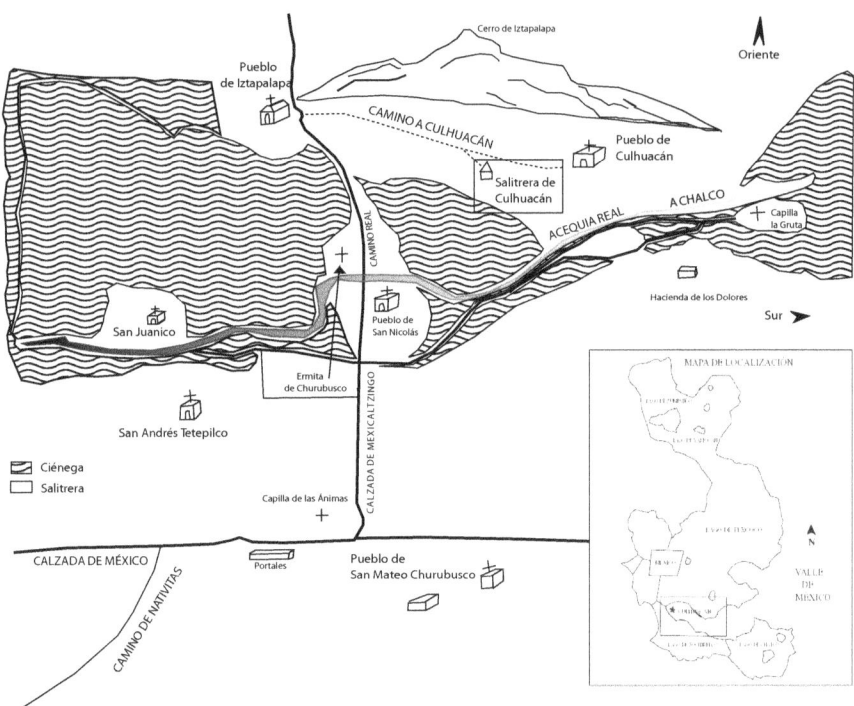

A pesar de los buenos resultados de la compañía, los flamencos le pusieron fin entre 1595 y 1596 tras vencerse el asiento con Miguel y Gómez y quedar Lucas Prestel como único responsable del nuevo convenio firmado ahora por órdenes del conde de Monterrey. Desconocemos los motivos del rompimiento, aunque sabemos que los problemas entre Prestel y Miguel eran comunes ya por la soberbia que mostraba el segundo o porque, como decían los españoles, "en estándose unos con otros se dicen mal y se levantan mentiras"[89]. Quizá la separación se debiera a que cada uno pudo adquirir el capital y el conocimiento suficiente para volverse autónomos, un ideal común del artesanado en la época moderna[90]. A partir de este

---

[88] A partir del mapa localizado en: AGN, Mapas y planos, 977-1322, pieza 1195.
[89] AGN, Inquisición, vol. 168, exp. 4, ff. 54-54v.
[90] FARR, 2000, p. 87.

momento, y tras repartirse las ganancias, Prestel hizo subconcesiones a Enríquez y Arauz para sacar salitre en Cuautitlán, Tultitlán y Culhuacán y todos consiguieron licencias para elaborar agua fuerte y apartar metales[91]. Miguel, por su parte, abrió un obrador en el barrio de Las Lecheras en la ciudad de México y una factoría para beneficiar nitro para su propio consumo en Otumba[92]. La disolución de la compañía no significó un total rompimiento de las relaciones laborales y mucho menos del compañerismo entre los neerlandeses. En años subsecuentes siguieron formando compañías por periodos de tiempo más o menos corto o colaboraciones de diverso tipo, sobre todo para realizar trabajos relacionados con el apartado. Sabemos que, por ejemplo, Enríquez y Cristóbal se asociaron a mediados de 1597 por 3 meses[93], un momento en que aumentan sus declaraciones en la Real Caja y, por tanto, pueden ser indicios de una subcontratación de servicios al verse rebasadas las capacidades de apartado de alguno de ellos[94].

No obstante, el nuevo escenario laboral sí tuvo consecuencias en la manufactura del salitre que ahora tenía que pasar por una gran cantidad de subasentistas, a la vez que, al escindirse Cristóbal Miguel del grupo y empezar a beneficiar nitro para sus necesidades exclusivas, dejó de contribuir con las cantidades que antaño le correspondía aportar. De esa forma se explica que el precio del nitro aumentara en un 33% fijándose en 20 pesos por quintal. Esta circunstancia, a su vez, propició una subida en el costo de la pólvora que Gudiel trató de aprovechar para fijar el precio en 6 reales la libra (203% de aumento) pero que el conde de Monterrey terminó estableciendo en únicamente 2 reales. De igual forma, el virrey tuvo que emprender una verdadera negociación "de muchos años" con Cristóbal Gudiel para que moderara el precio de 12 reales en que ofertaba el explosivo para uso privado por el de 4 reales que terminó imponiéndose[95].

---

[91] AGN, Inquisición, vol. 168, exp. 4, ff. 59-59v. AGN, *Inquisición*, vol. 161, exp. 9. AGN, Inquisición, vol. 151, exp. 3. AGN, Indiferente Virreinal, caja 1097, exp. 1.
[92] AGN, Inquisición, vol., 168, exp. 4. AGN, Inquisición, vol. 223, f. 57, 80 y 101. AGN, Inquisición, vol. 168, exp. 4, ff. 73v-75v.
[93] AGN, Inquisición, vol. 168, exp. 4, f. 102.
[94] AGN, Real Fisco de la Inquisición, vol. 7, exp. 6, ff. 110-114.
[95] AGI, México, 23, N. 82.

5.5. La intensificación del apartado y de la producción de agua fuerte entre 1596 y 1601

A la vez que la producción de salitre se vio afectada por el rompimiento de la compañía de los flamencos, las necesidades de agua fuerte se intensificaron por la apertura de nuevos obradores para atender la creciente demanda del servicio del apartado de la plata que se obtenía de las minas de San Luis. Esta diversificación de empresarios se explica de la transmisión de conocimientos entre el grupo de flamencos y españoles cercanos a Miguel. Efectivamente, durante los años que los neerlandeses habían trabajado juntos, Cristóbal enseñó el arte de la división de metales a Arauz, Prestel y Enríquez, quienes abrieron sus propios talleres en Culhuacán y Cuautitlán[96]. Tras escindirse de ellos y mudarse a la ciudad de México, Cristóbal comunicó los secretos de su oficio "a mucha gente", según referiría algunos años más tarde, "sin interés alguno"[97], aunque quizá su generosidad había sido compensada con fianzas o préstamos para financiar la fundación de obradores, la ampliación de la plantilla de trabajadores y la extracción de materias primas necesarias para fabricar el agua fuerte y realizar el apartado (salitre, alumbre, caparrosa, plomo).

Sabemos, por ejemplo, que Gregorio de Ortega financió a Cristóbal Miguel para que comprara "el obrador y demás materiales que tuvo necesidad de su oficio", porque él a su llegada no tenía los recursos económicos suficientes para echar a andar el negocio[98]. Gracias a esta cuantiosa inversión, el flamenco pudo comprar una casa con taller y tienda y equiparse de todo lo necesario como moldes para fundir, pailas, fuelles, crazas, morteros, escoplos, tinajas, crisoles, pipas, cubos, picos, palas, así como 750 cornamusas y 150 recibidores de líquido, todo lo cual sugiere la existencia de un número importante de hornos que funcionaban en esta fábrica preindustrial valuada sobre los 20.000 pesos[99]. A esta primera inyección de dinero siguieron préstamos constantes para cubrir todas las necesidades de Cristóbal que incluían diversiones personales, dinero en efectivo, pagos a letrados, compra de metales y de bienes suntuarios[100]. El constante endeudamiento del flamenco a lo largo de 6 años se pagaba a través de su trabajo por el cual recibía un sueldo reducido de entre 1 y

---

[96] AGN, Inquisición, vol. 151, exp. 3. AGN, Inquisición, vol. 161, exp. 9.
[97] AGN, Inquisición, vol. 168, exp. 4, ff. 118-120.
[98] AGI, Escribanía, 272B, f. 39v, pieza 15. AGN, Inquisición, 252A, exp. 17, f. 34v.
[99] AGN, Indiferente Virreinal, caja 5336, exp. 102.
[100] AGN, Inquisición, vol. 252 A, exp. 17.

7 reales en vez de los 16 que era el precio común de sus servicios[101]. A pesar de ello, cuando Cristóbal puso a la venta sus bienes con la intención de volver a Europa en 1599, sus deudas con Ortega se estimaban en 15.000 de los poco más de 21.900 que alcanzaba su fortuna, lo cual permitió al mercader quedarse con el obrador e iniciarse como empresario en el negocio del apartado[102].

Otra incursión similar en el negocio es la del acaudalado licenciado Gonzalo Gutiérrez Gil. Nieto de hijodalgo natural de Extremadura y de uno de los primeros pobladores de Zacatecas, Gutiérrez había seguido el camino de preeminencia y ascenso social de los criollos estudiando cánones con la esperanza de obtener por merced un oficio de justicia que nunca logró[103]. Su desempeño como mercader de plata, por el contrario, era uno de los más productivos del virreinato desde que comenzó a labrar moneda en la ceca de México en 1581[104]. Hacia finales de 1596, Gutiérrez Gil pidió licencia al conde de Monterrey para apartar metales enumerando a su favor los servicios de dinero dados al rey, la suficiencia de conocimientos para realizar el oficio y los miles de marcos de plata que tenía en su poder en espera de ser divididos, quintados y diezmados[105]. Una vez dada la concesión, Gutiérrez comenzó a apartar importantes cantidades de metales que, junto a las registradas por Miguel, Enríquez y Prestel, muestran el acelerado desarrollo y demanda que tuvo el oficio de apartador en tan solo cuatro años. Así, mientras en 1594 las tímidas cantidades manifestadas oscilaban entre los 50 y los 300 castellanos de oro[106], en 1597 y 1598 raramente bajaban de los 200 y alcanzaron sumas que habitualmente sobrepasaban los 1.000 castellanos de oro, como se muestra en las gráficas 6 a 13[107].

---

[101] *Ibídem*, ff. 33v.-35v.
[102] AGN, Inquisición, vol. 167, exp. 6, ff. 99v.-100. AGN, Inquisición, vol. 168, exp. 4, ff. 6-20, 74v. AGN, Inquisición, vol. 252A, exp. 17, f. 26v, 30v, 35v.
[103] AGI, México, 219, N, 19. CHOCANO MENA, 2000, p. 162.
[104] AGI, Escribanía, 273A, f. 9, pieza 43. Las cantidades de plata amonedadas por Gutiérrez Gil desde 1585 pueden verse en: SCHELL HOBERMAN, 1991, p. 86. Una comparación con las cantidades registradas por los oficiales reales en 1596 y 1597 sugieren que las cifras eran mucho más elevadas. Ver: AGI, Contaduría, 697.
[105] AGI, Escribanía, 273A, f. 9, pieza 43.
[106] Las manifestaciones se registran en la Caja Real como pesos de oro. El peso de oro se conocía también como Castellano, que es el nombre que usamos en este trabajo para establecer una clara diferencia con los pesos de plata.
[107] La pureza del oro se medía en quilates que iban del 1 al 24. 1 quilate se dividía en 4 granos de pureza. Un castellano o peso de oro exacto con equivalencia a maravedís se obtenía de 1 peso (medida de peso equivalente a 4.6 gramos) de oro de 22½ quilates. Su coeficiente con la plata era de 10:1. BURDICK, 2009, pp. 45-52 y 110-112.

Gráfica 6. Manifestaciones de Gonzalo Gutiérrez Gil en 1597

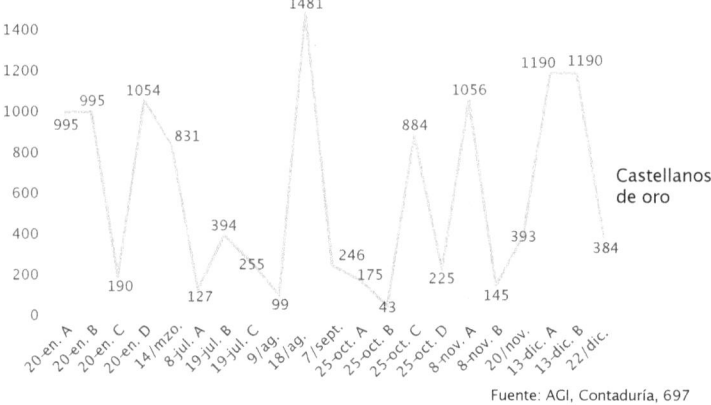

Fuente: AGI, Contaduría, 697

Gráfica 7. Manifestaciones de Cristóbal Miguel en 1597

Fuente: AGI, Contaduría, 697

Gráfica 8. Manifestaciones de Guillermo Enriquez en 1597

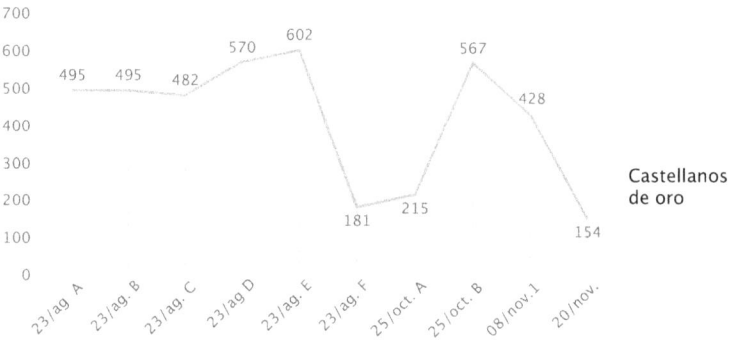

Migración cualificada y transmisión tecnológica

Gráfica 9. Manifestaciones de Lucas Prestel en 1597

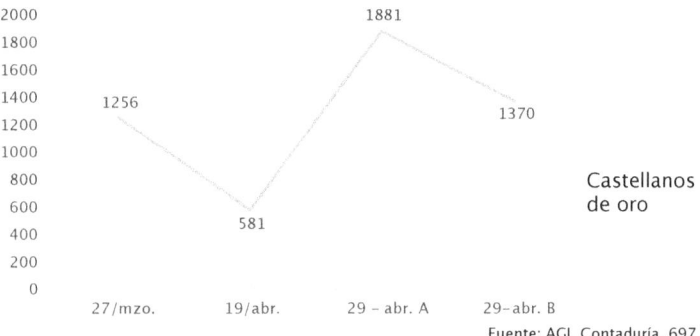

Fuente: AGI, Contaduría, 697

Gráfica 10. Manifestaciones de Cristóbal Miguel en 1598

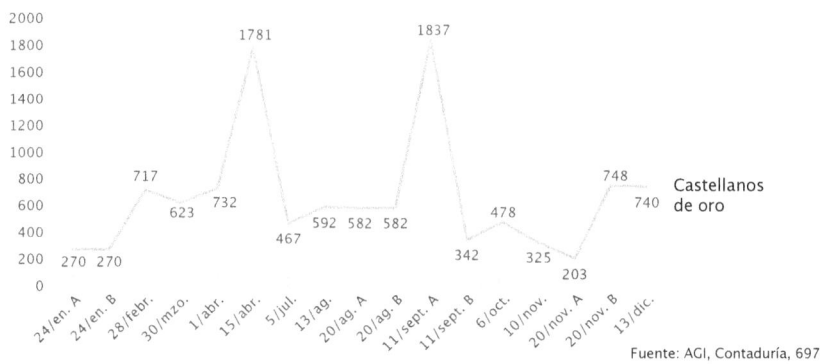

Fuente: AGI, Contaduría, 697

Gráfica 11. Manifestaciones de Gonzalo Gutierrez Gil en 1598

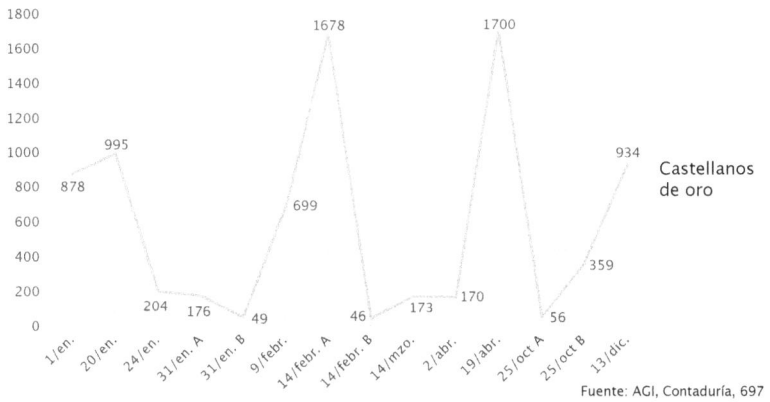

Fuente: AGI, Contaduría, 697

Gráfica 12. Manifestaciones de varios apartadores en 1598

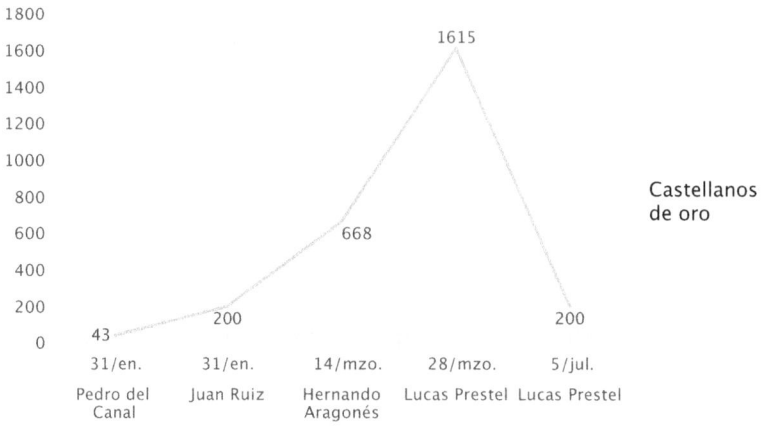

Fuente: AGI, Contaduría, 697

Gráfica 13. Derechos del oro apartado a partir de sus quilates entre 1597 y 1598

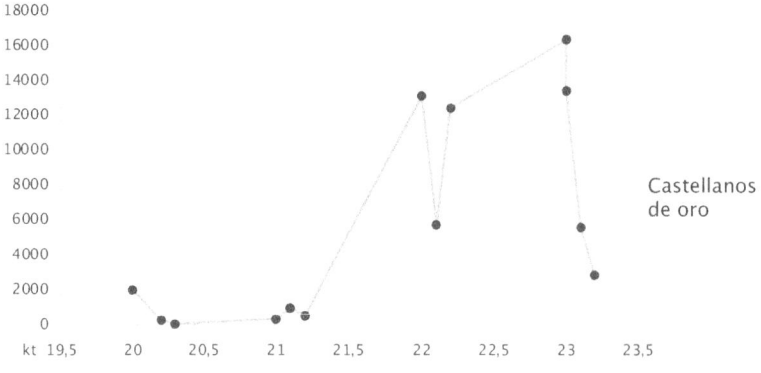

Fuente: AGI, Contaduría, 697

Gonzalo Gutiérrez Gil, a su vez, utilizó su caudal para abrir un local lo suficientemente grande como para albergar 19 hornos[108]. Queda claro por su estatus y título de hijodalgo que él solo era el dueño del negocio y no el operario, quien sospechamos era Lucas Prestel. En su obrador, Gutiérrez apartaba plata propia y de sus "compañeros" que no hemos podido identificar. En 1599, cuando Miguel y Enríquez fueron apresados por el Santo Oficio, Gutiérrez parece haber acaparado una buena parte

[108] AGN, Bienes Nacionales, vol. 708, exp. 5.

de los clientes de sus competidores, ya que ordinariamente tenía diluidos en ácido 20.000 marcos de plata. A diferencia de los neerlandeses que recurrieron a la subcontratación cuando se enfrentaron a una situación similar, el criollo se valió de otra estrategia también común en la época moderna: la optimización del trabajo en la empresa a través de la mano de obra. Al contrario de lo que sucedía en Europa donde los artesanos contrataban más oficiales de forma temporal hasta que bajara nuevamente la demanda de los productos, en América la normalidad del trabajo esclavizado y forzado, con o sin paga, permitía mantener los obradores en funcionamiento constante todos los días del año a través de dispensas otorgadas por las autoridades civiles y eclesiásticas[109]. El protagonismo que alcanzó el obrador de Ortega en este momento le valió para obtener uno de estos privilegios para excusar todos los domingos y fiestas alegando la fragilidad de los vidrios y el riesgo que corría en perder su hacienda si llegaban a destemplarse por falta de obreros que avivaran constantemente el fuego de los hornos[110].

La intensificación del apartado significó, como hemos visto, un aumento en el consumo del salitre para la elaboración del agua fuerte que durante esos últimos años del siglo XVI el conde de Monterrey quería utilizar para ampliar el abastecimiento de pólvora de los presidios, ya no sólo a las gobernaciones vecinas y las Filipinas, como se hacía entonces sino, además, a las islas de Barlovento, las provincias de Tierra Firme y aún las flotas que se proveían desde España[111]. Además de las medidas que explicamos en el apartado pasado, el virrey mandó modernizar las instalaciones de la fábrica de Chapultepec con la instalación de un ingenio de agua para incrementar la producción de salitre. No obstante, los beneficios obtenidos de los adelantos tecnológicos y de los cambios en la organización de la producción se veían limitados por el riesgo siempre presente del desgaste natural de las tierras que, si llegaban a ser sobre raspadas, corrían el riesgo a perder su nitrificación y agotarse[112]. En este contexto de finales de 1598, Cristóbal Miguel pagó 3.000 pesos a su paisano y paje del virrey, Cornelio Van Bontune, para que le consiguiera una Audiencia con Monterrey con el fin de presentarle un método

---

[109] VRIES DE, 1976 p. 91. FARR, 2000, p. 142.
[110] AGN, Bienes Nacionales, vol. 708, exp. 5.
[111] «Copia de los advertimientos generales tocantes al gobierno de la Nueva España que el virrey conde de Monterrey dejó al marqués de Montesclaros. Acapulco, 28 de marzo de 1604» en: SCHOLES Y ADAMS, 1956, pp. 90-96.
[112] *Ídem*. El virrey estimaba que en el nuevo molino se podrían llegar a moler 100 quintales de pólvora al año.

más barato para realizar el apartado sin nitro ni agua fuerte[113]. La idea entusiasmó al virrey y por meses trató que Miguel probara su método ante el resto de los apartadores sin conseguirlo porque el flamenco sabía que, de revelar sus conocimientos, perdería la exclusividad y la oportunidad de vender su privilegio al mejor postor antes de volver a Europa[114]. Al final, todos estos planes se cancelaron al iniciarse el proceso inquisitorial de Cristóbal y el resto de los flamencos[115].

Asimismo, la reorganización en las formas de explotación del nitro que explicaremos más adelante permitieron desvincular el oficio del apartado al de la extracción de salitre. Este cambio eliminó los obstáculos que limitaban el número de apartadores y propició una verdadera liberalización en la concesión de licencias para ejercer el oficio del que se beneficiaron principalmente españoles, como Juan Muñoz y Juan Ramírez de la Barrera (1601), Diego Beltrán (1602) y Gabriel Villasana (1603)[116].

5.5.1. El indispensable papel de los flamencos en el apartado de metales

A pesar de la gravedad de los cargos que se siguieron contra los neerlandeses en la Inquisición y de la participación cada vez más activa de españoles en el apartado, la importancia de los flamencos continuó siendo fundamental durante las décadas que siguieron a sus juicios. Lo anterior se evidencia en el trato que se dio a Cristóbal Miguel para poder volver a desempeñar su trabajo aún antes de cumplir su condena de un año de carcelería y ensambenitado en 1601. Tras cumplir su penitencia, en 1602, solicitó que le devolvieran parte de sus bienes confiscados para poder empezar de nuevo y, en sus propias palabras, "cómodamente pasar mi vida con mi oficio"[117]. Si bien desconocemos la respuesta que dieron los inquisidores, lo cierto es que varios testimonios lo sitúan ese mismo año como dueño de una casa con huertas y obrador en el camino a Chapultepec y realizando paseos a caballo, vestido de lanilla fina y calzones de seda verde, "con espada dorada y una mujer a las ancas" y esclavos caminando tras de sí[118]. Poco después, en 1603, los servicios que había prestado al rey, entre los que se enlistaban la introducción de la fábrica del agua fuerte y el oficio del apartado que conjuntamente habían redituado en más de 2.000.000

---

[113] AGN, Inquisición, vol. 254A, exp. 7, ff. 289-304.
[114] AGN, Inquisición, vol. 167, exp. 6, ff. 99v.-100.
[115] «Copia de los advertimientos generales tocantes al gobierno de la Nueva España que el virrey conde de Monterrey dejó al marqués de Montesclaros. Acapulco, 28 de marzo de 1604» en: SCHOLES Y ADAMS, 1956, pp. 90-95.
[116] AGN, General de Parte, vol. 6, exp. 56. AGN, General de Parte, vol. 6, exp. 468.
[117] AGN, Inquisición, vol. 168, exp. 4, f. 118.
[118] AGN, Inquisición, vol. 274, exp. 8. AGN, Inquisición, vol. 368, exp. 57.

de maravedís a la Real Hacienda, sirvieron para que el Consejo de la Suprema le concediera habilitación junto con su hermano Gregorio[119].

Parte de la reintegración social y laboral de Cristóbal se debió a que Gregorio de Ortega aceptó volver a ser uno de sus principales prestamistas "ayudándole en todo lo que podía", fiándole metales y dinero para cubrir sus necesidades. Este apoyo le ayudó a reposicionarse y "acreditarse", es decir, ganar nuevamente la confianza de importantes mercaderes hasta que la sucesiva pérdida de metales, causada principalmente por el rompimiento de los vidrios donde se diluían los metales, lo llevó a la quiebra en 1605. Para entonces, las deudas de Cristóbal a reconocidos mercaderes entre quienes se encontraban Toribio Fernández de Celis, el flamenco Juan de Neve, Gregorio de Ortega y sus compañeros Guillermo Enríquez superaban los 30.000 pesos. Sumido en la pobreza, afrentado por sus prestamistas y recluido en la iglesia de Santo Domingo para evitar el encarcelamiento y juicio civil, Cristóbal le propuso a Ortega que le ayudara a pagar sus deudas para poder viajar a Oaxaca para descubrir una mina de cuya producción suponía podía sacar los metales con que podría "pagar a todos". Ortega entendió que si Miguel permanecía "…retraído no le seguía bien a los acreedores ni a este declarante" y pagó los adeudos. Al mismo tiempo, convenció a algunos de sus contactos, como el platero Francisco de Morales Guarinos, Diego de Arauz y Lucas Prestel para que aparecieran como fiadores de Miguel ante nuevos acreedores, aunque en realidad era Ortega quien se comprometía a saldar las cuentas[120].

Hacia mediados de 1603, Cristóbal realizó su viaje a las minas de Chichicapa, pero regresó seis meses más tarde con las manos vacías y enfermo a la ciudad de México. Lleno de deudas y sin bienes, el único que le brindó una mano fue Guillermo Enríquez, su antiguo amigo y socio que había logrado colocarse dentro de la élite colonial a partir del negocio del salitre, la división de metales y el comercio atlántico, a pesar de que abjuró *de levi* en el auto de fe de 1601[121]. Los dos flamencos formaron una nueva compañía, en la cual Enríquez se encargaba de la manutención de los gastos de Cristóbal, su mujer, Luisa de Castro y su hermano Gregorio, así como de la renta y equipamiento de un obrador con todo lo necesario (vidrios, ladrillos, agua fuerte, adherentes, leña, etc.,) para

---

[119] AGN, Inquisición, vol. 168, exp. 4. ff. 2-3v y 118. AGN, Inquisición, vol. 271, exp. 15.

[120] AGI, Escribanía, 272B, f. 39v.

[121] AGI, Escribanía, 273A, f. 14v, pieza 15. Enríquez se casó con la hija del reconocido mercader Francisco de Vilchis aunque desconocemos si el matrimonio se realizó antes o después de su proceso inquisitorial.

realizar el apartado. A cambio Miguel se comprometió a realizar la división de los metales por un sueldo minúsculo de 3 cuartillos por cada marco quintado, aunque el acuerdo no duró mucho tiempo porque a los pocos meses murió Cristóbal con síntomas que recuerdan el envenenamiento causado por la exposición a los vapores tóxicos del agua fuerte, que según sus propios testimonios, venían afectándolo desde 1598. Su lugar en el obrador de Enríquez lo ocupó su hermano, Gregorio Miguel[122].

La importancia de los flamencos en la división de metales se evidencia en los cobros de derechos del oro en la Caja de México recopilados por Tepaske (gráfica 14). Es importante resaltar que dicho autor computó las cantidades en pesos de plata de a ocho reales (274 maravedís) cuando las manifestaciones y los cobros de derechos del oro se realizaban en pesos de oro o castellanos cuyo valor dependía del número de quilates del metal áureo. No obstante, como observaba Echegoyen, lo más común era que se convirtiera a oro de 22 quilates cuya equivalencia en plata era 440 maravedís[123]. Sin duda, esta importante diferencia debe de ser tomada en cuenta para hacer una lectura adecuada de las cantidades de oro que se se estaban ensayando y quintando en Nueva España ya que, a partir de ellas, se persive la verdadera relevancia de la circulación de ese metal en México. No obstante, los números que presenta el autor nos sirven para constatar el impresionante aumento en las recaudaciones del oro desde la instauración del apartado a finales de 1593 y hasta finales de 1599, momento en que la aprehensión de los flamencos en la Inquisición significó un paro en la división de metales y la consecutiva caída en el cobro de los quintos y diezmos en la Real Caja de México.

Gráfica 14. Derechos del oro pagados entre 1590 y 1602

[122] AGI, Escribanía 272B, ff. 12-12v, 14-17.
[123] ECHEGOYEN, 1603.

La tendencia no comenzó a mejorar sino hasta la primera mitad de 1600 y ello se debió a que los neerlandeses recibieron dispensas para realizar su trabajo antes de haber concluido sus procesos para mantener la productividad, lo cual confirma su protagonismo en el negocio a pesar de una mayor participación de los españoles en él. Una nueva caída se aprecia durante los últimos meses de ese mismo año, durante los primeros meses de 1601, cuando los inquisidores apuraron la finalización de los procesos contra Cristóbal y Gregorio Miguel, Guillermo Enríquez y los empleados de sus obradores en vistas del auto de fe planeado para el mes de abril. Como se puede apreciar (gráfica 15), después de transcurrido el primer tercio de ese año, una vez que los neerlandeses se reincorporaran de lleno a su trabajo y que los mercaderes de la plata obtuvieron licencias para ejercer el apartado por su cuenta, el cobro de los derechos de la plata y el oro volvieron a subir rápidamente.

Gráfica 15. Derechos del oro pagados entre 1601 y 1610

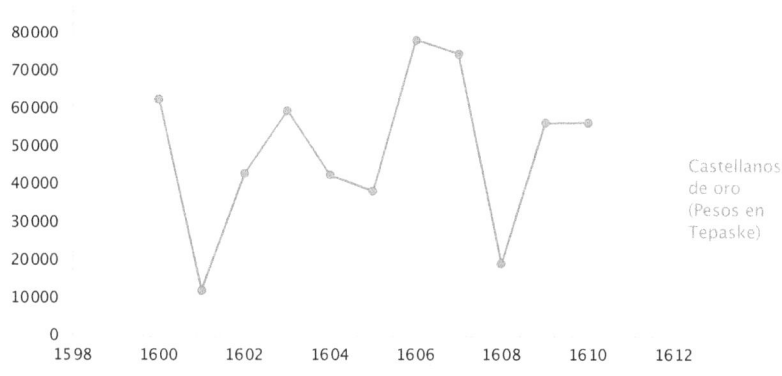

Fuente: TePaske, 1976

Si seguimos los datos ofrecidos por Tepaske durante toda la primera década de 1600, observamos que hacia finales de 1603 y a principios de 1608 los pagos de derechos vuelven a precipitarse (gráfica 15). Estas dos caídas se deben a tres factores de los cuales el primero de ellos fue la introducción del ensaye de oro en las minas de San Luis Potosí en 1603, el segundo se debió al cambio en la forma de computar los quintos y diezmos en los registros de los oficiales reales introducidos a partir de ese mismo año en la Caja de México, y el tercero a las consecuencias que ambas modificaciones tuvieron en la contabilidad de los oficiales reales sobre las pesquisas realizadas por el visitador general Pedro de Landeras a los apartadores en 1608.

5.6. Los efectos del establecimiento del ensaye en San Luis Potosí en 1603

La idea de establecer el ensaye de oro en las minas de San Luis Potosí nació directamente de los mineros, quienes, a pesar de extraer cantidades de plata que oscilaban entre los 70.000 y los 150.000 marcos anuales con un contenido de entre 3 y 5 marcos de oro por cada 100 de argenta, reportaban ganancias minúsculas por su trabajo. Los únicos que según sus testimonios se habían beneficiado de todo aquello eran los mercaderes de la plata, "unos extranjeros que sabían apartar el oro de la plata" y, en menor medida, los indios y negros que trabajaban en las minas[124]. Efectivamente, desde prácticamente el inicio del apartado, una pequeña élite acaparó el negocio de la compraventa de oro y comenzó a sacar provecho de él en distintas maneras. Por un lado, y a pesar de que el oro no tenía un precio fijo, en la capital circulaban tejuelos y cadenas de 22 quilates que, por lo general, se pagaban a 16 reales el castellano. En un principio el oro era adquirido por comerciantes de la ruta atlántica para ahorrar costos en los envíos de metal a Castilla, pero pronto los mercaderes de la plata y otros especuladores encontraron una fórmula para obtener ganancias extras fingiendo la venta de las cadenas, y así encubrir préstamos de reales de plata con márgenes de beneficio de entre 6.25 y 24% en lapsos de entre 4 meses y un año[125]. En vista del redituable negocio que se desarrollaba con cada vez más éxito en la capital y en un intento por obtener ganancias más equitativas de su trabajo que aliviaran su siempre precaria y endeudada economía, los mineros mandaron una petición al Consejo de Indias a través de su procurador Alonso de Oñate para suplicar que se pusiera ensayadores en las minas. La idea era que si ellos podían conocer la pureza y peso del metal desde el lugar mismo de las extracciones podrían exigir precios más cercanos a su verdadero valor y obtener también préstamos más justos de los mercaderes. El beneficio, decían, se haría extensivo aún para los indígenas y negros que, según ellos, hurtaban los metales, ya que si conocían el verdadero valor de lo que tenían en sus manos podrían también venderlo a un mejor precio[126].

---

[124] AGI, México, 258, leg. 14, ff. 134-147.
[125] MARTÍNEZ LÓPEZ-CANO, 2010, pp. 17-56.
[126] Contamos con tres referencias distintas sobre las cantidades de metal que se extraía de las minas de San Luis. A finales del siglo XVI, Oñate reporta 70.000 marcos anuales. Hacia 1608, el factor de la Real Hacienda de la Nueva España, Francisco de Irarrazábal, las estimó en 150.000 marcos aunque el virrey Luis de Velasco consideraba que esta última apreciación era exagerada y el monto no superaba los 115.000 marcos por año. AGI, México, 28, N. 11. AGI, México, 258, leg. 14, ff. 134-147.

Tras concederse la merced en 1603, conde de Monterrey mandó poner ensaye, no sólo en las minas potosinas, sino en todas las de la Nueva España, Nueva Galicia y Nueva Vizcaya. En un principio la nueva disposición fue acogida con agrado, pero al correr de los meses, distintos problemas comenzaron a amenazar y trastocar toda la cadena del beneficio de los metales[127]. Junto al establecimiento del ensaye general se libraron prohibiciones para vender o trocar cualquier cantidad de plata que no hubiera pasado por ese proceso. Para los mineros, que dependían del crédito que les proporcionaban los mercaderes para su subsistencia y para el buen funcionamiento de sus ingenios, el tiempo que tomaba la realización del ensaye les restaba la inmediata disponibilidad de su producción para cubrir sus pagos –generalmente fijados a dos meses–, adquirir moneda y abastecerse de productos. Aunado a esto, los mineros temían que al conocerse el valor cierto de la plata subiera el interés cobrado por los mercaderes por el "rescate" o interés fijado habitualmente por los acreedores en un 1 real por cada peso (o 1 peso por cada marco). En 1604, se auguraba en Zacatecas que el "premio" exigido hasta entonces por los mercaderes se incrementaría notablemente y los de San Luis Potosí se quejaban de los "grandísimos inconvenientes" que sufrían por causa del nuevo sistema. El clamor generalizado era erradicar el ensaye y volver a los modos pretéritos de venta libre de plata sin conocerse su composición ni calidad[128].

Para los apartadores las contingencias no fueron menores. Como mencionamos anteriormente, desde la concesión de las primeras licencias para realizar la separación de metales preciosos en 1593, se entendió que a lo largo del proceso químico la plata sufría pérdidas que dependían de la siempre variable fuerza del agua fuerte, la calidad de los metales y de los adherentes que se utilizaban. Por esta razón, como se recordará, los apartadores quedaron solamente obligados a manifestar la cantidad de plata que pensaban dividir, y a pagar únicamente los derechos de los metales resultantes de la afinación bajo juramento de no haber obtenido más de lo declarado. Este arreglo, basado en la confianza entre los apartadores y el rey, se modificó una vez instaurado el ensaye general en 1603, fecha en que los oficiales reales comenzaron a anotar en los libros de las manifestaciones las cifras marcadas en cada tejo por el ensayador, y que en el caso de las potosinas indicaban la ley de la plata y los gramos de oro que contenía cada marco antes de la división y los que se estimaban

---

[127] FELICIANO VELÁZQUEZ, 1946-1948, pp. 125-146.
[128] AGI, México, 122, R. 5, leg. 65A. FELICIANO VELÁZQUEZ, 1946-1948. MARTÍNEZ LÓPEZ-CANO, 2008. BAKEWELL, 1997, pp. 290-292.

debían resultar después del proceso¹²⁹. Por causa de este reajuste en el orden de compra de los metales y del sistema de registro fiscal, los pagos de derechos del oro consignados en la Caja de México presentaron una caída en picada que se puede observar en la gráfica 15 desde finales de 1603 y que, como ya hemos mencionado, no comenzaron a remontar sino hasta mediados de 1605.

Desde prácticamente la puesta en marcha del ensaye, los apartadores notaron que las cantidades de oro marcadas en las barras diferían en alrededor de un 10% de las resultantes tras la división en sus obradores. Los graves errores cometidos por el primer ensayador de San Luis, Domingo Luque (1603-1605), se corroboraron en varias pruebas ejecutadas en la ciudad de México en presencia de varias autoridades reales y trajeron como consecuencia su destitución. En su lugar se nombró a Francisco Espino (1605-1608), cuyo trabajo no sólo resultó deficiente sino peor que el de su antecesor, porque se encontraron diferencias entre sus marcas y el contenido real de metales de hasta 3.400 pesos en una sola partida de plata. Espino fue procesado a raíz de varias denuncias hechas por los apartadores, pero logró fugarse después de haber aceptado sus fallas[130]. Para suplirlo se nombró a Francisco de Torres, sobrino del ensayador y balanzario real Miguel de Torres, cuyos resultados fueron tan poco favorables que, según testimonio de los apartadores, llegaron a criticarse en Castilla por encontrarse que la plata venía reducida significativamente[131].

A los mercaderes y apartadores, las "fallas" de los ensayadores de San Luis les ocasionaron problemas graves que para algunos llegaron a ser desastrosos. Primeramente, porque las estimaciones de metal mezclado que compraban de los mineros no coincidían con su verdadero valor y las ganancias resultantes eran menores a las esperadas. La poca rentabilidad de la división después de instaurarse el ensaye en las minas potosinas llevó a mercaderes y apartadores acaudalados, como Gregorio de Ortega, a desistir en el negocio pues, según declaraba su abogado en 1608: "Y el de apartado ha mucho tiempo que mi parte le ha dejado por causa de los malos ensayes hechos en las dichas minas exponiéndose por esta razón a perder"[132].

---

[129] AGI, México, 27, N. 69.
[130] Uno de los ensayes que se hicieron para comprobar los errores de Espino se realizó con una partida de 60 barras de plata pertenecientes a Gonzalo Gutiérrez Gil de las que se encontró una falta equivalente a 3.400 pesos. AGI, Escribanía, 273A, pieza 43. AGI, Escribanía, 273A, pieza 50.
[131] *Ídem.*
[132] AGI, Escribanía, 273A, f. 9 v, pieza 43.

Un segundo problema se originó cuando los contadores de la visita a la Casa de la Moneda de México, Francisco de la Masa y Joan de Aguirre, encontraron inconsistencias por más de 30.000 pesos en los libros de los oficiales reales al comparar los cómputos de las cantidades de oro contenidas en la plata según los resultados de los ensayes realizados en San Luis y los montos manifestados por los apartadores al concluir el proceso de la separación[133]. Siguiendo estos datos, el fiscal de la visita general de Pedro de Landeras, Blas de Sande, querelló a los apartadores porque, según las cifras que se desprendían de los libros de cuentas, se suponía que debían haber obtenido cantidades de oro iguales o muy cercanas a las registradas por los ensayadores sin que, por ninguna razón, se justificaran las pérdidas que oscilaban entre un 8 y un 10%. Los apartadores, por su parte, argumentaban que las cantidades de oro registradas por los ensayadores de San Luis estaban infladas y que, además, la disminución en ambos metales preciosos era inherente al proceso químico de la separación y que podía incluso ser bastante alta por otros motivos, como era el pago de derechos, el hurto de los trabajadores en los obradores o al intentar aumentar la pureza del oro, con lo cual se sacrificaba la cantidad por ganar calidad.

Los pleitos entre ambas partes, que iniciaron en febrero y concluyeron en diciembre de 1608, incluyeron varias pruebas para determinar la validez de los argumentos presentados. Los más importantes fueron los dos ensayes que se realizaron para comprobar si las cantidades de oro marcadas en San Luis coincidían con las resultantes tras realizarse el apartado en México. El primero corrió a cargo de Lucas Prestel, entonces reputado como "maestro de ese arte", en el obrador de Gonzalo Gutiérrez Gil y el segundo se hizo en el de Guillermo Enríquez, probablemente por mano de Gregorio Miguel, en presencia de Francisco Irazábal, factor de la Real Hacienda, y dos ensayadores más. Ambas pruebas resultaron contrarias a los intereses de los apartadores, pero éstos las rechazaron argumentando que Lucas Prestel era enemigo capital de todos ellos por haber servido de "delator e instigador" en su contra y, por ello, creerlo capaz de agregar oro deliberadamente en los ensayes para perjudicarlos. Cabe destacar que esas mismas alegaciones se hicieron contra Guillermo Enríquez por parte del otro grupo encabezado por Prestel.

Durante los meses en que se sucedieron los pleitos, la mayoría de los apartadores y mercaderes sufrieron embargos parciales de bienes que muchas veces incluían los metales que al momento se encontraban dividiendo, de

---

[133] AGI, México, 27, N. 69.

sus obradores y de su material. Esta situación paró momentáneamente toda su actividad desencadenando un doble efecto: Por un lado, un descenso en la compra de plata a los mineros de San Luis y por otro, el incremento abusivo en el "rescate" o interés que tomaban los mercaderes en vistas de la poca demanda y la mucha oferta existente, con lo cual el metal alcanzó un precio de 2 reales por marco si la compra se realizaba en la ciudad de México, y entre 4 y 5 reales por marco si se efectuaba en las minas[134]. La suspensión de actividades alrededor del apartado se tradujo en una segunda caída en el pago de derechos del oro, como se aprecia en la gráfica que hemos elaborado a partir de los datos de Tepaske (gráfica 15). A finales de 1608 se distingue un aumento rápido en las cifras debido a que el visitador decidió solucionar el pleito a través de una composición por 15.000 pesos que los apartadores pagaron conjuntamente en contra de su voluntad. A cambio de eso, se aceptó tolerar hasta un 9% de mermas en las manifestaciones realizadas antes y después del apartado, un arreglo que resultó satisfactorio para la década siguiente (gráfica 16), donde se muestra un desarrollo positivo y estable hasta 1613 cuando se computa un alza precipitada que posiblemente se deba a un desfase en la contabilidad fiscal de todo la plata y oro embargados que no pudieron registrarse durante la segunda mitad de 1611.

Gráfica 16. Derechos del oro pagados entre 1609 y 1620

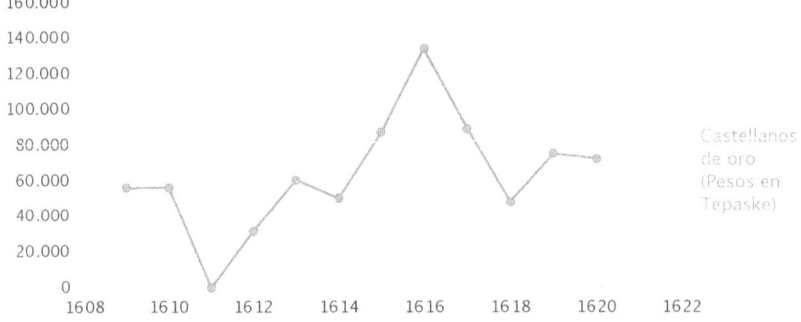

Fuente: TePaske, 1976

---

[134] AGN, Indiferente Virreinal, caja 5451, exp. 23, f. 1.

5.7. Caída y reestructuración del beneficio del salitre, 1598-1630

La aprehensión de Cristóbal Miguel, su hermano Gregorio, Guillermo Enríquez y de otros flamencos y alemanes que les servían como mayordomos y salitreros puso también en riesgo la manufactura de nitro y sus derivados en un momento en que la Monarquía Hispánica mantenía conflictos armados con Inglaterra y con las provincias septentrionales de los Países Bajos. Como mencionamos en el capítulo 1, la estrategia política de embargo comercial a los enemigos en los puertos peninsulares ibéricos influyó directamente en el incremento de la presencia de otras potencias europeas en los océanos Atlántico y Pacífico para hacerse de materias primas indispensables para el funcionamiento de su economía, establecer lazos comerciales directos con Asia y América y debilitar al enemigo español[135]. El crecimiento del contrabando y los ataques cada vez más frecuentes de piratas en las costas bajo el control ibérico requerirían mantener un buen suministro de pólvora en las colonias para encarar cualquier contingencia y proveer a las armadas del explosivo necesario para realizar con éxito el transporte de bienes y productos en sus recorridos transoceánicos. Esto último se volvió de gran importancia desde los últimos años del siglo XVI cuando las guerras en Europa consumían toda la producción del explosivo en España y no permitían surtir a la armada de la Carrera de Indias de las cantidades suficientes para realizar los trayectos de ida y vuelta pues, como señalaba el virrey en 1604, "Se ha introducido de poco acá que, o por poca provisión en Castilla o por mala administración de los tenedores de municiones en las flotas, piden casi siempre los generales de ellas cantidad de pólvora"[136].

En ese sentido, los procesos iniciados por la Inquisición contra los neerlandeses y alemanes entre 1598 y 1601 no podían haberse dado en una coyuntura más desfavorable. Al no tener suficientes personas que pudieran suplirlos, el virrey conde de Monterrey ideó un plan piloto para poner la producción de salitre en manos de los pueblos indígenas aledaños a los puntos de donde se extraía, del mismo modo como ya se hacía con la sal y el tequesquite. Para lograr el objetivo se encomendó a Juan Grande, ex asentista de la pólvora y traductor de la Real Audiencia, se encargara de "*convencer*" a los indígenas, enseñarles el oficio y llegar a

---

[135] BLUMMENTRITT, 1882. BOXER, 1965, p. 22-26. SLUITER, 1948. ISRAEL, 1997. HERRERO SÁNCHEZ, 2009, p. 5. Véase capítulo 1.
[136] «Copia de los advertimientos generales tocantes al gobierno de la Nueva España que el virrey conde de Monterrey dejó al marqués de Montesclaros. Acapulco, 28 de marzo de 1604» en: SCHOLES Y ADAMS,1956, pp. 90-95.

un acuerdo "*razonable*" con ellos sobre el precio al que se les pagaría cada quintal. De esa forma, decía el virrey, no sólo se harían maestros en el beneficio, sino que, con la "buena paga" lo harían suyo y lo enseñarían a las siguientes generaciones[137]. Pero el plan no tuvo los resultados esperados, quizá porque los pueblos indígenas vieron esta faena como una más de las muchas que estaban forzados a realizar para los europeos[138], lo cual se reflejó en una falta de interés que fue interpretada por el virrey como una natural carencia de codicia y un exceso de haraganería inherente a la naturaleza de los pueblos amerindios, una explicación que era comúnmente expresada por los españoles y que, en realidad, demostraba el rechazo al sometimiento y a los ritmos y formas de trabajo que les imponían los conquistadores[139].

Para mediados de 1601, el virrey y su junta de asesores decidieron estancar el nitro y vender asientos a particulares diestros en el beneficio que pudieran garantizar su suministro. A diferencia del sistema anterior, los puntos de extracción fueron ahora asignados por el conde de Monterrey y la mano de obra indígena fue repartida de entre los pueblos cercanos para, argumentaban, fomentar su especialización y evitar los desplazamientos largos entre los repartimientos y los yacimientos, como solía suceder cuando se designaban de forma aleatoria. Los asentistas quedaron obligados desde un inicio a entregar una cantidad mínima de salitre de 2 cochas al año, por el cual se les pagaría 20 pesos el quintal. Un detalle importante que se introdujo para mantener un control más estricto del producto fue la prohibición a los apartadores de extraer nitro por su propia cuenta. Desde entonces, tendrían que comprarlo en el estanco donde se les darían las cantidades necesarias para fabricar el agua fuerte que, se calculaba, alcanzaba los 150 quintales por año[140].

De las cinco personas que lograron adquirir los asientos sólo dos de ellas (cuadro 2), Lucas Prestel y Pedro Arauz eran de origen flamenco y tenían relación con el apartado. Guillermo Enríquez, quien al ser condenado a abjuración de *levi* no sufrió incapacidad para ejercer su oficio ni confiscación de bienes, pudo continuar su asociación con Arauz extrayendo nitro en Culhuacán e instalar otro obrador para el apartado en

---

[137] AGI, México, 24, N. 58.
[138] Como apunta Rugiero Romano: "…'convencer', 'persuadir', 'exhortar' a los indígenas a trabajar 'obligatoriamente' a cambio de un salario regular. Lógicamente estos verbos no son más que un sinónimo de 'forzar'". ROMANO, 2004, p. 203.
[139] *Ibídem*, p. 159.
[140] AGN, Indiferente Virreinal, caja 3027, exp. 4, f. 32.

el barrio de San Sebastián en la ciudad de México[141]. Los tres asentistas restantes eran todos de origen español: Juan Grande y Antonio Gómez habían sido parte en el negocio del salitre desde 1590, mientras que Juan de Pastrana formaba parte de la extendida comunidad de briocenses que emigraron masivamente a Puebla desde 1560[142] y es posible que se interesara en la producción de salitre por su uso como fijador en la producción de paños en su obraje y el de sus paisanos[143]. El arreglo de las cantidades y los lugares de extracción quedó de la forma siguiente:

Cuadro 2. Asientos de salitre en 1590

Asentista	Ubicación del yacimiento	Quintales mensuales	Paga anual en pesos de 8 reales
Juan Grande	Cuautitlán y Tlatelolco	16 qq. 2@ 168 oz.	4.000
Juan de Pastrana	Xochimilco	6 qq. 2@ 161.2 oz.	1.600
Antonio Gómez	Mixquic	20 qq.	4.800
Lucas Prestel	Cuautitlán y Tultitlán	11 qq. 2@ 161.10 oz.	2.800
Juan de Arauz (y Guillermo Enríquez)	Culhuacán	5 qq.	1.200
Total			14.400

Fuentes: AGN, Indiferente Virreinal, caja 327, exp. 4, f. 32, México, 1601-1603. AGN, General de Parte, vol. 6, exp. 42 y 59, México, 1602.

Este arreglo duró hasta finales de 1605 cuando un nuevo asiento para beneficiar el salitre, fabricar la pólvora y el agua fuerte fue concertado con Gregorio de Ortega por seis años. En esta ocasión, se trató nuevamente de optimizar la producción entregando a Ortega los molinos de la fábrica de Chapultepec que serían ampliados con una bodega construida por cuenta de la Real Hacienda. Los términos del contrato variaron muy poco: la Corona siguió aportando la mano de obra, el agua y el combustible. El asentista gozó del monopolio de la elaboración y venta de ambos productos a cambio de la entrega de 200 quintales al año de pólvora "de forma graciosa" o gratuita, 100 quintales más a un precio reducido de 50 pesos y 40 quintales de salitre para los apartadores a costo de producción, es decir, a 20 pesos por quintal. Además, Ortega debía depositar 1.600 pesos al año en la Caja Real para pagar los salarios del armero mayor y del ayudante de artillería y una fianza de 10.000 pesos[144].

---

[141] AHN, Inquisición, leg. 1065, f. 249v. AGN, Inquisición, vol. 255, exp. 4A, f. 159.
[142] ALTMAN, 2000, p. 68.
[143] *Ibídem*, p. 63.
[144] AGI, *México*, 27, N. 18. La suma del depósito era 1.600 y no 16.000 como apunta VILLAR ORTIZ, 1988, p. 38.

Como consecuencia del nuevo orden, los particulares involucrados en el negocio del nitro tuvieron que renegociar las condiciones, las cantidades y las zonas de extracción con Ortega quedando como subasentistas. Todo indica que los subasientos siguieron en manos de Gómez en Mixquic, Prestel y Grande en Cuautitlán; y Enríquez-Arauz y Pastrana en Culhuacán. Sin embargo, una mirada más cercana a los únicos datos disponibles sobre los detalles del subasiento, en concreto el de Prestel, muestran que la extracción estaba geográficamente más repartida de lo que podría deducirse de los datos especificados en el contrato principal firmado por Ortega. A pesar de que Prestel únicamente aparece designado a la zona de Cuautitlán, un pleito con el guardián de Tlalnepantla nos revela que su territorio de raspado también incluía los contornos de Chiconautla, Azcapotzalco, Tlalnepantla y Tacuba[145] y es bastante probable que la misma diversificación haya existido en el caso de los otros tres salitreros[146] (mapa 5).

Mapa 5. Subsasentistas del asiento del salitre de Gregorio de Ortega en 1605

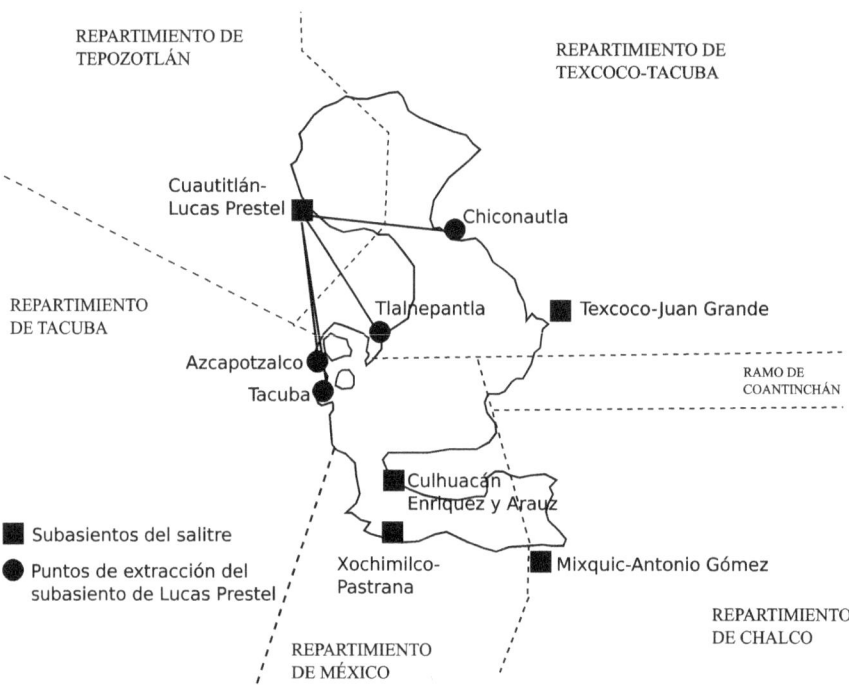

[145] AGN, Indiferente Virreinal, caja 4070, exp. 4.
[146] Mapa elaborado a partir de: GIBSON, 1984, p. 234.

A pesar de la optimización realizada, todo indica que, a partir de 1607, Ortega tenía problemas para cumplir con las provisiones de salitre y pólvora pactados con el gobierno virreinal[147]. Las sucesivas batallas libradas en las Filipinas y las Molucas por causa de la guerra Hispano-holandesa desde 1605 significaron la movilización constante de contingentes de hombres y pertrechos militares, de entre los cuales el apropiado suministro de pólvora de la Nueva España a Manila se volvió de vital importancia para garantizar la defensa y avance ibérico en el Pacífico[148]. Este aumento de consumo vino aparejado a mediados de 1607 a lluvias torrenciales que desbordaron los lagos anejos a la ciudad de México dejando la urbe totalmente anegada y en estado de ruina. Las inundaciones tuvieron un efecto desastroso en la recolección de nitro, ya porque las tierras habían quedado bajo el agua o porque su composición química había cambiado como consecuencia de la humedad, transformándose en tequesquite.

Las inclemencias meteorológicas desencadenaron una búsqueda urgente de nuevos puestos de extracción en diferentes partes del valle de México que incluían los pueblos de San Mateo y La Piedad[149]. Únicamente hacia 1615, al bajar los niveles de agua, los trabajos de raspado se habían restaurado, no sólo en las cuatro zonas donde se localizaban los antiguos subasientos sino también en Chalco, San Juan Teotihuacán y Texcoco, aunque la calidad de la tierra seguía siendo deficiente y exigía mayores tiempos de cocción de la salmuera. El aumento en el consumo de leña aumentó su costo a 150 pesos por semana por cada salitrero, lo cual también debió haber incrementado la tala de bosques y el número de indígenas de repartimiento asignados a esas faenas[150]. Otra evidencia del agotamiento de las tierras son los 80 quintales de pólvora que Juan de Ortega quedó debiendo a la Real Hacienda, motivo por el cual se le retiró el asiento en 1620 quedando en manos de Cristóbal Enríquez de forma transitoria hasta que lo adquirió Andrés Rodríguez de Miranda por diez años en 1622[151].

5.8. La mano de obra indígena, esclava y europea en la producción de los nitroderivados y en el apartado de metales

Uno de los efectos de la intensificación de la fabricación del salitre y la pólvora y de la introducción del beneficio del agua fuerte y del apartado

---

[147] AGN, Indiferente Virreinal, caja, 4139, exp. 44, 2 f.
[148] ISRAEL, 1997, pp. 114-127.
[149] AGN, Indiferente Virreinal, caja 3308, exp. 30, 2 f.
[150] AGN, Indiferente Virreinal, caja 5674, exp. 43.
[151] AGN, Archivo Histórico Hacienda, vol. 1419, exp. 30. AGN, Reales Cédulas Duplicadas, vol. 16, exp. 417.

de metales en Nueva España fue la necesidad de mano de obra de distintos tipos y grados de especialización para garantizar el abasto de materias primas y la división de metales en tiempos relativamente cortos para multiplicar su rentabilidad. La planta laboral de los neerlandeses estaba compuesta por indígenas de los pueblos del valle de México, esclavos africanos y asiáticos, así como europeos, principalmente flamencos y alemanes. Los indígenas eran dados a los asentistas del salitre a través de repartimiento directo por considerarse éste un producto de vital importancia para la defensa de las colonias y de los intereses de la Corona. A diferencia del repartimiento común, el directo era asignado por el virrey a los salitreros y al armero mayor sin que tuvieran que solicitarlo a la Audiencia o al juez repartidor, quien se limitaba a recibir los pagos de derechos de la saca[152]. Esta fórmula, usada para garantizar la producción del detonante en el virreinato, se estableció desde la firma del primer asiento de la pólvora en 1569 y prosiguió hasta las últimas décadas del siglo XVII, cuando la elaboración del salitre pasó a manos de los pueblos indígenas[153]. Desde finales de la década de 1560, un número variable de entre 70 y 100 indios fueron repartidos semanalmente: alrededor de 30 de ellos originarios comúnmente de Teotihuacán, Tizayuca, Aguatepec y Huehuetoca se reservaban para la fabricación del explosivo mientras que el resto, peones de Coyoacán, Culhuacán, Xochimilco, Mixquic, México-Tlatelolco, Tacuba, Tacubaya, San Miguel Tecpan y Tultitlán se señalaban para la elaboración del salitre. El trabajo de toda esa gente, aunque remunerado, era forzado (cuadro 3) y por tanto fueron ellos quienes sufrieron el mayor impacto de la intensificación de la producción de nitroderivados y del apartado del oro de la plata. La paga que en teoría debían recibir por 7 días era de 3 tomines hasta 1590, momento en que el virrey Luis de Velasco reguló el salario a 1 real por jornada y redujo los días de trabajo a seis, aunque se sabe que ambas mejorías eran habitualmente obviadas[154]. Los indígenas, desempeñaban las tareas más pesadas de raspado y acarreo de las tierras salitrales y en la tala y transporte de leña para proveer a los obradores de combustible, aunque éstos se localizaban generalmente a varios kilómetros de distancia de los lugares en donde realizaban sus faenas.

---

[152] ZAVALA, 1985, pp. 480-481, vol. V-II.
[153] AGI, México, 20, N. 122. AGI, México, 20, N. 139, 3 ff.
[154] AGN, Indios, vol. 4, exp. 575, ff. 158-158v.

Cuadro 3. Repartimientos directos para la elaboración del salitre y la pólvora entre 1576 y 1620

Pueblos	1576	1584	1587	1590	1593	1597	1599	1600	1601	1602	1603	1605	1615	1620
San Juan Teotihuacán	30^1	30^1	30^1	30^1				22^1	22^1		3^1	20^1 2^4 $2^5\ 8^{*}$		
Tizayuca	$?^3$													
Aguatepec	8^3	8^3	8^3	8^3										
Huehuetoca	34^2	34^2	34^2	28^1		26^2	10^2				26^2			
Mixquic				13^2		$?^3$	$?^3$		13^2			$?$	13	
Xochimilco				$?^3$		$?^3$	$?^3$		10^2			$?$	10	
San Miguel Tecpan						10^2	10^2				10^2			
Tacuba									16^1 6^3				16	4^2
México y Tlatelolco									6^3					
Cuautitlán									17^3			$?$	17^2	10^2
Coyoacán									6^3	10^2			6^2	10^2
Tacubaya								16^1	4^3	10^2			6^2	10^2
Culhuacán												$?$		
Tultitlán									7^3					
Tlalnepantla									6^3				6^2	
México													12^2	
Indígenas repartidos	+72	72	72	+71		+42	+20	+36	113	+20	74	+48	74	75-80

¹ Pólvora
² Salitre
³ Leña
⁴ Carpinteros
⁵ Tezozonques (canteros)
* Por 4 meses para construcción de bodegas
+ más indígenas repartidos que el número que se muestra
? No se menciona el número de indígenas repartidos

Fuentes
1576-1589: AGI, México, 20, N. 122. 22 de abril de 1584. AGN, General de parte, vol. 1, exp. 760. AGN, General de parte, vol. 3, exp. 402.
1590: AGN, Indios, vol. 5, exps. 561, 404, 789; AGI, México, 27, n. 18.
1593: AGN, Inquisición, vol. 167, exp. 6, f. 21. 1596-97. AGN, General de parte, vol. 5, exps. 404 y 550.
1599: AGN, General de parte, vol. 5, exps. 404 y 561.
1600: AGN, General de parte, vol. 6, exp. 927. ZAVALA, 1985, (V-II), p. 479.
1601: AGN, General de parte; vol. 5, exps. 1391-1395. AGN, Indiferente Virreinal, caja 3027, exp. 4. ZAVALA, 1985 (1), pp. 83-8.
1602: AGN, General de Parte, vol. 6. exp. 59.
1603: AGN, General de Parte, vol. 6, exps. 756 y 807. 1606: AGN, Indiferente virreinal, caja 4070, exp. 4.
1615: AGI, México, 27, N. 18. AGN, Indiferente Virreinal, caja 4070, exp. 4.
1620: AGN, Reales Cédulas Duplicadas, vol. 16, exp. 311.

No pocas veces los asentistas de la pólvora y el salitre tuvieron que enfrentarse a la negativa de frailes y clérigos para hacer efectivo el repartimiento. Prestel se quejó en la Audiencia porque el guardián de Tlalnepantla le impedía realizar su trabajo en 1606 y Gregorio de Ortega pidió un salvoconducto para no tener que enfrentarse con los religiosos por ese tipo de problemas en 1607[155]. A pesar de lo anterior, disfrutaron de todos los privilegios para satisfacer sus necesidades de mano de obra indígena, ya fuera por los medios "legales" o por métodos oficialmente rechazados en la legislación de la época, pero que seguían siendo un lugar común entre los empleadores europeos. Sabemos, por ejemplo, que durante 1593 y 1596, Cristóbal Miguel usó a los indígenas que se asignaban para las faenas relacionadas con el asiento del salitre para dividir los metales en su obrador y cuando dejó de gozar de esta prerrogativa, encontró nuevas formas alternativas para hacerse de ese tipo de mano de obra. Así, entre 1598 y 1599, mientras negociaba con el conde de Monterrey para obtener la merced para realizar el apartado sin agua fuerte, Miguel pagó nuevamente a Van Bontune 300 pesos para que el virrey le asignara 6 indígenas por 6 meses, de quienes, declaró, tuvo "mucho interés y provecho"[156]. Igualmente, consiguió que su vecina, Blasina Adorno, mediara con el secretario del virrey y juez repartidor de indios, Juan Bautista Ureta, para que le asignara ocho indigenas de repartimiento a cambio de una cadena de oro de valor de 100 pesos y la paga de 60 pesos semanales. El secretario aceptó que el pago y la entrega de los indígenas se hicieran en secreto, siempre por mano de Adorno, para prevenir lo "capitulasen" en caso de que su cargo pasara por el escrutinio de visita. Una vez que Juan Bautista Ureta consideró que los 100 pesos se habían "acabado de pagar", el flamenco siguió alquilando dos indígenas del repartimiento de Blasina, aunque desconocemos las condiciones en que se basaba este acuerdo. De esa forma, Cristóbal contó con la mano de obra necesaria para raspar la tierra salitral, extraer los materiales de su mina en San Buenaventura, construir su casa y obrador en la ciudad de México y realizar otras labores relacionadas con el apartado[157]. Junto a los peones indígenas, laboraban un reducido número de esclavos asiáticos y negros de quienes las fuentes nos dicen muy poco[158]. Miguel tenía dos esclavos negros que, opinaba, no entendían "en otra cosa más que en dar

---

[155] AGN, Indiferente Virreinal, caja 4070, exp. 4. AGN, Indiferente Virreinal, caja 4139, exp. 44.
[156] AGN, Inquisición, vol. 254A, exp. 7, ff. 293-299.
[157] AGN, Inquisición, vol. 254A, exp. 12A, ff. 533-556v.
[158] AGN, Inquisición, vol. 167, exp. 6, f. 21.

fuego a los hornos, y no tienen atención a lo que se funde"[159] y alquilaba de su vecina María de Molina a un niño y a su madre[160].

Las condiciones en los obradores eran duras para los trabajadores. Las jornadas eran "de día y de noche" y no respetaban los días de fiesta y descanso marcados por la iglesia ya que, como hemos explicado páginas arriba, los dueños de los apartadores y beneficiarios del asiento del salitre contaban con dispensas que obtenían del tribunal inquisitorial y las autoridades civiles. Bajo el pretexto de prevenir los robos, los mayordomos de los obradores mantenían a los demás obreros bajo constante vigilancia y, al parecer, los obligaban a laborar desnudos con el argumento de que se guardaban pedazos de metal en la ropa[161]. Aunado a esto, los obradores eran lugares peligrosos por la manipulación constante de metales y líquidos calientes así como de productos químicos. Estos últimos significaban una amenaza para la salud por la alta toxicidad del ácido nítrico, el mercurio y otros elementos que los trabajadores inhalaban y tocaban cotidianamente. El rompimiento de los vidrios, por ejemplo, los obligaba a recolectar todo el metal disuelto en ácido hirviente que se desparramaba sobre la cubierta de arena de los hornos, sobre el piso y otras superficies. Los pedazos de cristal debían ser molidos y enjugados para recuperar cualquier cantidad de plata líquida que se les quedara adherida. De la misma forma, los procesos de destilación del agua fuerte despedían vapores que al ser respirados o entrar en contacto con la piel dañaban las mucosas, causaban estados de conmoción, asfixia y, en los casos más críticos, envenenamiento y muerte[162].

Las fases de transformación de las tierras salitrales en nitro y agua fuerte, la vigilancia de los peones indígenas y los esclavos, así como otras labores relacionadas con el apartado eran desempeñadas por criados y mayordomos mayoritariamente de origen flamenco y alemán, oficiales de otras ramas productivas que, por lo general, habían pasado algún tiempo en el virreinato y habían aprendido distintas especialidades del apartado, la elaboración del salitre y el agua fuerte. Los acuerdos entre los asentistas y apartadores y este tipo de trabajadores eran anuales y los salarios parecen haber variado, como era común en la época, según la relación personal con el empleador, la antigüedad y la especialización que

---

[159] AGN, Inquisición, 252A, exp. 17, f. 28.
[160] AGN, Inquisición, vol. 254A, exp. 16.
[161] AGI, Escribanía, 273A, ff. 9-15v.
[162] El apartador Gabriel Palacios en 1797 decía estar "quebrantado de su salud, sin esperanza de recobrarla por la continua exhalación de los vapores del agua fuerte". AGN, *Tributos*, vol. 9, exp. 3.

se tenía. El criado y posteriormente compadre de Guillermo Enríquez, Juan Govart, cumplía distintas funciones desde refinar el salitre, controlar el fuego de los hornos o ayudar en el apartado y recibía una paga de 800 pesos mientras que al salitrero Juan del Campo se le daba tan sólo 80 pesos[163]. Gregorio Miguel, por otro lado, también asistía a su hermano en todos los procesos de fabricación del nitro y el agua fuerte, así como en la división de los metales, pero iba a recibir únicamente 2.000 pesos por los 5 años laborados, o lo que es lo mismo, 400 pesos por año. Al mismo tiempo, Alberto Ruiz, otro criado de Cristóbal, se había concertado para trabajar dos años por un sueldo de 500 pesos[164]. No obstante, muchas veces los salarios incluían también el alojamiento y la alimentación del trabajador (como era el caso de Gregorio Miguel) u otro tipo de beneficios que no pueden medirse a partir de la paga como el aprendizaje o la especialización en el oficio[165].

Ser paisanos no exentaba que existieran conflictos laborales. Rodrigo Harbert, por ejemplo, trabajó con Cristóbal Enríquez hasta que le dio un bofetón que lo obligó a cambiarse de empleador. Gregorio Miguel y Simón de Santiago, por su parte, se quejaban porque Cristóbal Miguel no ponía límites temporales a las concertaciones, no les fijaba salarios y mucho menos se los pagaba[166]. Una forma de rebeldía de los trabajadores en estas situaciones era vender el salitre en el mercado clandestino, producto sumamente estimado por particulares para fabricar pólvora casera y evitar así los altos precios impuestos por el asentista en turno, mientras que otros incluso hacían pólvora clandestina cuando no encontraban empleo, como fue el caso de Enrique de Montalvo[167]. Este tipo de transgresiones podía acarrear serios problemas a sus patrones si se considera que sus licencias prohibían distribuir el nitro o fabricar el detonante bajo cualquier circunstancia.

La apertura de puestos de trabajo en el negocio del salitre y el apartado fue uno de los eslabones más importantes dentro de la cadena de incorporación de los flamencos y alemanes al mercado laboral virreinal y, por tanto, del crecimiento de la comunidad en general. Como puede verse en la tabla (cuadro 4), los apartadores contaban con al menos 12 flamencos y alemanes a su servicio fijo, cantidad apreciable para cualquier empresa en la Edad

---

[163] AGN, Real Fisco de la Inquisición, vol. 7, exp. 6. AGN, Inquisición, vol. 167, exp. 4, f. 6.
[164] AGN, Inquisición, vol. 252A, exp. 6, f. 334. AGN, Inquisición, vol. 254A, exp. 17, f. 33.
[165] FARR, 2000, pp. 152-158.
[166] AGN, Inquisición, vol. 168, exp. 4, f. 103. AGN, Inquisición, vol. 167, exp. 6, f. 11.
[167] AGN, Inquisición, vol. 254A, exp. 6, f. 379. AGN, Inquisición, vol. 164-2, exp. 9, f. 497 v.

Moderna. Existen además indicios de que la noticia sobre la existencia de esta fuente de trabajo en la Nueva España y su gestión a cargo de europeos septentrionales había circulado en ambas orillas del Atlántico a través de las cadenas migratorias entre el norte de Europa y América pues, después de una década de gestión flamenca del beneficio del salitre y del apartado, entre 1602 y 1605, llegaron dos alemanes con conocimientos especializados en el apartado de metales a la ciudad de México, Simón Canobloch y Gerardo Vistman de la Cruz, quienes buscaron a Cristóbal Miguel y se integraron a su plantilla de obreros[168]. Dos décadas más tarde, en 1628, otro flamenco de nombre Guillermo de Molina también se instaló en el virreinato asociándose laboral y familiarmente con Guillermo Enríquez. Cabe resaltar que hacia 1640, a sus 75 años, Enríquez seguía declarándose "de oficio salitrero"[169], lo cual comprueba que los migrantes del Mar del Norte, además de transmitir el conocimiento tecnológico que hizo posible la instauración del apartado, la optimización del beneficio del salitre y de sus derivados en la Nueva España, lograron mantenerse activos en ese nicho productivo durante más de 5 décadas.

Cuadro 4. Trabajadores asalariados en las compañías de nitroderivados y apartado de flamencos entre 1597 y 1599

Beneficio de Culhuacán	Beneficio de Texcoco	Beneficio de Chimalhuacán	Beneficio de Cuautitlán	Trabajadores de Cristóbal Miguel
Juan Govart[1]	Juan del Campo	Juan de Oliveros	Juan Ruíz	**Beneficios de Otumba**
				Gregorio Miguel
Enrique de Montalvo[2]				Simón de Santiago
		Francisco Alemán	Rodrigo Harbert[4]	**Obrador de México**
Guillermo Flamenco[3]				Rodrigo Harbert
				Antonio de Madueño[5]
				Alberto Ruiz

[1] Trabajó 6 meses con Cristóbal Miguel
[2] Trabajador por 6 meses
[3] Trabajó 1 año luego se enlista como soldado en Florida
[4] Trabajó 1 año con Prestel, Enríquez y Arauz. En 1599 era criado de Cristóbal Miguel en México.
[5] Mestizo

Fuentes
AGN, Inquisición, vols. 254A, exp. 6; vol. 261, exp. 1; vol. 164, exp. 9; vol. 161, exp. 9; vol. 167. Exp. 4. AGN, Real Fisco de la Inquisición, vol. 7, exp. 6.

[168] AGN, Inquisición, vol. 916, exp. 8. AGN, Inquisición, vol. 271, exp. 15.
[169] AHN, Inquisición, libro 1065. AGN, Inquisición, vol. 376, exp. 26.

6.
La migración mercantil

6.1. La participación de extranjeros como cargadores en la carrera de Indias

La participación de mercaderes extranjeros fue un elemento fundamental de la empresa de conquista y colonización de los territorios americanos desde sus inicios y también desde tiempos muy tempranos se buscó limitar su participación y reservar como privilegio exclusivo de los naturales de los reinos de Castilla el poder comerciar con esos territorios. Posteriormente, y en vista de la importancia que sus capitales tenían para el funcionamiento mercantil, se les permitió contratar en régimen de compañía con naturales a través de licencias otorgadas por el rey por lo menos hasta la fundación del consulado hispalense en 1543 y de las pragmáticas de 1552 que dotaron a la Casa de la Contratación de un marco jurídico para regular el comercio y la migración a las Indias. La creación de estas disposiciones permitió al Consulado solicitar hacia 1561 su cumplimiento para excluir del comercio atlántico a los extranjeros que no cumplieran con la condición de haber "vivido en estos reinos, o en las dichas islas diez años con casa y bienes de asiento y fueren casados en ellos o en las dichas islas con mujeres naturales de ellas", es decir, que fueran vecinos y naturales. Esta misma orden se hizo extensiva a los territorios americanos por cédula enviada a los oficiales reales en 1569 en que se ordenaba a las justicias proceder de la misma forma con la mercancía registrada a nombre de quienes no cumplieran con esos requisitos. Las consecuencias de estas cédulas para el caso de las Indias la hemos analizado capítulos atrás, no obstante, cabe mencionar aquí que en España se tradujeron en un aumento de decomisos de mercancías y metales a quienes no contaran con licencias para contratar o reconocimientos formales de vecindad o naturaleza[1]. La respuesta a estas restricciones se tradujo en solicitaciones de cartas de vecindad al ayuntamiento de Sevilla con el fin de recurrir las acusaciones de los fiscales de la Contratación, recuperar sus bienes y defender las prerrogativas que hasta entonces habían gozado y que, argumentaban, no habían sido suprimidas por el texto de la pragmática de 1552[2]. El comerciante holandés Cornelis Deque, por ejemplo, cuestionó el decomiso de unas barras de plata que el fiscal de la Casa de la Contratación había hecho en su contra alegando que, por su origen neerlandés, era extranjero mientras que él –sostenía– al haber vivido más de treinta años en la ciudad de Sevilla, era vecino de la ciudad y natural de los reinos:

> …conforme a la ley del reino natural es aquél que vive tiempo de 10 años en la ciudad y villa y está en ella, Partida [4ª, título 24] que no se corrigió por la dicha pragmática de [15]52 porque si así se corrigiera, expresamente dijera que se llamasen extranjeros no embargantes que hubiesen vivido y casado en estos reinos. Y siendo esto así, no hay causa ni razón por donde se me pueda embargar mi partida [de plata][3].

La necesidad de sortear las limitaciones que se ordenaban en ambos lados del Atlántico para restringir el comercio extranjeros durante la segunda mitad del XVI en el contexto de expansión económica en los virreinatos, estimuló una primera oleada de migración de estos mercaderes y sus hijos a las plazas indianas, como fue el caso del alemán Luis Castel o el hijo de Cornelis Deque, Fernando Alejandro Cornelis, quien comenzó a realizar negocios desde la ciudad de México con Filipinas y Sevilla a partir de 1579[4]. Al mismo tiempo, se incrementaron las peticiones de factores representantes de firmas mercantiles o financieras de las llamadas *licencias especiales,* válidas por 3 o 4 años para realizar tareas específicas como el cobro a comisionistas y deudores morosos en los virreinatos[5].

---

[1] AGN, Reales Cédulas Duplicadas, vol. 30, exp. 1249, fs. 339-342v. HERZOG, 2003, p. 97-98. TRUEBA, 1988, pp. 93-99. Varios casos citados en: DOMÍNGUEZ ORTIZ, 1996, pp. 137-162.

[2] Algunos ejemplos: AGI, *Justicia*, 900, N. 4, 1579. AGI, Justicia, 903, N. 6. AGI, Justicia, 905, N. 6. AGI, Justicia, 906, N. 4. AGI, Justicia, 897, 898 y 896.

[3] AGI, Justicia, 898, N. 7. Nótese en el texto del ejemplo la diferencia que hace el agraviado entre partida (de plata) y Partida en referencia a la cuarta Partida, título 24. Siete Partidas (1491), BNE, INC/1120, p. 286.

[4] AGI, Justicia, 898, N. 7.

[5] STOLS, 1971, pp. 128-129. LORENZO SANZ, 1986a, pp. 122-124. EVERAERT, 2004.

La migración mercantil

Estos agentes cumplían con el perfil común de los jóvenes que se iniciaban en el mundo de los negocios, como puede apreciarse en los casos de Hernando Crave (Crabbe), factor de Roberto Banasten (Van Hasten) y Pedro Arnao y Juan Daguila quien se trasladó a la ciudad de México para cobrar 20.000 ducados del depositario general de la ciudad, o de Hernando Vázquez, o de Hernando Herabyo, factor de Pedro de Naoy y de Roberto Banasten, quien fue enviado para realizar otro cobro por 30.000 ducados años más tarde[6].

En las últimas décadas del siglo XVI, comenzó a hacerse notorio el incremento del flujo de migrantes extranjeros en Indias, así como la variedad de naciones que la componían. La presión ejercida por concurrentes mayormente italianos y portugueses se vio agravada con la llegada de otros actores que quedaban al margen del control de las instituciones peninsulares, como tuvimos ya oportunidad de mostrar[7]. La importancia que había alcanzado la doble incursión de mercaderes no españoles en las plazas andaluzas e indianas para este momento, explica la importancia que el Consulado dio a la negociación con la Corona de mecanismos legales para limitar su participación y fortalecer de ese modo sus privilegios monopolísticos en las negociaciones iniciadas entre ambas partes en 1590. A cambio de realizar el cobro del asiento de la avería y de importantes donativos, la Corona legisló para atajar los tres problemas identificados por los mercaderes. En primer lugar, se mandó que el Consejo de Indias fuera la única autoridad autorizada para otorgar cartas de naturaleza y licencias para tratar y contratar en las Indias. Esta medida descartaba la posibilidad de que tanto autoridades locales (el Cabildo de Sevilla) como regias (la Casa de la Contratación) otorgaran reconocimientos formales válidos para acreditar vecindad o naturaleza para fines mercantiles. Por otro lado, los extranjeros naturalizados podrían contratar únicamente con sus caudales con el fin de prevenir que actuaran como testaferros de otros connacionales. Por último, se prohibía el cobro de deudas por préstamos contraídos en Sevilla en las Indias para dificultar el creciente otorgamiento de créditos entre peruleros y comerciantes extranjeros que venía desplazando a los mercaderes naturales como intermediarios

---

[6] AGI, Pasajeros, leg. 4, E. 4852. AGI, Indiferente, 2064, N. 131. AGI, Indiferente, 2060, N. 105. Sobre la compañía de Banasten (Van Hasten), Daguila y Pedro Arnao véase: OTTE, 2008, pp. 284-285.

[7] Sobre el monopolio de la élite mercantil novohispana: SOUTO MANTECÓN, 2006, pp. 20-24.

entre ambos grupos[8]. Sin embargo, y como ha reconocido ampliamente la historiografía, a pesar del apoyo que el Consulado obtuvo por parte del monarca, el desplazamiento de la contratación de los castellanos por la extranjera continuó intensificándose hasta colocarlos en una posición marginal a mediados del siglo XVII[9].

Un número creciente de investigaciones aportan cada vez más elementos para entender este proceso, sobre todo en el contexto peninsular, sin embargo, y con excepción de la nación portuguesa, poco se sabe sobre la penetración y las actividades de las comunidades mercantiles de europeos no españoles en las plazas indianas durante el siglo XVII. En un estudio reciente realizado en base a protocolos notariales de Sevilla y documentación del Archivo de Indias, Crailsheim concluyó que los mercaderes flamencos y franceses tuvieron una escasa participación en el comercio indiano y que ejercieron como cargadores mayoritariamente tras la obtención de cartas de naturaleza[10]. Por otro lado, Díaz Blanco sostuvo que las restricciones ganadas por el Consulado a partir de 1590 fueron un éxito, por lo menos temporal, para contener la participación del comercio extranjero en el monopolio[11]. El cruce de documentación más variada originada en ambos lados del Atlántico desvela una realidad más compleja ya que, si bien es cierto que las cédulas de 1592, 1596 y 1608 tuvieron un impacto inmediato en los negocios de los mercaderes flamencos y alemanes, éstos encontraron rápidamente vías alternativas para poder seguir con sus contrataciones en América, como ha sugerido Everaert[12]. Por otro lado, el seguimiento de estas estrategias indican que la legislación, en vez de contener la participación de mercaderes neerlandeses y alemanes, incentivó su migración e inserción en las plazas americanas donde hasta entonces habían tenido una presencia esporádica. Debido a ello, se formó rápidamente un ramal de esta comunidad mercantil en Nueva España que desplazó a un sector de los mercaderes naturales y contribuyó a debilitar los privilegios monopólicos de los consulados de Sevilla, México y Lima, como advertimos anteriormente[13]. En este capítulo analizaremos la penetración del comercio septentrional en México, su

---

[8] Cobrando un premio de hasta el 20 % y recibiendo como garantía de pago escrituras de riesgos y cambios que podían cobrar inmediatamente con tasas de descuento de 8 o 9 por cien sin tener que esperar el regreso de la flota. BERNAL, 2005, p. 190.GARCÍA FUENTES, 1997.
[9] BERNAL, 1992, pp. 225-228. OLIVA MELGAR, 2004.
[10] CRAILSHEIM, 2016, pp. 140-143.
[11] DÍAZ BLANCO, 2012, pp. 55-56.
[12] EVERAERT, 2004.
[13] Véase capítulo 1.

funcionamiento como comunidad, sus formas de asociación con otros grupos en el contexto colonial y, finalmente, algunos aspectos específicos de sus estrategias en los mercados novohispanos, el comercio atlántico y pacífico hasta mediados del siglo XVII con el fin de entender el impacto de esta migración en la economía y la sociedad virreinal como parte del fenómeno migratorio más amplio que es el centro de nuestro estudio.

6.2. La comunidad mercantil neerlandesa y alemana en la Baja Andalucía

Como parte de la reactivación del comercio continental europeo a finales del siglo XV y de la importante vinculación política de los territorios de la monarquía hispánica en la persona de Carlos V y del crecimiento conjunto y progresivo de las economías europeas, individuos y familias provenientes de los Países Bajos y de los estados alemanes comenzaron a instalarse en las principales ciudades del centro y norte de la Corona de Castilla, como Burgos, Valladolid y La Coruña[14]. Sin embargo, y a diferencia de otras naciones mercantiles como la genovesa que tuvieron desde la Edad Media una presencia destacada en las plazas peninsulares, el verdadero repunte de la migración mercantil de la Región del Mar del Norte se presentó después del estallido de la guerra de los Ochenta Años en 1556. La inestabilidad económica y el bloqueo de Amberes y otros puertos comerciales de los Países Bajos que servían como centros de almacenaje y distribución de mercancías hacia el resto de Europa, empujó a las comunidades mercantiles a relocalizar sus puntos de operación en otras ciudades comerciales del continente. La numerosa colonia castellana de Brabante, por ejemplo, realizó durante este periodo su viaje de retorno a España tras presentar fuertes pérdidas en sus negocios después de efectuarse el primer bloqueo del Escalda (1569-1571), de perder sus barcos en el decomiso de Middelburg (1574) y, finalmente, sufrir irreparables daños después de la toma (1576) y el sitio de la Amberes (1585)[15]. El vacío dejado por estos importantes intermediarios con las plazas ibéricas de productos de enorme importancia para la industria neerlandesa como la lana merina, el hierro, el jabón y el aceite, fue un elemento que empujó a agentes mercantiles originarios de dichas provincias y particularmente del condado de Flandes y el ducado de Brabante, a

---

[14] FAGEL, 1995, pp. 140-166. STOLS Y THOMAS, 2000, pp. 1-74.
[15] CARANDE THOVAR, 1943, pp. 19-20, vol. 1. CASADO ALONSO, 1995, pp. 53-56. CASADO ALONSO, 2012, pp. 163-194, 335-374 y 1986, pp. 33-49. ALLOZA APARICIO, 2005, pp. 27-28.

desplazarse a Castilla para restaurar los lazos comerciales cortados. Estos mercaderes se colocaron rápidamente, junto con genoveses, franceses e ingleses, entre los principales importadores de manufacturas europeas en la Península que, a la sazón, comenzaban a inundar las cargazones de la Carrera de Indias por la gran demanda que tenían en las plazas americanas[16]. Este último factor unido a las oportunidades que ofrecía el cambio del eje económico de Castilla hacia el Atlántico durante este periodo y de las distintas formas de inversión en sectores industriales y agropecuarios en Andalucía, propiciaron una redistribución hacia el sur peninsular de estos inmigrantes creándose así lo que Ana Crespo calificó como una "diáspora dentro de la diáspora"[17] con una presencia cada vez mayor en las ciudades puerto de la Baja Andalucía en las últimas décadas del siglo XVI[18].

Si bien se desconoce el número exacto de personas que a diferentes escalas llegaron a integrar la comunidad mercantil flamenca y alemana en los puertos de la fachada atlántica andaluza (mercaderes, vendedores ambulantes, tratantes, tenderos, comisionistas, etc.). Eddy Stols contabilizó más de 300 individuos de origen únicamente neerlandés que se dedicaban a este tipo de actividades en la ciudad hispalense durante la segunda mitad del siglo XVI y la primera del XVII[19]. En su momento, Enrique Otte cuestionó estos resultados y bajó el número de mercaderes a 87 entre 1519 y 1681, pero años más tarde Iñaqui López llegó a confirmar la existencia de 200 mercaderes en las fechas estudiadas por Stols[20]. Recientemente, Crailsheim identificó que entre 1580 y 1650 un 40% de los mercaderes extranjeros en los registros notariales de Sevilla eran neerlandeses (37%) y alemanes (3%), mientras que los resultados de Jiménez Montes y Castillo Rubio, destacan la relevancia estratégica que el naciente grupo de mercaderes flamencos avecindados en los principales barrios de la ciudad de Sevilla alcanzaron a tener desde mediados del siglo XVI en la importación de madera desde el Báltico[21]. Por otro lado, datos dispersos citados en varios trabajos indirectos nos hablan de la rápida configuración de una red de asentamientos existentes en Jerez de

---

[16] STOLS, 1969, pp. 364-366. LÓPEZ MARÍN, 2006, p. 435. BERNAL, 1992, pp. 225-228.
[17] CRESPO SOLANA, 2001, pp. 103-128. YUN CASALILLA, 2004, pp. 203-206. SCHELL HOBERMAN, pp. 42-48. LÓPEZ MARÍN, 2006, pp. 433-435.
[18] STOLS, 1969, p. 366. CRAILSHEIM, 2016, p. 106 y ss. JIMÉNEZ MONTES Y CASTILLO RUBIO, 2018, pp. 325-335.
[19] STOLS, *Ibídem,* p. 365.
[20] Véase: OTTE SANDER, 2008, pp. 284-285. LÓPEZ MARÍN, 2006, p. 435.
[21] CRAILSHEIM, 2016. JIMÉNEZ MONTES Y CASTILLO RUBIO, 2018.

la Frontera[22], en los puertos ducales de Sanlúcar de Barrameda y en el Puerto de Santa María[23] y en Cádiz, donde la creación del hospital y la capilla para los naturales de los Países Bajos en 1565 es botón de muestra del protagonismo que tuvo esta colonia en la sociedad gaditana desde una etapa temprana[24].

Los mercaderes alemanes y neerlandeses tendieron a agruparse en pequeñas microsociedades corporativas que funcionaron en distintos niveles para ayudar a sus miembros y para favorecer su estancia o integración en la Península[25]. En su conjunto conformaban una comunidad con una naturaleza y estructura poco definida que compartía rasgos culturales y lingüísticos, y que estaba integrada por individuos provenientes de diversas ciudades de la Alta y la Baja Alemania y de todas las provincias de los Países Bajos (incluidas las valonas), pero sobre todo, de los condados de Flandes y el ducado de Brabante[26]. Gracias a la relevancia económica de sus actividades y a su condición como vasallos del monarca católico, la comunidad fue acumulando privilegios corporativos paulatinamente. Uno de los primeros fue la gracia concedida por Carlos V para constituir cofradías, capillas, patronatos y obras pías en torno a la advocación de San Andrés, las cuales comenzaron a establecerse en distintas ciudades peninsulares desde mediados del siglo XVI[27]. Una muestra de lo anterior es la renta que miembros de la comunidad hicieron de una casa pía en el barrio de San Martín, en Sevilla, donde se atendía a los connacionales enfermos o pobres que se encontraban a partir de la década de 1550[28].

Al igual que sucedió con otros grupos mercantiles, estas corporaciones con un fuerte poder aglutinador, sentaron las bases de lo que posteriormente serían los consulados. Este proceso se dio bastante rápido entre los flamencos y alemanes de Sevilla por la imperante necesidad que tuvieron de defender sus negocios de las medidas de guerra económica desplegadas por la Corona a partir de 1570 y de las regulaciones por parte del Consulado

---

[22] IZCO REINA, 2003, pp. 391-399. MONGORANCE RUIZ, 2012, pp. 137-150.
[23] Se han contabilizado hasta 70 neerlandeses que residían en la calle que él llama "de los flamencos" en Sanlúcar y se sabe sobre la existencia de un consulado propio de esta nación hacia 1550. MORENO OLLERO, 1983, pp. 127-136. FAGEL,1996, pp. 261-274. DOMÍNGUEZ ORTIZ, 1996, pp. 41-42.
[24] STOLS, 1971, pp. 80-93. EVERAERT, 1973. CRESPO SOLANA, 2001, pp. 53-59.
[25] CRESPO SOLANA, 2011, pp. 55-76.
[26] LÓPEZ MARÍN, 2006, pp. 432-433.
[27] CRESPO SOLANA, 2003, pp. 180-182. CRESPO SOLANA, 2002b, pp. 297-329.
[28] JIMÉNEZ MONTES Y CASTILLO RUBIO, 2018.

de Mercaderes para limitar su participación en el comercio atlántico[29]. La conexión entre los miembros se intensificó en 1590, 1595 y 1596, cuando de manera conjunta se extendieron súplicas al monarca a través de sus dos mayordomos y del cabildo hispalense para que se devolviesen los papeles y fianzas de los miembros que se habían visto agraviados por los embargos realizados contra embarcaciones inglesas y holandesas durante esos años[30].

El impresionante crecimiento numérico que alcanzó la colonia en las dos últimas décadas del siglo XVI estuvo acompañado por una rápida integración social lograda por vía de la inversión de los capitales adquiridos en el sector productivo local, la compra de bienes raíces y heredades que, junto a las elevadas contribuciones fiscales que aportaban a la ciudad, dotó al colectivo de una mayor injerencia en la economía y en los organismos de gobierno de la región. Este proceso se aceleró tras la firma del tratado comercial entre Felipe III y los diputados de la Hansa en 1606, fecha en que se reconocieron los privilegios que los teutones tenían en Portugal y se hicieron extensivos en todos los puertos españoles. Entre otras cosas, el acuerdo garantizaba que los mercaderes de la nación pudieran entrar y salir libremente de los puertos, se les excluyó del pago de la tasa del 30% a las exportaciones desde 1603, se les dio derecho de almacenamiento y de saca de metales preciosos que obtuvieran de sus transacciones, así como la exclusividad de importación de bienes de un nutrido grupo de ciudades y reinos del Mar del Norte y el Báltico, entre los que se incluían los Escandinavos. Más importante para el comercio a largo plazo, el tratado permitía a los mercaderes hanseáticos establecerse en Sevilla, abrir tiendas y lonja para sus mercancías y elegir a un cónsul y traductor para representarlos en sus negocios y pleitos[31]. Si bien algunas ciudades hanseáticas neerlandesas quedaron excluidas del trato, en los hechos la cooperación con ellas en todo lo relativo al comercio y transporte de mercancías hacia el sur siguió siendo una realidad que se formalizó con su reincorporación a las dietas de la Hansa después de firmarse la Tregua de los doce años[32].

---

[29] Algunas de las acciones que se tomaron fueron embargos realizados contra embarcaciones provenientes de las provincias rebeldes que incluían la confiscación de los productos que transportaban, el encarcelamiento y la apertura de procesos judiciales contra sus dueños y marinería. Véase: LÓPEZ MARÍN, 2006, pp. 440-447. Véase capítulo 1.

[30] LORENZO SANZ, 1986a, pp. 74-83. ALLOZA APARICIO, 2005, p. 38.

[31] AHN, Estado, 2798, exp. 16.

[32] Las ciudades eran Kampen, Deventer, Utrecht, Zwolle, Hasselt, Groninga, Zierikzee, Elborg, Stavoren, Briel, Middelburg, Arnemuiden, Harderwijk, Zutphen, Dordrecht y Ámsterdam. WELLER, 2012, pp. 183-197.

Asimismo, la creciente importancia económica y social de los miembros de la comunidad en la sociedad hispalense en razón del papel protagónico que tenían como importadores de manufacturas europeas y a sus negocios dentro del comercio atlántico que se calculaba aportaba el 80% de lo recaudado en alcabalas y almojarifazgos, les garantizaron un continuo respaldo del Cabildo de la ciudad. Como vimos en el primer capítulo, en 1610 el protector de comerciantes naturales y extranjeros de dicha institución, Juan Gallardo Céspedes, intervino en la Corte para tratar de revocar la extensión otorgada por Felipe III dada a los cargadores del Consulado de Sevilla para que les pagaran la deuda de más de 2.000.000 que habían contraído en años anteriores[33]. Ese mismo año, y en relación a otra queja presentada por súbditos de las provincias meridionales de los Países Bajos sobre los abusos que sufrían de mano de las autoridades reales y municipales, Felipe III extendió una serie de limitaciones a sus justicias para que no entorpecieran los intercambios comerciales con el resto de Europa[34].

Durante décadas, grupos de mercaderes esparcidos en distintas plazas comerciales eligieron cónsules al margen de la autoridad regia, los cuales fueron suprimidos tan pronto fue descubierta su actividad[35]. No fue sino hasta 1611 –y quizá como resultado de la revelación hecha por Gallardo Céspedes en la Corte sobre los porcentajes que pagaban los neerlandeses en los montos de almojarifazgo mayor y de Indias un año antes– que Felipe III designó a un representante de su agrado a través del *asistente de Sevilla*. Si bien la persona electa no llegó a obtener la aprobación de la comunidad, el reconocimiento primario abrió la puerta para que surgieran nuevas propuestas para integrar en un Consulado Mayor a todos los cónsules septentrionales que venían operando en la clandestinidad en puertos realengos como Cádiz, Málaga, Gibraltar y Motril o bajo el cobijo señorial en Sanlúcar y el Puerto de Santa María, desde al menos 1590[36]. Esta corporación, además de representar y defender los intereses mercantiles de los septentrionales, se encargaría de recabar información sobre los pormenores del tráfico marítimo y de las tripulaciones, a la vez que buscó realizar intercambios comerciales con los súbditos de las

---

[33] ALLOZA APARICIO, 2006, pp. 35-56. DÍAZ BLANCO, 2012, pp. 65-86. DÍAZ BLANCO Y FERNÁNDEZ CHÁVEZ, 2009, pp. 35-50. Véase capítulo 1.

[34] CONCHA DE LA,1948-1949. DOMÍNGUEZ ORTIZ, 1947. DÍAZ GONZÁLEZ, 1999, p. 92-93.

[35] AHN, *Consejos*, L. 25438, exp. 1. STOLS, 1971, p. 90.

[36] Algunos de ellos eran: Juan Bautista Jacarte en Sanlúcar de Barrameda; Juan Jacques o Juanes en el Puerto de Santa María; Juan de la Piedra en Cádiz; Pablo Lescot en Gibraltar; Vicente Imperial en Cartagena; Jacinto Boacio en Alicante. STOLS, 1971, pp. 89-91.

provincias rebeldes en un ambiente amigable con el objetivo de promover una imagen positiva de Felipe III y de los beneficios económicos que podrían obtenerse de llegar a alcanzarse una paz duradera[37].

Con todo, la creación de un consulado de la *Muy antigua y noble nación flamenca y alemana*, no fue aceptada sino hasta 1615, dos años antes que el consulado de la nación francesa, gracias a la intercesión del entonces protector de las naciones extranjeras y también maestro de la orden de predicadores en Sevilla, Fray Enrique Conde. La gracia, confirmaba la preponderancia de la nación dentro de la monarquía y ponía de manifiesto la estrecha relación de la cofradía de San Andrés de los flamencos con la orden de los predicadores al instalar su sede en la iglesia de Santo Tomás de Aquino y destinarle generosas donaciones para remozar y mantener sus capillas, su hospital y varias obras pías. Estos actos de piedad, servían sin lugar a dudas para satisfacer las necesidades corporativas y espirituales de los cofrades, pero funcionaban también como instrumento propagandístico dirigido a aumentar el prestigio social de la colonia y su fama de "píos, devotos y ricos" que valía, entre otras cosas, para atraer diversos tipos de clientela y borrar cualquier posible sospecha de heterodoxia que pudiera surgir en razón de los conflictos religiosos que se vinculaban a su origen geográfico[38]. A partir de entonces y hasta 1617, el Consulado recibió una serie de privilegios que le dotaron de autonomía jurisdiccional similar a la que ya gozaban otras naciones y entre las que se encontraba el poder dirimir sus pleitos internos y elegir a una terna de representantes entre los agremiados de forma bianual que debía ser aprobada por el monarca. A todo ello se unieron varias atribuciones que gozaron de forma exclusiva y que respondían al interés de la monarquía por aumentar el comercio con el norte de Europa, como fue la exclusividad para fletar, descargar y autorizar los navíos que recorrieran las rutas entre Sevilla y los puertos septentrionales, la autoridad para verificar la validez o cualquier tipo de documentación de las compañías septentrionales que operaban en los puertos ibéricos y el cobro de un 1% sobre sus servicios como medio de financiación[39].

Durante el reinado de Felipe IV, la nación flamenca y alemana asumió un papel preponderante dentro de la nueva organización administrativa creada por el conde duque de Olivares para lograr un control más efectivo del contrabando y de los intercambios comerciales de la Baja Andalucía

---

[37] HERRERO SÁNCHEZ Y POGGIO, 2012, pp. 262-263.
[38] CRESPO SOLANA, 2011. Sobre la sospecha de heterodoxia de los septentrionales véase capítulo 3.
[39] CONCHA DE LA, 1948-1949, pp. 549-525.

con las provincias leales al llegar a su fin la Tregua de Amberes en 1621. Al reiniciarse las hostilidades, la Corona volvió a recurrir a su estrategia de bloqueos y embargos comerciales a las embarcaciones enemigas con el objetivo de dañar lo más posible la economía e industria de las provincias rebeldes de los Países Bajos con resultados satisfactorios, aunque los holandeses lograron siempre evadir algunos controles. Los miembros de la nación flamenca y alemana también veían seriamente afectados sus negocios al serles decomisadas cantidades importantes de mercancía, especialmente durante el embargo general realizado en todos los puertos de la monarquía en 1623[40]. Como consecuencia, los cónsules de la nación enviaron una denuncia a Felipe IV en la que exponían los perjuicios y vulnerabilidad en la que se encontraban sus haciendas y actividades comerciales y amenazaron con abandonar la Península, en una actitud que pone de manifiesto el significativo poder económico que personificaban[41].

Con el fin de resolver el doble problema, la Corona formó una comisión integrada por consejeros regios y los cónsules de la nación en la que se esbozó el proyecto del Almirantazgo de los Países Septentrionales, un tribunal mercantil creado en octubre de 1624 que perseguía dos fines fundamentales: el control del contrabando en Andalucía y la preservación y mejoramiento del comercio con los súbditos de las provincias sureñas de los Países Bajos que se mantenían fieles al monarca. Es posible que la idea fuera también valorada en razón de los beneficios que este privilegio traerían a la Corona indirectamente a través de una mayor entrada de derechos fiscales si se condensaba el comercio con los territorios del norte de Europa en Sevilla. Efectivamente, las imposiciones especiales y notoriamente más bajas que se ofrecían a los mercaderes en, por ejemplo, el puerto señorial de los Medina Sidonia (5 por cien de entrada y 2.5 de salida) en comparación con la ciudad hispalense (10 por cien de entrada y 2.5 de salida) se había vuelto una piedra en el zapato para la Corona y sus almojarifes, para quienes la incorporación de esas rentas o al menos su ajuste con las cobradas en los puertos realengos era un punto constante de tensión en las relaciones con la casa de los Guzmán[42].

El Almirantazgo estaba constituido por dos instancias. Por un lado se conformó la Junta de Sevilla que absorbió al Consulado de la Nación Flamenca y Alemana y que quedó gobernada por 7 de sus más destacados miembros hasta su disolución en 1628. Dentro de las atribuciones de este

[40] ISRAEL, 2002, pp. 130-134.
[41] DOMÍNGUEZ ORTIZ, 1947.
[42] SALAS ALMELA, 2008a, pp. 205-208. SALAS ALMELA, 2008b, pp. 46-47.

organismo se mantuvo la regulación de los intercambios mercantiles con los puertos del norte de Europa que ya gozaba el Consulado y se le dotó de jurisdicción para realizar embargos a las naves enemigas en los puertos peninsulares y para juzgar en esos casos en materia civil y criminal. Los miembros del Almirantazgo tenían, asimismo, la responsabilidad de crear una flota comercial con escuadra militar para proteger el comercio con Flandes para cuya manutención se designó el cobro del 1% por concepto de avería y las sumas provenientes de los embargos[43]. Por otro lado, se conformó la Real Junta del Almirantazgo que tenía sede en Madrid y que fue integrada por ministros regios para servir como órgano consultivo y tribunal en segunda instancia hasta su supresión en 1643[44]. Toda esta serie de atribuciones supuso enormes beneficios económicos para los miembros de la nación vinculados al Almirantazgo quienes llegaron a controlar la salida y entrada de manufacturas provenientes del resto de Europa, –principalmente las francesas que abastecían el consumo local y de las flotas indianas– acrecentó su actuación en los cargos militares y su participación en operaciones de seguros y en las crediticias durante las décadas siguientes[45]. A todo ello se sumaron un buen número de privilegios entre los que se incluyeron la obtención de cartas de naturaleza, licencias para comerciar con las Indias, asientos, cargos municipales y títulos nobiliarios que colocaron a un buen número de familias de origen flamenco en la cúspide de la oligarquía andaluza desde donde jugaron un papel protagónico en el proyecto de articulación económico, político y militar de la monarquía[46]. Este proceso de rápido ascenso e integración social fue posible gracias a la acelerada acumulación de capital que los miembros de la nación flamenca y alemana lograron constituir en base a la inversión en distintos giros de entre los cuales uno de los más importantes fue el comercio colonial a partir de la década de 1590.

6.3. La penetración de los mercaderes septentrionales en el comercio novohispano

Al iniciar la última década del siglo XVI, alrededor de una decena de prominentes familias, originarias principalmente de Flandes, Brabante y Holanda participaban como cargadores regulares en la flota de Nueva

---

[43] CONCHA DE LA, 1948-1949, pp. 497-525. DOMÍNGUEZ ORTIZ, 1947.
[44] ALLOZA APARICIO, 2003, p. 221.
[45] GIRARD, 2006.
[46] CRESPO SOLANA, 2009, pp. 135-138. LÓPEZ MARÍN, 2006, p. 432. STOLS, 1971, pp. 14-23 y 1969, pp. 363-381. MONTOJO MONTOJO, 1992, pp. 47-67.

España. Eran los Antonio, Conique, Nicolás, Arnao, Corbet, Enríquez, Helbaute, Malaparte, Bambel, Clute, Noirot, Neve, Brausen, Hones, Sirman, Plamont y Torres, parentelas que habían superado la primera fase de penetración en las plazas andaluzas y que gozaban de una actividad mercantil en pleno desarrollo con inversiones en distintos giros de los cuales el comercio indiano era uno más[47]. Algunos de ellos presentaban asociaciones matrimoniales (Bambel y Malaparte, Clute y Noirot, Nicolás, Conicq y Antonio) y también de capital (Antonio, Conicq y Nicolás) aunque en los registros de la Casa de la Contratación aparecen actuando individualmente o a nombre de un tercero (generalmente un pariente), debido, quizá, a las prohibiciones que pesaban sobre las sociedades entre extranjeros en el comercio Atlántico desde 1552[48].

Sus negocios eran de diferente rango (cuadro 5) e incluían una gran variedad de mercancías siguiendo la estrategia típica de los comerciantes durante la Edad Moderna de diversificación de cargas, transporte y tipos de inversión, que volvía menos probable las pérdidas totales y, en consecuencia, garantizaban algunas ganancias en caso de siniestro de las embarcaciones o de las cada vez más comunes saturaciones de productos en los mercados americanos[49]. En general, embarcaban productos de lujo al igual que sus contrapartes naturales, pero procuraron también derivar parte de su carga a artículos de uso cotidiano y de menor valor que tenían una gran demanda en los mercados americanos. Eran probablemente

---

[47] Sobre las etapas de la penetración de las comunidades mercantiles neerlandesas en España véase: CRESPO SOLANA, 2002a, pp. 444-467. LORENZO SANZ, 1986b, p. 412 y 418, vol. 2. EVARAERT, 2004. Véase también, OTTE, 2008, pp. 284-289. AGI, Contratación, 922B, N. 31. Sobre los negocios que por ejemplo tenían los Sirman, Clut y Antonio en el comercio del azogue y la lana sevillana. PIEPER Y LESIAK, 2006. Andrés Plamont y Elias Sirman recibían mercancías de Jan van Immerseel desde los Países Bajos. Eddy Stols, 1971, p. 201-202, vol. II. Sirman era, además, agente del flamenco Juan Niquet; Francisco de Conique tenía una compañía de comercio junto con Pedro Lamiere con correspondientes en Holanda, Zelanda, Londres y Sanlúcar de Barrameda; Jacques Brausen tenía bienes raíces en la colación de San Bernardo en Sevilla, un corral de vecinos y hornos de pan, véase: LORENZO SANZ, 1986a, pp. 85-86. Francisco de Conique tenía, en la década de 1590, un asiento para fundir artillería: AGI, Indiferente, 541, leg. 1, Desp. ff. 137-138v. Asimismo, Conique recibió en 1609 su permiso para tratar y contratar en las Indias y aparece, a partir de 1618, como cargador y financiador de la Carrera de Indias. Véase, BERNAL, 1992, 246-249 y CRAILSHEIM, 2016, p. 196.

[48] GARCÍA-BAQUERO, 2003, p. 82. Para una descripción más amplia de estas asociaciones véase: STOLS, 1971b. CRAILSHEIM, 2016.

[49] La diversificación de mercancías era común en el comercio europeo: TRIVELLATO, 2009, p. 35; Sobre la saturación de los mercados americanos Véase: CHAUNU Y CHAUNU, 1955, pp. 1038-1045, t. VIII.

estos productos los que les daban cierta ventaja ante sus competidores hispalenses quienes "procuraban realizar sus intercambios sobre la base de mercancías de gran valor y escaso volumen"[50]. En términos generales trataban con mercería (cintas, lienzos, hilo), imágenes, láminas de devoción, productos de hierro (sartenes, barrenas, alfileres, cuchillos, navajas, candados, armellas), latón (candelabros, tubos, bacinicas, dedales), plomo (tinteros), vidrio (anteojos, adornos, relojes de arena, espejos), del mar (sardinas blancas y bacalao) y de la tierra, (aceitunas, ajonjolí y vino nuevo y viejo), así como esclavos en los periodos en que se vendían por licencia[51]. La mayor parte de las manufacturas eran producidas en otras regiones de Europa, principalmente en los Países Bajos, los estados alemanes, en Italia y, con cada vez más preponderancia, en Francia, lo cual explica la importante conexión que llegarán a tener algunas de las familias con el pequeño pero importantísimo grupo de comerciantes galos en Sevilla a partir del siglo XVII[52].

Hasta mediados de 1590, sus consignaciones eran manejadas principalmente por encomenderos que iban y venían en las flotas o se habían establecido al otro lado del Atlántico y por cuyo trabajo recibían un porcentaje de las ganancias. La gran mayoría de estos comisionistas eran de origen español, nacidos en el seno de familias que también realizaban intercambios a gran escala y que contaban o se encontraban en proceso de amasar grandes fortunas y de posicionarse dentro de la élite mercantil novohispana, como muestran los casos de Martín de Yñara –miembro fundador del Consulado novohispano–, Diego Matías de Vera –también miembro fundador e integrante del Cabildo capitalino–, y Cristóbal Ruiz de Avilés[53]. La preferencia que ciertos mercaderes tenían para elegir a sus encomenderos o factores en el comercio de larga distancia ha sido explicada hasta hace poco tiempo en razón de la confianza existente entre ambas partes. Este elemento, según se ha dicho, era determinante para evitar los fraudes y garantizar el funcionamiento de las contrataciones que se realizaban en lugares remotos y durante largos periodos de tiempo. Sin embargo, Trivellato ha mostrado que las designaciones respondían a

---

[50] GARCÍA FUENTES, 1997, p. 32-33.
[51] Dos comerciantes que enviaron esclavos fueron Juan Bambel (1 en 1594) y y Francisco de Conique (2 en 1606). AGI, Contratación, 111, N. 2. AGI, Contratación, 1112, N. 5. AGI, Contratación, 1149, N. 1. R. 5. Juan de Neve, por su parte vendió en la ciudad de México 1 esclavo: Villalobos, Antonio de. "Obligación", 6 de septiembre de 1603, en Catálogo de protocolos del archivo general de notarías de la Ciudad de México (en adelante, CPAGNCM), MIJARES, coord., 2014. ALLOZA, 2006, p. 46.
[52] CRAILSHEIM, 2016.
[53] GARCÍA FUENTES, 1997, p. 228, 279. SCHELL HOBERMAN, 1991, p. 195.

intereses económicos y sociales multifactoriales destinados a fortalecer la cooperación entre socios o para obtener beneficios particulares, como parece haber sido el caso de varias familias alemanas y neerlandesas, que usaron estas conexiones como puentes de inserción de sus parentelas en las plazas americanas[54].

Cuadro 5. Monto de las cargazones de mercaderes septentrionales en la flota de Nueva España entre 1592

Consignatario/a	1592 1593	1594	1595	1596 1597	1599	1602	1603	1606	1613
Nicolás Antonio			3.332	2.871		2.994	12.798	1.147	1.954
*Nicolás Antonio, el mozo		1.196	277						
*Diego Nicolás	178		1.379						
Juan de Arnao		765							
Enrique van Bel (Banbelle)		1.198	875						
Juan van Bel (Bambel)			3.282	2.022	487			396	
Lamberto Beruben					468	294	1.186	6.204	
Francisco Beruben							1.375		
Jaques Brahusen					2.579	921	18.392	3.597	
Luis Clut								1.184	6.373
María Cloet (Clut) [Roberto Noirot]		6.341							
Francisco de Conicq (Conique)								650	5.248
*Miguel Corbet									5.227
*Pablos Corbet					1.942	3.244	1.396		
*Pedro Corbet		748	6.383	6.446					16.545
Roberto Corbet	1.088								
Hernando Crabbe								354	
*Cristóbal Enríquez			2.717	8.452					
Isabel Herbaute (viuda)			1.250	360					

[54] TRIVELLATO, 2009, pp. 8-9.

Comunidad, pertenencia, extranjería

Consignatario/a	1592 1593	1594	1595	1596 1597	1599	1602	1603	1606	1613
Margarita Enríquez Herbaute	326	434							
Miguel Helbaute		399	5.850	2.606					
Juan Hornes									6.875
Catalina Malaparte [Enrique Bambel]			294	588					
*Juan de Neve			2.476	3.518					46.729
Miguel de Neve (el viejo)			81	81	3.118	1.820	12.567	8.553	15.206
Francisca Pérez [Miguel de Neve, el viejo]	314		266						
Pedro Sirman									5.778
Juan Plamont		220							
Andrés Plamont	8.217		23.970	21.406	556				
Leonora de Sally [Andrés Plamont]		149							
*Juan, Bernardo y Diego de Torres Plamont								2.293	

Cantidades en pesos de a ocho. Marcados con un asterisco (*) los cargadores que viajaron alguna vez a la Nueva España.

Fuentes: Registros de ida a la Nueva España, 1592-1613. AGI, Contratación, 1099-1104, 1119-1113, 1118-1125, 1131-1133, 1141-1143, 1159-1160 y 5299.

En efecto, el seguimiento de los registros de consignaciones a Nueva España realizados por 5 de las principales familias de origen septentrional a lo largo de 15 años (1592-1607), nos permite apreciar la estrecha relación que existió entre estas familias, sus socios naturales previamente ubicados en el virreinato y la introducción de sus hijos a la plaza mexicana. En el esquema 1 que presentamos abajo se evidencia el remplazo paulatino de los socios peninsulares en la tercia conformada por el destinatario de la carga y sus dos sustitutos por neerlandeses o alemanes que se desplazan a la ciudad de México. Como se advierte, hacia mediados de 1590, entre uno y dos representantes de estas familias han sustituido a algunos encomenderos naturales, mientras que para principios del siglo XVII los han suplido a todos con lo que bien podría describirse como una extensión de la nación flamenca y alemana de Sevilla en Nueva España.

La migración mercantil

Creemos que el aumento de esta migración respondió a varios factores que se dan en ambos lados del Atlántico y que se entrelazan en la última década del siglo XVI.

Esquema 1. Evolución de los consignatarios de cinco familias neerlandesas en Nueva España entre 1592 y 1607

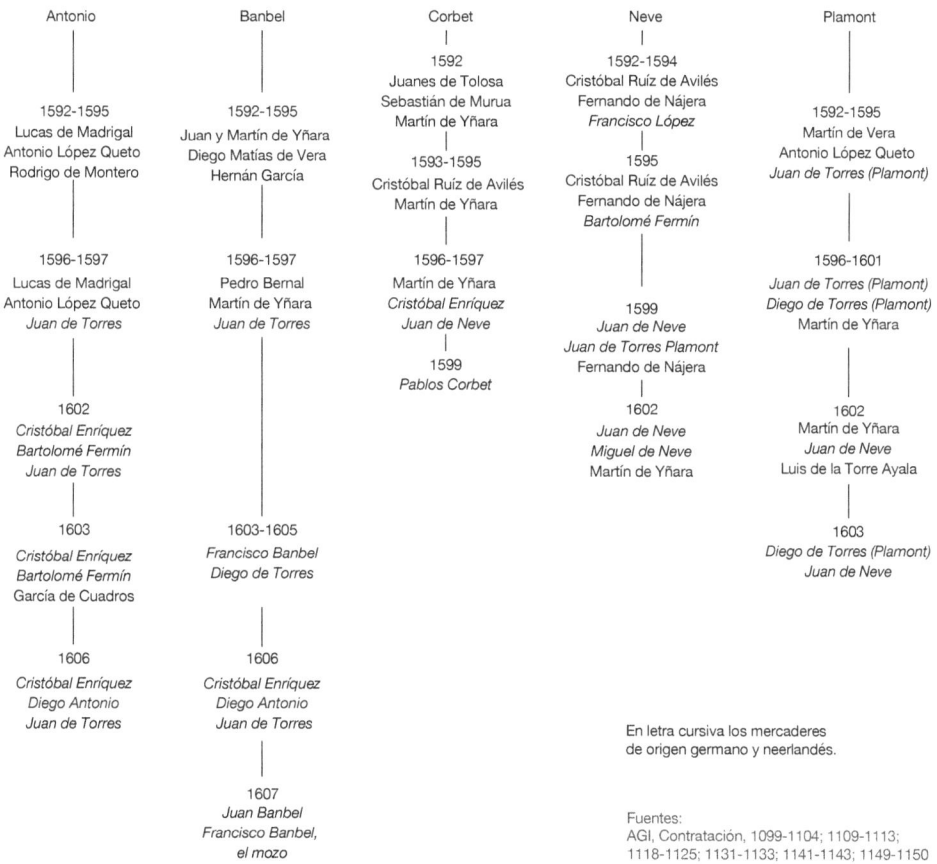

En letra cursiva los mercaderes de origen germano y neerlandés.

Fuentes:
AGI, Contratación, 1099-1104; 1109-1113; 1118-1125; 1131-1133; 1141-1143; 1149-1150

En primer lugar, debe destacarse la formación del Consulado de Mercaderes de la Ciudad de México que dotó de independencia relativa a los mercaderes afincados en México de su contraparte sevillana. La pequeña élite que integraba esta corporación mantenían bajo su control prácticamente todos los intercambios mercantiles al por mayor que se realizaban desde el reino. Su acumulación de capital los consolidó como los más destacados financiadores de obras, empresas y proyectos de infraestructura y les permitió obtener el control sobre el cobro de los dos principales gravámenes que se imponían sobre el comercio: la alcabala y la avería. Lo anterior vino aparejado a un progresivo aumento de su poder político y de injerencia clientelar en órganos de decisión local, como el Cabildo capitalino, a escala regional, a través de la marcada influencia y poder de negociación que tenían con el gobierno virreinal en temas de regulación económica y comercial e incluso en la corte metropolitana, en donde contaron con un procurador permanente para mediar directa y expeditamente en las decisiones que tomaba la Corona sobre temas de su interés[55].

Los comerciantes o almaceneros habían acumulado sus fortunas en gran medida gracias al papel que desempeñaban como *aviadores,* o financiadores de los mineros a quienes proveían de todos los insumos y productos que requerían a crédito con altos intereses que posteriormente eran pagados con los metales que se extraían y que, generalmente, se cobraban bajo las dos formas existentes de *rescate*[56]. En razón de eso y de las inversiones que realizaban en los procesos de extracción, amonedación y circulación de los metales preciosos se convirtieron en los mayores beneficiarios de la explotación minera del reino. Tuvieron, asimismo, un papel fundamental en el repartimiento de mercancías que se realizaba en los pueblos de indios, en la expansión y desarrollo del sistema de haciendas, en la compra y venta de bienes raíces, en la producción textil y como financiadores a través de préstamos en metales preciosos.

Además de las inversiones en los mercados internos, otro importante aspecto de enriquecimiento del reducido grupo de *tratantes* fue su consolidación en el comercio que realizaban con Asia desde Acapulco a partir de 1573. Hacia finales del siglo XVI, los prósperos intercambios con Filipinas habían incentivado la llegada de mercaderes de Perú a las ferias de Acapulco y promovido una reorientación de las contrataciones realizadas desde México en la Carrera del Atlántico hacia la del Pacífico. El dominio de la ruta con Filipinas permitió a los comerciantes novohispanos fijar las condiciones de negociación de los productos que importaban y que rivalizaban por su calidad y precio con los que eran introducidos desde Europa. Lo anterior, "al combinarse con la navegación del Perú —como ha apuntado Ivan Escamilla— abría las puertas a la creación de un espacio de reexportación de mercancías y caudales en metálico totalmente independiente del sistema Atlántico"[57]. Al autorizarse la creación del Consulado de México en 1592, el rey otorgó su beneplácito implícito al ejercicio de control monopólico que los mercaderes novohispanos tenían

---

[55] SCHELL HOBERMAN, 1991, pp. 214-222.
[56] BAKEWELL, 1997, pp. 290-291.
[57] ESCAMILLA GONZÁLEZ, 2012, p. 43.

sobre las rutas intercontinentales y las transpacíficas y se creó un nuevo escenario que ponía en clara desventaja a los cargadores peninsulares. Ante ello, el Consulado de Sevilla buscó limitar al máximo el comercio mexicano con el Callao y Manila mediante una serie de órdenes negociadas con la Corona entre 1593 y 1634[58].

Esta liberalización que gozaba en muchos aspectos la plaza mexicana hacía, por tanto, el envío de corresponsales de la *nación* una necesidad para participar en los mercados Orientales y novohispanos sin tener que depender de la intermediación de mercaderes naturales y poder así extender su cartera de clientes. En efecto, porque a diferencia de la ruta de Tierra Firme que estaba dominada por peruleros que viajaban cada año a la Península para efectuar sus intercambios, el reducido número de cargadores que controlaba el comercio de Nueva España se caracterizó por confiar sus negocios a encomenderos y factores que operaban *in situ* a través de sus redes que se extendían en Sevilla, Cádiz y Sanlúcar y que, en el caso de los septentrionales, se prolongaban hacia el resto de Europa[59]. Aunado a la centralidad adquirida por México en la red mercantil imperial estudiada recientemente por Bonialian, el rápido desarrollo de la economía en varios sectores productivos y su continuo estado de expansión territorial en el norte minero, volvían al virreinato un destino de múltiples vertientes de inversión y de inserción en las redes de crédito internas que pululaban debido a la creciente mercantilización regional y a la participación en el pequeño comercio (tenderos, cajoneros, mesilleros, vendedores ambulantes) de un sector amplio de la sociedad, todos ellos potenciales clientes y prestatarios de distinta escala[60].

En segundo lugar, la consolidación de México como uno de los principales nodos comerciales de la Monarquía lo volvía un epicentro de circulación de información directa y privilegiada sobre las fluctuaciones en la demanda de las manufacturas y productos de la tierra que los septentrionales importaban y sobre la producción de géneros de lujo (cochinilla, azúcar, índigo, palo de Campeche, cacao, especiería, etc.) que sus familias reexportaban en grandes cantidades desde Sevilla hacia el resto de Europa a través de su extensa red sus contactos internacionales[61]. La grana, por ejemplo, mostró un aumento significativo en su precio durante

---

[58] SCHELL HOBERMAN, 1991, pp. 214-222.
[59] *Ibídem*, pp. 108-109.
[60] BONIALIAN, 2016, pp. 641-672. MARTÍNEZ LÓPEZ-CANO, 2001, pp. 150-151. SCHELL HOBERMAN, 1991, pp. 34-41.
[61] Francisco Calvarte tenía una deuda por casi medio millón de maravedís por la compra de 33 arrobas de grana de Tlaxcala en 1594. Véase: GARCÍA FUENTES, 1997, p. 75.

la década de 1590, debido a la extensión de su uso en los mayores centros textiles europeos como colorante para teñir lienzos valiosos de seda y lana y por la incertidumbre que existía en torno a su producción, recolección, transporte y comercialización, lo cual contribuía enormemente a la especulación de su valoración en Sevilla[62]. En la otra orilla del Atlántico, los precios del vino incrementaron desde la década de 1580 y éste gozaba desde entonces de muy buena entrada, aunque las ventas estaban siempre sujetas a las fluctuaciones de la oferta y la demanda, a las medidas que tomara el Consulado de México para beneficiarse en momentos de desabastecimiento o a las que instrumentaba el Cabildo de la ciudad para hacerse con fondos[63]. Para familias como los Plamont o Beruben, bien integradas a la sociedad andaluza y con heredades de viñedos en el Aljarafe, la presencia de un deudo en México significaba mantener el control de la cadena de abastecimiento del vino (su producción, envío, recepción y comercialización), lo cual era especialmente importante si se toma en cuenta que, al igual que los esclavos, el vino se vendía por separado y, por tanto, tenía formas de mercantilización distintas en el contexto colonial[64]. Por ello, no resulta extraño que jóvenes miembros de estos grupos familiares fueran los primeros en establecerse en el virreinato desde inicios de la última década del siglo XVI y que fueran también ellos quienes en ocasiones incursionaran en el comercio de esclavos haciendo uso de licencias entregadas a otros comerciantes y que probablemente se les habían otorgado como pago de mercancías o deudas[65]. A estos, pronto les siguieron los que se dedicaban principalmente al negocio de manufacturas, que contaban ya con proveedores directos desde sus lugares de fabricación en Europa y buscaban también controlar su colocación en los mercados americanos para incrementar las ganancias y dominar el intercambio que de ellas se hacía por productos coloniales[66].

---

[62] MARICHAL, 2006, pp. 76-92. Sobre los precios de la cochinilla y el vino véase: LORENZO SANZ, 1986a, pp. 464-469 y 545-588.

[63] MARTÍNEZ LÓPEZ-CANO, 2001, pp. 166-167.

[64] *Ibídem*, pp. 163-164.

[65] Por ejemplo, Juan Bambel consignó un esclavo con la licencia que, a su vez, se había otorgado a Alonso de Montalván para remitir 52 esclavos. AGI, Contratación, 1112, N. 2, 1595. Enrique Bambel registra un esclavo con licencia vitalicia de Hernando de Porras, 1594. AGI, Contratación, 1111, N. 4. Miguel Helbaut consignó varios esclavos, 1596-1597. AGI, Contratación, 1120, N. 2. Francisco de Conique consignó 2 esclavos, 1606. AGI, Contratación, 1149, N. 1, R. 5.

[66] Juan Torres Plamont recibió consignaciones desde 1592. Véase: AGI, Contratación, 1099-1104. Posteriormente, encontramos a Francisco Beruben obligándose a pagar a Antonio Sánchez de Sosa, vecino de Puebla, 850 pesos de oro por el flete de 73 pipas de vino desde Veracruz. Sarabia, Antonio. Obligación, 3 de octubre de 1609, CPAGNCM,

Un tercer factor fue la dificultad que experimentaron los extranjeros a realizar sus contrataciones desde España en razón de las restricciones impuestas por la Corona por iniciativa del Consulado a los mercaderes extranjeros a partir de 1591 que describimos en el primer capítulo, y que empujaron a estas familias a buscar vías alternativas para poder mantener sus contratatciones en Indias. La mayoría de los septentrionales que despachaban en las flotas durante la última década del siglo XVI no tenían cartas de naturaleza (la excepción era Andrés Plamont), hecho que tuvo repercusiones claras sobre su actividad mercantil en el monopolio, como puede verse en el notable retraimiento de sus cargazones en las flotas de Nueva España de 1592, 1593 y 1594 (esquema 1 y gráfica 17) y, probablemente, también en las ventas al fiado a pagar en América que con seguridad ofrecían a tratantes indianos. A ello se unieron las prohibiciones y embargos y de imposición de impuestos especiales derivados de la estrategia de guerra económica y del decreto Gauna a mercancías que se llevaron a cabo contra embarcaciones de los Países Bajos en Sevilla, Cádiz y Sanlúcar entre 1586-1609 y los múltiples procesos que se abrieron en su contra como resultado de las comisiones realizadas de forma coordinada en los territorios de la monarquía para hacer valer las cédulas acordadas con el Consulado de mercaderes, que castigaron fuertemente a varias familias neerlandesas al decomisarles sus bienes y sus papeles y llevaron a algunas incluso a la quiebra[67]. La presión ejercida contra el comercio extranjero en este contexto encuentran correlación con el aumento de las solicitudes para obtener cartas de naturaleza, de las cuales únicamente una veintena fueron otorgada a alemanes y flamencos durante las últimas décadas del siglo XVI y hasta 1621[68], no obstante, como tuvimos oportunidad de mostrar en el capítulo primero, estos no

---

MIJARES, coord., 2014. En la década de 1620, Juan Bautista Sirman comenzó a registrar vinos producidos en su heredad. AGI, Contratación, 1176, n. 13.

[67] LORENZO SANZ, 1986, pp. 74-89.

[68] Sobre las solicitud y concesión de cartas de naturaleza Véase: DOMÍNGUEZ ORTIZ, 1996, pp. 137-165 y 1998, pp. 117-134. CRAILSHEIM, 2011, p. 192. En cuanto a los embargos a flamencos en Sevilla derivados de las prohibiciones para comerciar con las provincias rebeldes tres flamencos Matheo Doom, Juan Leclerque y Francisco de Conique extendieron varias súplicas al rey en nombre de la nación flamenca en 1595 y 1596 para que se les devolvieran "sus papeles y fianzas" porque al permanecer requisados "sus corresponsales no les enviarán mercancías por miedo a perderlas". LORENZO SANZ, 1986a, p. 83. Posteriormente, en 1610, algunas autoridades locales relacionadas con la vigilancia del comercio como eran el alcalde de sacas y los fieles ejecutores, aprovecharon cualquier pretexto para hacer cateos en los domicilios de los comerciantes extranjeros, revisar sus libros y abrirles procesos judiciales que se cerraban con sobornos. DÍAZ BLANCO Y FERNÁNDEZ CHÁVEZ, 2009, p. 37. Sobre las comisiones en Indias véase: el capítulo 1.

significó un freno a sus actividades comerciales en Indias, como han sugerido algunos historiadores[69]. Al contrario, por medio de la puesta en marcha de diversas estrategias pudieron sortear las limitaciones para continuar sus negocios y colocarse entre los cargadores más importantes de la flota de Nueva España, como puede apreciarse en el extraordinario aumento en el volumen de sus contrataciones a partir de 1602 (gráfica 17).

Gráfica 17. Monto de las consignaciones de flamencos y alemanes en la flota de Nueva España entre 1592 y 1613

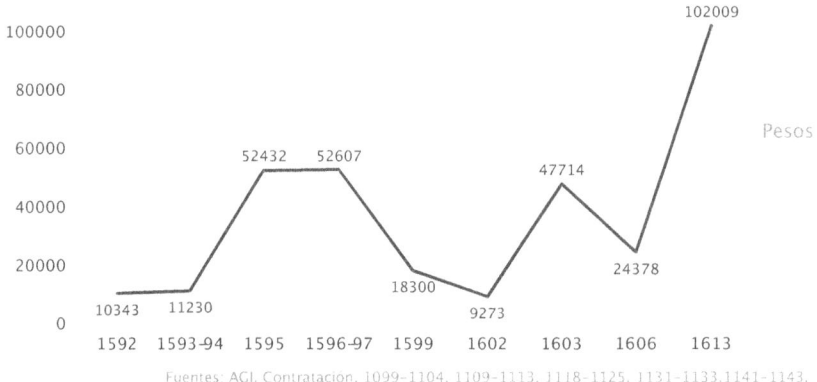

Fuentes: AGI, Contratacion, 1099-1104, 1109-1113, 1118-1125, 1131-1133, 1141-1143.

Investigaciones sobre la participación mercantil de extranjeros en la península suelen resaltar algunos de los recursos que estas comunidades pusieron en práctica para sortear las prohibiciones para contratar en la carrera de Indias desde España[70]. Uno de las estrategias más populares para evadir los decomisos era utilizar testaferros para registrar las cargas. En los registros de contrataciones se puede constatar que éste fue el primer paso que siguieron los neerlandeses al colocar a sus mujeres, hijas, sobrinas, esposas, cuñadas e hijos nacidos en España como dueños de las mercancías[71]. Desde mediados de la década, no obstante, el

---

[69] Para una opinión contraria véase: LORENZO SANZ, 1986, p. 83. ALLOZA, 2006, p. 56. DÍAZ BLANCO, 2012, pp. 55-56. CRAILSHEIM, 2011.

[70] Por ejemplo: EVARAERT, 2003. GIRARD, 2006.

[71] Miguel de Neve a cuenta de su esposa Francisca Pérez en 1592 y 1594; Roberto Noirot a la de su mujer María Cloet (1594) y Enrique Bambel por Catalina Malaparte de quien era tío y albacea. Las dos excepciones entre estos casos son la viuda Isabel Herbaut (Erbaut, Herbaute, Herbante) quien seguramente asumió la dirección de los negocios familiares y que cargaba por sí junto con su hija Margarita Enríquez y su hijo Miguel, Registros de ida a la Nueva España entre 1592 y 1597. AGI, Contratación, 1109-1104, 1109-1113 y 1118-1125. En 1594, Juan de Neve sustituyó a su padre Miguel como cargador en la flota de ese año contando únicamente con 16 años y dos años más tarde,

endurecimiento de las restricciones parecen haber funcionado como un factor de empuje para enviar a miembros de estas parentelas a Nueva España que, precisamente en esos años, comenzaban a alcanzar la edad suficiente para poder adquirir vecindad y contratar en cabeza propia. Estos movimientos se intensificaron en los primeros años del siglo XVII, especialmente a partir de la entrada en vigor de la Tregua de Amberes firmada en 1609, cuando familias como los Corbet, Beruben, Neve, Sirman, Antonio, Malaparte, Yance [Henz] y Maar enviaron México a uno o varios de sus miembros cuyas edades oscilaban entre los 18 y los 25, aunque algunos se aventuraron a embarcar a menores de edad que no tenían reconocimiento como vecinos para poder contratar. En 1611, en un intento por contener esta práctica, el fiscal de la Casa de la Contratación arremetió contra los casos más obvios de adolescentes como el de Francisco Nicolás, hijo de Jaques Nicolás y Barbola Bernal. A este joven de tan solo 16 años, se le negó la licencia para trasladarse a Santo Domingo para beneficiar sus mercancías porque se le consideraba que era extranjero de la ciudad, por su edad, pero también porque era evidente que:

> [...] siendo tan mozo, la hacienda que dice tiene registrada y cargada echa muy bien de ver que no es suya, sino de Jaques Nicolás, su padre y de otros extranjeros como él que por disimular su delito y malicia pretenden se le dé licencia al dicho Francisco... y no tiene vecindad en esta ciudad, ni casa, ni bienes, ni hacienda, *ni aún edad de tratar y contratar y como su padre no lo puede hacer con su persona, pretende hacerlo en cabeza de su hijo*[72].

A pesar de contar con una fe de bautismo que acreditaba su nacimiento en Sevilla, Francisco tuvo que solicitar una carta de naturaleza que le fue concedida en 1612, al cumplir la mayoría de edad y poder avecindarse, la cual lo habilitó para poderse embarcar a la Nueva España un año más tarde[73]. Este grupo incluía también a jóvenes de otras regiones de España como Roberto Malcot, natural de Madrid y Antonio de Burgos, oriundo de Segovia, que se desplazaron como pasajeros especificando su oficio de mercader que, desde su llegada a México, comenzaron a ejercer con gran éxito como comisionistas de distintos

---

en 1596, pasa a la Nueva España con carga propia. AGI, Contratación, 1109-1113. El hijo mayor de Roberto Corbet, Pedro, empezó contratando paralelamente a con él en 1592 y lo sustituyó hacia 1594. AGI, Contratación, 1099-1104 y 1109-1113.

[72] AGI, Contratación, 5322, N. 21.

[73] AGI, Contratación, 5332, N. 50. DOMÍNGUEZ ORTIZ, 1996, p. 141.

paisanos⁷⁴. No obstante, los primeros viajes a las Indias eran generalmente realizados por los hijos mayores quienes, una vez adaptados a la sociedad de acogida, recibían a alguno de sus hermanos menores para entrenarlos *in situ* por algún tiempo y luego dejarlos en su relevo⁷⁵. Rápidamente los septentrionales comenzaron a mandar representantes a varias plazas americanas para acumular capital rápido, disminuir los riesgos de pérdidas por hundimiento, saturación de los mercados y conseguir los productos que se les demandaban desde otros puntos de Europa. Los hermanos Corbet, por ejemplo, se dividieron entre Nueva España (Pablos, 1599), Perú (Miguel, 1607) y Sevilla (Pedro, hasta 1613). El hijo de Margarita Fermín e Isaías Bloomart, Bartolomé de las Flores, se embarcó junto con su tío Juan Bautista Fermín hacia Cartagena de Indias en 1633. Un año más tarde Juan Bautista se desplazó a Nueva España donde residió por más de una década. En 1613, los primos Diego Nicolás y Diego Antonio viajaron juntos a Perú, mientras que Francisco Nicolás lo hizo hacia México en 1613⁷⁶. Durante la segunda década del siglo XVII, en un momento en que las medidas contra el comercio extranjero y los jenízaros se endurecieron en todos los territorios de la monarquía, la comunidad parece valerse de otra estrategia que consistía en embarcar a los jóvenes como criados de funcionarios o eclesiásticos que eran enviados a los virreinatos. Si bien es difícil establecer con seguridad la motivación detrás de estos desplazamientos, lo cierto es que dichos contactos facilitaban la contratación encubierta⁷⁷ y en Indias abrían las puertas para entablar

---

⁷⁴ Antonio de Burgos tenía 35 años en 1620 y ya se encontraba activo en el comercio en Nueva España desde 1615. AGI, *México*, 28, N. 23. AGN, Matrimonios, vol. 75, exp. 110. Roberto Malcot viajó a las Indias en 1602 con 17 años. AGI, Contratación, 5270, N. 1, R. 18.

⁷⁵ Algunos ejemplos representativos fueron Miguel y Juan de Neve o Lamberto y Francisco Beruben.

⁷⁶ AGI, México, 28, N. 23. AGI, Contratación, 5335, N. 34.

⁷⁷ Así lo hicieron el hijo de Roberto Arnao, como criado del gobernador de La Española Diego Acuña y repitió destino en 1627 al servicio del canónigo de la catedral de la isla, Blas Álvarez Torres. Isidro Tilman, viajó a Perú como criado del capitán Luis de Sotomayor y Aguilar en 1628. Bartolomé de las Flores (Bloomart) lo hizo empleado por Roque Díaz en 1633. El hijo de Pedro Corbete, Roberto, lo fue del chantre de la catedral de Trujillo en 1621. Andrés Plamont Rivera, hijo de Andrés Plamón, quien viajó a Perú como criado de Pedro de la Vega, obispo de la ciudad de Cartagena de Indias Licencia de pasajeros a Perú, Sevilla, 1615. AGI, Pasajeros, leg. 10, E. 4124. 1624 AGI, Pasajeros, L. 11, E. 734. 1627. AGI, Pasajeros, L. 11, E. 889. 1628; AGI, Contratación, 5414, N, 117. 1633. AGI, Pasajeros, L. 10, E. 2720. 1621. AGI, Contratación, 5327, N. 1. Sevilla. El aumento del grupo de funcionarios que buscan un beneficio mercantil en las flotas se incrementa a partir de 1620 como lo ha hecho notar: BERNAL, 1992, p. 244.

rápidamente relaciones en la sociedad colonial y, en particular, con la élite mercantil y política, a la vez que permitía gozar de los privilegios de inmunidad, ventaja y prestigio que venían aparejados al cargo del patrón al que servían. Por otro lado, y al igual que pasaba en Europa, este tipo de inmersión era una oportunidad única para familiarizarse y reconocer los mercados a la vez que se podía recolectar información sobre productos y pormenores de los mercados para la realización de negocios.

A partir de la década de 1630, momento en que los grandes mercaderes en Sevilla se integraron de lleno en el sistema de asientos de la monarquía, se aprecia un notable crecimiento de la colonia en la ciudad de México y con ello la conformación plena de las redes de solidaridad y asistencia para facilitar los desplazamientos y estancias de los paisanos. Estas mallas se habían formado a lo largo de décadas y se basaban, en buena medida, en el apoyo que brindaban los vecinos del reino que eran quienes recibían y ayudaban a los recién llegados en sus traslados a la ciudad de México, como queda reflejado en el relato de Alessandro Fontana[78] o en el de Alonso Picaso de Hinojosa en relación a la llegada del escocés Juan de Estrada Rutherford:

> […] este testigo y el dicho Juan de Estrada y Rutherfud vinieron desde España el año de 1604 o [160]5 en la flota del general Juan Gutiérrez de Garibay aunque en diferentes navíos. Y llegados a San Juan de Ulúa posaron en casa de Guillermo Hernández Luján donde fue la primera vez que se conocieron y allí el dicho Guillermo Hernández le encargó para que el dicho Juan de Estrada viniera en compañía de este testigo por ser baquiano en la tierra.[79]

En la ciudad de México, los recién llegados podían alojarse en casa de paisanos, incluso por varios años, como fue el caso de la familia de Vicente Vicol que se hospedó en casa del ingeniero holandés Adrián Boot durante un quinquenio[80], pero lo más común parece haber sido que rentaran habitaciones en el barrio de la alcaicería de la capital donde el acaudalado mercader Juan Ontiveros Barrera había hecho una gran fortuna con la compra, remodelación y arrendamiento de al menos 46 edificios que alquilaba a comerciantes y artesanos[81].

---

[78] MAILLARD ÁLVAREZ, 2013, pp. 307-331.
[79] AGN, Inquisición, vol. 305, exp. 5.
[80] AHN, Inquisición, libro 1065.
[81] SCHELL HOBERMAN, 1991, pp. 133-134.

El cruzamiento de datos contenidos en los pleitos comerciales entre mercaderes septentrionales con otros de tipo de causas civiles e inquisitoriales confirman que una buena parte de aquellos que viajaban al virreinato se conocían con anterioridad y durante su tiempo en México convivían frecuentemente con sus paisanos en todo tipo de actividades sociales durante su tiempo en México. Con el paso de las décadas, el aumento de las comunicaciones y el comercio, esos encuentros se hicieron más frecuentes en varios puntos geográficos de Europa y América gracias, en parte, a que los mercaderes neerlandeses adquirieron barcos para fletar sus cargas entre diferentes destinos de la monarquía[82]. En 1633, por ejemplo, Francisco Bloys y Lucas Martín zarparon juntos en un barco que salió de Cádiz rumbo a Hamburgo cargado de aguardiente. Dos años más tarde, al desembarcar la flota de Nueva España en Veracruz, los dos compañeros volvieron a encontrarse no sin sorpresa: "quién dijera –declaró Francisco– que nos habríamos de ver juntos en México los que nos vimos en la mar en aquella ocasión"[83].

6.4. Estrategias de integración a la élite mercantil local

El tiempo que estos mercaderes permanecían en América respondía a un buen número de variables relacionadas con las metas de sus negocios. La mayoría eran transeúntes que regresaban a España una vez que terminaban sus actividades en el puerto de Veracruz o aprovechaban para conectar su trayecto hacia otros puertos del sur continental. Únicamente algunos se establecían por periodos más largos, que podían extenderse por un par de años o hasta una década sin que por ello perdieran la idea de volver a Europa una vez concluidos los asuntos que los habían motivado a desplazarse. Esta situación los mantenía en una condición prolongada como *forasteros*, lo cual podía llegar a ser motivo de conflicto con las autoridades locales, como las religiosas, que anualmente realizaban registros de los habitantes de sus parroquias para efectos fiscales y de control social[84]. El problema era que, a veces, al componer las listas, los empadronadores no distinguían entre vecinos y forasteros, sino que exigían obtener los nombres y la presentación de las cédulas de comunión y de confesión de todos lo que habitaban bajo un mismo techo. Quien no realizaba este requisito dentro de ciertos plazos se exponía a que su

---

[82] Algunos de estas adquisiciones son nombradas por CRAILSHEIM, 2016.
[83] AGN, Inquisición, vol. 376, exp. 26, f. 283.
[84] Estas matriculas se establecieron desde el Primer Concilio Mexicano realizado en 1555. Véase: MARTÍNEZ LÓPEZ-CANO, 2004, p. 11.

nombre figurara en la tablilla de incumplidos y excluidos que colgaba públicamente en las iglesias y a ser denunciado en el Santo Oficio. El mercader flamenco Francisco Bloys, por ejemplo, buscó por todos los medios evadir el empadronamiento porque sostenía que era forastero "… y mañana me he de ir a España", aunque ya llevaba algunos años en el virreinato tratando de cobrar sus deudas. Finalmente, tras una monición del Santo Oficio cedió al registro, pero el daño ya estaba hecho porque su negativa fue posteriormente utilizada por sus vecinos y enemigos como principal argumento para denunciar su presunta herejía[85].

Solo algunas familias, generalmente las que habían alcanzado mayor acumulación de caudal en España o intereses permanentes en el mercado colonial, terminaron manteniendo a uno de sus miembros en el virreinato, ya fuera a partir de la rotación de los hermanos, como fue el caso de los Neve, o por su avecindamiento definitivo con casas y tiendas localizadas en las principales calles comerciales de la ciudad de México, como hicieron los Fermín (Bloomart), Beruben, Enríquez Escot, De Burgos, Malcot, Van Belle (Bambel), Castel, Ramos o Cornielis. No obstante, a diferencia de España, donde los septentrionales fueron ganando paulatinamente privilegios corporativos, primero al poder fundar una cofradía y posteriormente al autorizárseles la formación de su Consulado y crearse el Almirantazgo de los Países Septentrionales, la condición de monopolio inherente al comercio indiano volvía imposible la formación de corporaciones reconocidas y con privilegios que los aglutinaran oficialmente en los territorios americanos. Esta dificultad no impidió, como veremos, que un puñado de flamencos y alemanes, agentes de sus connacionales en Andalucía y otras partes de Europa y América, lograra introducirse a través de los privilegios obtenidos en Nueva España en el alto comercio y aun llegara a formar parte de la reducida élite mercantil del reino, desde donde representaron y defendieron los intereses de sus naciones. Por el contrario, ante la falta de vías de representación corporativa como nación, los septentrionales aceleraron su integración en la sociedad local aprovechando cualquier grieta del sistema disponible, como previamente habían hecho en Andalucía. Este componente es de suma importancia si se toma en cuenta que con ello llevaban ya ganado el proceso de aculturación. Ciertamente, estas generaciones mixtas, con vínculos y apegos multiterritoriales, se encontraban a tal punto hispanizados que al pasar el jesuita brujense Martinus por el virreinato, en 1617, no dejaba de sorprenderse de lo bien acogidos que estaban entre

---

[85] AGN, Inquisición, vol. 376, exp. 26, f. 227v.

los castellanos y de lo difícil que resultaba diferenciarlos de ellos porque compartían sus modas, costumbres e idioma[86].

La adaptación, en la mayoría de los casos exitosa de estos inmigrantes, implicó asimismo la reproducción de comportamientos y estrategias encaminados a alcanzar el ascenso y prestigio social que se han identificado como típicos de la élite mercantil novohispana, entre los que se encontraba la asignación de una parte de sus recursos a la fundación de obras pías y la participación en cofradías. Estas prácticas, que se encontraban particularmente en boga durante la primera mitad del siglo XVII, tenían un carácter multidimensional puesto que, a la vez que poseían un claro sentido piadoso y de búsqueda de la salvación espiritual, sirvían para crear una alianza entre el gremio mercantil, la Iglesia y sus redes clientelares. Fue precisamente el brazo intelectual religioso quien se encargó de permutar la vileza e inmoralidad con la que tradicionalmente se asociaba al oficio de comerciante por una imagen cargada de virtudes que los mostraba como el ideal del buen cristiano, pero con recursos económicos[87]. De esa manera, se allanó el camino para que el sector mercantil pudiera enlazar con la aristocracia virreinal, compuesta por las familias de conquistadores y primeros pobladores, quienes controlaban los cargos de representación en los cabildos y tenían acceso a la asignación de puestos político-administrativos locales[88].

La constitución de capellanías y las donaciones a conventos son un buen ejemplo de la inmersión de la élite mercantil en la estructura eclesiástica. En principio eran ellos quienes mayormente tenían el capital para fundarlas. Su patronazgo, les permitía decidir quién ocuparía el puesto de capellán, establecer sobre qué bienes o cuánto capital líquido se destinaba a la fundación y quien debía administrarlos. Por lo general, todo ello se adjudicaba a un miembro de su propia parentela para garantizar su subsistencia y cumplir de esa forma con el requisito de independencia económica impuesto por el Concilio de Trento a quienes aspiraran al sacerdocio. Debido a que este tipo de fundaciones eran transferibles a lo largo del tiempo, su buena administración aseguraba que el capital invertido pudiera ser utilizado por generaciones venideras. Eran, además, una de las principales fuentes de crédito y financiación de las familias acaudaladas que tenían acceso a los préstamos otorgados por el juzgado de capellanías y otras instituciones eclesiásticas, con lo cual el dinero se mantenía circulando dentro del patriciado del

---

[86] STOLS, 2009, p. 38.
[87] ESCAMILLA GONZÁLEZ, 2012, pp. 44-50.
[88] CHOCANO MENA, 2000, p. 155. SCHELL HOBERMAN, 1991, pp. 154-160.

reino[89]. Sabemos que Alexandro Cornieles, Luis Castell y Antonio de Burgos adquirieron, junto con sus esposas, este tipo de mecenazgos para sus hijos e hijastros, algunos de los cuales se encontraban todavía activos aún a finales del siglo XVIII[90].

Por el contrario, no contamos con datos que nos aseguren la pertenencia de septentrionales a hermandades. En la ciudad de México, este tipo de asociaciones fueron casi exclusivas de los grupos pudientes de españoles y criollos hasta finales del siglo XVII. Esta característica hizo de ellas corporaciones que, además de cumplir con su clara función devocional y de asistencia social, sirvieran también para entrelazar alianzas familiares, políticas y de negocios entre una élite selecta de parentelas[91]. Algunos otros indicios, como el enterramiento de Pedro Bloys en la catedral metropolitana, la constitución de obras pías hechas para, por ejemplo, casar huérfanas españolas como la hecha por Luis Castel en el convento de la Concepción o para la construcción de altares como el auspiciado para la adoración de San Pedro por los Neve con dinero obtenido de sus negocios en las Indias a la iglesia de su ciudad natal, apuntan a que los septentrionales pudieron haber formado parte de cofradías novohispanas[92]. La falta de registros sobre los miembros de las corporaciones piadosas nos impide confirmar la vinculación de alemanes y flamencos a ellas aunque lo más probable es que siguieran las pautas de comportamiento de los españoles y que, al igual que el resto de la población urbana novohispana, pertenecieran a varias cofradías para alcanzar distintos objetivos devocionales, de socialización y clientelismo. De especial importancia para ellos, sobre todo para los que lograron engrosar las filas del Consulado de Mercaderes, debió ser la pertenencia a la archicofradía del Santísimo Sacramento que agrupaba a los comerciantes de la ciudad de México y, por tanto, era una de las más ricas e importantes de la América española[93].

Los septentrionales pudieron aún introducirse en el reducido número de mercaderes que lograron acumular honores y comprar cargos del gobierno virreinal. Gracias al estudio de Luisa Schell, sabemos que la venalidad se extendió entre los miembros de la élite mercantil en la década de 1630, pero que únicamente una tercera parte de estos puestos llegaron

---

[89] WOBESER VON, 1998, pp. 119-130. LAVRIN, 2008, p. 25.
[90] Algunos ejemplos: AGN, Indiferente Virreinal, caja 3383, exp. 11. AGN, Bienes Nacionales, vol. 1361, exp. 13. AGN, Capellanías, vol. 268, exp. 284. AGN, Bienes Nacionales, vol. 1251, exp. 1.
[91] BAZARTE MARTÍNEZ, 1989, pp. 16-17.
[92] AGN, Indiferente Virreinal, caja 3383, exp. 11. AGN, Regio Patronato Indiano, vol. 1361, exp. 13. STOLS, 2009, p. 38.
[93] *Ibídem,* pp. 143-170.

a estar ocupados por ellos. En principio, buscaron hacerse de cualquier cargo, pero tuvieron especial preferencia por aquellas relacionadas con las áreas administrativas de mediano o bajo estatus que cumplían la triple función de garantizar la subsistencia de segundas y terceras generaciones, incrementar la influencia social y la inmunidad jurídica familiar en, por ejemplo, pleitos que involucraran la confiscación de bienes[94]. El dinero, como bien se sabe, era el elemento clave para obtener estos espacios, como lo muestra el caso de Guillermo Enríquez. Originario de Zwolle en Overijssel, Enríquez inició su vida laboral como apartador del oro de la plata en la década de 1590, oficio que combinó con el de mercader y que lo llevó a obtener, según sus propias palabras, "sobrado caudal" y a casarse con la hija del mercader Francisco de Vilchis[95]. Hacia finales de la década de 1650, el viejo Enríquez utilizó parte de su capital para comprar el cargo de gobernador de Tepotzotlán a su hijo, Francisco, quien pudo realizar esta enajenación, a pesar de que su padre había sido penitenciado por el Santo Oficio en 1603 y de que este estigma pesaba todavía sobre su familia[96].

Quizá más demostrativo de la porosidad de la comunidad política en Nueva España que permitía la entrada de los extranjeros en sus estructuras y de la habilidad de estos últimos para localizar esas grietas, sea la obtención de títulos honoríficos. Especialmente popular entre los priores y cónsules del Consulado de México y otros integrantes del patriciado urbano de origen peninsular y criollo fue el nombramiento de familiar del Santo Oficio[97]. Esta particularidad y el reducido número de plazas existentes (12 en cada una de las principales ciudades), lo hacía un cargo particularmente peleado y de difícil acceso. No obstante, los europeos no españoles encontraron una alternativa prácticamente reservada a ellos en el título de traductor del tribunal, que si bien era de menor grado que el de familiar, se aproximaba bastante a las "gracias, exenciones y libertades" que otorgaba y que incluían toda una serie de inmunidades y apoyo institucional para ladear la balanza de la justicia a su favor[98]. En efecto, sabemos que al menos tres de los seis extranjeros que gozaron de este fuero entre 1590 y 1640 pidieron que el Santo Oficio atrajera y resolviera los procesos que se les seguían en distintas

---

[94] SCHELL HOBERMAN, 1991, pp. 155-160.
[95] AGI, Escribanía, 273A, pieza 50, f. 15. AGI, Escribanía, 272B, pieza 15. Véase capítulo 5.
[96] AGN, Inquisición, vol. 435, exp. 13, 22 ff. Véase el capítulo 3.
[97] MARQUEA ABREU, 2000, pp. 101-102.
[98] Sobre las inmunidades que gozaban los familiares del Santo Oficio y su desarrollo en México véase: *Ídem*.

instancias[99]. Un ejemplo significativo es el pleito entre los flamencos Juan Bautista Fermín y Pedro Martínez Deça en 1637 por los bienes de Juan Filibault, un importante mercader de la misma nación asentado en Cádiz del que ambos eran comisionistas. La causa inició en el Consulado de Mercaderes de México que emitió su fallo a favor de Fermín, la cual fue apelada y ganada por Martínez en la Sala del Crimen al alegar que se habían falsificado los testigos en su contra. Juan Bautista, que ese mismo año había validado en México el título de traductor que previamente le había concedido la Inquisición de Sevilla, logró que el Santo Oficio de México atrajera el proceso en curso y diera una sentencia definitiva e inapelable a su favor[100].

Sin duda, el grado más alto de integración en la élite mercantil se alcanzaba al ser aceptado como miembro del Consulado de México. Desde su fundación, esta corporación estableció dos filtros para restringir la entrada de extranjeros a sus filas, ya que, por un lado, los solicitantes debían ser naturales de Castilla y, por otro, debían haber obtenido la condición de vecinos del reino. Como hemos visto, fue a partir de las dos primeras décadas del siglo XVII que los septentrionales avecindados en Sevilla comenzaron a obtener de forma progresiva cartas de naturaleza con licencia para tratar en las Indias. Si bien los miembros más jóvenes de estas importantes familias como los Neve, Conique, Brausen, Antonio o Beruben que habían nacido ya en la Península eran considerados naturales de los reinos de Castilla, sus centros de operación estaban fijados en Sevilla. Por ello, sus objetivos se centraron en integrarse a los cuerpos de representación que les daban mayores posibilidades de influir en los asuntos de su interés ahí donde residía la mayor parte de su parentela de forma permanente, es decir en Andalucía y el norte de Europa, como se constata por los títulos que acumularon a lo largo de sus vidas. Sus estancias en el virreinato podrían catalogarse como meramente de negocios, para realizar transacciones de compraventa, generar una cartera de clientes, ampliar sus redes comerciales y, sobre todo, obtener capital rápido antes

---

[99] De entre ellos tres fueron traductores para la lengua flamenca y alemana: Enrico Martínez (1598), Bartolomé Fermín (1615) y Juan Bautista Fermín (1637). Juan Hernández de Gorotillo (1600), Diego Blanco (1607) y Juan de Estrada Rutherford (1615) fueron traductores de la lengua inglesa. Rutherford lo fue también de la escocesa, francesa e italiana. AGN, Inquisición, vol. 311, exp. 1. AGN, Inquisición, vol. 305, exp. 5. AGN, Inquisición, vol. 164-2, exp. 9, f. 521. AGN, Inquisición, vol. 386, exp. 8.

[100] AGN, Inquisición, vol. 386, exp. 8. Otro caso similar: AGN, Inquisición, vol. 486, exp. 50, ff. 249-252. AGN, Inquisición, vol. 217, exp. 17. Este recurso fue también usado por el escocés Juan de Estrada Rutherford para prevenir su expulsión en 1615, HERRERO SÁNCHEZ Y POGGIO, 2012, pp. 249-273.

de volver a España. Fueron los inmigrantes de segunda generación, hijos de comerciantes menos acaudalados o segundones, quienes al establecerse de formar definitiva, contrer nupcias con hijas o viudas de mercaderes y formar su carrera en Nueva España con el respaldo de sus connacionales en la Península, pudieron acumular los requisitos de origen y caudal exigidos por el Consulado para otorgar su matrícula[101].

Así, en una lista de 98 comerciantes elaborada por la Universidad de Mercaderes en 1623 para dar cuenta del empréstito hecho por "el comercio de la ciudad" a Su Majestad, se incluyeron los nombres de Diego de la Palma, Antonio de Burgos y Roberto Malcot, todos ellos de origen flamenco. Eran, por supuesto, una minoría, pero no deja de ser impresionante que en menos de dos décadas de haber emigrado al virreinato lograran penetrar en las altas capas de los almaceneros mexicanos sorteando la descalificación que se trataba de hacer a los jenízaros por causa de su origen durante esos años[102]. Otros reconocidos comerciantes como los Neve, nunca necesitaron obtener el reconocimiento del Consulado de la Ciudad de México para actuar y ser tratados como parte de una élite mercantil supraterritorial, ya que, su nombre, fortuna y privilegios eran estimados en todos los territorios de la monarquía donde tenían presencia por sí o sus redes de asociados[103]. Por ello, no sorprende que el nombre de Juan de Neve, estante en la capital durante 1614, no aparezca dentro de la lista de denunciados a la Junta de Extranjeros o que participara, junto a los más notables del reino, en el donativo recabado para auxiliar las necesidades del rey en 1599[104].

Sin embargo, el origen de estas familias podía volverse un lastre del que no era fácil desprenderse y que podía servir a sus antagonistas para realizar denuncias en la Inquisición por sospechas de herejía o ante las autoridades civiles por traición al monarca. Si bien su reputación, piedad cristiana, costumbres y hasta nombramientos no daban lugar a duda sobre su fe y pertenencia a la iglesia católica, todos estos factores no fueron suficientes para evitar procesos en su contra cuando el estado de tensión política y social se incrementaba por el inicio de una nueva guerra o por causa de los ataques e incursiones de los enemigos de la Corona en las costas americanas y filipinas. De hecho, era entonces cuando las asociaciones entre herejía y extranjería, y más concretamente entre protestantismo y la gente originaria del norte de Europa y Francia

---

[101] Los requisitos según las Ordenanzas de 1607 del Consulado de México eran excluían a los extranjeros. Véase: ESCAMILLA GONZÁLEZ, 2012, p. 57.
[102] Véase capítulo 1.
[103] Las conexiones internacionales de los Neve en: CRAILSHEIM, 2016, pp. 187-189.
[104] AGN, Archivo Histórico de Hacienda, 1292, exp. 493. STOLS, 2009, pp. 14-15.

que formaban parte de los estereotipos compartidos por el grueso de los cristianos viejos peninsulares, afloraban en cualquier tipo de circunstancias como vimos en capítulos anteriores[105]. Un ejemplo que da cuenta de la forma en que las coyunturas políticas podían ser usadas para tratar de deshonrar al enemigo, lo vemos en dos denuncias presentadas contra dos renombrados comerciantes de origen flamenco unos meses más tarde de que Joris van Spielbergen atacara la bahía de Acapulco en 1614 y pusiera a las autoridades virreinales en un estado de emergencia defensiva. La primera la hicieron los hermanos Bartolomé y Gerónimo Guerrero contra Alejandro Cornielis Deque en la Inquisición a quien acusaban de que su padre, el también acaudalado mercader de Sevilla Cornelis Deque, había sido procesado en España por herejía. Los Guerrero, se habían casado con las hijastras de Alejandro Cornelis sin su autorización y buscaban difamarlo para poder quedarse con la rica hacienda de su finado suegro, Pedro Fernández de Sigura. Diversos testigos afirmaron que los hermanos Guerrero habían tratado de asesinar a Cornelis y pagar testigos para que declararan en su contra, pero este logró demostrar que todo se trataba de una calumnia a partir de las declaraciones de varios testigos.

Un año más tarde, en 1615, cuando la Junta de Extranjeros formada por el virrey marqués de Guadalcázar se encontraba en pleno funcionamiento, Bartolomé Fermín ganó un pleito contra su ex socio y paisano Juan Ramos quien le debía 7.500 pesos en mercancías que se había comprometido a vender y no había pagado ninguna de las cuotas adquiridas junto con su aval, Pedro Caballero. Ramos aprovechó el contexto del ataque de Spielbergen para denunciar a Fermín en la Sala del Crimen por "cartearse con el enemigo y enviar plata sin quintar a reinos extraños" lo cual resultó en su aprehensión, decomiso de libros de contabilidad y correspondencia privada. A pesar de la falta de evidencia sobre su implicación en los dos delitos, Bartolomé tuvo que pagar, por medio de su fiador y paisano, Miguel Corbet, 4.000 ducados "a uno de los oidores de la Sala" para no ser condenado a muerte, mientras que Ramos fue expulsado por la Junta de Extranjeros a Filipinas por comerciar sin licencia en las Indias[106]. Pero ahí no concluyó el pleito. Para evitar pagar la deuda que le había dejado Ramos, Pedro Caballero logró que su compadre y alcalde de la Cárcel de Corte, Francisco Benavides, encerrara a Fermín, a pesar de que gozaba de inmunidades garantizadas por su título de traductor del Santo Oficio. El Tribunal trató de atraer la causa, pero Caballero denunció al flamenco y a toda su familia ante los inquisidores por herejía, cargo que Fermín

---

[105] Véase capítulo 1.
[106] AGN, Inquisición, vol. 486, exp. 50, fs. 249-252.

pudo descartar a partir de su reputación, honores y religiosidad que se mostraban en, por ejemplo, un escudo de armas otorgado por el emperador Carlos V a su abuelo con un "campo de cielo [y] una flor [de lis]" que simbolizaban precisamente esos atributos. Cinco años más tarde, Fermín volvió a ser acusado por sus enemigos de espionaje y traición, no sólo ante las autoridades locales sino también en el Consejo de Indias, órgano que ordenó la averiguación a fondo de sus contrataciones y las de sus familiares en Sevilla, los Sirman-Fermín. Cargado de pleitos y sin caudal, Bartolomé terminó sus días en la cárcel en 1621[107]. A pesar de las acusaciones, los mercaderes germano-neerlandeses que se establecieron en la Nueva España lograron una integración exitosa en el virreinato, sobre todo a partir de la segunda década del siglo XVII, cuando sus connacionales en Sevilla y Amberes fueron ganando espacios de interlocución y cooperación con la Corona. Todo ello brindó a la colonia de México un trato privilegiado en cuanto libertad de movimiento y acción para realizar sus negocios en todos los territorios de la Monarquía Hispánica.

6.5. Formas de operar en los negocios indianos

Como venimos mencionando, algunos de estos mercaderes funcionaban en compañías familiares y de cargazón, en donde los principales afiliados pertenecían a una amplia red de deudos y socios desplegados en distintos puertos estratégicos a escala global. La mayor parte, sin embargo, no se constreñía a los negocios de la parentela, sino que realizaba un amplio espectro de operaciones a título personal, como compañeros de otros mercaderes naturales o de otras naciones, como apoderados para registrar cargas o como comisionistas. Los términos en que se realizaban las sociedades y la participación de capital que aportaban los integrantes de estas compañías, según describió Tomás de Mercado, no eran fijas. Los convenios solían ser trianuales y los compañeros que realizaban la travesía atlántica acostumbraban a aportar exclusivamente su trabajo y gozar de la libertad para realizar sus propios negocios[108]. La mayoría de los septentrionales en las Indias, sin embargo, prefirió trabajar por comisión porque podían llegar a ser muy jugosas, de entre un 2 y un 10%, dependiendo de los servicios, el riesgo y tiempo que emplearan en cobrar deudas, comprar, vender y distribuir mercancías o metales preciosos, entre otras actividades[109].

---

[107] AGI, México, 29, N 94.
[108] MERCADO, 2010, p. 34.
[109] SCHELL HOBERMAN, 1991, p. 48. LORENZO SANZ, 1986a, p. 143. STOLS, 1969, p. 365.

Fue esa flexibilidad y libertad característica de las relaciones entre los miembros de la nación flamenca y alemana lo que, a decir de Eddy Stols, dotó a la colonia de Sevilla de la apertura que facilitó la movilidad entre sus miembros. En México, esta característica estuvo también ligada al objetivo a medio y largo plazo que tenían los jóvenes migrantes para ahorrar u obtener préstamos de capital suficiente para emplear mayores cantidades por su cuenta y riesgo de manera que pudieran ir ganando su independencia[110]. El mejor ejemplo de este comportamiento entre los flamencos es el de Antonio de Burgos, quien en la década de 1620 consignaba desde la Nueva España para sí entre 17 y 26 % de su carga, mientras que diez años más tarde la proporción se encontraba entre 56 y 84 %[111]. Para entonces, Burgos servía como encomendero de Miguel de Neve, pero también negociaba por su cuenta en colorantes y vino y administraba los negocios de algunas familias locales[112]. Al paso de una década, Burgos continuaba al servicio de los Neve y también servía como intermediario de la familia François a través de Juan Jansen Bistoven (marido de Ana François) en el cobro de deudas que el corregidor Leandro de Gatica habían contraído por la compra de más de 43 quintales de hierro[113]. Bartolomé Fermín, que inició su carrera como criado de los García de Cuadros y comisionista de los Helbaute (emparentados con los Clut) durante 6 años en la década de 1590, logró independizarse formando compañía con Diego Gutiérrez, que era el criado de Diego Matías de Vera, prior del Consulado de Mercaderes de la ciudad de México[114] al comienzo de la centuria entrante y llegó a convertirse en un respetado tratante con importantes vínculos internacionales que trascendían a la comunidad de germano-neerlandeses (esquema 2 y 3)[115]. Fermín estaba

---

[110] La comisión podía variar entre 4 y un 10%. SCHELL HOBERMAN, 1991, p. 48. LORENZO SANZ, 1986a, p. 150.

[111] SCHELL HOBERMAN, 1991, p. 50.

[112] Durante la década de 1620 y 1630 Burgos siguió recibiendo mercancía consignada por Miguel de Neve. En 1638, por ejemplo, Burgos beneficiaba mercancía y llevaba los pleitos en Nueva España de Miguel de Neve, trataba con colorantes junto a Santi de Federigui, por su propia cuenta con vinos en distintos puntos del virreinato y servía además como administrador de los bienes de doña Juana de Bordas. AGI, Contratación, 1176, N. 13, f. 66. AGN, Indiferente Virreinal, Caja 2286, exp. 1. AGN, Indiferente Virreinal, Caja 6191, exp. 42. AGN, Indiferente Virreinal, Caja 6191, exp. 49. AGN, Reales Cédulas Duplicadas, vol. 10, exp. 384, f. 303v. AGN, Reales Cédulas Duplicadas, vol. 10 exp. 342. AGN, Indiferente Virreinal, Caja 6474, exp. 64.

[113] AGI, Contratación, 391, N. 1. CRAILSHEIM, 2016, p. 220.

[114] ISRAEL, 2009, pp. 3-17. AGN, Archivo Histórico de Hacienda, vol. 218, exp. 218.

[115] En 1603 Fermín fletó la una nao para transportar 500 cueros vacunos a Castilla. Villalobos, Antonio. "Obligación", 1 de marzo de 1603. CPAGNCM, MIJARES, coord., 2014.

asociado a Francisco Alarzón quien comerciaba grandes cantidades de cochinilla al tener contacto directo con mercaderes localizados en las áreas de mayor producción como Gerónimo de Termiño, que entonces residía en Antequera[116].

Sin embargo, como se ha reconocido en el funcionamiento de otras comunidades mercantiles, lograr la emancipación en los negocios no significaba el abandono completo del trabajo de encomienda y comisión. Por el contrario, como puede verse en el esquema 4, ese tipo de servicio era el que realizaban con mayor frecuencia los septentrionales instalados en el virreinato en asociación con otros connacionales a quienes se les vinculaba desde Sevilla en escrituras de obligación *in solidum* para que respondieran por las prestaciones adjudicadas en mancomunidad. Con esta forma de *solución privada*[117], se creaba una interdependencia entre los implicados. Esta interdependencia se reproducía, asimismo, en una multiplicidad de asociaciones y compañías en las que participaban y que terminaban formando un entramado de reciprocidades que exigían coordinación y colaboración para alcanzar el éxito individual y grupal.

Esquema 2. Conexiones transnacionales de Bartolomé Fermín en 1609

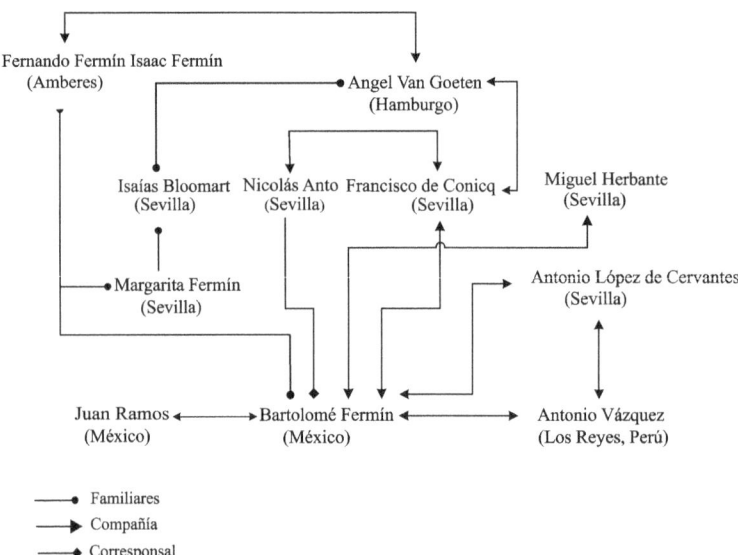

[116] SCHELL HOBERMAN, 1991, p. 124.
[117] GELDERBLOM, 2013, p. 1-18.

La migración mercantil

Esquema 3. Desglose de las instrucciones recibidas por Bartolomé Fermín de la compañía de Antonio López de Sevilla y Antolín Vázquez en 1613

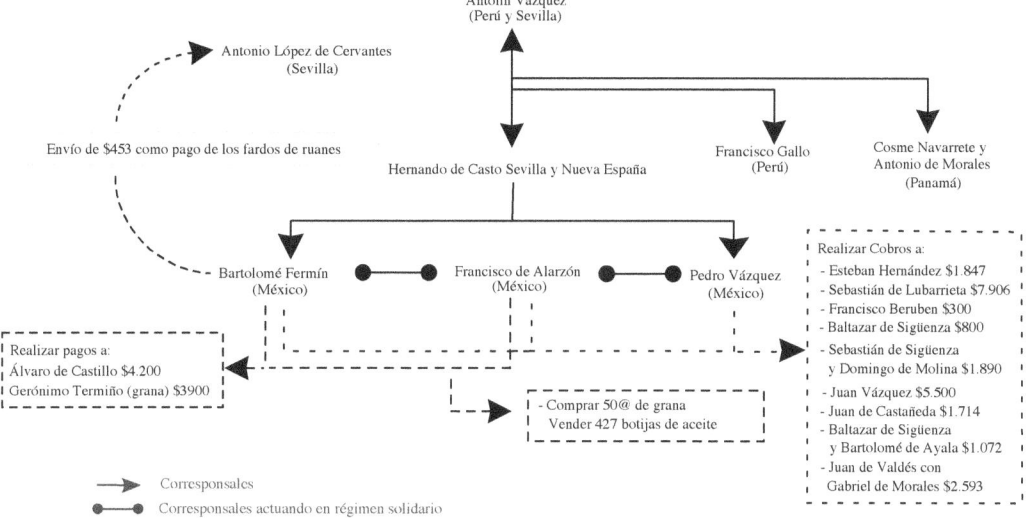

Esquema 4. Red de consignadores y consignatarios de los mercaderes septentrionales en Sevilla y México en 1613

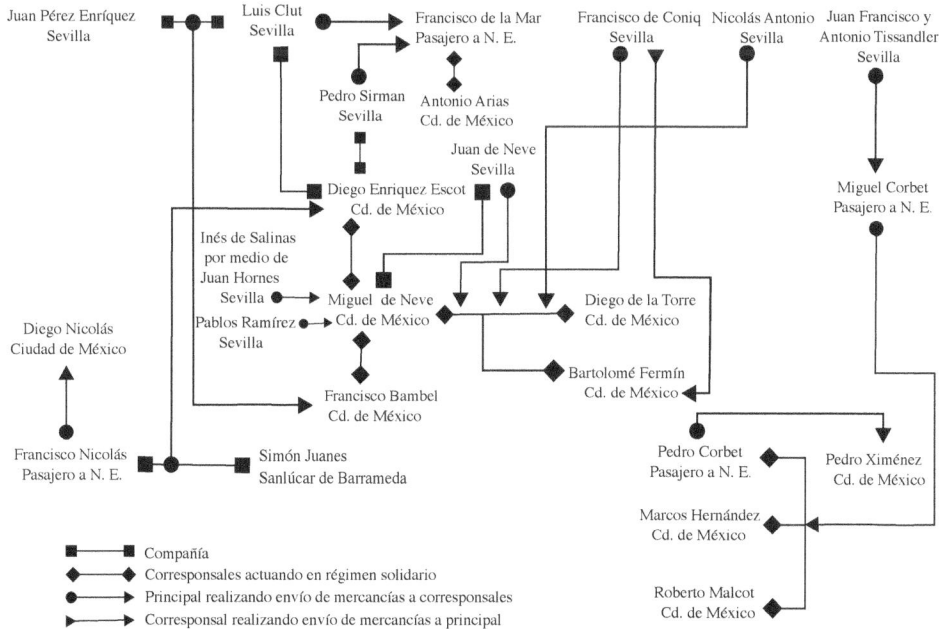

Por ejemplo, Diego Enríquez Escot fue durante las décadas de 1610 y 1620 el encomendero principal en la tercia conformada junto con Miguel de Neve y Francisco Bambel de un buen número de flamencos en Sevilla (Jaques Brausen, Francisco Conicq, Francisco Nicolás, Diego Antonio, Pedro Sirman y Luis Clut), sin que por ello dejara de actuar como socio principal de algunas compañías (con Luis Clut y Pedro Sirman) y de servir por su propia cuenta como *bróker* entre determinados mercaderes novohispanos y sus asociados en Andalucía, los cuales, cabe resaltar, formaban parte del cada vez más amplio sector mercantil que se había volcado a las actividades financieras (esquema 4)[118]. De esta forma vemos que al viajar Juan Bautista Sirman a Nueva España en 1615 incluyó a Enríquez Escot y a Francisco Miguel dentro de la tercia de abonados para poder recibir sus mercaderías en Veracruz[119]. Años después, en 1620, sería él quien saldaría en Sevilla una deuda por 1.172 ducados que Enríquez Escot había contraído con Camilo Polet y Alexandre Tasca, la cual fue pagada en cochinilla oaxaqueña y dinero en efectivo[120]. Enriques Escot, por su parte, envió el finiquito de las transacciones que tenían con Pedro Sirman por distintos tipos de asociación por un valor de 19.352 pesos tras su muerte ese mismo año (cuadro 6), aunque continuó sirviendo a Juan Bautista Sirman junto con Roberto Malcot[121]. Lo mismo hizo con las cuentas que le llevaba a Nicolás Antonio, el joven, tras su muerte en 1637. En el finiquito sobresale la importante deuda que Escot había contraído por 25.000 ducados de los cuales una parte pertenecían a Antonio y otra eran pagos correspondientes a deudas que Escot, a su vez, había contraído con otros particulares en Sevilla a través Sirmán para prestarlas a comerciantes novohispanos[122].

---

[118] BERNAL, 1992, pp. 209-292. Por ejemplo, Enríquez Escot fue fiador de Diego de Mesa en el préstamo de 5.700 pesos en ruanes de Pedro Sirman: AGI, Contratación, 342B, N. 1, R. 19.
[119] AGI, Contratación, 5346, n. 30.
[120] CRAILSHEIM, 2016, p. 310.
[121] AGI, Contratación, 1176, N. 13.
[122] MORENO GARRIDO, 1984, p. 135.

Cuadro 6. Finiquito de la cuenta de los negocios en Indias de Pedro Sirman en 1620

Procedente de tratos de la compañía	3.000	Red de la compañía Sirman-Enríquez Escot 1610-1620
Procedente de las mercancías a cuenta y riesgo de Sirman	7.000	Pedro Sirman (Sevilla)
Cobros de deudas de terceros	4.000 de Francisco Solarte	(Veracruz) Sebastián de Solarte
	4.751 de Diego de Mesa	Sebastián de Cueto (Puebla)
Total	19.352 pesos de a 8 reales	(México) Diego Enríquez Escot

Fuente: AGI, Contratación, 342B, N.1, R.19

No sabemos con precisión en qué se invertían los créditos en México pero creemos que al menos una parte de ellos se utilizaba para obtener mercancías en la floreciente contratación en Filipinas, donde los Sirman tenían participación desde al menos 1614[123]. En efecto, los protocolos notariales estudiados por Crailsheim rebelan las cuantiosas transacciones por 7.174 ducados en productos asiáticos hechas entre el comerciante vecino de México Carlos del Campo y Pedro Sirman, Antonio de Monar y Juan Pérez Enríquez en 1619 a cambio de manufacturas europeas y dinero en efectivo[124]. Es muy probable que Del Campo, como supone el autor, fuera de origen neerlandés y que estuviera actuando como comisionista de Enríquez Escot o de Bartolomé Femín quien, como pariente de los Sirman, era uno de los principales contactos de la familia en México hasta su muerte en 1621.

Esta forma de solidaridad entre los miembros de la nación no significaba que las relaciones inter-grupales estuvieran exentas de problemas, ni siquiera en los casos en donde los negocios se mantenían en el más estricto ámbito familiar puesto que, como ha explicado Jean-Philippe Priotti, la cooperación y el conflicto entre estos actores dependía, en

---

[123] CRAILSHEIM, 2016, p. 207.
[124] *Ídem.* p. 308-310.

gran medida, de las limitaciones y oportunidades que se presentaban en las esferas económica y política locales así como en las disputas que podían surgir en las estructuras de dominio y subordinación propias de las dinámicas de los vínculos de parentesco del Antiguo Régimen[125]. El mayor de los Corbet, Pedro, se vio obligado a viajar a Nueva España en 1613 para cobrar más de 4.000 pesos de sus hermanos menores Francisco y Pablos que, en acto de abierta rebeldía y desdén hacia su papel como páter familias, se habían "*alzado* [quedado] con ellos y no se los quieren remitir" a pesar de que había enviado en repetidas ocasiones "poderes por muchas partes para cobrarlos"[126].

Este y otros conflictos revelan asimismo, los distintos grados de hostilidad que podían surgir entre los miembros de la nación que competían por alcanzar los mismos objetivos comerciales, buscaban acaparar comisiones haciendo a un lado a los compañeros con quienes actuaban *in solidum* o trataban de evadir sus responsabilidades de pago al no haber obtenido los resultados pactados con sus contrapartes[127]. A pesar de que pleitos de este tipo fueron frecuentes, los connacionales siempre apelaron por la resolución intragrupal de los problemas en razón de los lazos de paisanaje, familiaridad y afinidad de intereses que los unía y definía independientemente del territorio donde se encontraran. Esta actitud conciliadora fue aún más importante en los enclaves indianos donde los miembros de la comunidad no tenían el amparo de un consulado de la nación para dirimir sus problemas y mantener de esa forma el equilibrio entre ellos. No exhibir los conflictos o hacerlos de conocimiento público usando los tribunales de justicia era el equivalente, a nivel grupal, a conservar el honor y la apariencia de armonía dentro de los núcleos familiares, puesto que la mancha que cayera sobre uno de ellos bien podía ser extrapolada a los demás por el resto de los comerciantes y la sociedad, con lo cual resultaban dañados los intereses de todos. En este sentido, se entiende que al escuchar Juan Bautista Fermín que Francisco Bloys había iniciado un proceso legal que había llevado a la cárcel a Lamberto Beruben y que despotricaba públicamente contra él le exhortó a "… que tuviese paz y conformidad… que ya que [lo] tenía preso que hiciese su

---

[125] PRIOTTI, 2005 pp. 119-125. SABEAN Y TEUSCHER, 2011, pp. 1-6.
[126] AGI, Indiferente, 2074, N. 147. Pablos Corbet y Juan Moreno obtuvieron un préstamo por 650 castellanos de oro en cadenas a 17 reales por 1.381 pesos (de oro) de Juan López Morillo. Sarabia, Antonio. "Obligación", 14 de julio de 1609. CPAGNCM, MIJARES, coord., 2014.
[127] AGN, Inquisición, vol. 386, exp. 8. Otros ejemplos: AGN, Inquisición, vol. 486, exp. 50, ff. 249-252. AGN, Inquisición, vol. 217, exp. 17. AGN, Civil, vol. 237, exp. 5.

justicia sin hablar mal del dicho Lamberto Beruben en su ausencia *pues eran de una nación y camaradas y amigos* y había recibido bien de él"[128]. Por ello, mantenerse dentro de los rangos de competencia y comportamiento aceptados dentro del gremio mercantil parece haber sido lo más común, puesto que el respaldo de la nación era fundamental para tener acceso rápido al capital de préstamo (en dinero y mercancías) que, a su vez, permitía la pronta incorporación y exitosa integración de los recién llegados a las redes de comercio y sociedades locales. Una persona incómoda, desleal o morosa era fácilmente aislada de la comunidad a través de los distintos recursos de control social que para ello tenía a disposición y que podía pasar por el boicot, el desprestigio, la difamación o, como último recurso, la denuncia en los tribunales de justicia disponibles tanto en México como Sevilla[129]. Ese fue el caso del ya citado Francisco Bloys, contra quien se volcaron una buena parte de sus paisanos residentes y estantes en México, una vez que su inusual conocimiento en teología (había estudiado con los jesuitas en Francia) y su arrogancia para corregir y bromear con otras personas en asuntos relacionados con la fe, le ganaron varias denuncias en la Inquisición de México. Bloys no solamente había enjuiciado y encarcelado a uno de los más prominentes representantes de la *nación* en México (Beruben) y se había enemistado con otros muchos locales, sino que con su comportamiento ponía en riesgo de ser tomados como herejes al resto de los flamencos y alemanes[130].

En contraste con lo anterior, quien tenía los recursos y la seguridad ofrecida por la red de la *nación*, podía inclusive establecer los canales de *mediación informal* con las élites locales que tenían contacto con las justicias y autoridades a quienes frecuentemente se necesitaba acometer con dádivas para solucionar conflictos, obtener licencias o ganar litigios. Contar con estos contactos a escala internacional los dotaba de un elemento de originalidad, ya que, a través de su tupida red de socios, les permitía realizar transferencias de dinero, compras de mercancías en diversos

---

[128] AGN, Inquisición, vol. 376, exp. 26, f. 211v.

[129] En el pleito entre Juan Bautista Férmín y Pedro Martínez Daca por las mercancías enviadas por Juan Filibault, la Inquisición condenó a éste último a un año de destierro y al pago de 200 pesos por los gastos del pleito. Posteriormente, le ofrecieron condonar el destierro si pagaba la suma convenida, pero Martínez prefirió darse a la fuga y, por ello, lo más probable es que dejara sus negocios en la ciudad de México. AGN, Inquisición, vol. 386, exp. 8, ff. 115-190.

[130] AGN, Inquisición, vol. 376, exp. 26, ff. 193-414. Testigos en su contra: Juan Bautista Férmín, Guillermo Enríquez, Juan Enríquez Escot, Simón de Conique y Lucas Martín. A su favor: El armero mayor de Nuevo México, Gaspar Pérez de Bruselas. Véase capítulo 3.

puntos de Europa o de escrituras de riesgo y préstamo marítimo en Sevilla (que eran sumamente populares entre los mercaderes novohispanos en la segunda década del siglo XVII) sin salir del virreinato[131]. Sin ir más lejos, la familia Bloys operaba desde Amberes con conexiones en Sevilla, Cádiz, Tierra Firme, Brasil, Angola y México[132].

Como mencionamos anteriormente, la penetración de los septentrionales en México fue posible gracias al apoyo que para ello recibieron de una parte de la élite mercantil castellana previamente establecida en la plaza. Si bien la carencia de contratos no nos permite establecer con certeza qué tipo de relaciones comerciales existieron entre ellos, otro tipo de documentación indica que ambas partes actuaron como agentes y corresponsales mutuos en una forma de "reciprocidad balanceada" parecida a la identificada por Francesca Trivellato entre los judíos portugueses en Livorno[133]. Estas asociaciones incluían el uso de la infraestructura física y humana de los involucrados y de la prestación de servicios sin costo que eran retribuidos de la misma manera, con favores similares o de otro tipo. Desde los inicios de la penetración germano-neerlandesa al virreinato, el importante almacenero Diego Matías de Vera fue uno de los principales aliados de varias familias como los Beruben, Bambel, Brausen, Corbet, Enríquez, Torres Plamont y Neve. Este acaudalado mercader, miembro fundador del Consulado de Mercaderes de México, se desempeñó como agente de gran parte de dichas familias antes de que éstas lograran introducir a sus propios representantes en México. Una vez asentados en el virreinato, Matías de Vera puso a disposición de sus socios su malla de corresponsales en los principales puntos comerciales del reino, entre quienes se encontraba su yerno Cristóbal de Zuleta, corresponsal de los Neve, Brausen y Helbaut en Veracruz hasta que se mudó a la ciudad de México para ocupar el puesto de tesorero interino de la Casa de Moneda en 1607[134]. Matías de Vera era, además, uno de los integrantes del cerrado núcleo que comerciaba en Filipinas con vino –probablemente parte era el importado por los septentrionales– y traía seda blanca cocida que, junto a otras telas orientales, habían comenzado a sustituir a los lienzos europeos y aún a introducirse en España desde

---

[131] Juan de Neve advertía que los mercaderes de Nueva España enviaban su plata a los agentes de Sevilla, entre los cuales él era uno de los principales, para que se realizaran préstamos a daño con intereses de entre 40 y 60 porciento a pagar en Veracruz. BERNAL, 1992, pp. 250-253.
[132] AGN, Inquisición, vol. 376, exp. 26, f. 283.
[133] TRIVELLATO, 2009, p. 145.
[134] SCHELL HOBERMAN, 1991, pp. 45, 248-249.

1610, y de forma más acelerada a partir de la prohibición para comprarlas a naciones enemigas que siguió a la Pragmática de 1623[135].

Antonio de Burgos y Roberto Malcot, por su parte, trabajan junto al capitán, caballero de la orden de Calatrava y cónsul de la Universidad de Mercaderes de México de origen florentino, Estefantoni de Federigui, también conocido como Santi, uno de los más importantes mercaderes de la época en una gran variedad de géneros entre los que destacaban los colorantes, las telas y el vino[136]. A través de algunas memorias, sabemos que Federigui realizó la doble función de transportar bajo su cuidado mercancía encomendada a Roberto Malcot desde Sevilla por su cliente Vicente Vicol y de proveerle una buena cantidad de sedas orientales traídas directamente desde Manila (chaules, taléis, damascos, tafetanes y rasos). Por su lado, Antonio de Burgos realizó varias ventas a nombre de Federigui en el virreinato y probablemente también en España a través de sus contactos[137].

Asimismo, y a la vez que los septentrionales fueron afianzando su presencia en México, conformaron una amplia red de relaciones con mercaderes y funcionarios locales de quienes dependían en mayor o menor medida para mantener todos los negocios que representaban a gran escala funcionando. Eran esos nexos, esparcidos por la geografía americana, los que construían y sustentaban los vínculos con los encomenderos y transportistas que se encargaban de la recepción, recolección y redistribución de mercancías en el eje entre Veracruz, Puebla y México (esquema 5), y a lo largo de sus distintos ramales hacia los diversos puntos de producción del interior del reino y allende el Pacífico. Era también en estos puntos donde se realizaba la obtención de los géneros demandados en Europa y la venta al por menor de una buena cantidad de lo que se fletaba desde Sevilla a través del repartimiento y el avío de mercancías. Un ejemplo paradigmático de este tipo de expansión fueron los Neve, ya que en poco más de una década de presencia en el reino, hacia 1613, habían logrado adquirir un importante número de socios y clientes de todo tipo para quienes cargaban desde Sevilla hasta un 30 % de sus consignaciones que

---

[135] La mejor calidad y el precio competitivo de las telas orientales estaba desplazando del mercado a las europeas. De ahí se explica que el mercader con tienda en Veracruz Giraldo Juan, tenía al morir un stock mayor de telas orientales y de la tierra que europeas. Biblioteca Nacional de España (en adelante BNE), R/17270(6). AGI, Contratación, 502, N. 13, 1608. GASH TOMÁS, 2011, pp. 55-76.

[136] SCHELL HOBERMAN, 1991, p. 41.

[137] AGN, Indiferente Virreinal, caja 1790, exp. 32. AGN, Indiferente Virreinal, Caja 6191, exp. 42. AGN, Indiferente Virreinal, Caja 6191, exp. 49.

entonces rebasaban los 60 mil pesos, con lo cual se situaron como los mayores proveedores en la flota de ese año (cuadro 7)[138].

Cuadro 7. Desglose de las consignaciones de la familia Neve en la flota de Nueva España de 1613

Consignaciones entre los Neve	Miguel	638.664	12.560.634 (70%) ($46.178)	17.896.109 ($ 65.794)
	Juan	11.921.970		
Consignaciones a terceros	Pedro de Pedrosa	1.634.734	4.286.174 (24%) ($15.757)	
	Juan de Castillete	485.942		
	Martín y Juan Pretel	599.470		
	Diego Phelipe de Nieves	58.992		
	Diego Ruiz	86.928		
	Sebastián Gómez	108420		
	Juan de Cueto	212.344		
	Pedro de Espinosa	688.336		
	Francisco Moreno	470.000		
Consignaciones a los Neve	Juan de Hornes	1.049.301	1.049.301 (6%) ($3.847)	

Montos en maravedís. Entre paréntesis, montos aproximados en pesos de 8.

Fuentes: AGI, Contratación, 1159, N.1, N. 3, N. 9, N. 10, N. 11 y Contratación, 1160, N. 1, N. 10, N. 12.

Sus encomenderos incluían a los hermanos Juan y Martín Pretel, con negocios en el norte de México y en donde seguramente actuaban como aviadores de mineros y adquirían la plata con la que posteriormente pagaban las mercancías que los Neve les fiaban. Otros de sus proveedores fueron Juan de Cueto, Diego Felipe de Nieves y Sebastián Gómez, cuyos nichos comerciales eran los productos especializados, como los colorantes que, para ser obtenidos, se requería tener una tupida malla de intermediarios locales que podían llegar a incluir a alcaldes mayores, miembros de la iglesia, caciques y otras autoridades en control de la producción y el reparto de mercancías en las comunidades indígenas (esquema 5)[139]. Hacia finales de 1620, una vez afincados definitivamente en Sevilla, los Neve tuvieron dentro de su cartera a algunos funcionarios coloniales como Cristóbal Sánchez de Guevara, abogado de la Real Audiencia de México, Alonso García de Fraga, escribano del Cabildo de Nueva Veracruz, de quienes recibían importantes cantidades de seda de China y cochinilla a cambio

---

[138] GARCÍA FUENTES, 1997, p. 227.
[139] Véase: MARICHAL, 2006, pp. 84-89. ESCALONA LÜTTIG, 2016.

de telas importadas desde distintos puntos de Europa[140]. Debe además notarse que los Neve, primero Juan y posteriormente Miguel, llevaron los negocios de los tesoreros generales de la Santa Cruzada, Tomás de Cilieza Velasco (de Guatemala) y Juan de Ontiveros Barrera (de México) desde 1626, por las enormes sumas de dinero que manejaban como parte de los beneficios inherentes al cargo[141].

Esquema 5. Socios, encomenderos y proveedores en Nueva España de la familia Neve en 1613

Fuente: AGI, Contratación 1159. Registros de ida a Nueva España, 1613.

Justamente por su acceso al capital y a los productos europeos de gran demanda en el mercado indiano, los mercaderes septentrionales podían obtener grandes cantidades de los principales productos de exportación e incluso acapararlos a los mejores precios, lo cual le daba una buena ventaja a la hora de realizar su reventa a minoristas locales y a sus socios en España. La plata era, naturalmente, el género que más interesaba a los cargadores y que en mayor cantidad se remitía a Sevilla por medios legales e ilícitos debido a la conocida ganancia que se obtenía en razón de la diferencia de cambio y del poder adquisitivo que existía entre las Indias y España, como entre España y el resto de los países europeos[142].

[140] AGI, Contratación, 1176, N. 13.
[141] Las consignaciones de Neve a Ontiveros: AGI, Contratación, 1176, N. 13. SCHELL, 1991, pp. 160-176. La relación de Juan de Neve con Cilieza Velasco en: GARCÍA FUENTES, 1997, pp. 239-240.
[142] BERNAL, 1992, pp. 180-182. GARCÍA FUENTES, 1997, pp. 34-36.

Los registros de la Casa de la Contratación, a pesar de ser una fuente criticada para valorar las cargas[143], no dejan de ser un buen indicador, por su carácter oficial, sobre la preeminencia que tuvieron las remesas de argenta para los flamencos en razón de distintos giros, transacciones y préstamos, pero aún los protocolos notariales de Sevilla confirman la espectacular proporción que los metales tuvieron para familias como los Neve de quienes se ha incluso afirmado que se posicionaron como "la compañía que más plata recibió de las Indias"[144]. Por otro lado, desconocemos casi por completo hasta qué punto los septentrionales se implicaron como mercaderes de metales en México porque una de las fuentes que podrían echar luz sobre la materia se encuentran actualmente restringidas al investigador[145]. No obstante, los pocos legajos a los que hemos tenido acceso y que cubren el segundo semestre de 1592 y el primero de 1593, muestran que ya entonces algunos recién llegados al virreinato se incorporaron rápidamente al selecto grupo de personas que amonedaban el metal en la ceca de México, entre los cuales destaca Luis Castel, un almacenero de origen alemán que llegó a ser uno de los mayores prestamistas de plata quintada en la capital virreinal[146]. Por otro lado, sabemos que Castel, Fermín y otros septentrionales tenían contacto con paisanos que habían establecido haciendas de minas en San Luis Potosí y otros reales de minas y con el grupo de apartadores del oro y la plata de quienes actuaron como fiadores tanto en el negocio de la separación como en la búsqueda y compra de minas desde donde pudieron haber extraído argenta mezclada con oro para ser transportada y dividida en Sevilla u otras ciudades de Europa[147].

Asimismo, los neerlandeses estuvieron involucrados en el comercio de contrabando. Hasta la fecha no hemos identificado documentación que los impliquen en esta práctica en el virreinato mexicano. No obstante, como mencionamos en capítulos pasados, en las pesquisas realizadas en 1613 por el fiscal de la Audiencia de Panamá, Batolomé Morquecho, se descubrió la llegada de un navío con mercancía fuera de registro

---

[143] Véase BERNAL, 1992, p. 211.
[144] CRAILSHEIM, 2016, p. 188.
[145] Algunos legajos de Contaduría del AGI.
[146] AGI, Contaduría, 694. Ver: Grado, Álvaro de, "Obligación" de 30 de abril de 1579, de 24 de marzo de 1593, 6 de mayo de 1593, 11 de marzo de 1593, 30 de marzo de 1593. CPAGNCM, MIJARES, coord., 2014. Otro ejemplo es Bartolomé Fermín que llegó a México en 1590.
[147] Por ejemplo, Cristóbal Miguel y Manuel Núñez, obtuvieron un préstamo de Luis Castell por 12 marcos de plata quintada en 1593: Grado, Álvaro de, "Obligación", 24 de marzo de 1593. CPAGNCM, MIJARES, coord., 2014. BAKEWELL, 1997, pp. 250-304.

pertenecientes a una treintena de mercaderes extranjeros en el barco de Simón Pie de Monte. De entre ellos destacaban, por un lado, los negocios del portugués Luis Álvarez Caldeira, hermano del factor en Cartagena de Indias durante el tiempo en que su hermano, Antonio Núñez Caldeira, estuvo a cargo del arrendamiento de esclavos entre 1596 y 1600, y después de esa fecha corresponsal de mercaderes en Sevilla, Cádiz y Portugal. Caldeira, que estaba casado con Clara Linda, –probablemente Van Linden– mandaba y recibía mercancías de su cuñado, Alexander, que residía en Amberes y directamente a los puertos de Holanda en complicidad con el gobernador de Jamaica y de su cajero, el flamenco Lucas de la Torre, quien también manejaba los negocios de otros extranjeros[148]. Por otro lado, el fiscal decomisó los bienes y libros de Juan Pérez Enríquez (Clut) cuya información desvela su papel como comisionista junto a su hermano Luis Clut y Luis Torres (Plamont) –estantes en Lima– de Elias Sirman, Roberto Marcelis, Miguel Herbaut, Jacques Nicolás, Diego Nicolás, Gabriel Van Vilan Valdés, Jacques Van der Maar y Guillermo Enríquez en Sevilla, así como de María de Valverdi en la capital peruana. Las cantidades confiscadas fueron únicamente especificadas en el caso de Sirman (19 barras de plata con valor de 23.649 pesos) y Marcelis (2 barras de plata con valor de 1.600 pesos), lo cual nos da una idea de las importantes cantidades de dinero que la comunidad mercantil flamenca de Sevilla estaba invirtiendo por medio de vías paralelas de comercio en las provincias del virreinato peruano[149].

6.6. El comercio minorista

La comunidad mercantil de neerlandeses y alemanes en la Nueva España estaba también integrada por un nutrido número de pequeños comerciantes que en ocasiones combinaban sus ocupaciones como artesanos, marineros, soldados y criados con la compraventa de productos en una o varias de las modalidades que conformaban el complejo, creciente y heterogéneo sector comercial del reino (mesilleros, tratantes, intermediarios, mercachifles, entre otros). Era un grupo que compartía algunos rasgos con los vendedores ambulantes o *peddlers* europeos descritos por Laurence Fontaine pero en su estadio más inicial, con unos medios más modestos y con características propias que respondían al contexto y la geografía colonial[150]. Un rasgo

---

[148] AGI, Panamá, 16, R. 1., N. 14. Véase: VIDAL ORTEGA, 2002. FERNÁNDEZ CHAVES-RAFAEL Y PÉREZ GARCÍA, 2012.
[149] AGI, Panamá, R. 2, N. 22.
[150] FONTAINE, 1996, capítulo 1.

común, era que casi todas estas formas de comercio involucraban distintos grados de desplazamientos, en ocasiones en zonas geográficas amplias y accidentadas que implicaban grandes riesgos económicos y físicos para los viandantes[151]. Al igual que en Europa, estos vendedores solían asociarse en compañías de diversos tipos y, por lo general, entre dos personas que solían ser paisanos, ya que, a diferencia de los *peddlers,* los viandantes septentrionales carecían de una red familiar extensa en el virreinato, de modo que la parentela era sustituida por connacionales y amigos de distintos orígenes[152].

Las modalidades de estas asociaciones eran igual de variadas que las que se conformaban en el resto de la comunidad mercantil y que incluían distintos porcentajes de aportación de capital e igual número de alternativas, en cuanto a los grados de movilidad de sus integrantes y de responsabilidad en la mercantilización de los géneros comunes[153]. Por ejemplo, los flamencos Bernardo de la Cruz y Bernardo Álvarez iniciaron una compañía con un capital de 1.840 pesos con el que compraron productos "para vender fuera de esta ciudad [de México] de contado en cualesquier pueblos, minas y estancias y otros lugares de esta Nueva España". El primer destino fue la costa de Zacatula, uno de los mayores centros de producción de cacao en el virreinato, donde vendieron una parte de su carga y compraron varias más de la semilla. Ahí separaron sus caminos: Bernardo se fue al puerto de Acapulco para vender las mercancías restantes y comprar otras, probablemente procedentes del comercio con Filipinas. Álvarez, por su parte, regresó enfermo a la ciudad de México con el cacao, el cual cedió al relojero alemán Matías del Monte para que lo vendiera en su nombre antes de morir[154]. En el otro extremo, el mismo Matías del Monte y su connacional Enrique de Montalvo abrieron una tienda en la calle de San Francisco en la ciudad de México, en donde los dos despachaban mercancías de Castilla y China sin que ninguno de ellos realizara desplazamientos[155].

Si bien algunos de estos individuos buscaban situarse en las zonas más urbanizadas para instalar sus tiendas o tener una base desde donde realizar

---

[151] Por ejemplo, El flamenco Juan Dionisio murió al caerse de la mula cuando regresaba a las minas de Pachuca después de ir a comprar e intercambiar mercancías en el tianguis de la zona. AGI, Contratación, 490, N. 3, R. 5.

[152] El flamenco Juan del Monte refirió el origen mutuo ("Por ser de mi tierra e íntimo amigo") como la razón principal para asociarse en compañía con su paisano Juan Agustín. AGI, Contratación, 517, N. 2, R. 1, f. 394.

[153] MARTÍNEZ LÓPEZ-CANO, 2001, p. 170.

[154] AGI, Contratación, 941 B, N. 19.

[155] AGN, Inquisición, vol. 164-2, exp. 9, f. 497.

sus itinerarios, como lo hacían los ambulantes en Europa, el desarrollo de la economía colonial en torno a la explotación de metales en reales de minas que necesitaban ser abastecidos de suministros desde las regiones aledañas, volvieron a las zonas rurales, sitios sumamente atractivos para combinar varios negocios y diversificar el capital. Así lo hizo el flamenco Juan del Monte quien, hacia 1614 había adquirido en el pueblo de Yuririapundaro una casa y una tienda valuadas en más de 2.000 pesos donde vendía mercancías importadas de España y vino que compraba en la ciudad de México. Tenía, también, 50 cabezas de ganado menor, unas tantas más de equino y rentaba cementeras en las inmediaciones donde sembraba trigo que posteriormente molía y transportaba como harina a las vecinas minas de San Luis, Zacatecas y Guanajuato en una recua de 10 mulas de su propiedad. Del Monte era, igualmente, acreedor de un buen número de deudores en metálico y especie, lo cual habla del éxito de sus negocios y en su integración en la comunidad local[156].

Para conseguir los fondos para iniciarse en el comercio, los septentrionales recurrían preferentemente a sus paisanos, quienes solían otorgar créditos incluso a jóvenes recién llegados, sin avales ni bienes o a personas que habían incumplido en sus pagos con otros mercaderes de origen peninsular. Uno de esos casos fue el flamenco Lucas Federico, un joven que, cansado de recibir poco salario como criado, pidió mercancías fiadas por hasta 60 pesos en varias ocasiones al alemán Luis Castel para beneficiarlas en las minas de San Luis Potosí o en la provincia de Michoacán[157]. Otro ejemplo que además ilustra los fuertes lazos de solidaridad existentes entre los miembros de la comunidad es el de Juan Agustín, un flamenco que hacia 1611 se encontraba enfermo y bajo riesgo de enfrentar un proceso con la justicia civil por causa de una deuda no saldada con el poderoso mercader Gregorio de Ortega. Al ver su situación, su amigo Juan del Monte (de quien ya hemos hecho referencia párrafos arriba), le ofreció refugio en su casa en el pueblo de Yuririapúndaro y la oportunidad de asociarse en una compañía por dos años, en la cual él aportaría 500 pesos que completarían los 1500 que llevaba consigo a la capital para surtirse de mercancías. El problema era que Agustín no tenía dinero y su crédito se encontraba bastante dañado por sus débitos a Ortega, pero, con todo, logró que "unos amigos", a saber, los comerciantes mayoristas de origen flamenco, Francisco Bambel y Diego Enríquez Escot, le fiaran la cantidad que necesitaba[158].

---

[156] AGI, Contratación, 517, N. 2, R. 1, f. 394.
[157] AGN, Inquisición, vol. 161, exp. 8, f. 208-240.
[158] AGI, Contratación, 517, N. 2, R. 1, f. 394.

Comunidad, pertenencia, extranjería

Los grandes mercaderes, con sus extensas redes internacionales, cumplieron otra función fundamental para los pequeños comerciantes: el servir como albaceas en sus testamentos para entregar los bienes que habían logrado acumular durante sus años en el virreinato a sus deudos en Europa. Es decir, fungían como pequeñas empresas transmisoras de capital y divisas, trabajo por el cual es bastante probable que sacaran algún provecho o comisión que no quedaran registrados en los testamentos sino de forma oral. Bernardo Álvarez, por ejemplo, designó a Roberto Malcot, Juan de Neve y Pablos Corbet *in solidum,* para remitir más de 600 pesos procedentes de sus negocios a su madre o hermanos en la ciudad de Ámsterdam, mientras que Giraldo Juan eligió a Bernardo Enríquez para que hiciera lo propio con su familia en Nimega[159]. Sin embargo, el hecho de tener un testamento no garantizaba que se respetara la voluntad del fallecido. En el primer caso citado, el fiscal de la visita encomendada a Diego de Landeras en 1606 ordenó a Roberto Malcot que entregara los bienes de Bernardo Álvarez al juzgado de bienes de difuntos de modo que probablemente nadie los reclamó para que alcanzaran su destino.

Igualmente importante para iniciarse en el comercio minorista fue el papel que jugaron los artesanos para prestar capital líquido o fiar sus productos a los tratantes, como hacían el guantero Diego Blanco y la viuda de Cervantes, con guantes y medias de seda, que el flamenco Diego Benítez trataba de vender en los pueblos aledaños a la ciudad de México. El tonelero Jorge de Brujas, por su parte, aportó dinero para financiar la compañía que abrió con su paisano Juan Dionisio en 1580 y prestó 58 pesos al neerlandés Everardo Prevoste para que pudiera hacerse de mercancías[160]. Los artesanos llegaron a aventurarse en el comercio internacional cuando las oportunidades de venta parecían más seguras o la coyuntura de un viaje abría la posibilidad de importar y exportar mercancías entre los puertos en que recalaban. Así lo hizo el carpintero Juan Pablo, quien aprovechó su viaje de regreso a Holanda para llevar consigo cueros de Santo Domingo, mientras que el tonelero Jorge de Brujas recibió unas imágenes en alguna ocasión desde su ciudad natal y empleó la importante suma de 5.000 pesos en uno de sus tantos viajes entre México y los Países Bajos. El pintor flamenco, Melchor de Molina, por su parte, regresó de Flandes con una caja de pinturas que logró vender por 20 pesos a un paisano y el tonelero Alberto (Huberto) de Meyo, fue

---

[159] AGI, Contratación, 941B, N. 19.
[160] AGN, Inquisición, vol. 478, exp. 45, ff. 334-335. AGN, Real Fisco de la Inquisición, vol. 8, exp. 6. ff. 98v-99v.

a la Habana a comprar mercancías por cerca de 1.000 pesos cuando se enteró de que ese año "no venía la flota" de España[161].

Cabe además resaltar que, al lado de esta migración de mediano y largo plazo, existió otra "golondrina" que fue también numerosa pero que, por su naturaleza, quedó registrada mayoritariamente en la correspondencia gubernamental como parte de las denuncias hechas por los servidores reales sobre las irregularidades que se observaban en la migración y contratación de la Carrera de Indias. Nos referimos al comercio minorista realizado por individuos que se trasladaban a las Indias a título personal y con una pequeña cantidad de mercancías que buscaban vender en el puerto de Veracruz y sus alrededores, sin adentrarse tierra adentro con el fin de poder volver a la Península con la misma flota en la que habían llegado. Eran sujetos que se embarcaban con títulos de marineros o comprando su pasaje directamente a los maestres de los barcos, los cuales les permitían cargar sus productos de ida y metales de vuelta, como lo explicaba el licenciado Gaspar de la Fuente en 1602:

> …y en Sevilla y en los puertos hay tanta facilidad que todos los que quieren pasar, aunque no tengan licencia, los maestres con 300 reales les dan pasaje y de comer y al tiempo de la visita les ponen en partes ocultas de sus naos donde no se les hace molestia y no solo pasan españoles sino extranjeros con título de marineros que tren sus haciendas empleadas[162].

Debido a la falta de vigilancia que existía en San Juan de Ulúa y por a la rapidez con que efectuaban sus negocios, las autoridades tenían mucha dificultad para actuar contra este tipo de contrataciones aunque, como vimos en el capítulo primero, se buscó cortar sus canales de intercambio por diversos métodos a partir de 1620[163].

6.7. Repercuciones transnacionales de la penetración del comercio flamenco en las plazas indianas

La vertiginosa incursión de un buen número de septentrionales y de otras naciones como los genoveses y portugueses en la cúspide de la estructura piramidal del comercio mexicano no estuvo exenta de problemas con un sector de los almaceneros en Nueva España. En la primera década

---

[161] GONZÁLEZ OBREGÓN, 1914, p. 404. AGN, Inquisición, vol. 89, exp. 30, f. 224. AGN, Inquisición, vol. 165, exp. 6, f. 36v. AGN, Inquisición, vol. 165, exp. 7, f. 22.
[162] AGI, México, 121, R. 5.
[163] AGN, Ordenanzas, vol. 4, exp. 12, f. 12. Véase capítulo 1.

del siglo XVII, éstos habían visto menguado no sólo de su papel como comisionistas y cargadores de las flotas de retorno, sino también como acaparadores de los productos coloniales de exportación y, especialmente, de la grana que hasta entonces habían manejado de forma exclusiva. En efecto, hacia 1614 el virrey marqués de Guadalcázar informaba al Consejo de Indias los notorios inconvenientes de permitir las contrataciones de los extranjeros en el reino en donde se encontraban bien instalados y habían adquirido *"…la mayor importancia de las correspondencias y personas en las mismas partes donde se recoge la grana"*[164]. La observación no era baladí, pues indica que los extranjeros estaban en contacto directo con los corregidores que, a su vez, acaparaban el producto recolectado por los pueblos indígenas. De esa forma, lograban aminorar el pago de comisiones a otros intermediarios e involucrarse en las redes de contrabando del producto que comenzaban a preocupar a las autoridades. Estas prácticas, la suma de otros problemas de producción y el gravamen de 10 ducados por arroba que se impuso desde finales del siglo XVI a la grana, expliquen quizá la importante alza en los precios del colorante que se presentó durante las primera mitad del siglo XVII[165].

En efecto, la amplia red de contactos locales que ya hemos descrito y su disposición de capital, permitió que los mercaderes europeos no españoles ofreciesen anticipos de dinero a las justicias de las zonas productoras de materias primas para garantizar su aprovisionamiento y concentración, tal cual habían hecho en España con otros productos como la lana y otros artículos de gran demanda internacional[166]. La repetición de dicho patrón en territorio americano fue lo que suscitó el enojo de algunos miembros del gremio mercantil novohispano que se materializó en una serie de quejas y medidas para contrarrestar la tendencia que favorecía a un grupo limitado de mercaderes y afectaba el delicado sistema oligopólico del comercio colonial.

Como vimos capítulos atrás, durante la década de 1610, un sector de la élite mercantil buscó derogar los privilegios de naturaleza que gozaban los hijos de extranjeros para efectos de tratar y comerciar en las Indias sin que pudieran lograr su cometido y, por el contrario, se emitió finalmente la cédula de 1620 en que se especificaba su condición de naturales y la prohibición de actuar contra ellos. Tanto esta aclaración como otras prerrogativas que ganaron los miembros de la nación flamenca y alemana

---

[164] AGI, México, 28, N. 19.
[165] Sobre producción y el comercio de la grana: CASTILLO PALMA, 2006. ESCALONA LÜTTIG, 2016, capítulos 1 y 2.
[166] ALLOZA APARICIO, 2006, p. 45-49.

en la península a lo largo de la década de 1610, volvieron más difícil discernir entre extranjeros integrados y no integrados en un contexto en donde la Corona priorizó y fomentó el buen funcionamiento del comercio con las naciones extranjeras para solventar sus necesidades económicas y terminó dando carta blanca *de facto* a los miembros de la nación para realizar sus negocios tanto en España como en América, aunque manteniendo los recursos legales a mano para poder sujetarlos a represalias de ser necesario.

Gracias a estos privilegios, los septentrionales fueron ganando terreno como intermediarios en la importación de manufacturas del centro y el norte de Europa, que en gran medida sostenían el comercio con las Indias, y de productos coloniales que se reexportaban desde Sevilla, sobre todo a partir de la puesta en marcha del Almirantazgo de los Países Septentrionales. De esta manera se entiende que familias como los Sirman o Neve llegaran a colocarse como uno de los mayores distribuidores de cochinilla en Sevilla a mercaderes de los Países Bajos, Francia, Inglaterra, Italia y Portugal[167]. Este control sobre las mercancías y el desplazamiento de los naturales como intermediarios, primero en Sevilla y luego en mercados americanos, dio el poder a los septentrionales para realizar prácticas que ponían en una mayor desventaja a los competidores entre las que se incluían el acaparamiento de productos para poder encarecerlos y la restricción o completo retraso de su venta para provocar demanda en Indias. De esta manera lograban garantizar la colocación de sus mercancías a precios excesivos o en los momentos que les resultaban más convenientes para sus negocios según se fuera mostrando el desarrollo del juego de la oferta y la demanda internacional[168].

No sin razón los miembros del Almirantazgo de Sevilla protestaron sobre la imposición de la tasa de 1627, con la cual la Corona pretendía paliar los efectos de la inflación que venía ahogando a la economía peninsular desde 1625 con la imposición de los precios que estaban vigentes en 1623[169]. Si se ponía en marcha la iniciativa, los mayoristas septentrionales y de otras naciones extranjeras corrían el riesgo de perder su poder de especulación sobre las mercancías que manejaban y su influencia sobre el mercado, lo cual habría tenido efectos desastrosos sobre sus ingresos. Por ello, en la carta que dirigieron a Felipe IV en diciembre de 1627, desaprobaban cualquier tipo de medida que atentara contra la "libre"

---

[167] El papel central de estas familias en la venta de productos coloniales en Sevilla en: CRAILSHEIM, 2016.
[168] DOMÍNGUEZ ORTÍZ, 1998, p. 125.
[169] DOMÍNGUEZ ORTÍZ, 1947, pp. 272-290.

regulación de los precios de las mercancías ofertadas al por mayor puesto que su alza constante –argumentaban– respondía a los costes añadidos que imponía el nuevo escenario bélico para obtenerlas y transportarlas, situación que, dicho sea de paso, beneficiaba a los miembros de la nación que también participaban en el mercado de los seguros de navíos y cargas entre Sevilla y los puertos del norte europeo[170]. De suprimirse ese ajuste, proseguían, las pérdidas serían tales que el comercio con el resto de Europa quedaría paralizado, con lo cual se desencadenaría un efecto dominó en el desabasto de material de guerra y navegación, en las cargazones a Indias que ellos surtían y financiaban con sus préstamos y, finalmente, en la recolección de almojarifazgos y alcabalas. Recordaban, además, que el papel que desempeñaban en el engranaje comercial de la monarquía se les había asignado por la falta en España de una industria propia y por la desidia de los mercaderes naturales que se habían "contentado" con orientar sus negocios exclusivamente en el monopolio indiano, verdad a medias, como hemos visto, porque en ese terreno ellos también se habían introducido directamente[171].

La penetración de la colonia neerlandesa y alemana en la plaza mexicana desde la última década del siglo XVI fue, por lo tanto, uno de los elementos fundamentales que sirvieron a los miembros de la *nación* para acumular capital y poder que les ayudó a afianzar su preponderancia dentro del entramado mercantil de la monarquía a lo largo de las dos primeras décadas del siglo XVII a través de distintos canales de las comunidades locales y en la de los reinos. Esta posición quedó consolidada tras la formación del Consulado de las naciones flamenco y alemana y del Almirantazgo, una vez que la colonia se hizo de una buena parte del control de las vías de importación y distribución de productos provenientes allende los Pirineos que en Sevilla eran controlados principalmente por los franceses. La política de embargos y represalias de Felipe IV contra holandeses (1621), ingleses (1625-1630) y franceses (1635) que menguaron considerablemente la actividad mercantil de estas naciones en los territorios de la monarquía orillándolos a obtener licencias especiales y a recurrir a sus aliados flamencos para seguir realizando sus negocios.

Hacia 1639, varias casas mercantiles de Amberes, Dunquerque y Lille se introdujeron bajo la firma de la familia Clarisse en el sistema de asientos de transferencia de capitales entre Madrid y Bruselas utilizados

---

[170] AGUADO DE LOS REYES, 2009, pp. 71-110.
[171] Domínguez Ortiz supuso que los septentrionales no participaban en el comercio indiano porque, de lo contrario, habrían reaccionado de forma más agresiva. DOMÍNGUEZ ORTÍZ, 1947, pp. 281-285.

por la Corona para realizar los pagos del ejército de Flandes que hasta entonces había estado en manos de portugueses y genoveses. Con ello, los lazos de fidelidad que unían a súbditos de las provincias meridionales y la monarquía católica se fortalecieron aún más y se crearon nuevas vías de obtención de beneficios mutuos con profundas implicaciones políticas, sociales y económicas. Todo ello supuso el aumento de privilegios, mercedes y gracias para aquellos miembros de la nación que tuvieran algún vínculo con los Clarisse y sus asociados, como eran los Noirot-Cloet, Vivien y Sirman[172]. Todas estas familias, como hemos visto, tenían para entonces una larga tradición como cargadores en la Carrera de Indias y en los mercados americanos[173].

El impulso que tomaron los negocios de la nación, gracias al apoyo que se les brindó a partir de los primeros años del reinado de Felipe IV, explica la reactivación acrecentada de la migración mercantil flamenca y alemana al virreinato durante la década de 1630. A diferencia de los años anteriores, fueron pocos los nuevos migrantes que llegaron a engrosar la lista de los previamente avecindados en el virreinato, puesto que en su mayoría los septentrionales se mantenía en constante movimiento entre las principales plazas comerciales de la monarquía católica, siguiendo los ritmos de las fluctuaciones marcadas por el comercio internacional. En efecto, estos hombres, y en ocasiones también sus mujeres e hijos que los acompañaban, podían comprar mercancías en Hamburgo, Ámsterdam y Dunquerque un año, volver a Sevilla para entregarlas, e ir a venderlas a Tierra Firme el siguiente y regresar a España de nueva cuenta haciendo una parada en México para adquirir materias primas. Esta libertad de movimiento y de actuación sin precedente, que respondía también en parte a la necesidad de abasto de mercancías causado por los embargos, afianzó la tupida malla de corresponsalías de flamencos y alemanes en los virreinatos cuyas actividades se trataron de frenar por la Casa de la Contratación aunque con poco éxito tras sustituirse la Junta del Almirantazgo por la Tesorería del Contrabando en 1643 y perder con ello los miembros de la *muy noble y antigua nación* un buen número de los privilegios que gozaban[174].

Sin embargo, la supervivencia de sus redes comerciales permitió que los holandeses aprovecharan toda esa infraestructura y la pusieran a su servicio una vez que se reincorporaron abiertamente a los circuitos legales

---

[172] ESTEBAN ESTRÍNGANA, 2003, pp. 195-215; 2002a y 2002b, pp. 65-100.
[173] "Cargador" entendido como "los que embarcan para las Indias": RUIZ-RIVERA Y GARCÍA BERNAL, 1992, p. 75.
[174] ALLOZA APARICIO, 2009, pp. 115-116.

de comercio de la Monarquía al entrar en vigor la Paz de Münster en 1648. Dicho tratado, como bien se sabe, ofreció enormes ventajas mercantiles a las Provincias Unidas sobre el comercio peninsular, pero siguió excluyendo a sus ciudadanos del comercio colonial de donde obtenían grandes beneficios ejerciendo el contrabando de productos y esclavos desde su enclave en las Antillas. La simbiosis existente entre los septentrionales para realizar sus negocios, como ha explicado ampliamente en sus trabajos Ana Crespo, fue un pilar fundamental en el proceso de vinculación y expansión del comercio holandés en las ciudades de la cornisa atlántica ibérica así como en los virreinatos americanos que dominaría gran parte de la escena comercial Peninsular en la segunda mitad del siglo XVII y que llevaría a las Provincias Unidas –según ha reconocido Jonathan I. Isreal– a alcanzar su cenit en el dominio del comercio mundial[175].

[175] ISRAEL, 2002, p. 197.

TERCERA PARTE
Una comunidad de comunidades

7.
La construcción de la pertenencia en el espacio novohispano

Los inquisidores: "¿Por qué siendo ciudad de herejes se quiere ir ahí?"
Martín Díaz, tonelero: "porque el hombre tira siempre a su naturaleza..."[1]

7.1. Los elementos aglutinadores de una comunidad heterogénea

A lo largo de los capítulos anteriores hemos visto cómo los neerlandeses y alemanes convivían, trabajaban y colaboraban para alcanzar objetivos comunes en Nueva España comportándose como una comunidad. Entre ellos, no obstante, las diferencias de pertenencia locales y regionales se reconocían y se tenían muy presentes por ser uno de los rasgos más importantes de identificación. Lo anterior puede reconocerse, por ejemplo, en los procesos inquisitoriales donde por razones de protocolo procesal los acusados aportaron detalles específicos de sus ciudades o pueblos de origen y, de éstos, dentro del mapa jurisdiccional que dividía los territorios de los Países Bajos o el Sacro Imperio. Otros documentos, como la confesión en neerlandés de Cornelio Adriano César donde usó la palabra *duits* para referirse exclusivamente a los neerlandeses y la de *Dystland* para nombrar al territorio más amplio de las 17 provincias, nos muestra que los neerlandeses se identificaban y diferenciaban de los alemanes[2]. Sin embargo, también existía entre ellos una distinción más amplia de pertenencia a una comunidad inserta dentro del mundo

---

[1] AGN, Inquisición, vol. 166, exp. 4.
[2] AGN, Inquisición, vol. 165, exp. 5, ff. 50-51.

hispánico, en la cual los términos "flamenco" o "alemán" en español se usaban de forma indistinta para referirse a todos los miembros de la *nación* germánica. Gregorio Miguel –que había nacido en Nimega (Paises Bajos) de padres alemanes– deseó junto a Simón de Santiago –originario de Wildeshausen (Alemania)– que no llegaran más inmigrantes de sus tierras por "la deshonra que de ello resultaba a los flamencos", mientras que Juan Marcelo, un tudesco que tenía un mesón en Tecamachalco, donde empleaba a jóvenes de ambos orígenes, advirtió a dos de ellos "que si no fuera por vergüenza de la *nación*" y porque no lo tuvieran por "acusador y traidor", los delataría en el Santo Oficio[3]. La existencia de esta comunidad se reconocía también en la sociedad virreinal, o al menos entre los distintos grupos de la república de españoles, quienes comúnmente se referían a ellos como *flamencos* –como puede apreciarse en el texto de Balbuena– mientras que las autoridades llegaron también a agruparlos bajo el genérico "septentrional"[4].

La existencia de agrupaciones mixtas de germanos de este tipo era común en los territorios de la monarquía española e incluso llegaban a incluir a personas procedentes de otros países, como Artois, Borgoña o los reinos escandinavos, Polonia y Transilvania, donde se hablaban lenguas germánicas o se presentaban situaciones de multilingüismo. Esta peculiaridad, se ha reconocido, ha dificultado a los historiadores definir los criterios de inclusión y exclusión entre sus miembros[5], en gran parte porque se ha puesto demasiado énfasis en las diferencias de los llamados *contenidos culturales*, como el origen geográfico y la lengua comunes, dos elementos que estaban delimitándose rápidamente en el siglo XVI. En efecto, se ha señalado la inexistencia de un sentimiento "nacional" en estas poblaciones porque no existía una verdadera unidad política y, más bien, prevalecía un fuerte apego a los fueros provinciales[6]. Por otro lado, la región presentaba un complicado mapa lingüístico tanto en los Países Bajos (francés, neerlandés, alemán y frisón), en Alemania (alto y bajo alemán) y en Escandinavia (con sus respectivas lenguas)[7]. No obstante, esta aparente separación se minimiza si se piensa que casi todas las lenguas de la región del Mar del Norte compartían una misma raíz y constituían un *continuum lingüístico,* existente hasta nuestros días, por el cual se

---

[3] AGN, Inquisición, vol. 167, exp. 6, f. 44. AGN, Inquisición, vol. 161, exp. 6.
[4] El uso genérico de flamenco para referirse a los germanos puede apreciarse en: BALBUENA, 1604, p. 79.
[5] LÓPEZ MARÍN, 2006, p. 432.
[6] DUKE, 2009, pp. 18-24.
[7] PARKER, 1989, p. 35.

les clasificó desde la Edad Media como parte de una misma "nación"[8]. Esta similitud permitía que, a pesar de las diferencias evidentes y de la existencia de procesos separados de estandarización de las lenguas desde principios del siglo XVI, la comunicación efectiva entre las personas fuera posible sin mucho esfuerzo después de un tiempo de adaptación y convivencia. Los flujos migratorios, comerciales y culturales dentro de este territorio carente de fronteras geográficas claramente delimitadas promovían, asimismo, el intercambio y la mezcla de todos estos idiomas, entre los cuales el bajo alemán llegó a tener un estatus de *lingua franca*[9]. En este sentido, si bien los *contenidos culturales* nos sirven para entender la aglutinación de los migrantes de la región del Mar del Norte, éstos no dejan de ser un *recipiente organizacional* del que ellos tomaban contenidos significativos a partir de su interacción (relacional) y del contexto específico (situacional) en el que se encontraban para definir sus límites con el *Otro*[10]. En este capítulo trataremos de exponer cuáles contenidos fueron seleccionados, adaptados y dotados de un valor significativo por los migrantes septentrionales para crear una identificación colectiva y marcar sus límites intra- e intergrupales en el entorno específico colonial novohispano.

7.2. Convivencia y delimitación intragrupal

Los migrantes de la región del Mar del Norte conformaban una comunidad religiosa heterogénea que incluía a católicos y protestantes de distintas denominaciones[11]. En sus países de origen, esas diferencias podían ser motivo de conflictos sociales, pero en algunos contextos urbanos se habían privilegiado la interacción tolerada para garantizar la convivencia, la movilidad, la cooperación y los intercambios económicos necesarios para la subsistencia[12]. En Nueva España esta coexistencia o *congruencia de códigos y valores* era la norma, en parte porque la cooperación entre paisanos era fundamental para suplir las redes familiares y corporativas de las que carecían en América y porque justamente de esa cooperación

---

[8] DUKE, 2009, 18-24.
[9] BURKE, 2004, pp. 5-7 y 127.
[10] BARTH, 1969, pp. 9-38. FISHER A. y O'HARA M., 2009, pp. 1-38.
[11] El único flamenco procesado por "judaizar" fue Daniel Benítez, aunque su conversión se dio en las cárceles del Santo Oficio. AGN, Inquisición, vol. 151, exp. 2. Sobre el desarrollo del protestantismo en la zona véase: PO-CHIA HSIA, 1996, pp. 355-377. NIEROP VAN, 2004, pp. 1-3. WOLTJER Y MOUT, 1995, pp. 385-415. DUKE, 1990, pp. 71-100. WOLTJER, 2007, pp. 87-106. SOEN, 2012, pp. 1-22.
[12] TEBRAKE, 2009, pp. 53-80.

dependía alcanzar las metas personales y grupales[13]. Las diferencias intragrupales, no obstante, existían y se manifestaban a través de señales o códigos que los paisanos podían sumar e interpretar fácilmente, como la procedencia geográfica, la edad, el dialecto, la forma de expresar sus creencias y la actualidad política, pero rara vez se declaraban abiertamente, quizá por su obviedad, para evitar conflictos al interior del grupo o porque en el contexto de ortodoxia religiosa y fidelidad política que se vivía en los territorios de la monarquía exigía prudencia en la rebelación de información que pudiera resultar incriminatoria. En ese sentido, el secreto y la discreción fue una *delimitación* intragrupal espontánea entre, sobre todo, católicos y protestantes.

Había en ambos grupos zonas grises en que se toleraban expresiones y comportamientos que los territorios españoles eran consideradas heterodoxos, pero que en el norte de Europa se tomaban como posicionamientos críticos contra una iglesia católica que eran reconocidos por amplios sectores de la población como corrupta e incongruente. En efecto, desde la Edad Media se extendió en las poblaciones urbanas un movimiento popular dirigido a reducir o eliminar los privilegios del clero. Estas descargas de malestar colectivo alcanzaron sus más altas expresiones en Alemania durante el movimiento evangélico en la década de 1520 y siguieron presentándose aún después de la reforma protestante en distintas etapas durante el resto del siglo XVI y en el XVII[14]. En los Países Bajos, el descontento general de la sociedad contra el gobierno central y el deseo de renovación de la iglesia volvieron al clero el blanco principal de la crítica colectiva durante los años de la Guerra de los Ochenta Años. Entre amplios sectores de la sociedad, las expresiones de este tipo no necesariamente significaban un posicionamiento personal contra la Iglesia católica, sino contra el clero y, aunque indudablemente sirvieron como combustible para avivar la causa protestante, fue común que los migrantes católicos en México también formularan opiniones o hicieran bromas ligeras anticlericales ante el resto de los compañeros[15]. El hecho de que la principal causa de denuncia de extranjeros en la Inquisición española haya sido por blasfemar refleja en gran medida lo extendido y cotidiano que eran estas expresiones en sus lugares de origen.

En Nueva España, declaraciones de este tipo parecen haber tenido entre los migrantes una importante función limítrofe hacia el modelo socializador de los valores contrarreformistas basado en la vocación y vida

---

[13] BARTH. 1969, p. 15.
[14] SCRIBNER, 2001, pp. 149-170. BRADY, 1993, pp. 167-207 y 256-269.
[15] PO-CHIA HSIA, 1996, p. 368.

ejemplar del clero que tocaba todos los aspectos de la cotidianeidad en el mundo hispánico que ellos rechazaban[16]. Por lo general, las críticas anticlericales giraban en torno a tres temas: la duplicidad sexual, el poder económico y el poder sacramental de la Iglesia[17]. El primero se centraba principalmente en el amancebamiento y la solicitación que derivaba del rompimiento del celibato[18]; el segundo en la ostentación en la decoración de los templos y la avidez de la iglesia por obtener más recursos del pueblo empobrecido a partir del discurso sagrado para obtener donaciones, limosnas y obras pías. El tercero, descrito por Scribner como "la fuente máxima de todos los tipos de anticlericalismo", era la crítica al monopolio que ejercía el clero sobre la salvación a través de la administración de los sacramentos y que comúnmente se expresaba en la afirmación de que *cada uno se podía salvar en su ley*[19]. Mientras que los dos primeros puntos eran aceptados como material de burla y crítica, el tercero era problemático para los católicos y comúnmente solían reaccionar contra sus paisanos llamándoles la atención "escandalizándose" o "dando grandes gritos", "levantándose de la mesa" al abordar discusiones teológicas o doctrinales, sin que aparentemente se llegara al punto de la *corrección fraternal*, o se realizaran denuncias formales[20].

Algo muy similar era el posicionamiento de los migrantes ante opiniones políticas sobre temas relacionados con las guerras en los Países Bajos. Investigaciones recientes han sugerido que, durante el siglo XVI, la creciente población urbana y la extensión del comercio de mediana y larga distancia favorecieron el intercambio de noticias sobre los acontecimientos de actualidad en los cambios en la política, la economía, la religión y otros temas que resultaban fundamentales para garantizar la seguridad

---

[16] RUBIAL GARCÍA, 1999, pp. 47-84. Un *exemplum* que contó Prestel a Miguel sobre un pariente que era vicario y había muerto de un cojinazo durante un banquete por ser "hombre muy vicioso, como lo eran todos los clérigos y frailes de su tierra, que vivían a sus gustos y anchuras, y que si aquellos iban al cielo, que estos también irían allá, porque estos trabajaban y los demás holgaban y se daban buena vida, *y no parece podía haber dos cielos acá y allá*". AGN, Inquisición, vol. 168, exp. 4, f. 111.

[17] SCRIBNER, 1987, pp. 243-256.

[18] Por ejemplo, el comentario de Miguel Redelic en 1592, que no entendía como los clérigos "podían recibir cada día el sacramento según eran grandes sus pecados pues a la noche se volvían a la manceba y a la mañana decían misa". MIDB, MSS 96/95.

[19] SCRIBNER, 1987, p. 249. "Cada uno se puede salvar en su ley" fue recientemente interpretado como una forma de tolerancia en el Mundo hispánico durante la Edad Moderna. Véase: SCHWARTZ, 2008, pp. 191-205. No obstante, los ejemplos de protestantes en México que utiliza el autor para sostener esa hipótesis, más que tolerancia confirman un alto grado de anticlericalismo.

[20] Véase capítulo 3. Un ejemplo en: AGN, Inquisición, vol. 164-2, exp. 6, ff. 298-324.

de las poblaciones y del transporte de mercancías en espacios geográficos amplios inmersos en constantes mudanzas. Algunos autores han también reflexionado sobre la importancia de este tráfico de noticias, sobre todo en condiciones de guerra, para crear lo que podría considerarse como una incipiente opinión pública, así como los efectos que ella podría haber tenido para ensanchar las fronteras del sentimiento de pertenencia entre distintas localidades de una región o entre los creyentes de una misma confesión religiosa[21]. En el caso de los Países Bajos, se ha podido constatar que tanto protestantes como católicos compartían las mismas preocupaciones y quejas sobre la violencia y crueldad ejercida por el gobierno central durante el periodo del duque de Alba y aún después de su regreso a España, sobre la militarización del territorio, el uso desmedido de la justicia en asuntos de religión y sobre la imposición de tributos que violaba sus privilegios locales, asuntos que, para no ir más lejos, generaron la adhesión de la mayoría de las provincias a firmar la Unión de Utrecht entre 1579 y 1580[22]. Las opiniones comenzaron a divergir una vez que los calvinistas empezaron a reprimir a los católicos y, aún entonces, el consenso de la variaron enormemente entre localidades, como puede apreciarse a partir los dos extremos representados por Haarlem, donde los católicos obtuvieron una gran tolerancia y lograron restaurar una gran parte de sus prerrogativas, o Gante, ciudad en donde el culto fue prohibido y sus seguidores fueron obligados a convertirse o exiliarse[23]. Tras la recuperación de Bruselas las provincias sureñas en 1585, la transición hacia el monoconfesionalismo se consiguió lentamente, a través de la puesta en marcha de una política conciliadora de los archiduques en donde la religión dejó de presentarse como una obligación y se volvió, en cambio, un signo de lealtad hacia el gobierno Augsburgo y de unión entre las comunidades[24].

En Nueva España, los relatos sobre la guerra en los Países Bajos fueron recurrentes entre los migrantes septentrionales, en principio porque muchos eran damnificados y se habían visto empujado al exilio por su causa. Sus testimonios confirman que todos ellos habían sido espectadores de situaciones de extrema violencia, habían sufrido la pérdida de seres queridos, se habían visto obligados a simular su religión, a convertirse a otra o a migrar para continuar en sus creencias, habían visto sus ciudades saqueadas y destruidas, habían perdido sus medios

---

[21] Véase: POLLMANN Y SPICER, 2007.
[22] POLLMAN, 2009, pp. 183-202;
[23] WOLTHER Y MOUT, 1995, pp. 405-408.
[24] *Ídem.*

de sustento o habían participado en la guerra desde niños junto a los ejércitos de uno u otro bando[25]. Las escenas descritas son dramáticas si se piensa en la corta edad que tenían los testigos, como el asesinato del padre del impresor Cornelio Adriano César durante los últimos años de la ocupación española de Haarlem (1573-1577), el relato del tonelero Martín Díaz sobre el degüello de un católico que no pudo pagar su rescate a mano de las tropas españolas que los capturaron en los bosques colindantes de Amberes cuando trataban de escapar después de soportar 10 de los 13 meses que duró el sitio de la ciudad (1584-1585); el intento desesperado de Juan Govart y su padre de convencer sin éxito a los otros ciudadanos de Grave para que lucharan y no se rindieran ante la oferta de capitulación del duque de Parma (1586)[26], o la experiencia de Juan del Campo, natural de Domburg en Zelanda, quien después de perder a su madre en el asedio de Midelburgo (1572-1574) y con tan sólo 11 años, fue reclutado por el ejército holandés. Como parte de la tropa, Juan participó en la rendición de una ciudad a tres leguas de Brujas y presenció el saqueo de un convento franciscano, la toma de rehenes entre los vecinos ricos para pedir rescate, el robo de todo el ganado y la violación y asesinato de las mujeres de los católicos, acto en el que no había colaborado porque, reconocía, era "muy mozo"[27].

Todo indica que en México todos los migrantes solían participar o al menos tolerar este tipo de relatos, pero existía aquí también un aparente límite que algunos, quizá los católicos, no permitían cruzar y era cuando las anécdotas trataban sobre batallas más recientes en los Países Bajos o sobre los triunfos de las tropas calvinistas en las guerras confesionales francesas, porque este acto, como veremos, era una de las señales que los protestantes usaban para identificarse. Lucas Prestel, por ejemplo, se encontró presente muchas veces cuando otros paisanos narraron sus experiencias sobre las guerras en Flandes sin mostrar desacuerdo alguno, pero reprendió fuertemente a su socio, Guillermo Enríquez, cuando Juan Frescus, el criado de Cornelio Adriano César, que entonces trabajaba para él y por tanto estaba bajo su "cuidado", hizo una detallada relación sobre los ataques, saqueos, muertes y violaciones que había realizado como soldado en los ejércitos de Enrique de Navarra en Francia[28]. Conocer la actualidad política de sus países era algo que se hacía activamente por

---

[25] Véase capítulo 1.
[26] AGN, Inquisición, vol. 2, f. 43v. AGN, Inquisición, vol. 165, exp. 5., ff. 50-51. AGN, Inquisición, vol. 166, exp. 4, ff. 30-32v. AGN, Inquisición, vol. 167, exp. 6, f. 97v.
[27] BRAND Y MÜLLER, 2007.
[28] AGN, Inquisición, vol. 165, exp. 5., ff. 12-13, 42, 50-51.

todos los septentrionales entre los viajeros y marineros que desertaban de las flotas cada año, como lo refería el tonelero Jorge de Brujas: "el preguntar de las tierras es muy ordinario a todos los que vienen de allá", así como también lo eran las muestras de regocijo y alegría cuando esas nuevas trataban sobre las batallas ganadas a los españoles[29].

Esta actitud, insistimos, no necesariamente tenía una relación con la confesión religiosa, sino que era una muestra de consenso entre los paisanos hacia a la resistencia popular contra los actos desmedidos de violencia cometidos por un soberano al que consideraban injusto y tiránico. Los septentrionales se sentían "agraviados y maltratados" por Felipe II y, por añadidura, por los españoles. Algunos los aborrecían y les daba gusto que los mataran "porque por las guerras los habían echado de sus tierras", otros sostenían que "no los dejaban vivir en paz" y no faltaba quien asegurara esperanzado que "Dios los había de castigar por todos los crímenes que hacían", "por la tiranía que habían usado… en Amberes y en Róterdam" y por "la mucha gente que moría" en sus países"[30]. No obstante, entre los extranjeros arraigados estas opiniones eran ambivalentes y convivían con otras que se les contraponían y que nacían justamente de sus vínculos con el rey, de quien se declaraban vasallos y deudores puesto que vivían y comían del trabajo que realizaban en sus tierras. Se mostraban agradecidos con los españoles, con quienes habían formado lazos familiares y amistosos o con la comunidad local en donde eran vecinos por voluntad propia y, por tanto, cumplían con sus obligaciones, por ejemplo, participando en las milicias para evidenciar su pertenencia, arraigo e integración. En este sentido Adrián Suster declaró: "…y en lo que dicen ser enemigo de los españoles, es contra la verdad porque él se ha criado toda la vida con ellos y los ha tratado y comunicado y es amigo de ellos". Ante una acusación similar Jorge de Brujas respondió que:

> …cómo se había de reír y regocijar yendo contra su rey, y habiendo 38 años que esta en esta su tierra donde ha ganado de comer y… el preguntar por las tierras es muy ordinario a todos los que vienen de ella… y que si tuviera alguna cosa de Calvino o de Lutero y deseo de vivir en aquella tierra que se hubiera quedado allá el año de [15]83 que estuvo en ella con 5.000 pesos que llevó para emplear[31].

[29] AGN, Inquisición, vol. 165, exp. 6, f. 36.
[30] AGN, Inquisición, vol. 165, exp. 5, f. 4. AGN, Inquisición, vol. 165, exp. 7, f. 10v. AGN, Inquisición, vol. 166, exp. 4, f. 38.
[31] AGN, Inquisición, vol. 164-2, exp. 6, f. 326v. AGN, Inquisición, vol. 165, exp. 6, ff. 36-36v.

Los foráneos, por el contrario, tendían a marcar límites más claros con los españoles y el catolicismo, como analizaremos a continuación.

7.3. Protestantismo y simulación

Dentro de la comunidad de neerlandeses y alemanes en Nueva España, los protestantes eran los que menos deseaban arraigarse. Lo anterior no resulta sorprendente puesto que una de las condiciones fundamentales de inclusión en la comunidad política hispánica era la pertenencia a la comunidad espiritual. La religiosidad española desarrolló una sobrevaloración del formalismo religioso y de sus elementos exteriores, a través de los cuales el individuo mostraba su sinceridad doctrinal, expresaba su pertenencia grupal y, con ello, su "calidad" como parte de un linaje que hermanaba a todos los que no habían sido contaminados por la herejía. Debido a ello, echar raíces en el virreinato era lo mismo que aceptar convertirse al catolicismo o, al menos, tener que conformar diariamente con sus prácticas que iban en contra de la exegesis protestante. Pocos septentrionales estaban dispuestos a asumir esta forma de vida de manera permanente, entre otras cosas porque estaban convencidos de que su religión "era la buena" en la que iban a alcanzar la salvación y por la que sus pueblos se habían levantado en armas para poder practicarla libremente. La estadía en los territorios españoles era tomada como una condición eventual, como un periodo limitado en el que los migrantes, de forma consciente y voluntaria, mentían, fingían y disimulaban sus verdaderas creencias y opiniones con el fin de alcanzar distintas metas sin ser descubiertos.

"Quien quisiese vivir entre españoles, tendrá que hacer lo que ellos, donde no lo tendrán por calvinos" era una idea aceptada entre los septentrionales que reflejaba los dos elementos cohesionadores generales del grupo: la necesidad de mimetizarse en la sociedad receptora para lograr una simulación exitosa y de crear un espacio de alivio y apoyo colectivo para sobrellevar la presión que significaba vivir con la constante amenaza de ser descubiertos y denunciados por causa de sus creencias[32]. Algunos migrantes estaban convencidos que al ser descubiertos serían inmediatamente condenados a morir en la hoguera porque esa era la información que, en base a hechos históricos y ficticios sobre la actuación inquisitorial, circulaba comúnmente entre la población, era lo que oían decir "a muchas personas... que cuando los traían presos a

---

[32] AGN, Inquisición, vol. 166, exp. 2, f. 43. Otro ejemplo: AGN, Inquisición, vol. 161, exp. 6, f. 21.

este Santo Oficio que les hacían quemar". De manera individualizada, el temor a la muerte violenta y dolorosa afectaba todos los aspectos de su vida e incluso llegaron a describirlo con síntomas físicos típicos de la ansiedad, como Juan Thame, que "se resfriaba por vergüenza y temor entendiendo que lo iban a quemar si se descubría", o Rodrigo Jacobo, que prefirió confesar rápidamente una vez atado al potro de tormento, porque "siempre entendió que en confesando que habían dejado la fe católica los quemaban y que ahora ha confesado por parecerle que si le han de quemar con tormento y sin él, quiere no padecer el tormento"[33]. Los que llevaban más tiempo en los territorios hispánicos sabían que un proceso inquisitorial no significaba necesariamente perder la vida, pero sí acarreaba consecuencias catastróficas que incluían la estigmatización social, la pérdida de sus bienes y de sus libertades[34].

De forma colectiva, el miedo funcionaba como fuerza cohesionadora a partir de la cual se desarrollaban estrategias de simulación y canales de comunicación, desahogo y resistencia. Para eludir las sospechas de heterodoxia en una sociedad que daba tanta importancia a los aspectos formalistas del catolicismo, un individuo "únicamente tenía que *demostrar* ser buen cristiano, aunque solamente fuera de forma fingida", observó Thomas[35]. No obstante, lograr simular las creencias, sobre todo en el caso de los jóvenes que no habían tenido contacto con el catolicismo, requería de la asesoría de paisanos aclimatados que les mostraran las diferencias doctrinales, de los rituales y la piedad católica, o de la información que no debían compartir con los españoles. Esta tarea era vital para salvaguardar a cada individuo y a la comunidad en el contexto de confesionalización de la monarquía hispánica donde, como hemos señalado, se había creado una fuerte asociación entre herejía, protestantismo y el extranjero del norte de Europa.

A mayor contacto con los españoles y mayor tiempo de convivencia, más cuidado debían poner en su comportamiento para garantizar su seguridad y el éxito de sus planes sin arriesgar los elementos esenciales de su identidad. Las estrategias de simulación de los septentrionales debieron variar entre los individuos, pero algunas parecen haber sido recurrentes

---

[33] AGN, Inquisición, vol. 166, exp. 2, f. 48. AGN, Inquisición, vol. 166, exp. 6, f. 48. AGN, Inquisición, vol. 165, exp. 1, f. 33. Boton de muestra: Joseph de la Haya presenció la muerte en el cadalso de un escocés luterano en Sevilla se le hizo saber "quemaban a todos los que iban contra la ley católica romana": AGN, Inquisición, vol. 168, exp. 5, f. 20v.
[34] Véase el capítulo 3.
[35] THOMAS, 2001a, p. 82.

y compartidas entre los miembros de la comunidad, porque habían funcionado para que ellos pudieran vivir en una sociedad extremadamente piadosa como era la novohispana[36]. El primer consejo que recibía un recién llegado era ocultar su verdadero origen a los españoles, e incluso a otros paisanos que eran católicos, cambiando el nombre de su ciudad protestante y rebelde por una que fuera reconocida como aliada al rey[37]. Al llegar a México, Pedro Pedro le contó a Cristóbal Miguel que era de la ciudad holandesa de Argou [sic.] y éste le replicó "no digáis que sois de Argou sino de otra parte que sea del rey de católicos porque te meterían en el Santo Oficio"[38]. Cornelio Adriano César y su criado Hans recomendaron a Guillermo Juan "que si le preguntan de dónde era dijese que era español, por la gracia de Dios"[39]. Unos meses más tarde eran Guillermo Juan y Diego del Valle los que advertían a un danés "que no dijera que era de Dinamarca porque le traerían preso al Santo Oficio"[40]. A su llegada a la ciudad de México, el relojero Mathias del Monte le preguntó a Guillermo Juan las novedades de su tierra y cuando éste le contestó "que había pocos papistas, que todos eran calvinos", Del Monte le advirtió "que mirase como hablaba por acá fuera [que] con él no importaba que él no lo descubriría"[41].

A los jóvenes recién llegados, de quienes se tenía certeza sobre su religiosidad, se les pedía también que dijeran los Diez Mandamientos a su usanza para constatar si sabían que existían diferencias con el decálogo católico. Ciertamente, la difusión de los Diez Mandamientos como nuevo código moral que sustituyó al basado en los siete pecados capitales en occidente se difundió entre la población a través del uso generalizado de los catecismos a partir del siglo XVI. La reforma originó dos escuelas en cuanto a su ordenación: la católica y luterana. Esta última siguió la

[36] ROSELLO SOBERÓN, 2006.
[37] Cornelio, natural de Ámsterdam, decía que era de la ciudad hanseática de Hamburgo porque la suya era "de enemigos del rey don Felipe nuestro señor". AGN, Inquisición, vol. 166, exp. 2, f. 24v. Guillermo Juan, Diego del Valle, y Joseph de la Haya naturales de Middelburgo "ciudad de herejes calvinos" decían que eran de Amberes o Gante. AGN, Inquisición, exp. 2, f. 37v. AGN, Inquisición, vol. 166, exp. 1, f. 12v. AGN, *Inquisición*, vol. 168, exp. 5, f. 22. Simón de Santiago de Wildeshausen (al oeste de Bremen) decía que era de Colonia o Cracovia, "que es de cristianos católicos" y Gregorio Miguel declaró "que pudo haber dicho que era de Amberes, Brujas, Brabante u otras ciudades porque su ciudad de Nimiga [sic.] tenía muchas guerras de católicos y de luteranos". AGN, Inquisición, vol. 167, exp. 6, ff. 11-21, 44, 60v.
[38] AGN, Inquisición, vol. 165, exp. 2, ff. 46-49.
[39] AGN, Inquisición, vol. 165, exp. 2, f. 21v.
[40] AGN, Inquisición, vol. 164-2, exp. 9, f. 473.
[41] AGN, Inquisición, vol. 218, exp. 2, 7 f.

interpretación del texto hecha por San Agustín, mantuvo la prohibición a la adoración de los ídolos y al culto falso como un solo tema en el primer mandamiento. Por su parte, la tradición calvinista y la anglicana se basó en la traducción griega y hebrea, separando el primero mandamiento en dos, recorriendo el orden de todos los demás e incorporando el noveno al décimo[42]. Aunque tanto católicos como luteranos tenían el mismo orden en el decálogo, no compartieron su contenido en sus formas compendiadas escritas en los catecismos, puesto que los luteranos enseñaban "no tendrás otros dioses delante de mi" mientras que los católicos, como el de Jerónimo Martínez de Ripalda, instruían en cambio "amarás a tu Dios sobre todas las cosas"[43], una diferencia que separaba ambas hermenéuticas sustancialmente.

Saber los mandamientos de la iglesia católica era fundamental para entender las reglas de convivencia más básicas de la comunidad religiosa en el mundo hispánico, pero también tenía un sentido práctico debido a que era indispensable para poder cumplir con el requisito de la confesión anual y de la cédula de confesión, una prueba que era exigida por los empadronadores de las parroquias a todos los habitantes de una casa, por los capitanes de las embarcaciones a la marinería a su cargo antes de hacerse a la mar y por otro tipo de autoridades, como las inquisitoriales, como prueba de la cristiandad de una persona. En San Juan de Ulúa, el marinero Juan le pidió ayuda a su amigo Adrián Cornelio para confesarse durante la Curaesma y para ello le refirió los mandamientos a su usanza. Adrián lo reprendió "que cómo quería decir de aquella manera los mandamientos", a lo que Juan respondió rápidamente "que ya sabía que debía callar lo que tocaba al no adorar las imágenes, ni reverenciarlas que [se] trata en el primer mandamiento"[44]. Cuando el polvorista Enrique de Montalvo empleó a Guillermo Juan como su criado le pidió que dijera en neerlandés los mandamientos "al uso de su tierra" y cuando terminó de decir el primero "no tendrás otros dioses sino a mí", le advirtió "que no dijese en estas tierras el dicho mandamiento de aquella manera porque en su tierra tenían un dios y en ésta los católicos tenían muchos dioses, porque cada imágen de madera era un dios [y] que si lo decía fuera de allí, donde lo oyesen los católicos, le castigarían en el Santo Oficio"[45].

---

[42] BOSSY, 1988, p. 215-216. PELIKAN, 1984, pp. 128-138.
[43] LUTERO, (1529) 2001, p. 295. RIPALDA, 1991, p. 102.
[44] AGN, Inquisición, vol. 166, exp. 2, f. 58.
[45] AGN, Inquisición, vol. 164-2, exp. 9, f. 475.

No obstante, ser extranjero a veces facilitaba obtener una cédula de confesión porque no siempre había sacerdotes que supieran sus idiomas. En estos casos, los confesores solían conformarse en lo poco o mucho que entendían del confesante para absolverlo. Otro recurso, usado durante los primeros años de la década de 1590 por los frailes en San Juan de Ulúa, era valerse de la ayuda de un vecino flamenco para que sirviera de traductor. Esta solución, no obstante, podía ser un arma de doble filo porque podían ayudar a sus paisanos a modificar sus declaraciones, como expresó un novicio jesuita danés: "para no confesar sino algunos pecados livianos, porque les prohíbe su secta la confesión, con que con particular cuidado procuran esto por la pena y temor que tienen del castigo que les darían si los conociesen"[46]. Años más tarde, el problema fue zanjado de raíz con la presencia en el puerto de clérigos alemanes y flamencos que, además, cumplían una importantísima función como agentes de control social de los septentrionales que arribaban cada año al reino de una manera bastante organizada. La forma en como actuaban fue descrita por Juan del Campo, quien después de desembarcar se encontró con un jesuita flamenco que lo interrogó sobre su origen. Al decirle que era de Hamburgo, el padre le dijo "tú debes ser hereje luterano…" y lo llevó al convento de San Francisco donde el guardián escribió su nombre en un cuaderno y lo mandaron que regresara en unos días cosa que no hizo "por miedo, porque como era luterano no podía dar buena cuenta de la ley de los católicos"[47].

Algunos de los protestantes que permanecían por periodos más prolongados en el virreinato sentían la necesidad imperiosa de aprender la doctrina católica, tanto para simular sus creencias, como porque de ello dependía tener acceso al sistema de caridad y beneficencia para los pobres. Algunos trataban de aprender solos, a través de las cartillas que compraban en los mercados y se apoyaban en los paisanos para que les aclararan los elementos que únicamente podían ser transmitidos de forma oral, otros se valían unos de otros para instruirse y estudiar. Rodrigo Harbert, por ejemplo, le enseñó la doctrina a Juan del Campo y éste se las enseñó a Juan de Chimalhuacán. Diego del Valle se ofreció a instruir a Pedro Pedro para que pudiera comer y dormir en el Hospital de Nuestra Señora de los Desamparados. Un alemán de nombre Guillermo le dijo a Juan Pérez de Hayester en Tecamachalco "que con una doctrina le enseñaría muy presto las oraciones" y Guillermo Juan le expresó a Juan del Campo "que le gustaría saber las oraciones para que este se las

---

[46] AGN, Inquisición, vol. 151, exp. 2, ff. 38-43.
[47] AGN, Inquisición, vol. 167, exp. 4, f. 29v.

enseñase… y le respondió que les convenía entre ambos saberlas porque no los trajesen al Santo Oficio y le dijo a éste que pondría toda diligencia en saberlas"[48].

Efectivamente, existían actos que podían hacerse por imitación, como arrodillarse durante la misa o al pasar el Santísimo Sacramento o recibir la comunión, pero otros elementos básicos, que podían ser imprescindibles en momentos clave de la vida de las personas, como signarse y santiguarse, necesitaban de explicación y de cierta práctica[49]. Cuando el comisario de Puebla buscó al alemán Juan Rolón para que diera su testimonio, éste se mostró "turbado y cuando tendí el brazo con la cruz para tomarle juramento, comenzó a hacer en el rostro unos garabatos como que se quería santiguar y no hizo cruz formada", una escena que le hizo considerar que los extranjeros que llegaban al virreinato "se hacen bobos y tontos y sospecho tienen mucha malicia"[50]. En 1607, cuando Lucas Prestel tuvo un pleito con el mercader Gonzalo Gutiérrez Gil, presentó como testigo a Juanes Sauer, un alemán al que el escribano público y el alcalde ordinario le pidieron que hiciera la señal de la cruz antes de rendir su declaración. Sauer, confundido, levantó "la mano derecha y el segundo dedo y el de en medio puso derechos y los demás encogidos" –como en señal de bendición– "y viendo el escribano que aquella no era cruz le dijo que hiciese la cruz, que aquella no era la cruz", pero Sauer volvió a poner la mano derecha de la misma forma, para la admiración de todos los presentes y del escribano quien después de preguntarle si no sabía o no quería hacer la señal terminó enseñándole "como la había de hacer". El escándalo, como se podrá suponer, sirvió a Gutiérrez Gil para denunciar a Prestel y a Sauer en la Inquisición[51].

Otra estrategia importante era comprar rosarios, bulas de la Santa Cruzada, oraciones, escapularios e imágenes que colocaban en las partes más visibles de sus casas, como los hermanos Miguel, de quienes sabemos tenían en su sala 10 lienzos de Flandes de San Francisco y de Cristo en la cruz, 5 imágenes (2 de la virgen María, otra de María Magdalena, 1 de San Francisco y 1 bordada de San Cristóbal), 1 grabado de San Jorge y 4 imágenes de bulto representando a Cristo en la cruz, de las cuales

---

[48] AGN, Inquisición, vol. 167, exp. 4, f. 20, 27. AGN, Inquisición, vol. 165, exp. 2, f. 32v. AGN, Inquisición, vol. 161, exp. 6, f. 21.

[49] Martín Díaz advirtió a Pedro Pedro "que no dijese a ninguna persona como este era hereje calvino sino que entrase en las iglesias e hiciese lo que hacían los cristianos con lo cual no sería conocido…". AGN, Inquisición, vol. 166, exp. 4.

[50] AGN, Inquisición, vol. 167, exp. 6, f. 5.

[51] AGN, Inquisición, vol. 467, exp. 65, ff. 300-301.

una parecía "tener reliquia". Todas ellas, declararon más tarde durante sus procesos "por cumplimiento" y para "no ser sentidos"[52].

7.3.1 Identificación, validación y resistencia

Páginas arriba mencionamos que el reconocimiento confesional entre protestantes pasaba por una serie de señales sobreentendidas, entre las cuales la más obvia era el lugar de procedencia. Efectivamente, aunque la realidad religiosa europea era cambiante, los septentrionales tenían una idea bastante acertada sobre las ciudades y países que formaban ya un bloque reformado. Este mapa confesional les permitía inferir desde un primer contacto si sus compañeros eran "de tierra de herejes luteranos" porque sabían que las personas de Lübeck, Hamburgo, Alemania la Baja, Dinamarca o Suecia eran sin duda luteranos, mientras que los de Zelanda o Ámsterdam eran calvinistas y que, en ciudades como Nimega, "eran calvinos y había muchos martinos [luteranos]"[53].

Sin embargo, la procedencia no dejaba de ser un elemento ambiguo que debía ser contrastado con más información para reforzar las suposiciones primarias. Como se recordará, hablar de las guerras en Europa y alabar las hazañas de los ejércitos de las provincias norteñas era uno de los recursos más usados para explorar más a fondo el posicionamiento del interlocutor por la innegable relación que existía entre esos territorios y el protestantismo y, por añadidura, contra todo lo que tuviera que ver con Felipe II, los españoles y el catolicismo. Los jóvenes, iniciaban este tipo de conversaciones con menos prudencia, como vimos en el caso de Pedro Pedro y los marineros ingleses[54], o como se constata en las múltiples ocasiones que el impresor Cornelio Adriano Cesar no reparó en contar a sus paisanos su actividad en los ejércitos del príncipe Mauricio de Nassau en la toma de Nimega (1591)[55].

---

[52] AGN, Inquisición, vol. 254A, exp. 6.
[53] Algunos ejemplos: "sabe este que declara que son de la secta luterana… porque las ciudades donde nacieron y se criaron son de Luteranos". AGN, Inquisición, vol. 151, exp. 1, f. 35. "Habló allí con dos hombres flamencos naturales de la ciudad de Tergor, en la provincia de Holanda los cuales entiende *y tiene por cierto que son herejes porque este ha estado allí y lo ha visto*". AGN, Inquisición, vol. 167, exp. 1, f. 38. "Dijo que guardan la secta de Lutero… por ser el dicho Enrique carpintero de la ciudad de Lübeck donde todos son luteranos y los demás son alemanes donde se guarda la dicha secta". AGN, Inquisición, vol. 166, exp. 2, f. 65v. "Martino", por Martín Lutero, es el término usado por los septentrionales para referirse a los luteranos.
[54] Véase capítulo 3.
[55] AGN, Inquisición, vol. 165, exp. 5, ff. 8v., 12 y 18.

Lo anterior, creemos, respondía a una necesidad de asociación y aceptación entre muchachos, pero también a que ellos eran la primera o segunda generación que se había criado en sociedades protestantes donde se les exhortaba desde el púlpito que rogaran a Dios que los librara del papa por ser "mala cosa y [el] hombre más tirano que hay en el mundo y así le aborrecen a él y a todos los que le siguen", así como los "españoles cristianos y del turco y de los flamencos cristianos"[56]. Era una sociedad que en el contexto de guerra continua había definido su identidad y su causa en base al rechazo al catolicismo y la hispanofobia[57]. Estos jóvenes, que habían crecido con y formado parte activa en las guerras, no creían que fuera pecado, es decir, no juzgaban que cometían maldad, inmoralidad, ni delito, al "robar y matar a los católicos papistas, porque los tienen por enemigos suyos y por unos perros", ni al violar a sus mujeres "porque todo lo que sea contra el enemigo lo tiene por bien hecho". Entre ellos, la edad y el lugar de origen funcionaban como indicios suficientes para concluir que eran protestantes porque sabían "los unos de los otros serlo por encima, en presencia de todos, los unos y los otros, de la ley católica romana y que es mal hecho adorar y reverenciar imágenes llamando de idólatras a los que las adoran". En el contexto colonial, las diferencias entre las distintas denominaciones se minimizaban frente a la constante exposición del catolicismo porque, decían, "aunque sean de diferentes sectas se conforman en ir contra los católicos"[58].

Los adultos, sobre todo los más arraigados, eran más precavidos y buscaban señales más puntuales antes de compartir sus creencias porque entendían el riesgo que corrían, como lo explicó el apartador Cristóbal Miguel: "y aunque fuera hombre de poco entendimiento no se había de declarar con tantos en cosas de tanta importancia y que le podría redundar en tanto daño, cuanto más que éste vino con grandísimo recato y cuidado de no descubrirse"[59]. Estas señales podían ser expresadas sutilmente, a través de símbolos de la forma que lo hizo Joseph de la Haya después de comer varias veces en casa de los hermanos Miguel al "cantar con voz

---

[56] AGN, Inquisición, vol. 165, exp. 1, f. 25. Otro ejemplo: "…que no obedeciese al padre santísimo porque no era buena ley que guardaba ni clara como la suya y que era papista y de los evangelistas y así este lo creyó así y que es lo que le enseñaron". AGN, Inquisición, vol. 167, exp. 2, f. 29v.

[57] DUKE, 2009, p. 47.

[58] AGN, Inquisición, vol. 165, exp. 1, f. 21v. AGN, Inquisición, vol. 166, exp. 6, f. 48. Otro ejemplo: "no le pasaron más cosas de las que ha declarado ni se declararon en particular ser luteranos ni había necesidad de hacerlo porque se tenían por tales." AGN, Inquisición, vol. 164-2, exp. 9, f. 480v.

[59] AGN, Inquisición, vol. 168, exp. 4, f. 111.

baja, un principio de un romance que compusieron los dichos rebeldes de Flandes en alabanza del príncipe de Orange [el *Wilhelmus*]" y que sirvió para que reconocieran "era calvino y así se atrevieron a declararse con él"[60].

Hablar de las guerras para los migrantes protestantes era otra forma de explorar el posicionamiento político y religioso del paisano, pero también era una manifestación de lo que Scott llamó *formas cotidianas de resistencia* y, particularmente, de la relación que se crea entre los actos, la conciencia y las intenciones en los individuos y los grupos[61]. A decir de Scott, los actos y los pensamientos de resistencia se retroalimentan, aunque se encuentran en distintos planos de materialización en la línea de acción. Si bien un pensamiento de resistencia puede ser improcedente en un momento, el cambio de circunstancias en otro punto de tiempo puede volverlos realizables[62]. Por ello, cada batalla que había sido ganada por los ejércitos protestantes era rememorada y festejada entre los migrantes con júbilo, risas y burlas, precisamente porque detrás de estas expresiones se encontraba el sueño colectivo de que un día la hegemonía española caería y, con ello, también el catolicismo. En su lugar se establecería la verdadera religión, es decir, la de ellos, tal como lo expresó Simón de Santiago a sus compañeros de celda: "y se estuvo suspenso un poco y alzó la cabeza y mirando a este y levantó el brazo derecho y el dedo índice y dijo: 'yo he soñado un sueño, que Inglaterra ha de venir sobre España y por la otra parte Francia y que se ha de acabar todo'"[63].

Al igual que los católicos, los protestantes estaban convencidos de que Dios estaba de su lado en esa lucha, un apoyo que veían se materializaba en cada victoria ganada al monarca español y en el avance que tenía el calvinismo en las provincias norteñas de los Países Bajos, en donde, aseguraban, "ya no había casi papistas"[64]. Los gobernantes que habían iniciado la revuelta, como Guillermo de Orange, y los que los estaban luchaban para alcanzar la libertad del pueblo elegido, a saber, Mauricio de Nassau y Enrique de Borbón, duque de Vendôme, conocido como "Bandoma", eran alabados constantemente como sus héroes. El relojero alemán, Matías del Monte, mostró mucha alegría cuando el recién llegado

---

[60] AGN, Inquisición, vol. 168, exp. 5, f. 24. Joseph describió así el Wilhelmus: "que la substancia de él es de una batalla que venció… por guardar la ley de Dios está desterrados de su tierra y de sus vasallos y que siempre en las guerras había triunfado el rey de España por ser leal a su patria".
[61] SCOTT, 1985, pp. 28-47.
[62] *Ibídem*, pp. 38-39.
[63] AGN, Inquisición, 168, exp. 3.
[64] AGN, Inquisición, vol. 167, exp. 6, f. 81. AGN, Inquisición, vol. 218, exp. 2, 7 fs.

Juan Guillermo le contó que en sus tierras "ya no había casi papistas, que todos eran calvinos" y le respondió "que el príncipe Mauricio, que era calvino, habría de ganar toda la tierra a los católicos"[65]. Otros hacían referencia a la "valentía de Mauricio y de sus capitanes" y los alemanes sostenían que los flamencos tenían mucha razón en alabar y estimar a los hijos de Guillermo de Orange, "pues su padre habría derramado por ellos mucha sangre"[66]. Junto a estos personajes se situaba a los antihéroes, como el duque de Parma, de quien decían que "no había podido desbaratar a Bandoma ni a sus secuaces [probablemente en la batalla de Caudebec, en 1592,] porque aunque tenía las ayudas de España y del papa, que les había dado muchas bulas e indulgencias, no le habían proveído nada, ni habían sido de provecho porque Dios antes ayudaba a los que seguían su secta que a los cristianos católicos"[67].

Estos tres elementos, la decadencia de España, el apoyo divino para vencer la hegemonía de la monarquía católica y el heroísmo de los líderes, eran temas recurrentes que servían a los migrantes como marco ideológico, a partir del cual se auto definían, controlaban y organizaban[68]. Los combates ganados en territorio español o cerca de sus fronteras fueron especialmente importantes para mantener esta "ideología" grupal por su transversalidad simbólica en el contexto de continua confrontación identitaria en el que se encontraban. La llegada de marineros que habían participado en la toma y asedio de Cádiz en 1596 en la flota del año siguiente muestran justamente un pensamiento recurrente sobre la aprobación divina para causar daños materiales a las iglesias que habían transformado en "caballerías y que con las imágenes guisaban las ollas…"[69], para rebelarse contra el monarca soberbio y ambicioso que no se conformaba "de guardar su tierra sin querer ganar a Francia, Inglaterra y Flandes". Dios era quien los guiaba para despojarlo de su fuerza y credibilidad, lo cual se evidenciaba en su dificultad para reclutar marineros porque no había "quien lo quisiera servir". Los ingleses, que habían liderado el asalto, tenían, por el contrario, muchos y buenos soldados, aunque habían sido los flamencos quienes más habían contribuido al éxito porque querían recuperar las pérdidas causadas por los embargos y decomisos a su flota mercante causados por

---

[65] AGN, Inquisición, vol. 165, exp. 6, ff. 36-36v.
[66] AGN, Inquisición, 168, exp. 86v.
[67] AGN, Inquisición, vol. 218, exp. 2, 7 ff.
[68] Ideología entendida a partir de: Van Dijk, 2005, pp. 9-36. De una forma extremadamente sintética se entiende como un sistema de creencias compartidas por los miembros de una colectividad que definen en su identidad y a partir de las cuales controlan y organizan otras creencias socialmente compartidas.
[69] AGN, Inquisición, vol. 165, exp. 7.

las acciones de guerra económica realizadas durante este periodo por el duque de Medina Sidonia en Andalucía[70].

El triunfo en las costas andaluzas era, asimismo, una señal mesiánica de la pronta caída de España y de su liberación de un monarca despótico e idólatra. Todo esto podía acabar pronto si los ingleses lograban asaltar los galeones que llevaban la plata, porque entonces, aseguraban, podrían financiar una flota para "[venir] a tomar tierras españolas y que se habrían de ver muy apretados los españoles". Esta invasión era tomada como algo deseable y factible, a grado que los más arraigados temían la suerte que podían correr si esos ejércitos invasores llegaban a entender la función de su trabajo en las Indias a favor del sostenimiento y engrandecimiento del enemigo. Por ello, el salitrero Lucas Prestel mostró, tanto "gran contento" al escuchar las nuevas de Cádiz, como "grandísimo temor" de que los ejércitos rebeldes "fueran a venir por acá y que hallándose ocupado en servicio del rey, nuestro señor, por sacar salitre para la pólvora, le había de costar caro"[71].

La función aglutinadora intragrupal de estos discursos se evidencia también en que eran únicamente compartidos entre los miembros de la comunidad, que su contenido se vedaba a los *Otros,* principalmente a los españoles, y se cambiaba de forma deliberada para ofrecer una versión distinta de acuerdo a lo que era socialmente aceptado y se esperaba escuchar de los fieles y católicos vasallos del rey. Un día, por ejemplo, Guillermo Enríquez, Guillermo Juan y Cornelio Adriano Cesar dijeron al aprendiz español del barbero Diego Enríquez que en una ciudad de Flandes "los cristianos católicos habían echado a los herejes de ella". A continuación, Guillermo Enríquez se apuró a decirle al joven Guillermo Juan "en su lengua flamenca… que había sido al revés, porque los herejes habían echado de la ciudad a los católicos" pero que "no tratase esas cosas con españoles porque le dirían que era tan hereje como ellos y le traerían a la Inquisición"[72].

El paso de los pensamientos a los actos de resistencia era prácticamente imposible en los territorios hispánicos. En principio porque eran migrantes económicos con objetivos definidos de trabajar para ganar dinero para volver a sus países de origen, pero también porque sabían que eran una pequeña minoría sin medios, fuerza, ni consenso social que hiciera viable un proyecto semejante. En ese sentido, los temores de los agentes coloniales sobre los riesgos de que los extranjeros pudieran realizar un

---

[70] AGN, Inquisición, vol. 165, exp. 7, f. 17.
[71] AGN, Inquisición, vol. 165, exp. 7, f. 9v. AGN, Inquisición, vol. 167, exp. 6, f. 104.
[72] AGN, Inquisición, vol. 166, exp. 1, f. 31v.

ataque desde el interior de las colonias eran desproporcionados. La participación activa en acciones violentas se pensaba siempre en futuro y se expresaba en términos de escenarios posibles e hipotéticos sobre la mejor forma en que se podría dañar al enemigo. Eran, como refiere Scott, ensayos que podían, si las circunstancias se prestaban, llegar a convertirse en actos reales[73]. En San Juan de Ulúa, marineros, soldados y artilleros septentrionales, pasaban las noches imaginando la forma en que podrían tomar fácilmente el puerto de Veracruz si llegaban por Yucatán "dos o tres fragatas como las del trato de Campeche y entren por el río [Pescados] de la Veracruz, como que venían de Campeche cargadas y que no pareciesen en cada una más de 3 personas encima de cubierta y debajo de [la] escotilla viniesen la gente de guerra", pero únicamente lo decían "estando medio borrachos, pero no estándolo no trataban de ello"[74]. Otros, al sospechar que podrían quedarse sin salario si la flota invernaba ese año en la Habana, pensaron en la posibilidad de "hurtar un navío e irse a su tierra", aunque, finalmente, tampoco "tomaron resolución"[75].

En ese sentido, expresar el deseo de regresar a su país era una señal inequívoca de su posicionamiento religioso porque se entendía que únicamente ahí tendrían oportunidad de practicar sus creencias libremente, pero también porque desde ahí podían dar pasos concretos para actuar contra el enemigo, ya fuera en las milicias urbanas en defensa de sus terruños, formando parte de los ejércitos rebeldes o, incluso, como dueño de un navío pirata, como al parecer dijo Cristóbal Miguel a su hermano que planeaba hacer con los más de 10.000 pesos que ahorró en Nueva España: "que si se viera en Flandes con dineros que no había de estar quedo, sino que había de comprar un navío y salir a la mar haciéndose corsario para robar a los españoles y vengarse de todos los agravios que le habían hecho, diciendo asimismo a éste que le había de comprar otro navío y hacerle capitán para que hiciese otro tanto"[76]. Los temores tan repetidos de los arbitristas sobre el uso que se daba a los recursos obtenidos por los migrantes en Indias para finaciar las guerras en Europa que discutimos páginas atrás eran, por lo menos en la imaginación de los septentrionales, un deseo siempre presente[77].

---

[73] SCOTT, 1985, p. 38.
[74] AGN, Inquisición, vol. 161, exp. 9, 61 ff.
[75] AGN, Inquisición, vol. 164-2, exp. 5, f. 263.
[76] AGN, Inquisición, vol. 167, exp. 6, f. 102v.
[77] Véase capítulo 1 y 2.

Cabe destacar que estos discursos también podían ser utilizados por los migrantes para penetrar en la comunidad y ganarse la confianza que, de lo contrario, habrían tomado más tiempo en construir. El alemán Simón de Santiago ganó rápidamente la confianza del lapidario zelandés Joseph de la Haya al mostrarle una carta de recomendación que le había dado su hermano, pero también porque le contó, usando el dialecto de la provincia, que "él sabía bien", que los calvinistas "habían hecho una burla a los españoles en la ciudad que se llama Bergen-op Zoom (1588), que es en los confines de Zelanda", en la cual los rebeldes "habiendo hecho muestra de quererla entregar al príncipe de Parma, dejaron entrar parte de la gente del rey de España, y cuando les pareció que tenían los que les bastaban, dejaron caer los rastrillos y los mataron"[78]. Según Santiago, Joseph de la Haya se mostró muy contento y creyó que él había participado en la defensa de la ciudad, aunque eso no había pasado. En un movimiento similar, Simón le contó a Gregorio Miguel que había estado presente en la coronación de Enrique IV en Francia y en una disputa teológica en la corte donde la interpretación luterana –que era la denominación que seguían los Miguel– había ganado por ser "muy mejor y más antigua que la católica"[79]. La estrategia de Santiago funcionó, al menos por un tiempo, para que De la Haya y los Miguel lo recibieran en sus casas y le ofrecieran trabajo en la recolección del salitre[80].

Un recurso fundamental de resistencia y definición grupal era el uso de un lenguaje desmitificador y deconstructor de todo lo relacionado con lo español y lo católico con lo que tenían que convivir y conformar cotidianamente. Felipe II, como vimos, era tenido como un rey tirano, soberbio y ambicioso y los españoles eran despreciados y comúnmente identificados con el término peyorativo *spekken*[81] (cerdos o marranos), que se popularizó durante los años del conflicto[82]. Nueva España no era

---

[78] AGN, Inquisición, 168, exp. ff. 84-86v.
[79] AGN, Inquisición, vol. 167, exp. 6, f. 77v.
[80] Véase capítulo 5.
[81] Se cree que la palabra se usaba para referirse a los soldados hambrientos españoles, como una forma despectiva para compararlos con los cerdos o que fue una apropiación del "marrano" español usado para hacer referencia de los cristianos nuevos. ARNADE, 2008, p. 222, (nota 33). Quizá el uso del término "marrano" se hiciera por su significado más amplio de "falsos cristianos", que era como ellos consideraban a los españoles.
[82] En la confesión de Cornelio Adriano Cesar se entiende que todos utilizaban *speck* para referirse a los españoles de forma despectiva (ignominia) y que esta carga volvía a la palabra polisémica, por lo que Cesar no pudo encontrar una equivalente en castellano. Su uso cotidiano en la comunidad puede leerse en su confesión en neerlandés. AGN, Inquisición, vol. 165, exp. 5., ff. 50-52v.

tierra buena sino una "de ladrones, papistas y mujeres bonitas" donde ellos se sentían mal y perdidos entre enemigos a quienes consideraban insolentes e idólatras: "que sólo tenían el exterior lo que era bueno y todo lo demás era malo"[83]. Opinaban que si toda la farsa religiosa continuaba en España era porque el pueblo vivía con miedo a la Inquisición, tribunal que había sido instaurado "para tener la ley [católica] en pie… porque con su temor nadie se atrevía a declararse y a ir en contra de ella"[84]. No obstante, durante los primeros 6 años de la década de 1590 que la Inquisición suspendió varias causas contra protestantes gracias a los testimonios de descargo hechos por paisanos avecindados sobre la cristiandad de los acusados, el tribunal tomó un carácter doble como instrumento represor y como una total farsa. Por un lado, los inspiraba a volver a sus tierras "para verse libres de la Inquisición, por no andar con temores de ella", al mismo tiempo que desestimaban de sus procedimientos "diciendo que era cosa de risa y sólo servía para sacar dineros" porque bastaban buenas razones y testigos para salir libre de sus prisiones[85]. Simón de Santiago llegó incluso a mofarse de los inquisidores frente a otro reo de la Cárcel de la Perpetua, imitando el procedimiento de las audiencias. Primero le exigió a su compañero que se convirtiera al calvinismo y luego le dijo que "veía que no estaba convertido de veras y le hacía moniciones como las que hacen los inquisidores en este tribunal, diciendo de primera, segunda y tercera"[86]. Para Santiago, los jueces eran "bellacos" a quienes deseaba que se los llevaran los diablos porque su trabajo, les espetó en una audiencia, había sido inventado por el demonio[87].

Para los migrantes protestantes, mantener sus creencias en los territorios hispánicos era tanto una forma cotidiana de rebeldía, como un signo de unión positivo, ya que cumplir con sus religiones y suscribir su fe era un acto explícito de rechazo hacia el catolicismo y, al mismo tiempo una reafirmación de sus creencias. A pesar de que los septentrionales no tenían iglesias a las que acudir, ni tampoco podían manifestar su religiosidad abiertamente, asumieron, de manera individual y a veces colectiva, un pragmatismo confesional que les permitió echar mano de cualquier recurso disponible para satisfacer sus necesidades espirituales[88]. Para ellos,

---

[83] AGN, Inquisición, vol. 165, exp. 5., ff. 50-52v. AGN, Inquisición, exp. 2, ff. 4-7v. AGN, Inquisición, vol. 166, exp. 2, f. 30v.
[84] AGN, Inquisición, vol. 161, exp. 9, f. 97v. AGN, Inquisición, exp. 2, ff. 4-7v. AGN, Inquisición, vol. 166, exp. 2, f. 30v.
[85] AGN, Inquisición, vol. 167, exp. 6, f. 97v. AGN, Inquisición, vol. 165, exp. 7, f. 17v.
[86] AGN, Inquisición, exp. 2, ff. 26-26v.
[87] AGN, Inquisición, 168, exp. f. 145v.
[88] SCRIBNER, 2001, pp. 52-82.

la función del clero se resumía en interpretar y transmitir la palabra de Dios contenida exclusivamente en la Biblia. Este libro, como ha descrito Bruce Gordon, no era un simple texto teológico, sino un espejo en donde los protestantes "se veían a ellos y a sus enemigos reflejados; sus líderes religiosos eran profetas, los que sufrían la persecución eran los israelitas en Egipto; sus buenos gobernantes eran Josías y Ezequías y sus enemigos eran los sirvientes del faraón"[89]. Desde esa perspectiva, los septentrionales interpretaban a la Iglesia católica como una farsa que mantenía engañado al pueblo porque celebraba la misa en latín para que, sostenían, "no la entendiesen los que la oían" y no traducían las biblias "porque no las entendiesen, de que siendo en romance habían de entender todas las palabras de Dios y habrían de guardar la de Lutero"[90]. Por ello, la misa católica podía ser un momento de burla colectiva para los marineros de San Juan de Ulúa que asistían a ella para rogar "a Dios que entrase el diablo en el cuerpo del sacerdote", pero también un momento de reflexión en sus propios términos, porque, aunque no creían en que el verdadero cuerpo de Cristo estuviera en la hostia, hubo quien la recibió pensando "en memoria de su muerte, como lo hacen los calvinos cuando comulgan"[91].

La desacralización del clero y la desaparición de la penitencia como uno de los sacramentos en las corrientes reformadas hacía que el anticlericalismo de estos hombres alcanzase niveles extremos, porque no consideraban que los sacerdotes tuvieran ningún poder divino y mucho menos para absolver los pecados y, en consecuencia, confesaban deliberadamente sólo los pecados menores y sin importancia o se negaban completamente a hacerlo. Debido a que la única vía de salvación para ellos era a través de la gracia divina otorgada a través de la fe en Cristo, todo tipo de obras eran desestimadas, por lo cual no compraban las bulas, no creían en los jubileos, no guardaban los domingos, las fiestas, ni ayunaban, a menos que estuvieran en compañía de católicos o incluso frente a ellos se negaban a cumplirlas alegando ignorancia sobre las costumbres. También por esa razón, algunos trabajaban los domingos y los días de fiesta, rechazaban dar dinero a sus empleados para que compraran la Bula de la Santa Cruzada y comían carne todos los días, en ocasiones con otros connacionales con quienes justificaban sus actos haciendo referencia a Mateo 15:11: "No lo que entra en la boca contamina al hombre; mas lo que sale de la boca, esto contamina al hombre."[92]. Esta complicidad se refleja en el testimonio de

---

[89] GORDON, 1996, p. 4.
[90] AGN, Inquisición, vol. 166, exp. 6, f. 20.
[91] AGN, Inquisición, vol. 165, exp. 2, f. 35.
[92] REINA Y VALERA, 1602.

Juan Pérez, quien un viernes se encontró con su amigo Enrico mientras sacaba miel de un maguey en Tecamachalco. Cuando Juan le comunicó que tenía hambre, Enrico le sugirió que fueran a buscar una gallina de Castilla para cocinarla con la miel y le dijo "cerremos la puerta para que no nos vean los españoles y la comeremos…". Mientras cenaban, Juan le dijo a su compañero "si nos viesen los arrieros que por aquí están ahora, a acusarnos irían al Santo Oficio" pero Enrique le contestó "que él se pensaba confesar de ello porque no lo tenía por pecado, porque *no era pecado lo que entraba por la boca, sino lo que salía por ella*"[93].

De igual manera, las imágenes y las cruces eran tomados por pedazos de madera a las que no había que reverenciar y cuya presencia llegaba a causar reacciones diversas. Algunos llegaron a romper imágenes y cruces sin que sus actos merecieran más que una leve reprimenda de sus compañeros, mientras que los marineros en San Juan de Ulúa solían cantar una canción que rememoraba la furia iconoclasta: "Cuando se cuentan mil quinientos años y sesenta y seis encima, se empezó en la ciudad de Bruselas a derribar imágenes y quebrarlas no teniendo respeto que fueran de plata ni oro, o de grande manufactura y se empezó a tratar de la palabra de Dios clara y abiertamente"[94] Era justamente en los caminos o en la privacidad del hogar, cuando se encontraban lejos de la vista de los españoles que los migrantes cantaban solos o en grupo los Salmos de David, recitaban los evangelios y rezaban el Padre Nuestro, declaraban el Credo y los Diez Mandamientos, todo lo que tenían en la memoria para suplir la carencia de la lectura de la Biblia. Su ritualidad se desarrollaba dentro de las fronteras mentales y físicas que ellos mismos establecían para separar el mundo sagrado del profano, la verdadera religión (la suya) de la falsa (la católica). La piedad de los protestantes en el contexto colonial

---

[93] AGN, Inquisición, vol. 161, exp. 6.

[94] AGN, Inquisición, vol. 166, exp. 2, f. 58. Otro ejemplo: "Dijo que aunque no han estado siempre juntos para hacer burla de las cosas que ha declarado pero que en algunas ocasiones han estado juntos donde se ha hecho mal de los católicos entendiendo que van errados haciendo burla de las imágenes y de ver al sacerdote alzar la hostia y el cáliz diciendo todos que no creían estuviese en ellas el verdadero cuerpo de nuestro redentor Jesucritsto y que todos como herejes que era calbinos y luteranos trataban de las dichas cosas cuando se ofrecía ocasión y no todas las veces que se juntaban." AGN, Inquisición, vol. 165, exp. 1, f. 22. Amablemente Stijn Van Rossem surgirió que la letra podría ser: "Een nieu Geusen Lieden-Boecxken waerinne begrepen is den gantschen Handel der Nederlandtscher geschiedenissen…". Den Haag KB: 1712 G4, 1588, f. 79. Disponible en: Dutch song database www.liederenbank.nl (accedido en enero 2021). Por ejemplo, al quedarse sólo con su compañero en el mesón de San Agustín se emborrachó con vino "riñó con unos indios y a uno… le quitó la vara y la quebró por donde tenía la cruz y la quemó…". AGN, Inquisición, vol. 161, exp. 6.

quizá pueda ser resumida a partir del testimonio ofrecido por Gregorio Miguel sobre lo que le mandaba hacer su hermano cotidianamente:

> [que] se recogiese en su aposento a encomendarse a Dios y a rogarle que los librase del Santo Oficio y así lo hacía éste, viéndose en su aposento y dejando encerrado en el suyo al dicho Cristóbal Miguel. Y así se hincaba éste de rodillas y rezaba ciertas oraciones en flamenco que le enseñaron en su tierra los luteranos para encomendarse a Dios y pedirle alguna cosa y que aunque en su aposento había imágenes no se hincaba de rodillas delante de ellas porque no las estimaba en nada y sólo las tenía por cumplimiento[95].

7.4. Represión y fraccionamiento grupal

Los septentrionales, como hemos visto, escogieron una serie de elementos culturales, religiosos e "ideológicos" que compartían para mantener la unidad y alcanzar sus objetivos. Sus estrategias de resiliencia, que habían funcionado de manera exitosa para mantener a la comunidad unida durante décadas, no habían contemplado formas de actuación y alternativas de protección colectiva en caso de que el tan temido escenario de la represión inquisitorial se materializara, como efectivamente sucedió entre 1598 y 1603[96]. Esta falta de previsión generó un estado de inseguridad generalizada que se manifestó en comportamientos contradictorios, la toma de decisiones apresuradas, la expresión de comentarios acusatorios y la fracturación de los lazos de solidaridad entre los migrantes que explican la rápida desarticulación de la comunidad, su fraccionamiento en "naciones" y confesiones, y la priorización de la seguridad individual de sus miembros. De esta forma vemos que, durante las primeras semanas tras las primeras aprensiones, Juan Fernández de Brujas decidió entrar como novicio en un convento de agustinos, el relojero Matías del Monte buscó asilo en sagrado en el convento dominico de Acatzingo alegando un problema con la justicia civil[97].

El ejemplo que quizá ilustra mejor el fraccionamiento de la comunidad y el vuelco de los migrantes a la protección individual es el que involucró a los hermanos Miguel, a Simón de Santiago –que eran protestantes– y a Enrico Martínez y Andrés Pablo –que eran católicos–. Todo comenzó

---

[95] AGN, Inquisición, vol. 167, exp. 6, ff. 101v-102.
[96] POGGIO, 2004.
[97] AGN, Inquisición, vol. 166, exp. 25. AGN, Inquisición, vol. 218, exp. 2, 7 ff. AGN, Inquisición, 168, exp. 73v.

poco tiempo después de iniciarse las primeras detenciones, cuando los hermanos Miguel se apuraron a preparar su viaje de regreso a Europa deseando que Dios los librara de "esa gotera" [*lek*], haciendo referencia a la filtración de información que estaba fluyendo en el Santo Oficio. Para ello, Cristóbal Miguel vendió sus bienes y pidió las licencias de tornaviaje al virrey alegando querer regresar a su país para "saber y traer ciertas invenciones de ingenios para apartar la plata del cobre y volverse luego…". Además de comprar 2.000 pesos de crisoberilo (ojos de gato), Cristóbal prescindió de los servicios de sus empleados, entre ellos de Santiago, que entonces vivía con él, porque le había causado problemas laborales y consideraba que "hablaba demasiado"[98].

Santiago se fue a hospedar a casa del alemán Andrés Pablos, cuyo suegro (Adrián Suster) y su cuñado (Cristóbal Enríquez) estaban ya presos en la Inquisición. Al haber quedado en malos términos con los Miguel, Simón no tardó en quejarse con Pablos de los sueldos que le habían resultado debiendo y los planes de los hermanos para irse a Alemania, desde donde, decía, podían llegar a hacer mucho daño a los flamencos en Nueva España si llegaban a cumplir sus planes de comprar un navío para atacar los puertos indianos[99]. Andrés Pablos pidió a Santiago que denunciara a los hermanos en la Inquisición, pero éste se negó alegando no querer dañar a nadie y tener miedo de que Gregorio tomara represalias contra los alemanes, especialmente contra el ingeniero Enrico Martínez, "porque le tenía odio por ser tal intérprete [del Santo Oficio] y entender que él es [la] causa de que prendan a los dichos flamencos"[100]. De forma similar a como había hecho antes para crear lazos de solidaridad y simpatía con otros paisanos, Santiago confesó que había participado en las guerras en Francia, pero Pablos se limitó a preguntarle "en cuántos sacramentos creía"[101]. Al contestarle que únicamente en 2, el bautismo y la eucaristía, como hacían los calvinistas, Pablos lo confrontó y se posicionó como católico al responderle que había 7 sacramentos. Simón, enmudecido y visiblemente espantado, apeló a su solidaridad para guardar el secreto: "le respondió que las cosas que le había dicho eran estando solos y que sólo dos y Dios lo podrían saber y que así callado… [Pablos] no tendría necesidad de… [ir] al Santo Oficio a denunciar a los dichos Cristóbal y Gregorio Miguel…". Pero Pablo, quien quizá era católico o simplemente

---

[98] AGN, Inquisición, vol. 167, exp. 6, ff. 97-102. AGN, Inquisición, vol. 168, exp. 4, f. 72v. Véase capítulo 5.
[99] AGN, Inquisición, vol. 168, exp. 4, ff. 6-55.
[100] AGN, Inquisición, vol. 167, exp. 6, ff. 11-21.
[101] *Ídem.*

no podía poner en más riesgo a su persona y familia le respondió que "él no podía encubrir las dichas cosas porque habrá de descargar su conciencia y no quería… estar por nadie"[102].

A continuación, Pablos comentó todo lo sucedido a Enrico Martínez, quien, además de ser traductor del Santo Oficio y cosmógrafo real, era un importante intermediario entre los españoles y los septentrionales. Como parte de la comunidad, Martínez mantenía una estrecha relación con los demás paisanos y formaba parte de proyectos laborales, lo cual invita a pensar que sabía o, al menos, sospechaba que algunos de ellos eran protestantes[103]. En efecto, Martínez se había criado en España desde los 5 años, pero conocía bien las diferencias entre el luteranismo y el catolicismo porque, según confesó años más tarde a los inquisidores, las había explorado "por curiosidad" en un viaje que realizó a Hamburgo cuando tenía 20 años. Aunado a ello, Martínez se encontró presente en muchas de las reuniones en que se compartió información comprometedora entre los paisanos y sin duda reconocía, al igual que sus compañeros, la geografía confesional del norte de Europa, como es evidente por la información que aportó a los inquisidores como traductor en un buen número de procesos[104]. En el nuevo contexto represivo, la posición de Martínez como intermediario entre los españoles y los septentrionales lo colocó en una situación sumamente delicada, ya porque los primeros podían llegar a identificarlo como hereje o fautor o porque los segundos no tardaron en señalarlo como delator. En esta situación, Martínez asumió la identidad de fiel católico y vasallo del rey, pero trató de salvar a Santiago, aún estando al tanto de su religiosidad, incitándolo para que declarara contra los hermanos en la Inquisición. Para ello, Martínez no dudó en violar el secreto inquisitorial al revelarle a su paisano que ya existía una denuncia contra Gregorio[105].

Ciertamente, a mediados de 1590, Cristóbal Miguel había hablado con el carpintero y alemán que era colega de Pablos, Juan Rolón, sobre su hermano Gregorio al que había dejado en España. Rolón, a su vez, comentó a Cristóbal que durante su viaje a Nueva España los ingleses habían capturado su barco y que entre ellos "un Gregorio Miguel" lo

---

[102] *Ídem.*
[103] Véase el capítulo 4.
[104] AGN, Inquisición, vol. 306, exp. 9, ff. 98-98v.
[105] AGN, Inquisición, vol. 167, exp. 6, ff. 3-4. "…El dicho Simón de Santiago le dijo que él había oído… que este estaba denunciado en el Santo Oficio por haber andado robando con los ingleses y que había un testigo de ello y si hay otro le prendieran". AGN, Inquisición, vol. 167, exp. 6, f. 74.

había robado y golpeado. Cristóbal negó que estuvieran hablando de la misma persona, pero años más tarde, cuando Gregorio llegó al virreinato, Rolón aseguró a otros flamencos y alemanes que efectivamente era él quien lo había atacado. Desde entonces comenzaron a circular varias versiones distintas sobre la historia entre los septentrionales hasta que alguna fue relatada por un prisionero a los inquisidores[106]. Éstos, a su vez, ordenaron al comisario de Puebla que localizara e interrogara a Rolón, quien ratificó lo sucedido y aportó así el primero de los dos testimonios necesarios para iniciar un proceso en contra Gregorio[107].

Temeroso de ser denunciado por Pablos y por Enríquez, Simón fue a ver Gregorio para extorcionarlo por 50 pesos y con el dinero huir del reino, pago que recibió "en un pedazo de oro que le dio"[108]. Una vez que Simón narró todo lo sucedido, Gregorio le propuso que pusieran fin al problema "yendo al anochecer, sin espadas, con cuchillos [y] disfrazados a buscarlos [a Pablos y a Martínez] y hallándoles solos metérselos por las entrañas porque aquellas cosas se habían de hacer con secreto y a solas"[109]. No obstante, fue Martínez quien tomó la delantera y presentó una carta de su puño y letra al Santo Oficio en que pedía la aprehensión de los Miguel por su peligrosidad para la religión, para el rey y su persona junto con el testimonio escrito de Pablos que remitía anexado[110].

Es difícil escatimar hasta qué punto se dañaron los lazos de solidaridad entre los miembros de la comunidad, aunque son identificables indicios sobre su rápida capacidad de resiliencia. Como vimos en capítulos anteriores, los paisanos volvieron a crear redes de apoyo para quienes habían quedado en posiciones más vulnerables y en los años subsiguientes se continuó integrando y advirtiendo a los paisanos recién llegados sobre las mejores formas de sobrevivir entre españoles. Quien se mantuvo consecuente con sus ideas y creencia fue Simón de Santiago, el único protestante que fue condenado a muerte en el Auto de fe de 1601.

7.5. Algunos elementos de adaptación y resiliencia

Los septentrionales tampoco eran un grupo homogéneo desde la perspectiva de su "calidad" y clase, pues incluía a personas que formaban parte de las élites políticas y económicas, artesanos, trabajadores e, incluso, mendigos.

---

[106] AGN, Inquisición, vol. 223, ff. 492-491v. AGN, Inquisición, vol. 167, exp. 6, ff. 5-11, 21-24.
[107] Ídem.
[108] AGN, Inquisición, vol. 167, exp. 6, f. 74.
[109] AGN, Inquisición, vol. 168, exp. 103v.
[110] AGN, Inquisición, vol. 168, exp. 4, ff. 3-5.

Como vimos en capítulos anteriores, su condición de cristianos, su etnicidad europea y su condición de vasallos del rey (en el caso de los neerlandeses) los equiparaban a los españoles y podían llegar a gozar de todos los privilegios, excepto aquellos reservados a los castellanos, de los que se les excluyera activamente. Un indicador de que los septentrionales eran considerados como parte de la élite colonizadora puede también constatarse en la semejanza de sus patrones de uniones conyugales y del acceso abierto que tenían al mercado matrimonial de españolas y mestizas. Entre más alto estuvieran colocados en la escala social, más marcada era su endogamia matrimonial con otros europeos, como se ve en el caso de los mercaderes y artesanos de mayor rango que se enlazaron con la élite de conquistadores, aunque es probable que fueran vistos como candidatos de segunda categoría para las hijas menores con dotes pobres que, de otra manera, solían ingresar a conventos[111]. Asimismo, gracias a las declaraciones vertidas en los procesos inquisitoriales sabemos que fue común que los septentrionales se casaran con mestizas y que, al igual que los migrantes españoles, tendieran a tener relaciones extramatrimoniales con mujeres indígenas y de otros grupos sociales cuyos hijos podían llegar a ser criados en sus casas como parte de la familia o de la servidumbre[112]. Por desgracia, la información sobre estas relaciones se limitan casi siempre a menciones y no permiten ofrecer otro tipo de conclusiones.

La permanencia contingente en el virreinato y la religiosidad protestante de muchos de los migrantes laborales de la región del Mar del Norte hacía que muchos de ellos no desearan casarse ni arraigarse, aunque al parecer, tenían facilidades para dar ese paso. En este sentido, Cornelio Adriano César llegó a asegurar que "...aunque pudiera casarse en esta tierra con una española que tuviera 50.000 o 60.000 pesos no quería casarse porque se quería volver a su tierra siendo toda de herejes"[113]. Tras ser procesados por la inquisición, los migrantes reconciliados que fueron obligados a permanecer en el virreinato como parte de su

---

[111] MALVIDO, 2006, p. 59. como Lucas Prestel, que se casó con la hija de Francisco de Terrazas, y Simón Hernández, natural de Gante, que lo hizo con Juana Bastida, la hija menor del fundador de Colima. AGN, Inquisición, vol. 168, exp. 4, ff. 6-55. AGN, Indiferente General, caja 5172, exp. 33.

[112] Algunos ejemplos: Juan Govart tenía una hija con una criada de Lucas Prestel, su patrón. AGN, Inquisición, vol. 261, exp. 1, f. 10-11v. AGN, Inquisición, vol. 164-2, exp. 6, ff. 130-336. Juan Fino, tenía un hijo en Xoato (quizá Guanajuato) con una esclava negra de Villaseñor. AGN, Inquisición, vol. 51, exp. 3, f. 225. Juan Pablo, estaba casado en Tulancingo, tenía una hija con una india que se llama María que criaba en su casa "por amor de Dios". AGN, Inquisición, vol. 151, exp. 4, ff. 213-299.

[113] AGN, Inquisición, vol. 165, exp. 2, f. 21v.

condena y tampoco parecieron tener obstáculos para casarse y parecen incluso haber sido animados por las autoridades a dar el paso. Pare ellos, el matrimonio podía, de alguna manera, facilitar su avecindamiento y reintegración a través de sus nuevas familias dentro de la comunidad política y religiosa, como sucedió a Cornelio, Daniel Benítez, Guillermo Enríquez y Cristóbal Miguel[114]. Los dos últimos casos son interesantes, porque tanto Enríquez, a quien no se sentenció a pérdida de bienes, como Miguel, quien fue reconciliado y posteriormente habilitado, pudieron reincorporarse relativamente rápido a la vida pública y laboral, y ser incluso considerados "buenos partidos", como explicó la esposa de Cristóbal, Luisa de Castro, razonaron sus padres cuando autorizaron su matrimonio: "porque en aquella razón tenía bien de comer y estaba acreditado", es decir que tenía dinero, honor y prestigio[115].

A través del dinero, el establecimiento de redes familiares y de la complementariedad de sus actividades económicas y productivas con peninsulares y criollos, los septentrionales encontraron también acceso a las corporaciones y privilegios reservados a los españoles; no obstante, este proceso era únicamente posible si podían asimilarse a los códigos y valores de la *comunidad cultura* hispánica[116]. Entre los ajustes que los septentrionales debían hacer, el más evidente era el aprendizaje del castellano. Quienes habían emigrado a la península Ibérica y se incorporaron a la vida laboral siendo niños o jóvenes, contaron con la ventaja de tener las aptitudes propias de la edad y la necesidad de alcanzar una pronta inserción en el medio para garantizar la supervivencia que facilitaba el aprendizaje rápido del castellano o el portugués[117].

Para los inmigrantes adultos, el proceso era mucho más lento y podía llegar a extenderse por varios años o incluso décadas pues, a diferencia

---

[114] Daniel Benítez estaba casado en 1607, después de haber sido procesado por el Santo Oficio, con "una india, Juana María, que fue mujer de un monedero". AGN, Inquisición, vol. 478, exp. 45, ff. 334-335.

[115] Cornelio Adriano César se casó con Luisa de Robles justo después de quedar en libertad en 1604. BAEZ CAMARGO, 1961, p. 71. AGI, Escribanía, 272B, pieza 15. Cristóbal Enríquez se casó con la hija del comerciante Francisco de Vilchis: AGI, Escribanía, 273A, f. 14v, pieza 15.

[116] BARTH, 1969, pp. 15-16.

[117] Cuatro ejemplos. Diego del Valle: "…y llegados a Sevilla, su primo Libem puso a este en la escuela… y estuvo en ella siete y ocho meses". AGN, Inquisición, vol. 165, exp. 2, ff. 14-14v. Gregorio Miguel: "Sabe leer y escribir que aprendió en su tierra y luego en Sevilla por un Martín de la Cruz". AGN, Inquisición, vol. 167, exp. 6, f. 41. Enrique de Montalvo: "Se acomodó en la casa del marqués de Villa Real donde estuvo 8 años sirviendo de paje y andando a la escuela". AGN, Inquisición, vol. 164-2, exp. 9, f. 497v. AGN, Inquisición, vol. 166, exp. 1, f. 8.

de hoy en día, cuando los mayores idiomas en el mundo cuentan con sistemas de aprendizaje y materiales de apoyo para facilitar su enseñanza, en la Edad Moderna la adquisición de nuevas lenguas entre los estratos populares de la sociedad se realizaba y dependía casi exclusivamente del contacto entre personas y de la lectura complementaria de cartillas o libros, si el inmigrante sabía leer, tenía el capital y el tiempo para el estudio. Lo cierto es que un buen número de septentrionales habían sido alfabetizados en sus países y existen indicios fuertes para afirmar que eran asiduos lectores de obras de todo tipo en sus lenguas y en castellano, que eran a las que podían tener mayor acceso[118]. Sin embargo, diferentes elementos como la duración de la estancia de una persona entre la sociedad española, la necesidad, el interés por establecerse y la aceptación de los vecinos que favorecían la convivencia e inmersión en el universo social, cultural y económico del reino, debieron haber jugado un papel clave en la rapidez con que se adquiría el castellano en el terreno novohispano. Jehan Lhermite, quien dejó unas memorias detalladas sobre su paso por la España de finales del siglo XVI, estableció como primera regla de oro para que cualquier extranjero pudiera alcanzar sus objetivos (en su caso era entrar al servicio del rey en el cuerpo de arqueros de Flandes) que se consagrase "con aplicación y denuedo al estudio de la lengua, las costumbres y las circunstancias de esta nación para, por esta vía, ganarme las simpatías de los unos y los otros". Para ello dejó de frecuentar a sus paisanos, se instaló en casa de un natural y dedicó dos meses completos a "escribir, leer o componer" y a "buscar la compañía más adecuada y conveniente… para ejercitarme en la pronunciación y en el buen acento de la lengua española"[119].

Son pocas las referencias sobre cómo aprendieron el castellano los migrantes laborales. En los procesos inquisitoriales, la mayoría de los flamencos y alemanes, independientemente del tiempo que llevaban residiendo en la Nueva España, pidieron a los inquisidores el auxilio de un intérprete por la inseguridad que les producían sus declaraciones, como en el caso del marinero Adrián Cornelius, a quien le parecía haber "dicho dos o tres cosas al revés", el del impresor Cornelio Adriano Cesar, que aceptaba "no entender muy bien", o Martín tonelero, que decía "no

---

[118] Cristóbal Miguel tenía 4 en su casa, Jorge de Brujas 9, Adrián Suster 4, al igual que Cornelio A. Cesar.
AGN, Inquisición, 165, exp. 5, f. 44v. AGN, Inquisición, vol. 164-2, exp. 6, ff. 130-336. AGN, Inquisición, vol. 254A, exp. 6.

[119] LHERMITE, 2005, pp. 104-105.

poderse dar a entender bien en lengua castellana"[120]. A ellos se sumaban situaciones más extremas en donde el acusado rogaba que "por amor de Dios le sea traído un flamenco para que pueda entender lo que se le pregunta", o aquellos que aunque creían no requerirlo, su escaso o nulo conocimiento del idioma volvían indispensable la presencia del traductor[121]. Sin embargo, aunque los datos ofrecen la impresión de una deficiencia casi generalizada en el manejo del castellano, el contexto de su producción bajo condiciones de presión en que se tenían que responder cuestionamientos sobre temas de religión y política pudo haber motivado a más de uno a preferir la intermediación de un intérprete, aún cuando en la vida cotidiana pudieran tener un uso más o menos funcional de la lengua. Otra posibilidad es que, al contemplar su estadía en Nueva España como circunstancial, los septentrionales no quisieran invertir su tiempo en el aprendizaje a profundidad del idioma.

Adquirir el castellano no significaba necesariamente la comprensión de los elementos culturales de la sociedad. Esta deficiencia podía también colocar al extranjero en situaciones difíciles, especialmente porque el uso incorrecto de expresiones o palabras podían herir la sensibilidad de los españoles e incluso ser el pretexto ideal para realizar denuncias ante las justicias civiles o eclesiásticas. En la mayoría de los casos, la reprobación o comprensión del interlocutor estaba estrechamente relacionada con el tiempo y la profundidad de la relación con el extranjero, de modo que la *blasfemia simple* de un marinero al expresar con cólera "por vida de Dios" era reportada directamente mientras que al flamenco que refería a su patrón que Dios era "miserable" en vez de "misericordioso", se le corregía y explicaba la diferencia del significado[122].

El manejo pobre de la lengua podía ser, además, la causa de fuertes conflictos, de exclusión social y sospecha de infidelidad religiosa o política, aún en el caso de extranjeros que llevaran años avecindados. Ya hemos hablado sobre Juan Pablo, natural de la ciudad de la villa de Purmerend en Holanda y vecino desde hacía 16 años en la cabecera de San Juan Cholula que fue aprehendido por la Inquisición por sospechas de herejía en 1592. La delación, la había presentado un fraile del convento

---

[120] AGN, Inquisición, vol. 166, exp. 2, f. 26v. AGN, Inquisición, vol. 165, exp. 1, f. 17. AGN, Inquisición, vol. 165, exp. 6, f. 30. AGN, Inquisición, vol. 165, exp. 5, f. 44v.
[121] AGN, Inquisición, vol. 165, exp. 2, f. 28. AGN, Inquisición, vol. 161, exp. 6. AGN, Inquisición, vol. 166, exp. 6, f. 42. AGN, Inquisición, vol. 167, exp. 7. AGN, Inquisición, vol. 249, exp. 10, f. 107.
[122] AGN, Inquisición, vol. 144, exp. 5, ff. 118v-119. AGN, Inquisición, vol. 151, exp. 2, f. 90.

franciscano de San Gabriel a quien Juan Pablo había preguntado sobre las últimas noticias de las guerras de religión de Francia y los estados de Flandes. Según la versión del religioso, durante la plática, Juan Pablo había defendido la cristiandad y legitimidad de Enrique IV como rey de Francia, así como las creencias y costumbres de los menonitas. En el transcurso de su proceso, el flamenco desmintió la acusación y ofreció un relato contrario en donde él habría reprobado tanto al monarca como a los anabaptistas, a quienes consideraba "los más malos de todos [los herejes]" que había en su país. Al final, el tribunal decidió sobreseer la causa entre otras cosas porque los vecinos del pueblo coincidían en que Juan Pablo era un buen cristiano, que si bien gustaba de conversar sobre la actualidad política europea, era un hombre que no hablaba ni pronunciaba bien el castellano "y es menester particular cuidado para entenderle". Este detalle llevó a su compadre a decir que "no entendía mucho de lo que decía" y algún otro vecino admitir que evitaba su trato porque "no gustaba de oírle"[123].

Si las referencias sobre la adquisición del castellano son escasas, las relativas a las lenguas indígenas son prácticamente nulas, lo cual también nos habla de los límites que existían entre los septentrionales y los pueblos originarios. En 1573, en el contexto de la búsqueda y aprehensión de la tripulación de los desembarcados de la tripulación de John Hawkins que se encontraban dispersos en el virreinato, el inquisidor Pedro Moya de Contreras describió a sus superiores de la Suprema como los flamencos, franceses e ingleses que se encontraban en el reino eran gente que le gustaba vivir y relacionarse con los indios de modo que "con cuidado y diligencia aprenden su lengua y la saben lo que no hacen los españoles". De los 29 ingleses que hasta entonces habían capturado, certificaba que la mayoría "hablaban la lengua mexicana y han tratado con ellos". Este testimonio, si bien importante, no parece dar una idea muy apegada a la realidad de los septentrionales, quienes solían avecindarse entre españoles y castas en zonas preferentemente urbanas del reino. De ahí quizá se explique que un par de años más tarde los inquisidores minimizaran la gravedad del asunto en un momento en que, por el contrario, buscaban obtener la venia de la Suprema para que los reconciliados permanecieran en el virreinato en vez de ser embarcados a Sevilla[124].

Consecuencia directa del contacto con el castellano y del proceso de aclimatación de flamencos y alemanes era españolizar sus nombres e incluso optar por uno parcial o completamente nuevo. La práctica

---

[123] AGN, Inquisición, vol. 151, exp. 4, ff. 213-299.
[124] AHN, Inquisición, leg. 2269. AHN, Inquisición, leg. 2269.

parece haber sido común entre migrantes en la Edad Moderna que al pasar un tiempo en distintos territorios trataban de mimetizarse entre el común, tal cual lo explicaba Sebo Vanderbec [Van der Beek] "que en Francia tenía otro nombre y en Flandes otro… y que entre españoles se había llamado Simón de Santiago"[125]. En Nueva España, la mudanza era realizada también por castellanos que buscaban crear una nueva identidad u obtener mayor prestigio con la adquisición de un nuevo patronímico que, en ocasiones, venía acompañado del uso de un título falso. La situación llegó a ser tan frecuente que, al instaurarse el tribunal inquisitorial de México, los inquisidores solicitaron a la Suprema autorización publicar un edicto para condenar la práctica, porque les impedía rastrear en su jurisdicción a los hijos y familiares de penitenciados en la Península[126].

Entre los flamencos y alemanes, la adquisición de uno o varios alias no implicaba el desuso del nombre original entre los paisanos, sino una dualidad cultural que nos muestra, por un lado, la interacción con la cultura hispánica y, por otro lado, la conservación y a veces uso exclusivo de sus nombres originales entre los miembros del grupo como definición de pertenencia. Lo anterior se muestra en la declaración escrita en neerlandés por el impresor Cornelio Adriano Cesar, en donde identifica al barbero Diego Enríquez como Jacob Hendrycx, al tonelero Jorge de Brujas como Bruysius, a Cristóbal Miguel como Cristopher Harper y a su criado Juan como Hansken (Juanito)[127]. Hacia el exterior, únicamente una pequeña minoría busca conservar sus nombres (Jusepe de la Haye, Adrian Suster, Cornelio Adriano Cesar, Lucas Prester), mientras que la tendencia general parece haber sido la castellanización de los nombres originales que se adoptaba aún en las firmas. Esto último, no obstante, se hacía siguiendo los patrones existentes durante la Edad Moderna en los países germánicos que puede dividirse en dos partes: la del nombre propio y la del apellido[128]. En el primer caso se optaba por usar el nombre de los abuelos, los tíos o los hermanos fallecidos, mientras que el segundo podía seguir distintas vertientes. Algunas familias preferían mantener un patronímico fijo (Suster, Redelick) basado en un nombre, en un lugar (del Valle, del Campo, del Monte), una ciudad (de Brujas, de Murbec, es decir Moerbeke) o el correspondiente a su oficio (Martín

---

[125] AGN, Inquisición, vol. 168, exp. 3, f. 34.
[126] AHN, Inquisición, leg. 2269.
[127] AGN, Inquisición, vol. 166, exp. 2, ff. 50-51. Le llamaban "Juanito" de forma juguetona porque en realidad era alto.
[128] FELLOWS BAILEY, 1965. EPETTERSON, 2009, pp. 54-59.

Tonelero, Enrique Carpintero, Jacobo Artillero), aunque lo más común fue que correspondiera con el nombre del padre, por ejemplo, el de Cornelio Adriano Cesar se llamaba Adriano Cesar, el de Juan Pablo era Pablo Jacobo y Willem Hans, el de Juan Guillermo[129]. Estas opciones en ocasiones se intercambiaban en español de manera que a una misma persona se le podía conocer de varias formas e incluso hubo algunos que llegaron a adquirir un alias completamente nuevo de uso común en los países ibéricos (Duarte, Diego, Daniel, Montalvo, Escobar). Es probable que en esta elección influyera el gusto o que el pseudónimo hubiera sido asignado directamente por los españoles. Pérez-Mallaína sugirió que la variedad regional lingüística de España facilitaba las condiciones para que los maestres de los barcos pudieran hacer pasar a distintas naciones como naturales de los reinos y que ésa podría ser la razón de que los extranjeros aparecieran en las listas de marineros registrados con nombres hispánicos[130]. Esa fue la fuente de inspiración de Juan de la Rosa, quien declaró que ese nombre se lo había puesto "un capitán que se dijo Sancho Vallencillo, vizcaíno, pero que el suyo propio era Jorge Flores"[131].

La castellanización del nombre era una herramienta más a disposición del extranjero durante su proceso de aclimatación, no sólo en la sociedad, sino en las pequeñas comunidades laborales, como las tripulaciones de los barcos, que convivían por meses e inclusive años. Pero además cumplía una función práctica porque le ahorraba al migrante y a su entorno molestias tan superficiales pero cotidianas como el repetir infinidad de veces su nombre original a los oriundos sin lograr que éstos pudieran pronunciarlo con éxito. Sin duda, era más fácil y menos comprometedor presentarse como Simón de Santiago que como Sebo Vanderbec [Van der Beek]. Para las autoridades, por el contrario, el uso de varios pseudónimos entre extranjeros era un problema reconocido que en ocasiones dificultaba la identificación de personas cuando carecían de señas físicas o de vestimenta distintivas. Durante la búsqueda de marineros sospechosos de protestantismo en Veracruz en 1598, el comisario del Santo Oficio envió una carta a los inquisidores para informarles que uno de los acusados mandados a aprehender no se llamaba Duarte sino Juan Pérez "…y ni

---

[129] AGN, Inquisición, vol. 166, exp. 2, f. 26. AGN, Inquisición, vol. 164-2, exp. 6, ff. 309-309v. AGN, Inquisición, vol. 167, exp. 2. AGN, Inquisición, vol. 249, exp. 10, ff. 97-99. AGN, Inquisición, vol. 165, exp. 6, f. 27. AGN, Inquisición, vol. 164-2, exp. 5, f. 242. AGN, Inquisición, vol. 167, exp. 4, f. 16. AGN, Inquisición, vol. 166, exp. 4, f. 10. AGN, Inquisición, vol. 151, exp. 4, f. 266. AGN, Inquisición, vol. 166, exp. 1, f. 8. MIDB, Banc. MSS 95/96.

[130] PÉREZ-MALLAÍNA BUENO, 1992, pp. 65-66.

[131] AGN, Inquisición, vol. 161, exp. 9, 61 ff.

creo hay hombre en su tierra de tal nombre de que acostumbran usar más los portugueses. No reparé en el nombre que aquí tampoco los flamencos suelen llamarse Juan Pérez y así que son nombres que ellos se ponen entre nosotros y no los que tienen en su tierra"[132]. La poca mención de los apellidos entre los hijos de los primeros migrantes no nos permite establecer patrones de comportamiento. Al parecer algunos se inclinaron por el uso del apellido de la madre como primera opción mientras que otros mantuvieron el del padre, como era común en los países de habla hispana. Es probable que la explicación de una u otra opción se encuentre relacionado con distintas estrategias sociales, como en el caso de los mercaderes, quienes solían conservar los apelativos de sus familias en Sevilla.

Entre algunos españoles, criollos y otros grupos, el uso de la lengua materna, ya fuera en su forma escrita u oral, o la exhibición libre de otros elementos culturales (como portar ropa o accesorios) de un extranjero en su sociedad, creaba recelo y desconfianza[133]. Por ello, el dicho de los septentrionales que indicaba "el que quiera vivir entre españoles ha de hacer lo que ellos", aplicaba no únicamente al aspecto religioso sino también al cultural, tal como explicaba Lhermite, quien recomendaba a los recién llegados dejar de:

> …hacer caso a los compatriotas en lo relativo a la conversación y frecuentación familiar, dedicarse nada más llegar al estudio de la lengua, costumbres y circunstancias del país y lo principal y sobre todo tener con precisión delante de los ojos este único objetivo al que la persona aspira, concentrar en él todas las fuerzas y acciones[134].

Efectivamente, porque mantener los lazos grupales y frecuentar reuniones privadas entre los miembros de la comunidad en donde los españoles tenían acceso restringido, ya porque no fueran invitados o ya porque alguna lengua germánica era la que predominaba en esos espacios, despertaba sospecha. Lo que se esperaba del extranjero era que renunciara completamente a su pasado y que se asimilara para desaparecer entre la masa y mostrar de esa forma su *intención* de formar parte de la comunidad; un cambio que no únicamente se esperaba de la gente del común, sino de cualquier persona que pretendiera vivir en una sociedad

---

[132] AGN, Inquisición, vol. 166, exp. 7, f. 3.
[133] Véase capítulo 6.
[134] LHERMITE, 2005, p. 106.

ajena e incluso del monarca[135]. La familia de Adrián Suster, que tenía una composición atípica en el espacio virreinal de finales del siglo XVI, nos ofrece un buen ejemplo. El entallador, natural de Amberes, se había casado con Juana de Vargas, una mujer de Sevilla viuda de un tonelero también antuerpiense de quien había tenido dos hijas: Luisa y María. La primera se casó con el oficial de Suster, el carpintero alemán Andrés Pablos, mientras que la segunda se había unido al barbero holandés, Diego Enríquez[136]. El comportamiento poco ortodoxo de la familia los había puesto bajo la mira vigilante del aprendiz español de Enríquez, Diego de Bonilla y de su amigo, el escribano, Diego de Rueda, entre otras cosas porque los veían junto a otros septentrionales reunirse para cenar e ir a pasear y hacer cosas "de gusto y contento" pero nunca para "hacer colación"[137]. Les parecía que hacían "cosas a escondidas de los españoles y abominan de todas sus cosas en cuanto dicen que son parleros y hombres de mala conciencia"[138]. Efectivamente, como hemos visto, algo de razón tenían los denunciantes. Sabemos que los septentrionales organizaban ese tipo de reuniones privadas para crear espacios de sociabilidad para poder expresarse y validarse como comunidad según sus intereses y criterios dentro de sus propios límites.

Fredrik Barth señaló que "la continuidad de los grupos étnicos como unidades significativas implica una marcada diferencia en el comportamiento a través de, por ejemplo, la persistencia de las diferencias culturales"[139] y es justamente a través de las reuniones donde podemos apreciar que la comunidad de flamencos y alemanes en México tuvo una prolongación temporal en el espacio colonial. Durante la segunda década de 1590, los septentrionales solían juntarse en casa de los toneleros en la calle de Tacuba, en casa de Suster y en la de los hermanos Miguel a comer, tocar música y hablar sobre sus tierras. En la década de 1630 y 1640, este tipo de reuniones seguían realizándose entre viejos y nuevos conocidos en casa de Guillermo Enríquez, Adrian Boot y algunos mercaderes, entre quienes todavía se tocaban los mismos temas de antaño[140]. Es significativo que entre las acusaciones por calvinismo elaboradas por el fiscal del Santo Oficio contra Boot en 1636, se incluyeran conversaciones que habían ocurrido en 1632, en las cuales el ingeniero se quejaba de

---

[135] Véase: GIL PUJOL, 2004 pp. 52-53. GARCÍA GARCÍA, 2004, 385-419.
[136] AGN, Inquisición, vol. 164-2, exp. 6, ff. 130-336.
[137] *Ibídem,* ff. 298-307.
[138] *Ídem.*
[139] BARTH, 1969, pp. 15-16.
[140] Véase capítulo 6.

las "injustas guerras" que todavía tenía el rey con los estados rebeldes de Holanda y Zelanda, de forma muy similar a como sus paisanos lo hacían 30 años atrás:

> […] dándole renombre de *valerosos* en la milicia, *sagaces y prudentes* en todas sus acciones y en especial con grandes ponderaciones al *rey hereje de Suecia* (Gustavo Adolfo en 1632)… diciendo de él que en la milicia era el *primer hombre del mundo, sintiendo* su muerte y diciendo asimismo que los dichos herejes *holandeses eran valientes guerreros* y que si quisieren *vendrían* (como en efecto *habían de venir*) con una gruesa armada a la Veracruz y que *conquistarían este reino* y que él lo sabía muy bien[141].

Otras declaraciones en su contra aseguraron que en otra comida que Boot había ofrecido en su casa "hablando en lengua flamenca" les había dicho que no existía el Purgatorio y cuando los invitados "escandalizados" amenazaron con irse, cambiaron todos de tema al de las guerras de Flandes[142].

---

[141] AGN, Indiferente Virreinal, caja 5574, exp. 57, ff. 115-128v, 194-195v.
[142] *Ídem.*

Conclusiones

Durante la segunda mitad del siglo XVI y la primera del XVII, el desarrollo de la economía colonial y la posición geográfica estratégica de Nueva España como punto de unión entre los sistemas atlántico y pacífico español transformaron al territorio en uno de los principales ejes geohistóricos americanos y, por ende, como uno de los receptores más vitales de migración forzada y libre internacional. En este escenario de rápido crecimiento urbano, de constante apropiación de la tierra y de explotación de los recursos naturales a costa del trabajo esclavizado (en sus distintas acepciones) de la mano de obra no europea y de tránsito de materias primas, los inmigrantes laborales y mercantiles originarios del Mar del Norte encontraron condiciones atractivas para conseguir empleo, desarrollar sus negocios, mejorar sus oportunidades de vida y acumular capital para establecerse, volver a sus países o ayudar a sus familias.

A lo largo de este trabajo, mostramos cómo la llegada de estos migrantes en el virreinato contribuyó a generar cambios políticos, económicos y sociales perceptibles desde varios ángulos que funcionaron como elementos articuladores de la monarquía hispánica. En la primera parte, señalamos cómo, desde mediados del siglo XVI, el arribo e integración progresiva de europeos no españoles en las Indias comenzó a ser motivo de debates en distintos sectores de la sociedad que estimularon la injerencia de la Corona para modificar los regímenes de pertenencia locales a través de la creación de legislación, del perfeccionamiento del andamiaje institucional de la justicia seglar y espiritual, y de la puesta en marcha de acciones concretas que excluían a los extranjeros considerados inconvenientes para sus intereses y los de sus vasallos. A pesar de las diferencias regionales y de la adecuación jurídica a las circunstancias locales, el poder de la Corona para promover la circulación de información y las actuaciones coordinadas y sistemáticas que involucraban a varias capas de la sociedad sobre dichos grupos desde mediados del siglo XVI, tuvieron un peso incuestionable en la creación de una definición más precisa de la categoría de extranjero como enemigo político y espiritual esencialmente similar en todos los nodos del mundo hispánico.

Dos mecanismos tuvieron especial relevancia a lo largo de este proceso en América. Por un lado, la asociación hecha por la Inquisición entre ciertas etnicidades y la herejía (portugueses con judeoconversos y europeos septentrionales con protestantismo) fue una pieza fundamental para sembrar la duda generalizada sobre la ortodoxia religiosa de estos grupos y, al mismo tiempo, para reafirmar la casticidad o ideal de pureza religiosa y étnica que funcionaba como principal pilar de la "españolidad". Dentro del razonamiento providencialista que operaba en la Europa moderna, al señalar a los *otros* europeos como posibles heterodoxos, los españoles se reafirmaban ante el resto de los grupos sociales como el verdadero pueblo elegido por Dios, el único que había permanecido puro y que se erigía como modelo de ortodoxia y devoción a emular, pero al que nadie podría llegar a igualar porque el resto era portador de una eterna mácula, ya fuera pagana (indígenas, asiáticos, africanos) o heréticos (judíos, cristianos nuevos, protestantes). Aunque esta identificación no privó automáticamente a los *otros* europeos de acceder a los derechos reservados a los españoles, como sí sucedió con los otros grupos sociales[1], la posibilidad de que los extranjeros fueran portadores de ideas heterodoxas los posicionó como sujetos de constante vigilancia y cuestionamiento, así como en blancos de discriminación.

Por otro lado, si bien las *composiciones de extranjeros* eran una penalización, su componente fiscal (el pago del arbitrio) fue rápidamente identificado por los españoles como una forma de *pecho*, que en las Indias se reservaba a indígenas, negros y castas. Dentro de la lógica del sistema jerárquico colonial, las composiciones sirvieron para diferenciar a la población colonizadora, pues, aunque cualquier europeo podía llegar a ser vecino por prescripción en las Indias, únicamente los nacidos en los reinos de Castilla o sus hijos criollos gozaban del privilegio de la completa exención fiscal. Como se desprende del testimonio de Mendoça[2], la introducción de este cambio reforzó la asociación entre españolidad –entendida en este caso como naturaleza– y la vecindad, un factor que aporta indicios importantes para entender la creciente asociación entre vecindad y naturaleza que Herzog identificó hacia finales del siglo XVII en Caracas y Buenos Aires[3]. Ambos mecanismos, a los que se sumaron un buen número de

---

[1] NAVARRETE LINARES, 2018, pp. 17-28.
[2] Véase capítulos 2 y 3.
[3] HERZOG, 2003, p. 55.

comisiones y represalias, generaron un régimen discriminatorio en los territorios indianos que explica el incremento de solicitudes y concesiones de reconocimientos formales de todo tipo. En ese sentido, si bien es cierto que en América la clasificación de personas era definida a través de prácticas sociales mayormente nacidas *desde abajo*, como destacó Herzog, nuestro estudio muestra que éstas estuvieron fuertemente influenciadas por las acciones realizadas *desde arriba*.

Un fenómeno que se evidencia a partir del análisis paralelo de los cambios en los regímenes de pertenencia en la comunidad política y en la espiritual es el aumento cuantitativo y cualitativo de las iniciativas para regular la movilidad y actividades de migrantes europeos no españoles en Indias desde finales del siglo XVI. La respuesta cada vez más radical de las autoridades se sustentó, en buena medida, en una opinión pública inspirada en las perspectivas políticas y económicas que venían ganando terreno en Europa. En el primer caso, el ideal de la política como arte de gobernar con justicia y razón para el bien común de la república comenzó a sustituirse por la llamada razón de Estado, es decir, la subordinación de la política a las necesidades del monarca[4]. A ello se sumó el avance del pensamiento mercantilista que concebía las relaciones económicas como una competencia basada en la lucha de poder internacional *a todo o nada* entre rivales por obtener el control de territorios y recursos antes de que el antagonista los consiguiera para su beneficio[5].

Esta evolución en el plano de las ideas políticas y económicas interpretadas siempre desde el razonamiento providencialista, fue el armazón que sostuvo y fomentó la intensificación de opiniones originadas generalmente desde o en apoyo a las élites mercantiles de "naturales" en el debate público, en que se señalaba de forma reiterada a los extranjeros como los culpables de todos los males de España. Como vimos, en este discurso maniqueo, se presentaba a los rivales económicos como el principal conducto por donde se fugaban los recursos económicos del monarca y de las colonias hacia el exterior, especialmente a través del contrabando y el fraude –en los que también los "naturales" participaban activamente– que generaban enormes pérdidas en las recaudaciones tributarias con dos consecuencias nefastas para los intereses de la Corona: la disminución de los recursos que podían ser destinados a la defensa y expansión de la monarquía y el acaparamiento de esos mismos recursos en manos de actores privados esparcidos en los principales centros comerciales a escala global y de los príncipes antagonistas. En América, además, las condiciones de escasa

---

[4] VIROLI, 1992, pp. 1-10, 238-280. FERNÁNDEZ-SANTAMARÍA, 1986.
[5] MAGNUSSON, 2018, pp. 47-48. CONCA MESSINA, 2019, capítulo 8.

protección militar que había en las poblaciones costeras para hacer frente a los ataques avivaron los señalamientos contra los extranjeros residentes como una latente amenaza para la seguridad interna por su dudosa lealtad doctrinal y política. La desconfianza constante de los colonizadores acerca de los grados de fidelidad de las poblaciones subordinadas de indígenas, negros y *castas* que vivían en condiciones de marcada asimetría y de las intenciones coloniales de otros países en las Indias, volvía a los extranjeros en una potencial amenaza interna como posibles instigadores de rebeliones libertadoras o como coadjutores de sus compatriotas con medios e información, o lo que en términos contemporáneos llamaríamos *inteligencia militar,* para realizar ataques desde el exterior.

A pesar de su notoriedad, las opiniones y políticas de exclusión en contra de los extranjeros se veían limitadas en los hechos desde varios planos. Desde el punto de vista jurídico, los cambios introducidos en la legislación en la cédula de 1561 para reconocer como naturales de los reinos a los europeos no españoles con al menos 10 años de vecindad, que fueran útiles a la república (trabajadores) y excluir a los problemáticos (mercaderes); así como las competencias otorgadas a los alcaldes del crimen para juzgar en primera y segunda instancia sobre los casos de extranjeros que carecían de licencias de viaje a las Indias y a los oidores para dirimir las apelaciones de los condenados a expulsión por las justicias de corte, otorgaron a los letrados de la Audiencia un papel protagónico para dictaminar el cumplimiento o sobreseimiento de las disposiciones regias.

Como vimos, este recurso que nacía de la concepción casuística del derecho, funcionó como un freno ante los posibles abusos de poder que pudieran desprenderse de la aplicación de la nueva legislación que regularmente se enviaba desde Madrid para que los virreyes y gobernadores sancionaran la presencia y actividades de los "extranjeros" en plural, un colectivo heterogéneo y en gran parte indefinido, cuyos integrantes podían llegar a acumular una buena cantidad de privilegios individuales o corporativos en la comunidad de los reinos y en la(s) comunidad(es) local(es). La coexistencia de distintas formas de derecho en una extensa área geográfica obligaba a evaluar los casos particulares a partir de sus cualidades en relación con las circunstancias del momento para no romper el delicado sistema de pactos y reciprocidades en que reposaba el *statu quo*. Esta "traba", que imposibilitaba en buena medida ejecutar en su totalidad las cédulas regias o facilitaba justificar su incumplimiento, no pasó desapercibida para los agentes de la Corona, que abogaron en repetidas ocasiones por simplificar la operatividad de la legislación suprimiendo temporalmente la jurisdicción de los letrados de la Audiencia y asignando, en cambio, competencias especiales a los jueces de comisión para sancionar la presencia y actividades de los europeos no españoles en ambos lados del Atlántico. Esta propuesta, si bien se puso en práctica por virreyes como Guadalcázar o Galves, fue finalmente descartada por el Consejo de Indias en razón de sus efectos contraproducentes para el bien común y por las ventanas que abría para crear justicias intermedias a las regias que debilitaran la soberanía de la Corona. En consecuencia, el papel de las justicias locales para dirimir las expulsiones de los extranjeros se mantuvo prácticamente inalterado a lo largo del siglo XVII y quizá sea esa una de las causas que ayude a explicar también la poca eficacia que tuvieron las órdenes de expulsión durante el periodo borbónico[6].

Asimismo, los acuerdos diplomáticos y alianzas alcanzados por la Corona en el contexto internacional funcionaron como un obstáculo para actuar contra las poblaciones de extranjeros en Indias. Los tratados de paz firmados con Francia (1598) y especialmente con Inglaterra (1604) y los Países Bajos (1609), por ejemplo, inauguraron un periodo de mayor intercambio comercial y, en consecuencia, favorecieron la movilidad y la penetración mercantil de europeos no españoles en el conjunto de los territorios del mundo hispánico al hacerse extensivas las cláusulas secretas del Tratado de Londres a los territorios indianos en los hechos. Unido a ello y para prevenir malentendidos que pudieran poner en riesgo los convenios internacionales, Felipe III optó por disminuir las competencias en todos sus territorios de los tribunales inquisitoriales y aumentar la de las autoridades y justicias seculares para interactuar con dichas poblaciones. Las nuevas circunstancias, que ceñían la actuación inquisitorial a aquellos casos de quienes se tuviera certeza de haber delinquido en los territorios españoles, significaron un cambio en la estrategia del tribunal que favorecía, muy a su pesar, la persuasión a partir de las *denuncias espontáneas* para atraer a los protestantes al seno de la Iglesia. La *reconciliación*, a su vez, se sumó a los recursos que podían ser utilizados por los migrantes para moverse libremente en las Indias.

El mecanismo más importante de resistencia a las opiniones contra los extranjeros era, no obstante, el sistema abierto de integración a las comunidades locales que permitía el avecindamiento de cualquier migrante europeo en las ciudades hispánicas si éste mostraba, a través de sus acciones e intenciones, que deseaba permanecer en ellas. A esta práctica se unía la permanente necesidad de las ciudades de atraer inmigración para hacer frente a su constante déficit de mano de obra especializada y

---

[6] Véase BIERSACK, 2016.

hacer más atractivos sus mercados para mantener su funcionamiento y expansión, de la cual, sobra decir, dependía la proyección de la empresa imperial hispánica en América. Eran las urbes, es decir sus gobiernos, corporaciones y ciudadanos, quienes, a partir de una serie de mecanismos de inclusión y exclusión, regulaban la permanencia de migrantes en sus localidades en relación a sus necesidades. En el contexto de integración de los mercados del norte y sur europeo y de expansión de la economía colonial, los artesanos, criados, marineros y soldados que se veían expulsados de los circuitos de trabajo de la Región del Mar del Norte encontraron una alternativa para ganarse la vida en las florecientes provincias indianas. En estos territorios con una enorme capacidad de absorción y redistribución de mano de obra, los migrantes neerlandeses y alemanes se convirtieron en un suministro regular de mano de obra desde las últimas décadas del siglo XVI gracias, en buena parte, a su capacidad para adaptarse a las variaciones de la oferta y la demanda laboral locales en razón de sus distintos grados de especialización en varios sectores productivos y a su flexibilidad para desplazarse en medianas y largas distancias. En otras palabras, más que ser un elemento disruptivo de la sociedad, como la mayor parte de la historiografía de la América colonial ha representado a estos grupos, los migrantes europeos equilibraron[7] las carencias de los mercados laborales marítimos y urbanos del sistema colonial.

Como vimos, esta migración fue predominantemente masculina y contemplada en gran medida por sus protagonistas como una estrategia temporal para acumular dinero y volver a sus países de origen. La mayoría de estas personas apenas dejaron registros en las fuentes documentales debido que siguieron patrones circulares que los mantenían en constante movilidad entre los puertos europeos, americanos y asiáticos de la monarquía, en donde había buenas oportunidades para encontrar vacantes en la navegación transoceánica y de cabotaje a cambio de retribuciones atractivas. De este grupo, tan sólo una pequeña proporción llegó a internarse en el virreinato con la intención de obtener empleo, en ocasiones animados por los reclutadores enviados a los puertos o por la información que se difundía a través de las redes de paisanos que recorrían los corredores transoceánicos y transcontinentales desde mediados del siglo XVI. En este proceso, mostramos cómo las facilidades ofrecidas por las sociedades locales para promover la atracción y la integración de los migrantes a través de la oferta de empleo y de ayudas (otorgamiento o

---

[7] Sobre las funciones equilibrante en los procesos migratorios véase: HOERDER, 2005, (1997), pp. 73-84.

exención de licencias para ejercer oficios, mercedes, admisión a canales de asistenacia social, etc) fueron elementos fundamentales que incentivaron sus desplazamientos. Para las urbes, el valor de estos migrantes residía en sus conocimientos para realizar ciertos oficios sumamente valorados por el capitalismo mercantil por su especificación o *rareza*, y que eran necesarios para satisfacer las necesidades de sus habitantes, mantener su preeminencia sobre otras urbes y la producción y oferta de objetos de lujo que, precisamente, coinciden con los enlistados por Balbuena en el último fragmento de su poema:

> Oficiales de varias profesiones
> cuantos el mundo vio y ha conocido
> la experiencia maestra de invenciones.
>
> *Dejo los ordinarios en el olvido*
> *que aunque en primores sale de ordinario*
> *lo precioso en lo raro es conocido.*
>
> Joyeros, milaneses[8], lapidarios
> relojeros, naiperos, bordadores
> vidrieros, botijas, herbolarios
>
> Farsantes, arquitectos, escultores
> armeros, fundidores, polvoristas
> libreros, estampistas, impresores.
>
> Monederos, sutiles alquimistas,
> ensayadores y otros que se ensayan
> a ser de un nuevo mundo cronistas[9].

Fueron estos migrantes quienes tuvieron más oportunidades para establecerse por periodos prolongados o de forma permanente y constituir la red de relaciones que sustentaba la comunidad de septentrionales en el virreinato. En la década de 1590, esta malla era lo suficientemente grande y extendida para proporcionar estructuras de apoyo y generar empleos que eran ofertados en primera instancia a miembros del mismo grupo. Todo ello, a su vez, fomentó la atracción de más paisanos y propició la movilidad regional de migrantes en circuitos de empleo

---

[8] Milanés en el sentido del mercader que tiene tienda con mercancía variada y sugestiva: COVARRUBIAS, 1611.
[9] BALBUENA, 1604, p. 113. Las cursivas son nuestras.

embrionarios esparcidos en varios puntos estratégicos de la producción minera e industrial de Nueva España, similares a los que existían en Europa.

El estudio de transmisión tecnológica que presentamos muestra claramente tanto la diligencia de autoridades y vecinos para localizar a migrantes expertos en áreas clave para el desarrollo del proyecto colonial, como el impacto transversal que la introducción de estas innovaciones tuvo en la sociedad, la política, la economía y las instituciones del eje geohistórico novohispano. La rápida captación de un emigrante especialista en minería y metalurgia realizada por las autoridades con el fin de producir aguafuerte y poder cobrar los derechos regios del oro proveniente de Filipinas en 1591 hizo posible la realización de un rápido ensaye y detección de contenido de oro en la plata extraída de las vetas descubiertas en San Luis Potosí en 1592. El conocimiento que poseía este individuo en metalurgia y minería con especialización en el ensaye de metales preciosos potenció la localización de los materiales –probablemente gracias a la apropiación de conocimientos de los pueblos indígenas sobre el territorio– y su explotación rentable que garantizó la producción sostenida de salitre y de sus derivados, el aguafuerte y la pólvora, así como para obtener cantidades de metal áureo lo suficientemente importantes al introducir su circulación en el reino.

Las consecuencias de estas actividades fueron diversas y dilatadas. En términos generales las innovaciones representaron una aumento en los cobros de derechos regios y en la acumulación de capital entre los mercaderes de metales a partir de prácticas abusivas en todos los procesos de obtención de metal (rescate y apartado), en su comercialización y su uso como sistema preferente de crédito a partir de la venta fingida de cadenas de oro con condiciones que aportaba a la élite mercantil enormes márgenes de beneficio, como ha mostrado Martínez López-Cano[10]. Desde el punto de vista defensivo, el incremento en la producción de salitre hizo posible alcanzar momentos de autoabastecimiento de pólvora en el virreinato y el aprovisionamiento de explosivo para la Armada de Indias, los presidios de Caribe y, probablemente, también de Filipinas, en un periodo de intensificación de los enfrentamientos armados en el espacio Atlántico y Pacífico, paradójicamente, con las Provincias Unidas. No está demás recalcar que el desarrollo de estas actividades, gestionado mayormente por los migrantes neerlandeses, y su impacto ambiental tuvo un costo o *externalidad negativa* para los pueblos indígenas del Valle de

---

[10] MARTÍNEZ LÓPEZ-CANO, 2008, pp. 21-72.

México quines, también, se vieron forzados a aportar mano de obra de *repartimiento directo* para garantizar el suministro de materias primas y combustible para la producción del nitro y sus derivados que tuvieron repercusiones directas en sus personas y comunidades. Todas estas actividades vinieron a engrosar la larga lista de actividades que desempeñaban ya para los colonizadores. Aunado a ello, la refinación del salitre y sus derivados, así como el apartado de metales, fue una actividad más que estimuló la demanda de esclavos en el territorio, puesto que las labores más pesadas y riesgosas, tanto en la elaboración del nitro y sus derivados como en el apartado de metales, eran realizadas por operarios africanos y asiáticos cautivos que trabajaban en los obradores en condiciones inhumanas. En contraste, la expansión empresarial de los septentrionales generó puestos de trabajo asalariados que fueron generalmente reservados para sus paisanos. Además de existir un aspecto solidario en esta elección, no se debe perder de vista la función de la confianza como elemento para ejercer control grupal, así como la presencia de ciertos valores y rasgos culturales comunes (como la lengua) entre los miembros del grupo que facilitaban la transmisión de conocimientos tecnológicos adecuados para la realización de labores que requerían mayor especialización

Otro ejemplo del papel facilitador y regulador de la migración de las comunidades locales lo encontramos en el apoyo que brindó un sector de los almaceneros novohispanos a los miembros de las principales familias mercantiles flamencas de Sevilla para que penetraran exitosamente en la plaza mexicana. Como pudimos mostrar, a finales del siglo XVI, la llegada de jóvenes miembros de estas parentelas comenzó a intensificarse y sustituir como encomenderos a sus socios naturales en el virreinato y a formar un ramal de la nación en México. Todo indica que este fenómeno formó parte de una serie de estrategias puestas en marcha por la comunidad para hacer frente a las adversidades que estaban afectando sus negocios en la península (medidas de guerra económica contra embarcaciones de las provincias rebeldes de los Países Bajos y limitaciones impuestas al comercio extranjero para participar en el monopolio indiano), y para responder al reacomodo económico que estaba teniendo el comercio atlántico. En efecto, la consolidación de Nueva España como uno de los principales ejes económicos de la monarquía, el desarrollo de dinámicas de circulación de mercancías, caudales e información en el espacio del Pacífico y la tendencia de los mercados americanos a "emanciparse" de la Península, volvió un recurso de vital importancia para los mercaderes flamencos el envío de agentes propios que representaron sus intereses, minimizaron riesgos y costos e incrementaron su cartera de clientes.

El apoyo de los mercaderes locales fue fundamental para que los flamencos ensancharan su red de corresponsales en el interior del virreinato, a través de los cuales distribuían sus mercancías y géneros de la tierra importados de Andalucía y podían tener acceso a, e incluso acaparar, los productos coloniales de mayor demanda en Europa, como los colorantes, especialmente la grana, cuya producción ejercía cada vez más presión sobre los pueblos indígenas productores. A su vez, el posicionamiento de la comunidad neerlandesa en Sevilla como la principal importadora de las manufacturas y financiadores en capital y especie colocó a sus corresponsales en Indias en una posición ventajosa para ofertar servicios a los mercaderes locales (transmisión de dinero, compra de mercancía, escrituras de riesgo, de préstamo marítimo, obtención de créditos, etc.) de forma directa y para llevar a cabo prácticas monopolísticas a través del ocultamiento de mercancía para influir en la estructura de los precios. Carentes de corporaciones formales propias de representatividad, los flamencos aceleraron su integración a las sociedades locales para gozar de los privilegios como vecinos y ampararse de posibles represalias en razón de su origen. Su adaptación exitosa se basó en buena parte en la reproducción de estrategias usadas por los mercaderes novohispanos para alcanzar el ascenso y prestigio social a través de sus lazos con las élites eclesiásticas (fundación de obras pías, construcción de capillas, donaciones a conventos, participación en cofradías) y civiles (compra de cargos públicos, obtención de títulos honoríficos y membresías en Consulado de mercaderes).

A partir del estudio del monto de las contrataciones en los registros de ida y vuelta de la flota de Nueva España logramos percibir la importancia de los negocios indianos en la rápida consolidación de las principales familias de mercaderes flamencas entre los cargadores más acaudalados de la península. La acumulación de capital derivada de estos tratos, como vimos, fue uno de los factores que, junto a su papel protagónico como importadores de manufacturas europeas, su rápida integración social a través de la adquisición de bienes raíces y heredades, así como su creciente participación en el pago de derechos regios, dotó a este colectivo de mayor poder para la negociación con la Corona y los gobiernos locales que resultaron en privilegios exclusivos como la creación del consulado de la nación en 1615 y su participación preponderante en el Almirantazgo de los Países Septentrionales hasta 1628.

Carentes, asímismo, de redes familiares, los migrantes neerlandeses y alemanes dependieron de las relaciones con sus paisanos para alcanzar sus objetivos. En razón de su origen geográfico común, compartían rasgos lingüísticos y valores culturales que facilitaban la formación de redes sociales y la solidaridad entre personas a pesar de provenir de un área extensa y diversa. Si bien estos elementos explican en buena medida la formación de comunidades de septentrionales en varios puntos de la monarquía hispánica, nuestro estudio revela que la formación de comunidades, como el que encontramos en Nueva España, fue resultado de los procesos de convivencia que surgieron en los contextos locales. La falta de corporaciones de representación en donde pudieran dirimir sus problemas, por ejemplo, obligó a los mercaderes flamencos a tratar de mantener una actitud conciliadora y de unión para no desprestigiarse como colectivo. La heterogeneidad religiosa empujó a los migrantes laborales a desarrollar varias estrategias de convivencia que sirvieron para diferenciarse como comunidad dentro de la sociedad virreinal a la vez que crearon límites internos *grosso modo* entre católicos y protestantes. Estos últimos, que en Europa mantenían sus discrepancias y conflictos, minimizaron sus diferencias doctrinales en el entorno colonial movidos en parte por la necesidad común de simular sus creencias de forma exitosa para reducir el riesgo a ser denunciados en la Inquisición. Fueron los paisanos más aclimatados quienes sirvieron de guía a los recién llegados para aprender las prácticas devocionales locales y poder mantener, al mismo tiempo, sus creencias y formas de religiosidad que, como vimos, fueron asumidas como formas de resistencia cotidianas contra el catolicismo y la tiranía del rey contra su pueblo.

Un elemento importante que reforzó la identificación de los septentrionales fue la presión implícita ejercida sobre los europeos no españoles para sustituir sus códigos y valores culturales por los castellanos. Este tránsito era un requisito indispensable para integrarse entre los colonizadores, puesto que su *españolidad* era el elemento que los diferenciaba del resto de los grupos sociales. En ese sentido, la asimilación de los migrantes era una parte importante de la contrucción de su reputación en la sociedad de acogida y una de las muestras más claras de su voluntad para arraigarse en ella. Junto a la integración laboral, la compra de bienes raíces y el ejercicio de privilegios y obligaciones, creemos que la exigencia implícita a someterse a un proceso de asimilación cultural funcionó en la práctica como una de las principales formas de discriminación de los extranjeros en las sociedades del mundo hispánico y, por lo tanto, como la forma más eficaz de regulación de la migración en las urbes de la América colonial.

Bibliografía

Acosta Saignes, Miguel, *Historia de los portugueses en Venezuela*, Caracas, Publicaciones de la Dirección de Cultura de la Universidad Central, 1959.

Agrícola, Gregorio, *De Re Metallica*, Nueva York, Dover Publications, 1950.

Aguado de los Reyes, Jesús, «Comercio en tiempos de guerra: extranjeros en Castilla durante las guerras con Francia y Portugal (1621-1655)» en C. Martínez Shaw y M. Alfonso Mola (dirs.), *España en el comercio marítimo internacional (s. XVII-XIX)*, Madrid, Universidad Nacional de Educación a Distancia, Varia, 2009, pp. 71-110.

——. «Lisboa, Sevilla, Amberes, eje financiero y comercial en el sistema atlántico (primera mitad del siglo XVII)» en C. Martínez Shaw y J. M. Oliva Melgar, *El Sistema Atlántico español (siglos XVII-XIX)*, Madrid, Marcial Pons, 2005, pp. 101-126.

Aguilera Barchet, B., «El procedimiento de la Inquisición española» en *Historia de la Inquisición en España y América. El conocimiento científico y el proceso histórico de la Institución (1478-1834),* vol. II, Madrid, Biblioteca de Autores Cristianos, Centro de Estudios de la Inquisición, 1993, pp. 334-558.

Alberro, Solange, *Inquisición y sociedad en México, 1571-1700*, México, Fondo de Cultura Económica, 1998.

Alcalá-Zamora y Queipo del LLano, José, *España, Flandes y el mar del norte, 1618-1639,* Barcelona, Planeta, 1975.

——. *La empresa de Inglaterra. (La Armada Invencible: fabulación y realidad)*, Madrid, Real Academia de la Historia, 2004.

Allen, Poul C., *Felipe III y la Pax Hispánica, 1598-1621*, Madrid, Alianza Editorial, 2001.

Alloza Aparicio, Angel, «La Junta del Almirantazgo y la lucha contra el contrabando, 1625-1643» en *Espacio, Tiempo y Forma*, IV-16, 2003, pp. 217-253.

——. «Las Tesorería de las Haciendas del Contrabando, 1647-1697» en C. Martínez Shaw y

M. Alfonso Mola (dirs.), *España en el comercio marítimo internacional (s. XVII-XIX)*, Madrid, Universidad Nacional de Educación a Distancia, Varia, 2009, pp. 115-116.

——. *Europa en el mercado Español. Mercaderes, represalias y contrabando en el siglo XVII*, Salamanca, Junta de Castilla y León, 2006.

——. «Guerra económica y proteccionismo en la europa del siglo XVII: el decreto de Gauna a la luz de nuevos documentos contables» en *Tiempos Modernos*, 24, 2012, pp. 1-34.

Altman, Ida, *Transatlantic Ties in the Spanish Empire*, California, Stanford University Press, 2000.

―――― y Lockhart, James, (eds.), *Provinces of Early Mexico. Variants of Spanish American Regional Evolution*, California, University of California, Los Angeles, Latin American Center Publications, 1976.

―――― y Horn, James, «Introduction» en I. Altman y J. Horn, *To Make America. European Emigration in the Early Modern Period*, Berkeley, California, University of California Press, 1991, pp. 1-29.

―――― «A New World in the Old: Local Society and Spanish Emigration to the Indies» en I. Altman y J. Horn, *To Make America. European Emigration in the Early Modern Period*, Berkeley, California, University of California Press, 1991, pp. 30-58.

―――― «Moving around and moving on: Spanish Emigration in the Sixteenth Century» en J. Lucassen y L. Lucassen, *Migration, Migration History, History. Old Paradigms and New Perspectives*, Bern, Peter Lang, 2005, pp. 253-270.

Álvarez Alonso, Fermina, «Herejes ante la Inquisición de Cartagena de Indias», *Revista de la Inquisición* (Madrid), Universidad Complutense, 6, 1997, pp. 239-269.

Álvarez, Luis Alonso, *El costo del imperio asiático. La formación colonial de las islas Filipinas bajo el dominio español, 1565-1800*, México, Instituto Mora, Universidad da Coruña, 2009.

Alvarez de Toledo, Cayetana, *Politics and Reform in Spain and Viceregal Mexico. The life and thought of Juan de Palafox 1600-1659*, Oxford University Press, 2004.

Amadori, Arrigo, *Negociando la obediencia. Gestión y regorma de los virreinatos americanos en tiempos del conde-duque de Olivares (1621-1643)*, España, Consejo Superior de Investigaciones Científicas, Universidad de Sevilla, Diputación de Sevilla, 2013.

Anzoátegui, Victor Tau, «Provincial and Local Law of the Indies, A research program» en Thomas Duve y Heikki Pohlajamäki, (eds.), *New Horizons in Spanish Colonial Law. Contributions to Transnational Early Modern Legal History*, Frankfurt am Main, Max Planck Institute, 2015, pp 235-255.

―――― *El jurista en el Nuevo Mundo. Pensamiento, Doctrina, Mentalidad*, Frankfurt am Main, Max Planck Institute, 2016.

Archivo General de la Nación, *Libro primero de votos de la Inquisición, 1573-1600*, México, Archivo General de la Nación, Universidad Nacional Autónoma de México, México, Imprenta Universitaria, 1940.

Aregui Zamorano, Pilar, *La Audiencia de México según sus visitadores. Siglos XVI y XVII*, México, Universidad Nacional Autónoma de México, 1981.

Arnade, Peter, *Beggars, iconoclasts and civic patriots. The political culture of the Dutch revolt*, London, Cornell University, 2008.

Ayán, Carmén y García García, Bernardo J., *Banca, crédito y capital. La Monarquía Hispánica y los antiguos Países Bajos (1505-1700)*, Madrid, Fundación Carlos de Amberes, 2006.

Baez Camargo, Gustavo, (alias Pedro Gringoire), «Protestantes enjuiciados por la Inquisición», *Historia Mexicana* (México), El Colegio de México, vol. XI-2, 1961, pp. 46-48.

Bakewell, Peter J., *Minería y sociedad en el México colonial. Zacatecas (1546-1700)*, México, Fondo de Cultura Económica, 1997.

—— «La minería en la Hispanoamérica colonial», en L. Bethell, Leslie, (ed.), *Historia de América Latina*, t. 3, América Latina Colonial: Economía, Barcelona, Crítica, 2003, pp. 50-54.

Barba, Álvaro Alonso, *Arte de los metales en que se enseña el verdadero beneficio de los de oro, y plata po azogue. El modo de fundirlos todos y como se han de refinar, y apartar unos de otros*, Sevilla, Ayuntamiento de Lepe, Fundación Río Tinto y Fundación El Monte, 1995 (1640).

Barbosa Homen, Pedro, *Discursos de la iuridica y verdadera razón de Estado, formados sobre la vida, y acciones del rey don Juan el II, de buena memoria, rey de Portugal, llamado vulgarmente el príncipe perfecto*. Coimbra, imprenta de Nicolás Carvallo, 1629.

Barclay, Katie, "The early modern family", en Anna French, «Eealy Modern Childhood. An introduction» Londres y Nueva York, Routledge, 2019.

Bargalló, Modesto, *La minería y la metalurgia en la América española durante la época colonial*, México, Fondo de Cultura Económica, 1955.

Barth, Fredrik, «Introduction» en F. Barth (ed.), *Ethnic Groups and Boundaries. The social organization of Culture Difference*, Oslo, Universitetsforlaget, 1969, pp. 9-38.

Bataillon, Marcel, *Erasmo y España: Estudios sobre la historia espiritual del siglo XVI*, México, Fondo de Cultura Económica, 1995.

Baudot, Georges, «Fray Andrés de Olmos y la penetración del luteranismo en México nuevos datos, nuevos documentos», *Nueva revista de filología hispánica,* El Colegio de México, 40-1, 1992, pp. 223-232.

Bazarte Martínez, Alicia, *Las cofradías de españoles en la ciudad de México (1526-1689)*, México, Universidad Autónoma Metropolitana, 1989.

Bearthe, Jean-Pierre, *Estudios de Historia de la Nueva España. De Manila a Sevilla*, Guadalajara, Universidad de Guadalajara, Centre D'Etudes Mexicaines et Centroméricaines, 1994, pp. 157-170.

Bergsma, Wiebe, «The Low Countries» en B. Scribner, R. Porter y M. Teich, *The Reformation in National Context,* Cambridge, Cambridge University Press, 1994, pp. 67-79.

Bernal, Antonio-Miguel, *La financiación de la Carrera de Indias (1624-1824). Dinero y crédito en el comercio colonial español con América,* Madrid, Consorcio Urbanístico del Pasillo Verde Ferroviario de Madrid, 1992.

—— «La Casa de la Contratación de Indias: del monopolio a la negociación mercantil privada (siglo XVI) en Enriqueta Vila Vilar, Antonio Acosta Rodríguez y Adolfo Luis González Rodríguez, (coords.), Sevilla, Consejo Superior de Investigaciones Científicas, Universidad de Sevilla, 2004, pp. 129-160.

—— «Holanda y la Carrera de Indias: el sistema colonial español: de paradigma un modelo en entredicho» en A. Crespo Solana y M. Herrero Sánchez, (cords.), *España y las 17 provincias de los Países Bajos. Una revisión historiográfica (XVI-XVIII)*, vol. 2, Córdoba, Universidad de Córdoba, Ministerio de Asuntos Exteriores, Fundación Carlos de Amberes, 2002, pp. 641-674.

—— *España, proyecto inacabado. Costes/beneficios del Imperio,* Madrid, Marcial Pons, 2005.

Bernand, Carmen y Gruzinski, Serge, *Historia del Nuevo Mundo, Del descubrimiento a la Conquista. La experiencia europea, 1492-1550,* México, Fondo de Cultura Económica, 1996.

Bertrand, Michel, «Las redes de la sociabilidad en Nueva España: Fundamentos de un modelo familiar en México (siglos XVII-XVIII)» en G. Baudot (coord.), *Poder y desviaciones: Génesis de una sociedad mestiza en Mesoamérica,* México, Siglo XXI Editores, 1998, pp. 103-133

Biersack, Martin, «Las prácticas de control sobr los extranjeros en el virreinato del Río de la Plata (1630-1809), *Revista de Indias,* 2016, LXXVI-268, pp. 673-716.

Blumentritt, Fernando, *Ataques de los holandeses en los siglos XVI, XVII y XVIII,* Madrid, Fortanet, 1882.

Bochove van, Christiaan, «Market integration in the North Sea System (1600-1800)» en Hanno Brand y Leos Müller, *The dynamics of the Economic Culture in the North Sea Region in the Late Middle Ages and Early Modern Period,* Hilversum, Verloren, 2007, pp. 155-169.

Bonialian, Mariano, «La "ropa de la China" desde Filipinas hasta Buenos Aires. Circulación, consuma y lucha corporativa, 1580-1620» en *Revista de Indias,* vol LXXVI, No. 268, 2016.

—— *La América Española: entre el pacífico y el atántico: Globalización mercantil y economía política, 1580-1840,* México, El Colegio de México, 2020.

Borah, Woodrow, «The Portuguese of Tulancingo and the Special Donativo of 1642-1643» en *Jahrbuch für Geschichte von Staat, Wirtschaft un Gesellschaft Lateinamerikas*, vol. IV, 1967, pp. 386-398.

Bossy, John, «Moral Arithmetic: Seven sins into Ten Commandments» en E. Leites, (ed.), *Conscience and Casuistry in Early Modern Europe*, Cambridge, Cambridge University Press, 1988, pp. 214-234.

Boxer, Charles Ralph, *The Dutch Seaborne Empire, 1600-1800*, Hutchinson, Penguin, 1965.

Boyd-Bowman, Peter, «Patterns of Spanish Migration to the Indies Until 1600», *Hispanic American Historical Review,* 56-4, 1976, pp. 580-604.

Bradley, Peter T., «El Perú y el mundo exterior. Extranjeros, enemigos y herejes (siglos XVI-XVII)», *Revista de Indias*, LXI/233, 2001, pp. 651-671.

—— *British Maritime Enterprise in the New World from the Late Fifteenth to the Mid-Eighteenth Century*, Wales, Edwin Mellen Press, 1999.

Brady, Thomas, Jr., «'You Hate Us Priests': Anticlericalism, Communalism, and the Control of Women» en P. A. Dykema y H. A. Oberman (eds.), *Anticlericalism in Late Medieval and Early Modern Europe,* Leiden, Brill, pp. 167-207.

Brambilla, Elena, «Ways of Exclusion in Catholic and Protestant Communities» en J. Carvalho (ed.), *Religion and Power in Europe: Conflict and Convergence*, Pisa, Edizione Plus, 2007, pp. 111-129.

Brand, Hanno y Müller, Leos, (eds.), *The Dynamics of Economic Culture in the North Sea- and Baltic Region in the Middle Ages and Early Modern Period,* Hilversum, Uitgeverij Verloren, 2007.

Brecht, Martín, «Luther's Reformation» en T. Brady, H. A. Oberman y J. D. Tracy (eds.), *Handbook of European History 1400-1600. Late Middle Ages, Renaissance and Reform,* vol. 2, Leiden, E.J. Brill, 1995.

Brito González, Alexis D., *Los extranjeros en las Canarias orientales en el siglo XVII,* tesis para recibir el grado de doctor en historia, Las Palmas de Gran Canaria, Universidad de las Palmas de Gran Canaria, 2000.

Bruijn, Jaap R., «Career Patterns» en P. C. van Royen, J. R. Bruijn y J. Lucassen, *Those Emblems of Hell? European sailors and the Maritime Labour Market, 1570-1870.* Newfoundland, Memorial University of Newfoundland, 1997.

Buchanan, Brenda J. (coord.), *Gunpowder, Explosives and the State: A Technological History*, Londres, Ashgate, 2006.

Burdick, Bruce Stanley, *Mathematical Works Printed in the Americas*, Estados Unidos, The John Hopkins University Press, 2009.

Burke, Peter, *Languages and Communities in Early Modern Europe,* Cambridge, Cambridge University Press, 2004.

Burbank, Jane y Cooper, Frederick, *Empires in World History. Power and the politics of difference,* Princeton, Princeton University Press, 2010.

Bustos Rodríguez, Manuel, «Los extranjeros y los males de España y América en los tratadistas hispanos (siglos XVI-XIX)» en *Revista de historia moderna y contemporánea,* núm. 8-9, 1996-1997, pp. 47-70.

Büschges, Christian, «¿Absolutismo virreinal? La administración del marqués de Gelves revisada (Nueva España, 1621-1624)» en Anne Dubet y José Javier Ruiz Ibañez, *Las monarquías española y francesa (siglos XVI-XVIII). ¿Dos modelos políticos?,* Madrid, Casa de Velázquez, 2010, pp. 31-44.

Caballero Juárez, José Antonio, *El régimen jurídico de las armadas de la Carrera de Indias siglo XVI y XVII,* México, Universidad Nacional Autónoma de México, 1997.

Cabañas, María Dolores, «The Difficulties of Integrating and Assimilating Converted Jews (conversos) in Medieval Castile and León» en J. Carvalho, (ed.), *Religion and Power in Europe: Conflict and Convergence*, Pisa, Edizione Plus, 2007, pp. 77-101.

Calderón, Francisco R., *Historia Económica de la Nueva España en tiempos de los Austrias*, México, Fondo de Cultura Económica, 1988.

Carande Thovar, Ramon, Carlos V y sus banqueros, Barcelona, Crítica, 1943.

Cardenas Gutiérrez, Salvador, «La lucha contra la corrupción en la Nueva España según la visión de los neostóicos», *Historia Mexicana*, LV-3 (2006), pp. 717-765.

Carlos Morales, Carlos Javier de, *Felipe II: el imperio en bancarrota. La Hacienda de Castilla y los negocios financieros del Rey Prudente*, Madrid, Dilema, 2008.

Carmagnani, Marcelo, Hernández Chávez, Alicia y Romano, Ruggiero, (coords.), *Para una historia de América,* 2 vols., México, Fondo de Cultura Económica y El Colegio de México, 1999.

Carrasco Machado, Ana Isabel, «'Por mi palabra y mi fe real…': el papel del juramento regio en el conflicto sucesorio (1468-1480)» en L. A. Ribot García, J. Valdeón Baruque y E. Maza, *Isabel La Católica y su época,* Valladolid, Universidad de Valladolid, 2007, pp. 401-417.

Carrera Estampa, Manuel, *Los gremios mexicanos. La organización gremial en Nueva España 1521-1821*, México, Ibero Americana de Publicaciones, 1954.

Casado Alonso, Hilario, «El papel de las colonias mercantiles castellanas en el Imperio Hispánico (siglos XV y XVI)» en J. J. Ruiz Ibáñez, (coord.), *Las vecindades de las Monarquías Ibéricas*, Madrid, Red Columnaria, Fondo de Cultura Económica, 2013, pp. 355-374.

—— Las colonias de mercaderes castellanos en Europa (siglos XV y XVI)» en A. Hilario Casado Alonso (coord.), *Castilla y Europa. Comercio y mercaderes en los siglos XIV, XV y XVI,* Burgos, Excma. Diputación Provincial de Burgos, 1995, pp. 53-56.

—— «Los agentes castellanos en los puertos Atlánticos: Los ejemplos de Burdeos y de los Países Bajos (siglos XV y XVI)» en A. Fábregas García, (ed.), *Navegación y puertos en la época medieval y moderna*, Granada, Universidad de Granada, 2012, pp. 163-194.

Casas, Bartolomé de las, *Brevísima relación de la destrucción de las Indias*, Argentina, Stockcero, 2006.

Cassey, James, *España en la Edad Moderna. Una historia social,* Valencia, Universitat de València, 2001.

Castañeda Delgado, Paulino y Hernandéz Aparicio, Pilar, *La Inquisición de Lima (1570-1635)*, Madrid, Deimos, 1989.

Castillo Gómez Antonio, James S. Amelang y Serrano Sánchez Carmen, (eds.), *Opinión pública y espacio urbano en la Edad Moderna,* Gijón, Trea, 2010.

Castro, Americo, *La realidad histórica de España,* México, Editorial Porrúa, 1987.

Centenero de Arce, Domingo, «¿Republicanismo castellamo? Una visión entre las historias de las ciudades y las Actas Capitulares» en Manuel Herrero Sánchez (ed.), *Repúblicas y republicanismos en la Europa moderna (siglos XVI-XVIII),* Madrid, Red Columnaria, Fondo de Cultura Económica, 2017, pp. 127-156.

Céspedes del Castillo, Guillermo, «La defensa de América» en F. Ruiz Martín, *La monarquía de Felipe II,* Madrid, Real Academia de la Historia, 2003, pp. 381-412.

—— *Las Casas de Moneda en los Reinos de Indias. Las cecas indianas en 1536-1825*, Madrid, Museo Casa de la Moneda, 1996.

Charles Lea, Henry, *A History of the Inquisition of Spain,* vol. 2, United States of America, Macmillan Company, 1906.

Chaunu, Perre y Chaunu Huguette, *Seville et l'Atlantique (1504-1650)*, t. VIII, Paris, Librairie Armand Colin, 1955.

Chevalier, François, *La formación de los latifundios en México. Haciendas y sociedad en los siglos XVI, XVII y XVIII*, México, Fondo de Cultura Económica, 1999.

Chocano Mena, Magdalena, *La fortaleza docta. Elite letrada y dominación social en México colonial (siglos XVI-XVII)*, Barcelona, Ediciones Bellatierra, 2000.

Cipolla, Carlo M., *Historia económica de la Europa preindustrial,* Madrid, Alianza Editorial, 1992.

Clark, Peter, (ed.), *The European Crisis of the 1590's: Essays in Comparative History,* Londres, Allen & Unwin, 1985.

Clavero, Bartolomé, *Antidora. Antropología católica de la economía moderna,* Milán, Giuffrè Editore, 1991.

—— *Sevilla, Consejo y Audiencia: Invitación a sus ordenanzas de justicia,* Sevilla, Guadalquivir Ediciones, 1995.

Conca Messina, Silvia A., *A History of States and Economic Policies in Early Modern Europe,* Reino Unido, Routledge, 2019.

Concha, Ignacio de la, «El Almirantazgo de Sevilla. Notas para el estudio de las instituciones mercantiles de la Edad Moderna», *Anuario de Historia del Derecho Español* (Madrid), 19, (1948-1949), pp. 459-525.

Contreras, Jaime, *El Santo Oficio de la Inquisición de Galicia (poder, sociedad y cultura),* Madrid, Akal, 1982.

—— «Las coyunturas políticas e inquisitoriales de la etapa» en J. Pérez Villanueva y B. Escandell Bonet, *Historia de la Inquisición en España y América. El conocimiento científico y el proceso histórico de la Institución (1478-1834)»,* vol. I, Madrid, Biblioteca de Autores Cristianos, Centro de Estudios de la Inquisición, 1993a, pp. 701-708.

—— «Reinado de Felipe III: Pacifismo y cuestión morisca», en J. Pérez Villanueva y B. Escandell Bonet, *Historia de la Inquisición en España y América. El conocimiento científico y el proceso histórico de la Institución (1478-1834),* vol. I, Madrid, Biblioteca de Autores Cristianos, Centro de Estudios de la Inquisición, 1993b, pp. 709-712.

—— «El control de los extranjeros: piratas ingleses, etc...» en J. Pérez Villanueva y B. Escandell Bonet, *Historia de la Inquisición en España y América. El conocimiento científico y el proceso histórico de la Institución (1478-1834),* vol. I, Madrid, Biblioteca de Autores Cristianos, Centro de Estudios de la Inquisición, 1993c pp. 877-879.

―― «Suavización de las relaciones con el exterior», en J. Pérez Villanueva y B. Escandell Bonet, *Historia de la Inquisición en España y América. El conocimiento científico y el proceso histórico de la Institución (1478-1834)*, vol. I, Madrid, Biblioteca de Autores Cristianos, Centro de Estudios de la Inquisición, 1993d, pp. 892-896.

―― «Estructura de la actividad procesal del Santo Oficio» en J. Pérez Villanueva y B. Escandell Bonet, *Historia de la Inquisición en España y América. El conocimiento científico y el proceso histórico de la Institución (1478-1834)*, vol. II, Madrid, Biblioteca de Autores Cristianos, Centro de Estudios de la Inquisición, 1993e, pp. 588-632.

Conway, George Robert Graham, *An English Man and the Mexican Inquisition, 1556-1560*, México, impresión del autor, 1927.

Cope, R. Douglas, *The limits of Racial Domination. Plebeian Society in Colonial Mexico City, 1600-1720*, Wisconsin, University of Wisconsin Press, 1994.

Cortés, Hernán, *Cartas de Relación*, Madrid, Editorial Castalia, 1993.

Covarrubias y Orozco, Sebastián, *Tesoro de la lengua castellana o española*, Madrid, Luis Sánchez impresor, 1611.

Crailsheim, Eberhard, «Extranjeros entre dos mundos: Una aproximación proporcional entre las colonias de mercaderes extranjeros en Sevilla. 1570-1650», *Jahrbuch für Geschichte Lateinamerikas*, 48, 2011, pp. 179-202.

―― *The Spanish Connection. French and Flemish Merchant Networks in Seville (1570-1650)*, Viena, Böhlau Verlag, 2016.

Crespo Pinto, V., «Control ideológico: Censura e 'índices de libros prohibidos'» en J. Pérez Villanueva y B. Escandell Bonet, *Historia de la Inquisición en España y América. El conocimiento científico y el proceso histórico de la Institución (1478-1834)*, vol. I, Madrid, Biblioteca de Autores Cristianos, Centro de Estudios de la Inquisición, 1993, pp. 648-661.

Crespo Solana, Ana, *El comercio marítimo entre Ámsterdam y Cádiz (1713-1778)*, Estudios de historia económica, núm. 40, España, Banco de España, 2000.

Entre Cádiz y los Países Bajos. Una comunidad mercantil en la ciudad de la ilustración, Cádiz, Fundación Municipal de Cultura, 2001.

―― «Las comunidades mercantiles y el mantenimiento de los sistemas comerciales de España, Flandes y la República Holandesa, 1648-1750» en A. Crespo Solana y M. Herrero Sánchez (coords.), *España y las 17 provincias de los Países Bajos. Una revisión historiográfica (XVI-XVIII)*, Córdoba, Universidad de Córdoba, Ministerio de Asuntos Exteriores, Fundación Carlos de Amberes, 2002a, pp. 444-467.

―― «El patronato de la nación flamenca y alemana gaditana en los siglos XVII y XVIII: trasfondo social y económico de una institución piadosa» en *Studia Histórica: Historia Moderna*, 24 (2002b), pp. 297-329.

―― «Nación extranjera y cofradía de mercaderes. El rostro piadoso de la integración social» en M. B. Villar García y C. Pezzi, (dirs.), *Los extranjeros en la España moderna*, vol. 2, Málaga, Ministerio de Ciencia e Innovación,

2003, pp. 175-188.

—— *Mercaderes Atlánticos. Redes del comercio flamenco y holandés entre Europa y el Caribe,* Córdoba, Universidad de Córdoba, Caja Sur Publicaciones, 2009.

—— «Elementos de transnacionalidad en el comercio flamenco-holandés en Europa y la Monarquía Hispánica» en *Cuadernos de Historia Moderna,* Anejo X, 2011, pp. 55-76.

Cuevas, Mariano, *Documentos inéditos del siglo XVI para la Historia de México,* México, Editorial Porrúa, 1975.

—— *Historia de la Iglesia en México,* t. II*,* México, Editorial Patria, 1946.

Dargent Chamot, Eduardo, *Presencia flamenca en la Sudamérica colonial,* Lima, Universidad San Martín de Porres, 2001.

De Vries, Jan *Economy of Europe in an Age of Crisis, 1600-1750*, Cambridge, Cambridge University Press, 1976.

—— y Van der Woude, Ad, *The First Modern Economy. Success, failure and perseverance of the Dutch Economy, 1500-1815*, Cambridge, Cambridge University Press, 1997.

Delacueva Muñoz, Jaime J. *La plata del rey y sus vasallos*, Sevilla, CSIC, Universidad de Sevilla, Diputación de Sevilla, 2013.

Delichman, Mauricio y Hans-Joachim Voth, *The borrower from hell. Debt, taxes and default in the age of Philip II,* New Jersey, Princeton University Press, 2014.

Díaz Blanco, José Manuel y Fernández Chávez, Manuel, «Una élite en la sombra: los comerciantes extranjeros en la Sevilla de Felipe III» en E. Soria Mesa y J. Miguel Delgado Barrado, (eds.), *Las élites en la época moderna: La monarquía española. Economía y Poder*, Córdoba, Universidad de Córdoba, 2009, pp. 35-50.

—— *Así trocaste tu gloria. Guerra y comercio colonial en la España del siglo XVII,* Madrid, Instituto Universitario de Simancas, Marcial Pons, 2012.

Dollinger, Phillipe, *The German Hansa,* California, Stanford University Press, 1970.

Domínguez Ortiz, Antonio, «El Almirantazgo de los Países Septentrionales y la política económica de Felipe V», *Hispania: Revista espa*ñola de h*istoria*, 27, 1947, pp. 272-290.

—— *Los judeoconversos en España y América*, Istmo, 1988.

—— *Estudios Americanistas*, Madrid, Real Academia de la Historia, 1998.

—— *Los extranjeros en la vida española durante el siglo XVII y otros artículos*, Sevilla, Diputación provincial de Sevilla, 1996.

—— *Política y hacienda de Felipe IV*, España, Ediciones Pegaso, 1983.

Dubet, Anne, «Felipe III, las Cortes y las ciudades», Mélanges de la Casa de Velázquez, 34-2, 2004, pp. 59-89.

Duke, Alastair, *Dissident Identities in the Early Modern Low Countries,* Great Britain, Ashgate, 2009.

—— *Reformation and the Revolt in the Low Countries,* London, The Hambledon Press, 1990.

Ebert, Christopher «*Dutch Trade with Brazil Before the Dutch West India Company, 1587-1621*» en J. Postma y V. Enthoven, *Riches from Atlantic Commerce. Dutch Transatlantic Trade and Shipping, 1585-1817*, Leiden, Brill, 2003, pp. 49-75.

Echagoyan, Francisco, *Tablas de reducciones de monedas y valor de todo género de oro y plata…* México, Imprenta de Enrico Martínez, 1603. Cortesía de John Carter Brown Library

Edelmayer, Friederich, «Lansquenetes del sacro Imperio al servicio de la Monarquía Católica en el siglo XVI» en Enrique García Hernán, coord., *Presencia germánica en la milicia española, Revista Internacional de Historia Militar,* 93-2015, pp. 29-62.

Egido, Teófanes y Ladero Quesada, Miguel-Ángel, «Pobreza y sociedad en España. Siglos XV-XVIII. Algunos aspectos generales e investigaciones recientes» en T. Riis, (ed.), *Aspects of Poverty in Early Modern Europe II. Les réactions des pauvres à la pauvreté,* Odense, Odense University Press, 1986, pp. 59-75.

Elliott, John H., *El conde-duque de olivares: el político en una época de decadencia*, España, Crítica, 2004.

Encinas, Diego de, *Cedulario Indiano, recopilado por Diego de Encinas oficial mayor de la Escribanía de la Cámara del Consejo Supremo y Real de las Indias*, 4 vols., Madrid, Ediciones Cultura Hispánica, 1945.

Epetterson, Gween F., *New Netherland Roots,* Meryland, Clearfield, 2009.

Escamilla González, Ivan, *Los intereses malentendidos. El consulado de comerciantes de México y la Monarquía Española, 1700-1739.* México, Universidad Nacional Autónoma de México, 2012.

Escandell Bonet, Bartolomé, «Las adecuaciones estructurales: establecimiento de la Inquisición en Indias» en J. Pérez Villanueva y B. Escandell Bonet, *Historia de la Inquisición en España y América. El conocimiento científico y el proceso histórico de la Institución (1478-1834),* vol. I, Madrid, Biblioteca de Autores Cristianos, Centro de Estudios de la Inquisición, 1993a, pp. 713-722.

—— «La peculiar estructura administrativa y funcional de la Inquisición española en Indias» en J. Pérez Villanueva y B. Escandell Bonet, *Historia de la Inquisición en España y América. El conocimiento científico y el proceso histórico de la Institución (1478-1834),* vol. I, Madrid, Biblioteca de Autores Cristianos, Centro de Estudios de la Inquisición, 1993b, pp. 633-668.

—— «Sociología inquisitorial americana» en J. Pérez Villanueva y B. Escandell Bonet, *Historia de la Inquisición en España y América. El conocimiento científico y el proceso histórico de la Institución (1478-1834),* vol. II, Madrid, Biblioteca de Autores Cristianos, Centro de Estudios de la Inquisición, 1993c, pp. 841-881.

—— «La Inquisición americana en la política indiana de Carlos V» en J. Martínez Millán, (coord.), *Carlos V y la quiebra del humanismo político en*

Europa (1530-1558), Madrid, Sociedad Estatal para la Conmemoración de los Centenarios de Felipe II y Carlos V, 2000, pp. 81-102.

Escobar Quevedo, Ricardo, *Inquisición y judaizantes en América Española, siglos XVI y XVII*, Colombia, Universidad del Rosario, 2008.

Escudero, José Antonio, *Estudios sobre la Inquisición*, Madrid, Marcial Pons, 2005.

Esteban Estríngana, Alicia, *Guerra y finanzas en los Países Bajos católicos. De Farnesio a Spínola (1592-1630)*, Madrid, Ediciones del Laberinto, 2002a.

Esteban Estríngana, Alicia, «Administración militar y negocio de guerra en los Países Bajos católicos. Siglo XVII» en A. Crespo Solana y M. Herrero Sánchez, *España y las 17 provincias de los Países Bajos. Una revisión historiográfica (XVI-XVIII)*, Córdoba, Universidad de Córdoba, Ministerio de Asuntos Exteriores, Fundación Carlos de Amberes, 2002b, pp. 65-100.

—— «'Entrar en asientos con naturales de Flandes'. Asentistas flamencos en la corte de Felipe IV» en M. B. Villar García y C. Pezzi, (dirs.), *Los extranjeros en la España moderna*, vol. 2, Málaga, Ministerio de Ciencia e Innovación, 2003, pp. 195-215.

—— «Preludio de una pérdida territorial. La suspensión del Consejo Supremo de Flandes a comienzos del reinado de Felipe V» en A. Álvarez-Osorio, B. J. García García y v. León, Virginia, (eds.), *La pérdida de Europa. La guerra de Sucesión por la Monarquía de España,* Madrid, Fundación Carlos de Amberes, 2007, pp. 335-378.

Everaert, John, *De internationale en koloniale handel der Vlaamse firma's te Cadiz, 1670-1700*, Brugge, De Tempel, 1973.

Ewald, Ursula, *La industria salinera de México, 1560-1994*, México, Fondo de Cultura Económica, 1997.

Eymerico, Nicolao, *Manual de Inquisidores para uso de las inquisiciones de España y Portugal*, Montpellier, Imprenta de Feliz Aviñón, 1821.

Fagel, Raymond, «En busca de Fortuna. La presencia de Flamencos en España 1480-1560» en M. B. Villar García y C. Pezzi, (dirs.), *Los extranjeros en la España moderna*, vol. 2, Málaga, Ministerio de Ciencia e Innovación, 2003, pp. 325-333.

—— «Cornelis Deque. Un mercader flamenco en la Castilla del siglo XV. Un debate sobre el concepto de 'vecindad' y 'naturaleza' entre mercaderes» en A. Hilario Casado (ed.), *Castilla y Europa. Comercio y mercaderes en los siglos XIV, XV y XVI*, Burgos, 1995, 241-263.

—— *De Hispano-Vlaamse wereld. De contacten tussen Spanjaarden en Nederlanders 1496-1555*. Proefschrift KU Nijmegen. Archief- en Bibliotheekwezen in België Extranummer, 52, Brussel, Nijmegen, 1996.

Fajardo Espínola, Francisco, *Las conversiones de protestantes en Canarias. Siglos XVII y XVIII,* Las Palmas de Gran Canaria, Ediciones del Cabildo Insular de Gran Canaria, 1996.

Farr, James, *Artisans in Europe, 1300-1914,* Cambridge, Cambridge University Press, 2000.

Fauvre-Chamoux, Antoinette y Wall, Richard, «Domestic servants in comparative perspective. Introduction», *The History of the Family*, 10-4, 2005, pp. 345-354.

Feliciano Velázquez, Primo, *Historia de San Luis Potosi*, tomo II, México, Sociedad Mexicana de Geografía y Estadística, 1946-1948.

Fellows Bailey, Rosalie, *Dutch Systems in Family Naming: New York and New Jersey*, Núm. 12, United States of America, Genealogical Publications of the National Genealogical Society, 1965.

Fernández, Avilés, M., «El Santo Oficio en la primera etapa carolina» en J. Pérez Villanueva y B. Escandell Bonet, *Historia de la Inquisición en España y América. El conocimiento científico y el proceso histórico de la Institución (1478-1834)*, vol. I, Madrid, Biblioteca de Autores Cristianos, Centro de Estudios de la Inquisición, 1993a, pp. 443-487.

—— «Las modificaciones estructurales pre-valdesianas» en J. Pérez Villanueva y B. Escandell Bonet, *Historia de la Inquisición en España y América. El conocimiento científico y el proceso histórico de la Institución (1478-1834)*, vol. I, Madrid, Biblioteca de Autores Cristianos, Centro de Estudios de la Inquisición, 1993b, p. 598-612.

Fernández Bulete, Virgilio, «El duque de Escalona, virrey de la Nueva España, 1640-1642» en Antonio Gutiérrez Escudero y Ana Isabel Martínez Ortega coords., *Ciencia, economía y política en Hispanoamérica colonial*, Sevilla, Consejo Superior de Investigaciones Científicas, 2001, pp. 291-304.

Fernández Chaves-Rafael, Manuel F. y Pérez García, M., «La penetración económica portuguesa en la Sevilla del siglo XVI» en *Espacio, Tiempo y Forma*, serie IV, Historia Moderna, t. 25, 2012, pp. 199-222.

Fernández Delgado, Rogelio, *La ruptura del pensamiento económico castellano en el siglo XVII: Juan de Mariana y Sancho de Moncada*, tesis doctoral, Madrid, Universidad Complutense de Madrid, 2003.

Fernández Navarrete, Pedro, «Del donativo voluntario» en *Conservación de las monarquías*, Biblioteca de Autores Españoles, Madrid, M. Rivadeneira, 1853.

Fernández-Santamaría, José A., *Razón de Estado y política en el pensamiento político español del Barroco (1595-1640)*, Madrid, Centro de Estudios Constitucionales, 1986.

Fisher, Andrew B., y O'Hara Matthew, «Introducción. Racial Identities and their interpreters in Colonial Latin America» en Andrew Fisher y Matthew O'Hara, *Imperial Subjets: Race and Identity in Colonial Latin America*, 2009, pp. 1-38.

Florescano, Enrique, «Formación y estructura económica de la hacienda en Nueva España» en L. Bethell, Leslie, (ed.), *Historia de América Latina*, t. 3, América Latina Colonial: Economía, Barcelona, Crítica, 2003, pp. 92-121.

Fontaine, Laurence, *History of Pedlars in Europe*, Cambridge, Polity Press, 1996.

Forshay, W. F., «Los lagos alcalinos de Norteamérica y sus depósitos salinos», *Boletín de la sociedad geológica mexicana*, t. IX-3, 1936.

Frontela Carreras, Guillermo, «La enseñanza de la artillería dependiente del Consejo de Indias», *Militaria, revista de cultura militar,* 10, 1997, pp. 277-290.

Gage, Thomas, *El inglés americano. Sus trabajos por mar y tierra o un nuevo reconocimiento de las Indias Occidentales*, México, Libros del Umbral, 2001.

García Abasolo, Antonio F., *Martín Enríquez y la reforma de 1568 en Nueva España,* Sevilla, Diputación provincial de Sevilla, 1983.

Gandhi, Leela, *Postcolonial theory: A critical instoduction* (2a edición), New York, Columbia University press, pp. 296

García-Baquero González, Antonio, «Los extranjeros en el tráfico con Indias: Entre el rechazo legal y la tolerancia funcional» en M. B. Villar García y C. Pezzi, (dirs.), *Los extranjeros en la España moderna*, vol. 1, Málaga, Ministerio de Ciencia e Innovación, 2003, pp. 73-99.

García Bernal, Manuela Cristina, «Maestres y señores de naos en el comercio marítimo de Yucatán (siglos XVI)» en *XI Congreso Internacional de la Asociación Española de Americanistas* (Actas), Murcia, 2006, pp. 33-52.

García de León, Antonio, «La malla inconclusa. Veracruz y los circuitos comerciales lusitanos en la primera mitad del siglo XVII» en A. Ibarra, Antonio y G. del Valle Pavón del, (coords.), *Redes sociales e instituciones comerciales en el imperio español, siglos XVII a XIX, México,* Instituto Mora, Universidad Nacional Autónoma de México, 2007, pp. 41-83.

García Fuentes, Lutgardo, *Los peruleros y el comercio de Sevilla con las Indias, 1850-1630,* Sevilla, Universidad de Sevilla, 1997.

García García, Bernardo J., «La nación flamenca en la corte española y el Real Hospital de San Andrés ante la crisis sucesoria (1606-1706)» en A, Álvarez-Osorio, B. J. García García, y V. León, (eds.), *La pérdida de Europa. La guerra de Sucesión por la Monarquía de España,* Madrid, Fundación Carlos de Amberes, pp. 379-444.

—— «Precedentes de la Unión de los Reinos. La unión de las Españas en tiempos de Felipe III» en A. A. Álvarez-Ossorio y B. J. García García, (eds.), *La Monarquía de las naciones. Patria, Nación y Naturaleza en la Monarquía de España,* Madrid, Fundación Carlos de Amberes, 2004, pp. 385-419.

—— *La Pax Hispánica: Política exterior del Duque de Lerma,* Leuven, Leuven University Press, 1996.

García Hernán, Enrique, «Introducción. Relaciones militares entre España y el Imperio» en Enrique García Hernán, coord., *Presencia germánica en la milicia española, Revista Internacional de Historia Militar,* 93, 2015, pp. 9-28.

García-Mauriño Mundi, *La pugna entre el Consulado de Cádiz y los jenízaros por las exportaciones de Indias (1720-1765)*, Sevilla, Universidad de Sevilla, 1999.

Gash Tomás, José Luis, «Textiles asiáticos de importación en el mundo hispánico, c. 1600. Notas para la historia del consumo a la luz de la nueva historia trans-'nacional'» en D. Munoz Navarro, *Comprar, vender y consumir. Nuevas aportaciones a la historia del consumo en la España moderna*, Valencia, Publicaciones de la Universidad de Valencia, 2011, pp. 55-76.

Gelderblom, Oscar C., «From Antwerp to Amsterdam: The Contribution of Merchants from the Southern Netherlands to the Commercial Expansion of Amsterdam (C. 1540-1609)», *Fernand Braudel Center Review*, 26/3 (2003), pp. 247-282.

—— *Cities of Commerce. The Institutional Foundation of International Trade in the Low Countries, 1250-1650,* Princeton, Princeton University Press, 2013.

Gerhard, Peter, *Geografía histórica de la Nueva España, 1519-1621*, México, Universidad Nacional Autónoma de México, 1986.

Gibson, Charles, *Los aztecas bajo el dominio español, 1519-1810*, México, Siglo XXI Editores, 1984.

Gil Martínez, Francisco, «La venta de cargos en Indias en tiempos de Olivares: el conde de Castrillo» en *Anuario de Estuidos Americanos,* 74-1, 2017, pp. 97-126.

Gil Pujol, Xavier, «Un rey, una fe, muchas naciones» en A. A. Álvarez-Ossorio y B. J. García García, (eds.), *La Monarquía de las naciones. Patria, Nación y Naturaleza en la Monarquía de España,* Madrid, Fundación Carlos de Amberes, 2004, pp. 52-53.

Ginzburg, Carlo, *Tentativas,* Michoacán, Universidad Michoacana de San Nicolás de Hidalgo, 2003.

—— y Poni, Carlo, «El nombre y el cómo: intercambio desigual y mercado historiográfico» en *Tentativas,* Michoacán, Universidad Michoacana de San Nicolás de Hidalgo, 2003.

Girard, Albert, *El comercio francés en Sevilla y Cádiz en tiempos de los Habsburgo,* Sevilla, Renacimiento, 2006.

Glete, Jan, *Warfare at Sea, 1500-1650: Maritime Conflicts and the transformation of Europe*, London, Routledge, 1999.

—— *War and the State in Early Modern Europe*, London, Routledge, 2002.

Gómez Centurión Jimenez, Carlos, *Felipe II, la empresa de Inglaterra y el comercio septentrional (1566-1609),* Madrid, Editorial Naval, 1988.

—— «Las relaciones hispano-hanseáticas durante el reinado de Felipe II» en *Revista de Historia Naval,* 15, 1986, pp. 65-83.

Gómez-Tabanera, J. M., *Franceses en la Florida*, Madrid, Historia 16, 1990.

González Alonso, Benjamin, «El conde duque de Olivares y la administración de su tiempo» en Anuario de historia del derecho español, 59, 1989, pp. 5-48.

González Novalín, J. L., «Reorganización valdesiana de la Inquisición española» en J. Pérez Villanueva y B. Escandell Bonet, *Historia de la Inquisición en España y América. El conocimiento científico y el proceso histórico de la Institución (1478-1834)»,* vol. I, Madrid, Biblioteca de Autores Cristianos, Centro de Estudios de la Inquisición, 1993, p. 613-647.

González Obregón, Luis, *Libros y libreros en el siglo XVI*, México, Archivo General de la Nación, 1914.

Goodare, Julian, «Scotland» en B. Scribner, R. Porter y M. Teich, (eds.), *The Reformation in National Context,* Cambridge, Cambridge University Press, pp. 95-111.

Gooskens, Charlote et al., «Mutual intelligibility between closelyrelated languages in Europe», International Journal of Multilingualism, 15:2, 2018, pp. 169-193.

Gordon, Bruce, «The Changing Face of Protestant History and Identity in the Sixteenth Century» en B. Gordon, (ed.), *Protestant History and Identity in Sixteenth-Century Europe*, vol. 1, United Kingdom, Scolar Press, 1996, pp. 2-22.

Greengrass, Mark, «France» en B. Scribner, R. Porter y M. Teich, (eds.), *The Reformation in National Context,* Cambridge, Cambridge University Press, pp. 47-66.

Greenleaf, Richard E., *La Inquisición en Nueva España, siglo XVI,* México, Fondo de Cultura Económica, 1995.

—— *Zumárraga and the Mexican Inquisition, 1536-1543*, Virginia, William Byrd Press, 1961.

Grendi, Edoardo, «¿Repensar la microhistoria?», *Entrepasados. Revista de Historia,* V-10, 1996, pp. 131-140.

Hanke, Lewis y Rodríguez, Celso, *Los virreyes españoles en América durante el gobierno de la casa de Austria: México,* t. CCLXXIV, Madrid, Atlas, 1976.

—— *Los virreyes españoles en América durante el gobierno de la casa de Austria: México,* t. III, Madrid, Atlas, 1977.

Harrington, Joel F., «Child Circulation Within the Early Modern Urban Cummunity: Rejection and Support of Unwanted Children in Nuremberg» en M. J. Halvorson, y K. Spierling, *Defining Community in Early Modern Europe*, Great Britain, Ashgate, 2008, pp. 103-120.

Heredia Herrera, Antonia, «El Consulado de Mercaderes de Sevilla, una institución "retrasada" del Descubrimiento» en Congreo de Historia del Descubrimiento (actas), Real Academia de la Historia, t. IV, 1992, pp. 35-52.

—— «Casa de la Contratación y Consulado de Cargadores a Indias: afinidad y confrontación» en en Enriqueta Vila Vilar, Antonio Acosta Rodríguez y Adolfo Luis González Rodríguez, (coords.), Sevilla, Consejo Superior de Investigaciones Científicas, Universidad de Sevilla, 2004, pp. 161-181.

Herrero Sánchez, Manuel, «La explotación de las salinas de Punta de Araya. Un factor conflictivo en el proceso de acercamiento hispano-neerlandés (1648-1677)» en *Cuadernos de Historia Moderna*, 14, 1993, pp. 179-200.

—— «La Monarquía Hispánica y las comunidades extranjeras. El espacio del comercio y del intercambio en Madrid y Cádiz durante el siglo XVII», *Torre de los Lujanes,* 46, 2002, pp. 97-116.

—— «La cuestión de Flandes y la Monarquía Hispánica» en P. Sanz Camañes (coord.), *La Monarquía Hispánica en tiempos del Quijote,* Madrid, Silex, 2005, p. 501-527.

—— «La República de Génova y la Monarquía Hispánica», *Hispania: Revista española de Historia,* LXV/1, Núm. 219, 2005, pp. 9-20.

—— «Las Indias y la Tregua de los 12 años» en Bernardo J. García García dir., *Tiempo de Paces. La Pax Hispánica y la Tregua de los Doce Años (1609-2009),* Madrid, 2009, Fundación Carlos de Amberes, pp. 193-229.

—— «La red genovesa Spínola y el entramado transnacional e los marqueses de los Balbases al servicio de la Monarquía Hispánica» en Bartolomé Yun Casalilla, *Las élites del imperio: élites sociales en la articulación de la monarquía, 1492-1714,* Madrid, Marcial Pons y Universidad Pablo de Olavide, 2009, pp. 97-134.

—— y Poggio, Eleonora, «El impacto de la tregua en las comunidades extranjeras. Una visión comparada entre Castilla y la Nueva España» en B. J. García García, M. Herrero Sánchez y A. Hugon, (eds.), *El arte de la prudencia. La Tregua de los Doce Años en la Europa de los Pacificadores*, Madrid, Fundación Carlos de Amberes, 2012, pp. 249-273.

—— «Foreign communities in the cities of the Catholic monarchy: comparative perspectives between the overseas dominions and the crown of Castile» en Harald E. Brown y Jesús Pérez-Magallón, *The transatlantic Hispanic Baroque: Coplex Identities in the Atlantic World*, Routledge, 2016, pp. 187-204.

—— «Introducción: Líneas de análisis y debates conceptuales en torno al estudio de las repúblicas y el republicanismo en la Europa moderna» en Manuel Herrero Sánchez, (ed.), *Repúblicas y republicanismos en la Europa moderna (s. XVI-XVII),* Madrid, Fondo de Cultura Económica, Red Columnaria, 2016, pp. 17-92.

Herzog, Tamar, *Defining Nations. Immigrants and Citizens in Early Modern Spain and Spanish America*, Yale, Yale University Press, 2003.

Hoerder, Dirk, «Segmented Macrosystems and Networking Individuals: The Balancing Functions of Migration Processes» en J. Lucassen y L. Lucassen, *Migration, Migration History, History: Old Paradigms and New Perspectives*, Bern, Peter Lang, 2005, pp. 73-84.

—— «Migration studies: deep time and global approaches», *Journal of Global History*, Cambridge University Press, 11, 2016, pp. 473-480.

Houtte, J. A. van, *An Economic History of the Low Countries,* Londres, Weidenfeld and Nicolson, 1977.

Hsia, Po-Chia R., «The Structure of Belief: Confessionalism and Society, 1500-1600» en B. Scribner, (ed.), *Germany. A New Social and Economic History, vol. I, 1450-1630*, Great Britain, Arnold, 1996, pp. 355-377.

—— *The World of Catholic Renewal, 1540-1770*, Cambridge, Cambridge University Press, 1998.

Huerga, A., «La pre-Inquisición hispanoamericana (1516-1568)» en J. Pérez Villanueva y B. Escandell Bonet, *Historia de la Inquisición en España y América. El conocimiento científico y el proceso histórico de la Institución (1478-1834)»,* vol. I, Madrid, Biblioteca de Autores Cristianos, Centro de Estudios de la

Inquisición, 1993a, pp. 662-701.

—— «Los hechos inquisitoriales en Indias. 1. El tribunal de México» en J. Pérez Villanueva y B. Escandell Bonet, *Historia de la Inquisición en España y América. El conocimiento científico y el proceso histórico de la Institución (1478-1834)»,* vol. I, Madrid, Biblioteca de Autores Cristianos, Centro de Estudios de la Inquisición, 1993b, pp. 1124-1127.

Ibáñez, Yolanda Mariel de, *El tribunal de la Inquisición de México, siglo XVI,* México, Editorial Porrúa, 1984.

Israel, Jonathan I., «México and the 'General Crisis' of the Seventeenth Century», *Past and Present,* 63, 1974, pp. 33-57.

—— «The Portuguese in Seventeenth-Century Mexico», *Jahrbuch für Geschichte von Staat, Wirtschaft und Gesellschaft Lateinamerikas,* XI, 1974, pp. 12-32.

—— *Razas, clases sociales y vida política en el México colonial, 1610-1670,* México, Fondo de Cultura Económica, 1980.

—— *The Dutch Republic and the Spanish World,* Oxford, Oxford University Press,1982.

— «The economic contribution of Dutch Sephardi Jewry to Holland's Golden Age, 1595-1713», *Tidschrift voor Geschiedenis,* 96, 1983, pp. 505-535.

—— "España, los embargos españoles y su papel en la lucha por la supremacía mundia en *Revista de Historia Naval,* 6, 23, 1988.

—— *Empires and Entrepots: Dutch, the Spanish Monarchy and Jews, 1585-1713,* London, The Hambledon Press, 1990.

—— *La judería europea en la era del mercantilismo,* Madrid, Cátedra, 1992.

—— «La guerra económica y la monarquía hispánica» en F. Ruiz Martín, *La proyeccióneuropea de la Monarquía Hispánica,* Madrid, Editorial Complutense, 1996, pp. 39-48.

—— *La república holandesa y el mundo hispánico, 1606-1661, Madrid, Nerea, 1997.*

—— *The Dutch Republic. It's Rise, Greatness, ad fall 1477-1806,* Oxford, Oxford University Press, 1998.

—— *Dutch Primacy in World Trade, 1585-1740,* Oxford, Oxford University Press, 2002.

— «Jews and Crypto-Jews in the Atlantic World Systems, 1500-1800» en R. L. Kagan y P. D. Morgan, (eds.), *Atlantic Diasporas. Jews, Conversos and Crypto-Jews in the Age of Mercantilism, 1500-1800,* Maryland, The Johns Hopkins University Press, 2009.

Ita Rubio, Lourdes de, «Los puertos novohispanos, su hinterland y su foreland durante el siglo XVI» en M. Landavazo, (coord.), *Territorio, frontera y región en la historia de América. Siglos XVI al XX,* México, Editorial Porrúa, México, 2003.

—— *Viajeros isabelinos en la Nueva España,* México, Fondo de Cultura Económica, 2001.

Izcazbalceta García, Joaquín, *Colección de documentos para la Historia de México*, 2 vols., México, Librería de Andrade, 1858.

Izco Reina, Manuel Jesús, «Las comunidades extranjeras y la posesión de esclavos en el Jerez de la Frontera del siglo XVI» en M. B. Villar García y C. Pezzi, (dirs.), *Los extranjeros en la España moderna*, vol. 2, Málaga, Ministerio de Ciencia e Innovación, 2003, pp. 391-399.

Jacobs, Auke P. «Migraciones laborales entre España y América. La procedencia de extranjeros en la Carrera de Indias, 1598-1610», *Revista de Indias*, LI/193, 1991, pp. 523-543.

—— «Marineros flamencos en la Carrera de Indias, 1590-1610» en *Jan Lechner, Contactos entre los Países Bajos y el Mundo Ibérico*, Ámsterdam, Rodopi, 1992, pp. 87-98.

—— «Legal and Illigal Emigration from Seville, 1550-1650» en I. Altman y J. Horn, *To Make America. European Emigration in the Early Modern Period*, Berkeley, University of California Press, 1991, pp. 59-84.

—— *Los movimientos migratorios entre Castilla e Hispanoamérica durante el reinado de Felipe III, 1598-1621*, Ámsterdam, Rodopi, 1995.

Jiménez Montes, Germán y Castillo Rubio Juan, «La construcción de un Entrepôt: organización urbana de los mercaderes extranjeros en Sevilla en la segunda mitad del siglo XVI» en I. Pérez Fortea et al., coords., *Monarquías en conflicto. Linajes y nobleza en la articulación de la monarquía hispánica*, Cantabria, Fundación de Española de Historia Moderna y Universidad de Cantabria, 2018, 326-335.

Jütte, Robert, *Poverty and Deviance in Early Modern Europe*, Cambridge, Cambridge University Press, 1994.

Kahn, David, «España ante la heterodoxia: La Inquisición, el luteranismo y la definición del tipo penal alumbrado (1519-1530)» en Michel, Boeglin, et al., *Reforma y disidencia religiosa: La recepción de las doctrinas reformadas en la península ibérica en el siglo xvi*. Madrid, Casa de Velázquez, 2018, pp. 39-51.

Kallenbenz, Hermann, «Los mercaderes extranjeros en América del Sur a comienzos del siglo XVII, *Anuario de Estudios Americanos*, XXVIII, 1971, pp. 377-403.

Kamen, Henry, "Effective Blockades?" en *The Times Higher Education Supplement*, 19 de septiembre de 1982.

—— *La Inquisición Española. Una revisión histórica*, Barcelona, Crítica, 1997.

Keene, Derek, «Introduction: Segregation, Zoning and Assimilation in Medieval Towns» en Derek Keene, Balázs Nagy, Katalin Szende, *et al.*, *Segregation, integration, Assimilation. Religious and Ethnic groups in the Medieval Towns of Cnetral and Eastern Europe*, Reino Unido, Ashgate, 2009, pp. 1-15.

Kicza, John, «Migration to major metropoles in colonial Mexico» en David J. Robinson *Migration in colonial Spanish America*, Cambridge, Cambridge University Press, 1990, pp. 193-211.

Kint, An, «Becoming Civic Community: Citizenship in Sixteenth-Century Antwerp» en M. Boone y M. Maarten (eds.), *Statuts individuels, statuts corporatifs et statuts judiciaires dans les villes européennes (moyen âge et temps modernes)*, Leuven, Garant, 1996, pp. 157-170.

Kintana Goiriena, Jurgi, «La "nación vascongada" y sus luchas en el Potosí del siglo XVII. Fuentes para su estudio y estado de la cuestión» en *Anuario de Estudios Americanos*, LIX, 1, 2002, pp. 287-310.

Klooster Wubbo, Willem, *Illicit Riches. The Dutch trande in the Caribbean, 1948-1795*, Leiden, Leiden University, 1995.

—— An Overview of Dutch Trade with the Americas, 1600-1800» en Johannes Postma y Enthoven, Victor, *Riches from Atlantic Comerce. Dutch Transatlantic Trade and Shipping, 1585-1817*, Leiden, Brill, 2003, pp. 367-376.

—— *The Dutch Moment. War, trade, and settlement in the Seventeenth Century Atlantic World*, Cornell University Press, Itaca y London, 2016.

Kussmaul, Ann, *Servants in Husbandry in Early Modern England*, Cambridge, Cambridge University Press, 1981, pp. 3-27.

Lacueva Muñoz Jaime J. y Cunill, Caroline, «Intereses transatlánticos en la explotación del Alumbre de Metztitlán (1535-1548)», *Estudios de Historia Novohispana* (México), 43 (2010), pp. 19-50.

Lavrin, Asunción, *Brides of Christ: Conventual Life in Colonial Mexico*, California, Stanford University Press, 2008.

Laza Zerón, María del Carmen, «Inmigrantes clandestinos españoles y extranjeros en Nueva España», *Temas Americanistas*, 11, 1994, pp. 10-15.

Lea, Henry Charles, *The Inquisition in the Spanish Dependencies*, Nueva York, 1908.

Lhermite, Jean, Sáenz de Miera, Jesús (estudio) y Checa Cremades, José Luis (trad.), *El pasatiempo de Jehan Lhermite. Memorias de un Gentilhombre flamenco en la corte de Felipe II y Felipe III*, Madrid, Fundación Carolina, Doce Calles, Fundación Carlos de Amberes, 2005.

Leites, Edmund, *Conscience and Casuistry in Early Modern Europe*, Cambridge, Cambridge University Press, 1988.

Lemus, Encarnación y Márquez, Rosario, «Los precedentes» en J. M. Azcona et al., *Historia General de la emigración española a Iberoamérica*, vol. 1, Madrid, Centro Ecuatoriano de Desarrollo y Estudios Alternativos, Historia 16, 1992.

Levi, Giovanni, *La herencia inmaterial*, Madrid, Nerea, 1990.

—— «Un problema de escala», *Relaciones. Estudios de historia y sociedad*, XXIV/95, 2003, pp. 279-288.

—— «On Microhistory» en Peter Burke, ed., *New Perspectives on Historical Writing*, Cambridge, Blackwell Publishers, 2001, pp. 97-119.

—— «Microhistoria e Historia global», *Historia Crítica*, 69, 2018, pp. 21-35.

—— «Fail Frontiers?», *Past and Present*, supplement 14, 2019, pp. 37-49.

Lewis, Leslie, «In Mexico City's Shadow: Some Aspects of Economic Activity and Social Processes in Texcoco, 1570-1620» en I. Altman y J. Lockhard, *Provinces of Early Mexico. Variants of Spanish American Regional Evolution*, California, University of California, Los Angeles, Latin American Center Publications, 1976, pp. 125-136.

Lindo, Flip, «The concept of integration: Theoretical concerns and practical meaning» en Asselin et al., *Social integration and mobility*, Lisboa, Centro de Estudios Geográficos, 2005, pp. 7-20.

Lobo Cabrera, Manuel, *El comercio canario europeo bajo Felipe II*, Coimbra, Secretaria Regional do Turismo e Emigraçao y Vice Consejería de Cultura y Deportes, Gobierno de Gran Canaria, 1988.

—— «La Casa de la Contratación y Canarias en el siglo XVI» en Enriqueta Vila Vilar, Antonio Acosta Rodríguez y Adolfo Luis González Rodríguez, (coords.), Sevilla, Consejo Superior de Investigaciones Científicas, Universidad de Sevilla, 2004, pp. 401-416.

Long, Pamela O., «The openness of Knowledge: An Ideal and Its Context in 16th-Century Writings on Mining and Metallurgy», *Technology and Culture*, 32/2-1, 1991, pp. 318-355.

López Ayala, Ignacio, trad., *El sacrosanto y ecuménico Concilio de Trento*, París, Librería de Rosa y Bouret, 1857.

López Marín, Ignacio, «Los unos y los otros': Comercio, guerra e identidad. Flamencos y holandeses en la Monarquía Hispánica (ca. 1560-1609)" en C. Sanz Ayán y B. J. García García Bernardo, (eds.), *La monarquía Hispánica y los antiguos Países Bajos (1505-1700)*, Madrid, Fundación Carlos de Amberes, 2006, pp. 425-457.

—— «A Century of Small Paper Boats. The Hispanic Monarchy, The United Provinces and the Mediterranean» en A. Crespo Solana y M. Herrero Sánchez, *España y las 17 provincias de los Países Bajos. Una revisión historiográfica (XVI-XVIII)*, Córdoba, Universidad de Córdoba, 2002, pp. 533-562.

—— «Entre la guerra económica y la persuasión diplomática: el comercio mediterráneo como moneda de cambio en el conflicto hispano-neerlandés (1574-1609)», *Cahiers de la Méditerranée*, 71, 2005, pp. 81-110.

López Zea, Leopoldo Daniel, *Piratas del Caribe y el Mar del Sur en el siglo XVI (1497-1603)*, México, Universidad Nacional Autónoma de México, 2003.

Lorenzo Sanz, Eufemio, *Comercio de España con América. Los mercaderes y el tráfico indiano*, Simancas, Instituto Cultural Simancas, 2 vols., 1986ª y 1986b.

Lottum, Jelle van, *Across the North Sea. The Impact of the Dutch Republic on International Labour Migration, c. 1550-1850*, Ámsterdam, Aksant, 2007.

Lucassen, Jan y Lucassen, Leo, «The mobility transition revisted, 1500-1900: what the case of Europe can offer to global history», *Journal of Global History*, 4, 2009, pp. 363-369.

—— «Migration, Migration History, History: Old Paradigms and New Perspectives» en J. Lucassen y L. Lucassen, *Migration, Migration History,*

History: Old Paradigms and New Perspectives, Bern, Peter Lang, 2005, pp. 9-40.

Lundberg, Magnus, *Unification and Conflict. The Church Politics of Alonso de Montúfar OP, Archbishop of Mexico, 1554-1572*, Lund, Swedish Institute of Missionary Research, 2002.

——— «'Un capitán en la lucha contra Satanás'. Autoridad y cristianización en los escritos de Alonso de Montúfar», en A. Mayer y E. de la Torre Villar, *Religión, poder y autoridad en la Nueva España*, México, Universidad Nacional Autónoma de México, 2003.

——— *Church life between the Metropolitan and the Local. Parishes, Parishioners and Parish Priests in Seventeenth-Century Mexico,* Madrid, Iberoamericana Vervuert, 2011.

Lutero, Martín, *Lutero. Obras,* Egido, Teofanes, (ed.), Salamanca, Ediciones Sígueme, 2001.

Lynch, John, *Los Austrias (1516-1700)*, Barcelona, Crítica, 2007.

Maillard Álvarez, Natalia, «Un mercader véneto en la Carrera de Indias: el relato de Alessandro Fontana (1618)», *Anuario de Estudios Americanos,* 70-1, 2013, pp. 307-331.

Malvido, Elsa, *La población, siglos XVI-XX*, México, Universidad Nacional Autónoma de México, Océano, 2006.

Manning, Patrick, *Migration in World History*, Nueva York, Routledge, 2010.

Maqueda Abreu, Consuelo, *Estado, Iglesia e Inquisición en Indias. Un permanente conflicto,* Madrid, Centro de Estudios Políticos y Constitucionales, 2000.

Maravall, José Antonio, *La cultura del barroco. Análisis de una estructura histórica,* Barcelona, Ariel, 2002, 1975.

Marchena, Juan, «Eliminando a la competencia. El uso de procesos inquisitoriales en las pugnas comerciales del Caribe contra los portugueses» en Christian Cwik (ed.), *Outlaws in Karibischem Raum. Americas, Beiträge zur Erforschung Kontinentalamerikas und der Karibik*, Berlín, Wissenschaftlicher, Bd. 3, 2012.

Marichal, Carlos, «Mexican Cochineal and the European Demand for American Dyes, 1550-1850» en S. Topik, F. Zephyr y C. Marichal, (eds.,) *From Silver to Cocaine. Latin American Commodity Chains and the Building of the World Economy, 1500-2000*, Durham, Duke University Press, 2006, pp. 76-92.

Martínez de la Vega, Ma. Elisa, «Los mercaderes novohispanos: control virreinal y fraude fiscal en el primer tercio del siglo XVII», *Revista Complutense de Historia de América,* 20, 1994, pp. 87-128.

Martínez López-Cano, María del Pilar, (coord.), *Concilios provinciales mexicanos. Época colonial, edición en disco compacto,* México, Universidad Nacional Autónoma de México, 2004.

——— *La génesis del crédito colonial ciudad de México siglo XVI*, México, Universidad Nacional Autónoma de México, Instituto de Investigaciones Históricas, 2001.

——— «Los mercaderes de la Ciudad de México en el siglo XVI y el comercio exterior» en *Revista Complutense de Historia de America,* 32, 2006, pp. 103-126.

— «La venta de oro en cadenas. Transacción crediticia, controversia moral y fraude fiscal. Ciudad de México, 1590-1616», *Estudios de Historia Novohispana*, 42, 2010, pp. 17-56.

Martínez Martínez, Faustino, «La recepción del *Ius Comune* en el derecho de Indias: Notas sobre las opiniones de los juristas indianos» en *Anuario Mexicano de Historia del Derecho*, núm. 15, 2003, pp. 448-523.

Martínez Millán, J. «Los primeros lustros del siglo XVII» en J. Pérez Villanueva y B. Escandell Bonet, *Historia de la Inquisición en España y América. El conocimiento científico y el proceso histórico de la Institución (1478-1834)»*, vol. I, Madrid, Biblioteca de Autores Cristianos, Centro de Estudios de la Inquisición, 1993, pp. 887-912.

—— «En búsqueda de la ortodoxia: El inquisidor general Diego de Espinosa» en Martínez Millán, José, (dir.), *La corte de Felipe II*, Madrid, Alianza Editorial, 1994, pp. 189-228.

Martínez Rueda, Manuel, *Arte de la fabricación del salitre y la pólvora*, Madrid, Imprenta Real, 1833.

Mateus Ventura, Maria da Graça A., *Portugueses no Peru au tempo da união ibérica. Mobilidade, cumplicidades e vivências,* Lisboa, Imprensa Nacional Casa da Moneda, 2005, 2 vols.

Mathes, Miguel, «Los flamencos en las artes gráficas en Nueva España en los siglos XVI y XVII: Cornelio Adrián César, Enrico Martínez y Samuel Stradamus (van der Straet)» en Perez Rosales, Laura y Van der Sluis Arjen, *Memorias e historias compartidas. Intercambios culturales, relaciones comericales y diplomáticas entre México y los Países Bajos, siglos XVI-XX*, México, Univeridad Iberoamericana, 2009.

Mayer, Alicia, *Lutero en el Paraíso. La Nueva España en el espejo del reformador alemán*, México, Fondo de Cultura Económica, 2008.

McGrath, Alister E., *Christian Theology. An Introduction*, Great Britain, Blackwell Publishing, 2007.

Menegus, Margarita, *Los indios en la historia de México,* México, Fondo de Cultura Económica, 2006.

Mercado, Tomás de, *Tratos y contratos de mercaderes,* Barcelona, Universidad de Barcelona, 2010.

Merluzzi, Manfredi, «Religion and State Policies in the Age of Philip II: The 1568 Junta Magna of the Indies and the New Political Guidelines for te Spanish American Colonies» en J. Carvalho, (ed.), *Religion and Power in Europe: Conflict and Convergence*, Pisa, Edizione Plus, 2007, 183-202.

Magnusson, Lars, *The Political Economi of Mercantilism,* Reino Unido, Routledge, 2018.

Meseguer Fernández, J. «El periodo fundacional (1478-1517)» en J. Pérez Villanueva y B. Escandell Bonet, *Historia de la Inquisición en España y América. El conocimiento científico y el proceso histórico de la Institución (1478-1834)»*, vol. I, Madrid, Biblioteca de Autores Cristianos, Centro de

Estudios de la Inquisición, 1993, pp. 281-370.

Mendoça, Lorenço de, *Suplicación a su Majestad Católica del rey nuestro señor que Dios guarde ante sus reales consejos de Portugal y de las Indias, en defensa de los portugueses*, Madrid, 1630.

Mijares, Ivonne (coord.), *Catálogo de Protocolos del Archivo General de Notarías de la Ciudad de México, Fondo Siglo XVI*. En línea. Seminario de Documentación e Historia Novohispana, México, UNAM-Instituto de Investigaciones Históricas, 2014. http://cpagncmxvi.historicas.unam.mx/catalogo.jsp [Última consulta: noviembre 2021].

Mingorance Ruiz, José Antonio, «La presencia flamenca en la Cartuja de Santa María de la Defensión de Jerez de la Frontera», *Atrio*, 18, pp. 137-150.

Miño Grijalva, Manuel, *La protoindustria colonial hispanoamericana*, México, Fondo de Cultura Económica, El Colegio de México, 1993.

—— *El mundo novohispano. Población, ciudades y economía, siglos XVII y XVIII*, México, Fondo de Cultura Económica, El Colegio de México, 2001.

Miskimin, Harry A., *La economía europea en el Renacimiento tardío, 1490-1600*, Cátedra, Madrid, 1981.

Moch, Leslie Page, *Moving Europeans. Migration in Western Europe since 1650*, Indiana, Indiana University Press, 2003.

—— «Dividing Time: An Analytical Framework for Migration History Periodization» en J. Lucassen, y L. Lucassen, *Migration, Migration History, History: Old Paradigms and New Perspectives*, Bern, Peter Lang, 2005, pp. 41-56.

Moncada, Sancho, *Restauración política de España y deseos públicos*. Edición facsímil de la impresión de 1619, Madrid, Impreso por Juan Zúñiga a costa de Manuel de Mena, 1746.

Montojo Montojo, Vicente, «Crecimiento mercantil y desarrollo corporativo en España. Los consulados extraterritoriales extranjeros (ss. XVI-XVII)», *Anuario de Historia del Derecho Español*, 62, 1992, pp. 47-67.

Moreno Florido, Ma. Berenice, «Marineros extranjeros en los protocolos de Gran Canaria 1590-1599», *Vegueta*, 7, 2003, pp. 65-87.

—— «Rutas comerciales atlánticas: una aproximación inquisitorial», *Jaharbuch für Geschichte Lateinamerikas*, 41 (2004), pp. 39-63.

Moreno Garrido, Antonio, *Nicolás Antonio Nicolás (1617-1684-III Centenario)*, Granada, Consejería de Cultura de la Junta de Andalucía-Universidad de Granada, 1984.

Moreno Ollero, Antonio, *Sanlúcar de Barrameda a fines de la Edad Media*, Cádiz, Excelentísima Diputación de Cádiz, 1983.

Morales, Francisco, «La influencia flamenca en la formación de misioneros novohispanos» en L. Perez Rosales y A. van der Sluis (coords.), *Memorias e historias compartidas. Intercambios culturales, relaciones comerciales y diplomáticas entre México y los Países Bajos, siglos XVI-XX*, México, Univeridad Iberoamericana, 2009, pp. 71-84.

Morse, Richard M., «El desarrollo urbano en hispanoamérica colonial» en L. Bethell, Leslie, (ed.), *Historia de América Latina,* t. 3, América Latina Colonial: Economía, Barcelona, Crítica, 2003, pp. 15-48.

Munro, John H., «Precious Metals and the Origins of the Price Revolution Reconsidered: The Conjuncture of Monetary and Real Forces in the European Inflation in the Early to Mid-16th Century» en D. Flynn, et al., *Monetary History in Global Perspective, 1500-1808*, Madrid, Fundación Fomento de la Historia Económica, Universidad de Sevilla, Fundación El Monte, 1998.

Muriel, Josefina, *Hospitales en la Nueva España: fundaciones del siglo XVI*, México, Universidad Nacional Autónoma de México, 1990.

Mörner, Magnus, *La Corona española y los foráneos en los pueblos de indios de América*, Estocolmo, Almquist & Wiksell, 1970.

—— *Aventureros y proletarios. Los emigrantes en Hispanoamérica*, Madrid, Editorial MAPFRE, 1992.

—— «La inmigración europea y la formación de las sociedades ibéricas» en A. Castillero Calvo y A. Kuethe, *Historia general de América Latina*, vol. III-2 España, Organización de las Naciones Unidas para la Educación, la Ciencia y la Cultura, Trota, 2001, pp. 415-428.

Navarrete Linares, Federico, *Hacia otra historia de América. Nuevas miradas sobre el cambio cultural y las resistencias interétnicas,* México, UNAM, 2018.

Nef, John U., «Mining and Metallurgy in Medieval Civilization» en M. Moïssey, E. Miller, C. Postan, *The Cambridge Economic History of Europe: Trade and Industry in the Middle Ages,* vol. II, Cambridge, Cambridge University Press, 1987, pp. 693-762.

Nesvig, Martín Austin,«Heterodoxia popular e Inquisición diocesana en Michoacán, 1556-1571» en *Tzintzun* 39, 2004, pp. 9-38.

Newson, Linda A., *Conquest and Pestilence in Early Spanish Philippines,* Hawai, University of Hawai'i Press, 2009.

Niederberger, Christine, *Paléopaysages et archéologie pré-urbaine du Bassin du Mexique*, México, Center of Mexican Studies and Centraméricaines, 1987.

Nierop, Henk van, «Introduction» en A. J. Gelderblom, J. L. de Jong y M. van Vaeck, *The Low Countries as a Crossroads of Religious* Beliefs, Leiden, Brill, 2004.

Ogilvie, Sheilagh Catheren, *Institutions and European trade: Merchant guilds, 1000-1800,* Cambridge, Cambridge University Press, 2011.

Oliva Melgar, José María, *El monopolio de Indias en el s. XVII y la economía andaluza. La oportunidad que nunca existió,* Huelva, Universidad de Huelva, 2004.

Ortiz de la Tabla y Ducasse, Javier, «Extranjeros en la Audiencia de Quito» en P. Solano et al. (coords.), *América y la España del siglo XVI*, Madrid, Consejo Superior de Investigaciones Científicas, 1983, pp. 93-113.

Otte Sander, Enrique, *Cartas privadas de emigrantes a Indias, 1450-1616,* México, Fondo de Cultura Económica, 1996.

—— *Sevilla y sus mercaderes a fines de la Edad Media,* Sevilla, Universidad de Sevilla, Fundación El Monte, 1996.

—— *Sevilla, siglo XVI: Materiales para su historia*, Sevilla, Centro de Estudios Andaluces, 2008.

Pallas, Gerónimo, *Misión a las Indias. De Roma a Lima: La «misión a las Indias», 1619 (razón y visión de una peregrinación sin retorno)*, Madrid, Consejo Superior de Investigaciones Científicas, 2006.

O'Flanagan, Patrick, *Port cities of Atlantic Iberia, c. 1500-1900*, England, Ashgate, 2008.

Panhorst, Karl Heinrich, *Los alemanes en Venezuela durante el siglo XVI: Carlos V y la casa Welser,* Madrid, Voluntad, 1927.

Paniagua Pérez, Jesús, *Trabajar en las Indias. Los trabajos mecánicos, 1492-1850,* vol. 1, León, Lobo Sapiens, 2010.

Parker, Geoffrey, *España y la rebellion de Flandes*, Madrid, Nerea, 1989.

Partee, Charles, *The Theology of John Calvin,* Kentucky, Westminster John Knox Press, 2008.

Partington, James Ridick, *A History of Greek Fire and Gunpowder*, Merylad, The John Hopkins Univerity Press, 1990.

Pastor, María Alba, *Crisis y recomposición social. Nueva España en el tránsito del siglo XVI al XVII*, México, Fondo de Cultura Económica, 1999.

Paul Bairoch, Leslie, *Cities and Economic Development. From the Dawn of History to the Present*, Chicago, University of Chicago Press, 1988.

Pelikan, Jaroslav, *Reformation of Church and Dogma (1300-1700),* Chicago, The University of Chicago Press, 1984.

Pérez-Mallaína Bueno, Pablo Emilio, *Los Hombres del Océano. Vida cotidiana de los tripulantes de las flotas de Indias, siglo XVI,* Sevilla, Servicio de publicaciones de la diputación de Sevilla, 1992.

Peter, Clark, (ed.), *The European Crisis of the 1590's. Essays in Comparative History,* London, George Allen & Unwin, 1985.

Philip W., Powell, *La Guerra Chichimeca (1550-1600)*, México, Fondo de Cultura Económica, 1996.

Phillips, William D., «Local Integration and Long-Distance Ties: The Castilian Community in Sixteenth-Century Bruges», *The Sixteenth Century Journal*, 17/1, 1986, pp. 33-49.

Pieper, Renate y Lesiak, Philipp, «Redes mercantiles entre el Atlántico y el Mediterráneo en los inicios de la Guerra de los Treinta Años», *XIV International Economic History Congress*, Session 18, Helsinki, 2006.

—— «México en los medios de comunicación del Sacro Imperio (siglo XVI)» en L. Perez Rosales y A. van der Sluis, *Memorias e historias compartidas. Intercambios culturales, relaciones comericales y diplomáticas entre México y los Países Bajos, siglos XVI-XX*, México, Univeridad Iberoamericana, 2009, pp. 55-82.

Pietschmann, Horst, «Humanismo y comercio en Alemania del Sur: su percepción sobre México (1490-1530)» en H. Pietschman, M. Ramos Medina, M. Torales Pacheco (eds.), *Alemania y México: percepciones mutuas en impresos del siglo XVI-XVIII*, México, Universidad Iberoamericana, 2005, pp. 1-54.

Pike, Ruth, «The Genoese in Seville and the Opening of the New World», *The Journal of Economic History*, vol. 22/3, 1962, pp. 348-378.

Pizarro Llorente, Henar, «El control de la conciencia regia. El confesor real fray Bernardo de Fresnada» en J. Martínez Millán, (dir.), *La corte de Felipe II*, Madrid, Alianza Editorial, 1994, pp. 149-188.

Poggio, Eleonora, «Garder la foi dans son *cœur*. Nicodémites dans la Nouvelle Espagne (1507-1601)» en P. Domigo y H. Vignaux, (dirs.), Paris, L'Harmattan, 2009, pp. 29-46.

—— «La migración de europeos septentrionales a la Nueva España a través de los documentos inquisitoriales a finales del siglo XVI y principios del XVII» en F. Navarro Antolín, (coord.), *Orbis Incognitus. Avisos y legajos del Nuevo Mundo*, Huelva, Universidad de Huelva, 2008, pp. 469-478.

—— «Las composiciones de Extranjeros en la Nueva España. 1590-1700», Cuadernos de Historia Moderna, Anejo X, 2011, pp. 177-193.

—— *Extranjeros protestantes en la Nueva España. Una comunidad de flamencos, neerlandeses y alemanes (1597-1601)*, Tesis de licenciatura en Historia, México, Facultad de Filosofía y Letras, Universidad Nacional Autónoma de México, 2004.

Pollack, Aaron, «Hacia una historia social del tributo de indios y castas en Hispanoamérica. Notas en torno a su creación, desarrollo y abolición» en Hmex, LXVI:1, 2016.

Pollmann, Jaudith y Spicer, Andrew, *Public Opinion and Changing Identities in the Early Modern Netherlands. Essays in Honour of Alastair Duke*, Leiden, Brill, 2007.

—— «Catholics and Community in the Revolt of the Nethrlands» en S. Dixon, D. Freist y M. Greengrass, (eds.), *Living with Religious Diversity in Early-Modern Europe*, London, Ashgate, pp. 183-202.

Poole, Stafford, C.M., *Pedro Moya de Contreras. Catholic Reform and Royal Power in New Spain, 1571-1591*, Los Ángeles, University of California Press, 1987.

Powell, Philip W. *La guerra chichimeca (1550-1600)*, México, Fondo de Cultura Económica, 1996.

Price, J. L., «Regional identity and European culture: The North Sea region in the Early Modern Period» en Juliette Roding y Lex Heerma van Voss, (eds.), *The North Sea and Culture (1550-1800). Proceedings of the International Conference held at Leiden, 21-22 April, 1995*, Hilversum, Uitgeverij Verloren, 1995, pp. 78-95.

Priotti, Jean-Philippe, «Introduction. Individus, familles, groupes: pratiques marchandes et pouvoirs politiques (XVe-XVIIIe siècle)», Annales de Bretagne et des Pays de l'Ouest, 112/4, 2005, pp. 119-125.

Pulido Bueno, Idelfonso, *La Real Hacienda de Felipe III*, Huelva, 1996.

Quiroz, Francisco, *Artesanos y manufactureros en Lima colonial,* Perú, Banco Central de Perú, Instituto de Estudios Peruanos, 2008.

Ramos Pérez, Demetrio, «La Junta Magna de 1568», *Jahrbüch für Geshicte von Staat, Wirtschaft un Gesellschaft Lateinamerikas,* 23, 1986, pp. 1-62.

—— «El negocio negrero de los Welser y sus habilidades monopolistas», *Revista de Historia de América,* 81, 1976, pp. 7-81.

—— «La prevención de Fernando el Católico contra el presumible dominio flamenco de América: Las primeras disposiciones contra el paso de extranjeros al nuevo continente», *Jahrbüch für Geshicte von Staat, Wirtschaft un Gesellschaft Lateinamerikas,* 14, 1977, pp. 1-46.

Ramos Vézquez, Isabel, «La represión de los delitos atroces en el Derecho Castellano de la Edad Moderna», Revista de Estudios histórico-jurídicos, 26, 2004, 255-299.

Recopilación de leyes de los reynos de las Indias, Tomo III, España, Consejo de la Hispanidad, 1943.

Real Academia de la Historia, *Colección de Cortes de los antiguos reinos de España, Catálogo,* Madrid, Imprenta de José Rodríguez,1853.

Reina, Casiodoro y Valera Cipriano, *La Santa Biblia. El Nuevo Testamento de Nuestro Señor Jesucristo,* Casa de Lorenzo Jacobi, 1602.

Remenería Díaz, Carlos y De la Hera, Alberto, *Historia del derecho indiano*, España, MAPFRE, 1992.

Revel, Jacques, «Micro-análisis y construcción de lo social», *Anuario de la IEHS,* 10, 1995, pp. 125-143.

Ripalda, Jerónimo de, S. J., *Doctrina Cristiana*, Salamanca, Ediciones de la Diputación de Salamanca, 1991.

Rodicio García, Sara, «Osorno y su Condado. El señorío y el condado de Osorno», Publicaciones de la Institución Tello Téllez de Meneses, 62, 1991, pp. 337-484.

Rodríguez Morel, Genaro, «Controles comerciales y alternativas de mercado en La Española» en Enriqueta Vila Vilar, et al. (coords.), *La casa de la contratación y la navegación entre España y las Indias,* Sevilla, Universidad de Sevilla, 2004, pp. 721-741.

Rodríguez Vicente, María Encarnación, «Los extranjeros en el reino del Perú a finales del siglo XVI» en Maluquer de Montes, J. (coord.), *Homenaje a Jaime Vicens Vives,* Barcelona, Universidad de Barcelona, 1967.

Los extranjeros y el mar en Perú», *Anuario de Estudios Americanos,* XXV, 1968, pp. 619-629.

Romano, Rugiero, *Coyunturas opuestas. La crisis del siglo XVII en Europa e Hispanoamérica*, México, Fondo de Cultura Económica, 1993.

—— *Mecanismos y elementos del sistema económico colonial americano. Siglos XVI y XVII,* Fondo de Cultura Económica, El Colegio de México, México, 2004.

Roselló Soberón, Estela, *Así en la Tierra como en el Cielo. Manifestaciones cotidianas de la culpa y el perdón en la Nueva España de los siglos XVI y XVII*, México, El Colegio de México, 2006.

Rothman, Nathalie E, *Brokerin Empire: Trans-Imperial Subjects between Venice and Istambul,* Ithaca and London, Cornell University Press, 2011.

Roulet, Éric, *La compagnie de îles de l'Amérique 1635-1651. Une entreprise coloniale au XVIIe siècle,* Rennes, PUR, 2017.

Royen, Poul C. van, Jaap, R. Bruijn y Lucassen, Jan, '*Those Emblems of Hell?' European Sailors and the Maritime Labour Market, 1570-1870,* Newfooundland, International Maritime Economic History Association, 1997.

Rubial García, Antonio, *La santidad controvertida*, México, Universidad Nacional Autónoma de México, Fondo de Cultura Económica, 1999.

Ruiz Martínez, Herlinda, «Algunos corsarios franceses juzgados por la Inquisición episcopal en la Audiencia de los Confines y la Provincia de Yucatán, 1559-1563» en L. R. Romero Galván, *Inquisición y derecho. Nuevas versiones de las transgresiones inquisitoriales en el Nuevo Mundo. Del Antiguo Régimen a los albores de la Modernidad,* México, Universidad Nacional Autónoma de México, 2014, pp. 163-177.

Ruvalcaba Mercado, Jesus y Baroni Boissonas, Ariane, *Congregaciones civiles de Tulancingo,* Centro de Investigaciones y Estudios Superiores de Antropología Social-Ediciones de la Casa Chata, 1994.

Ruiz-Rivera, Julian Bautista, García Bernal, Manuela Cristina, *Cargadores a Indias,* Madrid, MAPFRE, 1992.

Salas Almela, Luis, *Medina Sidonia. El poder de la aristocracia, 1580-1670*, Madrid, Marcial Pons-Centro de Estudios Andaluces, 2008a.

—— «Poder señorial, comercio y guerra: Sanlúcar de Barrameda y la política de embargos de la Monarquía Hispánica, 1585-1641», *Cuadernos de Historia Moderna*, 33 (2008b), pp. 35-59.

—— «Comercio Atlántico, poderes y fraude fiscal en la Baja Andalucía» en J. B. García García, M. Herrero Sánchez Manuel y A. Hugon, (eds.), *El arte de la prudencia. La Tregua de los Doce Años en la Europa de los Pacificadores*, Madrid, Fundación Carlos de Amberes, 2012, pp. 231-248.

—— *The Conspiracy of the Ninth Duke of Medina Sidonia (1641). An aristocrat in the Crisis of the Spanish Empire*, Leiden, Brill, 2013.

Sales Colín, Ostwaldo, *El movimiento portuario de Acapulco: El protagonismo de Nueva España en la relación con Filipinas, 1587-1648,* México, Plaza y Valdés Editores, 2000.

—— «Apuntes para el estudio de la presencia 'Holandesa' en la Nueva España: Una perspectiva mexicano-filipina, 1600-1650» en L. Perez Rosales y A. van der Sluis, *Memorias e historias compartidas. Intercambios culturales, relaciones comericales y diplomáticas entre México y los Países Bajos, siglos XVI-XX*, México, Univeridad Iberoamericana, 2009, pp. 169-176.

Sánchez Gómez, Julio, *De minería, metalurgia y comercio de metales,* España, Universidad de Salamanca, 1989, 2 vols.

—— «La técnica en la producción de metales monedables en España y en América, 1500-1650» en J. Sánchez Gómez, G. Mira Delli-Zotti y R. Doblado *La savia del imperio. Tres estudios de economía colonial,* Salamanca, Ediciones de la Universidad de Salamanca, 1997, pp. 19-265.

Sandoval, Bernardo B., *La industria del azúcar en Nueva España,* Instituto de Historia, Universidad Nacional Autónoma de México, 1951.

Saravia Viajo, Justina, «Presencia gaditana en la conquista de México y América Central» en *El puerto, su entorno y América*, Puerto de Santa María, Ayuntamiento del Puerto de Santa María, 1994, pp. 176-192.

Schell Hoberman, Louisa, «Enrico Martínez: Printer and Engineer» en G. Nash y D. G. Sweet, *Struggle and Survival in Colonial America*, Berkeley, University of California Press, 1981, pp. 331-346.

— «Technological Change in a Traditional Society: The Case of the Desague in Colonial México», *Technology and Culture*, 21, 1980, pp. 386-407.

Schell Hoberman, Louisa, *Mexico's Merchant Elite, 1590-1660*, Durham, Duke University Press, 1991.

—— y Socolow, Susan, (comps.), *Ciudades y sociedad en Lainoamérica colonial,* Fondo de Cultura Económica, Buenos Aires, 1993.

Schäfer, Ernesto, *El Consejo Real y Supremo de las Indias*, 2 vols, España, Junta de Castilla y León y Marcial Pons, 2003.

Schilling, Heinz, *Religion, Political culture and the Emergence of Early Modern Society. Essays in German and Dutch History,* Leiden, Brill, 1992.

Scholes, V., y Adams, Eleanor B., *Documentos para la historia del México colonial. Advertimientos generales que los virreyes dejaron a sus sucesores para el gobierno de la Nueva España, 1590-1604*, México, José Porrúa e Hijos, 1956.

Scott, James C., *Weapons of the Weak. Everyday Forms of Peasant Resistance*, New Haven, Yale, 1985.

Scribner, Bob, «Concepts of Community» en S. Ogilvie y B. Scribner, (eds.), *Germany. A New Social History, 1450-1630,* vol. 1, Bristol, Arnold, 1996, pp. 294-309.

Popular Culture and Popular Movements in Reformation Germany, Londres, The Hambledon Press, 1987.

—— *Religion and Culture in Germany (1400-1800)*, Leiden, Brill, 2001.

Schaub, Juean-Frédéric, «La Restauraçâo portuguesa de 1640» en *Chronica Nova,* 1996, pp. 381-402.

Schwaller, Robert C., «For Honor and Defence: Race and the Right to Bear Arms in Early Conial Mexico», en *Colonial Latin American Review*, vol. 21-2, 2012.

—— *Generos de Gente in Early Colonial Mexico. Defining Racial Difference*, Oklahoma, University of Oklahoma Press, 2016.

Schwartz, Stuart B., *Cada uno en su ley. Salvación y tolerancia religiosa en el Atlántico ibérico*, Madrid, Akal, 2008.

Seijas, Tatiana, *Asian Slaves in Colonial Mexico. From Chinos to Indians,* New York, Cambridge University Press, 2014.

Serrano Hernández, Sergio Tonatiuh, *La golosina del oro. La producción de metales preciosos en San Luis Potosí y su circulación global en mercados orientales y occidentales durante el siglo XVII*, México, El Colegio de San Luis, 2018.

Siete Partidas, anotadas por Alfonso Díaz de Montalvo, Sevilla, Meinardo Ungurt, Etanislao Polono (impresores) y Juan de Porras, Levezaris Guido, (editores), 1491.

Skinner, Quentin, *The foundations of Modern Political Thought. Volume Two: The Age of Reformation,* Cambridge, Cambridge University Press, 1978.

Sluiter, Engel, «Dutch-Spanish Rivalry in the Caribbean Area, 1594-1609», *The Hispanic American Historical Review,* 28, 1948, pp. 184-196.

Soen, Violet, «Reconquista and Reconciliation in the Dutch Revolt: The campaign of Goverbor-General Alexander Farnese (1578-1592)», *Journal of Early Modern History*, 16, 2012, pp. 1-22.

Souto Mantecón, Matilde, «Creación y desolución de los consulados de coercio de Nueva España», Revista Complutense de Historia de América, 32, pp. 19-39.

Spufford, Margaret, «Literacy, trade and religion in the commercial centers of Europe» en K. Davids y J. Lucassen, *A miracle mirrored. The Dutch Republic in European Perspective,* Cambridge, Cambridge University Press, 1995, pp. 229-283.

Stallaert, Christiane, *Etnogénesis y estnicidad*: *Una aproximación histórico-antropológica al casticismo*, Barcelona, Proyecto A Ediciones, 1998.

Stanley Smith, Cyril y Forbes, R. J.,«Metallurgy and Assaying» en Singer *et al.*, *A History of Technology*, vol. 3, Nueva York, 1957, pp. 28-71.

Stayer, James M., «The Radical Reformation» en T. Brady, H. A. Oberman, y Tracy, D. James D., *Handbook of European History 1400-1600. Late Middle Ages, Renaissance and Reform*, vol. 2, Leiden, E.J. Brill, 1995, pp. 249-284.

Stols, Eddy, «La colonia flamenca de Sevilla y el comercio con los Países Bajos en la primera mitad del siglo XVII», *Anuario de Historia Económica y Social*, t. II, 1969.

—— *De Spaanse Brabanders of de handelsbetrekkingen der Zuidelijke Nederlanden met de Iberische wereld (1598-1648),* Verhandelingen Kon. VI. Academie voor Wetenschappen, Letteren en Schone Kunsten van België, Klasse der Letteren, LXX, Bruselas, 2 vols, 1971a. y 1971b.

—— *Les belges et le Mexique. Dix contributions à l'histoire des relations Belgique Mexique*, Leuven, Leuven University Press, 1993, 2 vols.

—— «Experiencias y ganancias flamencas en la Monarquía de Felipe II» en L. A. R. García y C. E. Belenguer, (coords.), *Las sociedades ibéricas y el mar a finales del siglo XVI. 5: El área atlántica: Portugal y Flandes,* Madrid, Sociedad

Estatal Lisboa, 1998, pp. 147-169.

—— y Thomas, Werner, «La integración de Flandes en la Monarquía Hispánica" en W. Thomas y R. A. Verdonk, (eds.), *Encuentros en Flandes. Relaciones e intercambios hispano-flamencos a inicios de la Edad Moderna*, Leuven, Leuven University Press, Fundación Duques de Soria, 2000, pp. 1-74.

—— «Artesanos, mercaderes y religiosos flamencos en el México virreinal» en L. Perez Rosales y A. van der Sluis, *Memorias e historias compartidas,* México, Universidad Iberoamericana, 2009, pp. 19-40.

Strickland, Mathew, *War and Chivalry: The Conduct and Perception of War in England and Normandy 1066-1217,* Cambridge, Cambridge University Press, 1996.

Studnicki-Gizbert, Daviken, *A nation upon the Ocean Sea. Portugal's Atlantic Diaspora and the crisis of the Spanish Empire, 1492-1640,* Nueva York, Oxford University Press, 2007.

Swann, Michael M., «Migration, mobility, and the mining towns of colonial northern Mexico» en D. J. Robinson, *Migration in Colonial Spanish America*, Cambrige, Cambridge University Press, 1990.

Szewczyk, David M., «New Elements in the Society of Tlaxcala, 1519-1618» en I. Altman y J. Lockhard*, Provinces of Early Mexico. Variants of Spanish American Regional Evolution*, California, University of California, Los Angeles, Latin American Center Publications, 1976, pp. 137-153.

Tallet, Frank, *War and Society in Early Modern Europe: 1945-1715*, New York, Routledge, 1992.

TeBrake, Wayne, «Emblems of Coexistence in a Confessional World» en S. Dixon, D. Freist y M. Greengrass (eds.), *Living with Religious Diversity in Early-Modern Europe*, Great Britain, Ashgate, pp. 53-80.

Teensma, B. N., «Os judeus portugueses am Amsterdâo», J. Everaert y E. Stols, (dirs.), *Flandres e Portugal. Na confluência de duas culturas*, Lisboa, Inapa, 1991, pp. 275-288.

TePaske, John J., *La Real Hacienda de Nueva España, la Real Caja de México, 1576-1816*, México, Instituto Nacional de Antropología e Historia, 1976.

—— y Klein, Herbert: *Ingresos y egresos de la Real Hacienda de Nueva España*, México, Instituto Nacional de Antropología e Historia, 1988.

Thomas, Hugh, *The Golden Age: The Spanish Empire of Charles V*, Great Britain, Pinguin, 2011.

Thomas, Werner, «Los flamencos en la Península Ibérica a través de los documentos inquisitoriales (siglos XVI-XVII)», *Espacio, Tiempo y Forma,* IV/3, 1990, pp. 167-195.

—— *La Represión del protestantismo en España*, Leuven, Leuven University Press, 2001a.

—— *Los Protestantes y la Inquisición en España en tiempos de Reforma y Contrarreforma,* Bélgica, Leuven University Press, 2001b.

Thomson, I. A. A., y Yun Casalilla, Bartolomé, *The Castilian Crisis of the Seventeenth Century. New Perspectives on the Economical and Social History of Seventeenth-Century Spain,* Cambridge, Cambridge University Press, 1994.

—— «Castile, Spain and the monarchy: the political community from *patria natural* to *patria nacional*» en Kagan, R. y G. Parker, *Spain, Europe and the Atlantic world. Essays in honour of John H. Elliot,* Cambridge, Cambridge University Press, pp. 125-159.

Tilly, Charles, *Migration un Modern European History,* Michigan, Univerity of Michigan, 1976.

Toribio Medina, José, *Historia del Tribunal del Santo Oficio de la Inquisición de México,* México, Miguel Ángel Porrúa, 1998.

—— *Historia del Tribunal del Santo Oficio de las islas Filipinas,* Santiago de Chile, Imprenta Elzeviriana, 1899.

—— *La imprenta en México (1532-1821),* Santiago de Chile, Impreso por el autor, 1912, vol. 1.

Torquemada, Juan de, *De los veinte y un libros rituales y una Monarquía Indiana,* México, Universidad Nacional Autónoma de México, 2010.

Torre Villar, Ernesto de la, *Instrucciones y Memorias de los Virreyes Novohispanos,* tomo I, México, Editorial Porrúa, 1991.

Torres Ramírez, Bibiano, *La armada de Barlovento,* Sevilla, Escuela de Estudios Hispano-Americanos, 1981.

Toussaint, Manuel, *Arte colonial en México,* México, Universidad Nacional Autónoma de México, 1983.

Tracy, James D., «Elements of Anticlerical Sentiment in the Province of Holland under Charles V», en P. A. Dykema, y H. Oberman, (eds.), *Anticlericalism in Late Medieval and Early Modern Europe,* Leiden, Brill, 1994, pp. 256-269.

—— *Emperor Charles V, empresario of war. Campeign strategy, international finance and domestic politics,* Cambridge, Cambridge University Press, 2002.

Trivellato, Francesca, *The family of strangers: The Sephardic Diaspora, Livorno, and Cross-Cultural Trade in the Early Modern Period,* New Haven, Yale University Press, 2009.

Trueba, Eduardo, *Sevilla tribunal de océanos (siglo XVI),* Sevilla, Gráficas del Sur, 1988.

Uchmany, Eva Alexandra, *La vida entre el judaísmo y el cristianismo en la Nueva España, 1580-1606,* México, Fondo de Cultura Económica, 1992.

Valdeón Beruque, Julio, «El reinado de los Reyes Católicos. Época crucial del antijudaísmo español» en G. Álvarez Chillida y B. R. Izquierdo, (coords.), *El antisemitismo en España,* Cuenca, Universidad de Castilla, La Mancha, 2007, pp. 89-104.

Valladares, Rafael, "El Brasil y las Indias españolas durante la sublevación de Portugal (1640-1668)" en *Cuadernos de Historia Moderna,* núm. 14, 1993, pp. 155-156.

Castilla y Portugal en Asia (1580-1680). Declive imperial y adaptación, Lovaina, Leuven University Press, 2001.

—— *Por toda la tierra. España y Portugal: Globalización y ruptura (1580-1700)*, Lisboa, CHAM, Universidad Nova de Lisboa, Universidade dos Açores, 2016.

Valle Pavón, Guillermina del, «Comercio y política, el Consulado de México en la época de los Habsburgo» en H. Noejovich (ed.), *América bajo los Austrias: economía, cultura y sociedad*, Lima, Pontificia Universidad Católica del Perú, 2001, pp. 273-286;

—— «Expansión de la economía mercantil y creación del Consulado de México», *Historia Méxicana*, LI/3, 2002, pp. 513-557.

—— «La lucha por el control de los precios entre los consulados de México y Andalucía», *Revista Complutense de Historia de América,* 32, 2006, pp. 41-62.

—— «Desarrollo de la economía mercantil y construcción de los caminos México Veracruz en el siglo XVI» en *América Latina en la Historia Económica*, 27, 2007, pp. 5-49.

Vemeir, René, Ebben, Maurits y Fagel, Reymond (eds.), *Agentes e identidades en movimiento. España y los Países Bajos siglos XVI-XVIII,* Madrid, Silex, 2011.

Vidal Ortega, Antonio, *Cartagena de indias y la región histórica del Caribe, 1580-1640*, Sevilla, Escuela de Estudios Hispano-Americanos, 2002.

Vila Vilar, Enriqueta, «Las ferias de Portobelo: apariencia y realidad del comercio con Indias» en *Anuario de Estudios Hispano-Americanos*, 39, 1982, pp. 275-340.

—— *Aspectos Sociales en América Colonial. De extranjeros, contrabando y esclavos*, Bogotá, Instituto Caro y Cuervo - Universidad de Bogotá, 2001.

Pérez Villanueva, Joaquín, «Felipe IV y su política» en Joaquín Pérez Villanueva y Bartolomé Escandell Bonet, *Historia de la Inquisición en España y América*, Biblioteca de Autores Cristianos y Centro de Estudios Inquisitoriales, Madrid, 1984, pp. 1041-1050. Vol. 1.

Villar Ortiz, Covadonga, *La renta de la pólvora en Nueva España (1569-1767)*, Sevilla, Escuela de Estudios Hispano-Americanos, Consejo Superior de Investigaciones Científicas, 1988.

Viña Brito, Ana, «El azúcar canario y la cultura flamenca. Un viaje de ida y vuelta» en A. Crespo Solana y M. Herrero Sánchez, *España y las 17 provincias de los Países Bajos. Una revisión historiográfica (XVI-XVIII)*, Córdoba, Universidad de Córdoba, 2002, pp. 615-637.

Viroli, Mauritzio, *From politics to Reason of State. The Acquisition and Transformation of the Language of Politics,* Cambridge, Cambridge University Press, 1992.

Vlessing, O., «The Portuguese-Jewish Merchant Community in Seventeenth century Amsterdam» en C. Lesger y L. Noordegraaf, (eds.), *Entrepreneurs and Entrepreneurship in Early Modern Times. Merchants and Industrialists within the Orbit of the Dutch Staple Market*, La Haya, 1995, pp. 223-243.

Wachtel, Nathan, «The "Marrano" Mercantilist Theory of Duarte Gomes Solis» en *The Jewish Quarterly Review,* vol. 101, núm. 2, 2011, pp. 164-188.

Walter, Rolf, *Los alemanes en Venezuela desde Colón hasta Guzmán Blanco*, Caracas, Asociación Cultural Humboldt, 1985.

Warren, David Sabean and Teuscher, Simon, «Rethinking European Kinship. Transregional and transnational Families» en C. H. Johnson, Christopher, et al., *Transregional and Transnational Families in Europe and Beyond. Experiences Since the Middle Ages*, Estados Unidos de América, Berghahn Books, 2011, pp. 1-22.

Wegener, Henning, «Los antecedentes: Hispanos y germanos en la Edad Media» en M. A. Vega Cernuda y H. Wegener, *España y Alemania. Percepciones mutuas de cinco siglos*, Madrid, Editorial Complutense, 2002.

Wee, Herman van der, «Industrial Dynamics and the Process of Urbanization and De-urbanization in the Low Countries from the Late Middle Ages to the Eighteenth Century a Synthesis» en H. Van der Wee, (ed.), *The Rise and Decline of the Urban Industries in Italy and in the Low Countries. Late Midddle Ages-Early Modern Times*, Leuven, Leuven University Press, 1988, pp. 307-382.

—— *The Low Countries in the Early Modern World*, Cambrisge, Variorum, 1993.

Weller, Thomas, «Entre dos aguas. La Hansa y sus relaciones con la Monarquía Hispánica y las Provincias Unidas en las primeras décadas del siglo XVI» en B. García García, M. Herrero Sánchez y A. Hugon, (eds.), *El arte de la prudencia. La Tregua de los Doce Años en la Europa de los Pacificadores*, Madrid, Fundación Carlos de Amberes, 2012, pp. 179-200.

Van Dijk, Teun A. «Ideología y análisis del discurso» en *Utopìa y Praxis Latinoamericana* 2005, vol. 10, n. 29, pp. 9-36.

Villacañas, José Luis, «La política religiosa del emperador Carlos V» en Michel Boeglin, et al., *Reforma y disidencia religiosa: La recepción de las doctrinas reformadas en la península Ibérica en el siglo xvi.* Madrid: Casa de Velázquez, 2018.

Williams, A. R. «The production of saltpetre in the Middle Ages», *Ambix*, 22/2, 1975, pp. 125-133.

Winter, Anne y De Munck, Bert, Regulating Migration in Early Modern Cities: An Introduction» en A. Winter, B. y B. De Munck y (eds.), *Gated Communities? Regulating Migration in Early Modern Cities,* Great Britain, Ashgate, 2012, pp. 1-24.

Wobeser, Gisela von, «Las Capellanías de misas: su función religiosa, social y económica en la Nueva España», en M. Martínez López-Cano, G. von Wobeser y J. G. Muñoz Correa, (coords.), *Cofradías, capellanías y obras pías en la América colonial*, México, Universidad Nacional Autónoma de México, 1998, pp. 119-130.

Woltjer, Juliaan y Mout, M. E. H. N., «Settlements: The Netherlands» en T. Brady, et al., *Handbook of European History 1400-1600. Late Middle Ages, Renaissance and Reform, vol. 2,* Leiden, E.J. Brill, 1995, pp. 385-415.

—— «Public Opinion and the Persecution of Heretics in the Netherlands, 1550-59» en J. Pollman y A. Spicer, *Public Opinion and Changing Identities in the Early Modern Netherlands. Essays in Honour of Alastair Duke*, Leiden, Brill, 2007, pp. 87-106.

Yun Casalilla, Bartolomé, *Marte contra Minerva. El precio del Imperio español, c. 1450-1600,* Madrid, Crítica, 2004.

—— «Introducción. Entre el imperio colonial y la monarquía compuesta. Élites y territorios en la Monarquía Hispánica (ss. XVI y XVII)» en B. Yun Casalilla (dir.), *Las redes del imperio. Élites sociales en la articulación de la monarquía hispánica, 1492-1714*, Madrid, Marcial Pons, Universidad Pablo de Olavide, 2009, pp. 11-35.

Zamora y Coronado, José María, *Biblioteca de Legislación Ultramarina,* Madrid, Imprenta de Alegría y Charlain, 1844.

Zavala, Silvio, *El servicio personal de indios en la Nueva España, 1576-1599*, México, El Colegio de México, El Colegio Nacional, 1985-1987, tomo II y III.

—— *Fuentes para la historia del trabajo en la Nueva España (1575-1805)*, Recopiladas en colaboración con María Castelo, México, Fondo de Cultura Económica, 1939-1946, vols. I-VII.

Índice de nombres, lugares y temas

A

Aberruza, Martín de, 44
Acapulco, 59, 85, 94, 99, 196, 206, 209, 220, 224, 229, 238, 256, 258, 277–278, 287, 316, 331, 346
Acatzingo, 381
ácido nítrico (véase agua fuerte), 253, 255–257, 277, 295
aclimatación, 58, 213, 245, 366, 389, 391, 405
Acosta, Brandon, 80
Acosta, Manuel, 125
aculturación, 325
Acultzingo, 235
Acuña, Diego, 322
Acutzingo, 171
adaptación, 18, 20, 22–23, 29–30, 42, 172, 193, 322, 326, 359, 384, 400, 404
Adorno, Blasina, 294
Adrián, Carpintero (Puebla), 235
Adriano Cesar, Cornelio (impresor), 175, 184, 188–189, 211, 217, 225, 228, 238, 242, 244, 357, 363, 367, 371, 375, 377, 385–387
Adriano VI, 140
Affaitati, familia, 26
África, 38, 215
africano, 16, 154, 180, 207, 222, 292, 396, 403
aguafuerte (vese ácido nítrico), 19, 30, 255, 402
Aguatepec, 292–293
Aguilar, Roque, 322
Aguirre, Joan de, 285
Agustín, San, 368
Alarzón, Francisco, 334–335
Alberto de Austria, 195, 362
Albuquerque, Bernardo de (obispo), 143
alcabala, 61, 64, 111, 307, 315, 352
Alemán, Juan, 141
alemanes, 17–18, 23–24, 27–28, 30, 102, 125, 137, 148–150, 158, 164, 169–170, 172, 174, 176, 181, 190, 197, 214–215, 217, 219–220, 227, 234, 236–239, 242, 247, 256, 287, 292, 296–297, 302–305, 312, 314, 319–320, 325, 327, 339, 345, 353, 357–358, 365, 369, 371, 374, 382, 384, 387, 389–390, 393, 400, 404
Alemania, 24–25, 88, 138, 149, 210, 229, 260, 305, 358, 360, 371, 382
Alés, Juan (cirujano), 166, 228
Alfinger, Ambrosio, 149–150
Algarve, 101, 128
Alicante, 307
Aljarafe, 318
almacenero, 49, 67, 85, 261, 316, 330, 340, 344, 349, 403
Almagro, 215
Almirantazgo, 309–310, 325, 351–353, 404
almojarifazgo, 41, 63–64, 230, 307, 352
Alogue, Pedro, 114
alquimista, 199, 247, 401
Altona, 254
alumbradismo, 137
Álvarez Caldeira, Luis (véase Linde), 60, 345
Álvarez de Toledo y Pimentel, Fernando (duque de Alba), 362
Álvarez e Rodrigo, 53
Álvarez, Bernardo, 346–348
Álvarez, Rodrigo, 53
Amberes, 24, 27, 58, 60, 70, 137, 191, 195, 214, 254, 303, 309, 321, 332, 340, 345, 352, 363–364, 367, 393
amberino, 174, 214
ambulantes, 304, 317, 345, 347
amonedación, 261–262, 273, 316, 344
Amozoc, 236
Ámsterdam, 213–214, 306, 348, 353, 367, 371
anabaptismo, anabaptistas, 28, 180, 389
Andalucía, 26–27, 64, 84, 114, 195, 215, 220, 303–304, 308–309, 325, 329, 336, 375, 404
    andaluz, andaluza, 23, 74, 195, 223, 301, 304, 310–311, 318, 375
Anes, Anez (Horn), Domingo y Juan, 217, 255
anglicana, anglicanos, 151, 178, 368
Angola, 128, 340

Anguís, Luis (doctor), 143–146
Ansaldo, Cesar, 70
Antequera (Oaxaca), 58, 236, 238, 334
anticlerical, anticlericalismo, 141, 165, 360–361, 379
Antigua, Veracruz, 222, 228, 234
Antillas, 26, 40, 48, 52, 154, 217, 224, 234, 354
Antonio Rubio, Mateo, 80
Antonio, familia, 311, 321, 329
    Acosta, Antonio, 128
    Antonio, Diego (véase Nicolás), 315, 322, 336
    Antonio, Nicolás, 66, 74, 313, 315, 335
    Antonio, Nicolás (el joven), 336
Antrea, Juan, 45
antuerpiense (vease amberino), 393
Antúnez y Acevedo, 76
apartado de metales (división), 19, 30, 64, 73, 86, 173, 239, 247–248, 254, 259–262, 264–266, 269, 271–273, 276–278, 280–282, 284–286, 288, 291–292, 294–297, 402–403
apartador, 175, 182, 185, 187–189, 198–199, 214, 232, 240, 244, 260–264, 266, 273, 276, 278, 281, 283–286, 288–289, 295–296, 328, 344, 372
apostasía, 136, 143, 156, 168, 200
aprendiz, 24, 120, 174, 179, 210–212, 215–216, 221, 235–236, 239, 241, 295, 375, 387, 393
Aragón, 26, 106, 113, 117, 124
Aragonés, Hernando, 276
Arauz, familia, 269, 271–272, 290, 297
    Arauz, Diego, 279
    Arauz, Guillermo, 269–272, 290, 297
    Arauz, Juan, 289
    Arauz, Pedro, 268, 288
arbitrio, 49, 68, 87–90, 93–94, 99–100, 107, 110–111, 115, 117–118, 121, 123–126, 128–129, 131, 396
Arévalo Sedeño, Mateo (provisor), 143
argenta (vease plata), 282, 344
Arias, Alonso, 252–253, 257, 266, 268, 335
aristocracia, 24, 41, 326
armero, 249–252, 268, 289, 292, 339, 401
Arnao, familia, 311
    Arnao, Juan, 313
    Arnao, Pedro, 301
    Arnao, Roberto, 322
Arnemuiden, 214, 306

arraigo, 34, 36, 49, 52, 59, 126, 182, 197, 214, 238, 240–241, 364–365, 372, 375, 385, 405
Arrué, Juan de, 242
artesanos, 19, 24, 88, 96, 102, 111, 137, 172, 174, 188, 209–211, 215, 217, 221, 232–234, 236, 241, 243–245, 247, 270, 277, 323, 345, 348, 384–385, 400
artillero, 216, 218–219, 226, 234–235, 252, 376, 391
Artois, 358
arzobispo, 50, 74, 97–98, 103, 147, 157
asentados, 150, 170, 230, 340
asentista, 50, 91, 251, 253, 257, 266, 268, 287–289, 292, 294–296
aserrador, 228
Asia, 48, 206, 287, 316
asiática, asiático, 16, 21, 56, 85, 200, 207, 212, 224, 292, 294, 337, 396, 400, 403
asiento, 26, 38, 49, 55, 66–67, 84, 86, 113, 249–252, 265–266, 268, 270, 288–292, 294–295, 299, 301, 310–311, 323, 352
asimilación, 129, 147, 163, 172, 386, 392, 405
Atlangatepec, 236
atracción, 16, 19, 25, 205, 209, 224, 245, 400–401
Audiencia, 22, 40–41, 44, 50, 52, 59–65, 67–68, 72–73, 76–78, 80, 83, 93–95, 97–98, 100–101, 104, 113, 120–121, 123–124, 129, 131–132, 143, 175, 177–179, 182–183, 186, 190, 207, 221, 223, 230, 238, 252, 277, 287, 292, 294, 342, 344, 378, 398
Augsburgo, 138, 362
áureo (véase oro), 20, 256, 260, 280, 402
Austria, 69
Austrias (véase Habsburgo), 219
auto de fe, 145, 147, 151–152, 158, 160, 163–168, 172, 179–181, 186, 190–191, 224, 230, 279, 281, 384
avecindado, 24, 40, 46, 48, 50, 66, 72, 81, 98, 104, 106, 114–115, 117, 127, 165, 185, 196, 199, 232, 237–238, 241, 244–245, 304, 321, 325, 329, 353, 378, 386, 388–389, 399
Avendaño, Pedro (prior del Consulado), 64
avería, 49, 55, 67, 84, 86, 301, 310, 316
Ayala, Bartolomé, 335
Ayala, Pedro de, 143
ayuntamiento, 129, 300

Azcapotzalco, 290
azogue, 75, 110, 311
Azores, 216

B
Báez de Acevedo, hermanos, 100
Baeza Herrera, Juan (encomendero), 258
Bahía, 230
Bajío, 101
balanzario, 284
Balbás, Cristóbal de, 105
Balbuena, Bernardo de, 15–16, 247, 265, 358, 401
Báltico, 17, 25, 137, 212, 214, 219, 304, 306
Bambel (Banbel, Van Bel, Van Belle), familia, 311, 325, 340
    Bambel, Enrique, 314, 320
    Bambel, Francisco, 70, 335–336, 347
    Bambel, Juan, 128, 312–313
Banasten (Van Hasten), Roberto (factor), 301
bandeiras, 104, 109
bando, 64, 96, 98, 112, 121–124, 363
Bandoma (véase Borbón, Enrique de), 373–374
banqueros, 60, 69, 113, 206
baptistas, 138
Barba, Álvaro Alonso, 255, 259–260, 267
barbero, 174, 233, 237–238, 244, 375, 390, 393
Barbosa Homen, Pedro, 33, 135, 143
Barbosa, Ruy (doctor), 143
Barlovento, 115, 277
Bastida, Juana (hija de Gonzalo Sandoval), 385
Bastidas, Rodrigo, 150
Baustista Montemayor, Juan (platero), 259
bautismo, 66, 70, 79, 174, 176, 179–180, 321, 382
Bello, Juan, 125, 128
Beltrán, Diego (apartador), 278
Benavides, Francisco (alcalde de corte), 331
beneficio, 38, 56, 59, 73, 78–79, 88, 93, 108, 110, 118, 126, 248, 251, 258–259, 261, 269, 282–283, 287–288, 291, 297, 322, 397, 402
Benítez, Daniel, 131, 171, 187, 235, 348, 359, 386
Benítez, Diego, 348
Benitez, Juan, 131
Berbería, 183
Bergen-op Zoom, 377

Bernal, Barbola (véase Nicolás), 321
Bernal, Juan, 224
Bernal, Pedro, 315
Beruben, Lamberto, 66, 70–71, 114, 313, 322, 338–339
Bilbao, 215
Biringuccio, Vannoccio, 254
Blanco, Diego, 329, 348
blasfemia, 142–143, 148, 159, 360, 388
Bloomart (de las Flores), Bartolomé, 322
Bloomart, Isaías, 322
Bloys, Francisco, 115, 324–325, 327, 338–340
Boacio, Agustín, 145, 151, 307
Bonacoste, Joseph, 52
Bonilla, Diego de (licenciado), 162, 174–175, 393
Bontune, Cornelio van, 277, 294
Boot, Adrián (ingeniero), 201, 248, 323, 393–394
Borbón, Enrique de (duque de Vandôme) (véase Bandoma), 373
bordadores, 401
Bordas, Juana de, 333
Borgoña, 358
borgoñón, 26, 187, 235
Bosque, Juan Bautista del, 242
botoneros, 233
Boulogne, 192
Brabante, 23, 26–27, 303, 305, 310, 367
brabanzones, 26
Brandón, Acosta, 80
Brasil, 48, 99, 105, 110, 217, 340
Brausen (Brahusen), familia, 311, 329, 340
    Brausen, Jacques, 74, 313, 336
Bravo Lagunas, Alonso (doctor), 143
Bremen, 235, 367
Breslau, 199
Bretaña, 214
Briel, 306
Brière, Jacques de (capitán), 145
Brihuega, 101
briocenses, 289
británico, 194
Brno, 199
bróker, 336
Brujas, 24, 27, 244, 367, 381, 390
Brujas, Jorge de (tonelero), 126–127, 175–176, 182, 221, 236–237, 243–245, 256, 348, 363–364, 367, 387, 390
Bruysius (Brujas), Jorge, 390

brujense, bruselense, 235, 325
Bruselas, 27, 137, 339, 352, 362, 380
Bruxel, Pierre, 149
Buenos Aires, 104–105, 396
bula, 109, 128, 142, 146, 370, 374, 379
Burdeos, 214
Burgos, 303
Burgos, Antonio de, 70, 114, 321–322, 325, 327, 330, 333, 341

C
Caballero, Pedro, 331
cabildo, 35, 43, 49–50, 60, 75, 87, 90, 110, 206, 241, 301, 306–307, 312, 316, 318, 326, 342
Cabo de Vela, 258
cacao, 317, 346
cacica, cacique, 45, 252, 342
cadena de oro, 282, 294, 338, 402
Cádiz, 27, 60, 76, 81, 114, 175, 180, 184, 214–218, 227, 305, 307, 317, 319, 324, 329, 340, 345, 374–375
caja (real hacienda), 70, 82, 115, 121, 127, 264, 271, 280–281, 284, 289, 333, 341
Calatrava (orden), 341
calceteros, 233
calidad (clase y reputación), 24, 35–36, 51, 81, 95, 136, 218
California, 224, 226
Callao, 99, 220, 317
Calpulapan, 236
Calvarte, Francisco, 317
calvinismo, calvinos, 28, 175–179, 199, 362–363, 365, 367–368, 370–374, 377–380, 382, 393
Calvino, Juan, 179, 364
Campeche, 167, 173, 226, 228, 234, 317, 376
campesino (véase labrador), 88
Campo, Carlos del, 337
Campo, Juan del, 180, 191, 218, 240, 296–297, 363, 369
Canal, Pedro del (apartador), 276
Canarias, islas, 26, 38, 40–41, 44, 55, 112, 198, 217
canario, 38, 214, 220
Canobloch (Canoblochs), Simón (apartador), 199, 297
Canto, Miguel de, 42
capataces, 159
capellanías, 326–327

Capilla, 195, 270, 305, 308, 404
capitalismo, 401
capitanía, 121, 166
Caracas, 396
carbón, 248
cardenal, 107, 114, 140, 153
cargador, 28, 55–57, 68–70, 74–75, 80, 119, 299, 302, 307, 310–311, 314, 317, 320, 343, 350, 353, 404
Caribe, 26, 48, 54, 99, 102, 148, 153, 194, 225–226, 249, 402
caribeños, 38
Carlos Manuel de Saboya, 101
Carlos V, 26, 60, 102, 149, 155, 195, 258, 303, 305, 332, 337
carpintero, 176–177, 215–216, 232, 235–236, 242, 293, 348, 371, 383, 391, 393
Carrera de Indias, 37, 56, 64, 77, 132, 219, 222, 227, 287, 299, 304, 311, 316, 320, 349, 353
carretas, 241, 269
Carrillo de Mendoza y Pimentel, Diego (conde de Gelves), 92–98, 120, 399
Carrillo, Diego, 174
Carrillo, doctor (visitador), 41
carta, 34, 39–41, 50, 52, 55, 57, 59, 62, 69–70, 72–73, 77, 79, 95, 99, 103, 124, 141, 145–146, 150, 160–161, 186, 192–193, 226, 321, 351, 377, 384, 391
   carta, naturaleza, 18, 38, 55, 92, 132, 158, 300–302, 310, 319, 329
   Carta, vecindad, 34, 88, 92, 230, 299–304, 321, 329
Cartagena, 60, 62, 65, 80, 83, 90–91, 131, 307, 322, 345
Carvajal, Agustín de, 62
Casas, Bartolomé de las, 150
casta, 130, 145, 389, 396, 398
Castañeda, Juan de, 335
Castell (Castel), Luis, 70, 300, 325, 327, 344, 347
castellanos, 24, 26–27, 39, 80, 89, 106–119, 123–126, 129, 131, 209, 218, 225, 302, 326, 385, 390, 405
   castellanización, 390–391
   castellanos, de oro, 14, 261–265, 273–276, 280–281, 338
   castellanos, privilegios, 24, 80, 385
Castellanos, Florian de (viuda), 240
casticidad, 396

Castilla, 26, 36, 55, 68, 99, 106, 108–109, 113, 117–118, 124, 126, 132, 153, 155, 208, 213, 250, 260, 282, 284, 287, 299, 303–304, 329, 333, 346, 380, 396
Castillete, Juan de, 342
Castillo, Álvaro, 335
Castro, Luisa, 279, 386
catalán, 106, 235, 240
Cataluña, 117
categoría, 20–21, 23, 29, 33, 37, 71, 104–105, 117, 123–126, 129, 136, 385, 396
categorización, 23, 29, 33, 35, 37, 39, 41, 43, 45–47, 49, 51, 53, 55, 57, 59, 61, 63, 65, 67, 69, 71, 73, 75, 77, 79, 81, 83, 85, 87, 89, 91, 93, 95, 97, 99, 101, 103, 105, 107, 109, 111, 113, 115, 117, 119, 121, 123, 125, 127, 129–131, 133, 135, 137, 139, 141, 143, 145, 147, 149, 151, 153, 155, 157, 159, 161, 163, 165, 167, 169, 171, 173, 175, 177, 179, 181, 183, 185, 187, 189, 191, 193, 195, 197, 199, 201
católica, católicos, 17, 20, 28, 115, 125, 135, 138, 140, 145, 147, 152–153, 156, 159, 162, 165–167, 170, 172, 176–179, 182–184, 191, 193, 196–200, 218, 227, 229–230, 305, 330, 353, 359–363, 366–369, 372–375, 377–383, 405
catolicismo, 28, 34, 106, 136–137, 139, 164, 168, 176, 183–184, 197, 200, 365–366, 371–373, 378, 383, 405
Caudebec, batalla, 374
cautividad, cautivos, 34, 160, 403
Cavendish, Thomas, 252
Cavite, 255
ceca, 91, 254, 273, 344
Cefalonia, 216
cenáculos, 139, 145, 158
censor, censura, 139, 147, 159, 162, 170, 180, 209
Centroamérica, 145, 154, 159
Centurión, familia, 41
    Centurión, Diego Enríquez, 74
    Centurión, Enríquez, 74
    Centurión, Gerónimo, 42
Cerezo, Gonzalo de, 151
Cervantes de Salazar, Francisco, 15
Chalco, 236, 267, 291
Champotón, 173
Chapultepec, 277–278, 289
Charcas, 91, 104

Chichicapa, 279
chichimecas, 249
Chiconautla, 290
Chilton, Esteban, 74
Chimalhuacán, 268, 297, 369
China, 89, 209, 224–225, 342, 346
Chipre, 148
Cholula, 207–208, 235–236, 388
Christopher, Newport, 173
Cilieza Velasco, Tomás de (tesorero general de la Santa Cruzada), 343
circuitos, 211, 215, 220, 353, 400–401
cirujano, 228, 231, 233
ciudadanos, 33, 42, 97, 354, 363, 400
clandestina, 296, 307
Clarisse, familia, 352–353
clasificación, 21, 29, 129, 397
clérigo, 15, 137, 166, 294, 361, 369
Cléveris, 219
clientela, 62, 155, 157, 169, 171–173, 175, 185, 195, 243, 308, 316, 326–327
Clut, Clute (Cloet), familia, 311, 313
    Clut, Clute (Cloet) Maria, 313, 320
    Clut, Clute (Cloet), Luis, 69, 313, 335–336, 345
    Clut, Clute (Cloet), Luis (el joven), 60
cobre, 253–254, 382
cochero, 234–235
cochinilla, 49, 317–318, 334, 336, 342, 351
cocinero, 216
cofradía, 35, 305, 308, 325–327, 404
Colegio de niños de Tepotzotlán, 258
Colegio del Espíritu Santo (Puebla), 170
Colegio Real de Tlatelolco, 188–189
Colima, 238, 385
Colonia, 234, 254, 367
colonizadores, 16, 206, 398, 403, 405
colorante, 47, 318, 333, 341–342, 350, 404
comerciante, 17, 30, 56–57, 64, 85, 91, 114, 168, 173, 197, 201, 207, 221, 234, 240, 282, 300–301, 307, 311–312, 316, 318–319, 323, 326–327, 330–331, 336–338, 345, 347–348, 386
comercio, 16, 18, 21, 25, 28, 30, 37–39, 41, 47–51, 54–57, 59–65, 67–71, 73–76, 78–83, 85–86, 88–90, 93, 103–104, 110, 112–113, 119, 132, 188, 194–195, 197, 206, 208, 212, 225–226, 234, 243–244, 279, 299–300, 302–303, 306–312, 315–319, 322, 324–325, 330, 339, 344–354, 361, 403

Comunidad, pertenencia, extranjería

comisión, comisionado, 22, 40, 42, 49, 58–63, 65, 68–70, 72–75, 77–78, 80–83, 85–86, 88–89, 91, 93, 95–96, 100–101, 115, 120–122, 124, 128, 131–132, 173, 251, 300, 304, 309, 312, 319, 321, 329, 332–334, 337–338, 345, 348, 350, 397, 399
compañía, 48, 56, 61, 102–103, 114, 154, 164, 170, 194, 240, 242, 244, 255–257, 261, 270–272, 279, 297, 299, 301, 308, 311, 323, 332–337, 344, 346–348, 379, 387
compatriotas, 28, 171, 186, 220, 392, 398
complementariedad, 18–19, 30, 386
complicidad, 48, 82, 345, 379
composiciones de extranjeros, 22, 47, 49–50, 52, 72, 86–87, 89–94, 99–101, 104–106, 110, 115, 117–121, 123–133, 225, 267, 283, 286, 291, 393, 396
Compostela, 226
comunidad, 16–18, 20–31, 33–115, 118, 120, 122–126, 128–130, 132–133, 135–202, 205–206, 208, 210, 212, 214, 216, 218, 220, 222, 224, 226, 228, 230, 232, 234, 236, 238–240, 242, 244–246, 248, 250, 252, 254, 256, 258, 260, 262, 264, 266, 268, 270, 272, 274, 276, 280, 282, 284, 286, 288–290, 292, 294, 296, 300, 302–308, 310–312, 314, 316, 318, 320, 322, 324, 326, 328, 330, 332–334, 336, 338–340, 342, 344–348, 350, 352, 354–355, 357–360, 362, 364–368, 370, 372, 374–378, 380–384, 386, 388, 390–394, 396–405
comunitaria, comunitario, 21, 133, 206, 251
Concilio, 139, 142–143, 149, 152, 154, 156, 163, 180, 324, 326
Conde, Enrique, 308
condena, 60, 70, 128, 141, 168, 171, 180–181, 183, 185, 188–189, 191, 195–196, 228, 278, 386
confesional, 27, 138, 147, 153, 158, 163, 363, 366, 371, 378, 383
Conique (Conicq, Coniq), familia, 311, 329
  Conique, Francisco de, 74, 311–313, 318–319, 335
  Conique, Simón de, 339
connacional, 106, 108, 126, 170, 183, 240, 244–245, 301, 305, 325, 330, 332, 334, 338, 346, 379

conquista, conquistador, 15–16, 20, 26, 45, 124, 129, 140, 149–150, 155, 161, 206, 224, 248, 288, 299, 326, 385
conservadurismo, 139
Constantinopla, 216
cónsul, 86, 306–307, 309, 328, 341
consulado, 37–38, 47–49, 55–56, 62, 64–68, 71, 76–77, 79–80, 84–86, 197, 206, 299, 301–302, 305, 307–310, 312, 315–319, 325, 327–330, 333, 338, 340, 352, 404
consumo, 206, 212, 243, 266, 271, 277, 291, 310
contabilidad, 264, 281, 286, 331
contrabando, 50–51, 63, 65–66, 80, 82, 89–91, 93, 104, 109, 113, 194, 222–224, 287, 308–309, 344, 350, 353–354, 397
contratación, 18, 39, 42, 50, 55, 57, 60, 62–63, 65–67, 69–70, 74–75, 77–80, 83, 89, 91, 122, 126, 133, 195–196, 208, 211, 217–221, 224, 226, 231, 233, 249, 299–302, 311–312, 314–315, 318–322, 333, 336–337, 341–344, 346–349, 353
control social, 22, 28, 86, 159, 171, 173, 198, 240, 324, 339, 369
conversión, 34, 137, 183, 198–199, 359
converso, 103, 109, 137, 140, 190
convivencia, 33, 136, 151, 172, 174, 199, 359, 366, 368, 387, 405
cooperación, 28, 62, 84, 104, 173, 268, 306, 313, 332, 337, 359
Corbet (Corbete), familia, 311, 315, 321–322, 340
  Corbete, Francisco, 338
  Corbete, Miguel, 66, 70–71, 313, 322, 331, 335
  Corbete, Pedro, 313, 321–322, 338
  Corbete, Roberto (el viejo), 313
  Corbete, Roberto (hijo de Pedro), 322
Cornelio, Adrián (marinero), 175, 177, 180, 368, 387, 390–391
Cornelis, Deque, 236, 300, 331
  Cornelis (Corneles, Cornielis), Alexandro (Alejandro), 325, 327, 331
Cornelius, Hoen, 137
corporación, 19, 22, 27–28, 33–37, 47, 60, 126, 136, 154, 167–168, 184, 227, 241, 305, 307–308, 315, 325, 327, 329, 359, 386, 400, 404–405
Correa, Domingo de, 163

corregidor, 35, 46, 97, 129, 333, 350
corrupción, 61–62, 95
corsario, 145, 148, 166, 184, 222, 376
Cortes, 26, 55, 87
Cortés, Hernán, 256
Coruña, 303
cosmógrafo, 244, 383
Costa Rica, 209
costumbre, 20, 33, 39, 55, 102, 106, 121, 148, 166, 173, 193, 196, 326, 330, 379, 387, 389, 392
Cote, Martín (capitán), 143, 145
Coyoacán, 268, 292–293
coyotaje, 112
Cozumel, 166, 228
Crabbe (Crave), factor de Van Hasten, 301, 313
Cracou, Carlos de (Mauricio de Nassau), 195–196
Cracovia, 199, 367
crédito, 56, 283, 301, 316–317, 326, 337, 347, 402, 404
criada, criado, 24, 42, 102, 106, 147, 174–175, 210, 212–213, 215, 221–224, 234, 236–237, 239–240, 245, 250, 255–257, 295–297, 322, 333, 345, 347, 363–364, 367–368, 372, 383, 385, 390, 400
criolla, criollo, 20, 24, 162, 164, 207, 256, 273, 277, 327–328, 386, 392, 396
crisoberilo (ojos de gato), 382
cristianismo, 28, 103, 115, 136, 138–140, 142, 144–145, 147–149, 160, 162, 166, 170, 172, 174, 179, 182, 185, 187, 201, 218, 229–230, 326, 330–331, 366–368, 370, 372, 374–375, 377–378, 385, 389, 396
Cristo, 176, 179, 370, 379
Cruz, Bernardo de la, 346
Cuadros, Garcia de (capitán), 315
Cuauhtinchán, 242
Cuautitlán, 237, 258, 267, 269, 271–272, 289–290, 293, 297
Cuba, 51, 157
Cubagua, 48
Cuebar, Juan, 233
Cuencamé, 96
Cuernavaca, 224
cuero, 48, 333, 348
Cueto, Juan, 342
Cueto, Sebastián, 337, 342
Cuitláhuac, 267

Culhuacán, 236–237, 243, 268–272, 288–290, 292–293, 297
Culiacán, 226
Cultzingo, 236
Curacao, 114
Curaesma, 368
Cuzco, 64

D

Daguila, Juan, 301
danesa, danés, 25, 170–171, 177, 187, 216, 235, 237, 359, 367, 369, 386, 391
David, Lanfran, 114
David, Salmos, 380
debate, 22, 36, 40, 47–48, 64, 76, 86–87, 395, 397
defraudaciones, 63–64, 77, 80
demográfico, 45, 119, 207, 253
denominaciones (protestantes), 28, 176–178, 359, 372, 377
desconfianza, 103, 110, 125, 158, 160, 164, 392, 398
desembarcados (John Hawkins), 148, 158, 160, 389
deserciones, 170, 196–198, 222–223, 225, 228–229, 231–232, 234, 364
desligar (apartado), 259, 264
desnaturalizar, 76
desplazamiento, 30, 80, 85, 87, 118, 188, 208, 213–218, 233, 239–240, 245, 288, 301–302, 304, 314, 321–324, 341, 346, 351, 400–401
despoblación, 109, 131, 253
destierro, 181, 201, 339
Deventer, 254, 306
devoción, 149, 157, 312, 327, 396, 405
Díaz, Martín (tonelero), 175, 227, 357, 363, 370
Díaz, Roque, 322
Díez de Aux y Armendáriz, Lope (marqués de Cadereyta), 102
diezmo, 98, 260, 263, 280–281
difamación, 164, 190, 331, 339
Dinamarca, 25, 127, 216, 367, 371
Dionisio, Juan, 346, 348
diplomática, 47–48, 52–53, 60, 110, 168, 192, 194–195, 399
discriminación, 21, 103, 107, 110, 112–113, 115, 133, 136, 396–397, 405
disidencia, 94, 137, 223

disimulación, 76, 112, 172, 192, 194, 197, 201, 206, 262, 267–268, 285, 321, 365, 397
dispensas, 100–101, 277, 281, 295
división (apartado), 107, 259, 264, 266, 272, 279–280, 283–284, 292, 296
doctrina, doctrinal, 147, 154, 159, 164, 177–178, 361, 365–366, 369, 398, 405
Domburg, 363
donaciones, donativo, 38, 55, 93, 99, 120, 125, 128, 301, 308, 326, 330, 361, 404
Dordrecht, 306
Doria, Próspero, 42
Drake, Francis, 249–250
ducados, 55–56, 80, 99, 111, 221, 243, 301, 331, 336–337, 350
duits, 357
Dunquerque, 214, 352–353
Durá, Tomás de (ensamblador), 242
Dystland, 357

E

Echegoyen, Francisco de, 14, 280
eclesiástico, 22, 87, 136, 139, 142–143, 146, 151, 155–156, 159, 165, 167, 200, 208, 228, 277, 326, 388, 404
ecológico, 248
edicto, 101, 136, 138, 141, 144, 159, 162–163, 169, 187, 189, 390
Egipto, 177, 379
Eimeric, Nicolau, 178
Eisleben, 254
ejército, 27, 200, 213, 249, 353, 363, 371, 373, 375–376
Elba, 212
Elborg, 306
élite, elites, 18, 20–21, 26–27, 37, 42, 48, 54, 67, 77, 84, 87, 90, 96, 99, 104, 110, 113, 124, 137, 151, 155–156, 164, 197, 206, 279, 282, 301, 312, 315, 323–327, 329–330, 339–340, 350, 384–385, 397, 402, 404
embajador, 168
Emden, 183, 214
empadronamiento, 324–325, 368
empleo, 27–28, 40, 188, 197, 211–212, 215, 217, 224, 226–227, 232, 237, 239–240, 242, 245, 296, 395, 400–401
empresa, empresario, 129, 146, 226, 252, 266, 269, 272–273, 277, 296, 299, 315, 348, 400, 403

Ems, 212
encarcelamiento, 97, 161, 279, 306
encomienda, 60, 64–65, 74–75, 79, 81–82, 95, 124, 129, 144, 153, 155, 235, 256, 258, 287, 312, 314, 317, 333–334, 336, 341–343, 403
endogamia, 240, 385
endógenos, 30
enemigo, 23, 30, 48, 51, 58, 61, 93–94, 99, 102, 104, 108, 112, 148, 151, 164, 166, 173, 200, 223–224, 228, 230, 285, 287, 309–310, 325, 330–332, 341, 364, 367, 372, 375–376, 378–379, 396
enfermedad, 73, 112, 147, 173–174, 224, 226–228, 238, 255, 279, 305, 346–347
Enrique de Borbón, duque de Vendôme, 373
Enríquez (Henriquez), Diego (barbero), 174, 237–239, 244, 375, 390, 393
Enríquez de Almansa, 250
Enríquez Escot, Diego, 70, 173–174, 237, 325, 335–337, 339, 347
Enríquez, Margarita, 320
enrolarse, 212, 215, 217, 220
ensamblador, 232, 242
ensayador, 254, 259, 282–285, 401
ensaye, 254–256, 259, 261, 263, 265, 280–285, 376, 401–402
entallador, 174–175, 185, 214, 236, 242, 393
entrepôt, 18
epidemias, 205–206
episcopal, 137, 140–141, 159, 161
erasmista, 141–142
Erbaut, 320
Ercker, Lazarus, 254
Escalda, 213, 303
Escandinavia, 137, 358
escandinavo, 125, 149, 216, 306, 358
esclavitud, 104, 155, 277, 395
esclavo, esclava, 16, 21, 26, 50, 60–61, 63, 65–66, 81–82, 91, 101, 104, 111–113, 128, 154, 159, 180, 187, 207, 222, 227, 278, 292, 294–295, 312, 318, 345, 354, 385, 403
Escobar, Alejandro, 70
escocesa, escocés, 58, 68–70, 99, 125, 148, 194, 196, 323, 329, 366
Escot, Diego Fernando, 70
escribano, 120–121, 174, 178, 229, 265, 342, 370, 393
escultor, 242, 401

Índice de nombres, lugares y temas

España, 17, 19–21, 23–25, 27–31, 33, 36–37, 40–42, 44–46, 48, 50, 53–55, 59, 62–63, 65, 68–71, 74–77, 79–81, 83, 85–93, 97–98, 100, 102, 104, 106, 109, 114, 119–120, 123, 127–128, 137–143, 147, 149, 152–154, 156–157, 161–165, 168–169, 172–173, 177, 183, 185–186, 191–193, 196, 199–203, 205–206, 208, 212–213, 215, 217–223, 225, 227, 229–232, 238–239, 244–246, 248–251, 255–256, 258–259, 266, 268, 277–278, 280, 282–283, 287, 291–292, 297, 299, 302–303, 311, 313–315, 317, 319–325, 328, 330–333, 335–336, 338, 340–343, 345–347, 349–353, 357, 359–360, 362, 365, 373–378, 382–383, 387–388, 390–391, 395, 397, 402–405

español, española, 16–17, 19–22, 24, 27–29, 34–37, 42, 45, 47, 53, 59, 87, 92, 96, 102–106, 108, 110–111, 113–115, 117–119, 126, 129–131, 139, 141, 143, 147–148, 150–151, 158–160, 162, 164–165, 170, 172–176, 185, 192, 194, 200–201, 205, 207–210, 214, 218, 220, 222, 224, 233, 235, 240–241, 243, 248–250, 258, 270, 272, 278, 281, 287–289, 301–302, 306, 312, 322, 327–328, 349–350, 358, 360, 363–367, 371–377, 380, 383–393, 395–399, 405

españoles de sangre, 103
españolidad, 21, 396, 405
españolizar, 87, 150, 217, 389
especias, 47, 239, 347, 404
especiería, islas de la, 317
especiero, 235
Espino de Cáceres, Alonso, 89
Espinosa, Diego de (inquisidor general), 153, 157
Espinosa, Pedro de, 342
Espinoza, Bartolomé (fray), 180
espionaje, 52, 60, 332
Esquilache, príncipe de, 89, 225
estampistas, 401
estanciero, 81, 236
estanco, 231, 288
estante, 175, 237, 330, 339, 345
estereotipos, 164, 197, 331
estigma, estigmatización, 103, 105, 112, 136, 147, 152, 160–161, 165, 178, 185–186, 189–190, 328, 366

etiquetamiento, 86, 105, 159
etnicidad, 36, 150, 385, 396
étnico, etnicidad, 28, 35, 129–130, 239–240, 393, 396
europea, europeos, 16–17, 19, 21–24, 29–30, 35–37, 39, 42, 44–46, 56–57, 71, 80, 85, 92, 94, 96, 100–101, 104, 109, 118–119, 129–130, 139, 148, 150, 163–166, 174, 180, 185, 190, 192, 194, 197, 199, 205–209, 212, 214, 217, 220, 222–223, 227, 243, 248–249, 267, 287–288, 291–292, 294, 297, 302–304, 307, 311, 318, 328, 337, 340–341, 343, 345, 350, 352, 371, 385, 389, 395–400, 404–405
evangelización, 143, 147, 156
exclusión, 20–22, 34–35, 37–38, 44, 59, 72, 78, 90, 92, 106, 108, 111, 113, 121, 129, 136, 141, 156, 158, 161, 253, 259–260, 271, 278, 299, 306, 308, 325, 327, 332, 350, 352, 357–358, 379, 387–388, 390, 398, 400, 404
excomunión, 109, 141
exilio, 27, 165, 362
explosivo (vease pólvora), 249–250, 252, 268, 271, 287, 292, 402
exportaciones, 206, 212, 306, 343, 348, 350
expulsión, 22, 25, 39–40, 44–45, 51–53, 57–58, 60, 67, 70, 78, 88–89, 95–97, 100–101, 105–106, 117–120, 181, 195, 201, 223, 233, 329, 398–400
extranjera, extranjero, extranjería, 16–18, 20–24, 26, 28–31, 33–115, 117–128, 130–133, 135–202, 205–206, 208–210, 212–214, 216–222, 224–226, 228–230, 232, 234, 236–238, 240, 242, 244, 246, 248, 250, 252, 254, 256, 258, 260, 262, 264, 266, 268, 270, 272, 274, 276, 280, 282, 284, 286, 288, 290, 292, 294, 296, 299–302, 304, 306–308, 310–312, 314, 316, 318–322, 324, 326, 328–332, 334, 336, 338, 340, 342, 344–346, 348–352, 354, 358, 360, 362, 364, 366, 368–370, 372, 374–376, 378, 380, 382, 384, 386–388, 390–392, 394–400, 402–405
Extremadura, 273
Eynguer, Enrique, 149
Ezequías, 379

F

fábrica, 248, 272, 277–278, 289
factor, 44, 60–61, 100, 105, 184, 220, 282, 285, 301, 304, 319, 321, 345, 396
factoría, 26, 271
Faques, Miguel (Magel), 180–181, 225
Farja, Pedro la, 114
Farnersio, Octavio (duque de Parma), 363, 374, 377
Federigui (Estefantoni), Santi (capitán), 50, 114, 333, 341
Felipe II, 41, 44, 47, 120, 123, 127, 139, 145–146, 148, 153, 157, 219, 364, 371, 377
Felipe III, 54–55, 70, 74, 87, 92, 123, 191–192, 195, 219, 306–308, 399
Felipe IV, 46, 92, 104, 112–113, 308–309, 342, 351–353
ferias, 316
Fermín, Bartolomé (ver Blomart; Flores), 237, 263, 315, 322, 325, 329, 331–335, 338–339, 344
Fermín, Margarita, 322
Fermín, Margarita (véase Bloomart), 322
Fernández de Celis, Toribio, 279
Fernández de Córdoba, Diego (marqués de Guadalcázar), 53, 67, 70, 72–73, 76–78, 81, 85–86, 88–89, 91, 94–95, 104, 120, 124, 128, 225, 331, 350, 399
Fernández de Oviedo, Gonzalo, 149
Fernández de Sigura, Pedro, 331
Fernández Gramajo, Jorge, 61, 80
Fernández Manrique, Garci (duque de Osorno), 258
Ferrara, 186
Ferraz, Manuel, 53
Ferrol, 215–216
fiador, 100, 121, 268, 279, 331, 336, 344
Fiallo, Juan, 100
fianza, 69, 71–72, 187, 224, 252, 272, 289, 306, 319
fidelidad, 17, 28, 58, 65, 87, 106, 135, 157, 185, 309, 319, 353, 360, 375, 383, 398
Figuerola, 39
Filibault, Juan, 329, 339
Filipinas, 16, 35, 50, 68, 70, 89, 96, 100, 180–181, 199–200, 213, 224–226, 249, 252, 255–256, 277, 291, 300, 316, 330–331, 337, 340, 346, 402
Fino, Juan, 385

fiscalidad, 29, 83, 94, 117, 119, 121, 123, 125, 127, 129, 131, 133
fiscalización, 59, 61, 92, 230
fisco, 81, 114, 188, 242–243, 271, 296–297, 348
flamenca, flamenco, 16, 18, 24, 26, 30, 46, 49, 51–52, 57, 60, 62, 65–66, 68–70, 79, 114–115, 123, 125–126, 131, 148–149, 158–159, 174, 176, 185, 187, 189, 195, 201, 215–217, 219–220, 224, 226–228, 230–231, 234–242, 258–259, 261–263, 265–268, 270, 272, 278–280, 287–288, 292, 294–297, 302, 304–305, 308–311, 314, 319–320, 325, 327, 329–331, 333, 336, 339, 344–350, 352–353, 358–359, 369, 371–372, 374–375, 381–382, 384, 387–390, 392–394, 403–405
Flandes, 23, 26–27, 163, 166, 192, 213, 229, 249, 260, 303, 305, 310, 348, 353, 363, 370, 373–376, 387, 389–390, 394
Flor Méndez, Juan (fray), 180
Flores, Bartolomé (véase Blomart), 322
Flores, Felipe, 122
Flores, Giralda (véase Malcot), 69
Flores, Jorge (Juan de la Rosa), 391
Florida, 154, 175, 224–225, 249, 252–253, 297
flota, 18–19, 50, 53, 56, 58–60, 62–67, 71, 73–75, 79–80, 82, 91, 99, 114, 143, 145, 154, 170, 174–175, 196–197, 205, 214, 216–220, 222–223, 226–232, 234, 236, 240, 243, 249, 255, 277, 287, 302, 310, 312–313, 319–320, 322–324, 342, 349–350, 364, 374–376, 404
flujos migratorios, 22, 53, 359
Fontana, Alessandro, 323
foráneos, 45, 69, 94, 138–139, 365
forastero, 324–325
forzados, 227, 288, 403
Fos, Juan de, 198–199, 217
Fragoso, Leonardo, 163–164
francés, francesa, 38, 45–46, 48, 58, 69–70, 90, 102, 114–115, 119, 128, 131, 143, 145, 148–149, 153, 158–159, 164–166, 191, 222, 228, 230, 249, 302, 304, 308, 310, 329, 340, 352, 358, 363, 389
Francia, 27, 49, 114, 153, 164, 166, 169, 184, 201, 212–213, 229, 312, 330, 339, 351, 363, 373–374, 377, 382, 389–390, 399

franja (límite o frontera), 18, 25, 212
fraude, 60–61, 63–65, 74, 78, 80, 82–84, 89, 98, 104, 260–261, 312, 397
Frescus, Juan, 363
Frías, Cristóbal, 147, 162–163
Frías, Manuel de, 105
frisio, frisón, 196, 225, 358
frontera, fronterizo, 102, 111, 141, 145, 193, 305, 359, 362, 374, 380
fuero, 16, 19–24, 29, 35, 37, 40, 42, 44–45, 53, 57, 63, 65, 68, 70, 73–74, 77, 79, 84, 86, 89, 91, 97, 100, 109, 118–120, 124, 128, 133, 138, 140–143, 145, 147–148, 150–151, 154, 156, 158, 160–161, 164–166, 170–174, 180, 185–186, 190, 192–194, 196–198, 206, 210–213, 216–219, 222, 227, 231, 233–234, 241, 243, 251, 256, 259, 264–265, 276, 283–285, 288, 292, 302, 306–307, 312, 319, 322, 325, 327–330, 332, 338, 341–342, 345, 351, 353, 358–359, 362, 374, 385, 401–403, 405
Fugger (Fúcares), 26, 75

G

gachupines, 91
gaditana, 305
Gage, Thomas, 227
galeote, 70, 184, 191
galeras, 68, 97, 99, 161, 180–181, 190, 201, 216, 228
Galicia, 46, 101, 121, 131, 226, 238, 259, 283
Gallardo Céspedes, Juan, 57, 64, 307
gallego, 106, 165
galos, 192, 312
ganado, ganadera, 96, 206–207, 234, 241, 243, 325, 347, 363–364, 377
Gante, 24, 27, 226, 235, 362, 367, 385
García de Ontiveros, Francisco Santos, 208, 323
García de Ontiveros, Francisco Santos (obispo), 208
García de Zumárraga y Mendoza, Francisco (obispo), 50, 140
García Fraga, Alonso (escribanos), 342
Garrido, Diego, 189
Garz, 254
Gdansk, 212
Génova, 58, 70

Genovés, Basilio, 128
genovesa, genovés (véase ligur), 17, 40–42, 44, 57, 60, 68–69, 102, 125, 128, 145, 148, 303–304, 349, 353
germana, germano, 20, 26, 222, 315, 332–333, 340, 358
germánica, 25, 30, 358, 390, 392
Geusen, 380
Gibraltar, 307
global, 18, 23, 114, 210, 332, 397
gobernador, 39, 60–62, 72, 114, 149–150, 192, 223, 228, 250, 256, 322, 328, 345
Gómez de Solis, Duarte, 103
Gómez Pérez Dasmariñas, gobernador, 256
Gómez Reynel, Pedro, 50
Gómez, Antonio, 252, 257, 266, 268, 270, 289–290
Gómez, Sebastián, 342
Govart, Juan, 171, 213, 237, 239, 296–297, 363, 385
Gramallo, Gaspar, 74
Granada, 60, 215
Grande, Juan, 252–253, 257, 287, 289–290
granos de oro, 251–252, 259, 261, 268, 273
Grave, 255, 363
Grecia, 216
gremio, 35, 37, 197, 200, 241, 326, 339, 350
griega, griegos, 45, 125, 148, 177, 233, 368
Griessenberg, 199
Grimaldo (Grimaldi), Juan Lorenzo, 69
Groninga, 24, 235, 306
grumete, 210–212, 215–216, 218, 229
Guadalajara, 96, 100, 121, 131, 143–144, 196, 207–208, 221, 238, 241
Guadalupe, 114, 236, 256
Guanajuato, 206, 238, 347, 385
guantero, 348
Guatemala, 143–144, 166, 229, 258, 343
Guayaquil, 99
Gudiel, Cristóbal, 249–253, 268, 271
Güeldres, 254
Guerrero, Gerónimo, 331
Gutiérrez de Garibay, Juan (general), 323
Gutiérrez Gil, Gonzalo, 273–276, 284–285, 370
Gutiérrez, Diego, 333
Guzmán y pimentel, Gaspar (conde-duque de Olivares), 95, 100, 113, 202, 308

H

Haag, 380
Haarlem, 362–363
Habana, 173, 175, 198, 225, 228, 234, 245, 250, 252, 349, 376
hábito penitencial (véase sambenito), 184, 188
Habsburgo, 26–27, 83
hacienda, 234, 270
Hamburgo, 24, 214, 254, 324, 353, 367, 369, 371, 383
hamburgués, 248
Hansa, 25, 192, 306, 367
Hansken, 390
Harbert, Rodrigo, 219, 235, 239, 296–297, 369
Harderwijk, 306
Harper, Cristopher (véase Cristóbal Miguel), 254, 390
Hasselt, 306
Hasten Van (Banasten), Roberto, 301
Hawkins, John, 148, 154, 158, 160, 167–168, 249, 389
    Hawkins, John (desembarcados), 167–168
Helbaut (Ebaut, Helbaute, Herbante), familias, 311, 313–314, 320, 333, 340, 345
    Helbaute, Miguel, 314, 318
    Herbaute, Margarita, 314
Hendrycx, Jacob (véase Diego Enríquez), 390
Herabyo, Hernando, 301
heredad, 115, 243, 306, 318–319, 404
hereje, herejía, 22, 30, 79, 103, 105, 112, 115, 136–137, 140–143, 145–147, 149–150, 152, 156–157, 160–161, 164–165, 168, 171–172, 175, 178–181, 184–186, 190–191, 198, 200–201, 325, 330–331, 339, 357, 365–367, 369–371, 375, 380, 383, 385, 388–389, 394, 396
hermandad, 132, 219, 327
Hernández de Gante, Simón, 226
Hernández de Gorotillo, Juan, 329
Hernández Gorotillo, Juan, 176
Hernández Luján, Guillermo, 323
Hernández, Domingo, 235
Hernández, Esteban, 345
Hernández, Marcos, 335
Hernández, Simón, 385
Herrera, Sebastián, 166
heterodoxas, heterodoxos, 50, 104, 138–139, 145, 147, 150, 154, 157, 159, 170, 177, 189, 191, 229, 308, 360, 366, 396
heterogeneidad, heterogeneo, 15, 24, 28, 36, 176, 223, 345, 357, 359, 398, 405
hidalgo, 36, 129, 273, 276
hierro, 303, 312, 333
hinterland, 24, 222
hispalense, 18, 37, 56, 75, 85, 192, 299, 304, 306–307, 309, 312
hispana, 372, 391–392
hispanizados, 325
hispanofobia, 372
Hoen, Cornelis, 137
Holanda, 51, 165, 178, 310–311, 345, 348, 371, 388, 394
holandés, 47–48, 51, 53–55, 99, 105, 114, 174–175, 184, 196, 200, 217–218, 220, 222, 224, 245, 248, 291, 300, 306, 309, 323, 352–354, 363, 367, 393–394
Honduras, 143–145, 158, 229
Horn (véase Anés), 217, 220, 255
Hornes, Juan, 314, 335, 342
Hortigosa, Pedro (jesuita), 180
hospital, 173–176, 179, 227–228, 236, 238, 305, 308, 369, 380
Huautla, 42
Huehuetlán, 234–235
Huehuetoca, 247, 292–293
Huejotzingo, 208, 236
hugonotes, 154, 158, 165, 213, 245, 249
Hungría, 254

I

ibérica, ibérico, 25, 172, 177, 214, 217, 219, 233, 255, 287, 291, 303, 308, 354, 386, 391
iconoclasta, 380
identidad, 20, 29, 103, 171, 366, 372, 374, 383, 390
Identificación, 22, 28, 30, 37, 123, 136, 166, 357, 359, 371, 391, 396, 405
idioma, 25, 240, 326, 359, 369, 387–388
idolatría, 143, 146, 192, 372, 375, 378
ídolos, 368
Iglesia, 17, 22, 28, 79, 97, 103, 109, 137–138, 140, 144–145, 147, 151–154, 156, 159, 161, 163, 167–169, 176, 183, 185, 191, 193, 197–198, 200, 216, 234, 241–242, 279, 295, 308, 326–327, 330, 342, 360–361, 368, 379, 399
ilegal, 66, 75, 126

Ilocos, 256
Immerseel, Jan van, 311
imperio, imperial, 17, 19, 26, 35, 47, 83, 137, 149, 205, 253–254, 307, 317, 357, 400
importación, 88, 138, 206, 304, 306–307, 351–352, 404
imprenta, 188–189, 244
impresor, 163–164, 175, 188–189, 211, 213, 217, 225, 228, 241–242, 363, 371, 387, 390, 401
incautaciones, 44, 47, 70–71
India, 103
Indiana, indiano, 18, 22–23, 25, 27, 29, 33–35, 37–38, 48–49, 51, 53–56, 60, 65, 74, 85, 87, 89, 92, 104, 106–107, 109, 111–112, 127, 129, 131–132, 136, 140, 145, 153–157, 165, 168, 192–195, 209, 222, 226, 249, 300–302, 310–311, 319, 325, 327, 332, 338, 343, 349, 352, 382, 397, 399–400, 403–404
Indias, 18–19, 21, 23, 26, 29–30, 35, 37–42, 44–45, 47–48, 52–60, 62–67, 69–81, 83–84, 87–88, 90–92, 96, 98–99, 103–109, 111–113, 117–119, 122–127, 129, 131–133, 140, 146, 148–150, 153–155, 157, 167–168, 170, 175, 186, 193, 195–197, 199–200, 205, 208, 215, 217–223, 225–228, 232, 245, 255, 259, 265, 282, 287, 299, 301–302, 304, 307, 310–311, 319–320, 322, 327, 329, 331–332, 337, 343–345, 349–353, 375–376, 395–399, 402, 404
índices de libros prohibidos, 139
indígena, 15–16, 21, 36, 45, 50, 104–105, 130, 143, 150, 153, 155–159, 161–162, 164, 200, 205, 207, 222, 241, 243, 248, 251–253, 266, 282, 287–288, 291–295, 342, 350, 385, 389, 396, 398, 402, 404
índigo, 317
indio (véase indígenas), 36, 45–46, 124, 129–130, 142, 147, 155, 159, 186, 188–189, 207, 243, 250–253, 258, 282, 292–294, 316, 380, 389
indultos, 115
industria, industrial, 27, 88, 235, 254, 303–304, 309, 352, 402
infidelidad, infieles, 105, 112, 144, 152, 200, 388
infraestructura, 35, 53, 157, 169, 192, 209, 245, 250, 315, 340, 353

ingeniería, 232, 248
ingeniero, 100, 114, 201, 241, 244, 323, 382, 393
Inglaterra, 47, 49, 138, 151, 153–154, 164, 166, 169, 175, 191–193, 195, 201, 216, 219, 229, 287, 351, 373–374, 399
inglesa, inglés, 38, 46–48, 58, 69–70, 102, 111, 125, 138, 145, 148–149, 151, 154, 158–159, 162, 168, 173–176, 191–196, 216, 222, 234, 304, 306, 329, 352, 371, 374–375, 383, 389
inmersión, 323, 326, 362, 387
Inquisición, 22, 29, 44–46, 50, 54, 68–71, 86, 99, 103, 105, 114–115, 127, 131, 136–149, 153–155, 157–174, 176–177, 179–199, 201–202, 207–209, 211, 213–219, 221–245, 254–261, 263–264, 266, 268, 270–273, 278–280, 287, 289, 293–297, 323–325, 328–331, 338–340, 346–349, 357–361, 363–393, 396, 399, 405
inquisidores, 45, 105, 115, 126–127, 139–145, 153–161, 164–165, 167–172, 175–180, 182–184, 186–189, 192–196, 198–201, 208, 213, 218, 222, 229, 242, 278, 281, 331, 357, 378, 383–384, 387, 389–391
inserción, 84, 211, 302, 313, 317, 386
integración, 23, 29–30, 33–36, 42, 45, 52, 75, 84, 118, 123, 126, 133, 135, 176, 214, 220, 230, 233, 244–245, 305–306, 310, 324–325, 329, 332, 339, 347, 364, 395, 399–400, 404–405
intercontinental, 132, 317
intergrupales, 18, 29, 359
intermediario, 20, 27, 56, 69, 80, 85, 214, 218, 235, 301, 303, 333, 342, 345, 350–351, 383
internacional, 17, 25–26, 48, 53, 57, 60, 70, 90, 103, 110, 138, 154, 164, 191, 194, 196, 213, 215, 219–220, 225, 243, 253, 317, 330, 333, 339, 348, 350–351, 353, 395, 397, 399
intérprete (véase trasuctor), 221, 223, 234, 252, 382, 387–388
intolerancia, 165
intragrupal, 18, 29, 245, 338, 359–360, 375
inversión, 53, 88, 166, 254, 264, 272, 304, 306, 310–311, 317
Irarrazábal (Irazábal), Francisco, 282, 285
irlandeses, 125, 158, 196

Isabel Clara Eugenia, 362
Isabel I, 47, 194
israelitas, 379
Italia, 153, 183, 212, 312, 351
italiana, italiano, 17, 38, 45, 49, 69, 72, 102, 123, 218, 233, 247, 301, 329
itinerante, 211–212, 240
Ixtlahuaca, 243
Ixtlixóchitl, Fernando de Alba, 252
Iztapalapa, 251, 267–268, 270

J

Jacarte, Juan Bautista, 307
Jacobo, Diego, 240
Jalapa, 234–236
Jamaica, 345
Jansen Bistoven, Juan, 333
jenízaro, 74–78, 80, 83, 114, 322, 330
Jiménez de Cisneros, Francisco (cardenal), 140
João III, 60
jornaleros, 210
Josías, 379
joyas. joyeros, 167, 255, 401
Juan Federico de Sajonia, elector, 137
Juan, Agustín, 346–347
Juana, María (indígena) (véase Benitez, Daniel), 386
judaísmo, 28, 137–138, 141
judeoconverso, 45–46, 50, 100, 113, 166, 170, 180, 185, 188, 396
judeocristianos, 202
juderías, 186
Judici, Marco Antonio, 69
judiciales, 22, 143, 306, 319
judíos, 103, 105, 145, 180, 185, 340, 396
Jumiltepec, 69
juros, 55

K

Kampen, 306

L

labrador (véase campesino), 24, 102, 111, 128
Lamiere, Pedro, 311
Lampart, Guillen de, 202
lana, 47, 303, 311, 318, 350
Landeras, Diego, 281, 285, 348
lapidario, 247, 377, 401
Leclerque, Juan, 319

Ledesma, Bartolomé, 152
Ledesma, Juan, 70
Legazpi, Miguel López de, 255
legislación, 22, 26, 35, 37–38, 46, 48, 56–57, 65, 75–77, 80, 82–83, 86, 88, 92, 102, 111, 209, 218, 222–223, 260, 294, 302, 395, 398
Leoz, Francisco de, 57–59, 63–64, 66
Lert, Pedro, 196
Lescot, Pablo, 307
letrado, 75, 101, 128, 155, 157, 177, 272, 398
Levante, 215
levantinos, 46
Levanto (Levanto), Horacio, 74, 84
levas, 212
Lhermite, Jehan, 214, 387, 392
Libem, 386
libreros, 401
licencia, 18, 26, 38–39, 41–44, 50, 55–56, 61, 63, 66–67, 70, 75, 77–79, 81, 84, 89, 92, 96, 102, 105, 109, 112, 117–119, 121–126, 128, 131–133, 143, 147, 157, 162, 164, 188, 209, 221–223, 230, 232, 245, 251, 253, 260, 264–266, 271, 273, 278, 281, 283, 296, 299–301, 310, 312, 318, 321–322, 329, 331, 339, 349, 352, 382, 398, 401
ligur, 42
Lille, 352
Lima, 52, 64, 77, 83–84, 89, 95, 103, 120–121, 124, 131, 169, 191, 302, 345
limosna, 186–187, 211, 229, 361
Linden, Clara (Lindo/a), 29, 60, 345
  Linden, Alexander van, 345
lingua franca, 167, 359
Lisboa, 61, 124, 214–216, 219, 254
Litero, Juan Bautista, 70
Livorno, 340
Londres, 47, 54, 191–193, 195, 311, 399
López Dávalos, Diego, 189
López de Azoca, Luis (alcalde), 59
López de Cervantes, Antonio, 355
López de Cervantes, Antonio, 335
López de Gómara, Francisco, 149
López de Legazpi, Miguel, 255
López de Porras, Juan, 263
López de Porras, Juan, 263
López de Sevilla, Antonio, 355
López Morillo, Antonio, 338
López Morillo, Juan, 338

López Pacheco y Portugal, Diego (duque de Escalona), 115, 202, 215, 342, 350
López Queto, Antonio, 315
López, Alonso, 132
López, Francisco, 315
Lovaina, 137
Loyola, Ignacio, 104
Lubarrieta, Sebastián de, 335
Lubec, lubequés, 216
Lübeck, 24, 214, 371
Luque, Domingo, 284
lusos (ver portugueses), 17, 45, 50–51, 66, 68, 87, 90, 100–107, 109, 112, 123, 125, 169
luteranismo, luterano, 28, 45, 137–138, 141–150, 152, 158–169, 171, 174, 176–180, 184–185, 199, 254, 366–369, 371–372, 377, 380–381, 383
Lutero, Martín, 137, 139, 145, 147, 149–152, 163–164, 179, 183, 254, 364, 368, 371, 379
Luzón, 256

M

Maar, Jacques Van der, 321, 345
    Mar (Maar), Francisco, 335
Machado, Manuel, 68, 109
Machado, Manuel, 68, 119
Madeira, 79, 218
Madrid, 35, 42–43, 51, 53, 69, 72, 76, 78, 88–89, 96, 99, 102, 104, 110, 113, 123, 159, 168, 195, 225, 227, 233, 259, 310, 321, 352, 398
Madrigal, Lucas de, 315
Madueño, Antonio de, 297
Maese, Juan, 149–150
maestre, 59, 112, 216, 218–221, 229–230, 232, 349, 391
Magallanes, estrecho, 99
Maguel (flamenco), 217
Mahoma, profeta, 183
mahometanos (musulmanes), 137–138, 141, 180
Málaga, 215, 307
Malaparte, familia, 311, 321
    Malaparte, Catalina, 314, 320
Malcot, Enrique, 69
Malcot, Roberto, 68–69, 237, 321–322, 325, 330, 335–336, 341, 348
Maldonado, Antonio (oidor), 120–121, 225
mallorquines, 107, 124

Mañara, Tomás, 84, 86
Manila, 35, 191, 193, 200, 206, 220, 249, 255–256, 291, 317, 341
manista (menonita), 179
mano de obra, 247, 249, 251, 253, 255, 257, 259, 261, 263, 265, 267, 269, 271, 273, 275, 277, 281, 283, 285, 287, 289, 291, 293, 295, 297
Manrique y Zúñiga, Álvaro (marqués de Villamanrique), 46
Manrique, Alonso (inquisidor), 140–141
Mansfeld, 254
manufactura, 56, 88, 206, 234, 253, 268, 271, 287, 304, 307, 310, 312, 317–318, 337, 351, 380, 404
Mar del Norte, 17, 20, 22–25, 27–30, 137, 173, 203, 209, 212, 214, 217, 219, 224, 233, 245, 248, 297, 303, 306, 358–359, 385, 395, 400
Marcelis, Marcelo, 345
Marcial, Diego, 70
marco de oro, 18, 28, 30, 65, 69, 80, 91–92, 98, 177, 188, 259–263, 273, 277, 280, 282–283, 286, 299, 335, 344, 374
Margarita, 48, 51
marginalización, 21, 36, 160–161, 182
marinero, marinería, 24, 40, 50, 52, 71, 78, 89, 101–102, 106, 111, 138, 140, 174–175, 177–178, 180, 191, 197, 199, 205, 210, 212, 214–215, 217–229, 231–232, 234–235, 239, 306, 345, 349, 364, 368, 371, 374, 376, 379–380, 387–388, 391, 400
marqués, 46, 52–53, 67, 70, 78, 89, 91–95, 98–99, 102, 120–121, 124, 128–129, 195–196, 214, 225, 250, 252, 255, 277–278, 287, 331, 350, 386
Márquez, Juan (licenciado), 143
marrano, 377
Martínez de Ripalda, Jerónimo, 368
Martínez Deça, Pedro, 329, 339
Martínez, Enrico, 14, 114, 244, 248, 329, 381–383, 416
Martínez, Francisco (hacendado), 234–235
Martinica, 114
Martino (véase luterano), 371
Masa, Francisco de la (contador), 285
Mateo, 109, 177, 379
Maybon, Pedro, 199
mayoristas, 347, 351
mecenazgo, 241, 327

Medemblik, 214
Medici, Fernando de (duque de Toscana), 52
Medina Sidonia, casa de, 216, 309
Mediterráneo, 25, 45, 54, 218, 249
Meléndez Marquez, Pedro (general), 219, 226
Méndez Castro, Juan (agente de los Fúcares), 53, 75
Méndez, Francisco, 53
mendicante, 142, 146–147, 156, 161–162, 221, 227, 242
mendigos, 211–212, 232, 384
Mendiola, licenciado, 143
Mendoça, Lorenzo de (obispo), 68, 91, 104, 106–107, 110, 113, 125, 129, 131
Mendoza y Luna, Juan (marqués de Montesclaros), 52, 195–196, 277–278, 287
Mendoza y Pacheco, Antonio (virrey), 140, 258
Mendoza, Fernando de (obispo), 60
Menéndez, Pedro, 80
menorquines, 124
mercachifles, 345
mercader, 15, 17–18, 20, 23, 26–27, 30, 37–40, 46–47, 49–50, 54, 56–60, 62–64, 66–71, 74–78, 80, 82–86, 113–115, 119, 128–129, 138, 151, 189, 207, 217, 221, 236–237, 240, 244, 254, 259, 261–263, 273, 279, 281–286, 299–302, 304–307, 309–310, 312–313, 315–317, 319, 321, 323–325, 327–336, 340–341, 343–345, 347–348, 350–352, 370, 385, 392–393, 398, 401–405
mercaderías, 68, 81, 336
mercado laboral, 159, 205, 210, 214, 217, 222, 224, 228, 233, 238, 245–246, 296
Mercado, Tomás de, 332
merced, 26, 40, 50, 102, 106, 118, 132, 149, 206, 258–260, 269, 273, 283, 294, 353, 401
mercurio, 263, 266, 295
Mérida, 104, 145
Mesa, Diego de, 336–337
Mesa, Juan, 122
mesilleros, 240, 317, 345
mestiza, mestizo, 21, 36, 43, 129–130, 162, 207, 250, 297, 385
metales, 20, 26, 47, 51, 87–88, 90–91, 182, 189, 198, 206, 240, 244, 247, 253–260, 262–269, 271–273, 278–280, 282–286, 291–299, 306, 316, 332, 344, 347, 349, 402–403
metalurgia, 20, 205, 232, 241, 254, 256–257, 259, 266, 402
mexicana, mexicano, 16–17, 30, 49, 59, 67, 94, 99, 142, 152, 162, 169–170, 193, 197, 200, 209, 217, 226, 314, 317, 324, 330, 344, 349, 352, 389, 403
México, 15–16, 18, 23, 28, 40–46, 49–55, 57–59, 62, 64, 67–73, 75–78, 81–83, 87, 89–91, 93–98, 100–103, 105, 113–115, 119–125, 127, 129, 131, 140–146, 148, 152–155, 157–162, 167, 169–170, 172–176, 180, 184–188, 190–201, 206–209, 221–222, 224–226, 228–232, 235–243, 245, 247–248, 250–253, 255–259, 264, 267–273, 279–286, 288–289, 291–294, 297, 300–302, 312, 314–318, 321–325, 327–330, 332–333, 335, 337, 339–344, 346–350, 353, 360–361, 363, 367, 390, 393, 403
Meyo, Alberto, 126, 175, 236–237, 348
Micaela Catalina de Austria, 101
Michoacán, 68, 143–144, 238, 241–243, 347
Middelburgo, 24, 127, 213–214, 303, 306, 363, 367
migración, migraciones, 15–20, 22, 24–27, 29–30, 34, 44, 48–49, 53–54, 60, 62, 66, 71, 100, 103, 109–112, 123, 126, 136, 139, 148, 173, 191, 199–200, 203, 205, 207–209, 211, 213, 215, 217, 219, 221–223, 225, 227, 229, 231, 233, 235, 237–239, 241, 243, 245, 247–249, 251, 253–255, 257, 259, 261, 263, 265, 267, 269, 271, 273, 275, 277, 281, 283, 285, 287, 289, 291, 293, 295, 297, 299–303, 305, 307, 309, 311, 313, 315, 317, 319, 321, 323, 325, 327, 329, 331, 333, 335, 337, 339, 341, 345, 347, 349, 351, 353, 395, 400, 403, 405
emigrar, 42, 109, 131, 289, 330, 386, 402
inmigración, 16, 37, 88, 110–111, 399
inmigrante, 22, 42, 129, 159, 172, 182, 185, 207, 209, 223, 238, 244, 304, 326, 330, 358, 386–387, 395
migración circular, 139, 197, 222, 239, 384
migración confesional, 27
migración de mediano y largo plazo, 349
migración de retorno, 41, 245, 303
migración golondrina, 24, 349

migración laboral, 17, 19, 30, 205, 209–227, 231–233, 237, 239, 241–247
migración mercantil, 18, 299–303, 353
migración transcomunitaria, 17
migración transcultural, 19, 25
migración, cadena, 101, 170, 209, 213, 215, 222, 233, 245, 297
migrante, 16, 18–20, 22–24, 28–30, 36, 59, 69, 86, 111, 119, 137, 158, 165, 170, 172, 194, 197, 205, 208–210, 213–214, 216–218, 220, 223–224, 226, 232–235, 237–238, 240–241, 243–245, 297, 301, 333, 353, 359–363, 365, 373–378, 380–381, 385, 387, 390–392, 395, 397, 399–402, 404–405
migrantes, llovidos, 112
migrar, 18, 34–35, 44, 55, 72, 101, 111–112, 199, 205, 210, 212, 221, 238, 254, 362
migratoria, migratorio, 17–18, 22, 26, 29, 37, 44–45, 49, 53, 101, 150, 170, 194, 209, 213, 215, 218, 222, 229, 233, 245, 297, 303, 359, 400
Miguel, Cristóbal, 175, 180–182, 185, 187–189, 198, 213–214, 216–217, 225–226, 230, 233, 237–240, 244, 253–261, 263–264, 266–281, 284–285, 287, 292–294, 296–297, 342–345, 367, 372, 376–377, 381–384, 386–387, 390
  Christopher Harper, 254, 390
Miguel, Gregorio, 188, 216, 233, 263, 281, 285, 296–297, 358, 367, 377, 381–383, 386
Milán, 88
milaneses, 401
milicia, 48, 223, 364, 376, 394
militar, 26, 50, 54, 88, 100–101, 113–114, 132, 154–155, 219, 247, 249–250, 291, 310, 398
mimetizarse, 365, 390
minerales, 26, 254, 257–258
minero, 91, 102, 169, 206–207, 232, 239, 254, 257, 259, 261–263, 282–284, 286, 316–317, 342
ministros, 73, 130, 142, 157, 177, 310
minoría, 24, 36, 42, 92, 110, 119, 136, 201, 236, 245, 250, 330, 375, 390
minorista, 212, 343, 345, 348–349
misión, misionero, 33, 76, 93, 95, 98, 124, 141, 151, 156, 209
mitayos, 130

Mixquic, 253, 289–290, 292–293
Moerbeke, 390
Molina, Chico (deán), 151
Molina, Domingo, 335
Molina, Guillermo, 297
Molina, María, 295
Molina, María (Terrazas) (Véase Prestel), 256
Molina, Melchor (pintor), 348
molino, 277, 289, 347
Molucas, 54, 291
Monar, Antonio de, 337
Moncada, Sancho de, 87–88, 93, 95, 102
moneda, 37, 91, 110, 253, 260, 262, 273, 283, 285, 340
monedero, 237, 254, 386, 401
monetaria, 75, 118
monopolio, 18, 21, 23, 27, 38, 47, 54, 59, 64, 80, 118, 148, 215, 249–250, 268, 289, 301–302, 316, 319, 325, 352, 361, 403–404
Montalván, Alonso de, 318
Montalvo, Enrique, 176, 214, 237, 296–297, 346, 368, 386, 391
Montaño, Juan (escultor), 242
Monte, Matías del (relojero), 176, 237, 240–241, 244, 345–347, 367, 373, 381, 390
Montemayor, Bautista (platero), 259–260
Montero, Rodrigo de, 315
Montúfar, Alfonso de (arzobispo), 143, 145–148, 151–152, 156, 163
Morales Guarinos, Francisco, 279
Morales, Antonio, 335
Morales, Francisco (platero), 279
Moreno, Francisco, 342
Moreno, Juan, 338
moriscos, 166
moros, 145
Morquecho, Bartolomé (fiscal), 60–62, 65, 75, 344
Mortedo, Jácome, 69
Motril, 307
movilidad, 24, 26, 30, 35, 54, 132, 169–170, 188, 194, 197, 199, 210–212, 214–216, 223, 232, 239, 245, 333, 346, 359, 397, 399–401
Moya de Contreras, Pedro (inquisidor), 157–161, 389
mujer, 15, 39, 55, 67, 164, 188, 196, 237, 242–243, 278–279, 299, 320, 353, 363, 372, 378, 385–386, 393

mujeres indígenas, 50, 75, 95
mulata, mulato, 21, 36, 129–130, 242, 250
Muñoz, Alonso (visitador), 41, 164, 249–250
Muñoz, Juan (apartador), 278
Murbec, Giles, 175, 180, 184, 231, 390
Murcia, 157
Murua, Sebastián de, 315

N

nación, 15, 18, 23, 36, 39, 47, 57–58, 87–88, 93, 102–103, 105–107, 109, 121, 123–126, 131, 148–149, 168, 181, 193, 195, 199–200, 209, 213, 234, 260, 282, 301–303, 305–306, 308–310, 314, 317, 319, 325, 329, 332–333, 337–339, 341, 349–353, 358–359, 381, 387, 391, 403–404
nacional, 124, 159, 218, 220, 276–277, 327, 341, 358
náhuatl, 252
naiperos, 401
Nájera, Fernando, 315
Nájera, Martín, 315
Nanche, Turbal, 196
Naoy, Pedro (factor), 301
Nápoles, 70
Nassau, Mauricio I, 111, 126, 195, 371, 373–374
Nativitas, 270
natural, 15–16, 18, 20, 22, 28, 33–34, 37, 39–40, 44–45, 49, 51, 55–57, 61, 63–67, 70, 74–81, 83–85, 87, 89–90, 92–93, 97, 100–101, 103, 106–109, 111, 114, 117, 119, 123–125, 130, 132, 135, 143, 173–175, 191, 199, 227, 237, 248, 254, 256, 265, 267, 273, 277, 288, 299–302, 305, 307, 311, 314, 317, 321, 329, 332, 350–352, 363, 367, 371, 385, 387–388, 391, 393, 395, 397–398, 403
naturaleza, 18, 21, 34, 38, 40–42, 48, 50, 55–56, 63, 67, 69–70, 75–76, 79–80, 84–85, 88–89, 92, 112, 122, 124, 131–133, 135, 175, 186, 230, 257, 266, 288, 300–302, 305, 310, 319, 321, 329, 349–350, 357, 396
naturalización, 55–56, 78, 81, 84, 97, 99, 103, 105, 119, 301
Navarra, 106
Navarrete, Cosme, 335
navarro, 106, 131
Navarro, Antonio (general), 255

Nayarit, 226
neerlandesa, neerlandeses, 16–18, 23, 25–26, 28, 38, 50–53, 57, 68, 81, 87, 102, 119, 149, 158, 169–170, 172, 181, 189–191, 195, 197–199, 234, 236, 244, 247, 255–258, 262, 264, 268, 271–272, 277–278, 281, 287, 292, 300, 302–307, 311, 313–315, 319–320, 324, 332–333, 337, 340, 344–345, 348, 352, 357–358, 365, 368, 377, 385, 390, 400, 402, 404
negro, categoría, 21, 36, 128–130, 162, 396, 398
negros, esclavos africanos, 16, 26, 50, 60–66, 81–82, 96, 101, 104, 111–113, 154, 180, 207, 222, 258, 282, 292, 294, 312, 318, 345, 354, 403
Neiz, 199
Neve de, familia, 86, 333, 335–336, 340–344, 348, 351
    Neve, Juan de, 68, 279, 312, 314–315, 322, 335, 340, 342–343, 348
    Neve, Miguel de (el joven), 315, 322, 333
    Neve, Miguel de (el viejo), 314, 320, 336, 342
    Pérez, Francisca (Neve), 320
Newport, Christopher, 173–174, 180
Nezahualcóyotl, 267
nicodemismo, 172
Nicolás, familia, 311
    Nicolás, Diego (véase Antonio), 313, 322, 345
    Nicolás, Francisco (Vease Antonio), 321–322, 335–336
    Nicolás, Jacques (véase Antonio), 321, 345
Nieves, Diego Phelipe de, 342
Nimega (Nijmegen), 24, 254, 348, 358, 367, 371
niño, niña, 74, 179, 184, 210, 254, 258, 295, 363, 386
Niquet, Juan (agente), 311
Niso, Juan, 45
nitrato de potasio, 250, 265, 267
    nitro, 30, 251, 253, 257, 265–266, 268–269, 271, 278, 287–288, 290–291, 295–296, 403
    nitroderivados, 247, 253, 291–292, 297
noble, 26, 129, 308, 353
nobleza, 42, 84, 102, 113, 129, 138
nodos, 17, 317, 396

Noirot, 311
   Noirot Cloet, familia (ver Clut), 353
   Noirot, Roberto, 313, 320
Nopala, 243
normas, normativo, 20, 23, 37, 65, 136, 142
notario, notarías, 18, 121, 140, 184, 229, 284, 302, 304, 312, 337, 343–344
Nuñez Caldeira, Antonio, 345
Nuñez, Manuel, 344

O

Oaxaca, 58, 68–69, 143–144, 146, 229, 279
obediencia activa, 92
obispo, 62, 64, 104, 110, 113, 140, 143, 152, 156, 208, 322
obrador, 237, 241–243, 251, 258, 264, 271–273, 276–281, 284–286, 288, 292, 294–295, 297, 403
obraje, 159, 235, 240, 289
obras pías, 305, 308, 326–327, 361, 404
obrero, 252, 277, 295, 297
Ocaña, 215
Occidente, 25, 199, 248, 267, 367
Ocharte, Pedro (impresor), 163–165, 228
oligarquía, 52, 200–201, 233, 256, 310
oligopólico, 350
Oliveros, Juan, 297
Olmos, Andres (fray), 147, 162–163
Olomouc, 199
Ome (véase Horn), 217, 255
Oñate, Alonso, 282
Ontiveros Barrera, Juan (tesorero general de la Santa Cruzada), 343
opinión, 15, 23, 27, 29, 43, 53, 56, 59, 66, 78, 81, 85, 87–88, 102, 106, 108–109, 112–113, 115, 119, 125, 139, 141–142, 145–146, 150–151, 157, 164, 171, 177, 230, 320, 360–362, 364–365, 397–399
optimización, 120, 156, 248, 264, 266, 268, 277, 289, 291, 297
Orange, Guillermo de, 373–374
Oriente, oriental, 99, 103, 199, 251, 267, 270, 340–341, 352
Orizaba, 234–236
oro, 19, 30, 128, 175, 185, 187–188, 199, 235, 237, 244, 247–248, 252–265, 273–274, 276, 280–286, 292, 294, 318, 328, 338, 344, 380, 384, 387, 402
Ortega, Gregorio de, 261–262, 268, 272–273, 277, 279, 284, 289–291, 294, 347
Ortega, Juan de (asentista de la pólvora), 291

Ortiz, Juan (impresor), 163
ortodoxia, 139, 153, 158, 169, 200, 360, 393, 396
otomano, 47, 216
Otumba, 236–237, 268, 271, 297
Ovando, Antonio de, 89
Ovando, Juan de (inquisidor), 157
Overijssel, 255, 328

P

Pablos, Andrés (ensamblador), 176, 242, 382, 393
paces, 54, 68–69, 191, 194, 196–197
Pacheco y Osorio, Rodrigo (marqués de Cerralbo), 99, 101–102, 121, 124, 128
Pachuca, 132, 165, 206, 238, 346
Pacífico, 60, 85, 97, 99, 105, 166, 181, 191, 218, 224–226, 236, 245, 252, 256, 287, 291, 316, 341, 402–403
pactos, 34, 42, 398
paisanaje, 236, 338
paisano, 15, 19, 126, 172, 184, 188, 190, 198, 213–215, 227, 232–235, 237, 239–240, 244–245, 277, 289, 296, 322–324, 331, 339, 344, 346–348, 359–361, 363–364, 366–367, 369, 371, 373, 378, 382–384, 387, 390, 394, 400–401, 403–405
paísanos, 369
Países Bajos, 24–27, 49, 51, 55, 88, 125–126, 137–138, 164, 175, 193, 195, 210, 219, 287, 303, 305, 307, 309, 311–312, 319, 348, 351, 357–358, 360–363, 373, 399, 403
   Países Bajos, provincias meridionales, 27, 193, 307, 309, 353, 362
   Países Bajos, provincias norteñas, 27, 126, 191, 213, 219, 371, 373
paje, 210, 214, 216, 221, 277, 386
Palacios, Gabriel (apartador), 295
Palafox y Mendoza, Juan de, 35, 202
Pallas, Gerónimo, 36
Palma, familia, 70, 74, 330
   Palma, Diego de la, 330
   Palma, Hernando de la, 74
   Palma, Pedro de la, 70
palo de Campeche, 317
Pampanga, 256
Panamá, 60–66, 80–81, 90, 104–105, 131, 140, 223, 335, 344–345
Panatuá, Martín, 235

Pangasinan, 256
Pánuco, 148, 154, 158
papa, 109, 138, 140, 176, 372, 374
papado, 156
papista, 367, 372–374, 378
Parada, Pedro de la (fray), 165
Paraguay, 104
parentela, 41, 214, 233, 244, 311, 313, 321, 326–327, 329, 332, 346, 403
parentesco, 25, 338
Parker, William (capitán), 167, 173, 175
    Babel, Juan, 173–175, 180
    Catrón (Catrén), Juan, 173
    Day, Thomas, 173–174
    Maren, Juan, 173
    Sandre, Pascual, 173, 175, 180, 183–184
pasajero, 18, 49–50, 59, 82, 208–209, 214, 218, 221, 223, 226, 229–230, 250, 301, 321–322, 335
Pastrana, Juan de, 289–290
patria, 221, 373
patriciado, 84, 98, 185, 190, 326, 328
patrimonio, patrimonial, 65, 118, 128–131, 136
patronato, 140, 156, 305, 327
patronazgo, 26, 326
patronímico, 390
paz, 47, 51, 55, 60, 77, 113, 126, 135, 158, 191–193, 199, 308, 338, 345, 354, 364, 399
pechar, pecheros, 105, 129–130, 396
pedagogía inquisitorial, 197
pedagógica, pedagógico, 160, 163–164, 186
Pedro Pedro, 174–175, 178–180, 191, 224, 228, 231–232, 238–239, 367, 369–371
Pedrosa, Pedro, 342
peninsular, 24, 30, 38, 42, 47, 51, 62, 87, 106, 109–110, 112, 129, 139, 154, 158, 168–169, 172, 192, 197, 209, 215, 217–218, 220, 223, 230, 241, 248–249, 287, 301–305, 310, 314, 317, 328, 331, 347, 351, 354, 386
peones, 212, 292, 294–295
Peralta, Gastón de (marqués de Falces), 129, 250
Pereda, Miguel de (maestre), 230
peregrinos, 111
Pereyns, Simón (pintor), 241
Pérez de Bruselas, Gaspar, 339
Pérez de Endem, Juan, 183, 391–392
Pérez de Guadalupe, Alonso, 256

Pérez de Guzmán, Alonso (duque de Medina Sidonia), 64, 106, 375
Pérez de Hayester, Juan, 183, 218, 235, 369
Pérez de la Serca, Juan (arzobispo), 97
Pérez de Salazar, Alonso (oidor), 61–62
Pérez Enríquez, Juan, 60, 335, 337
Pérez Lozano, Jorge, 235
Pérez, Antonio, 127
Pérez, Juan, 127, 211, 217–218, 228, 240
perlas, 48, 61, 187, 255
Pernambuco, 114
Perpetua, cárcel de la, 141, 173, 185, 189
Perrenot de Granvela, Antoine, 107
persecución, 105, 137–138, 140, 163, 195, 379
persuación, 43, 48, 88, 93, 102, 118, 151, 161, 164, 183, 288, 399
pertenecía, 16–18, 20–24, 26, 28–31, 33–34, 36–38, 40, 42, 44, 46, 48, 50, 52, 54, 56, 58, 60, 62, 64, 66, 68, 70, 72, 74, 76, 78, 80, 82, 84, 86, 88, 90, 92, 94, 96, 98, 100, 102, 104, 106, 108, 110, 112, 114, 118, 120, 122, 124, 126, 128, 130, 132–133, 136, 138, 140, 142, 144, 146, 148, 150, 152, 154, 156–158, 160, 162, 164, 166, 168, 170, 172, 174, 176, 178, 180, 182, 184, 186, 188, 190, 192, 194, 196, 198, 200, 202, 206, 208, 210, 212, 214–216, 218, 220, 222, 224, 226, 228, 230, 232, 234, 236, 238, 240, 242, 244, 246, 248, 250, 252, 254, 256, 258, 260, 262, 264, 266, 268, 270, 272, 274, 276, 280, 282, 284, 286, 288, 290, 292, 294, 296, 300, 302, 304, 306, 308, 310, 312, 314, 316, 318, 320, 322, 324, 326–328, 330, 332, 334, 336, 338, 340, 342, 344, 346, 348, 350, 352, 354, 357–398, 400, 402, 404
Perú, 52, 66, 76, 78, 95, 111–112, 120–121, 123–125, 127, 131, 153, 155, 205, 224–225, 316, 322, 335
peruana, peruano, 85, 104, 107, 129, 207, 345
peruleros, 56, 85, 301, 317
pesos, 61–62, 70, 72, 90, 92, 94, 98–99, 121, 125–128, 188, 196, 228, 232, 243–244, 251–252, 263, 271–273, 277, 279–280, 284–286, 288–289, 291, 294, 296, 314, 318, 331, 336–339, 342, 345–349, 364, 376, 382, 384–385

pesquisas, 43, 59–60, 62–63, 65, 67, 71–78, 80, 84, 97, 100, 115, 124, 170–171, 173, 175, 281, 344
Picaso de Hinojosa, Alonso, 323
piedad, 70, 194, 198, 291, 308, 330, 366, 380
Piedra, Juan de la, 307
piloto, 111, 220, 287
pintor, 241–242, 348
pirata, 148, 158–160, 166–168, 173, 184, 193–194, 216, 222, 226, 228, 287, 376
piratería, 48, 153, 194, 224, 249
Pirineos, 163, 352
Pizarro, Gonzalo de, 155
Plamont (Plamón), familia (véase Torres Plamont), 311, 315, 318, 322
Plamont (Plamón) Rivera, Andrés, 322
Plamont (Plamón), Andrés, 311, 314, 319
Plamont (Plamón), Juan, 314
plata (véase argenta), 19, 30, 68–69, 88–91, 93, 96–99, 104–105, 109, 111, 175, 185, 187–188, 199–200, 217, 235, 237, 244, 247–248, 253–254, 257–264, 272–273, 276–277, 280–286, 292, 295, 300, 328, 331, 340, 342–345, 375, 380, 382, 402
platero, 232, 257, 259, 279
plebeyos, 129, 205
plomo, 251, 258, 272, 312
pluricultural, 15
pluriétnico, 15
poblado, 208, 234, 258
pobladores, 15, 244, 273, 326
pobre, 24, 71, 110, 127, 146, 178, 182–183, 187, 201, 228, 305, 369, 385, 388
pobreza, 127, 185, 279
poliarquía, 107
policéntrica, 23, 43
polinuclear, 253
polisémica (palabra), 377
Polonia, 358
pólvora, 19, 30, 248–253, 257, 266–268, 271, 277, 287, 289, 291–294, 296, 375, 402
polvorista, 249, 368, 401
Poniente, 252
Porras, Hernando, 318
Portillo, Esteban (doctor), 143
Portobelo, 63
Portugal, 47, 60, 101, 103, 105–106, 108–109, 112–113, 123–124, 127, 131, 141, 214, 306, 345, 351
portuguesa, 38, 45, 47, 49, 100, 104, 109, 111–113, 124, 302
portugueses (véase luso), 17, 38–40, 45–46, 50, 52–53, 56, 60–61, 63, 68, 81, 86–88, 90–91, 96–98, 100–101, 103–113, 115, 120, 124–125, 127–128, 130–132, 148, 160, 170, 180, 190, 202, 218, 237, 247, 301, 340, 345, 349, 353, 386, 392, 396
Potosí, 20, 68–69, 96, 110, 129, 206, 238–239, 259, 262, 281–283, 344, 347, 402
precio, 83, 85, 91, 209, 221, 231, 250–252, 260–263, 268, 271, 273, 282, 286, 288–289, 296, 316–318, 341, 343, 350–352, 404
prehispánica, 15, 267
preindustrial, 272
prelado, 140–141, 146, 161
presos, 97, 160, 186, 365, 382
Prestel, Lucas, 176, 256–259, 261, 266–268, 270–273, 275–276, 279, 285, 288–290, 294, 297, 361, 363, 370, 375, 385, 390
Pretel, Martín y Juan, 342
Prevoste, Everardo, 348
prisionero, 41, 53–54, 69–70, 145, 148–149, 173–174, 181, 192–196, 199, 222, 228, 384
privilegio, 20, 22, 24, 27, 34–39, 42, 67, 71–72, 76–78, 83–89, 92, 94, 104, 109, 112, 118, 123–124, 129, 133, 136, 140, 174, 182, 195, 201, 215, 217, 258, 260, 277–278, 294, 299, 301–302, 305–306, 308–310, 323, 325, 330, 350–351, 353, 360, 362, 385–386, 396, 398, 404–405
proceso inquisitorial, 146, 182, 189, 278–279, 366
procuradores, 87
proposiciones heréticas, 142–143
prosopográfica, 24
protestante, protestantismo, 22, 25, 27–28, 30, 45, 50, 54, 94, 105, 137, 139–140, 142–143, 145–147, 149–152, 157–160, 162–166, 168–170, 172, 174–182, 184–185, 190–191, 193–194, 196–198, 330, 359–363, 365–367, 369, 371–373, 378–381, 383–385, 391, 396, 399, 405
protoindustria, 47, 207
proveedores, 214, 318, 342–343

providencialista, 396–397
Puebla, 42, 58, 68, 91, 101, 144, 165, 170–171, 208, 235–236, 242, 289, 318, 337, 341, 370, 384
puerto, 19, 25, 27, 38–39, 44, 47–48, 50–51, 59–64, 81–83, 90–92, 99–100, 102, 104, 106, 111–112, 115, 132, 139–140, 151, 154, 157, 161, 166–170, 175, 184, 188, 193–194, 196, 198, 208–209, 212, 214–220, 222, 224, 226–227, 229–232, 234–235, 238, 243, 245, 249, 254, 256, 287, 303–310, 324, 332, 345–346, 348–349, 352, 369, 376, 382, 400
pulperías, 61
Punta Araya, 48
Purmerend, 165, 245, 388

Q

quarterón, 36
Querétaro, 238, 241
quilate, 253, 259, 264, 273, 276, 280, 282
química, 254, 259, 267, 283, 285, 291, 295
quintar, quinto, 30, 91, 94, 96–98, 111, 188, 250–253, 255–256, 259–260, 262–264, 268, 271, 273, 277, 280–281, 288–289, 291, 331, 333, 344
Quito, 64

R

racionero, 255
Ramírez de la Barrera, Juan (apartador), 278
Ramírez, Diego, 147, 162
Ramírez, Pablos, 335
Ramos, familia, 325
Ramos, Juan, 70, 331
rancherías, 207
realengo, 118, 265, 307, 309
recaudaciones, 47, 50, 64–65, 72, 74, 83, 88, 94, 96, 98–99, 102, 104, 110–111, 115, 120–121, 123, 128, 255, 280, 307, 397
receptor, 61, 91
reciprocidad, 107, 110, 194, 245, 334, 340, 398
reconciliar, reconciliado, 105, 125, 137, 145, 151, 160–162, 168, 180–181, 187–189, 191, 196–201, 385–386, 389, 399
Redelic, Miguel, 226, 361, 390
redes, 17–19, 25–26, 28, 30, 51, 60, 68, 71, 93, 105, 207, 213, 233, 240, 317, 323, 326, 329–330, 339, 348, 350, 353, 359, 384, 386, 400, 404–405

reducciones (indígenas), 104
reducciones (reconciliación), 197, 199
reevangelización, 154
reexportación, 57, 316–317, 351
refinación de metales, 133, 250–251, 254, 260–262, 266–267, 296, 403
Reforma protestante, 25, 28, 137–138, 149, 152, 156, 163, 360, 367
reformadores, 87, 138, 179
regente, 153
regidor, 41, 45, 167
rehabilitados, 161
rehenes, 167, 363
reintegración, 136, 215, 279, 386
relapsía, 181, 198, 200
religiosidad, 166, 196, 230, 332, 365, 367, 378, 383, 385, 405
relojero, 176, 237, 240–241, 346, 367, 373, 381, 401
relojes, 241, 244, 312
remesas, 90, 213, 344
reos (véase prisionero), 82, 161, 167–168, 178–179, 185, 188, 196
repartidor, juez, 292–294
repartimiento, 266, 288, 291–294, 316, 341, 403
 repartimiento de mercancías, 316, 341
 repartimiento de tierras, 206
 repartimiento directo, 266, 288, 291, 403
represión, 27, 44, 103, 158, 170, 172–173, 190, 200, 362, 381, 383
república, 33–36, 42, 52, 86, 92, 96, 98, 118, 125, 129, 148, 168, 201, 207, 358, 397
reputación, 21, 24, 91, 110, 114, 182, 233, 244, 330, 332, 405
Requerimiento de los flamencos, 57, 65
requerimiento de personas, 41
requerimiento real, 230–231
rescate, 48, 69, 91, 93, 153, 173, 249, 263, 283, 286, 316, 363, 402
 rescate, contrabando, 91, 173, 249
 rescate, grana, 69
 rescate, mercancías, 41
 rescate, perlas, 61
 rescate, plata, 69, 93, 261, 263, 402
rescate, interés, 283, 286
resiliencia, 18, 22, 29–30, 190, 381, 384
resistencia, 18, 28, 30, 114, 150, 364, 366, 371, 373, 375, 377, 399, 405
revuelta, 28, 373
Ribadeo, 215

Richelieu, conde de, 114
Rin, 212
Rinconada, 236
Río de Janeiro, 113
Ripalda, catecismo de, 164, 368
ritos, 167
rituales, 366, 380
Rivas, Juan (doctor), 143
Robles, Luisa (véase Miguel), 386
Roçabal, Pedro de, 165
Rodrigo Jacobo, Duarte, 184, 218
Rodríguez de Miranda, Andrés (asentista del salitres), 291
Rodríguez, Gerónimo, 143
Rolón, Juan, 176, 242, 370, 383–384
Roma, 17, 28, 137, 221
Róterdam, 214, 364
Ruá, Juan de la (pintor), 242
Rueda, Diego (escribano), 174–175, 393
Rueda, Felipe, 122
Ruhr, 219
Ruiz de Avilés, Antonio, 312
Ruiz de Avilés, Cristóbal, 315
Ruiz Esparza, Andrés, 174
Ruiz Esparza, Antonio, 174
Ruiz, Alberto, 296–297
Ruiz, Basilio, 128
Ruiz, Diego, 342
Ruiz, Juan, 217, 255, 257, 276, 297
Ruiz, Juan Bautista, 70
Ruiz, Simón, 61
Rutherford (Rutherfud), familia, 69
    Rutherford (Rutherfud), Francisco de Estrada, 69
    Rutherford (Rutherfud), Juan de Estrada, 58, 68–70, 99, 323, 329
Rutiaga, Francisco (minero), 240

S
saboyanos, 101, 148
sacas, 89, 319
sacerdocio, sacerdote, 141, 163, 177, 179, 326, 369, 379–380
sacramento, sacramental, 136–137, 142, 152, 174, 176, 193, 327, 361, 370, 379, 382
Sacro Imperio, 26, 83, 254, 357
Sahagún, Bernardino de (fray), 151
Sajonia, 137, 254
Salamanca, Juan de, 257
Salamanca, Univerdidad, 157
Salamanca, villa de, 101

salario, 19, 65, 120–121, 127, 181, 186, 188–190, 212, 221–222, 225, 227, 231–232, 240–241, 262–264, 288–289, 292, 295–296, 347, 376
Salazar, Alonso (fray), 180
Salcedo, Juan, 256
Saldaña, Inés de, 163
Saldaña, Pedro, 122
Salinas, Inés de, 335
Salinas, Leonardo, 166
salitre, salitrera, 19, 237, 239–240, 247–248, 250–253, 257, 264–272, 277–279, 287–297, 375, 377, 402–403
salitrero, 176, 240, 287, 290–292, 296–297, 375
Sally, Leonora de, 314
Salmerón, Alfonso, 149
Salmos, 196, 380
Salonique, 186
sambenito, 136, 160–161, 186, 188, 190, 198
San Agustín de las Cuevas, 268
San Agustín, calle, 235
San Agustín, convento, 173–174, 337, 342
San Buenaventura, 294
San Juan de Ulúa, 59, 82, 148, 170, 220, 222, 225–228, 231–232, 234–236, 249, 252, 323, 349, 368–369, 376, 379–380
San Luis Potosí, 20, 68–69, 96, 206, 238–239, 259, 262, 281–283, 344, 347, 402, 418, 436, 454
San Mateo Churubusco, 270, 291
Sánchez de Sosa, Antonio, 318
Sánchez, Garci, 144
Sánchez, Pedro (jesuita), 180
Sánchezde Guevara, Cristóbal, 342
Sande, Blas de, 285
Sandoval, Cristóbal de (duque de Uceda), 91
Sanlúcar de Barrameda, 27, 79, 214–219, 227, 230, 255, 305, 307, 311, 317, 319, 335
sanluqueño, 217
Santa Cruzada, bula de la, 128, 142, 343, 370, 379
Santa Marta, 26, 52
Santiago, Simón, 177, 180, 212–213, 235, 238, 240, 296–297, 358, 367, 373, 377–378, 381–384, 390–391
Santiago, Tepotzotlán, 258
santiguar, santiguarse, 184, 370
Santillana, Cristóbal (fiscal), 83

Santo Domingo, 40, 52, 140, 185, 192, 321, 348
Sanzoric, Maria (vease Ocharte), 164
sardos, 107
sastre, 175, 187, 226, 233–235, 238–241
Sebo Vanderbec (Van der Beek) véase Simón de Santiago, 390–391
secta, 179, 183, 199, 369, 371–372, 374
secular, seculares, 35, 46, 86–87, 90, 103, 145–146, 153, 156, 169, 195–196, 208, 399
seda, 187, 234, 244, 278, 318, 340–342, 348
seglar, 167–168, 395
Segovia, 321
segregación, 185
Semino, Inocencio, 128
señoreaje, 123
señorial, 27, 217, 307, 309
separación de metales, 237, 259–260, 263, 270, 283, 285, 344, 358
septentrional, septentrionales, 16–19, 22, 24–25, 28, 47, 52, 54, 72, 81, 87, 89–90, 102, 125, 160, 170, 172, 180, 185–187, 190–191, 196–197, 210, 219, 227, 233–234, 238–240, 252, 254, 262, 267, 287, 297, 302, 307–310, 313–314, 317, 319, 322, 324–325, 327, 329, 332, 334–335, 340–341, 343–344, 346–347, 349, 351–354, 358–359, 362, 364–366, 369, 371, 376, 378–379, 381, 383–389, 392–393, 396, 401, 403–405
sermones, 144, 147, 152, 164
Serrano, Alonso, 236
servidumbre, 161, 177, 209, 385
Sesimbra, 103
Setúbal, 215
Sevilla, 18, 23, 27, 37–38, 40–41, 44, 47–51, 53–57, 60, 63–71, 73–74, 76–81, 84–85, 114, 118–119, 122, 139, 142, 145, 153, 157–158, 161–163, 174, 185, 192, 195–197, 214–217, 219–221, 240, 245, 249, 255–256, 259, 300–302, 304–309, 311–312, 314, 317–319, 321–323, 329, 331–337, 339–345, 349, 351–353, 366, 386, 389, 392–393, 403–404
sevillana, sevillano (véase hispalense), 38, 84–85, 311, 315
siciliano, 70, 102, 125
Sigüenza, Baltazar de, 335
Simón, Juan, 240

simulación, 58, 100, 170, 172, 182, 194, 199, 362, 365–366, 369, 405
Sinaloa, 226
Sirman, familia (véase Fermín), 311, 332, 337, 351
  Sirman, Elias, 345
  Sirman, Juan Bautista, 74, 79, 319, 336
  Sirman, Pedro, 314, 335–337
sirvientes, 19, 24, 160, 210–212, 216, 379
Sisal, 149
situado, 225
soberanía, 21, 37, 43, 47, 72, 87, 106, 195, 399
soborno, 221, 319
socialización, socializar, 136, 154, 159, 327, 360
Solarte, Sebastián, 337
soldado, 15, 19, 24, 26, 71, 89, 102, 111, 150, 152, 174–175, 200, 205, 210, 213, 217–218, 222–227, 231–232, 234–235, 239, 250, 297, 345, 363, 374, 376–377, 400
solidaria, 190, 240, 244–245, 323, 337, 347, 381–382, 384, 405
Solimán El Magnífico (Gran Turco), 216
Solórzano Pereyra, Juan, 64
Sombrerete, 96, 206
someter, 28, 49, 68, 71, 87, 89, 101, 105–106, 111, 119, 123, 131, 155, 187, 189, 220, 288, 405
Sores, Pedro, 129
Sotomayor, Alonso, 223
Sotomayor, Luis de, 322
Sotorripa, Esteban, 80
Spielbergen, Joris, 196, 331
Spínola, Juan Jerónimo, 40–42
  Spínola, Agustín, Agustín (mozo), Bartolomé, Polo, Silvestre, 41–42
Suárez de Longoria, Pedro, 88
Suárez, Diego (minero), 240
Suárez, Jerónimo (Madeira), 79
subalternos, 24
subasientos, 271, 290–291
subcontratación, 244, 271, 277
súbditos, 24, 47, 113, 130, 167–168, 193, 307, 309, 353
Suecia, 371, 394
sueldo, 19, 184, 190, 221, 272, 280, 296, 382
Suiza, 138

Suprema y general Inquisición, 158–162, 167–170, 184–187, 189, 192–193, 201, 208, 229, 279, 389–390
Suster, Adrián (entallador), 174–175, 185, 188, 214, 233, 235–236, 241–242, 364, 382, 387, 390, 393

T
Tabasco, 196
taberna, 231, 234–235
Tacuba, 175, 236–237, 242–243, 290, 292–293, 393
Tacubaya, 253, 292–293
talladores, 232
taller, 188, 211, 272
Tampico, 147, 163
tasa, 82, 130, 302, 306, 351
Tasca, 336
Taxco, 42, 144, 224, 238
Tecamachalco, 170–171, 208, 235–236, 358, 369, 380
tecnología, 17, 20, 25, 30, 185, 211–212, 233, 247–249, 251, 253–255, 257, 259, 261, 263, 265, 267, 269, 271, 273, 275, 277, 281, 283, 285, 287, 289, 291, 293, 295, 297, 402–403
Tecontepec, 70
Tecpan, 292–293
Tehuacán, 58, 236, 242
Teiticpac, 146
Tejada, Francisco, 73–75, 78, 80
tejo, 93, 99, 282–283
telas, 23, 166, 175–176, 187, 207, 214, 244, 254, 259, 305, 335–336, 340–341, 343
Tello de Sandoval, Francisco, 142
Temazcalapa, 258
teniente, 46, 60
Tenochtitlán, 16, 140
teología, teológico, 137, 152, 163, 177–178, 339, 361, 377, 379
teólogo, 87, 152, 180
Teotihuacán, 236–237, 250, 252–253, 291–293
Tepeaca, 208, 236
Tepeji, 258
Tepetlaoctoc, 236
Tepexpan, 258
Tepotzotlán, 258, 328
tequesquite, 267, 287, 291
Tequisistlán, 236

Tergor, 371
Termiño, Gerónimo, 334–335
Terrazas, Francisco, 256, 385
testaferros, 79, 301, 320
Tetelcingo, 240
Tetepilco, 270
teutones (ver alemanes), 150, 306
Texcoco, 267–268, 291, 297
Texmelucan, 236
Tezozonques, 293
Thame (Tame), Juan, 179–180, 228, 366
Thomson (Tomson), Robert, 145, 151–152, 217
tianguis, 346
Tiefland, 24
tienda, 16, 49, 59, 68, 91, 231, 235, 243, 272, 306, 325, 341, 346–347, 401
Tierra Firme, 39, 62, 69, 105, 226, 277, 317, 340, 353
Tilman, Isidro, 322
tirano, tiranía, 135, 150, 364, 372, 377, 405
Tirol, 254
Tissandler, Antonio, 335
Tizayuca, 292–293
Tláhuac, 237
Tlalixcoyan, 236
Tlalmanalco, 187
Tlalnepantla, 253, 290, 293–294
Tlalpan, 268
Tlatelolco, 189, 237, 253, 289, 292–293
Tlaucingo, 263
Tlaxcala, 45, 68, 101, 207–208, 242, 317
tlaxcaltecas, 46
Toledo, toledano, 15, 215
tolerancia, tolerar, 49, 59, 165, 194, 201, 286, 359, 361–363
Tolosa, Antonio, 122
Tolosa, Juanes, 315
tonelero, 126, 175, 182, 213, 216, 221, 232, 236–238, 243, 245, 348, 357, 363–364, 387, 390–391, 393
Topiamazapil, 96
tornaviaje, 91, 114, 226–227, 382
Torquemada, Juan (fray), 33
Torre Ayala de la, Luis, 315
Torre, Diego de la, 335
Torres Plamont (Plamon), familia, 315, 340
Torres Plamont de, Diego, 314–315, 335
Torres Plamont de, Francisco, 284
Torres Plamont de, Juan, 68, 315, 318
Torres Plamont de, Luis, 345

Torres Plamont de, Miguel, 284
Torres, Francisco (ensayador), 284
Torres, Miguel (ensayador y balanzario real), 284
trabajador, trabajadora, 17, 19–20, 24, 26–27, 30, 35, 44, 48, 52, 91, 172, 197, 205, 210–212, 221, 223–224, 226, 232–233, 239, 245–247, 272, 285, 295–297, 384, 398
traductor (véase interprete), 69, 176, 252, 287, 306, 328–329, 331, 369, 383, 388
transacciones, 306, 329, 336–337, 344
transatlántica, 76, 216
transcontinentales, 18, 400
transeúntes, 24, 119, 324
transferencia, 30, 233, 339, 352
transgreción, 71, 73, 77, 83, 86, 118, 126, 167–168, 296
Transilvania, 358
transnacional, 17–18, 27, 93, 170, 212, 334, 349
transoceánico, 18, 256, 287, 400
transportistas, 207, 341
transversal, 30, 248, 402
trapiches, 234, 240
Tratado, 19, 39, 47, 54, 58, 81, 124, 129, 191–195, 306, 331, 354, 364, 389, 399
tregua, 47, 191, 306, 309, 321
tribunal, 44–45, 55, 68, 72, 103, 105, 138, 141, 153–158, 162, 168–171, 173–174, 179, 181, 183, 186, 189–190, 192–194, 223, 229, 295, 309–310, 328, 331, 338–339, 378, 389–390, 399
tributario, tributo, 38, 45, 82, 105, 111, 130, 255, 295, 362, 397
tripulaciones, 89, 112, 143, 145, 148, 158, 166–168, 173, 175, 180, 192, 194, 196, 198, 212, 217, 219–222, 227–228, 230, 232, 249, 255, 307, 389, 391
trompetero, 89, 221
tropas, 213, 224, 363
Trujillo, 17, 145, 322
Tucumán, 104, 111
tudesco, 358
Tudor, María, 148
Tulancingo, 242, 256, 385
Tultitlán, 268, 271, 289, 292–293
turco, 111, 216, 372

U
Universidad de mercaderes, 56, 330, 341
urbano, 24, 34, 84, 176, 208, 245, 328, 359, 395, 400
Ureta, Juan Bautista, 294
Utrecht, 306

V
vagabundos, 43, 45
Valderrama, Jerónimo de (visitador), 40, 43, 52
Valdés, Fernando de (inquisidor general), 101, 139–142, 144, 153
Valdés, Juan, 335
Valencia, 117
Valladolid, 139, 145, 157–158, 163, 215, 303
Valle del, Diego, 175, 213, 216, 221, 238, 240, 367, 369, 386
Vallencillo, Sancho, 391
Valverde, Francisco, 61–66
Valverdi, María, 345
Vargas, Juana (Suster), 393
Vasa, Gustavo Adolfo (de Suecia), 394
vasallaje, 34, 87
vasallos, 42–43, 68, 74, 81, 90, 106–113, 123–127, 130, 149, 185, 194–195, 199, 221, 305, 364, 373, 375, 383, 385, 395
vasco, 106, 140
vascongada, 110
Vaton, Guillermo, 235
Vázquez, Antolín, 335
Vázquez, Hernando, 301
vecindad, 21, 34, 39, 49, 51, 55, 67, 79, 88, 92, 101, 106, 109, 122, 124, 126, 133, 185, 208, 230, 300–301, 321, 396, 398
vecino, 21–22, 33–35, 37, 39, 44, 92, 96–97, 101, 111, 121, 123, 129, 147, 166, 172–173, 176, 182, 185, 207–209, 211, 218, 220, 235–236, 242, 268, 299–300, 318, 321, 323–325, 329, 337, 363–364, 369, 387–389, 396, 402, 404
Velasco, Luis de (marqués de Salinas), 46, 52–53, 57, 123–124, 127, 209, 256–257, 259, 266, 269, 282, 292, 343
venalidad, 100, 327
vendedores, 304, 317, 345–346
Venecia, 216
Veneciano, Jorge, 151
venecianos, 148

Índice de nombres, lugares y temas

Venezuela, 26, 51–52, 149–150, 258
Ventosilla, cédula, 103, 109
Vera de Carvajal, Cristóbal (fiscal de la Contratación), 66, 80
Vera, Diego Matías, 312, 315, 333, 340
Veracruz, 44, 53, 58–59, 63, 66, 70, 82, 91, 94, 151, 154, 170–172, 175, 196, 198, 222, 225–229, 234, 255, 259, 318, 324, 336–337, 340–342, 349, 376, 391, 394
Veragua, 62
Vergara Gaviria, Diego (oidor), 91
Vergara Gaviria, Pedro, 91
viandantes, 207, 239, 346
Vicol, Vicente, 323, 341
vidrieros, 401
Viena, 199
Vilan, Gabriel Van, 345
Vilchis, Francisco de, 279, 328, 386
Villalobos, Antonio, 312, 333
Villanueva, Alonso, 234–235
Villareal, marqués de, 214
Villasana, Gabriel (apartador), 278
Villaseñor (Colima), 385
vino, 38, 45, 62, 73, 127, 176, 218–219, 237, 239, 291, 312, 316, 318–319, 333, 340–341, 347, 372, 380
violencia, 45, 212, 249, 265, 362, 364
visita, 147, 164, 209, 229–231, 285, 294, 348–349
visitador, 40–41, 43, 52, 62, 81, 103, 142, 144, 157, 218, 230, 281, 286
Visslingen, 214
Vistman de la Cruz, Gerardo, 297
Vitoria, Francisco de, 111
viuda, 224, 228, 240–241, 313, 320, 330, 348, 393
Vivaldo, Bartolomé, 86
Vivero, Francisco, 234–235
Vivero, Rodrigo, 234
Vizcaíno, 165, 226, 391
Vizcaya, 165, 283

W

Welser, familia, 26, 149
Wildeshausen, 358, 367
Wilhelmus, canción, 373
Wittenberg, 137
Wydts, Willem, 214

X

Xalapa, 234–235
Xaltocan, 267
xenofobia, 165, 172
Ximénez, Pedro de, 335
Xoato, 385
Xochimilco, 267, 289, 292–293

Y

Yance (Henz), familia, 321
Yñara, Martín, 312, 315
Yucatán, 113, 121, 143–144, 149, 158–159, 166, 173, 192, 228–229, 376
Yuririapúndaro, 347

Z

Zabala, Domingo de, 64
Zacatecas, 98–99, 131, 145, 159, 206, 239, 243, 273, 283, 347
Zacatula, 346
zambos, 129
Zapata, Francisco (fray), 166
zapateros, 233
Zapotecas, 45
Zapotlán, 142
Zaragoza, 215
Zelanda, 51, 126, 311, 363, 371, 377, 394
zelandeses, 47, 196, 377
Zierikzee, 306
Zorrilla, Luis, 64
Zubillaga, Felix de, 209
Zuleta, Cristóbal, 340
Zumárraga, Juan (fray), 50, 103, 140–142
Zumpango, 114, 267
Zúñiga y Acevedo, Gaspar de (conde de Monterrey), 49–50, 121, 270–271, 273, 277–278, 283, 287–288, 294
Zúñiga y Velazco, Baltazar, 92
Zutphen, 306
Zwinglio, Ulrico, 138
Zwolle, 255, 306, 328

www.ingramcontent.com/pod-product-compliance
Lightning Source LLC
Chambersburg PA
CBHW081413230426
43668CB00016B/2224